SELECTED DOCUMENTS ON
US NUCLEAR STRATEGY

1940－1988

美国重要核战略资料选编

（1940~1988）

王鸿章 —— 编

社会科学文献出版社
SOCIAL SCIENCES ACADEMIC PRESS (CHINA)

编　　者　王鸿章

翻译人员　吴红莉　艾　康　李旭飞

　　　　　杜荣斌　姜　凌　李雪松

编者说明

美国是世界上最早掌握核武器的国家，也是核战略理论与实践最为丰富的国家。美国已经解密的大量原始核档案资料，既是研究美国核战略理论与实践的主要依据，也为人们认识、理解核活动本质规律提供了重要参考。

令人遗憾的是，到目前为止，国内除对个别专题的美国解密核文件资料有些许关注外，还没有较为系统的关于美国核战略资料的编译成果出现。我们编辑出版这本书，就是希望能略微弥补一下这个缺失。

在美国，"核战略"不是官方正式术语，以"核战略"为标题或者主题的官方文件，甚至是学术著作，都非常少见。实践中，人们通常将美国的核理论（核思想）、核政策（核学说）、核战争计划等都归为美国核战略。这样一来，关于美国核战略的文件资料的数目非常大。在广泛浏览、阅读美国这些核战略文件资料基础上，我们撷取了其中部分重要文件，编译形成本书。

关于本书的选篇和编排，做如下说明。

1. 选编的主要是冷战时期美国核战略资料，且总体按照资料产生的时间顺序进行编排，以便能整体体现和反映美国核政策核战略发展演变的脉络和概貌。

2. 考虑到美国重要的核战略理论著作，包括一些理论性的报告和文章已经有中文版本，本书以收录有关美国核武器（核力量）运用、核战争计划（规划）方面的资料为主，只收录了很少几份关于核战略理论的资料。

3. 选编的资料，内容主要涉及美国总统（国家安全委员会）关于核武器、核问题的定位或者规定，国防部有关核力量建设和运用的政策指导，以及参谋长联席会议关于核力量运用及核战争计划的指导等，类型主要包括与核武器发展和使用相关的官方政策文件、备忘录、会议记录、演讲、专题报告、研究报告、信件等。

4. 选编的资料大部分是完整的原始文件，小部分为原始文件的节录，个别资料是关联资料的整编。

5. 本书选用的原始资料全部由公开渠道获得，来源主要包括《美国对外关系》（FRUS）系列文件，美国 ProQuest 公司开发的"数字国家安全档案"（DNSA）数据库，由菲利普·博比特（Philip Bobbitt）、劳伦斯·弗里德曼（Lawrence Freedman）、格雷戈里·F. 特雷弗顿（Gregory F. Treverton）主编的《美国核战略读本》（*US Nuclear Strategy*：*A Reader*，1989 年版），《美国参谋长联席会议历史》，以及少量公开出版的美国国家安全专题文集、美国政府文件集等。

6. 在收录的每一份资料后面，都附有编者关于该资料的简要评介，主要介绍资料的产生背景、主要内容、关注点等，便于读者更好地阅读和理解这些资料。

除原文件的注释（标有"原文件注"的脚注）外，编者自己还加了一些注释（未标"原文件注"的脚注），主要用于说明收录资料的来源，并对资料中出现的一些特殊人物、术语、事件等进行补充说明，便于读者阅读。

对于原始资料中有关中华人民共和国的蔑称、不正确的判断和评价、明显带有恶意的用语，以及对我国少数地域、人物的特定称谓和表述等，编者都进行了特别处理或者标注。即便如此，仍然希望读者在阅读和引用相关资料时，注意甄别。此外，书中收录的个别涉及我国的资料，带有一定的冷战意识形态色彩，请读者阅读时注意。

王鸿章负责本书选篇、总体编排设计、大部分选编资料的翻译，以及全书的中英文校对和统稿等。吴红莉、艾康、李旭飞、杜荣斌、姜凌、李雪松等翻译了部分篇目（相应篇目后注明了这些译者的姓名），并对书稿中文稿进行了校对。硕士研究生高建、白伟光参与了书稿的中文校对工作。

本书在编写和出版过程中，得到了火箭军指挥学院首长、学院机关和战略战役系领导的大力支持，得到了我的同事们的热情帮助，在此对他们一并表示感谢。

感谢我的妻子孙芳和儿子王振爵，在长达数年的书稿编译过程中，他们一直用行动支持和激励我，使我能够坚持下来做好书稿。

本书能够顺利出版，得益于社会科学文献出版社领导的大力支持。特别感谢本书责任编辑赵晨先生，没有他的坚持和严谨，就不会有本书高质量的呈现。

受能力水平所限，本书在选篇、翻译等方面难免有不尽如人意的地方，恳请业内同行及广大读者不吝批评指正。

王鸿章

二〇二四年八月于武汉

目　录

一

关于放射性"超级炸弹"性质的弗里施—派尔斯备忘录[*]（1940 年 3 月）

所附的这份详细报告关注了制造"超级炸弹"的可能性，这种炸弹利用原子核中贮藏的能量作为能量来源。这样一颗超级炸弹在爆炸中释放的能量，和 1000 吨黄色炸药爆炸所产生的能量大致相同。这种能量是从很小的体积内释放出来的，且一瞬间能够产生和太阳内部温度差不多的高温。爆炸产生的冲击波将毁灭广阔区域内的生命。难以对这一区域的大小做出估算，但它可能覆盖一个大城市的中心区域。

此外，这种炸弹所释放的部分能量会产生放射性物质，这些放射性物质会散发出十分强大且有危害的辐射。爆炸之后的瞬间，这些辐射的影响最大，且只能慢慢地衰减，甚至在爆炸发生几天之后，进入受辐射影响区域的人都会死亡。

一些放射性物质会随风飘移，使污染扩散。下风方向数英里之内，这种放射污染可能会致人死亡。

为了造出这样一颗炸弹，需要对大量的铀进行处理，从中分离出占比只有大约 0.7% 的铀的轻质同位素（U_{235}）。最近，分离这种同位素的方法已经找到了。但用这些方法分离同位素的速度很慢，到目前为止尚未应用于铀的分离，而铀的化学特性增大了进行这种分离的技术难度。但这些困难绝不是不能克服的。虽然在给与此相关的大型化学工厂可靠估算出所需成本方面，我们没有足够的经验，但成本肯定不会高到使人望而却步的程度。

这些超级炸弹有一个特性，就是存在大约 1 磅的"临界值"（critical size）。分离出来的铀同位素的量超出这一临界值时就会爆炸，而低于这一

*   O. R. Frisch and R. Peierls, "Memorandum on the Properties of a Radioactive 'Super-bomb'", https://www.airforcemag.com/article/1013keeperfile/.

临界值则绝对安全。因此，这种炸弹可以分两部分（或更多部分）来制造，使每一部分都低于这一临界值，如果这些部分彼此保持数英寸的距离，那么在运输过程中就可以避免发生任何过早爆炸的危险。当需要引爆这一炸弹时，可以用一套机械装置将这两个部分合起来。一旦这两个部分（更多部分）合在一起，形成了一个超出临界值的整块，大气中始终存在的贯穿辐射效应将在大约 1 秒钟的时间内引爆这一炸弹。

将炸弹各部分合在一起的机械装置必须能非常迅速地工作，因为只有在刚好达到临界状态时炸弹才可能爆炸。在这种情况下爆炸将远没有那么猛烈。虽然绝不可能完全排除这种情况（刚好在临界状态爆炸——编者注），但是可以轻易地确保在 100 颗这种炸弹中只有 1 颗将以这种方式而失败（发生不那么猛烈的爆炸——编者注），且由于无论如何这种爆炸都会达到足以毁掉炸弹本身的强度，因此这个问题并不严重。

我们并不认为自己有资格来讨论这种炸弹的战略价值，但以下结论似乎是确定无疑的。

1. 作为一种武器，这种超级炸弹事实上特别难以抵御。不要期望有什么材料或者哪一种结构的物体能够抵抗这种爆炸的威力。如果有谁想用这种炸弹来突破由防御工事构成的防线，那么他应记住，由此产生的放射性辐射将在数天内阻止任何人靠近受影响的区域；它们也将阻止防御者重新占领受到辐射影响的作战阵地。在这种情况下，能够最准确决定刚好在何时可以再次安全进入这一区域的一方，会占有优势。这一方有可能是侵略者，因为他们事先知道这种炸弹爆炸的位置。

2. 由于放射性物质随风扩散，使用炸弹不可能不造成大量平民死亡，这可能导致它不太适合作为这个拥有核武器的国家所应使用的武器（有人考虑将其作为一种深水爆炸物在海军基地附近来使用，但即便是这样，它也很可能因带来水灾和放射性辐射而造成大批平民死亡）。

3. 至于其他科学家是否也有同样的想法，我们还不能确定，但是由于与该问题有关的所有理论数据都是公开的，因此完全可以做这样的想象：德国人实际上正在研发这种武器。很难知道真实情况是否如此，因为分离同位素的工厂规模不需要很大，它不太会引起关注。对此有帮助的情报，是关于德国控制的铀矿的开采数据（这些铀矿主要在捷克斯洛伐克境内），以及最近德国从海外采购铀的所有数据。分离铀的工厂有可能由 K. 克鲁修斯（K. Clusius）博士（慕尼黑大学物理化学教授）控制，他是最佳的同位素分离方法的发明者，因此有关他的下落和处境的信息或许也能提供重要线索。

与此同时，也非常有可能的是，在德国，还没有人意识到通过分离铀同位素能够制造出超级炸弹。因此，确保本报告的秘密性极为重要，因为任何关于铀分离和超级炸弹之间存在关联的传闻，都有可能使一位德国科学家沿着正确思路想下去。

4. 如果假设德国已拥有或将要拥有这种武器，那么必须认识到，不存在任何可用于有效应对这种武器且能够大规模使用的庇护所。对这种武器威胁最有效的回应，将是使用类似的炸弹进行反威胁。因此，在我们看来，重要的是尽早开始生产这种武器，即使是不打算将这种炸弹用作进攻手段。由于即使在最理想的情况下，分离出所需数量的铀也要花费数月时间，因此在得知德国手中握有这样一颗炸弹时才开始制造自己的这种炸弹显然为时已晚，这件事因此看上去十分紧急。

5. 作为预防措施，为了处理这种炸弹的辐射影响，组建辐射检测分队很重要。他们的任务是携带测量仪器进入危险区域，确定辐射危险程度、可能的持续时间，并防止人们进入辐射危险区域。这一点很关键，因为辐射只有在剂量非常强时才会立即致人死亡，而剂量较弱时会延迟其对人产生伤害的时间，因此在辐射危险区域附近人们不会得到任何危险警报，而等觉察到危险时却为时已晚。

关于自身防护，辐射检测分队可乘坐装有铅板蒙皮的汽车或飞机进入危险地区，铅板可以吸收大部分危险性辐射。由于吸入被污染的空气很危险，车厢或者机舱必须密封，并携带氧气瓶。

检测人员必须确切地知道当最大辐射剂量值达到多少时，人可以短时间安全地暴露在外面。目前，人们还不能很准确地知道这一安全限度值，为此亟须开展进一步的生物研究。

关于上述结论的可靠性，可以这样说，它们不是建立在直接实验的基础之上，因为还没有人制造过这样一颗超级炸弹，但是这些结论大多是基于在最近核物理研究中建立的确定的事实而得出的。现在唯一不确定的，是实现爆炸所需要的临界值。我们确有把握的是，这一临界值在 1 磅左右，但我们必须依赖某些尚未被明确证实的理论观点来支持这一估计。如果实际的引发爆炸的临界值明显大于我们估算的值，那么用这种方式来制造炸弹的技术难度将会增大。一旦有少量的铀被分离出来，这一问题就会很清楚。鉴于这一问题的重要性，我们认为应立即采取措施至少达到这一步（即知道实际的爆炸临界值是多少——编者注）；同时，进行一定的实验，尽管它不能彻底解决临界值问题，但如果实验结果符合我们的预期，也有可能为我们的估算结论提供强有力的支持。

评　介

1938 年 12 月，德国科学家在世界上首次发现并实现了原子核裂变反应，欧洲部分科学家由此敏锐地意识到，存在利用原子核裂变制造出一种威力巨大的武器的可能性，并对纳粹德国有可能率先研制出这种武器深感担忧，开始以多种方式敦促英美等国政府采取行动。[①] 出生于奥地利，长期在英国、丹麦从事研究工作的奥托·弗里施（Otto Frisch），于 1939 年 1 月在世界上率先对原子核裂变现象做出了理论解释。1940 年初，他同移居英国的德国科学家鲁道夫·派尔斯（Rudolf Peierls）合作，对铀的临界质量及其爆炸可能产生的破坏力进行了计算，计算结果令他们大为震惊，认为有必要提醒英国政府关注这一重大问题。于是他们两人就合写了一份报告，本书收录的是该报告的第二部分。

这份资料在概述"超级炸弹"作用原理、生产工艺等的基础上，重点阐述了关于"超级炸弹"的 5 条重要结论，即：无法对这种武器实施有效防御；其对平民必定造成严重杀伤，难以成为传统意义上的国家可以使用的武器；德国人很可能正在研发这种武器；应对德国人手中这种武器的最有效方法是赶在德国之前生产出这种武器，对其实施反威胁；建立辐射检测分队十分重要。这是世界上最早对原子武器不可防御、不能等同于传统武器等基本特征的揭示，并最早提出了核威胁只能用核武器来应对的威慑思想。这些现在看来俨然是常识的认知，在当时却很有先见之明。这些认识构成了后续美西方核战略理论与实践发展的思维起点和重要基础。

---

① 关于这方面的情况，可参看〔美〕理查德·罗兹《原子弹秘史：图文版》，江向东、廖湘彧译，金城出版社，2018；〔英〕格雷厄姆·法米罗《丘吉尔的原子弹：一部科学、战争与政治的秘史》，刘晓译，生活·读书·新知三联书店，2020。

　　这份文件提交给英国政府之后，受到了高度重视。英国政府随即成立了一个称为"铀弹分委员会"的机构，专门研究和处理相关事务。在大约一年半以后，英国政府正式决定研发原子弹，这份报告是重要源头。美国政府一开始在发展原子弹问题上并没有采取太多实质性动作，在包括英国在内的多方促动下，一直到 1941 年秋天，美国关于发展原子弹的态度才明显转变，正式启动了研制原子弹的"曼哈顿工程"。可以说，弗里施和派尔斯合作的这份备忘录，不仅推动了英国原子弹的发展，对推动美国原子弹发展也发挥了一定的作用。

　　鉴于这份资料发挥的重要作用，加之奥托·弗里施和鲁道夫·派尔斯后来都参与了美国的原子弹研制，本书将这份由两位非美国国籍科学家撰写的备忘录作为美国的核战略资料，一并收录。

二

美军对日本使用原子弹的命令*(1945 年 7 月 24 日)

指 令

美国太平洋地区战略空军指挥官（commanding general）卡尔·斯帕茨（Carl Spaatz）将军：

1. 在大约 1945 年 8 月 3 日以后，只要天气条件允许进行目视轰炸，第 20 航空军（20th Air Force）第 509 混编大队（Composite Group）将把交付于它的第一颗特殊炸弹投放到下列的其中一个目标上：广岛、小仓、新潟和长崎。为带领陆军部派遣的军事人员和非军事科研人员进行观察和记录炸弹的爆炸效应，应另外派飞机随同运载特殊炸弹的飞机飞行。用于观察的飞机应留在距离炸弹爆炸点数英里以外的空域。

2. 额外的特殊炸弹只要被工程项目总部准备好，应立即用于轰炸上述目标。关于上述地区以外的其他轰炸目标，等待另外的命令。

3. 所有关于使用这种武器打击日本的信息，均应留给陆军部长（Secretary of War）① 和美国总统来发布。非经事先特别批准，司令官不得就这一问题发布公报或透露消息。任何新闻报道都将送至陆军部做特别检查。

4. 上述指令是依据美国陆军部长和陆军参谋长（the Chief of Staff）② 的指示并经他们批准向你发布的。希望由你亲自将这份命令的副本各分送一

---

* "The Directive Releasing the Atomic Bomb to Use", in Richard Rhodes, *The Making of the Atomic Bomb*, published by Simon & Schuster, 1988, p. 691. 本译文综合了《杜鲁门回忆录》（上卷），李石译，东方出版社，2007，第 384~385 页相关内容。

① 时任美国陆军部长的是亨利·史汀生（Henry L. Stimson）。

② 时任美国陆军参谋长的是陆军五星上将乔治·马歇尔（George C. Marshall）。

份给麦克阿瑟（MacArthur）① 将军及尼米兹（Nimitz）② 海军上将，供他们参考。

代理陆军参谋长

托马斯·汉迪（Thomas T. Handy）③（签名）

1945 年 7 月 24 日

评　介

　　1945 年 5 月，美国原子弹研制工作进入最后冲刺阶段，与原子弹使用相关的筹备工作也在紧锣密鼓地进行。5 月中旬，美国将适合作为原子弹打击目标的条件归纳为三条，包括直径超过 5 千米的大城市的一些重要目标、能够被核爆炸有效摧毁的目标、8 月前未被轰炸过的目标等，并据此锁定了日本的几个城市。1945 年 7 月 16 日，美国成功试爆了世界上第一颗原子弹。在 7 月 24 日杜鲁门在波茨坦向斯大林透露有关这一新式武器的消息的当天下午，"曼哈顿工程"的军方负责人莱斯利·格罗夫斯（L. R. Groves）将军起草了这份历史上独一无二的使用原子弹的命令，经远在波茨坦的陆军部长和陆军参谋长批准后，于 7 月 25 日发给了负责执行此次原子弹使用任务的战略空军部队指挥官。

　　这份简短的命令，包括了使用原子弹的时间范围及打击目标范围、使用原子弹的持续性要求、发布相关信息的权限、命令的权威性等内容。从中不难看出，第一，当时美国基本上是按照传统思维来规划原子弹使用的。命令没有规定使用原子弹的具体时间，以及具体打击什么目标等，而将这些问题留给了具体执行打击任务的战场指挥官来自主决定。第二，原子弹使用明显受技术因素制约。这份命令由当时负责原子弹制造的将军起草，且关于投放原子弹的具体时间、使用原子弹的节奏及强度等，都明显受制于原子弹生产和装配速度、可交付数量等因素。第三，对原子弹作用的认识似乎还不确定。一方面，美军按传统模式来规划使用原子弹，这一命令

---

① 道格拉斯·麦克阿瑟时任盟军西南太平洋战区总司令，陆军五星上将。

② 切斯特·尼米兹时任盟军中太平洋战区总司令，海军五星上将。

③ 托马斯·汉迪时任美国陆军副参谋长，临时代理陆军参谋长，陆军上将。

甚至没有经过总统签批①；另一方面，似乎又感觉兹事体大，明确必须由国家指挥当局（NCA）来发布相关信息。

依照这份命令，1945 年 8 月 6 日美军对日本广岛投下了第一颗原子弹。此后，由于没有收到日本投降的消息，杜鲁门给斯帕茨将军又发出一道命令，"除非另有指示，须仿照（原）计划进行"②。8 月 9 日，美军对日本长崎投下了第二颗原子弹。正当美军准备对日本使用第三颗原子弹③的时候，美国总统杜鲁门"考虑到再消灭 10 万人实在太恐怖了"，于 8 月 10 日下达了不再投掷原子弹的限制令，④ 中止了对这一命令的执行。

① 关于这一命令是否经过杜鲁门总统过目，有不同说法。但目前还没有发现杜鲁门总统当时看过这份命令留下的明确的证据。
② 《杜鲁门回忆录》（上卷），李石译，东方出版社，2007，第 388 页。
③ 在使用了第二颗原子弹之后，美军已经计划于 8 月 13 日前将第三颗原子弹运往战区，于 8 月 17 日之后天气适合时尽快对日本使用。
④ 参看〔美〕理查德·罗兹《原子弹秘史：图文版》，江向东、廖湘彧译，金城出版社，2018，第 703 页。

三

总统杜鲁门就美国原子能政策给联合国原子能委员会美国代表（巴鲁克）的备忘录[*]
（1946 年 6 月 7 日）

机密　　　　　　　　　　　　　　　华盛顿，1946 年 6 月 7 日

给伯纳德·巴鲁克（Bernard Baruch）先生的备忘录：因为你请求得到政策指导，我随附了一份美国原子能政策声明。这一政策声明是你履行作为驻联合国原子能委员会美国代表职责时的唯一指南。

这一政策声明是一般性的、原则性的，因为我想要你有权力对实现既定目标的方法做出判断，自行决定如何行事。

随着谈判的推进，如果你认为这份政策声明中有什么需要修改的地方，我希望你能向我提出来，并坦率地把你的看法告诉我。

我知道你会就谈判问题给我提供建议。但是，我需要你清楚的是，在只是就随附政策明确的那些主题所进行的谈判中，我靠你来做出你自己的决断，除非你收到了我通过国务卿给你的进一步的政策声明。

哈里·杜鲁门（Harry S. Truman）

---

[*]　"Memorandum by President Truman to the United States Representative on the Atomic Energy Commission（Baruch）", Foreign Relations of the United States（FRUS）, 1946, General, Vol. I, Doc. 448, pp. 846–851.

附　件

1946 年 6 月 7 日

美国政策声明

这份文件中的建议是谈判的基础，它主要源于以下三个方面的基本认识。

1. 人们相信，一份将原子能发展置于有义务不为战争目的而发展原子能的国家掌控之下，且规定只依赖国际核查系统来发现其逃避责任行为的国际协议，非但提供不了足够的安全，还可能成为不安全的根源。

2. 人们相信：

（a）一份仅仅用于宣布拥有或者使用原子弹为非法行为的条约，将难以有效实现联合国原子能委员会要达成的目标，因此，要建立有足够权力的国际原子能发展机构；

（b）为了能够通过在这一领域称职的国际权威机构来最大限度地保障安全，应当清楚说明违反控制体系有什么样的严重后果，包括要界定哪些行为算作违反规定的行动，如果发生了这样的违规行为要给予什么样的惩罚，国际社会对此要采取什么样的一致行动等；

（c）这一计划要达成的目标之一，是在控制体系全部生效后，世界上就不再存在原子弹了；

（d）这一计划或许还要包括一个类似的关于生物战武器控制体系的声明。

3. 人们进一步认为，只有通过将下列权力委托给国际组织，才能达到防止原子战争爆发的目的：

（a）对所有潜在危及世界安全的原子能活动实施经理式控制（managerial control）；

（b）有权对所有原子能发展活动进行调控、核查及许可管理。

如果一个国际机构被唯一赋予了从事这种危险性原子能活动的责任，允许国家及其民众从事其他非危险性原子能活动，且如果这个国际机构还有责任去推动有益的核发展，致力于将原子能用于其他有益的方面，并使人们懂得这种有益的使用，且民众因此能够发现那些错误使用原子能的活动，那么，这些都将提供最好的安全前景。

为了便于在谈判中讨论，特提出如下措施作为原子控制计划的主要内容，这一计划将影响到上面刚刚谈及的几点认识。在本政策文件里，提议的国际机构指的是原子发展总署（the Atomic Development Authority）。

1. 总则——原子发展总署应当寻求形成一个详细的原子控制计划，通过各种形式的所有制关系、管辖权、许可证发放权，由合格的人员进行经营、核查、研究及管理等来实施控制。

人们相信，控制计划的各个方面，不论是在概念上还是在组织体系类型及人员选择上，都要能满足确保对原子能实施最有效控制以实现国家安全的需要。从概念上讲，这一计划是既包括发展责任又包括控制职责的统一体。

2. 原材料——原子发展总署建立后，应将统管全球的铀及钍的供应作为其早期目标之一。至于采取什么方式对这些以不同形式存在的原材料实施精准控制，将视这些原材料所处的地理位置、开采及提炼的难度，以及在不同条件下获取这些原材料的经济性等因素而定。

原子发展总署应持续调查，以便尽可能全面地掌握铀和钍在全球的分布状况。该机构还应持续研究新方法，用于发现那些存量极小的原材料，以便在这些原材料有可能被开采出来的情况下，能设计出对其实施控制的方法。

3. 重要生产工厂——原子发展总署对裂变材料的生产应实施完全的经理式控制。这就是说，原子发展总署应控制和经营裂变材料产量达到了危险量值的所有生产工厂，并自己掌握和控制这些工厂生产出来的裂变材料。

4. 原子爆炸——原子发展总署在原子爆炸研究上应有绝对权威。为了使该机构能够掌握原子能领域前沿知识，实现其防止非法生产原子弹的目标，对原子爆炸进行研究十分重要。只有当原子发展总署在这方面处于最领先地位的情况下，它才能让世界知道，危险性原子活动与非危险性原子活动的区别在哪里。如果在未来某个时间，新的研究发现，利用其他材料或者方法也能进行危险性原子发展活动，那么该机构应在第一时间知道，这一点很重要。届时，该机构要采取措施，扩大安全防护范围。

5. 原子活动及原材料的战略性配置——那些对安全具有天然的危险性、

专属于原子发展总署的原子发展活动，应当分布到全球多个地方。同样的，库存原材料及裂变材料也不应集中在一个地方来存放。

6. 非危险性原子活动——原子研究（原子爆炸除外）、研究型反应堆的运用、通过非危险性反应堆来生产放射性同位素指示剂及其运用，以及在一定程度上利用原子能来发电等活动，在原子发展总署合理的许可安排下，应由国家及其民众自由实施。实施这些活动所需的各种不同类型的原子材料，应由原子发展总署通过租赁或者其他适当的安排予以保障。

原子发展总署至关重要的一项职能，是尽可能扩大原子能使用上的和平红利。

在任何时候都要利用一切可能的机会，来推动国家和私营原子能发展的分散化、多样化，且防止原子发展总署内部的集权化。因此，鼓励国家和私人企业从事非危险性核发展活动，是原子发展总署的一项重要职能。

7. 危险性核活动与非危险性核活动的界定——尽管可以在危险性原子活动与非危险性原子活动之间合理地划出一条分界线，但这种区分并非一成不变。因此，应当建立一种机制，确保能持续对此进行审查和再审查，且在条件发生变化和新的发现对其提出了新的要求的情况下，能够对其进行修改。

7（a）任何处理铀或者钍的工厂一旦到了有可能危险使用原子能的程度，原子发展总署不仅必须对其实施最严厉、最权威的检查，而且要对其实际运作进行管理、监督和控制。

8. 核查活动——通过将那些本质上危险的核发展活动交由原子发展总署专门管理，使核查的难度大为降低，变得易于处理。假如原子发展总署是唯一能在原材料、初级生产工厂、爆炸研究等方面合法从事危险性活动的机构，那么除此之外的其他机构在这些领域的活动，将被视作一种危险信号。

这一控制计划不应考虑实施任何系统性的或者大规模的覆盖整个原子能工业的核查程序。原子发展总署在派遣核查代表团问题上应慎重行事，以便进行的核查既能满足需要及其职责要求，又不越界。原子发展总署的很多核查活动应源于其别的职责，或者由其别的职责衍生而来。一项重要的核查措施将同严格控制原材料相关，因为对原材料的控制是整个控制计划的基础。与原材料相关的持续的勘探、鉴定及研究活动，不仅应服务于原子发展总署明确的发展职能，而且还要确保使国家或者民众在原材料问题上不会偷偷摸摸采取行动。核查还要同该机构的许可证管理职能联系起来。最后，该控制计划应有相应的规定，以确保原子发展总署能够对任何受到怀疑的国家或者私人活动进行特定的"现场"（spot）调查。

9. 人员配备——原子发展总署工作人员应当以能胜任工作为基础通过招聘来产生，但同时尽可能兼顾其国际性，保持这些人员在地理分布及国家分布上的均衡性。尽管招聘到高素质的高级管理及高级技术岗位所需的人员有难度，但相对于那些纯粹警察性质的组织招聘高素质人员而言，招聘这些人员的难度要小得多。

10. 谈判阶段——创设原子控制体系的第一步，是讲清楚原子发展总署的职能、责任、权力及限制等。一旦原子发展总署章程定下来，并被采用，该机构及由其负责的原子控制体系将需要一定时间来完善构架、提高有效性。原子控制计划因此必须分阶段生效。这些问题都应在原子发展总署的章程中特别明确和固定下来，或者在章程中要提出从一个阶段转入下一个阶段的方法。在创设这一机构的联合国会议决议中，要考虑这些问题。

11. 信息披露（disclosures）——在考虑联合国原子能委员会问题时，美国必须准备提供对正确理解该委员会的提议具有重要作用的那些信息。进一步披露相关信息对所有国家都有利，但这必须以有效批准该协议作为基础。如果这样一个机构真的成立了，那么，美国还必须准备提供其他的、对确保该组织履行其职能有至关重要作用的信息。随着后续的国际控制阶段性目标的实现，美国必须按照阶段性控制要求，进一步准备把其在这一领域活动的国家控制权转交给该国际机构。

12. 国际控制——如果原子发展总署这一国际控制机构建立起来了，就会产生国家实体在原子发展上有多大控制权的问题。对此人们认为，任何由国家原子能机构实施的原子发展控制活动，都应当是国际原子发展控制体系有效运作所需要的，都应接受原子发展总署的指导并受其绝对控制。到那时，有可能会看到，有人会不支持或者不赞成创立国家原子发展控制机构，或者不赋予该机构对原子发展活动的管辖权。这一问题在联合国原子能委员会成立之前就会出现，如果任何国际原子发展控制计划涉及这一问题的话，应当本着防止在管辖权上出现矛盾的目的，通过清楚地区分国家原子能控制机构应担负的责任及义务的方法来解决这一问题。①

哈里·杜鲁门

评　介

　　在美国原子弹研制进程后期，参与原子弹研发的科学家们呼吁美国政府采取措施对原子武器实施有效管制，产生了较大影响。1945 年 8 月 6 日，杜鲁门总统在其关于对日本使用了原子弹的政府声明中明确提出，要在美国国内设立一个委员会来管制美国国内的原子能生产和运用问题，并考虑在使原子能转变为维护世界和平的力量这一问题上，采取进一步措施。②1945 年 10 月 3 日，杜鲁门发表了关于原子能政策的国情咨文，进一步强调要从国内和国际两条战线上推动对原子能发展的管制。③ 在推动有关美国国内原子能控制立法的同时，④ 美国推动于 1946 年 1 月召开的联合国第一次正式会议通过决议，成立联合国原子能委员会，专门讨论原子能国际控制问题。当年 3 月，杜鲁门正式任命伯纳德·巴鲁克为美国在联合国原子能委员会的代表。在 1946 年 6 月 14 日联合国原子能委员会召开第一次会议前夕，杜鲁门专门给巴鲁克提供了这份政策文件，代表了这一时期美国政府在原子能国际控制问题上的基本立场，是这一时期美国核军备控制实践的基本政策依据。

　　这份文件开头所谓的三点共识，实际上代表着美国政府对实施国际原子能控制的基本立场，包括：一是对原子发展实施国际管制而非国家管制才能确保安全；二是必须建立权力足够大的国际原子发展机构来实施这种管制；三是这种管制的最终目的是杜绝危险性原子活动，消除原子弹。

　　美国在联合国原子能委员会的代表巴鲁克稍后依据这一政策提出了美国关于管制原子能的具体建议，史称"巴鲁克计划"。苏联代表随后提出了

---

① 总统在其签名上方，写下这样一句话：以上一般性原则于 1946 年 6 月 7 日被批准。——原文件注
② 参看《杜鲁门回忆录》（上卷），李石译，东方出版社，2007，第 388 页。
③ 参看《杜鲁门回忆录》（上卷），李石译，东方出版社，2007，第 521~526 页。
④ 1946 年 8 月 1 日《美国原子能法案》正式生效，按照这一法案成立的美国原子能委员会于 1947 年 1 月 1 日正式运转。

反议案，美国和苏联围绕这一问题在联合国展开了长达数年的激烈博弈斗争。在当时美苏竞争、对立态势已初步显现的情况下，独家掌握了原子弹技术且已经有了原子弹的美国提出对原子武器实施国际管制，很容易被认为是要独家垄断核武器，自然要遭到苏联的反对和抵制，也注定其难以成功。而基于核武器本质特性的全面禁止和彻底消除核武器的思想，从核武器出现开始就已经产生，并在随后持续的核发展及核军控博弈斗争中一再被提及，受到重视。

四

关于"缺少原子武器发展政策指南"的信[*]
（1947 年 2 月 15 日）

1947 年 2 月 15 日

施特劳斯（Strauss）^① 先生：

你让我进一步解释一下在国防部内部是如何制定关于原子武器的发展指南的，以及为什么我们关于这样的指南如此少见。^②

其根本原因同需要通过一场世界大战及一支独立的空军，才能充分认识到飞机的潜力的道理是一样的。不论是陆军还是海军，一直到最近都还没有完全接受原子武器。（至于为什么这样）你能想到很多原因。<u>没有</u>^③一个军种完全意识到，要保持原子科学家那种无限的视野，他们要不断加速（在原子武器发展方面）取得进展，不断成长壮大，需要有政策指南等。这是现在军方出台有用的长远指南的最大障碍。

由于陆军和海军官员只是到最近才开始严肃地将原子武器看作革命性的、现实可用的手段，还没有认识到这种武器的全部潜力，因此对未来关于这种武器的需求想得还很少。例如，欧洲盟军最高司令（SACEUR）<u>还从未提交过关于原子武器的发展需求</u>，也没有评估过在 1955 年 5 月之前这一段时间希望获得的原子武器的<u>类型</u>或者<u>规模</u>。这在所有司令官中很有代表性，这

---

* "Lack of Developmental Guidance", Digital National Security Archive（DNSA），Nuclear History（NH）54. 原文件中并没有标明这是谁写的信，但从原文件上盖的"艾森豪威尔图书馆"的印章以及信的内容可以判定，这是时任美国陆军参谋长艾森豪威尔写的信。

① 刘易斯·L. 施特劳斯是 1947 年 1 月正式成立的美国原子能委员会的五名成员之一，对发展核武器持十分坚定的立场。

② 按照 1946 年 8 月 1 日正式生效的《美国原子能法案》（亦称"麦克马洪议案"），美国成立全部由文职人员组成的原子能委员会，对美国国内的原子能发展进行管制，但军方在决定原子武器生产数量、原子发展项目优先顺序等方面起主导作用。

③ 本书下划线如无特别说明，皆为原文件所带，以示强调。

与常规军事需求生成程序相比，完全反过来了。令人有点诧异的是，五角
大楼已经发现，要填充原子武器需求这个真空很困难。

由于存在这样一个真空，所以能设想出来未来对原子武器有需求的军
种和司令部（空军和战略空军司令部），自然会将所有原子武器发展引向单
一的空中作战需求的概念上来，即走到最大的可能武器与最大的轰炸机匹
配的路子上来。只有很小一部分海军"专家"，在数量甚至更少的陆军军官
支持下，对此进行了顽强抗争后，才将一部分有关原子武器发展的努力转
到了原子武器小型化道路上来。

任何原子武器发展指南在概念与表述上都存在诸多障碍。在最近陆军
和海军对发展原子武器了无兴趣的氛围中，任何提出新概念的人都很难在
自己军种内部将其观点成功推销出去。一旦其观点得到了一个军种的认可，
还必须进一步将其推销到其他军种，且还要使所有军种都同意将其发展置
于优先位置才行。在相关概念存在分歧，发展不同类型原子武器存在竞争
的情况下，国防部想要批准任何一个原子武器发展指南都十分困难。我想，
你对在各军种间如何就这一问题达成一致意见的细节不会感兴趣，因为这
个<u>过程</u>对他们提出产量需求（yield requirements）的最终结果没有什么影响。

不过形势正在好转。空军正在重新获得控制战略空军司令部的方法，
或者将很快实现。[①] 陆军在一个非常称职的年轻将军领导下，已经重组并巩
固了陆军原子武器及导弹的职责，这位年轻的将军得到了真正的授权且有
高级别下属的辅助。参谋长联席会议的原子规划团队（彩虹小组）已经向
我保证，他们将在给原子能委员会的下一封关于原子武器发展指南的信中，
增加一些"用牛刀杀鸡"（Rube Goldberg）的长远思想在里面。他们已经请
斯塔伯德（Starbird）将军给参谋长联席会议计划人员就国防部需要问题上
课。原子能委员会感受到这种变化可能还需要一些时间。但这种变化会
来的。

在推动五角大楼的朋友制定长期发展指南方面，我已经尝试向他们强
调一种"通用型"（universal）核武器的优点及潜在作用，这种武器适用于
炸弹、火箭或者导弹，很容易对爆炸当量大小做出调整，也可以对其放射

---

① 1946 年 3 月 21 日美国陆军部发布训令，将陆军航空兵的主力——美国大陆空军一分为三，
组建了包括战略空军司令部在内的三个司令部。1947 年 9 月，美国空军正式成立，战略空
军司令部归属美国空军。

性污染程度进行调整，还可以通过调整使其重量、大小尺寸适中。① 我认为，我们应当朝这个方向发展，要认识到这一个还远未达到的目标，其最终实现的可能性眼下甚至连科学家们都不敢确定。那些必须依据现实转变认知的科学家，总是低估实现这一目标的可能性，或许他们还会顽固地坚持认为实现这一点不太可能。如果有了这样一种"通用型"核武器，在我们要追求原子武器使用上的灵活性时，它应当会取代我们目前原子武器库中的很大一部分武器，这一原子武器库已经变得太大了。一种"通用型"原子武器将减少原子武器需求量，从长远看它会是廉价的，纵然它的核裂变反应效率及爆炸当量将低于最优水平。我谈及这一思想，只是想强调在这一问题上要树立长期目标。还有其他一些令人兴奋的原子发展的可能性，也应当引起军方关注，例如："可塑造的"（shaped）原子爆炸；最大限度释放中子 X 射线或者其他放射性射线的爆炸，极高空原子爆炸；还有一些可能的发展目前还只是科学家头脑中的概念。

评 介

1946 年 8 月正式生效的《美国原子能法案》，从法律上明确了由文职人员控制美国国内的原子武器及核原料生产，但在原子武器生产数量、种类等问题上，由军方发挥主导作用。在实践中，原子能委员会与军方之间的协调机制并不是那么顺畅，例如军方很少能够给原子能委员会提供关于原子武器需要的政策指南。时任美国陆军参谋长的艾森豪威尔在给美国原子能委员会委员施特劳斯的这封信中，对此进行了解释，并间接概括了当时美国各军种关于原子武器作用的认识和看法，为人们理解那一时期美国原子武器发展提供了一定的帮助。

艾森豪威尔在信中强调，令施特劳斯疑惑的问题，即当时美国原子武器发展需求不旺的根本原因，在于美国军方，特别是美国陆军和海军没有认识到原子武器的巨大作用与影响。他们在对日本使用原子弹一年半之后，

---

① 早在 1946 年 1 月，时任美国陆军参谋长的艾森豪威尔在向参谋长联席会议介绍陆军形势时就提出，所有可能的投掷方法都应该研究和发展。1947 年 2 月初，艾森豪威尔提出建议，必须同美国陆军部、海军部相关人员磋商之后，再拿出供参谋长联席会议审议的对核裂变材料及原子武器的生产需求。他的建议被采纳。

才开始"严肃地将原子武器看作革命性的、现实可用的手段，还没有认识到这种武器的全部潜力"。在这种情况下，他们不会认真考虑需求多少、需求什么样的原子武器等问题，自然不可能形成统一的关于原子武器发展的政策指南。这是导致 1948 年前美国原子武器发展缓慢的主要原因。

在信中，艾森豪威尔还表达了他关于原子武器发展的另外一种思想，即美国不应当只发展当时美国空军倡导的用于达成战略目的的大型战略性核武器，还应当发展能适用于多种投送方式、当量随时可调的"通用型"原子武器。结合同一时期艾森豪威尔关于"所有可能的投掷方法都应该研究和发展"的认识，可以看出，早在这一时期，艾森豪威尔就已经有了发展战术核武器并将核武器用于实现战术目的的想法。

五

美国国务院政策规划办公室关于核问题的
第 148 次会议记录[*]（摘录）
（1949 年 10 月 11 日）

（1949 年 10 月 11 日，星期二，上午 11 点至下午 1 点）

出席会议的人员（略）

在讨论之初，凯南（Kennan）①先生总体描述了他关于美国当前面临的主要问题的考虑：

东西方之间的差异使形势变化更加明显，至少达到了你可以从这个因素（东西方差异——编者注）出发去思考形势的程度。这是所有单一因素中最重要的一个因素，尽管它不是我们所面临的难题的全部。

总体上讲，双方战线多少都有些拉得过长，且双方都在试图巩固各自的地位。我们掌握的最好的证据表明，俄国人并不打算发动战争，恰恰相反，他们正全神贯注地处理铁托和远东地区的问题。那么，对美国来说，我们的问题可以这样来表述："我们正在坚持按照我们自己的方针从容应对吗?"在试图找到答案的过程中，这个笼统的问题可以进一步分解为以下几个主要方面。

……

5. 在宣告了俄国人拥有原子弹的情况下②，美国军事政策和政治政策之

---

* "Minutes of the 148th Meeting of the Policy Planning Staff, Tuesday, October 11, 1949, 11 a. m. to 1 p. m., Department of State", Foreign Relations of the United States（FRUS）, 1949, National Security Affairs, Vol. I, Doc. 148, pp. 399~404. 该会议记录是由政策规划署工作人员亨利·施瓦茨完成的。本文参考了周建明、王成至主编的《美国国家安全战略解密文献选编（1945~1972）》（第一册）（社会科学文献出版社，2010）中的相应译文。

① 此时乔治·凯南为美国国务院政策规划办公室主任。

② 1949 年 8 月 29 日苏联进行了第一次原子弹爆炸试验。9 月 3 日美国空中侦察飞机发现了相关空域空气中放射性物质大幅增加。9 月 23 日，美国总统杜鲁门宣布，有证据证明苏联人此前进行了一次原子爆炸。

间的整体关系问题。关于两者之间的一般性联系，凯南先生说他已经草拟了一篇文章，如果能够通过政府批准，或许还需要得到国务卿的许可，将会在《读者文摘》上予以发表①。保罗·尼采（Paul Nitze）② 先生建议，凯南先生关于军事与政治政策关系的概述是以地缘关系为基础的，这一问题也可以基于各自不同的功能来进行考察，即从军事、经济和政治角度对其进行考察，认为这样的考察也是有益的。

　　……

　　凯南先生随后大致介绍了胡克（Hooker）先生对参谋长联席会议文件③研究的结论。他说从这些文件中你们可以得出两点一般性结论：一方面，似乎政府上下都认同参谋长联席会议是绝无谬误的；另一方面，很显然参谋长们是基于敌人的最大能力来得出其结论的，而敌人这种最大能力更多的是基于不可能发生的情况而不是基于可能出现的情况设想而来的。他强调说，他相信，现在我们的政府对于如果我们与俄国开战，我们的目标会是什么的问题，还没有一个清晰的理念。他个人的观点是，完全消灭敌人、使敌人彻底投降都是不可能的，因此，我们的目标应该是实施有限战争，而不是全面战争（total warfare）。

　　鉴于了解到俄国人现在已经有了原子弹这一情况，凯南先生还谈到了通过原子轰炸进行报复的观念。他认为使用原子弹对俄国人使用传统武器发起的攻击实施报复，现在也许不可能了。尼采先生则指出，俄国人有了原子弹这一事实或许会使常规武器，以及西欧国家，还有我们自己都掌握常规武器变得更为重要。因此，降低而不是提高平民生活标准，以便使我们生产武器而不是日常消费品，或许必不可少；但反过来，这需要采取不同于我们现在所使用的宣传口径。比如说，如果欧洲国家将其国民经济的20%而不是5%用于军事，那么它们或许就能生产足够的军备。但是国务卿④说，我们必须从国民和政府将要做什么而不是它们能做什么的角度来考

---

① 这篇标题为《与苏联的战争不可避免吗？》的文章被刊登在 1950 年 2 月 20 日的美国《国务院公报》第 267 页上；1950 年 3 月的《读者文摘》也刊登了这篇文章。——原文件注
② 保罗·尼采此时为乔治·凯南的副手，即美国国务院政策规划办公室副主任，1950 年初接替凯南出任主任一职。
③ 这里指的是对 1948 年和 1949 年政策规划办公室档案中来源于参谋长联席会议的材料的分析，由政策规划办公室的罗伯特·胡克准备，于 9 月 21 日发给了凯南。——原文件注
④ 此时担任美国国务卿的是迪安·艾奇逊。

察这些问题。

国务卿说，他的感觉是，我们应该首先看一看俄国人拥有原子弹的普遍影响有多大，再去研究国际管制原子能的问题。尼采先生则指出，美国任何有效的用于应对核战争的民防举措，都会影响敌人使用原子弹的决心。国务卿指出，如果同意俄国人的意见在战争中不使用原子弹，就等于使自己丧失了通过原子轰炸对常规侵略进行报复所产生的令敌人胆战心惊的作用。①

凯南指出，迄今为止在这个问题（原子武器使用——编者注）上做出的唯一决定是，总统将决定是否使用原子武器。但他同时认为，军方一直都以使用原子弹作为其所有计划的基础，从而在未来需要就使用原子武器问题做出决定的时候，即便不是不可能，也很难做出除使用核武器之外的其他决定。他还补充说，他和国务院里算得上是俄国问题专家的人反对用原子弹轰炸俄国城市。他们认为这样做最可能的结果是进一步增强俄国人民抵抗的勇气和决心。从这一点出发，他接着说，如果我们判断认为首先使用核武器不可行，那么在随后与俄国人达成双方都完全不使用这一武器的协议时，我们会有一些优势。

国务卿指出，最迟于（1950年）1月中旬前，我们对这些问题的认识和理解比现在要清楚得多、深入得多。比如说，如果出于各种原因我们希望同意俄国人的意见不使用原子弹，那么这样的一个决定使我们在向国会请求追加额外拨款去制造更多我们不准备使用的原子弹的问题上，显得相当尴尬；在1月之前需要申请更多的军事援助资金；经济合作署将再次面对国会，国务卿相信这一次过关的难度比以前要更大。

尼采先生说，他感到，在我们为未来做规划时，很重要的一点是我们不假定在1952年要自动停止对外援助，尽管我们可能因为要对欧洲国家施加必然的影响会公开保持相反的政策立场。

国务卿说，我们或许必须将圣诞节设定为找到所有这些问题的答案的目标日期，他计划一个星期用两个下午或上午的时间与政策规划办公室一道来解决这些问题。

---

① 从1946年开始，苏联人在联合国等场合阐述其对原子武器进行管制的政策立场时，特别强调对原子武器的国际管制包括缔约国要承担"在任何情况下不使用原子武器"的义务。

评　介

1949 年 9 月下旬在确认苏联进行了一次原子爆炸之后，美国相关部门紧急就如何应对这一种态势进行了一系列研究和讨论。美国国务院政策规划办公室第 148 次会议记录比较清楚地反映了当时美国国务院内部，或者说美国政府在处理和应对苏联拥核这一重大问题上存在的一种不是主流但有一定代表性的思路。

时任美国国务院政策规划办公室主任的乔治·凯南在会上明确提出，在苏联掌握了核武器之后，美国再也不能像之前那样通过进行核报复来威慑或者应对苏联的常规侵略了。这一论断实际上成了美国 60 年代之后核政策核战略的基本依据。① 会上多次谈到的"不使用核武器"问题，实际上代表了凯南的核心思想，甚至他本人认为这是他最重要的观点之一。② 这从会上他对美国军方所有战略计划都以使用原子武器作为基础的担忧中可以看出来。凯南之所以不赞成美国"首先使用核武器"，除了他在会上所表达的他认为这有可能激起对方对美国的痛恨原因外，更重要的原因在于，他认为通过达成包括不使用核武器在内的对核武器进行国际管制的协议，防止出现核军备竞赛，是解决核时代美国面临的安全问题的根本出路。从有利于达成这一协议出发，他认为美国宣布"不首先使用核武器"是"有好处的"，是值得冒一些风险的。

凯南的这一思想在当时遭到了包括美国国防部官员、其顶头上司国务卿艾奇逊、其继任者保罗·尼采在内的大多数美国政府官员的反对，没能被正式采纳。但其作为核领域的一个重要思想流派，在美国理论界及美国核战略实践中有一定影响。时至今日，美国国内仍然有要求美国政府宣布"不首先使用核武器"的呼声，时不时也会传出美国政府有可能公开宣布"不首先使用核武器"的相关消息。

---

① 美国从 20 世纪 60 年代开始奉行的"灵活反应"战略的核心思想之一，就是用常规武器来应对常规侵略，核武器主要用于应对核侵略、核威胁。

② 凯南在其回忆录中曾说，他在本次会议之后不久给国务卿艾奇逊起草了他认为是他在政府任职期间"最重要的"一份文件，在这份文件中，他对美国政府首先使用核武器的方案表达了极为反感的态度。参看〔美〕约翰·纽豪斯《核时代的战争与和平》，军事科学院外国军事研究部译，军事科学出版社，1989，第 138 页。

六

总顾问委员会主席(奥本海默)就发展热核武器问题给原子能委员会主席(利连撒尔)的备忘录[*]
(1949 年 10 月 30 日)

最高机密 　　　　　　　　　　　　华盛顿，1949 年 10 月 30 日

亲爱的利连撒尔（Lilienthal）[①] 先生：应委员会的要求，总顾问委员会于 1949 年 10 月 29 日和 30 日在华盛顿举行了第十七次会议，就委员会在确保共同防御和安全方面是否正在取得适当的进展的相关问题进行了审议。西博格博士因在欧洲未能出席这次会议。为了解相关背景情况，本委员会会晤了国务院顾问、原子能委员会情报机构的亨德森（Henderson）博士、参谋长联席会议主席、军事联络委员会主席[②]、武器系统评估小组（Weapons Systems Evaluation Group，WSEG）主席、诺斯塔德（Norstard）[③] 将军和海军帕森斯（Parsons）[④] 将军。此外，如你所知，我们在委员会内部也进行了密切协商。

下面的报告分为两个部分。第一部分描述了委员会针对共同防御和安全应采取行动的某些建议。第二部分叙述了这一超级项目的性质及其作为一种超级武器的性质，并对委员会一致通过的建议做了一些评论。报告后

---

[*] "The Chairman of the General Advisory Committee（Oppenheimer）to the Chairman of the United States Atomic Energy Commission（Lilienthal）", Foreign Relations of the United States（FRUS），1949，National Security Affairs，Vol. I，Doc. 211，pp. 569-573.

① 戴维·利连撒尔于 1946 年至 1950 年担任美国原子能委员会首任主席。

② 依据 1947 年 1 月 1 日正式生效的《美国原子能法案》，成立由各军种人员组成的军事联络委员会，原子能委员会任何与原子能军事运用相关的问题，都要与军事联络委员会进行协商确定。

③ 劳瑞斯·诺斯塔德中将时任美国空军负责作战的副参谋长。

④ 海军少将威廉·S. 帕森斯是美国原子能委员会的军事联络委员会成员。——原文件注

面有一个附件，它不是报告本身的一部分，而是关于超级项目应采取行动
的一些建议，反映的是委员会部分成员的意见。

委员会计划于 1949 年 12 月 1 日、2 日和 3 日在华盛顿举行第十八次会
议。届时，我们希望重新讨论在本次会议上没能处理的一些问题。

罗伯特·奥本海默（Robert J. Oppenheimer）

（附件 1）

对总顾问委员会报告①的附加声明

最高机密 华盛顿，1949 年 10 月 30 日

原子能委员会问我们，他们是否应立即全力以赴地去开发一种释放能
量是目前原子弹 100~1000 倍，依据破坏面积来衡量其毁伤威力超出现有原
子弹 20~100 倍的新型武器，我们强烈建议不要发展这种武器。

我们提出这样的建议是基于这样一种认识，即发展这种武器本身给人
类带来的极端危险，完全超过了它给我们带来的所有军事上的优势。人们
要清楚地认识到，这是一种超级武器，它是与原子弹完全不同的另一类武
器。开发这样一种超级炸弹的理由或许是要掌握用一颗炸弹就摧毁一大片
区域的能力。这种超级炸弹的使用会涉及是否要屠杀大量平民的决策。我
们担心，几颗威力可以想象的超级炸弹爆炸引起的放射性效应可能对全球
产生影响。如果超级炸弹的爆炸威力完全释放出来，那么它们所能达到的
破坏威力可以不受限制地增加。因此，这样一种超级炸弹可能会成为种族
灭绝武器。

在我们的军备库中存在这样一种武器，会对世界舆论产生深远影响：
世界各地有理性的人们会意识到，这种毁伤威力实质上不受限制的武器的
存在，对人类未来是一种无法忍受的威胁。因此，我们认为，掌握在我们
手中的这种武器所产生的心理效应，同我们的利益是背道而驰的。

我们认为永远不应制造超级炸弹。在当前世界舆论氛围改变之前，不

---

① 原文件中总顾问委员会主体报告没有列出来。该报告第一部分强调要增加核裂变材料，第
二部分建议不要将发展热核武器置于优先发展位置。

向人们展示发展这种武器的可行性，这样，人类的生存境况会好得多。

还不能完全肯定这种武器能被研制出来，也不能肯定俄国人会在十年内制造出这种武器。对于俄国人有可能成功发展这种武器的论点，我们的答复是，我们保证这一武器不会成为他们的威慑手段。如果他们对我们使用这种武器，我们通过使用大量储备的原子弹进行报复，将产生与它使用超级炸弹类似的效果。

在决定不推进超级炸弹发展进程时，我们看到了通过事例、榜样对战争整体进行一些限制的独特机会，由此也看到了减少人类恐惧、唤起人类希望的独特机会。

詹姆斯·科南特（James B. Conant）

哈特利·罗（Hartley Rowe）

西里尔·斯坦利·史密斯（Cyril Stanley Smith）

李·杜布里奇（Lee A. DuBridge）

奥利弗·巴克利（Oliver E. Buckley）

罗伯特·奥本海默

（附件 2）

对总顾问委员会报告的附加声明

最高机密   华盛顿，1949 年 10 月 30 日

关于发展"超级炸弹"的一种看法

关于全力以赴地去发展这一"超级炸弹"提议的决策，在我们看来，不能同对广泛的国家政策的考虑割裂开来。一件像"超级炸弹"这样的武器，当其释放的能量达到普通原子弹的 100~1000 倍时，只会有一个好处，那就是其毁伤区域将从 150 平方英里扩大到大约 1000 平方英里，或者更大。

这样一种武器造成的破坏必然会远远超出任何军事目标范畴，进入造成巨大自然灾难的行列。就其本身性质而言，它不能被局限于用来实现军事目标，而是变成了其实际效果几乎可以灭绝种族的一种武器。

显然，使用这种武器不可能被证明有任何道德基础，而正是这种道德

基础使人类成为单独的群体，有了一定的尊严，即使他恰好是敌国的居民也是一样。在我们看来，这显然也是其他国家人民的看法。这种武器的使用，将使美国在全世界人民面前处于一种糟糕的道德位置上。

任何使用了这种武器的战争，都会给后代造成无法化解的敌意。这样一种不人道的武力使用不可能带来令人向往的和平。使用这种武器的战争所造成的难题将使我们目前面临的问题相形见绌。

伴随这种武器的使用而来的大量放射性物质，将产生目前仍无法预见的后果，但可以肯定的是，它会使大片地区在很长时间内不适合人居住。

这种武器的破坏性没有任何限制这一事实，会使其存在本身和对其构造的了解成为对整个人类的一种危险。从任何角度来看，这都必然是一件坏事。

出于这些原因，我们认为对美国总统来说非常重要的一点是，要公开告诉美国民众和全世界，我们认为从基本伦理原则上看，启动发展这样一种武器的项目是错误的。与此同时，应当邀请世界各国同我们一道做出庄严保证：不推动发展或制造这类武器的工作。而如果做出了这样的保证，即使不存在控制机制，一旦某一个大国关于这种"超级炸弹"的研究工作发展到了可以进行试验的高级阶段，国家通过可靠的物理手段可以将其检测出来。此外，我们已经掌握并库存有原子弹，有了对生产或使用这种"超级炸弹"的行为实施足够的军事报复的手段。

恩里科·费米（Enrico Fermi）

伊赛德·拉比（Isidor I. Rabi）

吴红莉　译

评　介

1949 年 8 月底苏联爆炸了第一颗原子弹，美国政府内部在是否通过发展威力更大的氢弹进行应对的问题上出现了明显意见分歧。其中，主要由文职人员组成、负责美国核裂变材料及原子武器生产、储备和管理的原子能委员会明确反对通过发展氢弹来应对这一挑战。而他们的这一立场明显又受到了其所属的主要由科学家组成的总顾问委员会的影响。这一份备忘录阐述了总顾问委员会反对美国发展氢弹的主要理由，具有一定的代表性。

在总顾问委员会的科学家们看来，氢弹会造成大量平民被屠杀，甚至种族灭绝，使全世界甚至整个人类面临极端危险。这样的影响已经远远超出了其所能带来的军事上的优势；而与之相关联，美国如果发展和拥有了氢弹，会令全世界的人们对美国产生反感情绪，使美国处于糟糕的道德地位，而这显然不符合美国利益。此外，美国人利用自己大量储备的原子武器对苏联人使用热核武器的行为实施报复，可以产生类似于使用热核武器的效果，所以即使美国人没有而苏联人有了氢弹这种武器，且苏联人使用了它，对美国来说也并不可怕。

除了从不同维度阐明美国不应该发展这种武器的理由，费米和拉比还提出趁机推动对热核武器发展进行有效国际控制的建议。这实际上是把美国自己的克制同苏联采取同样立场的保证联系了起来，被认为"为这个世界避免出现热核武器提供了独一无二的机会"①。他们提出的通过物理手段来探测是否进行了热核试验，后来被称为核军控核查的"国家技术手段"，在核军控领域的应用十分广泛。

总顾问委员会的这份报告后来受到了支持美国发展氢弹的人的猛烈攻击，美国政府最终也没有采纳他们的意见，但这并不代表这份文件所陈述的观点全无道理。这份报告提醒的问题及建立起来的逻辑，在美国后续核战略实践中有不同程度的体现和反映。

---

① 这是肯尼迪政府的国家安全事务助理邦迪对这一建议做出的评价。详细内容请参看麦乔治·邦迪《美国核战略》，褚广友等译，世界知识出版社，1991，第297~298页。

七

参谋长联席会议就发展热核武器致国防部长（约翰逊）的备忘录*（1949 年 11 月 23 日）

最高机密 华盛顿，1949 年 11 月 23 日

主题：关于美国发展热核武器的军方立场。

参谋长联席会议研究了本备忘录的主题事项，并得出以下结论。

在美国发展热核武器方面的军方立场应该是：

a. 苏联拥有热核武器而美国没有这种武器，这是无法容忍的。

b. 迫切需要确定热核爆炸的可行性及这种爆炸的特性。这些事项的确定对美国进行防务规划、做好报复准备和指导相关研究等都至关重要。它对国际事务领域的政策也将产生深远影响。

c. 如果确定发展热核武器可行，那么下列与军事需求相关的其他一些考虑则是显而易见的：

（1）美国拥有了这类武器可能会发挥对战争的威慑作用；

（2）美国拥有了这种武器将提供一种已知的威力最大的进攻性武器，从而可以增加我们的军事规划的灵活性，以及我们在敌对情况下作战的灵活性。

d. 开发一种热核武器所需要的资金、材料及工业努力等方面的投入，似乎都在美国能力所及范围之内。有可靠信息显示，发展这样一种武器可能也在苏联能力所及范围之内。

e. 有理由预测，且在某些情况下可以说众所周知的是，一定数量的热核武器可以替代数量更多的裂变炸弹。进一步讲，热核武器在高能级范围

---

* "Memorandum by the Joint Chiefs of Staff to the Secretary of Defense（Johnson）", Foreign Relations of the United States（FRUS），1949，National Security Affairs，Vol. I，Doc. 218，pp. 595–596.

内释放能量，可以更高效地利用可用的铀矿，且更高效地在单位破坏面积上生成破坏力。

f. 上述考虑比可能存在的社会、心理和道德上的反对意见要重要得多，而这些反对意见有可能被用作反对美国进行热核武器研发的理由。

g. 与美国研制热核武器努力有关的任何决定或行动，或关于这种武器可行性的任何决定，均属最高军事机密。在对美国安全如此重要的问题上应该是能够保密的。

h. 美国单方面决定不发展热核武器，并不会阻止世界其他地方来发展这种武器。

代表参谋长联席会议：

奥马尔·布雷德利（Omar N. Bradley）[1]

李旭飞　译

评　介

与原子能委员会反对美国发展氢弹的立场相反，美国国防部坚决支持发展氢弹。美军参谋长联席会议主席在这一文件中阐明的美军方支持美国发展氢弹的基本立场和主要理由，当时在美国国内具有一定的市场。

在美军高级将领们看来，苏联人有氢弹而美国人没有是根本无法接受的。他们认为，氢弹不仅可用于慑止战争，同时还可用于实战，增加作战灵活性，且可能通过数量较少的氢弹来替代库存的大量原子弹。他们还特别强调，即使美国不发展，也不能阻止苏联人发展这种武器。[2]

这份文件中的观点得到了杜鲁门总统的认可，他认为"很有说服力"，"有重大意义"。[3] 此后，由原子能委员会主席、国防部长和国务卿组成的三人委员会在就热核武器发展问题给总统的最终报告中，原则上采纳了参谋长联席会议的上述立场。因此可以说，这份文件对美国做出发展热核武器的最终决策发挥了重要作用。

---

[1]　布雷德利当时担任美军参谋长联席会议主席。

[2]　这也恰恰印证了在上一份资料（资料六）中费米和拉比提出的建议的重要性。

[3]　参看〔美〕麦乔治·邦迪《美国核战略》，褚广友等译，世界知识出版社，1991，第294页。

八

美国国家安全的目标和计划（NSC68）[*]（摘录）（1950 年 4 月 14 日）

（前面六章分别是：当前危机的背景，美国的基本目标，苏联的基本设想，在意识形态和价值观念上美国的目标同苏联的设想之间存在的根本冲突，苏联的意图和能力——现实的和潜在的，美国的意图和能力——现实的和潜在的。）

七　目前面临的危险

A. 总体危险

由前面的部分可以清楚地看出，我国社会体系的完整性和活力正处于历史上前所未有的危险之中。即使没有苏联，我们的自由社会也会面临如何将秩序、安全、参与的需要等与对自由的需求协调起来这一重大难题，而在工业化时代这一问题被进一步放大了。我们要面对的现实是：在一个收缩了的世界上，国家间的失序状态正变得越来越难以让人忍受。克里姆林宫正设法以破坏自由和民主体系的方式，将它们的制度强加到别国头上。而克里姆林宫拥有了核武器之后，为它们推进自己想做的事提供了新的动力，也增大了对我们的制度的威胁。这为目前世界上存在的无序的均衡态势平添了几分紧张，也使人们心中产生了新的疑问：这个世界能否长期忍受这种不能转变为人们所期望的那种有序世界的紧张状态。

我们面临的这些危险达到了一种新量级，同我们所进行的全面斗争大致相称。对一个自由社会来说，从来就没有完全的、彻底的胜利，因为自

---

*　"A Report to the National Security Council by the Executive Secretary（Lay）", Foreign Relations of the United States（FRUS）, 1950, National Secuity Affairs, Vol. I, Doc. 85, pp. 235–296.

由和民主从来没有完全达到过，它们从来都是处于实现完全、彻底的自由和民主的进程中。但是如果我们被极权主义者打败，对我们而言那就是彻底的失败。在这个两极化的、紧缩了的世界里，这些危险正呼啸而来，压迫着我们，以至于我们最终要么有效应对了这些危险，要么被这些危险打败，除此之外别无选择。

……

八 核军备

A. 对美国和苏联核能力的军事评估

1. 美国现有的核能力，包括规模和投送能力，如果使用得当，将足以对苏联发动战争的能力实施严重打击。但是，即使这种打击能够将规划要打击的苏联目标彻底摧毁，它是否能迫使苏联寻求妥协，或者使我们能利用目前西欧可以动员使用的地面部队来阻止苏军占领西欧，也存在疑问。但不管怎样，率先对苏联实施大规模核打击，会严重削弱苏联支持并武装其军事组织及平民的能力，使美国有可能在长期战争期间建立总体性军事优势。

2. 随着苏联核能力的增强，它袭击我们的核军事基地和设施的能力将越来越强，这将严重削弱美国实施上述核打击的能力。在不远的将来，很可能苏联就会拥有足够数量的原子弹和足够的投送能力，这将给我们提出一个问题：目前防空能力不足的英国，是否还能成为我们对苏联发起核攻击时可以依赖的前沿基地的一个重要部分？

据估计，在接下来的四年内，苏联将获得在发动突然袭击，且这种突然袭击得不到比我们现有规划更加有效的进一步反制的情况下，对美国一些至关重要的城市中心造成严重破坏的能力。苏联的这种打击将对美国造成十分严重的破坏，极大地削弱美国的经济潜力优势。

有效应对苏联这种核能力，除采取其他一些措施之外，还需要极大加强空中预警系统、防空系统，且大力发展和推进已经同军事防御体系紧密融合的民防项目。

当苏联的核能力可能提升到可以对我们发动突然袭击，且这种突然袭击得不到比我们现有规划更为有效的进一步反制的时候，不能排除苏联率先发起对我们的决定性核打击的可能性。

3. 在核战争初始阶段，率先动手和突然袭击的一方会占有巨大优势。而一个躲在铁幕后面的警察国家（police state），在保持必要的安全以及为实现这种优势所需要的集中决策方面，拥有极多的便利条件。

4. 目前，我们的核报复能力大概足以慑止苏联对我国和其他自由国家蓄意发起直接的军事进攻。但是，当苏联考虑到它有足够的核能力对我们发起突然袭击，使我们丧失核优势，并形成对其极为有利的军事态势时，克里姆林宫可能无法抵御无声无息地（对我国）实施快速核打击的诱惑。因此，两个处于这样一种关系中的核强国的存在，不仅不能遏止战争，反而会诱发战争。

5. 虽然为了确保美国报复性核打击有效，我们有必要进一步增加我们的核武器数量及威力，但这本身似乎并不能改变做出上述判断的基本逻辑。为了确保自由世界 1954 年之后在估计苏联有能力实施的那种突然核打击中生存下来，使自由世界能够继续渐进达成其既定目标，有必要大力增强常规型陆海空军力量，强化防空能力和民防建设。此外，这种对常规军事力量的强化发展，也能确保我国核报复力量安全，增强我们的核报复能力，从而推迟苏联认为发动突然袭击对其有利的时间。这会为我们的政策发挥作用，促使苏联制度发生变化提供更多时间。

6. 如果苏联抢在美国之前发展出了热核武器，那么苏联将对整个自由世界施加更大的压力，或者对美国发动攻击的风险将显著增加。

7. 如果美国抢在苏联之前发展出了热核武器，届时美国就能够对苏联施加更大的压力。

B. 核武器的储备和使用

1. 由前述分析不难看出，如果能把核武器从和平时期的国家军备中有效地去除掉，这将对美国长期有利。如果有效去除核武器的前景真的会实现，那么必须保证实现其他一些国家目标的问题，在第九章中有讨论。在还不能去除核武器，无须考虑额外的必须保证实现的其他政策目标的情况下，我们除了在条件许可范围内尽快增强我们的核能力，似乎别无选择。但不论是这两种情况中的哪一种，尽快发展我国及盟国常规型陆海空军力量，使其达到我们在军事上不用再如此严重地依赖核武器的程度，似乎都势在必行。

2. 正如在本报告第四章中所指出的那样，美国只有在必不可少、迫不得已，且得到压倒性多数国人支持的情况下，才使用军事力量，这一点很重要。因而，除非是对确信无疑的侵略做出反应，是被迫采取行动，我国绝大多数民众才愿意为此承受动用军事力量的后果，否则美国不会进行战争。而一旦战争来临，我们投入战争的力量必须确保能达成我们的目标，必须同我们可能要承担的任务相称。

如果同苏联发生全面战争（general war），必须考虑到，敌我双方都会以对达成自己目标最为有利的方式来使用核武器。考虑到我们面对苏联进攻时的脆弱性，有人强调指出，我们或许应该将我们的核武器留着只用于对苏联率先发动的核打击实施报复。如果要做到这一点，且这么做还有希望实现我们的目标的话，那么我们自己的及盟国的非核军事能力必须得到充分发展，同时还要能充分利用苏联的政策弱点。但是一旦发生了战争，我们难以保证在实现我们目标的过程中，苏联始终不使用核武器。只有当我们占有压倒性核优势、拥有制空权的情况下，苏联才可能被威慑住，在我们实现自己目标的过程中，它才不敢使用核武器。

一旦1954年前苏联核武器发展到了我们现在预估的水平，如果那时候发生战争，除非苏联对使用其他非核手段达成自己的目标非常有信心，否则，很难想象它的领导人会克制自己不使用核武器。

不管是对苏联首先使用核武器的行为实施报复，还是因为我们没有别的可用办法来达到目的而不得不使用，只要我们使用了核武器，势必要为核打击选择适当的战略和战术目标，其使用方式势必要同其要达成的这些目标相匹配。

由上述分析似乎可以得出以下结论：在发展热核武器被证明可行，且会极大增强我国相对实力（净实力）的情况下，我们应当发展并储备热核武器。当前我们对热核武器的潜能了解还不够，还不能就在战争中使用热核武器实现我们目标的问题做出评估。

3. 有人建议，我们要宣布除非是对侵略者首先使用核武器的行为实施报复，否则我们将"不使用核武器"。他们强调，这样一种政策宣示，会减小美国及其盟国遭受核打击的风险。①

---

① 时任美国国务院政策规划办公室主任乔治·凯南提出并支持这一观点。具体情况可参看本书收录资料五。

在目前我们常规军力相对而言还未发展到位的情况下，做这样的政策宣示，会被苏联解读为我们承认了自己有极大弱点，盟国据此则会认为，我们明显是要甩掉它们。此外，我们这样的宣示是否会成为苏联在决定对美国实施攻击时会非常严肃地考虑的因素，现在还存在疑问。可以预想到的是，苏联在决策时，对我们有什么样能力的重视程度，要远超过对我们宣称准备使用军事力量去做什么的重视程度。

除非我们准备放弃我们的目标，否则我们就不能诚心诚意地来宣布我们不首先使用核武器，直到我们确信，我们将处于无须通过战争即可实现国家目标的态势，或者在爆发战争的情况下，我们无须求助于使用核武器来实现我们的战略或战术目的。

C. 对原子能的国际控制

1. 有必要就实施可靠有效的国际核控制涉及的一些基本考虑进行讨论，以搞清为什么一定要确保实现将在第九章中讨论的额外的目标。

2. 假若发生了长期战争，没有哪一种国际控制体系能够阻止核武器的生产和使用。即使是最有效的国际控制体系，它本身也只能：（a）确保将核武器从国家和平时期的军备中除掉；（b）立即察觉到那些违规行为。实际上人们期望能有一个有效的国际控制体系，来确保在发现违规行为之后到核武器被用于战争之前，能够有一定的时间间隔。

3. 国际控制体系有望确保提供的从发现违规行为到核武器被用于战争之间的时间间隔长短，取决于很多因素。

销毁库存原子弹，毁坏其外壳及点火装置，本身对延长上述时间间隔几乎没有什么作用。因为核武器外壳及点火装置很容易就能生产出来，甚至在秘密情况下都能做到，而组装核武器也花不了太多时间。

如果能通过某种方式去除库存的核裂变材料，并对核裂变材料后续生产实施有效控制，那么就不会爆发由突然核打击开启的战争。

为了保证从发现违规行为到生产出大量可用核武器之间有较长的时间间隔，有必要摧毁所有有能力大量生产核裂变材料的工厂。但这样的行动对那些和平时期可能用得着的大量核裂变材料的生产要"网开一面"。

对相关原材料的生产和储备进行有效控制，会进一步延长国际控制体系能够提供的从发现违规行为到生产出大量核武器的时间间隔。现在，苏联人已经掌握了生产原子武器的技术，它从违反国际控制协议到生产出原子武器所用的时间，比我们在 1946 年预估的时间还要短，而在发展热核武器或者其他新型武器方面，这种情况则除外。

4. 是否确定发现违规行为，也取决于多种因素。在国家间缺乏信任的情况下，是否能够建立起一个确定会发现违规核行为的系统，存在疑问。将核原料及核裂变材料归国际社会所有，将有关进行危险活动的设施归国际社会所有并由国际社会统一管理使用，配合以建立在连续地、不受限制地自由进入苏联任何地方（以及其他签约国国土任何部分）基础上的核查，对于确保能够发现那些秘密违反国际核协议的行为，似乎都是必要的。随着苏联库存核裂变材料的增加，他们偷偷藏起来、不向核查机构申报的核裂变材料的数量会随之增加。从这一点来看，越早达成国际核控制协议，它所提供的保障安全的作用就越大。随着可能减小单个核反应堆尺寸和功率技术的发展，偷偷地成功生产出核裂变材料的可能性会增大。热核武器的发展将使给定数量的核裂变材料能产生和会产生的破坏成倍增加，而通过秘密行动来获得核裂变材料，使自己获得决定性优势所带来的危险也会极大增加。

5. 还需要考虑，国际核控制涉及要做出一些相对的牺牲。如果通过谈判可以达成一个有效的国际控制体系，那么，美国要牺牲比苏联多得多的库存核武器及强得多的核生产能力。然而，如果按照足够的国际控制及核查体系所要求的那样，敞开国土进行国际核查，那么这对苏联的影响要远大于对美国的影响。此外，如果国际控制体系涉及毁掉所有的大型核反应堆，并因而中止一定的对核能的和平利用，由于苏联对新能源的需求更大一些，所以它很可能会强调，它在这方面做出的牺牲要比美国更大。

6. 美国和全世界的人民都渴望能够缓解爆发核战争的危险。但现在缓解这种危险面临的主要难题是：缓解这种危险的时间会很短暂，而且我们有可能直到缓解期结束了都还没有察觉到。为了使这样的国际核控制安排符合美国的利益，美苏双方必须本着诚信的原则来签订协议，否则违反协议的可能性很大。

7. 当然，有效的国际核控制体系对安全所能做出的最重要的贡献，是在联合国方案框架内苏联能够按要求开放其领土。而这种开放领土同苏联目前僵化的体制是格格不入的。这就是苏联拒绝接受联合国方案的主要原因。

由艾奇逊—利连撒尔委员会①发起，并最终形成目前的联合国核控制计划的研究清楚地表明，单单是对核设施进行核查还是无法确保实施有效控制。把从铀矿到核裂变材料最终使用的世界所有原子能活动都归属国际权威机构所有并由其操控运营，这一点也十分重要。而其中暗含的对主权的部分让渡对于有效控制核武器而言，则十分必要。因此，美国和其他自由国家必然要为此让渡部分主权，但目前苏联还无法接受这一点。

还有一点也必须说清楚，国际控制权威机构不能直接或间接地受制于苏联，这一点也同等重要。由于苏联会认为任何一个不受制于苏联的国家，如果不是真的受制于美国，也是潜在地由美国控制，所以很清楚，美国和自由世界其他国家必须坚持的事，苏联眼下都必然会反对。

如果能够去除所有的大型核反应堆，并有效处理掉所有库存核裂变材料，那么实施国际核控制的立竿见影的效果，就是使突然的原子打击变得不再可能。但几乎可以确定的是，苏联将不会同意毁掉其大型核反应堆，除非能够确定无疑地证明出于和平目的来生产核能根本无法实现。基于同样的原因，苏联也不会同意去除其库存的核裂变材料。

最后，除非有确凿的证据表明苏联政策已经发生了根本性变化，否则我们必须设想，苏联对实施国际核控制缺乏诚意。而苏联体制的性质本身如果不改变，人们有理由怀疑它的政策是否会发生这样的转变。

以上关于国际核控制的考虑清楚地表明，在就建立有效的国际核控制体系问题展开谈判之前，美国和苏联之间的相对实力对比态势至少要先有重大变化。在关于国际核控制的这种安排可以被想象、被接受之前，苏联在和解和妥协的道路上还有很长的路要走。这一结论得到了联合国原子能委员会1948年5月17日向联合国安理会提交的第三份报告的印证。该报告称："……委员会大多数成员不能确信，他们能够接受国际核控制机构的这种性质，不能确信在这一领域所有要求参加这一国际组织的国家会在多大程度上参与这一国际组织……结果，委员会不得不承认，就控制核能的有效措施达成协议，本身有赖于在更大政策领域内的国际合作。"

简言之，除非且直到克里姆林宫的企图遭受重大挫折，导致苏联政策

---

① 1946年初，美国国务卿贝尔纳斯指定成立一个特别委员会，用于制定国际控制原子能计划。时任副国务卿迪安·艾奇逊担任委员会主席，该委员会有一个由戴维·利连撒尔担任主席的顾问团。该委员会后来被称为艾奇逊—利连撒尔委员会。

发生真正的、根本性的转变，否则不能指望能够通过谈判来达成一个进行有效国际核控制的计划。

（报告第九章是"可能的行动方案"，最后是"结论与建议"。）

评 介

为了应对苏联掌握原子弹这一重大事件，1950 年 1 月，美国总统杜鲁门在做出发展氢弹这一重大决定的同时，要求国务卿和国防部长"依据苏联可能的裂变弹及热核炸弹的能力，对美国平时和战时政策目标，以及这些目标对国家战略规划的影响等问题进行审查"[①]。在时任美国国务院政策规划办公室主任保罗·尼采的主导下，由美国国务院和国防部组成的联合审查小组，于 1950 年 4 月向美国国家安全委员会提交了审查报告，被编为国家安全委员会第 68 号文件（NSC68）。这一文件被认为是冷战时期美国最重要的国家安全政策文件之一。该文件很长，本书只摘录与核相关的部分内容。

报告提出，在不远的将来（1954 年前后），苏联有可能具备足以给美国造成严重破坏的核能力，且苏联有可能率先发动核攻击，这对美国安全和利益构成了严重挑战，为此美国有必要进一步发展和增强核能力，赶在苏联之前拥有热核武器。报告特别强调，在强化核能力建设的同时，美国还必须大力增强常规军事力量及防空、民防能力建设，这对于实现美国国家战略目标非常重要。

报告对核武器使用问题从整体上做了分析，认为在未来与苏联的战争中，使用核武器是达成战争目标最有利的方式，而且先用的一方将占优势；而只有在核力量占有明显优势，且常规军事能力得到充分发展的情况下，美国才可考虑将核武器用作报复手段。报告还从其他多个角度解释了美国为什么不能实行凯南等人提出的"不首先使用核武器"政策，认为美国如果做出这样的宣示，很可能会被认为是向苏联示弱，会被理解为美国要抛弃盟友，而苏联人也不会相信这一政策。

---

① 参看 "The President to the Secretary of State"，Foreign Relations of the United States（FRUS），1950，National Secuity Affairs，Vol. I，Doc. 56，p. 142。

　　关于原子能国际管制，报告在承袭杜鲁门政府此前相关政策①基础上，以核武器要在战争中使用为起点，提出建立有效的核武器国际控制体系的目的，是为人们从发现有人违规发展核武器到其在战争中使用核武器提供足够的时间间隔，并据此设想了对核武器进行国际管制的环节和主要方式。

　　按照该报告的设想，美国需要同步大力强化核力量和常规力量建设，这必然导致大量经费投入，因此引起了很大争议，同当时杜鲁门的总体政策设想并不完全一致。基于这一原因，该报告提交给国家安全委员会之后，杜鲁门并没有马上批准实施这一政策文件，而是将其搁置起来。1950 年 6 月爆发的朝鲜战争，在一定程度上改变了杜鲁门的认知。1950 年 10 月，杜鲁门正式批准了这一报告，它开始成为美国政府正式的国家安全指导文件。

　　按照这一政策，美国政府开始同步大力发展核武器及常规军事能力，国防费用支出大幅增加。这成了此后艾森豪威尔政府调整军事战略、核政策的基本背景。

　　这份报告开创了对国家安全政策进行综合性评估的先河，被认为是此后艾森豪威尔政府和肯尼迪政府一系列"基本国家安全政策"（BNSP）文件②的起源。报告中关于核力量与常规军事力量关系的定位，从 60 年代起一直是美国安全政策、军事战略的基本思想。

---

①　相关内容可参看本书收录资料三。

②　关于这些文件可参看本书收录资料十一、三十三和三十四。

九

艾森豪威尔政府"新面貌"军事战略形成过程及内容要点[*]（1953 年 12 月）

　　1953 年 5 月，艾森豪威尔总统接受了国会中部分共和党议员的建议，提前任命了参谋长联席会议新成员，包括空军上将内森·特文宁（Nathan F. Twining）、海军上将阿瑟·莱德福德（Arthur W. Radford）、陆军上将马修·李奇微（Matthew B. Ridgway）和海军上将罗伯特·卡尼（Bobert B. Carney）。除特文宁将于 1953 年 7 月 1 日起正式履职外，其他新任命的参联会成员都要到 8 月中旬才正式履职。1953 年 6 月，艾森豪威尔总统决定由这些还没有就职的高级将领，用一个月左右的时间，对美国军事领域面临的问题及军事战略深入进行分析。他在 7 月 1 日给国防部长查尔斯·威尔逊（Charles E. Wilson）的备忘录中，对这一研究提出了明确要求。他说："我希望这些新任命的参联会成员在正式到职之前，研究如下问题：（a）我们的战略概念及执行计划；（b）各军种的作用与任务；（c）目前我们部队的组成及战备情况；（d）新型武器及武器系统的发展情况，以及由此带来的军事策略、战术的新变化；（e）我们的军事援助计划。"他还强调，他不希望看到由参谋们拟制出的复杂方案。他想看到的研究成果，应该是这些将领自己对这些问题的看法。艾森豪威尔实际上是希望这些新任命的成员能够提出美国新的军事战略，这个军事战略只需要规模较小的部队，以便未来他能减少军费开支。

---

　　[*]　资料摘编自"The New Joint Chiefs of Staff and Their Recommendations", Robert J. Watson, *History of the Joint Chiefs of Staff*, *Volume V*：*The Joint Chiefs of Staff and National Policy 1953-1954*, Office of Joint History Office of the Chairman of the Joint Chiefs of Staff, Washington, D. C., 1998, pp. 14-31。

　　新任命的参联会成员用了差不多一个月的时间对总统提出的问题进行
了研究。1953 年 8 月 6 日至 7 日，这些人集中到配备给海军部长的"红
杉"（sequoia）号游艇上开会，正式结束了他们的研究任务。8 月 8 日，
他们向国防部长提交了正式的研究报告。他们研究得出的总体结论是：美
国现有的军事战略总体上是合理的、能满足需要的，但需要对军事战略重
新定向。报告反对迅速、大规模缩减军事开支的可能，认为"缩减军事预
算，几乎等同于减损国家安全"。但他们也认为，从长远的预算趋势（军
事预算减少）角度看，还是有办法建立满足需要的军事力量的。他们在报
告中写道："当前在我国安全的军事方面，最重要的因素是北美大陆防
空，以及在我们遭到攻击时能快速地、强有力地进行报复的能力。……能
够快速地、强有力地实施报复的能力是一种威慑；在敌对状态下，这种能
力将削弱对方的进攻，降低对方的能力。"他们在报告中还提出建议，
"美国应该制定一个清晰的、积极的关于使用原子武器的政策，并将其公
之于众"。8 月 27 日，参联会成员出席国家安全委员会会议，阐释了他们
的观点。这可以看作艾森豪威尔政府新军事战略的雏形。

　　1953 年 9 月 30 日，美国国家安全委员会正式开始讨论美国基本国家
安全政策（BNSP）文件——国家安全委员会第 162 号文件（NSC162），
参联会也被要求对这份文件提出建议。这份国家安全政策文件规定了国家
战略目标及关于国家安全的基本考虑，对军事战略制定产生了直接影响。
10 月 16 日，国防部长威尔逊给参联会主席莱德福德发出指令，要求制定
一份适应国家安全政策要求的新的国家军事战略。他在指令中指出，
NSC162 及相关文件提出了美国的国家政策、战略以及采取这些政策、战
略的原因，参联会应于 1953 年 12 月 15 日前向他提供一份报告，提出
执行 NSC162 确定的国家战略所需要的美国军事战略的框架。他还要求
参联会按照国家新的预算政策，确定 1955 财年、1956 财年、1957 财年
三个财政年度美国武装力量的规模及构成。他在指令中还特别强调，参
联会应就美国在政治—军事领域应采取什么样的行动来增强执行国家战
略的能力提出合理的建议。这被认为是授权军方可以将使用核武器考虑
在内。

　　参联会组建了一个特别委员会来准备回应国防部长指令的报告。1953
年 11 月 30 日，该委员会向参联会提交了他们的报告。报告提出应将一部分

美国海外驻军撤回国内，同时应重新定位美国战略，使其进一步依赖新式武器（核武器——编者注），以充分发挥美国技术优势的作用，抵消共产主义国家的人力优势；报告还强调，需要依据美国具备的原子能力，对每一个地区对美军的需求持续进行评估。报告建议，美军从海外撤回后，可以通过为剩余的海外驻军装备战术性原子武器，来整体或者部分地填补从海外撤军所留下的力量真空。

参联会成员接受了该报告的基本观点，在对报告稍做修改之后，于1953年12月10日批准了该报告，它成为参联会的正式文件（JCS2101/113）。

该报告提出的支持 NSC162 的美国军事战略要点，包括：

a. 改变目前美国在一些前沿地区的军事部署；

b. 强调将以通过报复打击力量给苏联造成大规模毁伤的能力，作为针对侵略的主要威慑，作为任何美国全面战争战略的最重要因素；

c. 建立一体化的、足够的北美大陆防御体系；

d. 在任何使用核武器对军事有利的情况下，在全面战争或者在地区侵略作战中为美国或盟友军队提供战术核支持；

e. （通常在美国领土上）建立处于高度战备状态、能迅速投入任何战区作战的战略后备力量；

f. 保持对海上和空中重要通道的控制；

g. 保持足以满足全面战争需要的动员基地；

h. 保持具有质量优势的武装力量。

1953年12月11日，参联会向国防部长提交了修改后的报告。同月16日，参联会主席莱德福德出席国家安全委员会会议，就这一战略框架做了说明。随后总统批准了参联会 JCS2101/113 提出的设想。至此，艾森豪威尔政府新的军事战略正式形成。

由于参联会主席莱德福德在1953年12月14日的一次公开演讲中使用了"新面貌"（New Look）这个词来表述美国的军事战略，艾森豪威尔政府的这一战略因此也被称为"新面貌"军事战略。[1]

---

[1] 参看《艾森豪威尔回忆录》（三），樊迪、静海等译，东方出版社，2007，第7页。

评　介

艾森豪威尔政府奉行的是"新面貌"军事战略。[①] 本资料依据美国参谋长联席会议主席办公室编写的参联会发展历史，梳理了该战略的形成过程及其包含的主要内容。

相较于人们熟知的"大规模报复"，艾森豪威尔政府"新面貌"军事战略的形成更早一些。由于艾森豪威尔在给这些候任参联会成员下达任务时明确，必须考虑通过减少开支和财政赤字来保持美国经济强大的国家政策，这实际上大大缩小了可行的军事战略选项范围，在一定程度上也决定了其倚重核武器的必然性。[②] 所以，那些候任参联会成员最初提交的军事战略报告，虽然对减少国防开支可能带来的风险发出了警告，但同时也提出可以通过倚重报复力量（核力量）来解决减少国防开支与确保国家安全之间的矛盾，基本上满足了艾森豪威尔的要求和期望。这一建议后来进一步发展成为艾森豪威尔政府最重要的军事战略指导思想，即：使用报复打击力量给苏联造成大规模毁伤的能力，既是主要威慑方式，也是美方实施任何全面战争战略的最重要因素；美国不仅要将核武器用于威慑和实施全面战争，还要将其用作战术作战手段。在一定程度上可以说，正是因为偏重核武器，艾森豪威尔政府的军事战略才呈现出"新面貌"，成为这一时期美国军事领域所有认识和实践活动的起点。

---

① 美国著名冷战史专家约翰·刘易斯·加迪斯在其名作《遏制战略》[参见〔美〕约翰·刘易斯·加迪斯《遏制战略》（增订本），时殷弘译，商务印书馆，2019] 一书中，将艾森豪威尔政府总体上的战略称为"新面貌"战略，但大多数人则认为，"新面貌"是这一时期美国军事战略的称谓。

② 当时依据产生同等毁伤力所需要的成本计算，核武器与常规武器的成本比为 1∶73，发展核武器相比发展常规武器要经济得多。

十

国务卿约翰·福斯特·杜勒斯关于"大规模报复"政策的演讲[*]（1954 年 1 月 12 日）

到现在为止，艾森豪威尔政府上台已经快一年时间了。在此期间，我时常谈及我国的外交政策，涉及外交政策的不同方面。今天晚上，我想从整体上谈一谈与我国安全息息相关的这些政策问题。

首先，我们要认识到，之前确定的很多外交政策是合理的。对希腊和土耳其的援助已经有效阻止了共产主义向地中海地区的蔓延。欧洲复兴计划已经帮助西欧人民摆脱了战后困境。西方军队已经在柏林站稳了脚跟，并通过空运打破了苏联对柏林的封锁。作为联合国最忠诚的成员国，美国已经派出军队抗击共产主义国家（the Communist）在朝鲜的进攻。当这些行动暴露出我们军事上的不足时，我们迅速重建了我们的军事组织，还在西欧地区快速增加了武装力量。

这些都是一个看到了苏联共产主义危险的国家、一个意识到它自己的安全维系于他国安全的国家、一个能够对危险做出坚决而快速反应的国家所采取的行动。这些都无比珍贵，获得了极高的赞誉。我们还应向国会两党致敬，他们将国家置于政党政治之上。

但是我们要记住，我们所做的这一切都是重大应急行动，都是我们的敌人强加给我们的。

我举几个例子来说明。

1. 我们本来没有向韩国派出军队，因为之前我们判断认为，我们在亚

---

[*]   "The Evolution of Foreign Policy—Address by Secretary John Foster Dulles"，Philip Bobbitt，Lawrence Freedman，Gregory F. Treverton，eds.，US Nuclear Strategy：A Reader，The Macmillan Press Ltd，1989，pp. 122–129. 这是 1954 年 1 月 12 日国务卿约翰·福斯特·杜勒斯（John Foster Dulles）在纽约对外关系协会（the Council on Foreign Relations）发表的演讲。

洲地区的合理的军事战略是我们的军队不在这一地区实施地面作战。我们
也已经做出了把军队撤离韩国的决定。是苏联鼓动的军事进攻行为把我们
拉回到了这一地区。

2. 我们之前并不认为，美国每年数十亿美元的对外经济援助是明智的
行为。后来，为了应对共产主义对西欧自由经济的蓄意破坏，我们才采取
了这一经济援助政策。

3. 我们本来不打算如此快速地推进我们的军事建设，这（指不快速推
进军事建设——编者注）在之前被认为是一个好的政策，否则它会导致巨
大的财政赤字、货币贬值和经济过热。实际上，直到苏联军事威胁清楚无
误地出现在我们面前的时候，我们才决定这样做。

我们生活在一个随时可能发生紧急状况的世界，我们的生存有赖于我
们应对这些紧急状况的能力。祈求上帝保佑我们一直具有这种能力吧。但
是，之前已经说过，现在还有必要再说的是，尽管采取应急措施有助于应
对紧急状况，但它并非好的长久之策。这种应急的模式需要付出很高的代
价，且治标不治本，也意味着敌人掌握着主动。要维护我国长远利益，不
能指望这些临时性的应急措施。

"长远性"（long time）这一因素对我们来说至关重要。

苏联共产党正在从它们所说的"完整的历史时代"（an entire historical
era）的角度进行谋划，我们也应该这样。他们通过各种各样的鬼把戏，按
照列宁关于"当他们（敌人）力不能及时，就会实际上崩溃"的教导，通
过拉长西方自由国家的战线，试图逐步分化和瓦解自由国家。随后就是列
宁所说的"我们一定会取得胜利"，再往后就是斯大林所说的到了"给敌人
以决定性一击的时候"（the moment for the decisive blow）。

面对苏联这种战略，不能因为我们的应急举措能应对当时面临的危险，
就认为足够了。虽然采取应急措施很重要，但不能因此耗尽我们的国力也
同样重要。

当艾森豪威尔政府对此进行考察时，我们感觉到有必要对其做出一些
调整和改变。

将美国地面力量长时间地投入亚洲，致使我们没有后备力量可用，这
不是美国应该选择的军事战略。

长时间支援其他国家，好像也不是一种经济的、好的外交政策，因为

从长期看，这样做的弊端同它所带来的好处一样多。

而在军事上长时间的高投入，会导致我们"实际上的崩溃"，这也是不明智的。

为了保证我们长久的安全，对相应的政策进行调整已是迫在眉睫。而同步改变关于我们的真正目标是什么的认知，同样刻不容缓。必须避免突然且根本性的改变，否则，可能在我们的盟国中引起混乱，使我们的敌人因误解而实施侵略。我相信，我们有能力在这方面写出一份好报告。

我们需要盟友和集体安全机制。我们的目标是让这些双边和多边关系更有效地发挥作用，同时成本更低。而通过更加倚重威慑力量，减少对地区防御力量的依赖，我们可以做到这一点。

只要考虑到区域共同体的所作所为，就很容易接受这一点。我们一直大门紧闭，但同时我们每一家又都没有武装警卫。我们主要依赖集体安全体系来保证安全，这个集体安全体系有能力对任何破门而入者及窃贼实施惩罚。事实上，在一般情况下，未来侵略者会被这一体系威慑住。这是一种以可承受的代价提供最大限度安全保障的新办法。

艾森豪威尔政府寻求的是类似于此的国际安全体系。我们要在可承受代价范围内，为我们自己及自由世界的其他国家提供最大限度的威慑。

地区防务也很重要，但没有任何地区防务能单独抑制共产主义国家强大的地面力量。通过进一步发挥大规模报复力量的威慑作用，地区防务一定会得到加强。潜在侵略者一定要清楚，不能总是由他们来设定对他们有利的环境条件。否则，比如说，一个人力资源充裕的潜在侵略者，更容易在确信对方受人力资源限制难以有效抵抗的情况下发起进攻。他可能会选择在他占决定性优势的地方实施进攻。

自由世界慑止侵略的方法是愿意并有能力在自己选择的地方、用自己选择的方式对侵略行为做出强有力的反应。

只要我们的基本政策概念模糊不清，我们的军事领导人在构建我们的军事力量时就很难做出选择。如果我们的敌人可以自由地决定何时、在哪儿和用什么方式进行战争，而我们仍然沿用传统的直接的地区对抗方式来抵抗侵略，那么就需要我们做好在北极、在赤道作战的准备，做好在亚洲、中东、欧洲作战的准备，做好在海上、陆地、空中作战的准备，做好使用老式武器和新式武器作战的准备。

我们每一年用于在本土和海外维护安全的总支出，已经超过了 500 亿美元，1953 年财政赤字预计会达到 90 亿美元，到 1954 年这一数字将升至 110 亿美元。现在已经处于堪比战时的税赋最高点，美元在贬值。我们的盟友也正面临类似的困境。这种情况长时间持续下去，必定会给我们造成严重的预算、经济和社会后果。

但是，在军事计划发生变化之前，总统以及他那些代表国家安全委员会的顾问，必须先就一些基础性的政策问题做出决定。他们已经这么做了。这个决定就是：主要依靠强大的军事能力在我们选择的地方，用我们选择的方式立即对敌人实施报复。[1] 现在国防部和参联会可以重新塑造我们的军事力量，以适应我们的这一新政策，而不再为迎合敌人的选择被动进行应付。这使我们可以在多种军事手段中进行选择，而不再是什么手段都要准备。如此一来，我们就可能用更小的代价来获得或者同盟友共享更为主要的安全。

现在让我们看一看这一理念如何运用于外交领域，首先看远东地区。

在朝鲜问题上，本届政府的策略有了重大转变。朝鲜的战事已经以一种体面的方式停下来了。之所以能做到这一点，是因为侵略者知道如果再打下去，战争有可能很快会超出他们所选择的作战范围、作战方式，这会使他们处于极端危险之中。现在他们已经后撤到战前的位置，甚至比战前他们的位置还要靠后。

现在已经不再有美国年轻人在朝鲜送命了，也不用再为朝鲜问题进行高额的没有产出的投入了。我们的武装力量也不用再大量地投入亚洲大陆。我们现在可以着手建立战略后备力量，这会极大地强化我们的防御态势。

这种变化也郑重提醒在朝鲜参战的联合国成员：如果共产主义国家再次实施侵略，联合国做出的反应就不再只局限于朝鲜了。

对印度支那（即中南半岛——编者注）问题我已经说过，红色中国如果侵略那一地区（这里，包括本篇演讲其他一些内容，明显是在臆断和诋毁中国，请读者注意甄别——编者注），它会面临不限于印度支那范围的严重后果。

上个月，我已经表达了美国打算维持在冲绳的地位的立场。这对于确

---

① 　着重号为编者所加，以示突出和强调。

保我们有足够的打击力量来执行我所阐述的集体安全理念，是必不可少的。

所有这些都体现在 1953 年 12 月 26 日艾森豪威尔总统的重要声明中。总统在声明中宣布，大幅减少在朝鲜的美国地面部队。他指出，现在美国在远东地区的军事力量以"快速机动的海军、空军和两栖作战部队"为主。他还说，尽管美国撤出了一些地面部队，但美国有能力"比之前更加有效"地抵抗侵略。将一些地面部队撤回美国本土，也有力地驳斥了共产主义国家对美国要搞所谓"扩张主义"的指责。

转向欧洲，我们会看到北约在集体安全方面也在重新调整。范登堡参议员将"北大西洋公约"视作"对威慑、对阻止战争最有效的保证"。但他也说过，"如果为了守住对抗俄国人的阵线，我们的理念和目标是要建设足够的军事力量，……（这）不论对本国而言，还是对海外盟国而言，都会有灾难性的后果"。

在北大西洋公约组织刚成立那几年，在韩国遭到入侵后，北约成员国进行了军事力量应急建设。我现在并不怀疑当时对形势做出的判断。据此建设的军事力量也已经成为获得和平的重要原因。但是，原本采取的这些举措难以无限期持续下去。

在 1953 年 4 月的北约理事会会议上，美国提出了一个现在被称作"持久"（long haul）的新概念。它的意思是按照一种可以持久且不会耗尽我们及我们的盟友的经济实力的比例进行投入，稳定地发展我们的防御力量。依据国际协议进行部署的战略空军打击力量，能够强化这一理念。

在去年 12 月的北约理事会会议上，我们发现北约成员国基本上接受了"持久"这一概念。他们认为，相比于以无法承受的代价去打造一支进行全方位防御的地面力量，这样做能更好地满足未来的需要。

北约可能面临的紧急情况之一，是在紧急情况出现之前，北约还没有形成有效应对危机的坚实基础。

例如，如果联邦德国失守，就不能成功地守住西欧。而失去了德国人的支持，联邦德国就很难守住。但是有关在德国驻军的停战安排，仍然把德国人排除在外。联邦德国需要摆脱停战协议的约束；我们需要对德国问题做出新的政治安排，以确保重新武装起来的德国人能够为我们共同的事业出力，且永远不会再滋生德国军国主义。

法国就此问题提出了一个计划，就是建立一个由法国、意大利、比利时、荷兰、卢森堡和联邦德国组成的欧洲防御共同体。这些国家会建立一支包含德国人在内的欧洲军队，而这些西欧国家不能保留国家军队。

创立这样一个防御共同体的条约于 1952 年 5 月已经签署了。但是去年 1 月艾森豪威尔政府上台后，签署这一条约的国家，没有一个寻求议会批准这一条约，这一计划几乎已经名存实亡。

艾森豪威尔总统深信，对包括美国在内的西方世界而言，除非实现包括法国和德国在内的大团结，结束已经导致反复发生战争、在我们这一代已经发生过两次世界大战的分裂状态，否则不可能永保欧洲的安全与活力。曾经做过北约最高司令官，现在担任总统的艾森豪威尔一直都非常清楚，把美国同更加完善的欧洲防御共同体联系起来有多重要，而且我们希望之后那里能出现一个政治共同体。

在欧洲防御共同体目标达成之前，北约以及未来真正的和平，都会处于危险之中。法国和德国之间的不信任很容易激化，而共产党代理人已经将其视作进行"国际纵火"（international arson，指共产主义的国际扩张——编者注）可资利用的途径。

当然，在实现法德真正团结的道路上存在巨大困难。但我们确信，欧洲防御共同体很快将成为和平不可或缺的基础。

新的集体安全理念使我们盟友的非产出性军事开支大为减少，以至于对它们的经济援助都可以减少了。需要和盟友建立一种使它们更加有尊严的关系，事实上这也是盟友想要的。贸易，更大的市场，以及持续的投资等，相比于提供政府间资金援助，是健康得多的美国与盟友的关系。

仍然有一些处于战略要点上的当地政府，如果离开了我们提供的财政支持，连维持一支足够的武装力量都很困难。在这些问题上，我们采纳军事顾问们就如何继续维护同这些国家的共同利益而做出的判断。例如，我们已经大量地、慷慨无私地，同时我希望也是富有建设性地帮助在印度支那地区的国家，结束对他们侵略的行为，并推进那一地区的自由进程。

技术援助正在继续，我们还准备满足那些因粮食歉收或者因灾难而出现的不常见的救援需求。

但是，从广泛意义上讲，对外援助预算仅用于那些对增强军事实力有显著作用的情况。

（略）

评 介

说到美国艾森豪威尔政府的核政策核战略，不能不提到"大规模报复"。美国"大规模报复"政策，正是在1954年1月美国国务卿约翰·福斯特·杜勒斯所做的这次演讲中首次公开提出来的。

杜勒斯在演讲中提出，此前美国采用的应对型安全政策思路、举措及具备的应急能力是合理的，也是有效的，但同时又是被动的、不能持久的和难以负担的。艾森豪威尔政府决定改变政策思路，"主要依靠强大的军事能力在我们选择的地方，用我们选择的方式立即对敌人实施报复"，以变被动为主动，变全面准备、全面建设为重点准备、重点建设，主要用非对称方式、以更小代价来保证和获得安全。这就是常说的"大规模报复"思想。

尽管在演讲中，杜勒斯没有明确谈到核武器，但是他所说的"强大的军事能力"显然指的是核能力；他在举例时虽然只是强调打击范围、军事对抗区域的非对称，但在包括艾森豪威尔总统在内的绝大多数人看来，这一政策的基本理念就是使用核武器来应对哪怕是最小程度的挑衅或者威胁。[①] 这引发了后续对这一政策理念的可信性、有效性的广泛质疑和批评，催生和推动了包括威慑可信性、有限战争等在内的一系列理论和实践的发展。

"大规模报复"思想尽管饱受质疑，但其中蕴含的主要依靠核武器来维护美国安全利益、赢得对苏斗争主动的理念，同艾森豪威尔的治国理念深度吻合，[②] 所以一直到1960年艾森豪威尔政府结束，"大规模报复"一直都是美国国家安全战略、国防战略的核心指导思想，对这一时期美国军事斗争形势、军事力量发展态势等产生了深刻影响。"大规模报复"因此也成为这一时期美国安全政策、核政策的代名词。

---

① 在当年晚些时候，艾森豪威尔曾提醒杜勒斯说，"我们谈论……大规模报复时，我们指的是对一项意味着不可避免的战争的行动实施报复"。参见〔美〕约翰·刘易斯·加迪斯《遏制战略》（增订本），时殷弘译，商务印书馆，2019，第153页。

② 艾森豪威尔在国家安全上至少强调两点：一是美国不能再打类似于朝鲜战争那样的地面常规局部战争；二是美苏博弈竞争最终取决于经济，美国在国防上持续高投入会损害美国经济长期健康发展，不符合美国长远利益。

十一

艾森豪威尔政府"基本国家安全政策"(摘录)(1953~1959 年)

NSC162/2——基本国家安全政策 (BNSP)[①] (1953 年 10 月 30 日)

国家安全政策基本问题

1. a. 应对苏联对美国安全的威胁。

b. 在有效应对苏联威胁的同时,防止严重削弱美国经济或者严重侵蚀我国基本的价值和制度。

苏联对美国的威胁

......

6. a. 在当前评估的时间段内(到 1955 年中期),苏联不太可能有意发动一场针对美国的全面战争。做出这一判断的理由主要包括:在一场全面战争中苏联取得胜利的前景具有不确定性;苏联领导层的变动;苏联卫星国局势动荡;美国具有的进行大规模报复的能力;等等。同样的,从美国承担的责任或者意愿来看,苏联对北约国家或其他地区发动的进攻,几乎可以确定会导致全面战争,所以苏联发动这样的进攻也不太可能。但是苏联不会因为害怕全面战争,就不采取他们认为必要的措施来对抗西方的那些被苏联认为严重威胁其国家安全的行为。

b. 当苏联和美国的核武器和核投送工具规模达到一定程度之后,每一方都将具有给另一方造成严重破坏的能力,但这也不可能阻止大规模核报复。尽管在这种情况下,如果苏联相信率先发动突然打击有可能破坏对方的报复能力,它或许会发起攻击,但这总体上会是一种僵局,美苏双方都

---

① "Statement of Policy by the National Security Council", FRUS, 1952-1954, National Security Affairs, Vol. Ⅱ, Part 1, Doc. 101, pp. 578-593.

不敢轻易发动全面战争。

c. 尽管苏联对美国有可能做出核反应的恐惧应该还会阻止其发动地区侵略，但苏联持续增强的核能力可能会削弱美国使用核力量来对抗苏联对其周边侵略的威慑效果。这也可能促使苏联对其认为的美国的挑衅性行动做出更加激烈的回应。如果美苏任何一方误解了另一方可能做出的回应的激烈程度，则这样的地区性冲突将升级成全面战争，尽管这并不是任何一方所追求的和希望看到的结果。尽管已经意识到，随着全面战争的后果对双方而言越来越具有灾难性，威胁通过全面战争来对地区性侵略进行惩罚越来越不具有可行性，但为了避免出现这一局面，一般情况下，美国还是应该把那些几乎将确定无疑地会导致出现全面战争后果的行为清楚地让苏联知道。

······

9. 面对苏联威胁，保障美国安全需要：

a. 发展并保持：

（1）强大的军事态势，其重点是通过进攻性打击力量实施大规模报复破坏的能力；

（2）处于高战备状态的美国及其盟友的军队，以便在战争开始时能快速行动，对抗苏联集团军队的侵略，具备守住关键区域及重要交通线的能力；

（3）一个足以满足确保在全面战争中获胜需要的动员基地，以及保护该基地免遭毁灭性破坏的能力。

b. 维持健康、强大且可持续增长的经济，能够通过自由体制的运行长时间提供上述力量，且能够快速、有效地将其转入战时动员状态。

c. 维持美国国民士气、国家自由体制，以及民众拥护维护国家安全的必要举措的意愿。

······

11. 在自由世界内部，只有美国在未来一个时期能够提供并保持可抗衡苏联核力量的核能力。因此，数量足够的核武器及其有效的投送工具对美国安全而言是不可或缺的。此外，面对苏联核力量，保护美洲大陆安全对实现真正的美国安全而言是至关重要的。这包括保护我们的打击力量、我们的动员基地、我们的人民。这样的一种核能力，就像保证美国本国安全那样，也能在保证我们盟友的安全上做出重大贡献。

……

15. b. 在西欧，军事力量建设及经济恢复，至少已经部分地修补了在一个关键地区明显处于弱势的态势。北约及其相关力量现在已经足以使苏联为其对欧洲地区的侵略行为付出高昂的代价，并使西欧国家的人们产生了一种更加自信、更加安全的感觉。但是，尽管在军事力量重建上已经取得了明显进展，西欧当前的军事力量仍然不足以防止苏联通过发起全面进攻来荡平西欧国家。即使是算上在经济开发委员会框架内已经规划的联邦德国军事力量，当前欧洲国家的国防开支水平以及美国军事援助水平都难以发展出在苏联发动全面进攻的初期足以防止西欧地区丢掉大量领土的军事力量。因此，由于美国的军事援助必然会逐步减少，包括联邦德国在内的西欧国家最大限度建立和保持它们自己的防御力量就变得十分重要。防止对西欧侵略的主要威慑，来自如果西欧地区遭受攻击，美国明白无误地表达其使用核能力及大规模报复打击力量的决心。但是，美国军队在西欧地区的存在除了有军事上的作用，对于强化和凝聚自由世界联盟也能发挥作用。

……

对苏联力量及行动的防御

34. 面对前述这些威胁，美国必须以最低的可能成本来发展并保持必要的军队及非军事力量，以慑止且在必要时抗击苏联针对美国或者其他对美国安全具有至关重要作用的地区的军事侵略。

a. 将通过保持以足够的进攻性报复力量和防御力量为重点的强大安全态势，使苏联侵略的风险最小化。实现这一点必须以下列要素作为基础：包括必要的军事基地在内的大规模核能力；一体化的、有效的北美大陆防御体系；随时可以部署使用、足以威慑或者从一开始就可以用于抗击侵略，且在爆发全面战争情况下能够用于执行初期作战任务的美国及其盟友军事力量；足够的军事动员基地；由美国民众坚定精神支撑起来的所有举措；等等。

b. 这种强大的安全态势，还有赖于有效的美国情报体系、足够的人力资源、先进的科学研究和发展、有限的国防动员、合理的国内安全，以及知书达理的美国民众的支持。

c. 这样一种强有力的安全态势，对抗击苏联的分化策略、维护联盟团结十分重要。如果我们的盟友对我们抵抗苏联侵略的能力或者决心不踏实，他们极有可能会采取一种中立立场，特别是在面对苏联核威胁时，他们更可能会做出这样的选择。

......

39. a. 在发出警告对于强化威慑而言是可行且有利的特定情况下，美国应当让苏联和中国共产党清楚地知道，在一般情况下或者在形势所需的某一个特定地区，美国会使用军事力量来应对苏联集团武装力量发动的任何侵略。

b.（1）在敌对情况下，美国将把核武器看作像其他武器那样可以实战使用的武器。在那些需要征得盟国同意才能使用储存在这些盟国领土上的美军基地里的核武器的地方，美国应立即获得这些盟国对使用这些核武器事先的同意。在可行情况下，美国还应寻求其他自由国家对美国这一政策的理解和支持。

（2）关于核武器的这一政策在没有经过国家安全委员会做进一步讨论审议的情况下，不应公之于众。

NSC5422/2——美国国家安全委员会政策声明：在 NSC162/2 框架内关于 1956 财年的指导方针① （1954 年 8 月 7 日）

增强了的核能力的影响

2. 随着苏联核能力及其核武器自身威力的增强，1956~1959 年，一场双方都战略性使用各自核武器的全面战争将导致更加严重的后果，威胁到西方文明和苏联政权的生存。

3. 在这种情况下，任何一方发动针对另一方的战略性核轰炸的自由，将受以下因素的限制：

a. 害怕对方使用同样的战略轰炸力量实施报复所产生的后果；

b. 有可能没有哪一方通过这样的一种核打击会获得决定性军事优势。

4. 这种情况将导致一种相互威慑（mutual deterrence）的态势，如果处于这样一种态势，每一方将强烈地受到抑制，不敢蓄意发起全面战争，或者采取那些被认为会极大地增加全面战争风险的行动。不管怎样，自由世界国家在参加那些它们认为将增大战争风险的行动问题上，正变得越来

---

① "Statement of Policy by the National Security Council", FRUS, 1952 – 1954, National Security Affairs, Vol. Ⅱ, Part 1, Doc. 124, pp. 716 – 731.

谨慎。因为苏联在这种情况下会采取什么行动还很难准确预测，自由世界不得不特别谨慎。

5. 如果苏联认为它发动突然打击有希望在美国的核报复力量使用之前就将其摧毁的话，那么，前面第 2 段和第 3 段里描述的形势也会对苏联发起对美国的进攻产生一定的诱惑。

防止苏联核打击

6. 为了确保使苏联害怕，其对美国实施战略核打击会使它自己遭受核毁灭、政权垮台，美国应当采取以下举措：

a. 保持实施这样的核报复所必需的核打击力量；

b. 采取一切可行的举措来保护核报复能力，使其免遭苏联摧毁。

7. 美国应加速实施其在 NSC5408 文件中提出的关于北美大陆防御的军事和非军事项目，使其尽可能可行、有利于作战使用，且要给这些项目以很高的优先级，同时还要时刻记着：估计在 1957 年 7 月前苏联将具备很强的战略核打击能力。

裁减军备

8. 尽管在是否能够在可预见的未来构建起安全的、有效力的裁军体系问题上严重存疑，美国仍然应当继续利用一切可能，争取同苏联就限制核军备达成切实可行的安排。美国因此应继续对其裁军立场进行审查，特别是要审查（a）是否能够营造出一种有利于裁军谈判的氛围，（b）是否能够创设出一套使美国比不限制军备情况下面临更少安全风险的安全机制，（c）如果有了一套安全、有效力的确保有效核裁军的机制，美国是否愿意在不进行常规裁军情况下接受这套机制。同时，美国应继续拒绝接受核裁军，除非将其作为全面裁军的一部分。

全面战争

9. 关于全面战争的规划应当基于这样的假设：如果爆发了全面战争，美国将在战争中使用一切可用的武器。

10. 由于政治原因（包括地区国家易受核讹诈的影响）或者军事原因（一些国家与敌人相邻，即刻就可能遭到敌人行动的蹂躏），在发生全面战争时美国一些重要的海外军事基地不能正常使用的可能性正日益增加。除继续努力强化集体防务安排，包括在自由世界集体防务上增强使用这些海外基地进行核攻击的能力外，美国还应当更加重视促进盟友发展那些用于实施利用核打击后果，且同合理的军事概念相匹配的进攻性作战行动，能够自我满足（self-sufficiency）的军事能力。

共产主义国家的地区侵略

11. 在一定程度上，美国慑止或者挫败共产主义国家侵略的政策，将通过上述保持和强化美国实施全面战争能力的项目来完成。只要共产主义国家相信它们的侵略会一步步转变成全面战争，那么美国的这种能力就将一直是对它们公开侵略的威慑。

12. 为了使美国在用于慑止或者挫败地区侵略的能力上保持一定的灵活性，美国应当做好在刚开始无须实施全面战争情况下去挫败这种侵略的准备。为了实现这一目的，在联合国其他成员或者地区组织成员协助下，美国应当为当地被侵略方军队提供后勤支援，必要时出动美国机动部队进行支持。不管怎样，美国一定要有必要时不惜单方面采取其他行动，甚至进行全面战争以维护其安全的决心，并且一定要使共产主义国家意识到美国的这种决心。

NSC5501——美国基本国家安全政策① （1955 年 1 月 7 日）

第二部分　美国国家战略概览

21. 美国国家安全政策的**基本目标**是保证美国安全，维护美国基本价值观和政治制度。

22. 美国安全面临的**主要威胁**来自苏联共产主义集团的敌对政策和能力，包括日益增长的核实力，以及它的国际共产主义组织。

23. 困扰美国的**主要问题**是在不破坏美国基本价值观及政治架构，或者不严重削弱美国经济的情况下，如何应对且最终消除美国安全面临的这些威胁。

24. 为了应对这些威胁，美国必须在指向不同目标的两条政策主线之间做出选择。它们是：

a. 破坏苏联共产主义集团的力量，或

b. 改变苏联共产主义集团的政策，使其更加符合美国安全利益。

上述两种政策中的任何一种都包括要采取行动去扰乱或者消除自由世界中的国际共产主义组织。

---

① "Basic National Security Policy", FRUS, 1955 - 1957, National Security Policy, Vol. XIX, Doc. 6, pp. 25-38.

25. 美国及其盟友对于苏联停止发展其核能力和削减其武装力量这一共产党力量的核心，或者其他共产主义国家显著削减军事实力的前景，并不抱什么希望，除非我们能够同苏联达成双方都可以接受的协议，或者通过大规模军事行动来实现。而为此目的由美国率先发起这样的大规模军事行动，不论是对美国而言，还是对其盟友而言，都是不可接受的。

26. 因此，美国的政策必须是能够以有助于美国安全利益的方式，来影响共产党政权，特别是苏联政权的行为，并支持那些能够使它们放弃扩张政策的倾向。为实现这一总体战略（general strategy），我们应主要在以下几个方面做出努力。

a. 慑止共产主义国家的进一步侵略，在美国安全允许的范围内防止爆发全面战争。

b. 在自由世界保持和发展相互依赖的利益关系和共同目标，以及必要的意愿、能力及稳定，以应对苏联集团的威胁，为共产党政权提供建设性的、有吸引力的其他选择，这将为渴望自由的人们保留一些希望和信心。

c. 采取其他一些能够促进苏联共产主义集团性质及政策改变的行动，作为对上述 a 和 b 的补充。这些行动具体包括：

（1）影响这些政权及它们的人民，促使它们选择那些既符合它们的国家利益，但同时又同美国安全利益不冲突的行为；

（2）围绕这一总体战略，利用好这些政权之间的分歧，以及它们各不相同的脆弱性。

27. 为有效实施这一总体战略，需要将军事、政治、经济、宣传和隐蔽战线等方面的行动灵活组合起来，以充分实现美国的设想。这些行动必须密切协调，以起到相互增效的作用。制定从当前到苏联已经极大增强其核力量之前的全面战略，应成为一项紧急事务。

28. 假如这一战略能够被坚定地贯彻执行，那么这一总体战略会带给人们最好的军事上长期休战的希望，并最终和平解决苏联集团与自由世界之间的矛盾，形成和平的、有秩序的世界环境。如果这一战略失败了，会在一个较短时期内置美国于巨大危险之中。

第三部分　国家战略的要素

I　军事难题

29. 美国政策的核心目标必定是防止共产主义国家使用它们的军事力

量，并做好在全面战争强加到美国头上时打全面战争的准备。对威慑的强调，是由全面核战争的灾难性后果，地区冲突发展成为全面战争的可能性，以及共产主义国家进一步侵略的严重影响等因素共同作用而形成的。因此，必须使共产主义国家的统治者明白，侵略不符合它们的利益，它们不可能不为其侵略付出代价。

30. 要实现这一目标，美国及其盟友作为一个整体必须在很长时间内保持足够强大且具有灵活性、机动性的军事力量，以便能够快速、严肃地处置共产主义国家实施的各种侵略；如果侵略发展成了全面战争，要能够成功应对。此外，美国及其主要盟国必须展示它们在决定使用军事力量应对侵略这一问题上的团结一致性。

31. 作为军事力量的一部分，美国必须发展和保持其有效的空中核报复打击能力，且必须能确保这些力量不会被摧毁，或者即使苏联实施突然打击，也能确保这些力量安全。美国还必须继续加快发展其用于北美大陆防御的军事项目和非军事项目。只要苏联不能确保它有能力消灭美国的空中核报复打击能力，基本上就没有理由认为它会发动全面战争，或者采取那些它相信有导致全面战争的巨大风险，并因此危及其自身政权和安全的军事行动。

32. 美国还必须有其他随时可用的军队，这些军队同盟国类似的力量一道，必须足以通过能够避免敌对状态扩大为全面核战争的使用方式和力量规模，来：（a）帮助慑止任何类型的地区侵略行为，或（b）对任何这样的地区侵略实施快速的、有力的惩戒。这些随时可用的军队将成为派遣给北约的那些部队的补充；它们必须保持适当的均衡，有多种用途，能合理进行部署，快速机动，并具有适当的原子打击能力，以便完成这些任务。同时，这些部队也必须同派遣给北约的部队一道，能够在爆发全面战争情况下完成战争初期的任务。

33. 这样的一个政策是以我们的主要盟友及一定的自由世界其他国家在为美国军事力量提供军事基地，特别是战略空军基地，并提供它们分担的军事力量等问题上支持并配合美国为基础的。为了取得成功，美国的基本战略和政策要能够使我们的主要盟友相信，这些战略和政策不仅符合我们的利益，也符合它们的利益。因此，采取必要的举措使盟友明白，强化集体防御体系，且适当利用通过联合国来采取集体行动的可能性，对美国而言十分重要。此外，美国应继续向那些独立且与我国结盟的国家提供必要的军事及其他方面的援助，使它们借助这些援助能够为集体军事力量做出自己应有的贡献。

34. 有选择地、灵活地使用军事力量的能力，对于保持自由世界抵抗侵略的信心和意愿而言，会变得日益重要。伴随对核战争恐惧的增长，美国及其盟友绝不能陷入它们不得不在以下两个方面之间进行抉择的境地：（a）对地区侵略不做反应，（b）以一种我们自己的民众或者我们的盟友认为具有过大的核灾难风险的方式来使用我们的力量。尽管如此，如果这样的核使用能够使地区侵略迅速停止，且如果考虑到政治与军事之间的平衡，这样的核使用能最有效地维护美国安全利益，那么排除使用尤其是在地区军事对抗态势下使用核武器的可能性，对美国来说是难以承受的。在上述分析中，如果面对的是（a）被迫接受共产主义国家侵略的现实，还是（b）冒着发生全面战争或者失去盟友支持的风险采取应对措施这样的两难选择的困扰，美国必须做好在维护其安全的必要情况下甘愿冒这些风险来采取行动的准备。

35. 美国及其盟友必须拒绝使用意在挑起战争的预防性战争（preventive war）或者预防性行动概念。因此，美国应努力通过语言和行动清楚地表明，挑起战争并非我们所愿。同时，美国及其主要盟友必须清楚地表明它们哪怕冒全面战争的风险也要反对侵略的决心，美国必须清楚地表明如果发生了全面战争美国有打赢战争的坚定决心。

（后面还有 II 增强自由世界力量、III 对抗共产主义集团的政治战略、IV 美国内部力量、V 其他国家安全措施等内容。）

NSC5602/1——美国基本国家安全政策[①]（1956 年 3 月 15 日）

第二部分　国家战略的要素

I　国家战略的军事要素

9. 美国政策的核心目标是防止共产主义国家使用它们的军事力量，并做好在全面战争强加到美国头上时打全面战争的准备。对威慑的强调，是由全面核战争的灾难性后果，地区冲突发展成为全面战争的可能性，以及

---

① "Basic National Security Policy", FRUS, 1955 - 1957, National Security Policy, Vol. XIX, Doc. 66, pp. 244-257.

共产主义国家进一步侵略的严重后果等因素共同作用而形成的。因此，必须使共产主义国家的统治者明白，侵略不符合它们的利益，它们不可能不为其侵略付出代价。

10. 要实现这一目标，美国及其盟友作为一个整体必须在很长时间内保持足够强大且具有灵活性、机动性的军事力量，以便能够快速、严肃地处置共产主义国家实施的各种侵略；如果侵略发展成了全面战争，要能够成功应对。此外，如果美国及其主要盟国展示它们在决定使用军事力量应对侵略这一问题上的团结一致性，则威慑更可能有效。

11. 将核武器同美国武器库中的其他武器一体化整合是美国的国家政策。依据总统的授权，核武器将在全面战争以及低于全面战争层次的其他军事作战行动中使用。依据总统的决定，这种使用核武器的授权有可能被提前赋予相关司令官。

12. 在使用化学武器和生物武器有助于增强武装力量军事效能的情况下，美国将准备在全面战争中使用这些武器。使用生物、化学武器的决定由总统做出。

13. 如果时间允许，且攻击不涉及美国或者美国军队，在美国总统决定使用核生化武器之前应就这一问题同相关盟友进行协商。

14. 为了达成慑止全面战争爆发这一核心目标，美国必须在其军队中发展并保持有效的核报复力量，确保这些核力量免遭摧毁，或者在苏联的第一击甚至是突袭中保证这些力量的安全。美国还必须继续加快发展其用于北美大陆防御的军事和非军事项目。只要苏联不能确定它们的能力足以消灭美国的核报复打击能力，基本上就没有理由认为它们会发动全面战争，或者采取那些它们相信有导致全面战争的巨大风险，并因此危及苏联政权和自身安全的军事行动。

15. 在美国整体军事力量中，必须包括具有如下能力的随时可用的力量，在这方面我们有理由认为会得到盟友军队的支持。这些力量：（a）要足以提供能防止发生地区侵略的威慑，（b）要足以同当地政府的军队一道，挫败或者拖住这样的地区侵略，直到以一种最好的能够避免使敌对态势升级为全面战争的方式，使用必要的额外的美国及盟友的军队迅速抑制住侵略。这些随时可用的军队要具备多种用途，既能使用常规武器，又能使用核武器。这些部队还必须有高机动性及可部署性，要认识到必须接受那些从全面战争的角度看不是很合理的部署。这样的部队一定不能变得十分依赖战术核能力，以至于任何关于介入对抗地区侵略的决策，可能因此等同于使用核武器的决策。但是，这些部队必须具有可选择的、灵活的核能力，因为即使在地区冲突中，美国也不能排除动用核武器的可能性。

16. 考虑到正在到来的核均势（nuclear parity），有选择地和灵活地使用核力量的能力，对于保持自由世界抗击侵略的信心和意愿而言，将变得日益重要。美国及其盟国必须避免使自己陷入它们不得不在以下两个方面之间进行抉择的境地：（a）对地区侵略不做反应，（b）以一种我们自己的民众或者我们的盟友认为具有过大的核灾难风险的方式来使用我们的力量。如果美国的威慑力量不只是依赖核武器，从而能避免在威慑没有失败或者威慑失败之前使用核武器的问题，那么美国盟友对于使用核武器来应对地区侵略的焦虑就会减少。在确实发生了共产主义国家实施地区侵略的情况下，必要时美国应该自主决定是否使用核武器。在上述分析中，如果面对的是（a）被迫接受共产主义国家侵略的现实，还是（b）冒着发生全面战争或者失去盟友支持的风险采取应对措施这样的两难选择的困扰，美国必须做好在维护其安全的必要情况下甘愿冒这些风险来采取行动的准备。

17. 确立国家安全政策的预设前提是：我们的主要盟友及一定的自由世界其他国家在为美国军事力量提供军事基地，并提供它们分担的军事力量等问题上支持并配合美国。采取必要的举措使美国的盟友，特别是其北约盟友明白，美国的战略和政策不仅服务于美国的安全，还服务于它们的安全，而且美国对它们的防务有承诺且具有履行这一承诺所需要的能力，这一点对美国而言十分重要。美国应当真正地去强化集体防御体系，且适当利用通过联合国来采取集体行动的可能性。美国在考虑了保护机密数据、美国军队的实际需求、武器生产能力以及可用资金等因素情况下，应当向那些能有效使用新武器、新技术的盟友提供非核新武器和新技术。与武器相关的原子能立法应当逐步放松，使这些武器能够一体化地纳入北约的防御体系中，使我们选择的盟友能够在战争爆发时使用这些武器。美国应继续向那些独立盟国提供必要的军事及其他方面的援助，包括适当的新武器和新技术，使它们能够利用这些援助为集体军事力量做出自己应有的贡献。在技术援助方面，应特别重视直接帮助那些经过选择的美国盟国快速发展它们自己的先进武器系统，并以其他方式极大地加强对自由世界科学和技术资源的利用。

18. 美国及其盟友必须拒绝使用意在挑起战争的预防性战争或者预防性行动概念。因此，美国应努力通过语言和行动清楚地表明，挑起战争并非我们所愿。同时，美国及其主要盟友必须清楚地表明它们哪怕冒全面战争的风险也要反对侵略的决心，美国必须清楚地表明如果发生了全面战争美国有打赢战争的坚定决心。

19. 基于军事运用的研发活动对于持续保持有利的军事态势及有效的武装力量是十分必要的。没有研究和发展上日益提升的有效性，美国武器未来将落后于苏联，这对美国安全来说将是很危险的。美国在军事研发上必须充分意识到这种因落后而带来的危险性。此外，美国必须采取一切切实可行的措施和途径来加快重要科技发明在武装力量新武器上的转化运用。

（第二部分国家战略的要素还包括Ⅱ政治与经济战略、Ⅲ国内力量及其他国家安全措施等内容。）

NSC5707/8——美国基本国家安全政策①（1957年6月3日）

3. 美国安全面临的主要威胁包括苏联及共产主义中国（Communist China）持续的敌对，以及它们日益增长的军事及经济实力；还有它们（苏联）不受限制的核武器发展，对经济或者政治转变有巨大影响的关键地区的衰弱或者不稳定，以及国际共产主义组织的威胁等。

4. 美国国家战略的基本目标是同这些相互关联的因素作斗争，且不严重削弱美国经济，以使美国安全面临的威胁最小化，并创造和保持一个能够使美国维持其价值观及基本政治制度的国际环境。

......

11. 美国的政策是：主要但不唯一依靠核武器；将核武器同美国武器库中的其他武器进行整合；从军事角度视核武器为常规武器；当实现国家目标需要时使用核武器。依据总统的决定提前对核武器的使用进行授权。

15. 在美国整体军事力量中，必须包括随时可用的力量，在很可能得到盟国部队帮助的情况下，这些力量：（a）要足以提供能防止发生地区侵略的威慑；（b）要足以同当地政府的军队一道，挫败或者拖住这样的地区侵

---

① "Statement of Basic National Security Policy", FRUS, 1955－1957, National Security Policy, Vol. XIX, Doc. 120, pp. 509－524.

略，直到以一种最好的能够避免使敌对态势升级为全面战争的方式，使用必要的额外的美国及盟友的军队迅速抑制住侵略。这些随时可用的军队必须具备高机动性及可部署性，要认识到必须接受那些从全面战争的角度看不是很合理的部署。

本部分所说的地区侵略仅仅指的是在世界不发达地区爆发的冲突，这样的冲突因为涉及美国的利益，所以美国会派有限的军队参加。迅速且决定性地使用击退这样的地区侵略所必需的军事力量，被认为是防止敌对状态升级为全面战争的最好方法。因此使用美国军队抗击地区侵略的军事规划，将建立在发展灵活的、可选择的能力，包括在总统授权下使用核能力的基础之上。当抗击地区侵略需要动用美国军队时，军队使用方式及规模将最大限度地考虑避免使敌对状态升级成全面战争这一因素。

17. 美国将继续努力说服其盟友赞同将核武器作为自由世界武库不可分割的一部分，赞同在需要时迅速且有选择性地使用核武器。在考虑了保护机密数据、美国军队的实际需求、武器生产能力以及可用资金等因素的情况下，美国将继续向有能力有效使用核武器的盟友提供先进武器系统，包括带有较少核元素的核武器系统。

NSC5810/1——美国基本国家安全政策①（1958 年 5 月 5 日）

第一部分 美国国家战略概述

2. 美国国家安全的**基本目标**是保持和加强美国国家安全及其基本价值观和制度。

3. 美国安全面临的**主要威胁**是敌对的苏联和共产主义中国在它们控制世界的目标驱使下，有效指导其军事和经济能力快速增强的决心和能力。现在恰恰又是：（a）核武器的数量足以迅速造成无法估量的损失的时候；（b）在美国是否会使用大规模核能力来保护自由世界的利益问题上，不确定性正日益增加的时候；（c）很多领域的衰弱或者不稳定性对推动经济或者政治变革施加了强大压力，为中苏扩大颠覆他国政权、采取政治行动、进行经济渗透等活动提供了便利的时候；（d）美国人民已经不再接受进一步扩大美国面临的危机，或者不再充分支持美国战略中的某些要素的时候。

---

① "Statement of Basic National Security Policy", FRUS, 1958–1960, National Security Policy, Vol. Ⅲ, Doc. 24, pp. 99–116.

4. 为了使面临的主要威胁最小化，美国需要应对的**主要难题**是，能够在较长时期内，在足够高的、稳定持续的水平上动员并有效运用美国及自由世界必要的精神、政治、军事、经济、智力和科技等资源，以：（a）保持足以慑止全面战争和有限侵略的军事能力；（b）保持对美国安全、福祉及世界领导地位至关重要的经济增长；（c）在保持自由世界完整一体，以及培育有利于美国保持其价值观及制度的国际环境方面发挥领导作用；（d）成功地在全球任何地方同苏联展开和平争夺，从而达成美国的主要目标。

5. 不论是对美国还是对美国的盟友而言，由美国发起旨在削弱苏联或者中国共产党军事力量的预防性战争，都是一个不可接受的选择。因此，美国的政策必须按照如下思想来设计：（a）通过其他方式，例如同苏联达成可靠的军备控制协议，来减小苏联或者中国共产党军事力量的威胁；（b）在形成相对核均衡态势且中苏的政治和经济侵略性进一步增加的情况下，进一步关注非军事应对措施。

6. 要想获得美国人民的全力支持，且使其他自由世界的资源可有效用于应对上述第 4 段所述的美国需要解决的主要难题，美国的政策必须按照如下要求来设计：

a. 积极推动自由世界可观的经济增长及令人满意的政治发展，不仅用以应对共产主义国家的威胁，而且用以创造一个自由价值和制度能够持续的国际环境；

b. 将美国真正的图景展现出来；

c. 加速推动中苏集团政权性质及政策出现令人满意的转变；

d. 在不牺牲美国核心安全利益的情况下防止爆发全面战争；

e. 慑止共产主义国家实施有限的军事侵略，或者在必要情况下，用最有利于防止敌对态势扩展为全面战争的方式和规模来挫败这样的侵略；

f. 防止共产主义国家通过颠覆政权或者其他非战争方式对独立国家实施政治控制；

g. 破坏或者消除自由世界的国际共产主义组织；

h. 寻求将防卫性的军备控制协议作为减小中苏军事力量威胁的一种方式。

7. 这一国家战略需要灵活地、协调一致地，公开地、隐蔽地将军事、政治和经济等方面的行为混合起来，使其同上述第 1 段描述的国家态势保持协调一致，并以最有利于发挥国家心理优势的方式来实施这一点。如果能坚定地、积极地执行，那么这一整体战略能够使美国达成其主要战略目标。

……

10. a. 美国的政策是：主要但不唯一依靠核武器；将核武器同美国武器库中的其他武器整合起来；从军事角度视核武器为常规武器；在实现国家目标需要时将使用核武器。依据总统的决定来事先授权使用核武器。

b. 美国的核武器库存应当包括实现国家目标可能需要的各种尺寸、各种当量、各种标准的核武器以及尽可能"干净的"核武器（clean weapons）①，为全面战争或者有限战争提供各种灵活的、可选择的核能力。

NSC5906/1——美国基本国家安全政策②（1959 年 8 月 5 日）

12. a. 美国的政策是：主要但不唯一依靠核武器；将核武器同美国武装力量的其他武器整合起来；在实现国家战争目标需要时使用核武器。规划核武器运用时应当考虑：在对抗层次低于全面战争的情况下，使用核武器明显不是军事上所必需的，它对于实现国家目标来说也会是不适当的，特别是在主要共产主义国家没有全力以赴介入的地区。被委任的司令官需要做好在履行防卫责任需要时使用核武器的准备。依据总统的决定来事先授权使用核武器。③

b. 美国的核武器库存应当包括实现国家目标可能需要的各种尺寸、各种当量、各种标准的核武器，以及尽可能"干净的"核武器，为全面战争或者有限战争提供各种灵活的、可选择的核能力。

评 介

在艾森豪威尔政府的国家安全指导体系中，以美国国家安全委员会名义发布的"基本国家安全政策"文件占有重要地位。1953 年至 1960 年 8 年

---

① 指爆炸产生的放射性尘降显著减少的核武器。——原文件注
② "Basic National Security Policy", FRUS, 1958 - 1960, National Security Policy, Vol. Ⅲ, Doc. 70, pp. 292-316.
③ 总统之所以批准 NSC5906 中的第 12-a 段，是因为他认为这一段不会被解读为美国核政策发生了变化，而更可能被解读为对现有使用核武器的政策及需要保持军队平衡的政策的澄清。——原文件注

间，除 1954 年和 1960 年外，艾森豪威尔政府每年发布一份"基本国家安全政策"文件，全面阐述美国在国家安全方面的政策立场及战略设想。它是人们了解这一时期美国政府国家安全政策最重要的依据。"基本国家安全政策"文件涉及美国国家安全的方方面面，内容很多，篇幅很长，且不同年份的文件有很多重复，本资料主要摘录其中关于核武器、核战略部分的内容。为了使读者对这一时期美国国家安全政策基本情况有所了解，从前面几年的"基本国家安全政策"文件中还少量摘录了不局限于核政策核战略的其他内容。[①]

艾森豪威尔政府的"基本国家安全政策"文件涉及核政策核战略的很多基本问题。在核武器性质定位上，始终强调核武器是和传统常规武器并无二致的、可以实战使用的武器；在核武器与国家安全的关系上，强调美国主要依靠核武器来维护国家安全；在实战使用核武器的条件和范围上，强调只要实现国家战略目标需要，就可以使用核武器，不仅要在全面战争中使用，还要在局部战争、有限战争中使用；在使用核武器的决策上，强调总统可以将原本专属于他的动用核武器的权限事先赋予战场指挥官，由战场指挥官灵活决定；在核威慑作用范围上，强调核报复的大规模毁伤后果能够防止对方发动全面战争，并认为潜在的有限冲突升级为全面战争的风险，在一定程度上可以发挥慑止地区军事冲突、军事侵略的作用；在核武器有效发挥威慑作用的条件上，强调报复性核力量必须具有很高的生存能力，必须具有使用上的灵活性、可选择性；在核武器库构成上，强调美国不仅应该有大当量的战略核武器，还必须有外形尺寸、爆炸威力、标准规格等多种多样的核武器，甚至应发展所谓"干净的"核武器。

美国政府在核问题上的这些立场和观点，构成了这一时期美国核政策核战略的基础，为这一时期美国关于核力量使用和发展的计划规划提供了上层的、总体的指导。正是在这样的政策指导下，美国这一时期核力量、核武器的数量规模、种类质量、能力效能等都得到了飞速发展，实战使用核武器成为这一时期美国发挥核武器作用的主要方式。

[①] 1954 年 8 月美国国家安全委员会发布的关于 1956 财年指导方针的文件，明显体现了第一份"基本国家安全政策"文件的主要精神，对战争问题、核问题有较多阐述，本篇资料也摘录了其中的部分内容。

十二

美国在同苏联集团全面战争中的目标
（NSC5410/1）*（1954 年 3 月 29 日）

国家安全委员会通过的政策声明

绝密   华盛顿，1954 年 3 月 29 日

NSC5410/1

国家安全委员会成员、财政部长、预算局局长，以及原子能委员会执行主席，在 1954 年 3 月 25 日的第 190 次国安会会议上，通过了对在国安会第 1077-b 决议案中提出的、国安会第 5410 号决议所涵盖的议题的修订。

正如国安会会议强调的那样，总统已经暂时批准了附在后面的关于这一问题的声明，它将用作美国政府所有相关执行部门和机构进行相关计划时的指南，要知道总统准备同参谋长联席会议成员就这一问题做进一步的讨论，如果他们有此要求的话。

相应的，NSC162/2 的附件自即日起废止。

小詹姆斯·雷（James S. Lay Jr.）①

---

* "Statement of Policy Adopted by the National Security Council", FRUS, 1952–1954, National Security Affairs, Vol. Ⅱ, Part 1, Doc. 115, pp. 644–646.

① 小詹姆斯·雷时任美国国家安全委员会执行秘书。

（附件）

国家安全委员会政策声明

绝密 　　　　　　　　　　　　　　　（华盛顿，未标注日期）

美国在同苏联集团全面战争中的目标

（假设全面战争已经直接或者间接地强加到了美国头上。苏联领土指的是包括在 1939 年 8 月时其国界内的区域。）

1. 取得可确保美国生存的战争胜利。

2. 保护并维持尽可能多的真正的盟友。

3. 通过军事和其他措施削弱苏联的能力，直至使其丧失对美国及美国盟友发动战争的意愿或者能力。

4. 通过与美国其他目标相匹配的各种手段和措施，防止共产主义中国在战争中站在苏联一边。如果这一目标失败，通过军事和其他措施削弱中国的能力，直至使其丧失通过战争来对抗美国及美国盟友的意愿或者能力。

5. 破坏苏联和中国共产党政权赖以对其他国家公民或者组织进行意识形态奴役和惩戒的那些控制体系。（这里明显诋毁中国，请读者注意甄别——编者注）

6. 一旦切实可行，就要防止战后在潜在敌对国家形成或者保留足以威胁美国安全的军事力量。

7. 为了达成上述目标，美国应该从战争一开始就采取如下举措：

a. 动员美国所有的精神、人力和物质资源。

b. 使主要盟友全力参与到集体战争努力中。

c. 按照实现上述不同目标的需要，寻求使其他相应国家参与集体战争或者对从事集体战争做出贡献。

d. 在可行的情况下，使苏联和共产主义中国的人民和军队脱离他们的共产党政权，使苏联的卫星国脱离苏联的宗主国统治；只要可能，争取使这些脱离专制统治的人民在反对苏联政权的战争中积极支持美国及美国盟友。

e. 要让世界明白，这不是一场美国试图通过武力手段将一种特殊的政治或者经济制度强加给世界的战争，而是防止苏联政权将其政治制度或经济制度强加给世界的战争。

f. 为了避免到时候仓促做出决定或者承诺，应立即着手制定关于对方投降、对方边界及领土重新调整等的相关计划，设想在敌方领土上进行统治的方式或者机构，研究如何使敌方的少数民族实现独立，以及在战后因战争而导致的必不可少的对政治、经济和社会等进行重新调整过程中美国应该承担的责任的限度等，并对这些计划、设想等进行不间断审查；在战争期间要利用每一个可能的机会施加美国的影响，塑造有利于达成美国战后目标的政治和其他方面发展的态势。

8. 敌对状态终止后，美国应当使美国及其盟友保持足以实现其战后目标的军事力量。

评　介

本文件规定了美国在与苏联进行全面战争时的战略目标，反映了当时（1954 年）美国政府对于同苏联可能爆发的全面战争的基本考虑，对理解那一时期美国军事战略，包括核政策核战略有一定的帮助。

这一时期美国关于全面战争的战略目标，不仅仅是打赢战争确保美国的生存，同时还要严重削弱对手实力，使它们无力再威胁美国的安全；不仅要取得战场上的胜利，还要瓦解对方的统治基础和体系，在政治上取得胜利；不仅要在战时占据优势，还要主导战后形势的发展。可以说，这一时期美国在与苏联的全面战争中，追求"完胜""全胜"。

文件只字不提大规模报复力量或者核武器，一方面反映出当时美国内部对于核武器所能发挥的作用还存在不同认识，[①] 另一方面也反映了美国将核武器当作常规武器来看待的基本立场，认为无须对核武器及其使用做特别强调。因此可以说，这一文件中提出的美国关于全面战争的战略目标，同美国主要依靠核武器来维护国家安全的基本政策之间存在内在的一致性。

---

① 1954 年 1 月美国国务卿杜勒斯公开提出"大规模报复"思想后，包括艾森豪威尔总统在内，美国国内很多人对这一思想做了不同的解读。杜勒斯不得不在当年 4 月撰文对这一思想的本质含义进行澄清。

十三

威廉·考夫曼:《威慑的必要条件》*（1956 年）

在过去的 20 年里，美国人不仅已经认识到积极的外交以及大规模军事准备对于保护自身利益的极端重要性，还认识到可以通过很多不同的方法来保证国家安全。事实上，自从有战争以来，我们就一直不断寻找一种不求助于普遍意义上的暴力就能获得安全的方法，结果我们开始发展一种通常被称为威慑的政策。但一直到最近，这一政策因为两个重大问题才引起高度关注：一个是对西欧的袭击，另一个是对美国本土的攻击。我们发展起来的用于对这些重大事件进行威慑的主要手段，就是北大西洋公约组织和装备核武器的战略空军司令部。

而对中东、东南亚和远东等地区，我们的政策并没有特别的针对性措施。为了弥补我们政策的这一缺陷，国务卿约翰·福斯特·杜勒斯先生于1954 年 1 月 12 日发表了一次演讲。在演讲中，他勾画了随后广为人知的大规模报复学说。而从这一学说提出来开始，它就广受争议，所以对于它在多大程度上能够代表美国的官方政策，存在很大的疑问。尽管如此，如果单单是能够对研究核时代威慑的必要条件起到有益的作用，那么对这一学说进行审视或许还是有意义的。

在杜勒斯于 1954 年 1 月 12 日发表的演讲中，他宣布应急发展时期已经过去。现在的问题是如何使美国的外交政策建立在更加有效、代价更低的基础上。他解释说，实现这一点的方式就是更多依赖集体威慑力量，更少依靠地区防务力量。他强调，地区防务力量一直很重要，"但没有任何地区防务力量能够单独遏制共产主义阵营强大的地面部队。地区防务力量必须

---

* William W. Kaufmann, "The Requirments of Deterrence", Philip Bobbitt, Lawrence Freedman, Gregory F. Treverton, eds., *US Nuclear Strategy: A Reader*, The Macmillan Press Ltd, 1989, pp. 168 - 187. 本文原载 William W. Kaufmann, ed., *Military Policy and National Security*, Princeton University Press, 1956。

由大规模报复力量的威慑来强化才能更好发挥作用"。如果我们的敌人"可以自由地决定何时、何地和用什么方式进行战争，而我们仍然沿用传统的直接的地区对抗方式来抵抗侵略，那么我们就必须做好在北极、在赤道作战的准备，做好在亚洲、中东、欧洲作战的准备，做好在海上、陆地、空中作战的准备，做好使用老式武器和新式武器作战的准备"。为了预防出现这种情况，总统和国家安全委员会已经做出一个最基本的决定，即主要依靠我们强大的能力，用我们选择的方式、在我们选择的地方对敌人立即实施报复。

有了这一决定，国防部和参谋长联席会议可以重新塑造我们的军事能力，以确定"我们的政策，而不再是必须准备跟着敌人的动作起舞。这使我们可以用一种军事运用方式来取代很多军事运用方式"。如此一来，我们就可能"用更小的代价来获得，或者同盟友共享更多的安全"①。

《纽约时报》的詹姆斯·里斯顿（James Reston）先生 1 月 16 日在华盛顿报道说，发表这一演讲意味着，美国总统和国务卿在告诉莫斯科和北京，"如同政府在这些问题上曾经清楚说过的那样，如果在朝鲜、印度支那、伊朗或者其他任何地方发生另外一场代理人战争或者灌木丛火灾式的战争（brush-fire war），美国将立即使用原子弹对苏联或者红色中国实施报复"。副总统尼克松对这一学说也给出了准确的解释。3 月 13 日他在回应艾德莱·斯蒂文森（Adlai E. Stevenson）的一个演讲时说道：

"未来与其让共产主义国家在世界各地通过小规模的战争一点点撕咬我们，不如主要依靠我们的大规模机动报复力量，在我们选择的时间和地点酌情使用这些力量来应对侵略威胁的主要源头。

"我们调整了我们的武装力量以满足这种新理念要求。同样重要的是，我们让整个世界，让共产主义国家知道，我们准备怎么做。"②

在三天后的一次记者会上，包括在后来写给《外交事务》杂志 4 月刊的一篇文章中，杜勒斯都对他 1 月 12 日想要表达的观点做了进一步阐述。他解释说，他的声明绝不是说我们将立即进行报复，"尽管我们实际上会在需要这样做的情况下马上进行报复，核心的问题在于我们要有立即进行报复的能力"。正如他看到的那样，难题在于要找到一些可以加强地区地面防

---

① 关于该演讲的更多详细内容，可参看本书收录资料十。
② 引自 1954 年 3 月 14 日《纽约时报》，第 44 版。——原文件注

务的办法。这种办法就是"具备在你自己选择的时间、地点，用你自己选择的方式进行报复的能力"。这并不是说我们将"尽一切可能淘汰全部的地面力量"，而是说"你不会主要依靠地面力量，因为当你主要依靠地面力量来应对给你造成威胁的这些危险时，你不可能满足与你潜在敌人在所有点上进行人对人、枪对枪、坦克对坦克这样的对峙要求。如果我们尝试着那样做，那么我们准备完蛋（go bust）吧"。①

杜勒斯继续说，自由世界因此必须找到一种更好的进行这种防御的战略，这种战略要以美国特殊资产为基础。这些资产特别包括"空中和海上力量以及原子武器，原子武器目前已经有多种使用选择，不仅适于进行战略轰炸，还可以进行大量的战术运用……如果用对了的话，这种武器能够成为一种可以立即进行报复和有效防止任何侵略的防御力量"，这样一来，就形成了一种可行的威慑政策。因为"一个可能的侵略者如果事先知道，它的侵略不仅会使那些它选择用于侵略的特殊力量曝光于天下，还会使它用于'庇护'自己的那些资产荡然无存，那么，它在是否实施侵略的问题上就会犹豫再三。但那并不代表说，如果共产主义国家在亚洲某处发动进攻，我们就要对中国或者俄国的大型工业设施投下原子弹或者氢弹"。②

从这种政策声明中能够得出什么样的结论呢？很显然，这里对共产主义世界有三个明显的假设。第一，尽管共产主义会有很多不同形式，会出现在很多地方，但他们的行动都源于苏联和中国，并受中苏的控制；第二，尽管苏联和中国领导人有同我们明显不同的目标，但他们在代价—风险评估上同我们大体是一样的；由前两个假设自然得出第三个假设，即假如行动风险和代价很大，总是超出行动可能带来的收益的话，那么通过向敌人预告他们要采取的行动的风险和代价，就能够预先阻止共产主义国家采取边缘行动。

大规模报复意味着什么，并不总是很清楚。但是，尽管国务卿对这个问题说得很模糊，但它极有可能是以战略空军司令部及其海军组成部分作为主要的威慑工具。它们的存在使莫斯科和北京总是记得，他们对所谓"灰色地带"的任何攻击，将同对北约国家和西半球国家的攻击一样，结果都是要遭到原子或者热核武器的报复。

---

① 引自 1954 年 3 月 17 日《纽约时报》，第 6 版。——原文件注
② 引自 1954 年 3 月 17 日《纽约时报》，第 4 版。——原文件注

这实际上是威慑政策的范畴。主要依靠战略空军司令部的打击力量，我们试图堵住对共产主义国家敞开着的攻击通道。同时，我们通过发展那些看上去最便宜同时又最有效的军备，减轻了我们的防务负担，使我们有更多能力和资源用于完成其他更加合适的对外和对内政策任务。这为美国提供了集中力量，同时使共产主义国家处于守势的机会。不可否认，这会有一定的风险，但我们掌握了主动；我们取得了一种使我们可以按照自己的选择来处理未来事务的有利态势。

事实上这些战略原则听起来可能是那么回事，但它们是否实用，则取决于对两个问题的回答：一是为了使威慑政策真正有效要具备什么样的必要条件；二是当前情况下大规模报复是否能够提供这样的必要条件。

为了评估这一学说，有必要理解威慑政策涉及的内容。从实质上讲，威慑就是要防止出现某种危机事态（contingency）。为了达成这一目的，必须通过某种方式向可能的对手传递信息，让他们知道，如果他们真的将考虑中的行动付诸实施，他们可能会遭遇到什么。希望通过使他们面对这种不利前景的方式，阻止他们采取敌对行动，至少要让他们有相对而言不是那么不可容忍的其他选择。

威慑政策因此包含一种特殊的预设：被威慑方如果要采取行动，他会考虑代价与风险；如果这些行动能够避免，他将能得到好处、有收益。这种预设可通过不同方式传递出来：通过类似于杜勒斯那样的官方公开声明进行传递，通过一些能够诱导敌人推断出我们在不同情况下可能会采取什么行动的方式，或者通过将外交和其他手段混合起来的方式进行传递。

关于意图的正式声明既可能被严肃对待，也可能被认为只是虚张声势。它到底会被当成什么，在一定程度上取决于对政策的阐释和传递方式。通常情况下，这种预设准确实现的程度以及传递政策的方式，将随着表达意图的意愿的变化而变化。但是不管预设的情况是真的要实现，还是只是虚张声势，威慑政策必然包含实实在在的风险和一定程度的潜在代价。这种风险就是，不论我们做出了多大的努力，敌人都将怀疑我们是否会真的兑现我们的威胁。如果我们真的按照我们事先威胁的那样去兑现，我们将不得不接受执行我们的威胁行动所带来的后果；而如果我们退缩，不兑现威胁承诺，不在乎对方的怀疑，那么我们将承受丧失威信的后果，未来我们执行有效核威慑政策的能力将会降低，这还会鼓励对手采取进一步恶化局势的行动。这种代价同兑现预先威胁承诺的代价同样大。

为了使这种风险，以及伴随这种风险的代价最小化，同时保持这一政策的有效性，有必要为提议的这一政策营造一种可信的氛围。为此我们必须牢记，有一大批各种各样的围观者在观察我们的行为，而这些观众对我们的政策的反应对于威慑政策的成败至关重要。为了便于讨论，我们将这些围观者简单地分成敌人、国内民众和盟友三种类型。

首先看敌人，很显然我们必须确切地知道谁是敌人，以便我们的政策能够有针对性。例如，如果越南民主共和国（北越）的胡志明相对于莫斯科和北京来说有一定的自主权，那么威胁摧毁莫斯科和北京这两个城市，就不可能达成慑止其进攻老挝、柬埔寨或者越南共和国（南越）的目的。假设我们获悉了敌人的情况，那么就必须在三个方面建立起信誉，包括能力、使敌人付出的代价及我们的意图。必须使敌人相信我们有采取行动的能力，如果我们采取了行动，就必须能够使敌人付出超出其从达成的目标中所能获得的收益的代价；而且，我们确实会像在有关紧急事态的声明中所宣布的那样采取行动。

与真实能力不一样，在当前情形下，潜在能力不能被认为是一种可信的威慑手段。只是有一定数量的配备裂变或者聚变核弹的飞机，对威慑而言是不够的。必须使敌人相信不仅有这种威慑手段，而且它还能用于实战。以战略空军司令部为例，它要能够实现目标，并能够给对方造成最大程度的损失。

即使有能力，且能给对方造成巨大损失，如何使意图可信仍然是困难且微妙的问题。一个聪明的对手（在同共产主义世界打交道时，假定遇到的是一个愚蠢的对手，实际上会很危险），预计会通过三个方面的信息来了解像美国这样的国家的意图，包括这个国家最近在处理类似事件时所作所为的记录，政府的声明和行为，以及其国内及盟友的公众的态度。相对于采取同传统行为方式截然不同的方式实施的威慑而言，一个与这个国家近期在国际事务中的表现基本一致的威慑政策，似乎更加可信。同样的，威慑政策的可信性将随着政府及其执行机构言与行的一致程度的变化而变化。对威慑政策而言，没有什么比国务卿宣布的政策与政府其他官员的立场相互矛盾，或者被政府其他官员重新解读更糟糕的了。如果同步采取的行动抵消了政策声明的效力，或者没有什么具体的举措来支撑政策声明，那么官方政策声明不会有可信性。

最后一点，也可能是关于意图最重要的一点，威慑政策只有在得到国内民众和盟国支持的情况下才会可信。特别是在民主国家，形成决策的步骤要比政府领导人对意图的清晰阐释多得多。在这些意图变成政策之前，必须有确切的证据证明这些意图得到了尽可能多的民众的支持。这一点也给威慑政策必须得到贯彻提出了更为重要、更为特殊的条件。贯彻威慑政策的潜在代价必须是值得付出的。换句话说，要实现的目标的价值和实现目标要付出的代价之间必须有一定的联系。达不到这一要求的威慑政策，结果很可能只会威慑住自己，而威慑不了敌人。

如果威慑政策要可信并因此有效，存在一些必须满足的条件的话，那么现在必须要问的是，可以使大规模报复学说完成它的支持者们提出的任务的条件，现在是否已经具备，或者说是否可以创造出达成其政策目的的条件来。

在能力方面，我们确实已经有了像战略空军司令部、舰载航空部队，以及核聚变弹、核裂变弹等可以给苏联、红色中国及它们的卫星国造成难以估量的毁伤的能力。但是，有一些因素正在限制这些能力有效发挥作用。战略空军司令部的作战计划和作战行动，在很大程度上一直还在依赖可靠的海外基地。因而它的使用明显会受到限制。此外，苏联正在努力加强它的主动与被动防御措施，发展它自己强大的战略空军。假定在现在和不远的将来，美国战略空军司令部将能够突破苏联防御，这或许还说得过去，但同时我们必须假定，苏联的战略空中力量将能够对我们实施报复，给我们造成同等程度的毁伤。换句话说，我们必定要面临这样的事实，即一旦我们兑现大规模报复的威胁受到挑战，我们自己可能因而要付出的代价，将和我们让对方付出的代价一样大。

如果审视一下我国最近这些年的外交记录，实际上也就是在过去15年或者20年的美国外交政策，就会发现，除类似于珍珠港事件这样的极端情况外，对其他国家实施大规模报复并不是美国的外交风格。尽管第二次世界大战使美国赢得了很高的威望，但随着这种威望而来的，更多的是财富、力量，而不是胆量、严厉和始终如一的作风。二战结束以来，美国的外交政策记录是杂乱的。对希腊—土耳其的援助、马歇尔计划、柏林空运、缔结《北大西洋公约》和介入朝鲜等都表明，美国愿意去对抗苏联和中国的扩张。但这些行为也表明，美国有强烈的意愿，而且认为自己有能力通过地面行动，按照对手设计的规则成功应对这些挑战。事实上，发生在朝鲜以及印度支那的事件已经说明，面对这类事件时除了使用当地的抵抗力量来限制和约束共产主义国家的扩张外，我们并不准备有其他更多的作为。在朝鲜战争期间，我们确实是不仅想限制敌人实现他们的目标，而且还尝试通过将朝鲜剥离其势力范围的方式对其鲁莽行为进行惩罚。解放一个国家以及实施中等强度的报复确实曾经是我们对朝鲜政策的组成部分。但是当我们计算了这样做要付出的代价之后发现，我们的对手非常乐意在这个对我们来说代价更高的地方同我们玩这场游戏，于是我们接受了最初的目标，以及在板门店的僵持局面。事实上，在朝鲜的教训如此沉痛，以至于在 1954 年春天印度支那危机期间，我们干脆完全不直接介入了。①

那么，这就是我们使自己的威慑政策更具可信性的记录，这就是我们的信誉。这并非无关紧要，但也不是决定性的。政府、民众的态度，以及行为都可能很快发生变化，而且过去的东西对指导未来而言可以说最不靠谱。但是这些特殊记录已经存在了，就像上面说的那样，它将对我们的政策产生很多影响。

同样的，在政府声明及政府行为方面，也有一些影响威慑政策可信性的必要条件。就拿大规模报复来说吧，杜勒斯先生不仅对这一学说做了不一样的解读，他还看到政府其他成员一会儿坚持这一学说，一会儿又要改变它。与此同时，美国政府内部对未来美国外交政策到底应该是什么样子，并不是很确定。在这种情况下，行政机构与立法机构发出了不一致的声音。当国务卿威胁要进行大规模报复时，总统却在赞美用亚洲人打亚洲人的方式，并对紧急情况下使用美国军队做出了明确的限制。

政府的这些或者其他声明表现出的混乱及目标交叉的印象，就其本身而言并不是特别重要，因为通过话语系统进行交流的作用已经不像 19 世纪那么显著了。但是政府通过行动表明，它有像大规模报复那样坚定同时又非常矛盾的其他目标。追求预算平衡、降低税收、维持一支规模较小的军事力量等，只是政府在大规模报复政策问题上如此难以保持协调一致的部分原因。

---

① 1954 年 3 月，法军在越南奠边府战役中遭遇失败，美国选择不进行军事介入。

　　国内民众及盟友的公开态度多少有点类似。对朝鲜战争的厌恶在联合国进行干预后一年时间里变得十分明显，不论是美国国内，还是海外盟国，对发生在印度支那的事件都失去了再进行干预的热情。对苏联和中国的恐惧还会持续，特别是在美国，但这种恐惧情绪已经不是那么强烈了，以至于它已经难以再激起西方联盟对共产主义国家的扩张做出大规模反应的欲望了，除非共产主义国家的扩张对西方国家生死攸关的利益构成明显的威胁。然而即使在美国，生死攸关的利益也一直被定义在相对狭隘的范围内。不断增长的对建立在现存体系及相应安排基础之上的和平的渴望，对可能与苏联达成某些妥协的信心（特别是在欧洲，苏联已经增强了力量），不情愿地去牺牲那些看上去无力帮助自己的国家，关于核武器效应的知识的增加等，所有这些态度和情绪都导致了对大规模报复学说或者是冷漠，或者是完全批评的反应。

　　如果对与威慑相关的这些条件仓促做出的这一评估是精确的，那么我们马上就会面临苏联和红色中国的领导人几乎不可能认为这一学说是很可信的这样一种前景。他们可能会认为我们具有兑现我们威胁的能力，但他们也会观察到，随着他们自己的核能力的提升，我们使用大规模杀伤性武器的决定，必然只能在评估了不只是获利，还有可能的代价和风险之后才会做出。我们在二战后相关问题上的表现的记录不太可能增加他们在这个问题上的恐惧。我们在朝鲜和印度支那问题上的表现，是我们不仅在干预外围地区事务上，而且在扩大我们已经参与的冲突的问题上都犹豫不决的重要标志。美国政府自己的行为对于说服他们，让他们相信美国政府意图的严肃性已经不再有什么作用了。与此相关联，艾森豪威尔总统 1955 年夏天在日内瓦会议上的声明，必定已经使任何一点他们留下的曾经有过的那种恐惧消失殆尽。① 最后，美国国内的情况以及盟友的态度使苏联和中国领导人有充分的理由相信，大规模报复学说即使不是完全的虚张声势，也极有可能只是仍不得不在寻找的、在变成可能接受的政策之前会长期争论不休的一个动议。

　　简言之，大规模报复学说连威慑可信性需要的最低的必要条件都不能满足。进一步说，存在不是苏联和红色中国被威慑，而是它们继续像它们

---

　　①　1955 年 7 月在日内瓦举行的美、苏、英、法四国首脑会议上，艾森豪威尔总统提出了"开放天空"计划，并就裁减军备问题提出了一系列建议。

在印度支那做过的那样来行动的可能性，而且它们会向其他边缘地带推进，不仅是想从那里获得点什么，而且想借此来试探我们的忍耐极限在哪里。

在我们会遭遇到这些障碍的情况下，如果用一种会严重恶化形势的方式来推行大规模报复学说，则威慑政策会面临各方面风险。如果共产主义国家想挑战我们兑现威胁的诚意，而它们是有很好的理由来这么做的，那么我们要么奋起抵抗，要么无动于衷。如果我们奋起抵抗，则我们会陷入无法估量的原子战争的恐怖之中。如果我们无动于衷，则我们的信誉会遭受严重损失，我们建立的能抵抗共产主义进一步扩张的威慑能力也会遭到严重破坏。实际上，在现有条件下，大规模报复战争可能会使我们持续面对不得不在上述两种最具灾难性的选项中进行选择的困境，这个结果无论如何都逃不掉。

解决这一困境的出路，就是改变这种使威慑可信性的必要条件如此难以达到的状况。如果我们能够降低自己在原子攻击面前的脆弱性，增强我们的进攻能力，更少来公开地或特意地谈论大规模报复，或者采取一些同这一学说更加一致的行动，同时使国内民众及盟友相信采取这样一种严厉的政策是应该的，并且这些我们都做到了，那么就可能使我们的政策被怀疑的风险最小化。但是现实条件不太允许我们做出快速的或者广泛的变化。似乎可以比较确定的是，大规模报复学说正如它已经被解读的那样，作为一种威慑政策既不可信也不可取。不论该学说的提出者如何有信心，这一学说都不可能让人相信，因为它本身就缺乏可信性。只要威慑存在类似的难以承担的风险，它就不太可取。

这些结论并不代表说，像大规模报复这样的学说在美国的威慑政策中就无容身之地。这些结论更多的是说我们总体的政策需要重新构思，大规模报复在其中应该只用于一些特殊的、具体的情况。

几乎没有人会对我们应该有一种威慑政策这一点有什么质疑。我们中的大多数人现在已经认识到，在有可能预先阻止不测事件发生的情况下而不采取什么举措，只是被动地等待该事件发生，是错误的。人们还有一个类似的共识是，需要立即为威慑政策付出的代价，要远小于为不得不去处理的相应不测事件的后果需要付出的代价。但是即使有了这些共识，在出现一个令人满意的核威慑政策之前，仍然有几个困难的问题需要先得到解决。

由于存在大量的可能对美国利益产生不利影响的紧急事件，而美国受其资源、财富的限制，还不能为应对和阻止所有这些事件进行有效的准备，威慑政策的一个必要条件就是公开地让我们的对手知道，对我们来说最重要的和可能采取行动的红线在哪里；另一个必要条件，是给每一个可能的紧急事件设计出有效的威慑。这里有两个重要的原则值得永远谨记。不可指望用单一的威慑去应对所有类型的紧急情况，同时还能使威慑一直能满足可信性标准。尝试去设计这样一种威慑，结果就像用火炮打麻雀，或者用玩具枪打大象。与此类似，期望一种威慑能够解决大量其他问题同时又证明很有效，似乎也是徒劳的。试图用大规模报复来慑止苏联和红色中国，同时又要满足预算平衡及减税的目标，可能会给威慑带来灾难性后果。有效的威慑在当前条件下需要付出很高的成本。如果不在其他方向上舍弃一些东西，威慑就不能轻易实现。

从这些考虑来看，大规模报复学说有没有威慑作用呢？回答是确定的，有，但这种威慑作用是有限的，且是特定的。尽管战略性空中力量武器及核军备有能力造成难以估量的毁伤，但实际使用这些手段存在相当大的风险。假如通过使我们在很多紧急情况下发出的使用核武器的威胁具有明显的可信性，这些风险能够最小化，那么大规模报复学说就有可能推行。但是一个具有民主政治程序的社会，虚张声势的能力有限，所以只有在面对美国和它的盟友真的准备使用核武器的危机场景时，大规模报复作为一种威慑才会可信和有效。

界定这样的危机场景并不太困难。这样的场景包括：某一个被认为涉及美国核心利益的地区受到攻击；共产主义国家使用核武器；敌人的一系列行为证明会对我们的社会构成明显的、现实的危险；等等。前两种情况很容易理解。第三种情况往往更难把握，对它的确定必须依据是否有证据证明，总体形势正在朝着美国除进行全面战争或者最终投降之外，没有其他选择的方向发展。

大规模报复的威慑在应对这些危机场景时会很有效，因为大部分人，不管是国内的还是国外的，都愿意看到在这种情况下使用核武器。他们也会认为，这种情况下使用核武器的威胁是可信的。但是，不应该认为，将大规模报复限定为应对这些危机场景的最后一招，就完成了建立威慑的任务。我们越是表现出坚决使用大规模报复能力来应对这些危机场景，这些危机场景出现的可能性就越小。因此，似乎应该持续地、有效地增加对我们的进攻性打击力量及主动和被动防御系统的投资。如果我们要防止出现一定数量的盟友在任何情况下都强烈反对使用战略空军的情况，那么在维持和保护西方体系以增强我们的朋友同我们的休戚与共关系上，我们要下功夫。最后，由于对生死攸关利益的界定将随着时间的变化而变化，所以我们实际做的有可能比公开宣布一个关于处理这一问题的备忘录还要糟糕。对于敌人需要进一步清楚地了解我们意图的问题，我们有其他比公开宣布更为有效的方法和渠道来传递我们的意图信息，同时还更少犯错，风险更小。

正如已经建议的那样，如果我们将大规模报复局限于应对紧急情况的最后一招，那么我们的威慑政策就有很大的一处缺口。这样一来，对美国来说最为危险的选择将在共产主义国家可选范围之内，但是它们大量的这些选择对于美国利益而言是绝对不允许的。其中就包括用常规战争对抗边缘地区或者西方集团的薄弱部分，在这些地方搞颠覆破坏和内战等。不论它们在哪里搞这样的活动，它们都会看到这样做可能长期侵蚀美国地位的前景。同时，我们会在与它们的对抗中遭受严重的损失，同时会面临使用核武器来应对的风险。很清楚的一点是，它们需要的是我们在防止它们这些所作所为上进行大量的投资。而大规模报复不是一种能有效抑制它们的手段。应对这样的威胁需要设计其他类型的威慑。

关于其他类型威慑的可行性，我们必须意识到，将大规模报复留作应对紧急情况的最后一招有利也有弊。共产主义国家可能被慑止，不敢制造这些紧急事态，但它们也可能因此去采取其他代价不大的行动。威胁进行大规模报复压缩了它们可以采取行动的范围及类型，这会迫使它们在那些战略价值、经济价值相对较低的地方进行竞争。但就像在朝鲜和印度支那发生的事件所证明的那样，这些制约和限制并不能使它们放弃行动。

因此我们面临的难题是，找到对敌人而言代价足够大的威慑，但这种威慑又不能大到使敌人因为恐惧和绝望转而将制造紧急事态作为救命稻草（the last resort）的程度。简言之，我们必须努力使我们施加的惩罚同它们所犯下的罪行相当。在国际领域做到这一点要比在国内困难得多，因为在国内有详尽的和合理有效的法律威慑体系。但这在国际领域并非绝对不可能。在这里，只能就我们应该努力的方向提出一些建议。

在军事领域，可能一直有着最丰富的可用于威慑的资源。如果在经过了朝鲜这种方式之后，我们展示出使用强大的常规军事力量在边缘地带进行干预的意愿和能力的话，我们将有很大的机会在那些地区预先阻止敌人采取军事行动。诚然，这也预示着，我们可能要按照对共产主义世界有利的方式同它们竞争。但这种方式乍看上去真的对它们有利吗？我们在朝鲜的所作所为在规模上，可能还有在付出的人员和物质的代价上都比共产党集团要小。而且，是共产主义国家最后更加急切地要结束冲突。在开城和板门店的"装模作样"（charade）已经使我们忘记了，苏联驻联合国安理会代表马立克先生在面对"死人如麻的行动"（Operation Killer）时认识到，停战的主意值得考虑。尽管印度支那事件使我们的声誉受到了影响，但共产主义国家不会完全忘掉对李奇微和范弗里特（Van Fleet）将军率领下的第八集团军的记忆。

对于德国重整军备的规模及其性质问题，我们也可以将其作为一种相当强大的武器。发展新的德国国防军至少可以部分地回应苏联的行为，而我们最好不要去强调这种关联性。蒋介石的部队对美国而言价值不大，但他们也可以在我们的威慑政策中发挥一定的作用。与精确控制他们相反，我们可以对在什么情况下我们愿意支持他们做出界定，而且要将这一点告知北京。对我们完全控制的韩国军队，也可以考虑让他们发挥同样的作用。这些力量同北约部队及我们自己的军事力量一起，实际上可以发挥非常大的威慑作用。

在那些很难用更好的术语表达的社会领域，还有其他一些附带的威慑值得考虑。共产党在西方经常是一个麻烦，有时候还是一个威胁，但同时他们也是我们手中的人质。破坏他们的组织、分散他们的追随者很困难，需要付出很大的代价。但是在前述情况下，我们威胁要破坏他们的组织、分散他们的追随者，可能会很好地撬动共产主义的领导层。同样的，鼓动那些卫星国背叛或者疏远苏联，也具有威慑的性质。1953 年 6 月的事件已经证明，造成大范围的背叛或者疏远是有可能的，而且苏联对这样的行为是十分敏感和介意的。① 我们不要不加区别地或者不负责任地对这些行为进

---

① 1953 年 6 月，民主德国工人因政府的工资政策举行罢工和示威游行，政府虽然被迫做出新的决定，但并未平息这一群众运动，示威工人又提出了包括实行言论和新闻自由在内的一系列要求，后来示威活动进一步演变成了骚乱，驻民主德国苏军参与了镇压活动，最终造成多人死亡。此后，开始有大量民主德国人逃往联邦德国。

行扶持，但我们有希望尽可能不露声色地向敌人建议，确定存在一些敌人可能会预料我们会充分利用其颠覆性潜能的特殊场合。

就这种武器而言，我们或许能增加另外一种威慑。前面已经说过，威慑这一硬币有正反两面。迄今为止，我们只看到了通过威胁来实现威慑的这一面，但我们也必须考虑奖励这一面。至少从原则上讲，有可能通过提供一种比敌人当前正准备采取的行动有更好前景的另外一种方式，来阻止其采取敌对行动。但这种方式不是美国人喜欢的方式。这会让人马上想到慕尼黑、雅尔塔，可能还有日内瓦。有人会强烈地认为，这种方式用于应对像共产主义国家这样的对手来说，既无用又危险，因为最终它们将只接受我们的补偿金，它们还是会按照它们最初想做的那样来行事。这是一种可以理解的态度，而且在三种情况下这种理解是对的。第一种情况，敌人正在被迫采取敌对行动，不是因为绝望，而是被意识形态、野心所驱使；第二种情况，对它们的奖励不是因为它们做出了真正的妥协而给予的；第三种情况，这样的奖励并非不可被施奖者撤回。由于在慕尼黑、雅尔塔并没有意识到这些区别，人们对这样的方式失去了一些信心。

……

可以肯定地说，如果我们坚持不对我们能够同共产主义国家和平相处做出一些安排，那么我们的威慑政策有效的前景就会降低。这样的情况，在我们看来是最危险的，对它们而言却看上去很有吸引力。我们应当一直对做出妥协持开放态度，我们可能真的发现做出一些妥协对我们是有利的。例如，在目前的情况下，在我们的应对中加入一些可以撤回的奖赏，将对敌我双方都有利，而且在共产主义国家制造敌对态势时，可以将这些奖赏撤回来……

这样做了，我们可能不会说服对手放弃他的扩张目的，但在一定程度上，他会评价我们的妥协及我们给出好处的可行性，我们将创造出额外的说服他不去达到其扩张目标的方法。这些方法同我们的其他武器一道，使我们有了能够影响对手关于代价及风险计算的更加合理的强有力的手段，同时又不会有大规模报复所包含的危险。

这样的一种威慑方法对共产主义国家来说是否可信，取决于我们有多大意愿去满足对方想通过扩张来实现目标的需要。在军事领域，如果我们想减少因我们依赖大规模报复、依赖战略空军这种手段而导致的危险，我

们就必须强化其他军种的力量。其中最明显的是要增加地面力量，当前我
们缺少用于履行海外义务的陆军部队，还没有建立强大的、机动的后备力
量。战术空军可能也存在发展不足的问题。加快这两类部队的发展似乎是
自然的，尽管它们的发展不会以牺牲战略空军为代价。现在的问题不是去
重新切现有的蛋糕，而是去做一个更大的蛋糕，让每一个切片都更大。

……

在有关我国不好的威慑政策实践记录问题上，我们同样也可以采取一
些补救措施。如果说我们过去这些年的经历中有一些失败的记录，这不可
能永远不变。在心中保持一系列明晰的威慑目标，也有一些自我确定的原
则，政府完全能用一种简单的方式去说、去做。这样本身就会有好处。但
我们应该做得更多。我们应当准备抓住每一个有利的机会来展示我们在威
慑意愿上是多么严肃。我们在印度支那事件上的所作所为，其中的一个缺
陷就是我们似乎没有严肃地、充分地评估我们不进行干预会对威慑政策产
生多大的影响。诚然，在当时那种情况下，你可以强调说进行干预弊大于
利，但未来如果不管我们做了多大的努力，还是没有能够防止同样的危机
情况的发生，那么我们必须记住，一个威慑政策对它之前是否可信的记录
的依赖是多么大，除了从其他方面进行评估外，还要从这一点出发来评估
进行干预的合理性。

政府态度方面，在一个有效的威慑规划正式启动之前，显然要做出一
些不同于之前的变化。首先且最重要的变化是，不仅在评估共产主义国家
行为及我们采取的应对措施方面，而且在处理由此带来的国际关系事务方
面，必须增加我们的灵活性和适应性。政府任何僵化的表现，与现实不符
的陈规陋习的盛行，以及拒绝新思想、新方法的尝试等，都将削弱威慑政
策的有效性，特别是当这一威慑规划既有惩罚又有奖赏时，更要注意这一
点。同样重要的是，要强化我们的意愿、我们的手段，要定期与盟国政府
一道就威慑问题进行磋商、规划……

无论具有广泛基础的威慑政策多么有好处，一些特定因素都将限制其
在当前条件下发挥作用。苏联和红色中国已经把他们同外部世界隔离到如
此严重的程度，以至于它们对来自非共产主义国家的任何外部压力及诱惑
都具有了免疫力。我们能够对它们施加的制裁，或者能够尝试给它们的奖
赏因此可能非常有限。中国有巨大的国土、极端贫困的经济，对大规模报

复这样的终极威胁甚至都不敏感。

此外，我们确实可以采用的威慑方式，在很大程度上，都是极其低效的。即使我们将大规模报复的威胁严格限定为应对紧急情况的最后手段，除非是极端危急的情况，否则我们在使用我们的核武器问题上仍然会犹豫不决。尽管对我们而言，威胁使用核武器而不是威胁进行大规模报复，相对而言会更有说服力一些，但核武器将难以被合理地使用是我们一直要面对的问题。事实上，我们攻击对手的选项有很多，若采用这些选项，那么对它们进行威慑就是一种浪费。在宣传和分而治之的外交操作领域，不得不承认我们的对手是可以无所不用其极的。要降低它们在这些方面的效用，不取决于威慑的存在，而取决于我们是否可以创造一种条件，即在非共产党世界里，对手的甜言蜜语及敲诈勒索都毫无意义。

考虑威慑的这些局限性，并不意味着美国可以在没有明确的威慑政策的情况下获得合理的安全。共产主义世界可能确实正在改变它们的行为，但这些变化的证据仍然不足以保证我们去忘掉战后的经验。不论我们在日内瓦会议中得到了多大的满足，不论苏联政策有什么新的定位，不论莫斯科说话多么温和，也不论对裁军谈判做什么样的假定，北京言语中表达出来的明确的敌意、莫洛托夫先生的分化策略，可能最为重要的是它们在军事技术上快速赶超我们的巨大变化等都说明了一切。正在变化的这些形势中潜藏的风险很大，从最近发生的事情中我们知道，如果忽视这些，则要付出一定的代价。二战的爆发，珍珠港事件，东欧地区的丢失，以及朝鲜战争本身等，都部分是由美国在设计足够有效的威慑政策上的失败所导致的。

......

我们有资源、有技术，也有技巧来创造这些更好的威慑，有充分的理由相信，这些替代的威慑方法能够很好地完成任务。但是在整合我们的威慑力量时，我们必须记住这些力量只是我们的外交政策的一个特殊部分。有大量的敌对行动是我们无法用威慑或者奖赏来控制的。由于我们追求的远不只是安全，虽然安全是最重要的，因此很多领域的威慑根本不起作用。在那些共产主义国家不能被慑止的领域，我们必须创造出能够抵消它们的战略的条件。在那些有可能增强普遍性安全的领域，我们必须这样做。事实上，这才是我们的政策的核心，威慑将是谨慎的、强大的、多用途的安全卫士。

评　介

1954 年 1 月杜勒斯正式提出"大规模报复"思想之后，美国国内对其进行了广泛评论，提出了很多批评。1955 年普林斯顿大学的威廉·考夫曼撰写的《威慑的必要条件》一文，在这些评论、批评中比较有代表性且影响较大。

"大规模报复"思想从本质上讲是一种威慑政策，为了对其做出有说服力的评价，作者首先对威慑理论进行了构建和分析，用作评判"大规模报复"思想（政策）的准则。

作者通过分析"大规模报复"思想的内在逻辑，从两个角度提出了威慑作用机理：一是威慑要想成功，被威慑方必须和美国一样，主要通过"代价—风险评估"进行决策，这就是后来人们常说的被威慑方必须是"理性的"的源头和本质；二是威慑若要成功，必须使对方行动的风险和代价很大，超出其行动的可能收益，而且要向敌人"预告它们要采取的行动的风险和代价"，让它们知道"如果真的将考虑中的行动付诸实施，它们可能会遭遇到什么"，这实际上是后来基辛格归纳的"威慑三要素"的雏形。[①]

对于如何使自己的意图或者发出的威胁变得可信的问题，文章进行了深入分析和理论构建。文章提出，威慑政策只有在包括敌人、国内民众和盟友在内的各种"观众"相信的情况下，才能有效发挥作用。对敌人而言，关键是要让其相信美国有大规模报复的能力，确实能够使其付出巨大代价，并相信美国确实会兑现实施报复的承诺。而各种"观众"在判断该国是否会真的兑现威胁承诺时，往往会考虑该国近期在处理类似事件时所作所为的记录、该国政府所做的声明及相应的行为之间的一致性，以及其国内民众的态度等因素。

文章依据这些判断标准得出结论，"大规模报复学说连威慑可信性需要

---

① 1959 年基辛格在《选择的必要：美国外交政策的前景》一书中提出，要实施威慑，必须"有实力，有使用实力的决心，以及对方知道前两点"，后来这被称为"威慑三要素"，是重要的威慑作用机理。参看〔美〕亨利·基辛格《选择的必要：美国外交政策的前景》，国际关系研究所编译室译，商务印书馆，1973，第 18 页。

的最低的必要条件都不能满足"，特别是在苏联掌握了大规模的可用于回击的核武器之后，奉行这一政策必定使美国处于要么"无动于衷"，要么"陷入无法估量的原子战争的恐怖之中"的两难抉择。

文章并没有就此止笔，而是进一步分析了补救"大规模报复"政策缺陷的方法，提出美国必须公开地让对手知道，其最重要的和可能采取行动的红线在哪里，而且要为每一种可能的紧急事件设计相应的威慑。文章没有完全否认"大规模报复"政策的威慑作用，只是认为它仅在特定的、有限的场景中才适用。文章对于应对其他类型威胁的威慑方法进行了探讨，提出了运用常规军事力量、使德国重整军备、利用在西方的共产党组织等实施威慑的思路，甚至提出"奖赏"也可以用于达成威慑目的。

《威慑的必要条件》一文探讨了威慑领域的很多理论问题，被后续很多威慑理论借鉴，其最早提出的威慑中的理性的含义、关于"奖赏"也是威慑的一种手段及不能指望用一种威慑方式去可信地应对所有威胁的认知等，至今仍然被广泛运用。由于提倡发展常规军事力量实施防御，这一文章得到了当时美国陆军的青睐，[①] 被认为对美国陆军产生了激励性的（galvanizing）影响。美国陆军领导层从这篇文章中找到了让美国陆军留在美军建设主流（stay in business）中的理由。这一文章一度在美国陆军军官之间疯狂传阅，美国陆军甚至按照这一文章提出的逻辑重写了其战略学说，[②] 提出了"灵活反应"战略。

---

① 按照大规模报复思想，美国空军处于最重要的位置上，陆军则被极度边缘化，只能得到很小一部分份额的国防预算。

② William W. Kaufmann, "Political Science & Politics", Volume 42, Issue 2, http://www.cambridge.org/core/journals/ps-political-science-and-politics/article/william-w-kaufmann/6B61216092EE8940039D6A28A4D487B2.

十四

美国各军种核规划的特点[*]（1957 年 2 月 14 日）

施特劳斯先生：

是否要发展当量 6000 万吨的核武器，现在已经成为广为人知的热点问题。穆雷（Murray）^①先生最近就我们的核库存结构问题对联合原子能委员会（JCAE）提出了批评。在考虑这样的问题时，你或许会发现，下面的讨论对于理解原子武器军事需求是如何估算出来的，以及如果对其施以好的判断、好的约束来纠偏的话，这一军事需要生成程序如何得出令人疑问重重的估算结论等问题，会很有用。

军方更乐意跟着原子科学家的指导去发展"能力"，而不愿意遵照真正的"需求"进行规划。原子能委员会（AEC）在从国防部获得核武器需求指南方面遭遇的困难，就是明证。军方有可能缓慢地接受"干净的"核武器这件事，就是最新的例子。穆雷先生对这方面的军事规划提出了批评，他是对的。

军事原子规划受到两个主要障碍的限制。第一个，同时也是最重要的一个，是大部分高级军官仍然普遍存在其作为下级军官时所形成的情结。他们倾向于认为，原子武器已经超出了他们理解的范畴，对那些他们既不感兴趣也没有时间去研究的东西（这里指的是原子武器——编者注），他们没有去做进一步研究。这样一来，制定原子规划的任务就委托给了那些完成了各种"效应"分析的低级军官。这些人通常缺乏做这件事应有的成熟

---

* "Characteristics of Nuclear Planning in the Armed Services", Digital National Security Archive（DNSA），NH193。这是曾任美国欧洲司令部空中作战局原子规划主任的约翰·穆尔（John H. Moore）给美国原子能委员会时任主席刘易斯·L. 施特劳斯的信，阐述了当时美国各军种核运用规划的特点。

① 穆雷·斯奈德当时担任美国白宫新闻发言人助理，此后不久，他被任命为负责公共事务的助理国防部长。

度，也得不到通常由其上级指示来提供的判断。当这些低层级的计划人员把那些表征打击效果的专业术语及看上去很复杂的计算摆到上级面前时，上级很难对其进行正常的指导。取而代之的是，上级倾向于在不加质疑、不理解其过程或者其影响的情况下，赞同这种估算结果，尽管他们可能疑虑丛生。这样的反应，我在欧洲战区已经见过很多次了。

另外一个主要障碍，在于我们的国家政策中没有一个明确的战争目标，使军方能够从中推断出在毁伤敌人上有任何限制。结果，核规划就成了没有任何限制的规划。

空军和陆军的核规划人员代表了可能导致无节制毁伤的两种极端情况。空军的规划者想的是摧毁设施，毁伤人是次要的。陆军规划人员想的则是毁伤人，摧毁设施则是次要的。毁伤效应试验为"摧毁设施派"计划人员提供了确定的数据，他们依据这些数据发展出具有迷惑性的"数学方法"（arithmetic）。陆军规划人员要打击的目标是人，人是活动的，且活动具有不可预测性，所以不能更多地使用这些试验数据，也就发展不出类似于空军那样的"数学方法"。结果，陆军规划人员就不能像他们的竞争者——空军规划者那样，赏心悦目地（neatly）提出那么有说服力的原子武器库存需求。同缺乏现实规划数据一样，正是这种竞争导致了对原子武器需求过高的估计。

空军规划人员的"数学方法"很重要。它首先大致依据四个重要猜测（guess）对每一个目标进行分析，这四个猜测是：他们实施轰炸的误差大小，他希望能成功给打击目标的选定部分造成选定的毁伤程度的概率（四个猜测为：轰炸误差，对目标的毁伤程度，需要毁伤的目标部位，成功对特定部位造成规定的毁伤程度的概率——编者注）。（使用一件核武器而不是多件核武器来攻击每一个目标是一条规则，目的是节省打击力量）举一个例子，规划人员可能估算按照 3000 英尺的 DEP（应该是 CEP——编者注）（下面解释其含义）轰炸误差，需要以 50%的概率实现对混凝土结构造成 50%的毁伤度。在做出这样的选择或猜测后，通过"数学模型"得出结果。最终得出的结果显然极易受所有初始猜测的影响。

CEP 代表"圆概率偏差"，指的是在对特定目标扔下的炸弹中，经过统计得出有 50%的炸弹会落入的那个圆的半径。它是对轰炸精度的一个度量，依据和平时期轰炸演练得出的平均值来确定。战争条件下影响爆炸精度的因素基本上就靠推测了。战略空军司令部说，和平时期 3000 英尺的 CEP 到战时会变成 10000 英尺。为陆基洲际导弹确定的 CEP 是 5 英里；按照他们的数学模型来计算，如果使用这种 CEP 的核武器以 50% 的概率将机场跑道炸出一个大坑，需要 2000 万吨当量的核爆炸。如果把毁伤概率提高到 90%，打击武器的 CEP 不变，则需要 1 亿 1 千万吨当量的核爆炸。利用这样的数学模型，空军规划人员能够提出对 6000 万吨、1 亿 2 千万吨（如同现在战略空军司令部在简报中所提出的那样），或者其他任何爆炸当量没有限制的原子武器的需求。例如，将这样的数学模型用于洲际导弹，可以证明发展 3 亿吨当量或者更高当量的洲际核导弹是合理的。当一个人将毁伤概率提高到确定要摧毁目标的程度时，那么需要的爆炸当量就会接近无穷大。

　　至于毁伤程度及要破坏的目标部位这两个要素，它们不仅严重影响所需要的爆炸当量，在很大程度上还决定着爆炸的类型或者爆炸高度，决定着是进行地爆还是空爆。当战略空军司令部要求使用 CEP 很大的核武器，以极高的概率把机场跑道炸出一个大坑时，使用单件武器攻击不仅需要极高的爆炸当量，核武器还必须进行地爆。这样的打击产生的尘降，除了欧洲盟军最高司令部之外，其他规划人员基本上不将其计算在内。欧洲盟军最高司令部禁止以地爆方式使用原子武器。

　　对目标逐个进行分析与对目标体系整体进行分析存在不同，理解两者的不同非常重要，因为就其本身性质而言，对目标逐个进行分析可以确保无须考虑武器对目标或者作战的累积效应，而只需考虑每一单件武器可能的毁伤效应。核武器，特别是百万吨级当量核武器所具有的毁灭性和易于引发混乱的特点，使核武器的累计杀伤效应或者辅助杀伤效应和最初的破坏效应一样高，或者更高一些。在现在的核武器规划中，这些效应被认为是"额外收获"的效应，不被计入影响成功摧毁目标的因素范围。放射性尘降对敌人、对朋友的影响是类似的，还会造成全球性影响，它在所有这些影响中所占分量如此之轻，以至于连"额外收获"的效应都不算。

　　目前国防部的一份研究对这一规划程序提出了疑问，指出这些"额外收获"的效应会造成严重的"超杀"（over-kill），认为使用同样的程序和计算方法，通过对目标体系整体进行分析而不是对目标逐个进行分析所得出的结果表明，使用爆炸当量数以千吨计的核武器替代爆炸当量数以百万吨计的核武器，就足以达到对目标预期的毁伤程度。这项研究的结论被严格封锁，所有研究报告的复本都被销毁。但这项研究为人们不断增加的对当前关于核武器及相应导弹的军事需求合理性的质疑提供了支持。

另一个主要进行猜测的领域是作战要素的选择：有多少飞机或者导弹能飞过去；有多少能找到目标；它们轰炸的精度有多高；等等。在这些方面几乎没有情报或者有用的经验可以借鉴。关于这些问题的猜想极大地左右着对空中打击武器的需求。

总而言之，那些规划使用核武器实施空中打击的人员能够提出他们想要的任何数量规模或者任何爆炸当量的核武器的军事需求。依据他们对情报的解读，他们能够找到几乎是无限多的要摧毁的目标，找到无限多的目标特性来证明他们希望的那种爆炸当量。而估算突破敌人防御系统之前和之后我方进攻武器所受到的损失及中止任务的进攻武器的数量，也是他们。他们还考虑自己的武器在敌人发起的攻击中遭受到的毁伤情况。武器需求直接就取决于他们自己对这些情况所占比例的大小的选择，而关于在遭到敌人打击后剩下多少武器这一因素，会使对核武器的需求翻很多倍。在轰炸误差、毁伤概率、毁伤程度及要破坏的目标部位这些要素中，每一个要素也都能使需要的武器爆炸当量（如果爆炸当量限定了所需的武器数量）翻很多倍。按照这样的程序提出来的对核武器的军事需求，只会受制于良知、财政资源，或者生产能力。其中的第一个条件（即良知）是灵活可变的，第二个条件（即财政资源）也可以是无约束的，只有生产能力目前对武器需求会有限制作用。战略空军司令部对核武器的需要同原子能委员会生产能力之间的这种紧密关系，过一些年之后可能也不再协调（即原子能委员会的核武器生产能力不再对军方对核武器的需求产生限制——编者注）。

陆军的核规划人员也进行猜测，例如：会形成多少个部队集结点；有多少这样的集结点会被侦察到；使用原子武器打击这些目标的有效性如何；他们会怎样分散。但陆军规划人员同空军规划人员的看法不一样。除了他们要打击的目标难找之外，他们还清醒地意识到，如果不加注意的话，核爆炸给他们自己造成的毁伤，可能会和给敌人造成的毁伤一样大。他们经常首先要往高了估计爆炸产生的影响，尽管不一定是核爆炸。而空军规划人员很少关注他们自己的轰炸带来的这些后果。结果，陆军的核规划人员更易受到几乎是必然会出现的那些约束的影响，这些约束对空军规划人员来说并不适用。这样一来，陆军规划的结果相比于空军，自然就大不相同。

穆雷先生没有资格用他的猜测来代替军方的相应猜测，也正是军方的这些猜测在很大程度上决定了武器的数量及种类。他或许在核武器最大爆炸当量问题上有自己的看法，但即使如此，他的结论看上去仍然是基于情绪而非事实得出来的。不论是他，还是其他平民，都不能正确或者成功地改变空军规划者的数学算法，或者改变那些产生核武器及导弹武器需求的军事因素。

我认为，他有关财政成本会强行规定库存核武器构成的论点是错误的。成本当然是一个影响因素，但只是涉及库存核武器决策的诸多因素中的一个。到目前为止，支配性因素仍然是应对可能发生的最坏情况（指大规模核交战）的紧急程度有多高。人们相信，如果发生了其他可能的情况，我们有时间对其核力量态势进行调整；现在估算出来的核武器需求，还不足以为我国扩大核材料生产能力提供有效证明。

对原子武器军事需求的估算目前仍然处于发展的"石器时代"。无疑，你作为美国原子能委员会成员，在权衡委员会对军方提出的核武器需求应做何反应时，应充分意识到这一事实。

我没有太关注海军的原子规划，是因为海军的规划介于空军和陆军两个极端之间，对态势没有明显影响。尽管海上空战思想（Naval air thinking）的巨大影响有将海军在核问题上的立场推向空军一边的趋势，但目前海军还在发挥其传统上作为调解者的作用。海军这样做，可能是考虑了目前其正在支持空军发展大型核武器的立场，支持将所谓"干净的"核武器置于低发展优先级等因素。

我解释一下我为什么有资格讨论原子规划问题，我在诺斯塔德将军的空中作战主管麾下担任过三年半的原子规划主任职务。我知道那个战区（欧洲战区）核计划的细节，对所有其他方面的情况也大体掌握，还知道每一个战区提出核武器需求的程序，知道参谋长联席会议依据国防部的需要对各种核武器需求进行组合、裁剪和支持的程序。我还知道核武器发展指南是如何制定出来的，以及我们在原子能委员会为什么几乎接收不到这样的指南。

评　介

艾森豪威尔政府奉行主要依靠核武器维护国家安全的"大规模报复"

政策，美国各军种开始竞相发展核武器，并依据各自的逻辑提出本军种发展核武器的强烈需求。这封由曾经的原子规划主任写的信，较详细地分析了美国不同军种，特别是空军和海军规划各自核武器发展需求的主要特点，有助于理解这一时期美国核武器发展和运用的政策和思路。

这份资料指出，当时美国核武器需求规划面临两个主要障碍：一个是高层对此不感兴趣，实际上是一些低级军官在主导这一活动；另一个是在国家战略层面缺少关于使用核武器的目标的明确指示，对核武器使用没有明确的约束。而美国空军和陆军在核需求规划上的不同，主要源于它们对核武器使用有不同的定位：陆军主要考虑在战术层面上发展和使用核武器，主要使用核武器来杀伤人；空军则主要从战略层面考虑核武器的发展和使用，主要用核武器来毁伤物。

这份资料依据美国空军用于估算其核武器需求的"数学方法"，详细分析了其核武器需求的生成过程，指出了这一程序和方法存在的明显弊端；强调在核武器需求生成过程中有太多的猜测因素在发挥作用，据此很容易提出近乎"无限的"核武器发展需求。这封信的起草者对此表达了他的担忧。

十五

总统国家安全事务助理（卡特勒）关于大规模核交战的文件 *（1958 年 3 月 16 日）

华盛顿，1958 年 3 月 16 日

大规模核交战

在规划大规模使用核武器时，有必要较之前更加关注那些纯军事考虑之外的其他因素。

（1）在核武器最初变得可用的时候，"军事需求"因而是"所有能够生产出来的核武器，且要尽快、尽可能多地生产"。自那时起，对核武器的"军事需求"以及需要用核武器摧毁的目标的数量已经随着可用核武器的数量的增加而增加了。（过去这些年里情报收集硬件设施的极大改善，对核打击目标数量的增加，也起到了一定的作用。）

（2）假定当前核力量使用规划要求摧毁敌方领土上数千个军事目标。实现这一目标将需要爆炸数十亿吨当量的核武器。

（3）最近的演习表明，在侵略者和美国开战前 15 个小时内，双方会使用大约 70 亿吨当量的核武器（其中超过一半是在前 3 个小时使用的）。美国要想继续打下去赢得战争，需要继续使用核武器打击敌人。因此，这一演习设想，在半天时间内北美、欧洲、亚洲及北非等地都会遭到核打击，核武器总爆炸当量相当于广岛核爆炸当量的 35 万倍（广岛核爆炸致使超过 13 万人伤亡，其中 6.4 万人死亡，7.2 万人受伤）。

（4）任何这种核交战的影响都是不可估量的。没有哪一个人知道 70 亿吨当量核武器集中在很短时间内爆炸对气候、生物圈（crop cycles）、人类

---

* "Paper by the President's Special Assistant for National Security Affairs（Cutler）", FRUS, 1958-1960, National Security Policy, Vol. Ⅲ, Doc. 11, pp. 49-51.

繁衍、世界各地的人口等会造成怎样的影响（不论是否直接暴露于核爆炸之下都会有影响）。这有可能使整个星球上的人类死绝。

（5）我们假设通过发起预防性战争打击数千个军事目标是理性的、合适的。那么，如果在美国实施报复性打击之后，紧接着美国会遭到对方的大规模核打击，在这种情况下，我们打击这么大数量的军事目标还合理、适当吗？在这种紧急情况下，可以相信，我们剩余的空中打击力量和导弹力量：第一，将不具备有效打击多达数千个目标的能力；第二，将难以轻易分辨出敌人哪些军事目标已经失去了价值（因为敌人的空中作战飞机或者导弹已经实际使用了），哪些军事目标仍然具有实际可用的价值；第三，对于美国实施报复打击而言，或许能打击数百个敌方目标（只占上面提到的目标总数的约 1/10），对于威慑而言就已经足够了。也就是说，如果敌人知道我们通过报复性打击会摧毁他们的数百个人口中心，而不是只摧毁他们数千个军事目标中的一部分目标，那么，敌人同样会被威慑住，不敢对美国实施攻击。

上述分析表明，要对在实施报复性打击情况下打击的敌方目标重新进行军事上的审查，需要由文职人员严格控制需要通过核打击来达成什么目的，并以此为基础提出关于核武器、核力量的"军事需求"。核武器、核力量的"军事需求"不应超过可能获得（花费巨大）的，且能最有效发挥核武器、核力量作用，并满足这样的"需求"的限度。

（6）很显然，必须基于一些非军事方面的考虑，对核武器的大规模生产、投送部队的大规模扩充及其大规模使用进行控制。

评　介

艾森豪威尔政府的"大规模报复"政策和"新面貌"军事战略在实施过程中遭到多方批评，加之苏联核能力快速增强，促使艾森豪威尔总统在第二任期开始重新思考对核武器、核战争的认识和定位，调整其核政策核战略。时任总统国家安全事务助理的卡特勒于 1957 年 3 月准备的这份文件，在一定程度上反映了美国高层，或者说反映了艾森豪威尔对大规模使用核武器的认识的一种转变。

"大规模报复"政策和"新面貌"军事战略都明确要求把核武器视作常

规武器，美国军方自然是按照传统的大规模常规交战的方式来规划核武器
的使用的。这份文件针对当时"打击敌方数千个军事目标"的核打击规划，
从这种核交战可能产生的实际后果，以及这种核力量运用的实际可行性、
必要性等角度论证提出，必须在文职人员主导下，更多地"基于一些非军
事方面的考虑"，或许说从政治的角度出发，对核武器发展和使用进行
控制。

　　这份文件虽然代表了艾森豪威尔总统对相关问题认识的一种变化，但
受其固有执政理念、美国决策体制、美国国内当时的政治环境等因素影响，
一直到其第二任期结束，美国主要依靠核武器来保证安全、将核武器视为
常规武器的政策都没有实质性变化，美国核武器库规模在 1958 年到 1960 年
还出现了史上最快速度的增长。这样一种不协调，或许本身也在一定程度
上反映了美国核政策核战略的本质。

十六

总统国家安全事务助理（卡特勒）就战争政策给国务卿杜勒斯的信*（1958年4月7日）

华盛顿，1958年4月7日

亲爱的福斯特·杜勒斯：

在今天上午于尼尔（Neil）① 的办公室举行会议之后，我现在送给您两份与会上讨论的主题相关的文件（反映我个人观点）。

（1）一份是标注日期为1958年4月7日，题为《在最紧张最缺乏信任时期现实的国家军事战略的若干要素》（绝密，仅供您参考）的备忘录。该文件包含了我最早尝试写下的这些观点。

（2）另一份是标注日期为1958年3月16日，题为《使用核武器的大规模交战》的备忘录（7份复本中的第二份，秘密，只可浏览）。我已经和政府中同级别或更高级别的少数朋友一起审查了这份备忘录，并且有一天还和他们一道同总统讨论了这份备忘录。随后，总统指示国家安全委员会下属的净评估委员会（Net Evaluation Subcommittee，NESC），对以瘫痪敌对国家为目的，直接针对非军事目标的瞄准计划进行1958年度的净评估。

我给国防部长麦克尔罗伊（McElroy）提供了类似的材料。

您诚挚的朋友

罗伯特·卡特勒（Robert Cutler）

---

* "Letter from the President's Special Assistant for National Security Affairs（Cutler）to Secretary of State Dulles"，FRUS，1958—1960，National Security Policy，Vol. Ⅲ，Doc. 19，pp. 65–68.

① 指时任国防部长尼尔·麦克尔罗伊。

附件 1

在最紧张最缺乏信任时期现实的国家军事战略的若干要素

1. 由于全面战争具有不可估量的破坏性，它已经难以再作为实现国家目标的手段。

2. 美国将不发动"预防性"战争。

3. 我们维持用于通过立即进行报复来实施全面战争的大规模核能力的初衷，是阻止敌对力量侵略美国、美军，以及那些美国承担有保护义务的盟友。（除了那些针对美国和美军的攻击外，美国报复性核力量是否会用在其他方面，目前正面临越来越多的质疑。）

4. 由于美国核能力要用于实施报复，而不是用于率先发起攻击，所以美国的核瞄准计划（targeting plan）应以通过摧毁苏联数百个人口中心来瘫痪这个国家为基础，而不是以通过摧毁其数千个军事目标来打掉其实施战争的能力（其核力量很大一部分已经发射出去了）为基础。

5. 当双方都具备实质性摧毁对方的核能力时，不论谁先发起攻击，美国都应该准备好一开始就使用美国的资源来保卫自己，且应该有足够强大且无懈可击的能力；但是美国不应以牺牲其他能力需求以及其他的国家需要为代价，将其资源投入建设多余的威慑能力。

6. 战略核能力不能有效用于对抗或应对小规模侵略。

7. 通过消除战略威慑能力上的脆弱性因素，消除打算用于敌人一旦发起核打击就挫败（blunt）其进攻锐气而不是慑止其打击武器发射的因素，未来美国的资源就可用于有效处理小规模侵略及共产主义国家在海外的经济和政治渗透。

8. 在应对有限侵略上，美国的目标应该是稳定局势，而不是因追求彻底胜利而激起敌对反应，这种敌对反应有可能通过反抗引发全面战争。

9. 美国战略威慑力量和海外军事基地建设若超出了上述第 4 段中所明确的目标，并由此激起敌对行动，会同威慑力量、海外基地不足一样危险。

10. 美苏双方都将大规模核发展置于最优先位置，这能够形成报复的基础。而在双方关系紧张时期，推动循序渐进的长期的发展，会更可取一些。

附件 2

结论摘要

＊全面战争作为实现国家目标的工具已经过时了。掌握进行全面战争能力的目的是阻止敌人使用这种能力，但是一旦双方在这种能力上陷入僵局，就要在使其他能力遭受最小损失的基础上来发展这种能力。

＊战略核力量并不适用于对小规模侵略实施稳定的威慑，或者对其做出反应的力量。

＊美国应该下定决心，建立和维持最低限度的无懈可击（minimum in-vulnerable）的战略力量，这些力量要足以慑止一个理性的对手发动全面战争。

＊上述关于力量建设的决定应当以能打击敌方用于发挥威慑作用的软目标为基础，而不是像目前这样以打击对方人口目标为基础。

＊通过适度确定美国核打击目标（取消挫败敌核打击"锐气"、势头的任务）可以节省一部分核力量，这样一来我们用于对抗有限侵略的"分级威慑"（graduated deterrence）能力就能够，也应该得到一定的提升。

＊我们建立在掌握包括最低当量核武器在内的全谱系核武器，以及/或者改进的常规武器基础上的分级威慑能力，对于应对洲际弹道导弹（ICBM）/舰载弹道导弹（FBM）时代的有限侵略，将变得更加重要。

＊逐步用无懈可击的报复打击系统取代脆弱性打击系统，将有助于大大提高我们的核态势的灵活性。

补充结论如下：

＊对有限侵略的反应，在目标上是有限的，一般情况下在手段上也是有限的。外交和军事层面的行动策略必须遵循不要试图"赢得太多"的原则。稳定局势应当取代赢得胜利成为目标，考虑在可能不超过 50% 的情况下来占据较小优势。

＊通过避免对敌实施过度的战略威慑使我们的对手保持理性，这一点非常重要。战略威慑过多，就像其过少一样，会被看作刺激因素。保持过度的战略威慑能力会：

（a）提高全面战备的代价（进行全面预防性战争或"挫敌进攻锐气"战争的准备，所需要的支出要从支持有限战争的战备支出中抽取）；

（b）激发敌方领导人的偏执倾向；

（c）为对方诸如需要通过激起对我方预防性战争行动的无端恐惧来获得公众支持这样的倾向提供了口实；

（d）对我们在中立者眼中的地位产生负面的影响。

＊我们的宣示政策（declaratory policy）（被理解为我们通常通过非公开渠道使敌方领导层知道的我们的政策）应该同行动政策严格保持一致。我们公开的政策信息应通过强调我们不想从侵略中捞取任何好处，来促使紧张局势缓和。

＊双方因铁幕造成的交流受阻，为那些对威慑的长期稳定性构成威胁的妄想狂提供了庇护所。因此，穿透或消除铁幕是国家政策的一个主要目标。

＊美苏任何一方启动大规模"对撞"（crash）式防务发展，都会被视为好战行为，有损于威慑的稳定性。通过设立渐进式的、花费不大的最低限度的防护发展项目，建立新的力量结构，是更好的防御途径。

＊在我们的研究和发展项目上，应越来越重视长期性和基础性研究项目。短期军事项目的发展应定位于提升战略力量的非脆弱性及多功能性，定位于重点发展分级威慑能力上。

＊只要双方无法建立足够的互信，与俄国人达成裁军协议看上去就不会有利可图。其他几个有可能达成协议的领域（特别是不需要进行核查的领域）应当为我所用。限制高当量核武器试验就是其中之一。

＊只要主要国家在其任何主权问题上都不愿妥协，那么现在掌握了氢弹的主要国家就不可能通过什么和平的方法，来有把握地防止其他国家也掌握氢弹。随着"自杀俱乐部"成员数量增加，所有"自杀俱乐部"成员的存活周期会缩短。

＊当装备了具有高度非脆弱性的先进核报复打击系统后，用于应对全面攻击的自动大规模报复战略，就会被逐步递进的报复—胁迫式的"猫和老鼠"（cat-and-mouse）式战略取代。

评　介

20 世纪 50 年代后期，美国国内各界人士，包括美国政府高层越来越认识到"大规模报复"政策的弊端和局限性，开始思考如何调整这一政策。这一份资料比较集中地反映了 1958 年前后美国政府高层关于核武器、核战争、核战略等问题的认识的一些变化。

美国当时奉行的"大规模报复"政策，实际上是打全面战争的政策，并通过强调"大规模"来体现美国不惧怕打全面战争的认识和倾向。这份文件一开始就提出，全面战争不再是实现国家目标的有效工具，进而强调，美国维持能够立即实施大规模报复的强大核能力，主要是为了防止对方使用这种能力，是为了威慑。基于这一转变，文件提出，美国只需发展和维持最低限度且无懈可击的核报复力量就足够了。

"大规模报复"政策遭人诟病最多的地方，在于通过大规模使用战略核力量来应对低烈度威胁、有限的侵略或者战争是不可信的。本份文件将这一问题作为重点，承认战略核力量不能有效用于对抗或应对小规模侵略，提出要发展包括低当量核武器在内的完整的核武器谱系，通过有针对性地实施分级威慑、适度威慑，来应对有限侵略、有限战争，以弥补"大规模报复"政策不可信的弊端。

这一文件反映的当时美国高层关于核问题认知的这些变化，很快就得以落实和体现。在大约一个月之后出台的 1958 年度美国"基本国家安全政策"文件中，首次出现了美国核武库应包括各种类型核武器的表述。① 美国也由此开启了疯狂发展战术核武器的短暂进程。② "分级威慑"思想经过演变，成了 60 年代之后美国核政策核战略的主导思想。

---

① 　具体内容参看本书收录资料十一。
② 　1958 年到 1960 年，美国库存核武器数量增加超过 15000 件，1959 年一年美国新生产了大约 7000 件核武器，核武器库净增加大约 5600 件核武器，其中绝大多数是所谓战术核武器。

十七

美国关于战争政策的声明*（1959 年 3 月 17 日）

NSC5904/1   华盛顿，1959 年 3 月 17 日

国安会执行秘书就美国战时政策给国安会的短笺

参考的文件（略）

国安会成员，财政部长，预算局局长，原子能委员会执行主席，在 1959 年 3 月 5 日和 12 日分别举行的第 398 次和第 399 次国安会会议上，通过了国安会第 5904 号决议提出，并经过国安会第 2056-b 法案和第 2057—b 法案修正过的政策。

总统已经于本日批准了国安会通过的第 5904 号决议中的政策声明，并附在后面，编为 NSC5904/1 号；总统指示说，这份政策声明是政府所有相关执行部门和机构的计划指南，且它应每一年进行评估。

所附的这份已经通过和批准的政策声明将取代 NSC5401/1 文件①。

使用随附这份文件时必须遵守特殊的安全预防措施，将接触这份文件的人严格限制在那些必须知悉的人的范围内。

小詹姆斯·雷

---

*　"Statement of U. S. Policy in the Event of War"，FRUS，1958－1960，National Security Policy，Vol. Ⅲ，Doc. 55，pp. 207－210.

①　该资料内容参看本书收录资料十二。

附　件

美国关于战争政策的声明

第一部分　爆发全面战争时的美国政策

特别提示：政策声明的这一部分只适用于全面战争这种紧急情况，不适用于地区侵略或者所谓的"有限战争"。

目标

1. 战胜对手，使国家能够生存下来且能够掌控本国命运。

2. 通过军事或其他手段削弱苏联和中国的能力，直至使它们丧失对美国及美国盟友发动战争的意愿和能力。

3. 破坏敌人政权赖以对本国人民，以及他国民众个人或者团体进行意识形态奴役和惩戒的控制体系。

4. 尽可能多地保护和保留盟友。

5. 在不影响上述目标的情况下，防止对没有被战争波及的其他国家造成杀伤和破坏。

6. 保持美国从核攻击中迅速恢复元气的能力。

政策指南

7. 美国应利用一切必要的力量打击苏联境内经过选择的目标，必要时打击在共产主义中国、苏中集团的欧洲国家和非欧洲国家境内经过选择的目标，以实现上述目标。对非苏中集团的其他国家的军事目标，只进行必要的打击。（注：这里假定除苏联和中国以外的其他敌对国家的人民对他们政府的行为没有责任，相应地针对这些国家的军事行动的目标应避免杀伤和破坏这些非军事的人员和设施。）

8. 在敌对情况下，如果敌国对美国提出和平条件，除非这些国家切实消除了其对美国安全的威胁，否则美国不应接受它们的和平请求。

战后目标

9. 只要实际可行，就要防止潜在敌对国家在战后建立或者保持能够威胁到美国安全的足够的军事力量。

10. 努力在中苏集团里的国家逐步建立有广泛民意基础、得到民众广泛支持的友好政府。

11. 敌对状态终止后，美国及其盟友要保留慑止侵略、完成其他战后任务所需要的足够的军事力量。

12. 建立有利于保持和平的有效的国际安排。

第二部分　美国在苏联不是交战国的战争中的政策①

目标

13. 通过军事或其他手段削弱敌人的能力，直至使它们丧失对美国及美国盟友发动战争的意愿和能力为止。

政策指南

14. 美国应当做好使用必要的力量实现其目标的准备。在敌对情况下，如果存在明显的爆发全面战争的可能性，则美国将依据现实情况决定是否应该改变最初的目标，以更好地维护美国利益。

评　介

这份关于美国战争政策的声明，为当时美国军方进行战争设计、战争准备、力量使用规划等提供了总体指导。

1954 年美国政府制定了全面战争政策②，到 1959 年，美方高层认为这一政策存在重要缺陷：一是它只波及同苏联的一场总体战，而非与整个中苏集团的战争；二是它是接近于使苏联接受无条件投降的政策；三是它没有包括关于有限战争的政策。③ 新的战争政策在一定程度上对这些所谓的缺陷做了修正。首先，新的战争政策分别描述了在全面战争和地区侵略、有限战争等两种情况下的美国政策，反映了这一时期美国开始重视有限战争问题；其次，新的战争政策提出要限制对非参战国家的打击，并将对苏联的打击与对其卫星国的打击做了区别，初步体现了对核打击进行控制的倾向；最后，新的战争政策不再强调争取中国不参加苏联集团，说明这一时期美国对中国、对中苏关系有了新的定位和认识。

---

① 目前美国的政策是以任何与苏联之间的战争都将是全面战争这样的假设为基础的。这一假设是否合理并不是本文件要讨论的问题，但会在审议基本文件（NSC5810/1）期间对这一假设重新进行审视。——原文件注

② 关于这一政策文件，见本书收录资料十二。

③ 美国高层关于这一问题的讨论，参看美国国安会第 398 次会议讨论的备忘录："Memorandum of Discussion at the 398th Meeting of the National Security Council"，FRUS，1958－1960，National Security Policy，Vol. Ⅲ，Doc. 52，pp. 188－201。

十八

兰德研究项目：1959~1961年威慑及全面战争的战略[*]（摘录）（1959 年 4 月 30 日）

威慑及全面战争的战略（1959~1961）：一种分析方法

哈伯特·古德海默（Herbert Goldhamer）

安德鲁·马歇尔（Andrew W. Marshall）

1959 年 4 月 30 日

摘 要

　　本研究的初衷是为分析威慑和战时战略（wartime strategy）寻找另外的方法。实际的结论在很大程度上是在说明这种分析方法如何运用时的一个副产品。这些实质性的结论是以特定的假设数字为基础得出来的，引入这些假设数字是为了使所运用的分析模型在性质上能更加明确和具体。由于不可能对所采用的方法进行任何详细的总结，下面的摘要在很大程度上主要是我们暂定的一些结论。

　　A. 目标和程序

　　1. 本报告涉及对全面战争的威慑，以及在威慑失败的情况下美国可以做出的战略选择。所考虑的时间段主要是 1959~1961 年。

　　2. 只分析了一个主要案例。研究的战争是苏联发起的预防性（有预谋的）战争。战争由苏联使用有人驾驶轰炸机或者导弹，或者同时使用这两种工具发动的小型突然袭击［"偷袭"（sneak）］开始。如果使用的是导弹，假定苏联的导弹在第一次攻击中就全部用完了。苏联的突然袭击只针对军事目标，主要是战略目标（打击军事目标）。

---

*　"Research Memorandum of RAND：The Deterrence And Strategy of Total War，1959－1961：A Method of Analysis"，Digital National Security Archive（DNSA）．

3. 本报告首先开发了一个模型用于研究苏联和美国关于全面战争的决策。模型中的各种因素包括：

a）美国战略空军在苏联第一次攻击中生存的比例；

b）苏联战前对这一比例的估算；

c）苏联二次打击目标的选择；

d）美国选用的战略；

e）苏联对美国选择什么样的应对战略的估计；

f）美苏两国关于在对不同规模和类型目标实施打击时，对军事力量和人口目标可能造成的损失的估计；

g）美国对苏联首次袭击进行战术或战略性预警的可行性或者不可行性；

h）苏联和美国基于战争初始态势及战争初期对抗后果，对不同的最终战争后果在效用或价值上的预期。

4. 站在苏联立场看，问题在于开始时选择采取的战争行动期望结果，是否大于或小于采用其他行动方案时的期望后果。

5. 美国的目标既不是使威慑最大化，也不是将一场可能战争的后果最大化，而是通过将这两种因素结合起来获得最佳的预期后果。这两个中每一个的价值取决于很多因素，有些因素在冲突中左右着双方的行动。

6. 基于研究或分析的估算，并不适用于上文第 3 段所说的模型所需要的大部分数据。该研究引入了一些假设的数字，而不是只对该模型进行纯粹抽象的数学处理。其中一些数字很少或根本没有被讨论。其他一些数字（特别是美国和苏联对战争不同结果效用的估算数字）则来自对美苏两国在评估军事胜利、平民伤亡、政治权力和政治独立等议题时所遵循的原则的讨论。

7. 通过下列措施，有望使这些假设的数字和对它们的讨论有足够的可信性：（a）展示模型是如何发挥作用的；（b）阐明那些可能决定真实数字是多少的因素；（c）如果假设的数字在读者看来是合理的，或者如果后续的研究表明它们的序列是对的话，那么给出一些对读者而言可能很有兴趣知道的结果；（d）让读者对本研究中所使用的不同的数字组合可能产生的战略影响做出自己的估计。

8. 那些与威慑和战时战略有关的、难以纳入正式的模型所确定的框架的特殊问题，本报告对其也进行了不同程度的探讨。

B. 研究结论

由于上述原因，本研究得出的结果是过渡性的。即使是这些暂时性结果也是有限定条件的，它们只在无法很好概述的特定假设条件下才适用。因此，我们这份报告的摘要只包括如下不多的一些离开上下文容易说明白的结论，尽管这些结论仍然存在被曲解的危险。

1. 威慑的必要条件和进行战争的必要条件之间的冲突，没有人们时常认为的那么严重。几乎没有哪一个能增加威慑效能的措施会降低打一场战争的效力；几乎没有什么进行作战的措施会削弱威慑的效力。在确实存在这种冲突的地方，在许多情况下某一种措施往往起主导作用，选择起来也相对容易。

2. 俄国人选择打全面战争的可能性，更多地取决于他们对美国战略空军司令部（SAC）在受到初始攻击时有多大比重的力量会幸存下来所做的估计，而不是主要依赖于他们对 SAC 在报复性攻击中将打击什么样的目标的估计。

3. 如果苏联战略空军（SUSAC）在其突袭中取得了很高的或中等程度的成功，俄国人可能更希望美国 SAC 实施的报复是针对军事（战略）目标，而不是针对其人口。这种偏好可能是基于苏联这样的一种信念，即美军幸存下来的一小部分战略空军力量能够给处于戒备状态的苏联战略空军所造成的军事损失，并不能显著改变其军事态势。但如果美军用剩余的数量不多的 SAC 部队打击苏联民事目标，会造成重大损失，产生重大的政治和经济影响。

4. 如果苏联战略空军只取得了低水平的成功，苏联的偏好将会非常模糊。如果他们突袭失败让他们想在第一轮打击后结束战争、造成一个僵局，他们可能更希望美国战略空军对其军事目标进行报复。如果他们期望或想要战争继续打下去直到取得完全胜利或彻底失败，他们可能更希望美国战略空军打击其人口目标。

5. 在给定条件下令俄国人最为害怕的美国战略，不一定是在这种情况下对美国而言最佳的战略。

6. 似乎在大多数情况下能提供最大效用的美国战略，是一个混合瞄准战略。这一战略涉及采用高当量核武器地爆方式攻击苏联境内军事（战略）

目标，以在苏联境内造成严重的放射性尘降。与研究报告中提出的其他战略相比，这一战略更大的效用主要来源于这样一种假定，即美军只牺牲一小部分或者中等数量的打击军事目标的核攻击效能，就可以获得造成苏联大量平民伤亡这样的"红利"。这一假设的前提是，苏联用于防止放射性尘降的民防措施在 1959～1961 年不会有效发挥作用。

7. 对美国而言，似乎效益最差的战略是单纯的对人口的攻击。如果苏联战略空军的第一次攻击相当成功的话，那么美国纯粹的对苏联人口的攻击就太弱了[①]，不足以瓦解苏联社会或显著削弱其战略军事能力。如果苏联战略空军第一次攻击只取得部分成功，美国有更好的战略可用，特别是上文所说的混合瞄准战略。

8. 在目前情况下，大多数美国战略的最大缺陷是，在苏联相当成功的第一次攻击后，它们没有办法提供除大规模对苏攻击之外的其他攻击。因此，本研究分析了保留部分目标不打的战略（Partial Withholding Strategy）的两种变体。他们设想了一种战略空军有限攻击（也就是说，使用剩余部队的三分之一）对方的人口或军事目标中的一个，加上给苏联发出结束战争的最后通牒，威胁将使用战略空军剩余部队的三分之二打击苏联城市。如果苏联的先发攻击非常成功，那么这些策略与混合打击目标战略相比，是没有什么竞争力的。

如果本研究中讨论的某些能力可靠的话，保留部分目标不打的战略可能会更有效。这些能力主要包括，采取措施确保在经历了苏联率先攻击后美国战略空军司令部剩余的部队具有短期的生存能力。保留部分目标不打的战略同目前关于全面战争的两个概念有关。这两个概念分别是：（a）这些战略代表着我们无论如何都要接受的苏联攻击之后的形势，即战略空军司令部要连续实施攻击；如果本来不希望留着某些目标不打，而攻击后的情况迫使我们要这样做，那么（在美国第一波攻击中）引入具有最后通牒特征的保留部分目标不打的战略可能还是有用的。这样一来，这一被迫采取的或有必要的保留部分目标不打的战略，就与故意实施的保留部分目标不打的战略非常相似。（b）这些保留部分目标不打的战略代表着威慑性威胁从战前会一直延续至战争期间。关于在第一轮核交战之后到战争结束之

---

① 因为这时美国可用于对苏联实施报复的核力量已经大大减少了。

间可以继续进行"战中威慑"（intrawar deterrence）的问题，在我们的报告中有一定的讨论。

9. 在美国收到有关苏联进攻的战略预警或非常早的战术警告的情况下，通过向他们透露已经知道了他们准备进攻或者攻击已经开始的信息，是有可能迫使苏联取消或中止其进攻行动的。在一定的假设条件下，双方从取消战争中都可以得到巨大收益。这样一种战略可能面临的极端严峻的条件以及其包含的欺骗对方（双方都可能）的巨大风险，在文中也有讨论。这种试图"中止"战争的战略只能在极端情况下使用，这种极端情况是指在收到各种模棱两可的警告信息情况下，美国采取何种行动才合适成为一大难题的情况。

10. 研究表明，从威慑有效和保持战时能力两个方面来看，将一部分战略空军力量变成加固的核心力量（hard core force），是仅有的最重要的举措。这样的核心部队不一定戒备程度很高，但在战争开始的头24小时，最好是头48小时内，要有很高的生存概率。关于这一问题进一步的建议是，评估研究可能表明，最有效、最快速的提高战略空军司令部部队生存能力的方法是将其部分部队疏散到其他空军机场，可能的话将它们疏散到几个主要的民用机场。这项措施被认为是临时性的，直到实施了对作战效能影响更小的其他措施为止。

11. 鉴于在核战争中进行二次核打击有很大的障碍，取得可以接受的战争结果可能性的大小，同在战争第二天、第三天和第四天继续实施战略行动的能力密切相关。在许多情况下，这一能力似乎最好能用于达成以谈判的方式实现可接受的终战的目的。在任何一个设定的战争阶段达成终止战争这一目的的可能性的大小，取决于在那个阶段对要打击的目标的选择，以及已经实施的攻击敌方目标的顺序。

12. 在核战争某些阶段，对抗双方的政府之间的联系（以及由此产生的欺骗）问题，可能会极其重要。在处理这些问题时会遇到的巨大困难在报告中也有讨论。

第七章
结 论

在最后一章，我们主要解决两个问题：

1. 对进行威慑与如果威慑失败打一场核战争之间可能存在的矛盾进行

考察；

2. 对战时战略再进行一点似乎特别适合作为我们结束语的额外的评论。

A. 关于威慑与战时需求之间的矛盾

我们分析的目的是获得关于在未来时间点上战争发生的概率，以及战争一旦发生可能的结果的最佳预期值。提出这一目标，以及我们的一些补充声明都强烈暗示：如何协调旨在减少战争爆发可能性的措施与提高实施战争的有效性的措施之间的关系，是一个重要问题。可以肯定的是，即使用于威慑和进行战争的所有措施都不冲突（即不会产生相反的效果），甚至两者是相互加强的，整体效益是否最大的问题（在一定的预算限制下）仍然存在。但是，这些可以令人满意的使整体效能最大化的案例，看上去似乎不像那些用于增加威慑效能的措施会降低作战效力或用于提高核作战效能的措施会减少威慑成功的机会的案例那样关键。

我们已经预料到，这些令人不满意的情况在我们的最终分析中会得到放大，很难处理。有时需要假定，人们必须在为了军事效能而牺牲威慑或为了威慑而牺牲军事效能之间做出艰难抉择。随着我们分析的进展，我们惊喜地发现，我们在这一问题上的担忧并非完全合理。我们发现几乎没有多少这两者之间的矛盾难以解决的例子。如果一个人认为对威慑而言，能力远比威胁或意图的表达更重要的话，就更是如此；正是后者（威胁或意图的表达——编者注）制造了威慑与战时战略之间冲突的问题。能够对两者产生对立影响的相互矛盾的举措相对较少；在确实存在这种冲突的地方，一种措施相对于另一种措施所占的主导地位（在我们看来）似乎也是相当明确的。解决这些冲突似乎很容易就能实现。

我们将列出人们一直在讨论的各种战前措施，以便使读者能够更系统地审视这些威慑和战时需求可能存在冲突的情况。这些措施包括：

提供最低限度的用于攻击人口目标的具有生存能力的加固的核心力量；

分散战略空军司令部基地；

重新确定战略空军司令部基地；

编织在某些地区更密的监控网络；

提高战略空军司令部部队反应速度；

战略空军司令部进行空中预警；

提供用于恢复和重组的设施；

加固战略空军司令部基地（修建掩体和必要的作战、指挥与控制设施等）；

加固关键防御设施；

增加 B-47 飞机往返能力；

增加在海外基地部署的快速反应部队；

在海外部署中程导弹（IRBM）；

完善战略预警系统；

扩大军队规模；

增加目标标准和打击目标体系之间的灵活性；

采取民防措施；

将所有或大部分的战略空军转变为对城市、人口攻击的力量；

制造对城市攻击的威胁。

这些措施大部分涉及提高我们的作战能力，因此同时也具有了威慑作用（当然，前提是这些措施能被敌人知道并得到正确评估）。在这些竞争性措施之间分配总数一定的预算资源是一个困难的问题，但很明显，这些在一定程度上确实提高了我们战时能力（即降低了敌人达成其目的的预期值）的措施，同时也具有威慑作用。这里不存在提高我们作战能力的措施同时会降低我们的威慑能力的矛盾。战时能力对威慑的贡献是不一样的，所以就存在如何将选择的措施的战时效能和威慑效能最有效结合起来的问题。尽管这个问题很困难，但相比解决所谓的获得战时重要能力会降低我们的威慑能力，或增加威慑效能的努力会降低我们进行全面战争的能力之间的矛盾，它要容易得多。[1]

有体现这些冲突的重要例子吗？我们认为，存在实际的或潜在的冲突的情况，只在几个举措上存在，我们下面将简要看一下这些举措。

某些措施，如保持 SAC 的飞机在空中警戒或让 SAC 飞机（能被召回的飞机）在刚接到警报时就起飞，会被视为与威慑是相悖的，多少会增加一

---

[1]　在这里，我们大体上关心威慑措施与进行战争的措施之间的关系。我们认为这两个目标之间的冲突不是很严重，如果我们把这种关系的讨论限制在短时间（如 1959~1961 年）内以崩溃为基础发起的项目上，似乎需要一些资格。在短时间内以坠毁为基础的可行性受到限制，这似乎会加剧同时提高威慑和战时能力的问题。然而，如果读者回忆第五章中建议的坠机和临时措施，他会注意到所有这些措施不仅是为了威慑苏联，也是为了在核战争的特定阶段提供使用的能力。——原文件注

点爆发意外战争的可能性。但是，这些措施也有威慑作用，因为它会减少敌人关于达成突袭效果的预期，或者在一定程度上使战略空军最低生存概率值达到最大。而要说因这些措施增大的发生意外战争可能性的风险超过了这些措施对威慑的贡献，则似乎没有根据（当然，我们在这里并不是说这样的措施必然比其他措施，<u>如加固或疏散等</u>更好）。如果战争真的来临，这样的措施显然对力量生存作用巨大，因为我们可以假设这些措施的威慑作用和反威慑作用相互抵消了，所以就上文关于"冲突"一词所作定义而言，我们不认为<u>这些</u>措施算得上威慑和战时能力冲突的实例。[①]

保持最低限度的能够攻击人口目标的加固的核心力量，可被视为两者冲突的一个例子，因为这种措施似乎在很大程度上有利于威慑。这种加固的核心力量代表着我们加固 SAC 最初最小的一步，因此直接有助于提升 SAC 在遭受攻击时的生存能力，因而也有助于提升其战时能力。然而，从为这一部分部队的使用选择打击城市人口目标系统这一点看，这支为攻击对方城市人口目标而专门进行最低限度加固处理的 SAC 部队，似乎对战争中的实战没有什么作用。然而，这种观点成立的前提是，打击对方人口目标并非打核战争的战略的一部分。但我们的研究及相关讨论并没有证实这一点（即打击对方人口目标不是打核战争的战略的一部分——编者注）是对的。尽管相对于其他战略，我们只留出一点力量用于进行只针对人口目标的全面打击，但从我们的（笃信的、假设的）材料中可以看出，对人口目标的打击不能被排除在可能采取的保留部分目标不打的战略之外，特别是在苏联二次核打击攻击城市目标的情况下。此外，必须记住的是，我们过去一直考虑要打的战争，只是苏联第一击仅仅打击我国战略空军目标的战争。然而，苏联一开始就对我国城市或几个主要社会中心发动袭击的可能性不能排除。如果是这种情况，涉及对人口目标进行打击的战略对美国的实用价值相对于其他战略而言，很可能会提高。进一步讲，如果 SAC 能获得前面讨论过的两种情况（在单个目标之间和在不同目标体系之间）中的

---

① 根据前一段的论点，否认战略部队的高度警戒状态会增加发生意外战争的可能性是完全没有必要的。尽管如此，我们还是有必要问一下，偶发战争（我们在辩论中已经心甘情愿地承认了这一点）发生的可能性增加，是否与我们应该假设的情况相反。当两个对手的安全都得到保障时，双方可能更倾向于避免无意中导致流血的恶作剧行为。酒吧里的暴力和谋杀通常涉及不愿开枪的武装杀手，但这些人的解除武装状态和无准备状态引发了一个简单的假设，即个别好斗的推搡和用肩撞人不会造成真正的伤害。——原文件注

适当的灵活性，那么具有生存能力的核心部队可能会比公开将其作为攻击人口目标的力量有更大的灵活性。最后，尽管它是作为一支能够攻击人口目标的部队而存在的，但部分地讲，或许在很大程度上，它是基于获得战前威慑效果而设立的，在提供战中威慑，以及在战中威慑失败情况下提供对人口目标实施攻击的能力方面，它也可以发挥重要作用。

我们不认为发展民防能力与战时能力之间有什么矛盾冲突。① 战争期间民防的价值在于它能够提供更大的战时战略选择的灵活性，在于它能够使战略更坚定、更大胆地用于威胁对方或得到执行。在有效的民防措施支持下，我们讨论的几乎所有战略的效能都会增加（就像如果苏联提高了它们的民防能力，我们的许多战略将变得不那么有效一样）。尽管美国在危机中实施战前疏散时投入原本用于实战的能力，对于防止在尖锐危机阶段可能发生的战争有威慑作用，但我们还是认为民防的威慑价值主要来源于上述原因。

如果将所有 SAC 部队转变成对人口目标实施攻击的部队，是发挥威慑作用必要或非常可取的措施的话，我们实际上会面临严重矛盾，因为这将严重限制 SAC 部队执行战时各种不同战略的能力。我们的研究已经表明，这样一种极端的措施既具有威慑性质，也具有一定的反威慑性质。所有 SAC 部队转变成对人口目标实施攻击的部队，只有在假设苏联部队中有很大一部分能在美国的突袭中幸存下来的前提下，才会给苏联造成危险。但我们已经看到，在这种情况下混合瞄准战略似乎更有用，更会让苏联人害怕（至少一样有作用）。纯粹用于对人口目标攻击的能力，主要在苏联指望能消灭大部分 SAC 力量的情况下，主要在一个人想在战争之前用一支具有生存能力的计划用于攻击人口目标的核心部队来应对他们，而苏联知道这样一支部队是 SAC 的一部分，且清楚地知道不可能将其消灭的情况下，对威慑才是有用的。因此，我们认为，将整个 SAC 转变为一支全部用于攻击人口目标的部队是不太可能的，② 而这种威慑与战时能力之间的潜在冲突是很容易解决的。

---

① 然而，显然目前在民防支出和其他措施支出的优先次序之间存在冲突。为了使美国的战略力量变得无懈可击，这种冲突似乎很容易得到解决。当然，这可能不排除一些初步步骤，以推动更有效的民防项目。——原文件注

② 正如我们早些时候所指出的那样，假设所有的战略空军部队都是适用攻击人口目标的部队，则如果苏联领导人认识到，只要能确保苏联军事上的成功，对苏联大规模的平民毁伤对苏联而言就是可以容忍的，那么这可能会增加苏联攻击美国的意愿。

在前面列出的那些措施之外，似乎只有一种措施可能会导致威慑利益和战时作战利益之间的冲突。这就是美国在战前清楚地威胁称，美国将以对苏联城市的进攻作为对苏联进攻的回应。如果威慑失败，美国的这一威胁可能暴露出其缺陷。因为苏联坚信，美国以对其城市的攻击来应对其对美国实施的核攻击，可能会使苏联有更强烈的动机将打击一部分美国城市目标纳入其即使是小规模的第一次打击中，或者通过采用高当量核武器地爆的方式实现其在开始的核打击中给美国造成相当大的平民损失的后果；这也有可能使苏联有更强烈的动机将美国城市纳入其二次核打击目标范围内。即使苏联想把战争维持在纯粹打击军事目标的范围内，它也可能认为其前景是如此渺茫，以至于会第一个打破对打击目标范围的限制。发出战前威胁的这种可能的后果，似乎会造成不可避免的危险。让敌人对其城市目标将会受到报复有一种预期（不一定十分肯定），这一点很重要。由于苏联可能认为它能够大概率地摧毁美国大部分战略空军部队，并考虑到我们对苏联在这种情况下会如何使用其核力量的假设，认为苏联预期中应该包括美国极有可能攻击其平民目标的内容，是非常合理的。①

也有人提出，在发出打击敌人人口目标的威胁与兑现这种威胁的不可能性或者不可取性之间存在"矛盾"。基于此，人们会认为这种威胁的可信度很低。首先，正如前面所指出的，如果我们从坏处来看待我们面临的形势，考虑到苏联首波打击人口目标有多大可能的话，那么，我们避免所有对人口目标的打击显然并不可行。其次，在我们的战略分析矩阵显示打击人口目标有冲突的地方，战前打击人口目标的威胁的存在，对美国兑现这些威胁绝不会形成约束。显然，一旦战争开始，一旦真的遗漏了对人口目标的攻击，这与战前威胁的威慑价值并没有什么关系。这个战前威胁的威慑价值只会受敌人对我们是否会兑现这一威胁的预测的影响，而敌人不可

---

① 大规模破坏平民的威胁是重要的；但是，没有必要也不应该使这一威胁变成让对方感觉到美国在任何情况下除发动纯粹的人口袭击外没有其他核力量战略可用。当苏联通过一个非常成功的突袭使 SAC 难以有足够的力量去发起一次非常有用的对军事目标的打击时，后者的价值最大。美国排他性的纯粹对人口攻击的威胁可能被解读为是美国在承认自己的软弱，这并非不公正。把对平民人口的威胁与打击苏联战略空军力量及其他军事目标的威胁联系起来是有益的；当然，这样的可能不能排除，如果一个敌人碰巧摧毁了我们的大部分战略部队，我们会主要以对它的城市的直接攻击来做出回应。考虑到对一个国家而言在一次单一攻击中将摧毁军事目标与摧毁平民目标（混合目标战略）结合起来居于次要地位，强调清洁武器的可用性似乎是不明智的，除非是在有限战争的情况下。——原文件注

能因为这一威胁很有可能不被兑现而完全忽略它。那些美国发出了这样的威胁对敌人来说很重要的案例（他们的 SAC 生存能力低——而在其他情况下，美国有更强大的战略），也恰恰是我们的战略分析矩阵显示的这些威胁极有可能真的被实际执行的案例。

我们对苏联效用矩阵的分析表明，有关威慑的讨论过分突出了美国在战前应该威胁什么。虽然这不是一个可以忽略的问题，但很显然，如果苏联真正的效用矩阵接近于我们对它的预期的话，那么不是美国的战略威胁要打击什么发挥了主要作用，而是苏联对美国遭到突然袭击后剩余多大规模的 SAC 部队的预期发挥了主要作用。苏联关于战争期望值的大小，对遭到打击后美国战略空军剩余多少兵力极为敏感，而对美国以什么方式来使用这些剩余兵力，敏感度则要小得多。这很容易从苏联核打击效用随着 SAC 生存率的变化而发生巨大变化中看出来，而苏联核打击效用随着美国战略选择的变化所发生的变化，则要小得多。

我们得出的结论是，威慑能力需要与战时能力需要以及战略需要之间确实存在冲突，但这些冲突没有我们预想的大，也远不像预想的那么重要，且比设想的要容易解决得多。事后来看（post facto），从战时的军事能力同时也会有很强的威慑作用这一事实出发，得出这一结论似乎并不令人惊讶。提供一支加固的核心力量，不仅因为它提升了 SAC 可能的存活率，而且还因为如果战争爆发它能扩大美国战略的可用范围并提高有效性，所以它成为一种相当强大的威慑措施。只有当这种加固的核心力量被奇怪地认为在战争中没有作用或只有很小的用处时，获得这样的能力才会在威慑和战时需求之间造成严重冲突。

当然，我们对协调威慑需要和战争能力之间关系这种相当乐观的看法，并不代表说，任何能改善后者的举措也都将有利于改善前者，或者说充分提高战争能力会使我们具有显著增强的威慑能力。扩大不具有生存能力的核力量规模，以及现有飞机的作用范围，将在某种程度上减少苏联对战争结果的预期估计，但这些举措同加固 SAC 的核部队（慢慢地将不只是核部队）相比，可能只具有相对而言微不足道的威慑作用。我们还认为，最有可能强化威慑的那些措施，也就是说那些能够提高 SAC 生存能力的措施，同时也是为威慑失败做准备的最有效的措施，这种说法是准确的。因为，如果战争由敌人先发动，我们首先需要的，是要有在实战条件下可用来作战的部队。有了这样的可用部队，即使在敌人先发动攻击之后，它也是敌人在决定是否继续进攻时最重要的考量因素。与此同时，提高部队生存能力的措施不需要基于纯粹打击人口目标的战略（a pure population attack strategy）来实施，因此不会对在严峻形势需要时美国实施先发打击的能力形成限制。这样的措施包括：

提供最小限度的加固的核心力量；

更普遍的对 SAC 设施进行加固；

重新部署 SAC，使其能得到更充分的战术预警；

提供用于恢复和重新编组核部队的设施；

增加 SAC 力量的灵活性。

而前面列举的其他几种举措从战略价值看并不是特别有效。可能只有在没有对在核战争第二天、第三天和第四天中遇到的困难予以足够重视的情况下，某些措施看上去才只对威慑有用，或只对敌人先发动进攻的战争有用，或只对美国先发动进攻的战争有用。我们认为，超出每一方先发动打击的其他详细战争场景都会显示，上述措施在很不一样的政治和军事背景中具有各种各样的重要作用。因此我们认为，甚至是美国"领跑战略"（go-first strategy）也会从加固核部队、提供恢复基地等措施中大大受益。但这个问题已经超出了我们这一研究的讨论范围。

如果上述对有时在威慑利益和战时要求之间可能会存在严重冲突的假设所做的评价完全可以接受的话，那么有人就会问，为什么有时会做出相反的评价。其中似乎有一个原因是，对威慑的关注导致对核战争战略（nuclear war strategies）详细分析的忽视。当进行这种分析时，也通常不超出美国进行第一次反击这样的范围。核战争概念本身就意味着相互的和突然的自杀，由于这是一件不允许考虑糟糕到什么程度的事情，它可能强化了威慑效益，而使人们忽略了战争过程。这肯定是不对的，因为有一些公开的和普通民众的反应似乎说明，一旦战争爆发，其同过去发生的战争"没有区别"（这种反应实际上是近似于危险地认为，1000 万、2000 万、4000 万、8000 万或更多的美国人死亡，并没有任何差异，或者说美国保留或不保留其政治独立性，差别不大）。很少有事情如此糟糕，以至于让人们不去想它们怎样才能不会变得更糟。如果说实施威慑和满足战时需求两者之间实际上，或者即使初步认定是截然相反的，那么避免在公共场合，甚至技术性地讨论核战争的目标和核战争战略，好像这样的讨论会影响第一天、第二天、第三天和随后日子的核冲突进展，就更容易理解了。①

B. 战时战略和民事部门（the Civilian Sector）

我们认为，读者从我们关于威慑措施和战略选择讨论的概述中获益甚少。我们的分析涉及如此多的相互矛盾的考虑，以至于无法做出合理准确的总结，否则就会太长而没有什么价值。相反，我们希望在最后几页提请注意我们的讨论中持续存在的一个问题，一个在核战争研究中不可避免地要出现的问题，即关于国家民事部门在有关核战争战略的盘算中所起作用的问题。

在我们的研究中，民事部门在核战争中的作用体现在两个方面：在关于通过攻击人口目标来征服敌人的分析中用到了，在对努力减少对本国人口大规模毁伤可能性的战略的分析中涉及了。我们认为，核战争分析人员的职责是尽其最大可能去寻找减少美国平民伤亡的战略的可能性，正如寻找能够带来良好的军事和政治结果的战略是他的职责一样。我们要面对的核战争是一场全面战争，而一场全面战争要求对使战争成为全面战争的各种利害关系给予应有的关注。但很明显，要找到那些不使一个或者另外一个重要利益遭受巨大损失风险的战略，尤其是在一场敌人先发打击的战争中做到这一点，显然是很不容易的。

我们一直在努力解决如何找到能保护我们的民用部门免遭最大程度的损失，同时又不会无望地在其他国家利益问题上妥协让步的战略这一问题。正因为如此，我们想指出的是，我们绝不能在选择战时战略时，将对民用部门的关切置于主导性位置。在打一场由敌人发起的核战争问题上，还有其他一些即使以数百万人的生命作为代价也要维护的价值或国家利益（主要是政体的存亡和独立）。我们不打算在这些重大问题上对读者说教。然而，我们感兴趣的是，虽然说一个国家在面临重大危机时所具有的承受牺牲的能力值得尊重，但应防止轻易利用这种能够承受牺牲的能力，来简化几个参战国在核战争中所追求的国家利益之间相互冲突的战略影响这一难题。如果选择的战略极大地增加了对大量民众杀伤的风险（因为选择这样

---

① 在为第一次反击打击能力和第一次打击后能力提供额外需求之间做出选择时，完全可能存在预算冲突。但是，我们不认为这些可能的预算冲突已经得到审查，也不认为这些冲突是未能更认真地对待战争期间战略和要求的根源。

的战略可能很合适)，那么战略家的职责就是对此给出清晰的理由，使人们相信，采用这些战略有可能带来停火状态，而且相对于采取其他因为关注了人口伤亡而显得不那么大胆的战略而言，这一战略在保持国家独立和战后发展方面会更好。此外，我们还试图表明，除了人口生存问题之外，有一些相对"较弱"的战略（如保留部分目标不打的战略）试图通过保留具有一定强度的最后打击的威胁，在军事局势变得危急时来精确确保政治独立。

人类在决策上有一种强烈的避难就易的习性，特别是当这些选项差异很大时。我们在讨论核战争战略时提出的许多问题，使人们在做出紧急决策方面相当犹豫不决，这情有可原。如果有可能永远不需要按照这样的决策采取行动，或者有可能发生至少会改变决策涉及的部分内容的变化的话，那么推迟选择战略的动机就会大大增加。在许多个人或者公共生活领域，等着未来的发展变化来推动我们的决策是一种大智慧。如果一个人尝试提前做出一个决策，而这个决策又很难做出或者令人难以接受的话，那么在必须采取行动之前才有可能做出这样的决策。提前决策可能会比应对型决策要更多地为一些令人惋惜的考虑做出让步。然而，如果仅仅是因为承担决策责任的人在必须做出回应时才临时进行决策可以不用再进行有效沟通，而不愿意提前进行决策的话，那么这种推迟战略决策的行为则是不明智，或者说是缺乏勇气的。

李旭飞　译

评　介

在美国核战略的理论和实践发展中，半军方性质的智库——兰德公司发挥着极其重要的作用。它们运用数学方法、博弈理论等来分析研究战略问题、核问题，推动核战略朝"科学化"方向发展，对 20 世纪 50 年代至 70 年代美国政府的核政策核战略产生了重要影响。

20 世纪 50 年代中后期，美国陆军和海军从维护本军种发展利益出发，提出了各自的战略学说①，对基于空基战略核力量的"大规模报复"政策提

---

① 　美国陆军提出了"灵活反应"学说，海军则提出基于可生存核武器的"最低限度威慑"学说。

出了挑战。1959年在美国空军资助下兰德公司完成的关于威慑和核战争战略的研究，对美国空军如何应对美国陆军、海军提出的核战略理论的挑战进行了一些探讨。本报告节取了报告的摘要和结论部分，从中可领略到兰德公司的研究风格及其影响。

报告用较大篇幅探讨了用作威慑的措施与战时实战需求之间是否抵触的问题，并得出结论：几乎没有哪一种能够增加威慑效能的措施会降低打核战争的能力，基本上不存在对实战有利的举措会削弱威慑的情况。虽然此后在美国核政策核战略发展实践中，偶尔还会有人提出这样的问题①，但兰德公司在这份报告中研究得出的结论，无疑代表着关于这一问题的主流看法。

报告运用博弈方法，分析了在不同情况（对方突袭不同目标、突袭成功的程度等）下美国不同战略选项的优劣及苏联对美国不同战略选项可能的看法和应对，强调将所有核力量用来打击对方人口目标的战略并不可取，认为美国应采用既打击军事目标又能给对方人口造成巨大毁伤的"混合战略"。这实际上成为此后，特别是70年代以后美军核打击规划遵循的基本原则。

报告提出的"保留部分目标不打的战略"，将发挥核武器威慑作用的时间从战前延伸到战争期间。这一思想在60年代，特别是70年代美国核作战规划中都有明显体现。②

---

① 70年代初美国时任国防部长莱尔德曾提议建立专门的威慑部队，就体现了在这一问题上的不同看法。详细情况请参看本书收录资料五十二。
② 参看本书后面收录的相关资料。

十九

参谋长联席会议主席关于目标协调及相关
问题的备忘录[*]（1959 年 8 月 17 日）

CM-380-59

1959 年 8 月 17 日

**参谋长联席会议主席特文宁（Twining）致国防部长
尼尔·麦克尔罗伊（Neil McElroy）的备忘录**

主题：目标协调及相关问题

1. 在 1959 年 7 月 28 日的武装力量政策委员会会议上，您问过我对协调原子打击计划的程序有什么看法。这一备忘录供您参考，它概述了我们当前正在做的事情，以及我们在一些有争议但为了提高我们的效率必须解决的一些问题上进行的讨论。如果参联会在这一难题的某些方面不能达成一致的话，我们将寻求您的建议。

2. 在过去这些年里，目标协调及相关问题之所以越来越引起关注，不是因为我们目前的力量态势已经弱小得令人不可接受，而是受到了在这个领域关于未来军种发展项目，以及分配给国防部的可用资源等的决策影响。今天我们的力量系统确实有一些不足，且这些不足应尽快消除。但当前我们对这一问题进行的审查将主要影响到未来的力量态势，以及未来的核能力；且我们必须预料到，我们在这些问题上的态度及意见还多少会受到预算状况的影响。

---

* "Note by the Secretaries to the Joint Chiefs of Staff on Target Coordination and Associated Problems", The Creation of SIOP-62：More Evidence on the Origins of Overkill, Doc. 2, https://nsarchive2. gwu. edu/NSAEBB/NSAEBB130/index. htm.

背景

3. 1952 年之前，我们除空军以外的库存原子武器太少了，能力太有限了，所以协调起来并不特别困难。1952 年早些时候，库存原子武器规模开始扩大，除空军以外的其他军种的原子武器投送能力开始提升，参联会建立起了协调原子瞄准的机制。这逐渐发展出两套程序：规划协调和作战协调。

4. 规划协调源于参联会提出的各司令官制定并与其他司令官协调其单个核打击计划的要求，这些单个核打击计划要在他们的原子附录中进行详细说明，而原子附录用于支持联合战略能力计划（JSCP）[①]。一直到现在，各司令官之间这种初始的规划协调机制都很难说是好还是不好。在有些司令部之间它效果很好，但在其他一些司令部之间它却不太有效。单个计划在两个司令部之间协调过之后，还要在所有司令官都参加的会议上进一步协调。

5. 1955 年之前，通过在战略空军司令部举行会议来进行这种协调。从 1955 年开始，通过在五角大楼举行的全球协调会议（WWCC）来进行这种协调。最近两次的全球协调会议由参联会高级成员来督办，下一次大会计划由 J-3[②] 来督办。这同参联会新的作战职责是一致的[③]。

6. 在全球协调会议之后，打击计划提交参联会审议和批准，在此期间，参联会审议每个打击计划，并将所有这些计划合并成一个总体计划。

7. 到现在为止我只谈及了规划协调的事。为了实施作战协调，参联会已经建立了联合战情室（Joint War Room Annexes）[位于五角大楼和马里兰州的福特里奇（Fort Ritchie）] 及位于英国及夏威夷的联合协调中心。这些中心可以显示所有原子打击计划，且基于要打击的目标和所用武器的飞行路线，找出不同打击计划之间可能出现冲突的情况。而真正的冲突只会在知道了确切的打击时间之后才能确定。各司令部常驻联合协调中心的代表负责监督这些打击计划的执行，并在不同计划之间出现冲突时负责解决冲突。保持各个主要机构之间的通信畅通，以便在遇到不能解决的冲突时能

---

① 这一规定到今天仍在沿用。

② J-3 是参联会内部常设的专司作战的职能部门。

③ 美国于 1958 年对国防体系进行了改革，明确参联会没有作战指挥和控制权，其基本定位是用于协助国防部长对各联合司令部实施控制的参谋部。

向参联会征询建议，使达成一致的冲突解决方案能迅速传递给各司令官来执行。定期举行联合演习，以检验这一程序的有效性并进行演练。今年 2 月 27 日至 3 月 2 日举行了最后一次代号为"骰盅"（DICE CUP）的演习。通过这些演习已经对这一程序做了一些完善，它也更清楚地证实，当前这一程序存在一定的功能上的缺陷。

8. 上面概述的这些协调程序是复杂、成熟且先进的系统，在过去几年它们已经形成了一套重要的目标协调标准。在所有的大约 2400 个计划打击的目标中，其中超过 300 个目标，或者说有大约 13% 的目标，被打上了"重复"的标签。这些目标是否真的被重复打击，实际上是一个判断问题，涉及关于打击目标需要的毁伤程度、所用不同类型打击力量的反应时间、核投送工具的性质，以及其他作战因素等方面的诸多考虑。此外，由两个或者更多司令部认为摧毁某一单个目标对于完成它们各自的任务十分重要而导致的重复打击问题，实际上并不代表在执行过程中一定会重复打击。但是，全球范围内精心布设的通信系统对有效协调而言是必不可少的。在演练和演习过程中，通信经常性地远远滞后。在作战条件下，这一通信系统无疑会被削弱，其效能有可能明显降低。

9. 基于目前我们在这方面所得到的经验，我们至少可以提出一条重要原则。那就是原子作战必须事先做好规划，以便能最大限度地自动执行，且尽可能少地依赖战时通信。但是，关于联合协调中心，即使我们下面将讨论在这方面要做出一些变化，我认为我们还是应当继续发挥它们的功能。联合协调中心能够提供一种非常有用的演练手段。即使这些中心永远也不用于战争，在演习过程中它们会分离出那些困难领域，产生有价值的数据，这些数据反过来用于我们的作战计划。

10. 基于目前我们的经验，我还得出结论：就目标协调而言，目前的安排已经很难再取得更大进步了。当然，还是能做一些小的改进的，但要想在目标协调问题上取得重大进展，需要对现有系统做重大改变。这样的改变有些可以马上来做，而有些尚未造成明显后果的改变，可能会推迟实施。

当前正在实施的行动

11. 除例行的安排人来编写上文谈到的原子附件外，目前还正在做两件对改进目标协调可能有帮助的事。这两件事分别是：

a. 希基（Hickey）将军的参谋人员正在进行"最优混合策略研究"（Optimum Mix Study），预计完成日期为 1959 年 10 月 31 日[①]；

b. 参联会正在就目标系统分析及战争演习的程序性安排进行研究。

潜在的议题

12. 前面已经说了现在正在使用的协调程序，也指出了正在采取的其他行动，我们现在应当审视一下潜在的议题。就这些议题来说，它们可以分为三个类别，分别是：

a. 瞄准的过程，这会直接影响到对力量是否够用的认识；

b. 制定一体化作战计划；

c. 对涉及的打击力量实施作战控制的问题。

13. 过去，参联会内部在这三个问题上都存在重大意见分歧。遗憾的是，这些问题不可能通过数学方法或者精确的技术来解决。诊断式的研究和量化处理能够为解决这些问题提供一些帮助，但这样的分析无法给出问题的确切答案。最终，还是要依据特定的政策及军事发展项目做出军事上的及执行上的判断。

14. 解决这些潜在议题需要高层决策，在做出有关决策且决策生效之前，我们在这方面不可能取得更多进展。为了将这些特定决策独立出来——我认为这是需要的——下面我将对每一类问题详细进行讨论。

瞄准过程

15. 瞄准过程是这些问题中最复杂的。它涉及特定的下一级问题和下文要讨论的其他一些难题。

16. 第一个难题是应该摧毁多少及哪些类型的目标，关于这一问题有很多不同意见。不同观点有 10 种以上。真正的问题是，怎样才算是有足够的威慑，如果威慑失败了，怎样才算有效打击军事目标？我们在瞄准上应该奉行什么哲学？我们是否应该只规划摧毁人口中心及控制中心？或者我们是否应持续保持强大的打击军事目标能力？怎样才算是各类目标的"最佳组合"？

17. 那些提议未来将人口中心作为基本打击目标体系的人坚持认为，消灭苏联的陆基洲际导弹系统是不可能完成的任务，我们很难知道他们的导

[①] 希基将军时任美国国家安全委员会下属的净评估委员会主任，正在进行"2009 研究"。

弹部署在哪里，即使我们能知道其导弹部署位置，我们也不可能做到一击毁之——为了防止这一点，苏联的导弹会在我们回击前就发射。而反过来，如果我们对特定的城市及控制中心实施打击，苏联就难以继续进行战争，美国就会占据优势。因此，按照这一思路，把钱用于发展能攻击数百个以上目标的战略打击系统是一种浪费。

18. 那些提议发展强大的打击军事目标能力的人则坚持认为，我们必须掌握必要的情报；在敌导弹发射前将其摧毁，要比在其发射后将其摧毁更容易一些；苏联不可能在其第一次齐射中将其导弹 100% 发射出来；在任何情况下，我们必须摧毁苏联再次实施攻击的能力，以使美国遭到的毁伤最小；只能打击数百个目标的核力量，难以在对方突袭中生存下来，因此难以慑止苏联的侵略；我们如果丧失了基于战略情报的先发制人的打击能力，在对外政策上将缺少强有力的支持。

19. 我个人在这个问题上的看法，多少受到我们过去的一些经验，以及我对苏联哲学的评估的影响。我们已经具备了在好的和最佳条件下使用有人驾驶飞机投放 2000~4000 件战略核武器的战略打击能力，因而我们已经慑止了全面战争的爆发。苏联的军事学说建立在群众原则基础之上，我认为苏联将只重视非常强大的那一部分部队。进一步讲，我认为，他们在未来几年将尝试把其现有核力量扩大至大约 1000 架中型和重型喷气式轰炸机，其中少量轰炸机采用了先进设计，其陆基洲际导弹数量将增至四位数。在苏联还相对弱小的时期我们已经建起了现在的远程战略打击力量。在我们确切地知道苏联核力量正在增强的情况下，我看不到任何使我们自己的核力量衰落的逻辑，不管是真的衰落还是相对衰落。此外，我认为，在全面战争中获胜如此重要，以至于即使出现了任何判断上的失误，都不用太担心。因此，在这个问题上，我倾向于赞同发展更强大核力量那一方的立场（指前面第 18 段阐述的观点——编者注）。

20. 基于之前的经验和研究，我一直认为我们应当采用符合下述思路的政策。

政策。我们应当继续完善并持续不断更新核打击的目标体系，这一体系包括：

（1）苏联远程核打击能力的关键组成部分；

（2）政府及军队控制中心；

（3）维持战争的资源；

（4）人口中心。

21. 当希基将军的研究完成后，我们在这个问题上可能会有更加明确的信息。一旦我们采取了类似于前面描述的这样一个瞄准政策，或者其他最终由国防部长决定的政策，我们就会取得巨大进展。我们下一步要面对的问题是：

a. 谁或者哪一个部门将使用这一政策、发展目标系统并使其更新？

b. 哪一个部门将对这一目标系统是否与政策保持一致进行审查，并决定其是否可以最终提交供批准？

22. 我对此的想法是，在战略打击上负有责任的司令官应当率先采取措施发展国家战略目标系统——先不要去管核力量可以打击什么目标，也不要受自己在这一问题上的偏见影响。为了发展国家战略目标系统，应当给担负这一责任的司令官提供一份得到了批准的关于确定攻击目标的哲学及指导方针。当然，他将主要依赖空军情报参谋部目标定位部门的工作，以及类似于武器系统评估小组（WSEG）、国防原子武器支援局（Defense Atomic Support Agency，DASA）及兰德公司等机构的分析性研究成果来展开工作。由于任何司令官在确定其需求时都有可能犯错，保险起见，显然需要由非同一阵线的人对其决定进行高层审查。这种关于打击目标体系的高层审查，最初只是情报人员的职能。在对司令官提议的打击目标系统进行审查时，如果想使该目标系统成为进一步分析的基础的话，那么情报应当起支配作用。打击目标体系同批准了的瞄准政策是否一致？如果摧毁了这一目标体系，是否就完成了参联会指示给司令官的任务？基于过去的经验和看法而列出的打击目标是否会出现过量、不足，或者大致正确呢？在我看来，这种最初的审查是联合参谋部（J-2①）的职能。在这个问题上 J-2 应该做的，是将后续作战规划、作战分析及战争演习所需要的其中一个困难要素拎出来。J-2 对司令官建议的目标系统的审查结果，在走到下一步之前当然还应当接受参联会的最终审查。

制定联合作战计划

23. 在目标瞄准及相关问题上，紧接着的一个重要问题既涉及情报，也

---

① J-2 是参联会内部设置的专司情报的职能部门。

涉及作战。一旦您拿到了经过批准的打击目标清单并做进一步分析，就会面临应该对每一个目标发射使用多少核炸弹及导弹的问题。在这里，我们就陷入了关于"超杀"的争论中。攻击力量的预计消耗①、武器的爆炸当量、命中精度、需要的毁伤程度，以及地爆核武器与空爆核武器的优劣等作战要素，开始成为这一领域要考虑的问题。我们是需要以 10% 的概率对目标造成 10% 的毁伤，还是以 90% 的概率对目标造成 90% 的毁伤，或者我们需要的是介于这两者之间的毁伤？我们是应该实施地爆以造成高度的地面毁伤和放射性尘降，但需要使用更多炸弹呢，还是应该实施空爆呢？这些都是很复杂的问题，且其答案会因要打击的目标类别的不同而不同。地理因素带来的困难也很重要，因为它会影响对友好国家或者中立国家人口的毁伤。但总体上可以这么说，陆军和海军偏好对目标造成低强度毁伤，而空军偏好造成更高强度毁伤。空军之所以喜欢造成更高强度毁伤，是因为经验告诉他们，一开始就将目标摧毁虽然需要投入更多部队，但总是比随后不得不对同一个目标实施二次打击要便宜、划算。

24. 幸运的是，相较于这一难题的其他方面，通过分析性的、量化的技术可以更好地处理这一方面的问题。但是，处理这些问题已经超出了目标定位情报人员的职能。需要制定一份概略的作战计划用作总体打击计划，内容包括打击时间及所用投送工具及核武器的性质等。要制定出这样一份作战计划，需要使用战争演习技术，这样可以为回答应该投射多少炸弹或者导弹来打击战略目标体系中的不同目标这样的问题提供一些依据。

25. 在过去和现在，不同的司令部已经加入对战略目标体系计划的打击当中。因此，已经实施过战争演习的这些机构并没有一个单一联合作战计划。它们过去要做的是将不同领域指挥官的作战计划捏合在一起，且将全球协调会议的结果作为战争演习的基础。那么问题在于：我们需要为战略打击制定一个单一联合作战计划吗？在我看来，我们确实需要一个这样的计划。由于战略空军司令部司令被赋予了为完成这一战略打击任务提供主要打击力量的职能，我想他应当担负制定这样一个打击计划的职责。他制定的计划当然应该由参联会来审查。

26. 在制定这一联合作战计划的过程中，我们当下必然要面对两个问

---

①　指的是在执行核打击任务过程中，受对方防空、拦截等对抗因素，天气、地理因素，或者武器系统自身因素影响，核武器不能被投放到预定目标的情况。

题，稍后还要面对另一个问题。

a. 需要立即进行决策的两个问题是：

（1）是否对任何不具备全天候作战能力的部队都要分配战略目标？

（2）航空母舰部队由于其部署位置不确定，在全面战争爆发初期是否不应该被分配战略打击任务？

b. 另外一个不需要马上解决但需要继续关注的问题是，在这一方案中"北极星"导弹应该放到哪一块？

c. 关于全天候核打击能力问题，我强烈建议，将类似于敌人远程核投送能力、控制中心等对敌方至关重要的战略目标，只分配给具备全天候作战能力的部队来打。

d. 至于航母部队，应考虑如下因素和安排。

（1）为了最大限度保证舰队安全，不应将舰队局限于为满足使事先选定的打击目标位于舰载机作用范围内的要求而规定的舰队活动区域。航母舰队应能自由发挥其固有的机动性。此外，航母力量在有限战争中的作用，不应由于为了覆盖极端重要的目标特意保持作战阵位，而持续被减弱。

（2）这些结论表明，航母力量不应当被分配在 H-hour（即在战争刚发起时）用于摧毁任何需要事先规划进行打击的目标的任务。

（3）航母部队有可能被认为具有三项主要职能：

一是作为在需要时用于后续攻击的战略后备力量；

二是作为有限战争的机动力量；

三是作为联合司令官部队的一个组成部分，当它位于作战阵位时，承担支持地区司令官的打击计划的职能，但不包括对国家战略目标清单上任何目标的打击。

e. 关于"北极星"潜艇部队，我想将这支部队留给海军来控制，直到发展出被证明可行的武器系统为止。如果"北极星"潜艇部队具有了强大作战能力（从可靠性及能够将核武器投送至目标的重量来衡量），我们可能会发现某一个联合的战略司令部需要这支力量。这样的司令部可能逐渐会有下一级空中力量司令部、陆基导弹司令部和海基导弹司令部。如果最终没有建立这样一个联合的战略司令部，从最低程度上讲，由"北极星"导弹来攻击的目标及攻击的时间应由单一联合作战计划派生而成。因此，我认为，相应的海军核力量方面的军官应尽早派驻到战略空军司令部下属的作战规划司令部去。很快，这些海军军官就会在制定单一作战计划中派上用场，如果随后决定建立联合战略司令部的话，他们会成为这一司令部中海军人员的核心。

27. 假如在不远的将来我们在拟议建立的联合战略司令部问题上没有什么动作，而采取行动制定一个单一联合作战计划的话，我们可能处于一个需要做更有效的作战分析、进行更多战争演习的态势中，这些战争演习也许要按照不同的假定来设计和实施。

28. 战争演习要做两类重要的事情：

a. 它要提供额外的有助于验证目标系统有效、无效，或者有助于调整目标体系的信息；

b. 它要显示作战计划合理或者不合理，显示该作战计划执行后的预期结果。

29. 关于这类战争演习的政策指南应当超出军种或者联合司令部的层次。目前参联会的联合参谋部也没有能力进行这种分析和实施这样的演习。过去，兰德公司、战略空军司令部、空军参谋部计划及情报局以及净评估委员会（NESC）（主要依赖各军种及 DASA 的支持）等进行过这样的演习。参联会目前正在考虑那些使他们能够实施这类战争演习的方法。有人已经建议，DASA 或许能够担负这种职能，或者由空军参谋部计划部空中作战分析局来实施。在其他情况下，参联会应提供政策指南，并为每一次分析研究或者实施的战争演习提供职责范围。为参联会进行这种研究的部门不负责制定政策，但要为完成分析过程中的机械性的工作提供电子计算机和受过训练的人员。不论由谁来履行这一职能，参联会都需要有能够对参联会实施政策上的控制迅速做出反应的战争演习能力。这不需要去建立一个新的大型机构。它需要对由已有的哪个机构将承担这项任务做出决策。

对参与打击的部队的作战控制问题

30. 到现在为止，本备忘录全部聚焦于解决与国家战略目标系统相关的问题。但是，当开始考虑作战控制问题时，我们必须将问题拓展至包括对那些在某一个区域负有责任的联合司令部司令官们（unified commanders）的原子武器使用进行审查这样的范围。这些司令官传统上一直坚持认为，某些战略目标对他们完成地区性任务而言太重要了，所以他们应该有责任看到（确保）这些目标被消除或者被摧毁。为了消除由此带来的重复瞄准问题，需要做出如下决定：作为全面的政策，国家战略目标系统中的目标将不包括那些由联合司令官麾下部队在 H-hour 负责打击的目标，联合司令官麾下部队也将不被规划用于对国家战略目标系统中的目标实施打击。

31. 但是，地区司令官对那些不能立即对美国实施打击，但其作战范围及能力威胁到地区部队及设施的敌方军队有法定的关切和责任。在同一地理区域内有可能分散有一个或者几个战略目标。因此，这一问题是一个相互干涉的问题，不是基于单一目标的相互干涉，而是基于一个区域的相互干涉问题。

32. 假设我概述过的这一系列决策都实现了，对不同打击力量的作战控制问题，以及避免相互干涉的难题等都会大大简化。它们会因为由两个或者更多司令部在 H-hour 打击同一个目标而引发的相互干涉问题大部分消失而被大大简化。我们将有一个得到批准的国家战略目标清单和一个用于战略核打击的单一联合作战计划。这些文件将为对地区司令官的作战计划与战略空军司令部司令的打击计划进行必要的协调提供合理的基础。潜在的冲突有可能在相关司令官之间关于空中核力量飞往目标和返回路线的分析，关于打击时间的共识，关于打击目标在司令官之间的转换等领域出现。司令官之间难以协调解决的冲突将交由参联会来解决，但这将是一个不符合我已经讨论过的决策背景的管理难题。

33. 据我判断，我们应当尽快解决我已经讨论的这些问题。为了达成这一目的，我在参联会传阅了这一备忘录的复本。

参联会主席

N. F. 特文宁

评　介

20 世纪 50 年代后期，由于美国多个军种都发展了各自的战略核打击手段，且各军种独自规划使用各自的核武器，所以目标被重复打击、不同核打击行动之间相互影响等问题开始大量出现，对核打击目标及不同军种核打击计划进行协调，开始成为摆在美军高层面前的重大现实问题。由于美军高层在这些问题上存在明显意见分歧，时任美军参谋长联席会议主席特文宁于 1959 年 8 月向国防部长递交了这份备忘录，阐述了其对核打击规划协调问题的一些基本看法。

在备忘录中，特文宁简要回顾了此前美军的核打击规划协调机制，明确指出必须建立新的协调机制才能解决面临的难题，并主要从建立一体化打击目标体系、制定统一联合作战计划、对参与打击的力量进行控制等三个方面，详细、清晰勾画了新核打击协调机制的框架。

特文宁在这份备忘录中提出的建议，随后基本上都被采纳，成为美军建立新核打击规划协调体系的基础；它也直接导致了在大约一年之后美军推出首份单一联合作战计划（SIOP），美军核打击规划开始进入漫长的 SIOP 时代。[①] 这份备忘录是后续关于核打击规划的一系列变化的起点，对理解美军核战略规划发展演变有一定参考价值。

---

① 　一直到 2003 年，美国战略核作战计划都被称为"单一联合作战计划"，即 SIOP。

二十

美军参谋长联席会议"国家战略瞄准政策"草案[*]（1960 年 4 月）

参联会 2056/149 号

1960 年 4 月 26 日，最高机密

联合参谋部主任就目标协调及相关问题给参谋长联席会议的备忘录

参考：参联会 2056/145 号

1. 在 SM-340-60，即 1960 年 4 月 11 日给联合参谋部主任的同名备忘录中，参谋长联席会议指示，联合参谋部应将提出一个能用作建立战略打击目标体系基础的建议政策作为最优先事项。

2. 据此，联合参谋部已经准备了一个关于建议政策的草案，作为附件 A 附在后面，供参谋长联席会议审议。

3. 附件中的政策草案文本同"2009 研究"① 完全一致，实际上是对"2009 研究"结论的运用。批准这一政策草案可以说是解决参谋长联席会议当前面临的诸多难题必不可少的一个前提。

4. 依据参谋长联席会议是否批准在附件 A 中提出的政策，需要实时确定执行这一政策的下一步行动方案，并由参谋长联席会议批准该方案。

---

* "Memorandum by the Director, Joint Staff for the Joint Chiefs of Staff on Target Coordination and Associated Problems", The Creation of SIOP-62: More Evidence on the Origins of Overkill, Doc. 5, https://nsarchive2.gwu.edu/NSAEBB/NSAEBB130/index.htm.

① "2009 研究"是美国国家安全委员会下属的净评估委员会为回应国安会 2009 号行动案（action）要求而进行的一项研究。艾森豪威尔总统指示这一研究主要对各种不同的核报复方式进行评估。该委员会于 1959 年 10 月 30 日提交了长达数百页的研究报告。研究报告从有效威慑的角度，对主要打击军事目标系统、主要打击城市—工业目标系统，以及对上述两种目标系统最优混合打击等三种报复打击方式的相对价值（优劣）进行了评估。该报告对随后的 SIOP-62 有重要影响，被认为是 SIOP-62 的重要源头之一。

5. 相应的，我建议：

a. 批准附件 A 中建议的政策；

b. 将附件 A 建议的政策合并到即将完成的联合战略能力计划（JSCP）的原子附件中；

c. 批准附件 B。

6. 建议本文件的复本不要提供给各联合司令部或者特种司令部（specified command）司令们传阅。

7. 为了与参谋长联席会议第 83 号政策备忘录保持一致，建议不要将本文件的复本给参与北约活动的官员传阅。

附件 A

参谋长联席会议的"国家战略瞄准政策
（Targeting Policy）"草案

1. 制定本政策的目的。主要目的是将"2009 研究"提出的指导原则及总统随后的决策转化成国家层面的政策指导，用以制定一份国家战略目标清单（NSTL），并对这一清单上的目标实施攻击。

2. 概念。国家战略目标清单应由在中苏集团内（约一行半内容未解密——编者注）的最佳组合来构成。对这一清单上目标的有效打击，将为实现使对方军事失能、经济瘫痪的目标提供足够的毁伤，使中苏集团再无力实施战争，如果再配合以其他重要军事活动，将能够使自由世界获得最终胜利。

3. 目标。本政策的基本目标是确定在任何敌对状态下我们都要去完成的最低程度的打击任务。打击国家战略目标清单上的目标，被认为是对保证我们国家的生存来说需要完成的最重要的一项任务。打击国家战略目标清单上的目标的特定目的，是在其他重要军事活动配合下，摧毁或者压制中苏集团的（约两行半内容未解密——编者注）及中苏集团的控制中心达到使其经济瘫痪、无力再战的程度。

4. 打击优先顺序。在完成打击国家战略目标清单上的目标的任务时，按照如下优先顺序实施打击：

a. 第一优先权是摧毁中苏集团的（约 3 行内容未解密——编者注）①，从而消除其对美国及其盟国军队、领土的核打击威胁；

b. 第二优先权是打击（约一行半未内容解密——编者注）②，以防止美国及其盟国的大面积国土被敌方蹂躏，并确保对重要海上区域的控制权及保护重要通信网络不受破坏；

c. 第三优先权是使敌人不能使用（约半行内容未解密——编者注）③，否则对方的这些资源能够立即直接用作敌人发起军事行动的能力。

5. 辅助打击目标（Supporting Targets）。通常认为，要成功地对国家战略目标清单上的目标实施打击，需要各司令部对其他一些目标同时发起攻击，摧毁这些目标对实现对国家战略目标清单上的目标的打击来说非常重要。这样的目标被称为辅助目标。

6. 对目标的毁伤标准。指导对国家战略目标清单上的目标实施打击的规划和作战行动，应以下面提出的毁伤标准作为基础。在应用这些毁伤标准时，应将累计毁伤效应考虑在内：

a. 对（约一行半内容未解密——编者注）严重毁伤的概率达到 90%；

b. 对（约一行半内容未解密——编者注）中度毁伤的概率达到 90%；

c. 对 50% 的（约半行内容未解密——编者注）工业设施摧毁的概率达到 90%；

d. 对与国家战略目标清单相关的其他目标的毁伤标准，由作战司令部自行确定，但其毁伤标准不应超过以 90% 的概率严重毁伤的水平。

7. 可信性（Assurance）。考虑所有相关的作战因素、计划和要求时，将以最低 75% 的可信性确保将必要的核武器送至每一条核弹投放线（bomb-release line，BRL）④ 作为基础，以达到对国家战略目标清单中各种不同目标的特定毁伤水平。

---

① 虽然原文文字未解密，但从上下文看，美军计划首先打击的应该是苏联的战略核力量。

② 从上下文看，这里隐去的应该是常规军事力量。

③ 从上下文看，这里隐去的应该是重要的直接用于战争的工业生产能力。

④ 核弹投放线指的是必须在某一个位置将核弹投放下去，从而使核弹飞抵最理想位置爆炸的那条线，后来则被称为核弹投放点（bomb release point）。

附件 B

给联合参谋部主任准备的备忘录草案

主题：瞄准政策的执行

1. 依据在给参联会的 2056/149 号文件附件 A 中提出的瞄准政策，联合参谋部在联合司令部及特种司令部、各军种部及其他相关机构的协助下，将选择并提出一个可纳入国家战略目标清单的建议目标清单，作为优先事项，供参谋长联席会议审议。

2. 以"2009 研究"报告附件 G 中所挑选的目标作为基础和起点，依据最新的可靠情报对其进行适当修改后，选择最小数目的目标形成国家战略目标清单。如果达到了给参联会的 2056/149 号文件附件 A 中第 6 段设想的毁伤水平（毁伤标准），则对中苏集团战争潜力目标的总体毁伤，与"2009研究"报告附件 G 中指出的毁伤水平大体相当。

3. 挑选的目标的清单将按照能够显示中苏集团发动战争的潜力的不同要素构成比例的方式来提交，这些要素都有可能被选中成为打击目标。这些目标应当按照所处位置进行分组，以便对其进行瞄准分析，并将其作为一个整体进行打击。敌方那些必须首先通过对其攻击来压制其防御、方便后续打击力量突防的目标，将不列入国家战略目标清单。

4. 此外，联合参谋部将提供一个合适的操作管理系统供参谋长联席会议批准，该系统可以依据新的情报对国家战略目标清单进行必要的补充，对原有目标进行删除或者做其他改动。

评　介

特文宁将军在其 1959 年 8 月提交给国防部长的关于战略打击瞄准协调的备忘录中明确提出，要想有效协调各军种核打击规划，必须先有战略瞄准政策。① 本资料是落实和体现这一要求的产物，是美军首份"国家战略瞄

---

① 相关情况请参看本书收录资料十九。

准政策”文件的第一个版本。

该政策草案从政策目的、打击目标选择、对不同目标打击的优先顺序、毁伤概率、打击可信性等几个方面，对美军实施核打击规划涉及的一些重要问题进行了明确。该政策明确将核力量作为美军打击的首要目标，而且将对目标的毁伤概率定得很高，反映出当时美军仍然主要按照打核大战的思路来规划其核力量使用。

这份草案提出后，在美军内部引起了较大争议，随后被修改，但在这份资料中明确的政策的基本框架，特别是暗含其中的关于核力量运用的“哲学”，基本得到了保留，对美军整体核力量运用规划产生了一定的影响。①

---

① 相关情况参看本书后面收录的几份资料。

二十一

关于“一体化战略行动”概念的备忘录[*]（1960年7月11日）

1960年7月11日

给乔治·基斯塔科夫斯基（George B. Kistiakowsky）[①] 博士的备忘录：

正如你肯定能够想到的那样，各军种早就对打击目标安排问题深感兴趣，他们因此在这个问题上也有很多不同的看法。明天你的讨论中可能会涉及这一问题，我想附在后面的一些概念对你或许有用，你可能用得到。贯穿其中的主要理念是参谋长联席会议应该控制和指导武装力量所有重要的职能。

E.P. 奥兰德[②]

一体化战略行动概念

a. 参谋长联席会议通过联合参谋部及其他机构，生成一个规模和种类同“2009研究”中的目标清单一样的基本目标清单。完成这项工作之后，下一步是去制定一个作战计划——一体化的作战计划。第一步是依据各联合司令部司令官掌握的手段分派这些目标。这一步也可以由联合参谋部在其他机构的帮助下来完成。

b. 当然，这需要消除一些矛盾，没有哪一个联合司令官能完全掌握其他司令官所具有的能力、拥有的军队及所用作战方法的知识，这是一个大

---

[*] "Concept for Integrated Strategic Operations", Digital National Security Archive（DNSA），Nuclear History（NH）235.

[①] 乔治·基斯塔科夫斯基时任艾森豪威尔总统的科学技术顾问，深得总统信任。

[②] E.P. 奥兰德是当时美国国家安全委员会的高级职员。

难题。他们掌握这些知识的唯一方法是在参联会的指导下派出各自的代表开会，以及当有些矛盾不能通过开会解决时，交由参联会最终决定。

c. 在这样的会议上，由每一个司令部负责打击的目标已经明确了。他们需要决定的是打击这些目标的时间，打击这些目标用到的爆心地面投影点（DGZ），打击使用的武器以及爆炸高度。

d. 在用不同空中手段打击同一个目标时可能有一些冲突。这样的会议要确保不同的打击之间没有冲突。他们不得不考虑更多的数据。在有些情况下明确打击路线是必要的，并不是打击所有目标都有矛盾，只是在某些打击路线上有矛盾。他们还要考虑类似的数据，以确保每一个参与打击的司令官能够尽可能多地知道其他司令官麾下部队的作战情况，从而使他们知道他们能够以不干扰其他司令官作战的方式来使用自己的部队，没有其他司令官会干预他的部队作战。

e. 不论任何时间，出于何种原因，一个司令官如果不能对分派给他的目标实施打击，应通知参联会。但由于参联会并不是按照每一个司令官所掌握部队的最大能力限度来分派打击目标的，所以这种司令官完不成分派给他的打击任务的情况通常不会出现。但这种情况有可能发生。

f. 这些用于实施核打击的司令官有一定的灵活处置的权力。他们能提出不同时间、使用不同力量、采用不同路线的打击计划。所有打击选项都会在可行、有效的整体计划中得到考虑。

g. 就像打击计划一年到头都会变化一样，主要打击目标清单自然也会变化。这些变化可能由下面两个变化中的一个引起。一个是情报。有些目标有可能被加到原来的清单里，也有可能被从目标清单中去掉。这种变化通常不会那么快。对于这种变化，司令官往往特别关注与其有关的那一部分变化，并掌握发生这种变化的原因。这样的情报通常由参联会掌握，战略空军司令部不掌握。这也决定了哪些目标会被列入目标清单，哪些目标不会被列入清单。另外一个导致变化的原因是司令官掌握的用于执行打击计划的能力，以及他们用于打击他们自己选择的准备打击的目标的能力发生了急剧变化。这就需要参联会按照固有的或者临时性的原则，将这些目标分派给其他司令官。

h. 当"北极星"、"民兵"或者其他导弹等新武器具备了作战能力时，它们将按照相同的方式被指派用于打击在打击目标清单上的目标。这样一来，就会有其他一些打击力量从对清单上目标实施打击的任务中解放出来。

评 介

这是 1960 年 7 月美国国安会一位高级职员给艾森豪威尔总统时任科学技术顾问准备的一份关于美军战略打击规划的会议背景材料，概述了美军进行核战略规划协调的程序、运用方式及主要做法等。

这份备忘录只是概略提及了美军当时正在推动建立的新机制、新方法（建立打击目标清单，制定统一核打击计划），大部分内容描述的似乎还是 1959 年之前美军的做法（如派代表开会、各司令官自主制定各自的打击计划等）。这在一定程度上也反映出在核力量使用，特别是核打击计划这样的核心问题上，白宫甚至连一些重要情况都不一定能完全掌握，更不用说进行主导或者掌控了。

二十二

美国"国家战略瞄准与攻击政策"*
（1960 年 8 月）

最高机密

参联会 2056/165 号

1960 年 8 月 22 日

军种部长就目标协调及相关问题给参谋长联席会议的短笺

参考：参联会 2056/164 号

1. 在参联会 1960 年 8 月 19 日的会议上，在考虑了参联会 2056/164 号文件及标注日期为 1960 年 8 月 18 日的 DJSM（联合参谋部主任备忘录——编者注）-583-60 之后，参谋长联席会议在以下问题上达成一致：

a. 批准附件 A 中的"国家战略瞄准与攻击政策"；

b. 将附件 B 中的备忘录提供给空军的托马斯·鲍尔（Thomas S. Power）①将军；

c. 将附件 C 中的备忘录，连同附件 A 中的"国家战略瞄准与攻击政策"复本提供给这里确定的人员；

d. 将附件 D 中的备忘录，连同附件 A、B、C 一起呈交给国防部长；

2. 附件 B 中的备忘录作为标注日期为 1960 年 8 月 19 日的 SM-809-60 交给托马斯·鲍尔将军。附件 C 中的备忘录，连同附件 A 中的"国家战略瞄准与攻击政策"复本作为标注日期为 1960 年 8 月 19 日的 SM-810-60，

---

*　"Note by the Secretaries to the Joint Chiefs of Staff on Target Coordination and Associated Problems", The Creation of SIOP-62: More Evidence on the Origins of Overkill, Doc. 10, https://nsarchive2. gwu. edu/NSAEBB/NSAEBB130/index. htm.

①　托马斯·鲍尔时任美国战略空军司令部司令。

提交给这里确定的人员。附件 D 中的备忘录，连同其附件作为标注日期为 1960 年 8 月 22 日的 JCSM（参联会备忘录——编者注）–372–60 提交给国防部长。

（约有 5 行内容未解密——编者注）

3. 由于海军陆战队司令与此事有直接关联，因此相关事宜按照美国法典第 10 卷第 141（c）款［Title 10，U. S. Code 141（c）］的规定执行。

联合秘书处秘书

布鲁因 （F. J. Blouin）

英格利多 （M. J. Ingelido）

附件 A

1960 年 8 月 19 日

国家战略瞄准与攻击政策

1. 制定本政策的意图。为在对中苏集团早期战略打击中最优化使用美国原子投送力量提供指南。

2. 目标。本政策的基本目标是确定在敌对行动可能开始的严峻形势下需要完成的基本国家任务。特定的目标是：

a. 摧毁或者消灭中苏集团的（约 2 行内容未解密——编者注）。

b. 攻击中苏集团的（约半行内容未解密——编者注），以达到"2009 研究"中明确的毁伤水平。

3. 实现目标的方法。在规划对中苏集团发动战争的潜力实施战略打击时，要制定一份国家战略目标清单（NSTL）及一份单一联合作战计划（SIOP），这两份文件将用于对参与对最低数量目标实施打击的核力量进行优化整合，而摧毁了这些最低数量的目标将标志着完成了上面第 2 段明确的目标。

4. 职责。参谋长联席会议、各联合司令部及特种司令部司令官，以及战略目标规划主任在此过程中的职责分别为：

a. 参谋长联席会议。参联会将：

（1）负责制定国家战略瞄准与攻击政策；

（2）审议并批准国家战略目标清单和单一联合作战计划；

（3）确定单一联合作战计划生效的日期；

（4）向战略目标规划主任总部派驻一个永久性的参联会联络组。

b. **联合司令部及特种司令部司令官**。联合司令部及特种司令部司令官将：

（1）向战略目标规划主任总部派驻永久性的高级代表，参与制定国家战略目标清单和单一联合作战计划，并发挥联络作用；

（2）为攻击国家战略目标清单上的目标提供相应部队，并确保按照单一联合作战计划的要求发起对相应目标的攻击；

（3）规划对没有列入国家战略目标清单的目标实施攻击，直到这些目标被纳入单一联合作战计划为止。

c. **战略目标规划主任**：

（1）任命一位战略目标规划主任作为参联会的代理人，其职责是：

（a）组织成立一个由来自各个军种、掌握履行目标瞄准和打击规划职能所需要的技能的人员组成的联合战略目标规划参谋部；

（b）制定并维持国家战略目标清单，以及用于攻击国家战略目标清单上的目标的单一联合作战计划；

（c）向参联会提交国家战略目标清单和单一联合作战计划供审议和批准，并说明在准备国家战略目标清单和单一联合作战计划期间，他解决了哪些意见分歧；

（d）持续记录联合战略目标规划参谋部主要构成要素的相关考虑、假设及行动，必要时用于为形成一个从开始状态到当前状态的有组织的发展链提供支持；

（e）向参联会通报在给战略目标规划主任提供的指南中，存在哪些需尽早纠正或者弥补的弱点或者缺陷；

（f）就国家战略目标清单和单一联合作战计划当下的进展情况通过正式报告程序向参联会提出建议；

（g）就与发展国家战略目标清单和单一联合作战计划有重要关系的紧迫的或者现实的分歧问题向参联会提出建议。

（2）将有一位将军衔的战略目标规划副主任，他将来自与主任不同的军种。

5. 毁伤及可信性标准。用于指导对国家战略目标清单上的目标实施打击的计划和作战行动，应当以下面提出的标准为基础。

a. 毁伤标准。在应用这些毁伤标准时，应考虑由核爆炸产生的累计毁伤效应。确定的各种不同毁伤概率要合理且可以辨识，以便依据不同的目标结构、所用核武器的不同当量及命中精度、投送工具的不同特点及其他作战因素等对其做出调整：

（1）以 90% 的概率严重毁伤（约一行半内容未解密——编者注）；

（2）以 90% 的概率严重毁伤（约 1 行内容未解密——编者注）；

（3）以 90% 的概率严重毁伤多达 50% 的（约半行内容未解密——编者注）工业区面积。

b. 可信性标准。考虑所有相关的作战因素、计划和要求时，将以最低 75% 的可信性确保将必要的核武器送至每一条核弹投放线作为基础，以达到对国家战略目标清单中目标的特定毁伤水平。

6. 分析及审议。所有在准备国家战略目标清单及单一联合作战计划中用到的数据，都将提供给参联会进行审查和分析。

7. 限定范围。本政策的限定范围参照其他由参联会批准的政策来执行。

附件 B

1960 年 8 月 19 日

SM-809-60

参联会给空军托马斯·鲍尔将军的备忘录

主题：战略目标规划主任

1. 在这里委任你为参联会战略目标规划主任。

2. 你的任务、职责及授权见标注日期为 1960 年 8 月 19 日的参联会"国家战略瞄准与攻击政策"。

3. 你要马上草拟并向参联会提供你履行作为战略目标规划主任职责所需要的组织机构及人员的建议。

4. "2009 研究"完整的复本，包括其"原始简报"，标注日期为 1960 年 2 月 19 日的 CM-500-60 复本，以及标注日期为 1960 年 2 月 17 日的国安会执行秘书给国防部长和参联会主席的、关于建议总统就"2009 研究"做出决定的备忘录的复本，已经通过另外的单独的文件一并提供给你。这些研究报告及备忘录的知悉范围应严格限定在你履行战略目标规划主任职责所必需的限度内。

代表参联会：

秘书处秘书

海军少将布鲁因

附件 C

1960 年 8 月 19 日

SM-810-60

参联会给各军种参谋长及各司令部司令的备忘录

发给：

战略目标规划主任

陆军参谋长

海军作战部长

空军参谋长

海军陆战队司令

阿拉斯加司令部司令

大西洋司令部司令

加勒比司令部司令

北美大陆防空司令部司令

美国欧洲司令部司令

东大西洋及地中海美国海军部队司令部司令

太平洋司令部司令

战略空军司令部司令

主题：执行战略瞄准及打击政策

1. 同标注日期为 1960 年 8 月 19 日的"国家战略瞄准与攻击政策"相

一致，战略目标规划主任连同各联合司令部及特种司令部司令，将把为参联会制定国家战略目标清单及单一联合作战计划作为其优先事项。

a. 国家战略目标清单。该清单将包括最低数量的敌方目标，通过及时打击并确保摧毁这些目标，实现政策文件第 2 段提出的特定目标。

b. 单一联合作战计划。该计划在制定过程中将考虑几种敌方有可能发起敌对行动的方式，并：

（1）将对国家战略目标清单上所有目标的攻击都纳入其中；

（2）基于任务部队的能力及局限性确定要打击的目标；

（3）使打击每一个目标的行动同要打击目标的价值、政策文件第 5 段中确定的毁伤标准及可信性标准等保持协调一致；

（4）通过建立攻击走廊、攻击时序及执行控制信息（ECM）等，将那些单一核打击整合起来，相互支持。

2. 为完成这一任务，国防部所属每一个机构都要派出各自的直接联络员。

3. 按照前文的要求，在 1960 年 12 月初及此后每一年的 5 月 1 日前（从 1962 年 5 月 1 日开始），战略目标规划主任要向参联会提交：

a. 国家战略目标清单，其中包括在单一联合作战计划中要打击的所有设施。这些设施将按照目标数据名录重要参考编号进行归类。

b. 单一联合作战计划，应以方便参联会审议的形式呈现，且要依据以下条件来选择在不同预警条件下的爆心地面投影点：

（1）依据所用武器及投送力量的清单，以及联合司令部及特种司令部司令官们为每一个爆心地面投影点所提供的部队等进行补充；

（2）依据被分配来打击每一个爆心地面投影点的武器所打击的设施清单进行补充。

c. 按照国别对打击每一类重要敌人资源所造成的整体毁伤效果的评估摘要，包括在如下假定的战争发起条件下达到特定的毁伤程度所需要的可信性。假定的战争发起条件包括：

（1）美国在得到充分的战略预警情况下发起攻击；

（2）美国在得到有关对方攻击可能发生的初步条件的战术预警情况下实施攻击。

d. 就任何暂时还达不到规定的毁伤程度或者使其失能的问题，向参联会提出建议。

4. 参与单一联合作战计划打击的司令部及部队，所有联合司令部及特种司令部的司令官们应就他们指挥的具有相应能力的部队、可用于对国家战略目标清单上的目标实施打击的部队、应该被纳入单一联合作战计划的部队等问题，向战略目标规划主任提出他们的建议。其中关于他们的哪些部队应被纳入单一联合作战计划，必须作为最优先事项来向战略目标规划主任提出。

5. 前文关于战略目标规划主任的职责中并不包括指挥职能。要意识到，在战略目标规划主任同联合司令部或者特种司令部司令之间有可能就策略、力量运用等问题出现意见分歧。这些分歧将由战略目标规划主任来解决，使其能够完成制定单一联合作战计划的职责，且在将单一联合作战计划呈交给参联会供其审议和批准时，将这些不同意见特别显示出来。

6. 联合司令部及特种司令部的司令官们将于 1960 年 12 月初在战略目标规划主任位于奥弗特空军基地的司令部开会，同国防部长和参联会一起对初始的国家战略目标清单和单一联合作战计划进行审议。

代表参联会：

海军少将布鲁因

附件 D

JCSM-372-60

1960 年 8 月 22 日

参联会给国防部长的备忘录

主题：打击目标协调及与之相关的问题

1. 本备忘录参照标注日期为 1960 年 8 月 16 日的参联会备忘录 JCSM-362-60 和标注日期为 1960 年 8 月 16 日的国防部长备忘录制定，这两个备忘录的主题同本备忘录的主题一样。

2. 参联会已经注意到您总体上同意"国家战略瞄准与攻击政策"草案，给鲍尔将军的备忘录草案，以及关于执行国家战略瞄准与攻击政策的指令的备忘录草案。参联会已经再次对这些草案进行了审议，并按照 1960 年 8

月 16 日与您及各司令官就这些草案讨论的意见，对它们做了一些重要的修改。这一政策及两个指令现正由参联会公布。它们的复本见附件 A、B、C。

3. 至于您提出的剩余的问题，参联会的意见是：

a. 标注日期 1959 年 8 月 24 日的 CM-386-59 中的问题 2j 和 2k，需要由参联会做进一步研究和推进。关于这两个问题的独立研究将由参联会来进行，并在稍后向您提交报告。

（注：这两个问题是：

j. 参联会的组织结构中需不需要有一个能够进行作战分析、实施作战计划推演的政策控制机构？

k. 如果需要的话，哪一个机构将适合承担参联会的这一职能？）

代表参联会：

参联会主席 N. F. 特文宁

评　介

本文件是 1960 年 4 月制定的国家战略瞄准政策文件第一个版本①的修订版本，也是最终版本，是第一份美军正式实行的关于核打击规划的国家政策指南。

由于这一正式实施的政策文件中包含大量关于核打击计划的内容，所以这一政策名称由最初的“战略瞄准政策”修改成了“战略瞄准与攻击政策”；通过明确政策文件的特定适用范围，即对敌方能用于发动战争的潜力目标实施战略打击，暗示了单一联合作战计划实际上是一个大规模打击计划，是全面打击的计划，并将其同其他核打击计划区别开来；通过明确核打击规划职责及组织，以及各相关机构的职责，提升了该政策的现实可操作性。

对于第一个版本中包含的，在一定程度上也是国家核打击政策中应该明确的对目标打击的先后顺序问题，不知何故在最终版本中没有出现。这应该说是这一政策指南的一个缺陷。②

---

① 参看本书收录资料二十。

② 在为新的核打击计划制定的下一份国家战略瞄准与攻击政策中，则又包含对目标打击的优先顺序。参看本书收录资料二十八。

二十三

海军作战部长阿利·伯克就单一联合作战计划问题致各海军司令部的电报[*]（1960 年 11 月 22 日）

发出：海军作战部

发给：太平洋舰队司令部司令（CINCPACFLT）、大西洋舰队司令部司令（CINCLANFLT）、美国海军欧洲司令部司令（CINCUSNAVEUR）

来自海军作战部长阿利·伯克，专供海军上将费尔特（Felt）、丹尼森（Dennison）和史密斯（Smith）[①] 参阅。

第一部分　主题是关于 12 月 1~2 日在奥马哈讨论国家战略目标清单/单一联合作战计划（NSTL/SIOP）时海军的总体行动计划。

1. 目的。我们面临的现实是，国防部长将在 1961 年 1 月 1 日前以某种方式批准国家战略目标清单/单一联合作战计划。这第一份国家战略目标清单/单一联合作战计划，如果能够吸纳那些在初期审查中发现必须改变的，而且通过战争演习证明这种改变是合理的意见建议，那么批准这一清单和计划会是一件令人高兴的事。我怀疑是否能够做到这一点。作为最佳选择，我提议推动批准带有如下条款的国家战略目标清单/单一联合作战计划：（a）由参谋长联席会议审查国家战略瞄准与攻击政策（NSTAP），确定更为现实的毁伤标准，并明确将核武器送至核弹投放线（BRL）的可信性指南，以及国家战略目标清单规模；（b）参谋长联席会议对计划进行分析和审查，确保该计划所有方面都是合理的；（c）在参谋长联席会议控制下进行战争计划演习，待所有这些步骤完成后，再将政策指南交给联合战略目标规划主任（DJSTP），他在接到这一经过修订的指南 6 个月后，按照指南制定新的、经过

---

[*]　"Qualified Approval of Single Integrated Operational Plan", Digital National Security Archive（DNSA），Nuclear History（NH）281.

①　此三人分别为太平洋舰队、大西洋舰队及美国海军欧洲司令部的司令。

修订的国家战略目标清单/单一联合作战计划。

2. 我们的态度是，这一国家战略目标清单/单一联合作战计划是首次进行的一次好的尝试，但正如参谋长联席会议给战略目标规划主任（DSTP）①的指南中所说的那样，在毁伤标准、爆心投影点体系、投送可信性水平、约束条件等很多领域，仍需要做进一步的研究。由于留给制定国家战略目标清单/单一联合作战计划的时间被大大压缩了，因而对如此匆忙拿出的规划进行修订和完善是十分必要的。

第二部分

3. 我的观点在我的 060403Z 电报中已经做了阐述，现补充如下看法。

A. 不同意见

（1）关于对天气/夜暗因素的利用。建议由太平洋司令部司令（CINCPAC）提出这一问题，随后由大西洋司令部司令（CINCLANT）就这一问题发表看法。我将坚持的立场是：考虑天气因素是合理的，但是只要考虑到夜暗因素，那么非全天候攻击的航空母舰的使用就应按照灵活的"抵达目标时间"（Time on Target，TOT）来计划。然而，不同武器系统的可靠性是由数学公式以及数学公式中的要素来确定的，而数学公式中要素的赋值则来自经验，或者是按照期望的客观条件来确定的。反对他们提出的公式或者他们对公式中要素的赋值将是最为困难的事情，除非我们能确实证明他们提供的公式及对各要素的赋值是错误的，或者我们能提供更为合理的公式或更加合理的要素赋值。我们还不能提出任何新的数学方法，且在委托奥马哈②制定国家战略目标清单和单一联合作战计划时所使用的貌似合理的数学公式，对国防部长很有吸引力，这也是他决定于 1961 年 1 月 1 日前批准国家战略目标清单和单一联合作战计划的主要原因。

（2）可信性水平。建议由大西洋司令部司令提出这一问题，由太平洋司令部司令和陆军来协助（如果我们能得到陆军支持的话）。欧洲盟军最高司令（SACEUR）或许也会提出这一问题。建议史密斯想办法搞清楚诺斯塔德（Norsted）③对这一问题的看法。海军作战部长将引用那些可信性标准太

① 这里所说的"战略目标规划主任"，同上一段中所说的"联合战略目标规划主任"（DJSTP）应该是同一个人，即负责战略目标及打击规划的战略空军司令部司令。

② 指总部位于奥马哈的美军战略空军司令部。

③ 诺斯塔德时任欧洲盟军最高司令。

高了的例子来说明，如对莫斯科使用×枚武器，对斯大林格勒使用×枚武器，对加里宁格勒使用×枚武器，对 202 个地面投影点摧毁的可信性要达到 97% 等，请与会人员注意把这一可信性水平同总统关于"2009 研究"的结论做对比。

（3）国家战略目标清单规模。奥马哈提出的打击目标和打击的爆心地面投影点的数字不断被修改，因此，很难对其做专门分析。要注意的是，最近几天联合战略目标规划参谋部已经删除了国家战略目标清单上的一些目标。经过深入思考，现在我相信我在 060403Z 第二部分 A1 中提出的数字可能太大了。海军情报局最初估算了一个包括大约 500 个地面投影点的目标清单，通过打击这些目标就将达到"2009 研究"明确的打击敌人核投送力量、主要军事和政府控制机构，以及城市工业目标的水平。这可以同联合战略目标规划参谋部提出的针对同类目标的 750 个爆心地面投影点的最小国家战略目标清单做一下比较。建议大西洋司令部司令指出这一点。海军作战部长将引用上述海军情报局的数据，来支持关于现有国家战略目标清单或许太大了，以及整个国家战略目标清单（非最低国家战略目标清单）超出了国家战略瞄准与攻击政策规定的指导原则的观点。

B. 其他可以讨论的问题

（1）约束条件。这是欧洲盟军最高司令、太平洋司令部司令和陆军特别关心的问题。建议史密斯想办法使诺斯塔德和帕尔默（Palmer）[1] 关注此问题。陆军将首先提出这一问题。海军作战部长准备引用国防原子武器支援局（DASA）正在分析的在选定区域造成核污染的数字。我也会提出苏联原子弹造成的放射性尘降影响的问题，并建议应考虑核爆炸在世界范围内造成的核污染。对现有计划中采取地面爆炸方式的核武器比例过高这一问题进行评论，也将是有用的。

（2）联合情报。在当前情况下，对核武器瞄准进行联合情报支持有名无实。海军作战部长将提议在华盛顿地区建立一个由参谋长联席会议直接领导的联合目标情报支持小组，以抵制当前这种正在试运行的执行机构安排，当前这种执行机构安排总是在单方面压力及单方面利益驱动下不断改变工作方向。海军作战部长在这一点上将争取得到陆军的支持。如果大西

---

[1]　陆军上将查尔斯·帕尔默时任美国驻欧洲陆军部队总司令。

洋司令部司令和太平洋司令部司令在这一点上能够支持，将会是很有帮助的。

（3）计划的分发。太平洋司令部司令或许是首先提出这一问题的最佳人选。海军作战部长的立场是，参谋长联席会议、各联合司令部司令官、特种司令部司令官以及各军种参谋长都必须持有完整的计划。[联合战略目标规划参谋部主任（DJSTPS）发给你们的 191540 电报表明，他将把完整的作战计划进行碎片化处理，以便在联合司令官中，只有战略空军司令部司令能够拿到完整计划。]

（4）战争演习。海军作战部长将谈及这一问题。你们很可能会被告知只有战略空军司令部现在有能力进行单一联合作战计划战争演习，其他机构都没有这一能力。我将继续概述如何在参谋长联席会议指导下在华盛顿进行这一战争演习的合理计划。我们预计陆军会支持由参谋长联席会议来主导战争演习。建立参谋长联席会议战争演习控制小组的文件已经提交给参谋长联席会议了。空军对此表示坚决反对。希望此事能在 12 月 1 日会议前解决，但我怀疑它是否能够解决。

（5）指挥与控制。这是当前参谋长联席会议内部的一个热门话题。我认为在奥马哈最好不要涉及对此事的讨论，原因在于这本身是一个需要由参谋长联席会议自己决定的事情。空军或许会提出这一问题，但我们认为由参谋长联席会议保留并实施控制是法定的，不容改变。我将提前把这一观点告知莱姆尼策（Lemnitzer）和德克尔（Decker)①。

（6）毁伤标准。海军作战部长将提出这一问题，并建议参谋长联席会议对已经提出的毁伤标准进行仔细审查，以及对参谋长联席会议有关指南进行审查，可能的话，要对指南做出修改。如果由核爆引起的大火或者由此产生的核辐射在计划中有考虑（现在并没有考虑这些），可以考虑提出问题。在这一点上，或许能够得到基斯塔科夫斯基②和其他军种的支持。

（7）单个目标打击的问题。海军作战部长将提出对有些目标进行打击需要付出很大的努力，这是否合理的问题。例如，要打击苏联的哈尔科夫，轰炸机必须飞越 1500 多英里的俄国领土，并且必须有大量攻击走廊及返回通道

---

① 陆军上将莱曼·莱姆尼策时任参谋长联席会议主席，陆军上将乔治·德克尔时任美国陆军参谋长。

② 基斯塔科夫斯基时任艾森豪威尔总统的科学技术顾问。

来保障。如果任何目标都计划去打的话，我们的核武器数量就太少了。

（8）军事基地生存性。建议太平洋司令部司令提出这个问题。海军作战部长的立场是，有一个关于军事基地生存性的清晰描绘，对于制定现实可行的核打击计划而言至关重要。不同军事基地有不同的脆弱性，把所有基地的生存性看作是一样的，取平均数并不是好的方法，其中机动基地的生存时间最长。这个问题整体上需要通过战争演习来检验，或者至少需要进行仔细考察。

（9）高戒备部队/随后投入的部队（Alert Force/Follow-on Force）。奥马哈给出的最新信息是，就完成打击一个规模合理的国家战略目标清单上的目标这样的任务而言，一支由780架飞机及导弹组成的高戒备部队似乎就足够了。一些后续部队是必要的，但将所有可用的部队都编入后续可用部队的计划可能太呆板了，而且还没有准备应对紧急情况的规划，没有留下核打击预备力量，而从日常比较谨慎的角度来看，留下核打击预备力量是十分重要的。这关系到所有军种和司令部，但对于欧洲盟军最高司令部及陆军而言尤其重要。建议史密斯与诺斯塔德讨论这一问题，并争取在这一问题上得到德克尔的支持。

（10）没有打中预定目标所造成的意外影响。海军作战部长将对甚至在确定目标没有被击中的情况下，也有很多俄国人和中国人可能被误伤这一事实进行评论。因此，这种失误造成的损伤在要实现的核打击毁伤成绩表上不应该为零。

（11）我们自己以及敌人武器系统的可靠性因素。建议大西洋司令部司令提出这一问题，太平洋司令部司令协助。海军作战部长的立场是，仅仅以我们自己的部队处于最坏的情况，而敌人的力量处于最好的状态作为基础来进行核打击规划，是不符合实际的，这会导致力量需求急剧增加。

（12）Alfa 和 Bravo 爆心地面投影点系统。建议太平洋司令部司令提出这一问题。海军作战部长的立场是，用于确立 Alfa 和 Bravo 爆心地面投影点的系统需要仔细审查、检验。更进一步说，这一系统现在同建立最优化混合点系统的要求并不匹配。确立的 Omega 爆心地面投影点（将 Alfa 和 Bravo 点武断地混合起来）是否合理也是值得怀疑的。①

---

① 这里的 Alfa、Bravo、Omega 代表不同类型的核打击任务，Alfa 指对核目标的打击，Bravo 指对常规军事目标的打击，Omega 指对战争支撑能力的打击。

（13）单一联合作战计划。11 月 19 日海军作战部收到了该计划的复本，现在正在研究。我会尽快提出对该计划的评价。

第三部分

考虑向国防部长提出建议，新的最早制定出的国家战略目标清单/单一联合作战计划应当以下面几点为基础：

（a）国家战略目标清单规模无须太大；

（b）毁伤标准过高；

（c）要求的可信性过高——导致核力量需求剧增；

（d）如果毁伤标准和确保可靠毁伤的标准都定得太高，那么很可能就不会有约束标准；

（e）有必要进行独立的战争演习来评估计划的合理性。

第四部分

供你们参考：

（1）在 11 月 23 日鲍尔将军主持的参谋长联席会议简况汇报会上，我想就以下问题进行评论但不进行深究。

（a）国家战略目标清单规模似乎太大了——它是否与参谋长联席会议的政策指南相符？

（b）确保达到核弹投放线的可信性似乎定得过高了。

（c）现有的计划似乎同约束准则的要求不太相符。

通过这种一般性的提醒，我希望能够防止鲍尔将军在 12 月 1 日会议上把参谋长联席会议在 11 月 23 日对他的简况汇报会的沉默当成是对他现在提出的计划的默许，防止鲍尔在不详细说明缩减现有计划规模可能性的情况下重新制定 12 月 1 日的简报，并且对我提出的几点反对意见闪烁其词。

（2）对由帕尔默将军将代表诺斯塔德出席奥马哈会议表示理解。

（3）随后我可能还有更多信息通报给你们。

评　介

1960 年 10 月战略空军司令部司令托马斯·鲍尔将军主持制定出第一版国家战略目标清单（NSTL）及首个单一联合作战计划（SIOP）之后，美军各军种及相关的作战司令部纷纷表达了各自不同的看法和批评意见，其中海军的反应尤为强烈。这封由海军作战部长阿利·伯克将军发给其下属三个主要司令部司令的电报，比较清楚地反映了海军在这个问题上的立场，从中也可以了解美军首份国家战略目标清单和单一联合作战计划的一些情况。

在电报中，阿利·伯克首先明确了海军关于核打击规划的总体立场，即关于核打击规划的总体政策指导、核心问题以及相应的检验评估等工作，必须由参谋长联席会议来主导和实施。这在一定程度上反映出海军对于由空军主导制定核打击计划、海军难以发挥更大作用的一种担忧和不满。

或许是受到上述这一情绪的影响，在电报中，伯克对第一份国家战略目标清单和单一联合作战计划中涉及的大多数问题表达了不同看法。特别是在他看来，国家战略目标清单中包含的要打击的目标数量太多，确定的90%以上的毁伤概率、75%以上的武器投放可靠性等标准都太高了，认为应该缩小核打击规模、降低核毁伤标准。这在一定程度上代表了当时很多人的看法，成为此后很长时间内人们批评美国核打击计划的重要理由。

二十四

美国太平洋司令部司令作战计划 NO.1-61——
太平洋司令部全面战争计划*（1961 年 1 月 26 日）

太平洋总司令指挥部

1961 年 1 月 26 日

最高机密

不得流转给其他国家

主题：太平洋司令部司令作战计划 NO.1-61（太平洋司令部全面战争计划）

1. 太平洋司令部司令作战计划 NO.1-61 是一个用于全面战争的单边能力计划。这一计划在下级进行相关规划，并在太平洋司令部司令指导下执行相关规划时有效。这一计划中与参联会 SIOP-62 有关的部分，将于 1961年 3 月 31 日之后有效。①

2. 本计划用于取代 NO.1-58 太平洋司令部司令全面应急作战计划（GEOP1-58）。GEOP1-58 将依据军种相关规定予以销毁。

3. 相关司令官将制定且修改必要的支撑计划，必要时可以与其他指挥官直接进行协调，且向太平洋司令部司令提交支撑计划，由司令签批。给太平洋司令部司令提交计划将不妨碍他们同步向下分发他们的计划，供下属进行相应的规划或者执行其计划。

4. 必要时可以从本计划中摘出部分内容用于制定支撑计划。摘出的内容，要依据内容涉密情况来定密，但本计划整体上密级为最高机密。请求

---

* "Pacific Command General War Plan", Digital National Security Archive（DNSA）, Nuclear History（NH）301.

① 1960 年版的"单一联合作战计划"（SIOP）被编号为 SIOP-62，1960 年 12 月初得到了参联会、国防部和总统的批准。按照规定，该计划于 1961 年 4 月 1 日正式生效。

对本计划做摘要的军官将对该摘要的安全控制负责任。未经本级或者更高级司令部许可，严禁出于其他目的，对本文件或者本文件部分内容进行复制。

5. 本计划的分发对象将限定为履行本级职责所必需的美国军官。

6. 本文件包含的信息影响到美国安全，属于关于间谍的法律的约束范围。未经授权的人员以任何方式传播或者披露这些内容，都是法律禁止的行为。

太平洋战区总司令 H. D. 费尔特

附件 B 的附录 1

执行 SIOP 的作战（SIOP Operations）

1. 目标。"国家战略瞄准与攻击政策"的特定目标是：

a. 摧毁或者消灭中苏集团的战略核投送能力，以及中苏对主要力量的军事和政府控制能力；

b. 摧毁中苏集团主要的城市工业中心，达到瘫痪它们的经济，使中苏集团难以继续进行战争的程度。

2. 国家战略目标清单（NSTL）是一个关于所有在 SIOP 中规划用于攻击的所有设施的清单，它按照主要目标数据名录（Target Data Inventory，TDI）参考数量进行分类、组合。关于这样的用于满足在第 1 段中提出的特定目标的设施的清单，是目标数量最少的 NSTL。列入这一清单中的目标在附件 E 中有体现。

3. 一个融合了"国家战略瞄准与攻击政策"目标的单一联合作战计划已经制定出来了，这一计划考虑了可能出现敌对的几种方式，且：

a. 规划了对列入 NSTL 的所有目标进行的所有攻击；

b. 基于任务部队的能力及局限性确定其攻击哪些目标；

c. 按照要攻击目标的价值及特殊的毁伤标准和投送可信性准则，来决定对每一个目标如何进行打击；

d. 通过建立打击飞行通道、时间及紧急控制信息（ECM）等，将单一打击整合起来，使不同打击之间相互支持、配合。

4. SIOP 的要求通过这一计划反映出来。下述关于 SIOP 作战概念的相关方面，适用于担负支持 SIOP 任务的太平洋战区力量。

a. 概念

（1）战术预警。在面临突然打击情况下，作战指挥员在他们的戒备部队遭到攻击之前能用于作战准备的预估警告时间（warning time）。

（2）战略预警。允许指挥官为执行战争计划准备和展开他的部队的时间。

（3）初始打击。SIOP 所有用来对预先规划好的 NSTL 目标实施的打击。这不包括对打击 NSTL 目标的重新分派。

（4）戒备部队。在接到战术预警情况下开始进行发射准备和实施发射的部队。戒备部队能够在如下的 E 时刻（E-Hour）后时间限度内，对 NSTL 分派打击的目标实施打击：

固定部署部队　　　　15 分钟

机动部署部队　　　　2 小时

（5）后续部队。SIOP 任务部队中不是戒备部队的那一部分部队。后续部队是在接到准备发射的命令［A 时刻（A-Hour）］，或者去执行预先规划好的对 NSTL 分派打击的目标实施打击的执行命令（E 时刻）后才存在（generate）的一类部队。

（6）升级部队（Generated Force）。任务部队中接到 A 时刻命令后开始进行发射准备的那一部分部队。

（7）A 时刻。飞机和/或导弹开始作战准备的时间。这一时间被设计为由 6 个数字组成的时间组，格林尼治时间（Zulu time）。这一时间将被用作部队做好准备、处于随时可用状态的基准时间。

（8）E 时刻。参联会确定并宣布的执行 SIOP 的时间。这一时间将被用作所有 SIOP 打击力量的共同参考时间。这一时间将在 SIOP 的执行命令中出现，是一个由 6 个数字组成的时间组，格林尼治时间。

（9）打击选项（Option）。可执行的打击选项是整体 SIOP 的下层计划，这些选项关注的是可发射使用的运载工具数量不断变化必然导致的时间协调难题。由于可发射使用的运载工具数量不断增加，要使所有可用的攻击力量能在任何地点及时发射使用，就必须有不同的发射时间方案。执行这些不同打击选项给参联会提供了与打击准备时间协调的使用最合理的打击力量实施打击的能力。

b. 可用状态

（1）用于 SIOP 的戒备部队将保持持续的可用状态。

（2）SIOP 后续部队是 SIOP 部队中不是戒备部队的那一部分部队。后续部队是从接收到 A-Hour，或者，如果在 E-Hour 先于 A-Hour 时，则自动从接收到 E-Hour 时开始有的。后续部队的即时发射使用能力同从转变为后续部队开始到执行发射任务前的时间长短是直接对应的。所有层级的 SIOP 力量都需要有全天候的战略预警保障。

c. 执行

（1）戒备部队代表着平时或者在预警最少的情况下，可用于发射使用的最大规模的力量。随着可用的作战准备时间的增加，会有其他的用于执行 SIOP 的力量加入。

（2）所有用于执行 SIOP 的部队在每一个核打击选项中都被赋予打击任务。

（3）SIOP 或许会按照 15 个可用打击选项中的某一个来执行。选项 1A 和选项 1 是按照没有准备时间的情况来设计的。选项 2 到选项 13 是按照不同准备时间来设计的。选项 14 则是在得到充分"战略预警"情况下的选项，包括用超过 14 个小时使所有预设用于执行 SIOP 任务的力量全部准备完毕，太平洋战区所有参与其中的部队处于 SIOP 要求的可发射使用状态。在选择执行哪一个打击选项时，要考虑在 SIOP 中选定的 A 时刻到 E 时刻之间的准备时间的长短。用于执行 SIOP 的戒备部队的数量，在所有打击选项中都是一样的。

（4）防御战备状态（DEFCONs）与 SIOP 的 A 时刻的宣布以及 SIOP 打击选项之间的关系：

（a）参联会及联合司令部、特种司令部司令官授权宣布防御战备状态。当宣布 5 级、4 级和 3 级战备状态时，用于执行 SIOP 的戒备部队将做好执行打击选项 1 的准备；当宣布 2 级和 1 级战备状态时，通常进入全面战争状态，会召开参联会紧急会议来决定 SIOP 的 A 时刻。

（b）参联会也可能按照如下原则，使战备状态与/或 SIOP 的 A 时刻合并。

1. 替代所有联合司令部司令官和特种司令部司令官，或者替代某一个
联合司令部司令官或者某一个特种司令部司令官来宣布 5 级、4 级和 3 级防
御战备状态，但不宣布 SIOP 的 A 时刻。

2. 在宣布用于执行 SIOP 的部队进入 2 级和 1 级战备状态时，同时宣布
SIOP 的 A 时刻。这个 A 时刻就是升级用于执行 SIOP 的其他部队完成发射
前准备的基本参考时间。

3. 在执行过程中，选择执行哪一个打击选项将主要依据在宣布了 SIOP
的 A 时刻后可用的准备时间长短来确定。不同打击选项与准备时间之间的
关系如下所示：

选项	准备时间 *
1A	0000
1	0000
2	0100
3	0200
4	0300
5	0400
6	0500
7	0600
8	0700
9	0800
10	0900
11	1000
12	1200
13	1400
14（得到充分战略预警情况下的选项）	战略预警 **

注：* 表中 4 位数字，前两位表示"时"，后两位表示"分"，如"0200"表示准备时间为 2 小
时整。

** 原文件显示，最早的计划列出了 16 个选项，包括了准备时间 20 小时和 28 小时两个选项。
随后这两个选项被划掉，同时加上了 1A 选项，核打击计划就有了现有的 15 个选项。

（5）积极控制程序（Positive Control Procedure）

（a）积极控制是一种紧急出动程序，当作战指挥官认为他的部队待在
基地里不安全时，通过这一程序使处于戒备状态的飞机升空，飞向打击目

标。积极控制通常早于 A 时刻来实施。

（b）处于积极控制状态下的飞机（即已经升空且飞向目标的飞机）不能飞入敌方国境。在任何可能的情况下，只要没有关于实施打击进一步的指示，这些飞机都要避开敌方的早期预警雷达网。

（c）为了执行积极控制概念，必须为每一架次飞机明确一个积极控制点，除非接到了已经验证的正确的打击执行命令，否则飞机不能飞过这个点。

（d）实施了积极控制出动的作战指挥官应立即将情况向太平洋战区总司令及其他相关指挥官进行通报。

d. 战术概念。在接到了 A 时刻后，用于执行 SIOP 的部队及与执行 SIOP 协调动作的部队将实施发射，对规定的打击目标实施打击。这种攻击将一直持续至被选定的打击选项按照规划完成为止。

（1）武器使用。武器将用于对附件 E "核作战" 中所特别确定的目标实施打击。

（a）戒备部队。将按照其对美国生存、盟友国土，以及美国及其盟国海外驻军的威胁程度，按顺序对相应目标依次攻击。武器将用于打击那些适合建立且有必要建立突破口的相关敌方防御力量。只要建立突破区域需要，要提供相互间的强力支持并确保电子设备互不干扰（ECM）。

（b）后续部队（Follow-on Force）。后续部队将主要利用由戒备部队建立的突破地域，并扩大这一地域，进一步消除这一地域的沾染。在任何可能的地方，都要提供相互间的强力支持并确保电子设备互不干扰。

（c）突防。下述突防程序和技术可以单独使用，也可以同时使用，以最大化发挥部队作用。对进攻途中敌方防御的评估以及选用低水平武器系统，本身就决定了要执行任务的基本轮廓。低能力部队将最大限度地用于打击那些敌方对目标的防御对我方构成的威胁最大的区域。

1. 必要时建立突破区域。要打掉敌方外围和进攻路线上的防御力量，以增加将核武器投送至选定的 NSTL 目标的可信性。

2. 用相互间的强力支持来实现削弱敌方防御能力的目标。不同部队在指定区域及时会合，以发挥大规模和交叉追踪的优势。

e. 武器重复使用。在 SIOP 中还没有，未来也不会规划对武器投送工具的重复使用。

f. 约束政策

（1）要避免对苏联和中国的卫星国区域及它们邻接地区潜在的友好民众进行离间，期望能够尽可能小地造成平民伤亡和社会破坏。在太平洋地区的以下国家目前被认为是卫星国：

（a）朝鲜

（b）越南民主共和国

（2）规划在苏联和中国那些与卫星国、友好国家及中立国等相邻的区域使用高当量地爆型核武器，以便使规划由太平洋战区和战略空军司令部使用的核武器所造成的全部放射性沾染将不超过下面列出的关于关键区域"预期辐射剂量"的上限。用于 SIOP 的核武器在执行这一约束性政策时，运载工具的类型及爆炸高度将在 SIOP 中明确。在一些关键地区，要确保不用于 SIOP 的核武器地面爆炸产生的辐射剂量，加上用于 SIOP 的核武器爆炸时产生的辐射剂量的总和，不超过 150 伦琴。这些关键地区包括：汉城、日本北部、日本中北部、香港、西贡（Saigon）、台湾海峡、河内—海防、诺姆（Nome）①。

（3）预先规划在卫星国使用地爆核武器，所有使用的核武器的爆炸当量都要严格限制在满足军事要求所需的最低水平上，应特别注意从既要达到完成太平洋司令部司令的任务所需的毁伤水平，同时又使平民伤亡最小的角度出发，来保护人口及城市。在可行且与授予的任务协调的情况下，太平洋司令部司令的下属指挥官应当做出计划，进一步限制对那些其政府、军队或者平民有望站在苏联或者共产主义中国的对立面这样的卫星国实施核攻击。太平洋司令部司令及其下属指挥官当前的计划中有特殊条款，允许依据参联会的执行命令（战争信息 EM-1 和 EM-1A，附件 U——战争紧急指令的散播），灵活地对某些规划的核打击暂不执行。

（4）当总统已经授权他们可以使用核武器时，某一个作战区域的美国地面部队职能指挥官被授权批准可以在协商过的核弹投掷线范围内使用低当量的战术性核武器。当使用核武器造成的放射性尘降只影响到他自己的责任区作战时，该指挥官可以在不征求太平洋战区意见的情况下执行使用核武器的授权。如果放射性尘降还影响到了其他指挥官责任区的作战，那

————————

①　美国阿拉斯加州南部的一个小城市，建有美空军基地。

么使用核武器就要获得相应的指挥官的同意，或者就使用核武器事务上报给太平洋司令部司令，由他最终决定。

太平洋司令部司令

海军上将 H. D. 费尔特

评　介

美国太平洋司令部于 1961 年初制定的 NO. 1-61 作战计划——关于 SIOP 作战的全面战争计划，是目前能够见到的唯一的美军战区核打击计划。这份核作战计划透露出来的有关美军核作战的很多信息，对人们了解美军核作战有重要参考价值。

本文件对美军首份 SIOP 进行了整体介绍，概述了 SIOP 的特点、主要内容，以及与战区核作战行动之间的关系等，从中可以看出，当时美军将其核打击部队从整体上区分为戒备部队、后续部队及升级部队三种类型，这些部队的区别，主要是执行打击任务的准备时间不同，这也决定了这些部队投入使用的顺序及分派用于打击的目标的不同。本文件比较清楚地解释了打击选项（option）的含义及其影响因素，并罗列了当前美军规划的打击选项。从资料最后一段可以看出，当时美国使用核武器的决定权已经被下放给远低于战区司令官层级的中低级战场指挥官，说明艾森豪威尔政府确立的"视核武器为可以实战使用的常规武器"政策已经在操作层面得到了比较充分的体现和落实。

二十五

助理国防部长尼采就"美国防务态势的外交关切"问题致国防部长麦克纳马拉的备忘录[*]（1961 年 4 月 7 日）

华盛顿，1961 年 4 月 7 日

讨论的问题：

决定如何回应有关美国防务态势的外交政策关切。

讨论：

1961 年 2 月 4 日国务卿送给您的一份关于国防预算规划的外交政策的考虑的备忘录称，"这可以看作是由你们和我们都短暂参与实施的关于美国军事态势系列研究的初步成果"。

您在标记日期为 1961 年 2 月 20 日的备忘录中，要求参联会拿出对国务卿备忘录的意见。

参联会在标记日期为 1961 年 3 月 11 日的回应中，在如下一些问题上表达了同国务院不太一样的看法。

（1）对全面战争的威慑。参联会同意核武器有威慑作用，但是担心说，国务院没有认识到如果核威慑失败了，常规军事力量具有同核武器同等重要的威慑价值。

参联会还指出，核报复力量只是整体军事力量需求的一部分。核报复力量最终能够发展到何种程度，会受到受制于可用资源的整体军事力量需求的影响。参联会强调，除了国务院备忘录中提到的有效性、非脆弱性及可靠性之外，核报复力量也需要具备快速响应性及多样性。

（2）有限核作战。参联会总体上同意，在不得不决定使用核武器之前应

---

*　"Memorandum from the Assistant Secretary of Defense for International Security Affairs（Nitze）to Secretary of Defense McNamara"，FRUS，1961-1963，Vol. Ⅷ，National Security Policy，Doc. 23，pp. 69-71.

该"提高核门槛（threshold）"。但他们也指出，这一门槛的高度实际上不是由学说决定的，而是由当时的常规军事能力大小来决定的。我们的学说长期以来一直强调，不要使用超过需要的核力量。而常规军事能力发展的"天花板"有多高，也就是说这一"核门槛"有多高，仍然是由预算及人力资源限度来决定的。参联会很清楚地表达了在有限作战中有选择地使用核武器的设想。但国务院似乎倾向于禁止在任何有限战争情况下使用核武器。

（3）北约。参联会对美国关于北约政策的最新表态似乎改变了，备忘录中提出的那些主要分歧似乎已经消除了。因此似乎没有进一步讨论早期存在的分歧的必要了。

在与国务院讨论解决剩余的分歧之前，国防部在这些问题上应当慎重地形成自己的立场。作为第一步，应要求参联会通过直接与您讨论的方式，对其3月11日的备忘录的意见进行补充。给参联会发出的要求他们进行这种讨论的备忘录已经准备好了，供您签署（文件D）。

建议：

您签署附在后面的备忘录（文件D）。

保罗·尼采

文件D（略）

评　介

1961年初上台的美国肯尼迪政府，在国防和军事战略问题上，基本上赞同和接受了此前美国陆军提出的"灵活反应"思想，所以相对而言，更加重视常规军事力量的作用。这份备忘录在一定程度上反映了当时美军高层关于这一问题的倾向性立场。

在美军看来，不只是核武器有威慑作用，常规武器也有威慑作用，特别是在核威慑失败的情况下，常规力量的威慑价值会更加凸显。

对于美国外交人员十分关注的核武器使用"门槛"问题，美军则认为主要取决于美国常规军事能力的大小，即美国常规军事能力越强，美国动用核武器的"门槛"就越高。言外之意是，如果想提高"核门槛"，就要加大常规军事能力的发展力度。

二十六

参谋长联席会议主席（莱姆尼策）就"热核攻击学说"致国防部长麦克纳马拉的备忘录[*]（1961 年 4 月 18 日）

CM-190-61 　　　　　　　　　　　华盛顿，1961 年 4 月 18 日

主题

关于热核攻击的"学说"

1. 根据随附的 JCSM-252-61 备忘录，参谋长联席会议向您提交了他们对国防部内部标注日期为 1961 年 3 月 8 日的指定项目（project）①　中 2 号议题的不同意见。在 2 号指定议题中，您要求参谋长联席会议提交一个如果被采纳了，将允许在发生热核攻击情况下做出有控制的反应（controlled response），并就暂停攻击进行谈判的"学说"。

2. 从所附的参谋长联席会议的备忘录中您将注意到，包括我在内的参谋长联席会议成员一致认为，我们现在还不具备在发生热核攻击情况下执行有控制的反应的"学说"，且就暂停攻击进行谈判所必需的能力。我们还一致认为，目前去尝试执行这样一种学说，或宣布准备这么做还为时尚早，时机还不成熟，而如果对外宣布我们准备这么做，会严重削弱我们的威慑态势。

3. 关于本报告所提观点的主要分歧在于，参谋长联席会议能够在多大程度上应该现在就做出判断，断定未来在发生热核战争情况下，执行有控制的反应的"学说"且就暂停攻击进行谈判是可取且可行的方法。

＊　"Memorandum from the Chairman of the Joint of Staff（Lemnitzer）to Secretary of Defense McNamara"，FRUS，1961-1963，Vol. Ⅷ，National Security Policy，Doc. 25，pp. 76-79.

①　这是一份给参谋长联席会议及国防部内部其他机构的备忘录，其中包含了涉及国防各个方面的 96 个问题。——原文件注

4. 我的判断是，我们现在没有足够的防御能力，我们的核报复力量也还没有到无懈可击的程度，这使得一旦发生苏联对我国的大规模热核攻击，我们还不能冒险把我们很大一部分核打击力量留下来等着随后再用（withholding）。此外，在这种情况下我们限制自己的反应所能获得的好处，只有在对苏联施加压力使其在一定程度上心照不宣地与我"合作"的情况下，才能够实现，而苏联的这种"合作"现在看来并不现实。尽管如此，我还是认为，这一学说在低于大规模蓄意攻击的其他冲突层次上是适用的，对其进一步细化是有益的。我会提交关于有控制的反应、就中止冲突进行谈判以及这些行为同敌人反应之间的相互关系等所包含的一些复杂问题，供进一步深入分析。然而，除了较低级别的攻击外，我认为，在我们对相关的技术可能性有更多了解之前，试图说清楚具体有哪些有控制的反应选项，恐怕是不适宜的。要知道，技术会创造我们安全执行这一学说所依赖的重要物质条件。

5. 因此，我的判断是，现在不可能提出这样一种更清晰的学说，即这种学说如果在不远的将来被接受，就能使我们在应对所有可以想象到的热核威胁时，安全地做出有控制的反应，并就中止冲突问题同敌方进行谈判。尽管如此，我还是认为，这一问题太重要了，需要对在低于大规模蓄意攻击的其他冲突条件下应用这一学说，特别是在什么样的条件、什么样的时间框架下这一学说可能会在更大范围内有更大的现实实用性的问题，做进一步研究。我们会从这种研究中获益。与之相适应，我已经将其作为一个优先事项，指示联合战略调查委员会基于这一认识进一步研究这一问题，并将研究成果提交给参谋长联席会议。

6. 因此，我建议将所附的对 2 号议题的回答视为初步的答复，参谋长联席会议后面还会有进一步研究。

L. L. 莱姆尼策

附　件

参谋长联席会议给国防部长麦克纳马拉（McNamara）的备忘录

JCSM-252-61　　　　　　　　　　　　　华盛顿，1961 年 4 月 18 日

主题

关于热核攻击的"学说"

1. 本报告是依据您标注日期为 1961 年 3 月 8 日的备忘录中第 2 项要求拟制的，您在备忘录中要求拟定一个"学说"，如果其被采纳，将允许我们在遭到热核攻击时可以有控制地做出反应，并与对方就中止冲突问题进行谈判。

2. 随附的附录 A 是一项研究成果，它将提出这样一个"学说"面临的与当前形势，如 1961 年 4 月 1 日的形势，以及未来的形势，如 20 世纪 60 年代中期的形势关联的难题。附录 A 的第 17~25 段包含一个可能存在的这种"学说"。

3. 美国及其盟国在当前时期对热核战争这种紧急情况的反应，是通过单一联合作战计划（SIOP）和美国及其盟国的其他作战计划来实施的。实施这些计划，同我国现行的政策和学说是协调一致的，且是以"国家战略瞄准与攻击政策"、联合战略能力计划①及参谋长联席会议其他指示等提供的指南为基础建立起来的。这些能够执行的打击计划可以提供一定的与目标和约束因素有关的可控制性，并允许在打击时间安排和回击所指向的主要地理区域选择上有一定的灵活性。然而，这些计划还没有直接阐明在最近由国防部内部和外部人员实施的研究和分析中所设想的那些有控制的反应的类型及其可控性的大小。

4. 根据在第 1 段中提到的您的要求，所附的学说如果被接受，在当前阶段也不会允许在发生热核攻击的情况下做出有控制的反应，并暂停攻击来进行谈判。做出这样的判断的原因在附录 A 的第 9~12 段中有讨论。正如

---

① 联合战略能力计划（JSCP）是参谋长联席会议集体确定的短期综合性计划，每年修改一次。该计划的主要目的是将国家防务政策转变成与实际军事能力相匹配的军事任务。——原文件注

在附录 A 的第 16~23 段对这一问题所做的进一步深入讨论那样，试图实行一个或多个这样的选项，或者将我们的这一意图公开宣示出来的战略，在目前还为时过早，如果这样做了，会严重削弱当前我们的威慑态势。

5. 从美国及其盟国同苏联及其卫星国之间相对能力、双方能力的局限性及各自的目标来看，后者（苏联）对前者（美国及其盟国）实施热核攻击的可能性不是很大，如果发生了这种情况，在当前阶段美国即使做出超出当前政策、学说和计划规定范围的更加有控制的反应，结果也会对美国及/或其盟友有利。

6. 虽然还不能肯定，但美国和苏联之间未来相对的实力地位还是有可能使实施有控制的攻击和反应变成美国的合理选择，这会使美国有机会通过谈判来停止冲突，有机会在有利于美国及其盟国的情况下结束战争。据此判断，美国及其盟国在其关于 20 世纪 60 年代中期及以后的规划中，应该考虑这种可能性。

7. 参谋长联席会议将审议本报告附录 A 第 17~25 段提出的学说，审议在为 20 世纪 60 年代中期及此后拟定联合政策和计划时考虑这种可预见的可能性的范围，并酌情在这些联合计划和政策中，通过对在遭到热核攻击时可以有控制地反应并进行谈判以中止冲突做出规定，将其体现出来。

8. 附录 B 是美国陆军参谋长、海军作战部长和海军陆战队司令的扩展性声明①，附录 C 是美国空军参谋长的相关观点②。

代表参谋长联席会议：

参谋长联席会议主席 L. L. 莱姆尼策

吴红莉　译

---

① 附录 B 没有印出来。附录 B 建议说，尽快达到反应更加灵活的态势是合理的，声称只是依赖打击军事目标的学说同有控制的反应是相悖的，因为任何事先确定了反应性质的学说，将会使整个有控制的反应、谨慎使用力量的概念难以成立，而实现这些概念的要求则是这些概念本身的目的。——原文件注
② 附录 C 没有印出来。空军参谋长在附录 C 中表达的主要观点是：当有控制的反应所需的能力可行时，美国的战争计划应当体现增加对热核战争做出有控制的反应的选项的范围，保持美国及其盟国的军事优势，在此基础上与对手谈判中止冲突，并在有利于美国及其盟友的条件下结束冲突等要求。——原文件注

评　介

　　与"大规模报复"学说相适应，艾森豪威尔政府时期美军规划实施的是所谓的"痉挛式"核打击，即在战争一开始使用核武器，且尽快将核武器全部打出去。肯尼迪政府上台后，开始尝试采用"有控制的反应"核打击思路，但遭到了美军方高层的抵制。这份提交给国防部长的参谋长联席会议主席备忘录，基本上反映了美军高层当时关于这一问题的反对立场。

　　从这份备忘录可以看出，美国时任国防部长麦克纳马拉赞同新的核打击学说。这一新的核打击思想有两个要点：一是进行"有控制的反应"，不是将所有核武器一下子都打出去；二是在有控制地使用核武器基础上，与对手就中止或者结束冲突问题展开谈判。

　　在这份备忘录中，参谋长联席会议对这种思路明确表达了反对意见，理由主要有三个方面。一是美国尚不具备实施"有控制的反应"所需要的实力，在这个时候如果贸然宣布奉行这样的应对核战争的思路，会对美国安全产生不利影响。这是主要原因。二是如果采取这一学说，苏联必须采取"合作"姿态，即它也要按照这样的思路来规划核打击，否则就难以达到美方预期的战略效果。参谋长联席会议认为，让苏联人在这个问题上也采取这种思路，在当时是不现实的。三是美军当时的核力量运用规划本身已经有了一定的灵活性，就是在"有控制地"使用核武器。言外之意，无须采用新的核打击思路。

　　美国军方虽然反对采用"有控制的反应"这一核打击新学说，但增加核力量运用灵活性在美国已经是大势所趋。从 20 世纪 60 年代开始，增加核打击选择的灵活性成了此后美国核政策核战略发展演进不变的"主题"。

二十七

各军种关于制定 SIOP-63 的政策指南的不同观点[*]（1961 年 8 月 18 日）

JCSM-547-61

1961 年 8 月 18 日

参谋长联席会议主席给国防部长的备忘录

主题：给准备单一联合作战计划—63（SIOP-63^①）的政策指南

1. 在您 1961 年 3 月 13 日关于联合战略目标规划参谋部构成及组成人员的备忘录中，您要求在准备 SIOP-63 时，参联会要对提供给战略目标规划主任（DSTP）的政策指南及指示进行审议，且在同您讨论后考虑参联会不同成员建议的修改意见。

2. 参联会已经审议了当前包含在"国家战略瞄准与攻击政策"（NSTAP，见 JCSM-372-60 的附件 A）文件中的 SIOP 指南，并一致同意经过修改的政策指南应当颁布用于制定 SIOP-63。陆军参谋长、海军作战部长及海军陆战队司令赞同的政策指南见附件 A，空军参谋长在几个重要方面不同意陆军-海军-海军陆战队版政策指南，他提出的政策指南见附件 C。

3. 支撑陆军-海军-海军陆战队版 SIOP 政策指南的理由作为附件 B 附

---

* "Guidance for Preparation of Single Integrated Operational Plan-1963", Digital National Security Archive（DNSA），Nuclear History（NH）329. 本资料原文以文件主题命名，编者依据资料内容重新拟定了标题。

① SIOP-63 是 SIOP-62 之后下一版核作战计划的编号。

在后面，而支持空军版 SIOP 政策指南的理由作为附件 D 附在后面。

代表参谋长联席会议：

参谋长联席会议主席 L. L. 莱姆尼策

附件 A

准备 SIOP-63 的政策指南
（陆军－海军－海军陆战队版）

1. 意图。为制定 SIOP-63 提供指南，该计划将就针对中苏集团实施的初始战略核打击（initial strategic attack）[①] 中最优化使用美国核打击力量的问题做出安排。

2. 目标。在 a 项下面列出的打击目标构成了一项重要的国家任务，完成这些任务将使美国能够在一场全面战争中生存下来并取得战争胜利。b 项中所列出的目标是需要通过核作战来实现的另一类重要任务。

a. 需要通过 SIOP-63 来实现的重要国家任务，包括：

（1）摧毁中苏集团那些对美国及其盟国，以及对美国及其盟国在海外的驻军构成威胁的战略核投送力量[②]，或者使其失能。

（2）必要时摧毁下列目标，或者使其失能：

（a）中苏集团最重要的政府机构及最重要的军事控制机构；

（b）中苏集团位于主要城市—工业中心的最重要的战争支撑资源；

（c）化学和生物战武器储存和生产场所。

b. 联合司令部及特种司令部的核打击力量，在其他作战行动的配合下，将摧毁或者消除敌人的核打击能力（约 1 行内容未解密——编者注），以阻

---

①　用在这里的 "initial strategic attack"，指的是一体化的、预先规划的、包括 SIOP-63 在内的打击项目。这样的初始打击还包括由空中加油机等实施的保障行动。初始战略打击将在 SIOP 规划的最后的核武器抵达目标的时间（Time on Target, TOT）结束。但是，下面 4c 中关于禁止指挥官在 SIOP-63 失效前打击 SIOP-63 中的一些设施的规定，将参照第 5 段下面列出的留着不打的目标，继续有效，直至参联会有其他指示为止。——原文件注

②　包括重型、中型和轻型轰炸机常驻基地（home base）和已知的重型、中型轰炸机疏散基地，主要的中转基地，已知的洲际导弹发射点，已知的固定部署的中程和中远程导弹发射点，潜射导弹保障基地等。——原文件注

止美国及其盟国国土遭摧毁或者被侵袭，保持对重要海区的控制，保护重要海上交通线的安全。关于这些作战行动的计划应如联合司令部及特种司令部司令官所愿，在 SIOP-63 中有所反映。

3. 完成任务的方法

a. 战略目标规划主任将与相应的联合司令部、特种司令部司令们，以及欧洲盟军最高司令一道，确定国家战略目标清单（NSTL），制定 SIOP。

b. NSTL 将包括那些若将其摧毁或者让其失能，就能完成 2a 中所明确的目标的国家重要战略任务。所有在 NSTL 中规划要打击的目标必须包含在 SIOP-63 中。

c. SIOP-63 将为联合司令部及特种司令部那些攻击任务部队，在攻击目标清单中规模最小的目标时，规定最优的一体打击的方法。摧毁了那些目标就完成了上文 2a 所明确的目标；这一计划将用于对 NSTL 上的目标发动攻击。它将依据被攻击目标的价值、任务部队的能力等，决定对每一个打击目标实施打击的地面爆炸投影点、所用核武器数量。该计划还包括有选择性地打击那些必须摧毁或者令其失能的防御系统及相应的指挥控制目标，以保证核武器能够突破对方的防御，飞抵要打击的目标。此外，SIOP-63 及 SIOP 打击目标清单可能还要包括与 2b 任务相对应的事先规划好的核打击。该计划将考虑使美国在核交战中占有明显军事优势的需要。为了使计划在生效期间合理可用，SIOP 在制定时将考虑各种可预见的热核战争紧急情况，包括由各种军事和政治环境引发的紧急情况。

4. 各相关机构的职责

（略）

5. 灵活性

a. SIOP-63 在被授权的、合格的人的指导下，将得到全面执行。此外，SIOP-63 将在现实可行的情况下，提供如下一些经过选择的留着暂时不打（withhold）的目标：

（共四类目标，约 9 行内容未解密——编者注）

b. 此外，在用于执行 SIOP-63 任务的打击力量条件许可，且符合规定的目标及标准的情况下，将留出一部分部队作为安全预备队，后续在参谋长联席会议指导下用于承担其他任务。

6. 毁伤及期望标准

a. 对 NSTL 上的目标进行打击的计划和作战行动，将考虑所有潜在的作战因素，包括相邻核爆炸产生的连带毁伤效应。后表列出了对 NSTL 中不同设施打击时达到特定毁伤水平的期望值（expectancy）[①]。对单一目标毁伤概率应允许自由变动，以便与不同的目标硬度、目标价值、敌人防御、可用武器的爆炸当量和打击精度及其他因素等相适应。因此，下面列出的毁伤概率是"平均"值。通过对下面列出的这些目标实施攻击，使敌人实力总的减损量，应接近于达到对每个目标设施设定毁伤概率时的总毁伤后果。

（1）政府控制机构

对国家的政府控制中心的毁伤（严重破坏其结构）概率达到（半行内容未解密——编者注）。

（2）对美国构成威胁的核打击力量

（a）在本土驻扎的正在使用的远程轰炸机基地及重要前进基地（staging base）

对飞机的平均毁伤（严重损毁，需要返厂维修）概率达到（数值未解密——编者注）。

（b）软性陆基洲际导弹阵地（抗击强度 25psi[②]）

对发射阵地的平均毁伤（严重损毁导弹及导弹发射装置）概率达到（数值未解密——编者注）。

（c）重要潜艇基地

对基地的平均毁伤（严重损毁基地结构设施）概率达到（数值未解密——编者注）。

（d）能支持对美国本土实施攻击的机场

对飞机的平均毁伤（严重损毁，需要返厂维修）概率达到（数值未解

[①]　这里所用的期望值指的是，用达到预定毁伤标准的百分比来表示的对每一个目标或者目标体系的毁伤。对单一打击武器而言，期望值是由指派的武器飞抵核弹投放线的概率（包括对发射前生存概率的最可能的估计）和核武器达成特定毁伤效果的概率产生的。在规划使用不止一件核武器打击同一个爆心地面投影点的情况下，这一期望值是每一件打击武器的毁伤预期通过数学合成得来的。例如，使用两件武器打击同一个目标点，每一件武器飞抵核弹投放线的概率为 50%，摧毁目标的概率为 90%，则每一件核武器的预期毁伤值为 $0.5 \times 0.9 = 0.45$（第一枚核武器的预期毁伤），$0.5 \times 0.9 = 0.45$（第二枚核武器的预期毁伤），对目标打击的混合期望值为 $1 - (1-0.45) \times (1-0.45) = 0.6975$。——原文件注

[②]　psi 为压强计量单位，指一平方英寸上承受磅力。

密——编者注）。

（3）已知的同上面（2）中列出核目标不在一起，且正在使用、位置确定的核力量控制中心

对控制中心的平均毁伤（严重损毁其结构）概率达到（数值未解密——编者注）。

（4）对美国盟友和美国及其盟友海外驻军构成威胁的核打击力量

（a）苏联本土正在使用的轻型轰炸机基地

对飞机的平均毁伤（严重损毁，需要返厂维修）概率达到（数值未解密——编者注）。

（b）已知的固定发射的中程和中短程弹道导弹阵地

对发射阵地的平均毁伤（严重损毁导弹及导弹发射装置）概率达到（数值未解密——编者注）。

（5）对美国盟友和美国及其盟友海外驻军构成威胁的核打击力量的控制中心，它同上面（4）中列出的核目标不在一起，且正在使用、位置确定

对控制中心的平均毁伤（严重破坏其结构）概率达到（数值未解密——编者注）。

（6）（未解密——编者注）

（7）化学和生物战武器储存及生产场所

对其平均毁伤概率达到（未解密——编者注）。

（8）城市—工业目标

对主要战争资源集中的重要城市—工业中心所有区域或者建设开发区域的（约1行内容未解密——编者注）。在实现这样的打击时，应选择能最大限度地破坏主要控制中心、核心工厂等最重要设施的点作为爆心地面投影点。

b. 一般说来，对没有列入 NSTL 的目标实施打击的计划，其打击强度比前面 a 中列出的相似目标的打击强度要低一些。但是，这种变通只能用于打击（未解密——编者注）目标。对于与上面 a 中列出的目标没有类比性的目标类型，其毁伤概率通常应是司令官认为满足使该目标失去其军事用途要求的最低毁伤概率。达到这种毁伤水平的概率应同司令官认定的该目标价值相称。

7. 核打击限制条件。所有计划都要在军事允许的范围内，将对友好国

家、中立国和潜在的友好卫星国的平民造成的伤亡、对民用设施造成的损毁降至最低。为了实现这一目的，在准备 SIOP-63 时，将遵从以下特殊规定：

a. 所有核打击计划都要灵活地留下一些已经规划了但暂不实施的核打击条款，这些暂不实施的核打击可以按照打击某一个国家和打击上述第 5 段规定的某一类目标来确定。

b. 地面核爆炸及武器爆炸当量将在最低限度上满足军事需求，符合同友好国、中立国及卫星国的距离要求。

（1）卫星国

（略）

（2）关键地区可能的最大的"允许辐射剂量"

（未解密——编者注）

（3）期望辐射剂量（略）

（4）总体期望辐射剂量的计算（略）

8. 投射前生存概率。为了确定整体的打击可靠性及期望的毁伤水平，以实现上面第 6 段、第 7 段中明确的在全面战争中的毁伤标准及限制标准，需要掌握每一次规划的核打击达到希望的结果的总体概率。这个概率是所有作战要素及发射系统在发射或者实战使用前不被摧毁的概率（即投射前的生存概率）。投射前的生存概率取决于很多变量，包括预警时间、来袭核武器爆炸总当量、苏联发动导弹攻击的同步性等。最近的一份研究对投射前生存概率进行了分析，并给出了美国不同类型的核打击力量被毁损，不再算入可用于打击苏联的战略导弹数量的分数值。依据这份报告得出的数据，美国不同类型核投送系统典型的生存能力因素将在制定核打击计划时用得上。这些数字依据进一步的信息和研究可以改变。

核投送系统类型	投射前生存概率 （投射前不被摧毁的概率）
空中戒备巡逻飞机，位于港口的"北极星"导弹，"民兵"导弹，"大力神"Ⅱ导弹，经过加固防护处理的"宇宙神"导弹	1
在海上游弋戒备的航母	0.95（1~0.7）
在地面戒备（15 分钟准备）的飞机	0.9（0.95~0.5）
"大力神"Ⅰ导弹，中等加固"宇宙神"导弹	0.8（0.95~0.4）

核投送系统类型	投射前生存概率 （投射前不被摧毁的概率）
软防护"宇宙神"导弹	0.6（0.9~0.1）
非戒备状态航母	0.7（0.95~0.3）
前沿区域部署在地面上的非戒备状态飞机	0.5（0.8~0.05）

注：第二栏中的第一个数字是"最可能"的估值，括号内是其最高和最低估值。

在使用最可能的生存概率估值，为地面爆炸投影点分配相应的核武器/投送系统后，要考虑极端生存概率情况的影响。对核武器/投送系统的分配在需要时应再次调整，以有效适应各种紧急情况。

9. NSTL 及 SIOP-63 的内容及格式

（略）

10. 分析与审议（略）

附件 B

陆军参谋长、海军作战部长及海军陆战队司令
关于准备 SIOP-63 指南的看法

1. 陆军参谋长、海军作战部长及海军陆战队司令是坚定支持包含在附件 A 中的政策指南的；他们基于以下原因，认为这份政策指南是对现在政策指南的重大改进：

a. 对打击目标重新进行了更加清晰的表述；

b. NSTL 中的目标与全部的 SIOP 打击目标清单之间的区别更加清楚；

c. 确定的毁伤标准及预期毁伤概率更具现实可行性，更加清楚；

d. 这一指南包含了之前没有的一些特定领域的指南，主要是灵活性及投射前生存能力。

2. 参联会要解决的问题非常简单，就是确定核心的、至关重要的全面战争任务的规模，确保完成这一任务应具备的能力是国家安全的基石。考虑的重点是依据任务目标及实现这一目标需要付出努力的程度，必须且能够使这一至关重要的任务处于有限范围内。

3. 我们认为，没有什么其他的军事需求比能导致热核交战的需求更令

我们窒息的了，热核交战曾经有更低的可能性。我们国家的这种责任可以通过显而易见的、确有保证的战略打击能力，结合适用于对各种各样的侵略做出反应的灵活的、多用途部队，而得到满足。我们国家的资源并非无限。正是基于这一原因我们认为，参联会有义务为战略核打击力量在全面战争中的初始攻击界定有限的国家任务范围，从而避免将我们的资源过分地投入我们整体军事需求的其中任何一个方面。

4. 美国军事打击规划必须以对威胁能做出适当的、有选择的、快速的、有效的反应为基础，而这种威胁可能基于各种不同的原因而产生。对于全面战争，我们一方面必须有从很有限的核战争这样的门槛开始来实施的计划，另一方面也必须有从我们在和平状态下遭受突然打击开始来实施的计划。在我们看来，参联会关于 SIOP-63 的指南，必须能够为几个处于不同环境的司令部制定各自独立的计划提供一个共同的准则，必须能够为他们共同实施一体化的初始战略核打击——尤其在全面战争情况下——提供更加具体的指南。SIOP-63 必须为最优化使用所有承担核打击任务的部队做出安排。同时，在全面的 SIOP 打击目标清单范围内，满足包含 SIOP 部队完成重要国家任务在内的打击目标需要的 NSTL，必须能够清楚地识别出来。在有些情况下需要同步攻击的额外的目标，不应模糊 NSTL 的性质。

5. 用于准备 SIOP-63 的政策草案只是一个关于目标的有限报告，而依据这些目标可以制定 NSTL。这些目标的合理性可以通过由净评估委员会（NESC）独立确定的混合的目标清单①来验证。NESC 得出的目标同满足我们建议的打击目标类似。能满足目标要求的打击目标清单应依据实施初始战略核打击的基本需求来确定，初始战略核打击与联合司令部及特种司令部其他力量的行动一道，将使美国在全面战争中获胜。这样的基本需求将在用于准备 SIOP-63 的政策指南中清楚地确定出来。满足这些需求的可靠的核能力是有效威慑及保持打赢全面战争态势的核心要素。

6. 在全面战争中初始战略核攻击要完成的重要的国家任务的第二个必要维度，是确定付出多大努力来实现这一目标。参联会在这个问题上要确定的是，是否需要将期望毁伤水平明确出来，据此为攻击每一个目标自动地规划大量的核武器，或者是否必须从一开始就针对每一种情况，依据被

---

①　这里指的是美国国安会下属的净评估委员会遵照艾森豪威尔总统指示进行的"2009 研究"的内容。

攻击目标的重要性自动地分派大量核武器。我们更希望是后一种情况。在为准备 SIOP-63 的政策指南草案中确定的期望毁伤标准，超出了目前 NSTAP 规定的水平，达到了 NESC 最初研究报告中提出的最高水平，同 SIOP-62 达成的平均水平大体相当。不超过当前这一标准，就完全够了。

附件 C

用于制定 SIOP-63 的政策指南（空军版）（略）

附件 D

空军参谋长关于用于准备 SIOP-63 的政策指南的看法（略）

评 介

1960 年 12 月美军批准了第一份单一联合作战计划——SIOP-62，同时也启动了对其的审议进程。在审议过程中，美国陆军、海军和海军陆战队的意见比较接近，他们同美国空军的看法存在明显不同。本文件包括双方各自版本的用于准备新的 SIOP-63 的政策指南，比较清楚地反映了当时美军内部对战略核打击的不同看法。

从文件内容可以看出，美国陆军、海军和海军陆战队坚持认为，必须由参联会确定战略核打击力量在全面战争的初始攻击中所承担的任务，以避免将过多国防资源投入核打击领域；他们更加赞同国安会下属净评估委员会研究提出的打击目标清单，认为通过对那些目标的打击就可以使美国在全面战争中获胜；在对目标的打击上，他们则更加倾向于通过逐个或者逐类确定目标来规划核打击，主要依据不同类型目标的重要程度来决定毁伤预期值，认为这样可以避免按照统一毁伤水平进行规划时导致的对一个目标过量使用核武器的问题；他们提出的政策指南草案，似乎并不支持以形成可信的战略威慑态势或者确保美国生存为目的的核打击计划；在美国及其盟友面临的威胁目标的数量及种类，以及对诸如城市中心等的特定类型目标的毁伤程度上，他们同空军的观点也不一样。此外，他们还特别强调核打击力量发射前生存能力这一要素的重要性。[①]

美国空军在其政策指南草案中基本坚持前一版政策指南的要点和做法，并有针对性地突出强调 NSTL 和 SIOP 的不同目的，并坚持将确保美国生存作为制定核打击计划的一项重要目标。

其他军种同空军的上述分歧，在一定程度上体现和反映了其他军种对由空军主导核打击规划的不满。虽然美国陆军、海军和海军陆战队在这份文件中的大多数意见在随后正式推出的国家政策文件中被采纳[②]，但在美国空军（战略空军司令部）掌握美军绝大多数战略打击手段的背景下，由美国空军主导核打击规划的局面并未根本改变。

①　这一段评论参考了附在本资料原文之后，由参联会联合参谋部主任批准用于提供给国防部长的关于这两个政策草案不同观点梳理的简报。

②　当年 10 月，美军出台了新一版美国国家瞄准与攻击政策，参看本书收录资料二十八。

二十八

美国在总体战中的国家瞄准与攻击政策：准备单一联合作战计划的指南[*]（1961 年 10 月）

I. 目的

本政策为每年准备在一系列紧急情况下使用美国进攻性核力量的能力计划提供指南，在这些紧急情况下美国会对中苏集团实施大规模核打击。

Ⅱ. 适用范围

单一联合作战计划（SIOP）将为各联合司令部和特种司令部提供其可用部队的最佳整合方案，提供这些司令部同相关的其他司令部之间的协作，提供所有事先规划好的对敌方目标的打击规划，而摧毁了这些目标或者使这些目标失去作用将达成下面第三部分列出的目标。SIOP 将结合要打击的目标的价值以及用于打击这一目标的力量的能力大小，来决定要打击的爆心地面投影点（AGZ），以及打击每一个目标设施应付出的努力的大小。

Ⅲ. 目标

a. 在爆发全面战争的情况下，在美国及其盟友其他的进攻性和防御性行动协助下，美国核进攻行动将用于达成以下目标：

（1）摧毁敌人的军事能力或者使其失能，同时保持足够的随时能用、

---

* "National Targeting and Attack Policy for General War_ Guidance for the Preparation of the Single Integrated Operational Plan（SIOP）", Digital National Security Archive（DNSA）, Nuclear History（NH）334; "Paper Issued by the Joint Chiefs of Staff", FRUS, 1961–1963, Vol. Ⅷ, National Security Policy, Doc. 52, pp. 181–186. 本资料在上述两个不同出处的版本中未解密内容略有差异，本译文综合了两个版本。

高效、可控的美国战略能力，以确保美国在战时或者战后的任何时间点上，都保持对敌人或者任何潜在对手的尽可能大的军事优势；

（2）使美国及其盟友的战争损失最小化，且无论如何都要将遭受的战争损失控制在能保证国家独立和生存的限度内；

（3）以对美国及其盟友最有利的方式结束战争。

b. SIOP 将通过完成如下三类任务对达成这些目标做出贡献。

任务 Ⅰ：（十一行半的文本文字及 4 行注脚未解密——编者注），任务 Ⅰ 还包括实施对完成上述打击至关重要的突防攻击。在满足必要的军事要求的前提下，任务 Ⅰ 将以对人口和工业毁伤（包括放射性尘降）尽可能小的方式（通过精选爆心地面投影点和爆高）来完成。

对任务 Ⅰ 的规划，将提供选择性的留着暂不实施（selective withholding）（2 行内容未解密——编者注）的可能。

任务 Ⅱ：摧毁军事力量其他要素，或者使其失能（7 行正文和 4 行注脚未解密——编者注）。在满足必要的军事要求的前提下，任务 Ⅱ 将以对人口和工业毁伤尽可能小的方式来完成。

对任务 Ⅱ 的规划，将提供选择性的在所有任务 Ⅱ 中暂时不对（2 行内容未解密——编者注）攻击的可能。

任务 Ⅲ：威胁打击或者实施对（7 行正文未解密——编者注）的有控制的、精心策划的打击，对这些目标的摧毁将最有效地减小中苏集团战时和战后继续进行战争的能力和意愿。对任务 Ⅲ 的攻击将首先被规划用于（三行半内容未解密——编者注）。

Ⅳ. 国家战略目标清单

a. 将建立国家战略目标清单（NSTL），而且由战略目标规划主任（DSTP）来负责。该清单将包括任务 Ⅰ、任务 Ⅱ 和任务 Ⅲ 中所要求的所有目标。

b. NSTL 将从目标数据库（Target Data Inventory）发展而来，不会考虑在全面战争中可用于执行核进攻任务的众多美国及盟国军队的需求。

c. NSTL 将明确与任务 Ⅰ 到任务 Ⅲ 所对应的目标设施，并标明在 SIOP 中计划要攻击的那些目标设施。

d. NSTL 将包括在全面战争中所有变化的情况下可能被要求攻击的所有

目标。这不是对所有情况下核攻击力量攻击任务所包含的目标的简单的合并。在最开始的行动中来完成对目标的攻击任务，将依赖于一开始所呈现的特定条件环境。

V. 目标被攻击的优先级及预期毁伤要求①

a. 预期毁伤或者对毁伤的预期是指，假设实施多次攻击之后所能达到的对目标毁伤的平均值。

b. 为了达到下文给出的毁伤水平，打击计划将把包括发射前生存能力（下面给出了关于生存能力的合理的假定）、相邻核爆炸产生的累计毁伤效应等在内的所有要素都考虑在内。对单个目标设施的毁伤预期允许有一定的变动空间，以便适应打击目标的坚固程度和价值、敌人的防御情况、打击所用武器的爆炸当量和命中精度以及其他因素等存在的差异。对下文列出的目标设施清单实施打击所能达到的对敌人能力的总体减损效果，应与达到了对每一个目标设施的预期毁伤时产生的效果大体相当。

c. 要选择合适的部队，以便能最大限度地达成核打击计划目标。下文 d 中给出的目标清单顺序，表明了打击目标的相对优先级。下文给出的预期毁伤水平既不是毁伤的上限，也不是毁伤的下限。如果规划的核打击能力达不到给定的毁伤水平，在适当考虑目标优先级的情况下，可以降低毁伤预期。如果规划的核能力允许，则通过能最好地完成打击任务的方式，来实现更高的对给定目标的预期毁伤，以及使其他目标被摧毁和失能的预期。

d. 在所有规划的打击力量选项中，对目标毁伤的优先等级如下。

（1）（共分 7 个优先等级，24 行内容未解密——编者注）

（2）在对完成上述（1）中明确的打击任务进行力量规划时，在一定程度上可以使用原本被用于完成任务 Ⅲ 的那些部队，这些力量足以造成打击区域面积高达 70% 的重大毁伤。（约一行半内容未解密——编者注）将依据能最好地完成任务 Ⅲ 的要求，来选择这些力量的爆心地面投影点。

e. 规划用于打击不包括在任务 I 和任务 Ⅲ 中的其他目标的力量，在能够最好地实现上述第Ⅲ部分明确的目标和任务的前提下，将进一步区分为用于摧毁（三分之一行内容未解密——编者注）或者使之失能的力量和用

① 这一部分所说的打击优先级，可以理解为是基于只能分配有限的打击力量，而不是时间紧迫因素来确定的。——原文件注

作后备部队的力量两类。

Ⅵ. 打击选择与灵活性

a. 制定 SIOP 将考虑如下两种战争爆发情形。

（1）美国实施先发制人。（约三行半内容未解密——编者注）

（2）在得到战术性警告情况下的打击。这是在美国军队还处于平时戒备状态的情况下，美国对中苏集团的突然袭击做出的回应。应对这种紧急状态的计划，将以假设处于戒备状态的部队及时接收到了战术预警为前提和基础。通过综合运用对优先级最高的目标实施交叉瞄准打击（cross-targeting）和分配生存能力最强的武器来打击优先级最高的目标的方法，可以确保在美国接到的预警不充分的情况下，取得令人满意的对最高优先级目标的打击效果。

下列关于不同类型核力量发射前的可能生存概率，可大体上解释上文中为什么准备那样来应对在 1963 财年可能出现的危机事态。

	美国先发制人	战术性警告	预警不充分
戒备的空中力量和处于战位或者在附近的海基"北极星"部队	1	1	1
"民兵"导弹，"大力神"Ⅱ导弹	1	0.95	0.80
位于硬阵地上的"宇宙神"导弹	1	0.95	0.75
处于戒备的航母（在海上）	1	0.95	0.70
停留在地面进行戒备的空中部队	1	0.85	0.50
停留在地面进行戒备的前沿部署空中力量	1	0.50	0.05
"大力神"Ⅰ导弹，"宇宙神"导弹	1	0.80	0.40
位于软阵地上的"宇宙神"导弹	1	0.40	0.10
非戒备*的航母	0.90	0.70	0.30
停留在地面非戒备的空中力量	0.80	0.15	0.05
停留在地面非戒备的前沿部署空中力量	0.80	0.05	0.05

注：* 这里说的非戒备，指的是平时的正常战备。——原文件注

战略目标规划主任将对面临的威胁的变化、美国力量构成及戒备状态的变化、联合战略目标规划参谋部（JSTPS）分析结论及战争演习结果以及其他因素进行评估，向参谋长联席会议报告调整情况及进行调整的原因。

b. 在得到相应授权情况下，SIOP 将用于实施如下打击。

打击选项（attack option）I。在美国实施先发制人打击情况下执行任务I，同时保留那些可能在后续要完成的任务Ⅱ和任务Ⅲ中要打击的目标不打。

打击选项Ⅱ。在美国实施先发制人打击情况下执行任务I和任务Ⅱ，同时保留那些可能在后续要完成的任务Ⅲ中要打击的目标不打。

打击选项Ⅲ①。在美国得到战术性警告情况下执行任务I，同时保留那些可能在后续要完成的任务Ⅱ和任务Ⅲ中要打击的目标不打。

打击选项Ⅳ。在美国得到战术性警告情况下执行任务I和任务Ⅱ，同时保留那些可能在后续要完成的任务Ⅲ中要打击的目标不打。

打击选项Ⅴ。在得到战术性警告情况下执行任务I、任务Ⅱ和任务Ⅲ。

SIOP还将如第三部分b所提示的那样，在每一个打击选项之下提供有选择性地保留对（约1行内容未解密——编者注）不打的选项。（约3行内容未解密——编者注）

c. 在对不同核打击选项进行规划时出现的任何矛盾，都以使打击选项Ⅴ最优化为标准来解决。

Ⅶ. 战区力量的作用

a. 适应应急计划及其他的战区任务需要，联合司令官和特种司令官将决定向SIOP提供除战略空军司令部指挥的部队和"北极星"部队之外的战区力量，用于攻击中苏集团的目标。在任何情况下，保证战略空军司令部部队和"北极星"部队完成SIOP任务，将具有最高的优先级。

b. 考虑到包括气候、夜暗等在内的作战因素的影响，投入多少战区力量将视用于完成任务I和任务Ⅲ的战略空军司令部部队和"北极星"部队能够实现的对目标的毁伤程度而定。这些除战略空军司令部部队和"北极星"部队之外的力量将在以下几种情况下投入使用：（1）用于提升用战略空军司令部部队和"北极星"部队打击同一个目标的预期毁伤水平，或者提升摧毁目标的信心；（2）用于摧毁优先级较低的其他目标，或者对战区指挥官而言特别重要的目标；（3）或者用于减少从E时刻到攻击中苏战略核力量之间的时间间隔。

c. 除战略空军司令部部队和"北极星"部队之外的所有力量，可用于

---

① 使用这种打击选项的机会很小，因此将其规划为最后一个优先级。——原文件注

完成参谋长联席会议指示的除 SIOP 之外的其他任务。对于战略空军司令部部队和"北极星"部队之外，且承担有 SIOP 任务的那些力量而言，除非参谋长联席会议为其指示了其他任务且完成该任务的时间同完成 SIOP 任务的时间发生了冲突，否则，完成 SIOP 任务对其而言具有最高优先级。

Ⅷ. 核打击限制条件

a. 所有核打击计划将在军事需要许可的范围内，最大限度地减小对友好国家、中立国家及苏联、中国的卫星国的平民的杀伤和社会的破坏。

b. 在实施对任务 I 和任务 Ⅱ 的攻击时，地上爆炸、武器当量及对人口和工业的破坏，将被控制在能满足军事需要的最低水平上。

c. 核打击造成的关键区域的预期最高辐射剂量如下所示：（约 15 行内容未解密——编者注）。

d. 由单独地面爆炸导致的预期辐射剂量将按照武器系统评估小组（WSEG）第 46 号研究报告附录 3 中明确的剂量来确定，且这里参考使用的年度平均辐射剂量模型已经单独提供给了战略目标规划主任和联合司令部及特种司令部的司令官们。每一个关切区域的总计预期辐射剂量将通过以下方法来确定：首先，通过上面所说的参考模型获取每一个规划的地面爆炸产生的预期辐射剂量；其次，用每一个预期辐射剂量乘以相应的核武器在目标区域成功爆炸概率[①]［这就得到了经过预期辐射剂量加权之后的概率（probability weighted expected dose）］；最后，将所有经过预期辐射剂量加权之后的概率加在一起，就得到了总计预期辐射剂量。

e. 为了计算总计预期辐射剂量，有必要知道所有规划的地面爆炸的详细计划。在 SIOP 及司令官们的核打击计划完成之前，做到这一点是不可能的。最初关于地面爆炸的规划将以 SIOP 力量产生不超过总计预期辐射剂量的 90%，其他力量不超过 10% 为基础来制定，两者在允许辐射剂量与 SIOP 打击预期产生的辐射效果之间会稍有不同。

[①]　这一概率是由发射前生存概率、可靠性及飞抵目标的突防概率等因素共同作用产生的。任何以杀伤人为主要目的（deadman fused）的武器，如果投送工具突防到了敌人国土，则都假定实施地爆。——原文件注

Ⅸ. 职责

a. 参谋长联席会议

（1）为 SIOP 准备年度的指南，该指南将被整合到联合战略能力计划中；

（2）每年审议并批准 NSTL、SIOP 和联合司令部及特种司令部司令官的计划；

（3）提供一个常态存在的与战略目标规划主任联系的小组。

b. 战略目标规划主任。战略目标规划主任将在如下行动中向参谋长联席会议负责：

（1）依据得到批准的人员编制表和参谋长联席会议提供的指南，维持联合战略目标规划参谋部正常运作；

（2）与联合司令部及特种司令部的司令官一道，建立并维持 NSTL 及 SIOP；

（3）解决制定 SIOP 过程中产生的分歧，并在提交给参谋长联席会议审议和批准的 NSTL 及 SIOP 中，标出这些分歧；

（4）向参谋长联席会议呈递 NSTL 及 SIOP，供他们批准；

（5）在 SIOP 生效期间，就任何暂时不能达到 SIOP 所要求的毁伤水平或者目标失能程度的相应问题，向参谋长联席会议提出适当的建议；

（6）上述关于战略目标规划主任的职责，并不包括对用于实施 SIOP 的军队的指挥权。

c. 联合司令部和特种司令部司令官。相应的联合司令部和特种司令部司令官将：

（1）向战略目标规划主任提供高级代表，参与建立并维持 NSTL 及 SIOP，用于联络目的；

（2）就各自掌握的具有相应能力、可用于 SIOP 且要纳入 SIOP 规划的力量，向战略目标规划主任提出建议；

（3）依照本指南提供用于 SIOP 的力量；

（4）除非是 SIOP 提供的打击目标，否则不能规划对 SIOP 目标的打击。

Ⅹ. 分析与审议

a. 战略目标规划主任将运用所有相关作战要素，为每一种打击选择建立一套蒙特卡罗（Monte Carlo）方法，从中选择留着暂时不打的目标，决定爆心地面投影点，并就如下内容提出报告：

（1）对目标目录中的军事目标实施打击所能达到的毁伤程度；

（2）对位于友好国家、中立国及中国和苏联卫星国的目标的毁伤情况（造成的人员死亡、受伤情况，以及目标的毁伤比例）；

（3）在第三部分 c 中列出的城市放射性尘降水平（约 1 行内容未解密——编者注）；

b. 战略目标规划主任将准备一份关于现有打击选择中有选择地留着对（约 1 行内容未解密——编者注）暂不实施攻击对突防及目标毁伤影响情况的报告。

c. 在制定 NSTL、SIOP 及对它们分析时所用到的任何数据，都将提供给参谋长联席会议，用于分析和审议。

XI. 有效期

a. 与其他指南之间如果有任何冲突，本指南代表国家政策，取代任何其他关于 SIOP 的指南。

b. SIOP 将每年准备和审议，且必要时对其进行修订，以保持其连贯性。

评　介

经过美军内部多轮博弈、妥协，1961 年 10 月美军出台了这份用于为制定新的单一联合作战计划——SIOP-63 提供政策指南的核打击政策文件，它比较清楚地反映出这一时期美军在战略核打击上的基本政策立场。

相比于 1960 年 8 月推出的第一份战略瞄准与攻击政策指南文件[1]，这份政策指南补充了很多新内容。本政策文件将核打击任务从整体上区分为三种类型，分别是打击对方核力量目标、打击对方常规军事力量目标以及打击对方战争支撑目标，并强调尽可能减少对人口的伤害。这一政策划分出对不同目标打击的七个优先等级[2]，在一定程度上反映了美军要对战略核

---

[1]　参看本书收录资料二十二。

[2]　在 1960 年 4 月上一版核打击政策的第一个版本中，只列出了目标打击的三个优先等级。参看本书收录资料二十。

打击实施更多的控制的意图。该政策将美军的核打击从整体上区分为美军实施先发制人打击和遭到对方突然核袭击后实施核打击，即实施报复性核打击两种类型，结合上述三种核打击任务，明确了美国实施核打击可供选择的五种具体打击选项，使美军核打击有了一定的灵活性。此外，该政策还首次对联合司令部司令官等掌握的核力量与 SIOP 之间的关系进行了较为详细的说明。

对比美军各军种此前关于国家核打击政策的不同看法可以发现，该政策较多吸纳了美国陆军、海军和海军陆战队的意见[①]，例如，它明确将不同类型战略打击手段的发射前生存概率作为核打击规划的重要考虑因素，将上一版政策中用到的毁伤概率改成了这三个军种建议的预期毁伤值。此外，这一政策区分了更多的目标打击优先级，也反映了这三个军种关于威胁目标类型的观点。因此可以说，这一份核打击政策才真正代表了美军整体上关于战略核打击的主要思想和基本观点。

美军这一版核打击政策影响很大，其基本构架、主要思想及确定的一些重要问题，在此后 10 年内基本上没有变化。它也因此成为人们了解和研究这一时期美国核战略、核战争计划非常重要的参考资料。

---

① 参看本书收录资料二十七。

二十九

SIOP‑63 的一般格式[*]（1962 年 4 月 17 日）

参联会 2056/314 号

1962 年 4 月 17 日

联合秘书处秘书就"SIOP‑63 的一般格式"给参联会的短笺

随附的是一份派驻战略目标规划主任（DSTP）处的参联会联络团（JCS‑LG）主任的备忘录，编号 JCSLG 44‑62，日期为 1962 年 4 月 4 日，主题同上（即 SIOP‑63 一般格式——编者注）。这份备忘录连同其附件，供传阅。

联合秘书处秘书

布鲁因（F. J. Blouin）

英格利多（M. J. Ingelido）

给联合参谋部主任的备忘录

主题：SIOP‑63 的一般格式

参考：（a）参联会联络团 1962 年 3 月 6 日主题同上的第 31‑62 号备忘录

1. 参考文件（a）传递是不完整的 SIOP‑63 格式，当时还没有完全协调好。

2. 现在的这一计划格式是完整的，且已经与联合司令部及特种司令部司令的代表们（CINCREPs）、联合战略目标规划参谋部（JSTPS）协调好

---

* "General Format for SIOP‑63", Digital National Security Archive (DNSA), Nuclear History (NH) 343.

了，其复本随附供参阅。

3. 当附件 1 被单独留下或者不随附时，本备忘录密级可以降低至公开。

参联会联络团团长、美国空军准将

W. R. 皮尔斯（W. R. Peers）（签名）

附件 1

联合战略目标规划参谋部关于"SIOP-63 的一般格式"的备忘录

联合战略目标规划参谋部备忘录

主题：SIOP-63 的一般格式

一、SIOP 将按照以下框架来制定。

SIOP-63 的一般格式

1. 基本作战计划

参考：时间参考及任务组织。

形势：敌人及友好国家。

任务（同参联会指南明确的一致）。

执行（参与打击的联合司令部/特种司令部的任务，执行程序及关键协调指示）。

管理及后勤。

指挥和信号［指挥所（CP）位置］。

2. 附件 A——情报

参考的情报文件。

参考包含国家战略目标清单（NSTL）的附件 C。

3. 附件 B——职责及指挥关系

参联会、联合司令部/特种司令部及战略目标规划主任的职责。

派驻到战略目标规划主任处的参联会联络团及各军种代表的职责。

指挥权力。

欧洲盟军最高司令与战略目标规划主任之间的指挥关系。

对 NSTL 及 SIOP 的维持。

4. 附件 C——核力量

前言（解释其包括的内容及相应代号）。

NSTL。

对目标/武器的分配（包括所有攻击选项）。

毁伤分析（预期毁伤，只用于攻击选项 5）。

附件

分目标类型对每一种攻击选项的预期毁伤的概述。

5. 附件 D——作战概念

基本概念。

关键定义。

任务。

一般概念（攻击选项、力量生成水平）。

积极控制程序。

留着不打（withhold）的能力。

防御战备态势（DEFCONs）与宣布 A 时刻（A-Hour）之间的关系。

行动优先级。

6. 附件 E——协调指示

打击分派参考。

武器使用。

力量使用时机选择（force timing）。

所用武器架次的分项标准。

突防及投送。

飞行线路。

电子对抗。

导弹运用。

最低紧急态势。

我空军基地被打击后的紧急态势。

空中加油。

附件 I——侦察

参考文件。

打击前的侦察。

打击后的侦察。

附件 II——突防区域

飞行走廊（corridors）。

HHCL[1]，突防区域及突入点。

投送用于提供电磁兼容支持的设备的位置。

7. 附件 F——打击分派及力量使用时机

目的。

形式。

附件的运用。

对变化的界定。

改变采用的程序。

> 附件 I 第 1 部分（攻击选项 1~4）

飞机及导弹出动架次。

> 附件 I 第 2 部分（攻击选项 5）

飞机及导弹出动架次。

> > 附件 I 第 1 部分的随附文件 A（TAB A）

> > 自由时间（攻击选项 1~4）。

> > 附件 I 第 2 部分的随附文件 A（TAB A）

> > 自由时间（攻击选项 5）。

> 附件 II 第 1 部分（攻击选项 1~4）

按照 ALN[2]。

> 附件 II 第 2 部分（攻击选项 5）

按照 ALN。

> 附件 III 第 1 部分（攻击选项 1~4）

按照目标群编号（By Target Island Number）。

> 附件 III 第 2 部分（攻击选项 5）

按照目标群编号。

---

① 未查到 HHCL 的准确含义。

② 未查找到 ALN 的确切含义，有可能指攻击方向或路线编号。

二、本备忘录只对国防部长公开，以保护 SIOP-63 规划的数据。

评　介

美军第一份单一联合作战计划——SIOP-62 带有过渡性质，等到制定 SIOP-63 时，各方面才相应规范起来，其中包括对 SIOP 格式的规范。本文件是目前所能看到的唯一对 SIOP 框架结构有较详细描述的资料。由于 SIOP-63 是此后直到 70 年代中期美国所有核战争计划的“母本”，所以这份规定 SIOP-63 格式的文件，对人们从整体上认识和了解美军核战争计划具有一定的参考价值。

从文件内容可以看出，美军 SIOP-63 核作战计划整体上由基本作战计划和各分支计划或者专题计划组成。基本作战计划只明确面临的形势、参与打击的各司令部承担的任务、执行程序，以及关于指挥协调的总体规定等内容。以附件形式呈现的各分支计划，则规定了核作战中情报保障、相关机构的职责及指挥关系、所用核力量、遵循的作战概念、相关要素和行动之间的协调、打击目标与打击力量之间的匹配、不同打击力量发起打击的时机选择等一系列核打击相关事项。从中可以看出美军在规划核打击时重点关注哪些问题，也可以看出美军核作战规划的复杂性。

三十

国防部长麦克纳马拉在雅典北约理事会部长级会议上的讲话[*]（1962 年 5 月 5 日）

主席先生、先生们：

在去年 12 月我有幸向你们发表演讲的时候，我提出了我们政府关于北约应当奉行的防务政策指南方面的看法。

那时，我给出了我们关于苏联核打击能力的评估，并将其同我们联盟当前具备的核实力进行了对比。对比的结果，总的来说，是令人振奋的。在过去五个月里，我们研发和生产足够的核武器的信心没有发生任何的动摇。从总数上看，我们的联盟的核力量远远超出了苏联的核力量。我们的核武器种类更多，可实战部署性及防护性更好，并处于高戒备状态。我们的核力量做好了实战准备，能用于实施灵活的、决定性的行动。

你们应该还记得，我也曾表达过，尽管在威慑失败情况下，我们必然面临巨大的且还会更大的损失，但我们仍然有信心使我们的联盟在全面核战争中保持对苏联集团的优势。后来，我还强调了美国政府为什么认为我们的联盟的非核力量应该更好地实现同核力量平衡的理由。今天，我愿意就实施全面核战争及慑止全面核战争所面临的困难，非核力量的作用及其应达到的水平，以及威慑中非核力量与核力量之间的关系等问题，更深入地谈一谈美国政府的看法。最后，我将把这些认识同下面这几个最近引起联盟关注的问题联系起来，谈一谈看法。这些问题包括：

---

* "Remarks by Secretary McNamara", NATO Ministerial Meeting, 5 May 1962, Restricted Session, Digital National Security Archive（DNSA）, Nuclear History（NH）971; "Speech to NATO Council, Athens 5 May 1962 – by Secretary Robert S. Mcnamara", Philip Bobbiit, Lawrence Freedman, Gregory F. Treverton, eds., *US Nuclear Strategy: A Reader*, The Macmillan Press Ltd, 1989, pp. 205-222. 这两个不同出处的版本内容略有差异，本译文综合了这两个版本。

1. 为了使在重要问题，特别是核问题上进行更加密切的磋商、参与并达成一致意见能有更为充足的基础，需要同美国进行信息交换的问题；

2. 制定联盟核武器运用指南问题；

3. 美国之外的核力量在联盟防务中所起的作用的问题；

4. 盟友应具有什么水平的非核力量的问题。

I　全面核战争及对它的威慑

在过去 17 年里，核技术已经彻底改变了战争的面貌。核武器前所未有的破坏力已经根本性地改变了人们关于国家间冲突的认知。大西洋联盟已经正确地将如何防止冲突爆发作为关注的重点和努力的方向。尽管如此，美国仍然得出结论认为，从一定程度上讲，在全面核战争中我们可以采用的基本军事战略同过去在大多数常规军事行动中所采用的方法基本一样。也就是说，在由盟友遭到主要敌人打击所引发的核战争中，我们主要的军事目标应该是摧毁敌人的军事力量，同时努力使盟友社会的完整性得以完好保留。[①] 准确地说，我们的研究表明，一种用核武器只打击对方城市，或者既打击对方城市又打击对方军事目标的战略，对于实现威慑目的以及打全面核战争而言，都有较大的局限性。

按照我们最乐观的估计，打击敌人的军事力量，同时保护我们自己的社会不被摧毁，是一个在核大国能力限度内不可能达到的军事目标。甚至说，即使是发生了大规模核交战，交战双方遭受的核毁伤的程度也会有很大的波动区间，实际核毁伤的大小取决于打击什么目标。如果双方都只打击对方的重要军事目标，造成的毁伤虽然很严重，但会远低于打击城市—工业潜力目标所造成的毁伤程度。譬如，我们假定 1966 年爆发了全面核战争，研究结果表明，如果冲突在一种特殊条件下爆发，苏联只打击我方的军事目标，按照美国当前民防规划标准计算，美国可能有 2500 万人死于核打击，欧洲的死亡人数会略低于这一数字。另外，如果苏联既打击我们的城市—工业目标，又打击军事目标，则美国死于核打击的人数将达到 7500 万人，欧洲会有 1.15 亿人丧生。尽管两组数据都令人沮丧，但显然第一组数据好于第二组。关于其他一些核打击场景的研究也得出了相似的结论。

---

①　这里的着重号为编者所加，意在提醒这是该演讲中最引人关注的观点。

　　依据这些研究成果，美国已经制定了新的计划，目的是提供更加多样的战略选择。我们也已经规划了很多核发展项目，这些项目将使我们的联盟在威慑失败的情况下，能够做出有控制的、灵活的核反应。苏联是否会像我们这样来做，现在还不确定。我想要说的是，克里姆林宫有很强烈的动机来采纳类似的战略和力量发展规划，大部分原因在于我们联盟强大的核实力。因此到1966年，如果我们联盟的核报复打击仅限于摧毁苏联的军事目标，而将更好的核力量留作后备力量，那么，据我们计算，可以造成大约2500万苏联人死亡。如果在苏联打击欧洲和美国的城市之后，我们反击苏联的城市—工业中心，那么至少会造成1亿苏联人死亡。

　　除参战双方的核瞄准战略之外，还有其他一些因素也会影响到热核战争的毁伤程度。核交战中所用核弹头爆炸当量的大小，会使核爆炸的冲击波、热辐射，以及放射性尘降所产生的破坏有很大的区别。存在这样一种可能性，即通过针对特殊的打击目标使用特殊当量的核弹头，减小对人员的伤害。此外，随着导弹打击精度的提高，参战者有更大的把握摧毁其要打击的目标，这样一来，他们会减小实施核打击的核武器爆炸当量。如果他们这么做了，他们会调整核武器爆炸的高度，这会影响爆炸激起的放射性尘降的量。民防工程的存在对核战争中的死亡人数也有重要影响，特别是如果只是军事目标遭袭，民众面临的最主要的危险是放射性尘降，民防工程的作用就更加明显了。依靠这些因素及其他一些因素，在核战争中死亡的人数会有较大的波动区间，最多与最少之间相差4倍甚至更多。把核打击分得越细，核打击造成的伤亡就越少。

　　我之所以会提出这些论点，是因为我们认为其同当前和今后我们联盟的防务政策是密切相关的。特别是我们相信，这些论点对联盟关于全面战争的态度，以及北约在其大战略（grand strategy）中赋予核力量何种作用等，有非常重大的影响。

Ⅱ　联盟的全面战争态势

　　或许，在这些观察里影响最大的，就是认识到核优势具有重要意义。我想强调的是，在一直到60年代中期这一最重要的发展时期，我们的联盟保持着相对于中苏集团的核能力优势，在这一点上没有任何疑问。在即将到来的财政年度，美国打算在核武器上花费将近150亿美元，以确保维护这种核优势。

战略报复力量

我们确信，我们目前的发展规划足以在可预见的未来继续保持我们的核优势。如下表（表略——编者注）所示，到 1965 年，除部署在欧洲、远东和海上的核力量之外，这些发展规划将给我们提供 935 架远程轰炸机、大约 800 枚空射导弹以及超过 1500 枚洲际弹道导弹和"北极星"导弹。

我们怀疑苏联能否有像我们这么大的生产能力。此外，为了应对未来不可预知的情况，我们对超出我们预设需求之外能快速增加"民兵"导弹产量的能力进行了投资，方法就是在我们当前的规划项目之外，增设了多条导弹生产线。如果我们评估认为苏联的核能力正在发生重大变化，我们还会有其他的补救措施。

对威胁欧洲的目标的全覆盖

我们的核能力对应对欧洲面临的核威胁的重要性值得重点强调。这一威胁并非无关紧要。当前，欧洲盟军最高司令最重要的打击目标群——战区威胁清单，包括大约 700 个目标[1]。（有一些是优先级相对较低，由主要的下级司令官在第一次打击期间，或者第一次打击之后进行打击的其他目标。）欧洲盟军最高司令的威胁清单包括中程导弹发射阵地、苏联空军核用途飞机基地、核武器储存设施及军事指挥控制中心等高优先级的目标。例如，对已经规划的这些目标中的一个进行打击，可能就会使用从美国本土基地起飞的 B-52，也可能还有从美国本土或者欧洲盟军最高司令辖区内发射的一枚导弹。通过这种交叉瞄准的方式，我们能以很高的概率摧毁指定目标。

超过 1800 件核武器被安排用来打击欧洲盟军最高司令核威胁清单上的目标。欧洲盟军最高司令计划独自使用其所属核力量确保摧毁其核威胁清单上的 90 个目标。大约有 300 个目标，被安排由欧洲战区以外的核力量进行打击和摧毁。欧洲盟军最高司令计划使用自己的核力量打击另外 200 个或者更多的目标，但是摧毁这些目标的可信性不足以使其保证只依靠自己的核力量来实施打击。因此，这 200 个目标的打击任务，也赋予了欧洲战区之外的其他核力量。战区威胁目标清单上的目标被全部覆盖，且这一清单中

---

[1]　这一数字，在第二个出处的原文件中被省略。

有大约90%的目标准备由战区以外的核力量实施打击。被赋予这一打击任务的核武器中，有大约2/3将由美国战略空军司令部来投送。美国已经说得很清楚了：对于苏联那些能够威胁欧洲的核武器，以及能够到达北美大陆的核武器，美国将一视同仁，将其置于同等重要的位置。简言之，我们已经是以全球防御为基础来实施对北约的核防御。这将继续是我们的目标。在执行这一任务的过程中，部署在欧洲战区的武器只是用于执行这一任务的多种武器来源中的一种。

生存性与可控性

有很大一部分核力量还不足以确保成为担负政治责任的力量，不足以用于执行可控的和有选择的反应的政策，或者说不足以使我们能够履行所有的全面战争的重要任务。是否具备这些至关重要的性质，取决于核力量的生存能力和持久力，以及它们主要的指挥控制网络。联盟目前具备了承受住核打击，随后摧毁中苏集团很大一部分关键目标的能力。迫于未来一段时间军事形势的影响，我们将一直保持这种强大的、可用于二次打击的核力量，以及对这些力量实施有效控制和指导的能力。出于这一目的，隔开一定距离进行部署、疏散，具备机动性、抗压强度，以及处于高戒备状态等，都是我们可以采取的有效举措。在我们正在推进的轰炸机和导弹项目中，这些措施都被采用了。

基于这些考虑，联盟核资源的主体，也就是多达90%处于戒备状态的核武器以及爆炸当量占比超过90%的处于戒备状态的核武器，被作为完成单一总体任务的单一工具来使用。基于地理、技术和军事等方面的考虑，绝大部分核力量将继续按照现有方式进行部署，总体效能会提高。例如，未来大型导弹部队从决策到发射导弹、摧毁敌人目标的时间将大幅缩短，即使是那些在很远的地方部署的导弹，也将实现这一点。

实战效能

我想我们可以完全自信地说，面对我们的核优势，苏联将不会率先使用核武器。发动出人意料的突然核打击，并不是苏联明智的选择。但是，展望1966年，即使苏联实施了这样的核袭击，我们也有信心在遭受这样的核袭击后摧毁大约90%的苏联固定目标，同时还能保留大量后备力量，用于反击中苏集团剩下的部队，并迫使对方结束冲突。我们通过我们的瞄准战略还可以使对方平民遭受巨大损失。在这样的一场战争中，苏联不可能获得任何军事意义上的胜利，他们在这样的一场冲突中会丧失他们的国家。

苏联把使用核武器作为在欧洲或者其他地方进行的有限战争的一种自然结果，这似乎也不太可能。在这种情况下，苏联人也会发现，他们还是难以借此达成任何对其有益的目标。

控制的不可分性

我已经谈到了指挥与控制的重要性。如果我们要对力量运用实施必要的指导，指挥系统必须可靠生存。但是指挥与控制不光是地下指挥所、海上控制中心和空中指挥中心等这些我们已经有的或者正在发展的东西。有效使用我们的核资源，要求联盟威慑体系具备三个至关重要的特性，即统一计划、授权执行、集中指导，因为在一场大规模核战争中是没有战区区分的，或者说没有哪一个战区是全球性的。核武器所承担的特殊任务和发挥核武器作用最有效的方式等，决定着我们发展什么样的武器，在哪里部署这些武器，以及由谁来指挥使用这些武器。

更加重要的是，联盟在对敌人行动做出反应，特别是对敌人实施报复打击等方面，要实施统一计划、统一决策和统一指导。在实施核战争问题上，我们内部决不能较劲和冲突。我们坚信，全面核战争的目标体系是不可分割的。如果爆发了核战争，我们最希望看到的是，通过我们集中的有控制的行动，摧毁掉敌人那些最重要的核能力。要做到这一点，意味着我们必须精心选择打击目标，预先对打击进行计划，协调打击行动，并评估打击效果，此外还要由指挥中心来确定并指导实施后续打击行动。在我们看来，这些都要求盟友们能更多地参与到核政策制定过程中来，需要就使用核武器时机问题进行更深入的协商。此外，在使用核武器问题上，尽可能实施集中决策也十分必要。对我们所有人来说，脱离我们的主体打击力量，孤立地使用一部分战略核力量实施打击，是难以容忍的。

如果联盟核力量中的某一部分核力量自行其是，发起只能确保摧毁苏联一小部分核力量的报复性打击，我们的敌人会自由地重新分配其剩下的核力量，用于打击原本规划由其被摧毁的那一小部分核力量来打击的那些目标。如此一来，除了我们整体会处于危险当中之外，一次旨在摧毁用于瞄准 A 国的苏联中程核导弹的打击，使苏联还有其他核力量可用，这种对苏联发起的打击对 A 国而言，实际上并没有什么价值。这通常会迫使苏联将用剩下的导弹来打击 A 国目标。如果只使用联盟核力量中的一小部分来打击对方城市—工业目标，用大部分核力量去摧毁敌人的大部分核能力，对我们大家而言同样不可接受。因为这种打击会导致我们的筹码——苏联城市，在我们迫使苏联停止其侵略行动的战略马上要取得成功的时候遭到破坏。如果不能对北约核力量实施集中控制，会有灾难性后果降临到我们头上的风险，而这些原本是我们最希望能够避免的。

与此相关，我们的研究还清晰地表明，相对弱小的核力量如果瞄准敌方的城市目标，就不可能充分发挥其威慑功能。在这个遍布威胁、危机，甚至是突发事件的世界，这样一支核力量更可能威慑住核武器拥有者自己，使其在重压之下难以站稳立场，而不是阻止潜在侵略者。如果你的核力量规模小，且在地面或者空中易被打击，或者命中精度差，你的对手就会有多种措施来对付你。事实上，如果你的主要对手认为你有可能要单独使用这样一支核力量，那么这样的核力量还会招致对方对你的先发制人的打击。战时，如果用这样一支核力量去打击核大国的城市目标，无异于自杀。而用这样一支力量去打击重要军事目标，对冲突最终结果的影响也微不足道。简言之，发展一支弱小的核力量且又独自使用，花费不菲，容易过时，且其威慑也缺乏可信性。

基于这些原因，我才如此强调统一计划、集中授权执行和集中指导的重要性。离开了这些，全面核战争就意味着一种毁灭，而如果这样做了，我们的国家还有生存的机会。

Ⅲ　全面战争力量在联盟战略中所发挥的作用

那么，我们的联盟建立这样一套复杂的机制来保持对中苏集团的核优势，到底是要来干什么呢？而核战争可能的严重破坏，以及不同战略对应着的核战争毁伤程度的巨大不同，对北约政策会有什么样的影响呢？

我国政府感觉到，我前面所描述的战略能力会产生重要的政治后果。我们的联盟会像过去一样，继续掌握着很大的外交主动权。我们可以底气十足地拒绝赫鲁晓夫鲁莽地对我们实施的导弹威胁。如果苏联或者它的卫星国侵犯我们的利益，我们将有能力抵制它们，并且确信我们的对手不希望冲突升级。现在需要讨论的问题是，北约，而不是苏联，希望在哪一个节点上使非核冲突升级。

正如美国总统在很多场合讲过的那样，对使用核武器攻击我们联盟的一个或多个成员的行为，美国准备使用核武器立即做出反应。对于那些我们通过常规手段难以应付的苏联常规军事攻击，美国也已经做好了使用核武器来应对的准备。但是我们必须十分清楚我正在说什么、我们必须面对的局面是什么。鉴于我们非核军事力量不足的事实，首先，在一种模糊不清的局势中，很可能是我们西方，而不是东方不得不做出率先使用核武器的决定。其次，尽管我们占有核优势，有能力摧毁苏联的目标体系，但几乎可以肯定的是，我们所有国家在核大战中都将遭受极大的损失。

在北约区域内的其他地方，我们也会面临像柏林危机那样的威胁。在这样的危机当中，挑衅虽然很严重，但并不需要，或者并不要求我们立即做出更为激烈的反应。随着危机进一步升级，当军事力量受到威胁，或者被卷入其中时，哪怕涉入的军队数量很少，危机当事双方也会不断提升核力量戒备状态，这会导致实施核打击的预期后果越来越没有吸引力。

简言之，面对越来越可能发生的紧急情况，是北约，而不是苏联会被迫做出使用核武器的重大决定，而且我们是在知道这可能给我们联盟的所有国家带来灾难性后果的情况下来进行这一决策的。

我们已经做好了接受这种责任分担的准备。我们相信，我们的核优势同我们有控制的反应战略一道，让我们有希望在不得不践行我们的承诺时，使我们遭受的损失最小化。但是，如果我对你们假称，美国认为这有光明的前景，或者美国相信我们的联盟单靠自己的核力量就能威慑住苏联，使它不敢采取规模不大的军事行动，那我就是不真诚的。可以确定的是，一个拥有财富和人才的联盟，加上我们的经验，使我们能够找到一条比这更好的应对我们共同威胁的途径。

我们将继续保持强有力的、联盟一体化的核力量。这些核力量将继续使联盟能够对苏联首先使用核武器的行为实施强有力的惩戒。在有些情况下，核力量还可能是我们对抗苏联非核侵略的唯一工具，如果是这种情况，我们会使用核力量。但是，在我们看来，发出全面战争的威胁将被认为是我们多种选择中的一种，而且是非常谨慎的一种。我还没有看到大西洋两岸国家在这个问题上的看法有什么明显分歧。

Ⅳ　核武器的战术运用

我们应对全面战争的巨大核优势，并不能解决我们在慑止和应对小于全面战争规模的直接攻击方面的所有问题。那么，北约倚重核武器的地区性运用或者战术运用，会有什么样的前景呢？战场核武器（battlefield nucle-ar weapons）是在我们防御力量弱小且苏联原子武器库存量很小的时候引入北约的。在这样的条件下，希望通过在战场上或在战场附近单方面使用核武器，使北约能够非常迅速地阻止苏联向西欧挺进，是有一定合理性的。直到60年代初，通过战术性使用核武器都还能够达成我们所希望的目标。因此，我们在欧洲战区内一直保持有大规模的核力量，我们现在在欧洲存储有超过（省略）件各种当量的核武器。

但是北约应该在多大程度上依赖这些核能力呢？我们应该使用这些核能力有效地慑止苏联人首先使用核武器，而存放在欧洲的这些核武器有助于防止苏联局部使用核武器。但是，在开始使用核武器的情况下，北约不能再指望不会遭到核报复了。即便是地区性核交战都会给欧洲造成能想象得到的最为痛苦的后果。此外，这种核交战不可能给我们带来任何显著的军事优势。它会很快导致全面核战争。

当然，这种主要以显示我们使用核武器的决心和意图为目的的对核武器非常有限的使用，有可能使苏联在不进行大规模报复、不升级冲突的情况下停止侵略。这是我们不能拒绝的仅次于最坏情况的选择。但取得这种成功的机会并不大，而且我也不想去预测由此会造成什么样的政治后果。还可以想象，在战场上有限地战术性使用核武器，有可能不会扩大常规作战范围，或者不会根本性改变常规战争性质。但我们不要对此抱很高的期望。

掌握在部队手中的高度分散的核武器很难进行集中控制。双方都有可能出现意外使用和非授权使用核武器的情况。此外，苏联人面临的做出对等反应（respond in kind）的压力，核武器系统使用的高度灵活性，单件武器所蕴含的强大火力，从还未遭到攻击因而还未被摧毁的远处的基地呼叫火力的简单化、精确性，以及空中优势在核作战中的至关重要性等，都预示着，地区性核战争会是一种短暂但破坏性极大的现象。

我知道有一派思想认为，美国和苏联会寻求把欧洲作为核战场，以避免攻击对方本土。我国政府不仅断然拒绝接受这样的观点，而且我们认为这种做法是不现实的。这种认识忽略了我前面阐述过的关于核战争的基本事实，以为地理范围同实际选取的打击目标在哪儿没有关系，同使用哪儿的资源实施攻击也没有关系。在欧洲实施的任何重大核军事行动都不可避

免地会涉及位于美国和苏联本土的部队和目标。正如我已经说过的那样，
把小规模的、示威性的核武器使用限制在地区范围之内是有可能的，在北
约以外不是非常重要的地方，或者是在海上实施远程核军事行动，也可能
是有限的。但是没有一条有效的作战边界，或者一套相互约束的机制，可
以把大规模的核战争局限于北约的欧洲地区和苏联的卫星国。按照我们理
解的核战争方式，我们认为地区性核作战会给欧洲造成严重破坏，军事上
是不起作用的，且可能快速发展成全面核战争。

V　非核力量与威慑

在大西洋同盟拥有了我所描述的力量、采用了我所说的战略的情况下，
苏联对北约发动核攻击的可能性极小。但有可能存在其他形式的侵略，而
且在去年 12 月我曾谈到我们的顾虑，即发出全面战争的威胁可能不足以应
对苏联很多低层次的军事或者政治敌对行动。现在我们可以挫败这样一些
敌对行动，但有些行动我们可能挫败不了。为了应对这些我们还不能挫败
的敌对行动，我们该如何令人信服地让对方看到如果侵略继续会导致出现
核战争危险极高的一种形势呢？让我们设想两种情形。

第一种情形是北约作战前沿只有我们的少量部队。一旦发生了我们的
部队不能阻止苏军进攻，苏军非核力量大纵深突破北约防线的情况，同盟
军队可能的军事选择要么是立即动用核武器，要么是被打败。甚至在面对
次一级的苏联挑战时，恐怕也是如此。

第二种情形是，我们假定依据前沿战略（forward strategy）概念，北约
前线得以固守。北约军队已经做好准备，且有能力应对除倾巢出动之外的
苏联任何非核进攻，能够在作战前线积极应对苏联任何快速攻击或者任何
意图不明的侵略。苏联只有在大规模投入兵力的情况下才能突破北约防线。
在这样一种重大作战中，西方部队如果被迫后撤，大西洋同盟接下来就会
采取核行动。

如果你们是对方，那么你们认为在哪种形势下，爆发能导致各种严重
后果的核战争的风险会更大一些呢？什么能够使你们更倾向于避免采取精
心设计的行动，一步步侵蚀北约利益呢？对我们来说，答案显而易见。

在第一种情形下，北约，或者是其他任何势力，通过立即动用核武器来
应对对方迈出的一小步——切下第一片萨拉米香肠（the first slice of salami）

的行为——显然是不可信的。在任何一个小动作都不具有严重后果的情况下，说对方一连串的小动作最终会引起全面核战争那样的反应，同样也是不可信的。我们认为，对北约而言，通过第二种情形显然比通过第一种情形在政治上更可能有效维护其利益。

最近关于柏林事态的发展，为采取有限但有决定意义行动的有效性提供了有关证据。虽然宣布这场危机结束还为时过早，且不管怎样我们还不能肯定最能影响克里姆林宫政策的是哪些因素，但通过北约非核部队动员集结向苏联人传达我们在柏林问题上的正确信息，却并非不可能。当苏联人开始拿柏林问题进行威胁时，他们也许对西方保卫柏林的决心还心存怀疑，很显然，他们没有慑于我们早前的核威胁而不敢挑起事端。但是，新的更大规模的非核力量的出现，强化了我们的总体威慑态势，苏联人威胁要实施的那种侵略最终也没有出现。这并不单单是因为我们大幅增加了北约军事力量规模，额外增加了与 4 个做好战斗准备的陆军师相当的地面力量，增加了 88 艘舰艇和 18 个飞行中队，还因为通过这些增兵行动进一步传递了我们的决心，使苏联人知道我们要依靠非核力量维护我们的利益。

对我们认为最有可能在北约地区发生的那些冲突，非核能力显然是大西洋同盟希望在一开始就使用的那种能力。我们共同努力的目标是保卫北约的人口和领土。为达到这一目的，至少在一开始，在我们的人口和领土同对方接壤的地方，需要先使用非核手段进行非核防御。我们认为大西洋同盟迫切需要沿着诺斯塔德提议的防线，进行真正的前沿部署。

不过，我们应该清楚，我们并不认为前沿防御一定要能够在非核行动中击败苏联可能会用于对抗我们的任何一种军事力量。如果苏联对我们实施全面攻击，我们的核部队会迅速投入使用。我们相信，苏联人对这一点是不会有怀疑的。因此，我们认为危机直接导致重大核攻击的可能性极小。

在我们看来，北约面临的一项重要军事任务是向西欧中央地区提供非核部队，这些部队的规模要达到 MC26/4[①] 的要求，且要齐装满员，保障充足。成建制提供部队只是第一步，从下表（表略——编者注）中，你们可以看出剩下还有哪些事要做。

我们现在只完成了组建 30 个等效陆军师中大约 2/3 的任务，在过去一

---

① 1962 年 1 月 5 日北约理事会通过的关于北约到 1966 年底兵力需求的决定。

年，我们的满编战备师数量增加了 25%。在空中力量方面，我们现在有
2682 架飞机，非常接近我们的目标，这一数量今年会再增加 10%。我们的
空中和地面力量距离完成目标已经不远了，在过去的这一年，我们在这方
面已经取得明显的进展。但是，我们的军队质量是另一个问题，值得引起
北约国家及其政府的关注。在去年 12 月，我引用北约主要指挥官的调查结
果说过这个问题。有的已经开始行动了，有的还远没有开始。这里我们已
经看到了一些改进之处。但即使按照规划完成了当前这些改进，我们的部
队仍然存在严重的不足。部队员额一直不够，一些必要的作战保障单位还
缺编或者能力很差。

（这里省略了非核部队建设发展情况及美国在这方面的一些做法——编
者注）

Ⅵ　当前美国对大西洋联盟决策的看法

尽管就大西洋联盟面临的一些主要问题做出决策，并非我们此次会议
的目标，但美国政府认为，我们很快就必须要这么做了。因此，我将概略
谈一谈我们当前关于这些问题的看法，尽管这些看法已经超出了我们当前
面临和正在进行审议的问题的范畴。我相信，最终我们之间还是应该有更
加充分的沟通的。

信息交换

联盟应该掌握多少关于核力量及核战略的信息，是一个重要问题。我
们自己的看法是，与盟友交流的信息量应当超过之前的水平。我们欢迎制
定新的处理敏感信息的流程，我们计划提供关于我们的核力量的信息，计
划在接续之前做法的基础上，同盟友协商关于这些核力量使用的计划和
安排。

例如，在此次会议上，以及在去年 12 月的会议上，我已经尝试直接给
大家提供我们面临的重大问题的相关信息。上周，鲍尔将军给北约理事会
（NAC）提供了一份有关美国报复性核力量一些情况的声明。下个月，美国
军事人员还准备同大家一起讨论我们共同面临的其他方面的问题。

核武器运用指南及其协商

制定和批准核武器使用指南也是联盟关注的一件大事。我认为，对此
已经进行的讨论是有益的。讨论已经让大家明白了进行核威慑和实施核战

争的复杂性。我们感到，联盟大部分成员已经同意的这个核武器运用指南是合适的，是有帮助的。

打击威胁欧洲的苏联军队

我已经讲过了美国战略报复力量对完成联盟任务的贡献。这支力量同北约力量联合发挥作用，且对抗击可能用于攻击西欧的苏联军队发挥着相当重要的作用。承担这一任务不仅是履行条约义务的要求，也是核战争的不可分割性使然。更加特别的是，美国瞄准了苏联核打击力量的关键部分，包括其中程弹道导弹（MRBM），将苏联那些覆盖西欧的力量同那些也能打击美国本土的力量置于同等优先打击的位置。

提供"北极星"潜艇

主要且正在增长的额外的核力量是"北极星"舰队。总统已经在渥太华宣布，美国将分出一定数量的"北极星"潜艇归北约使用。现在这已经开始生效了。我们承诺将5艘具备完全作战能力的潜艇配属给大西洋盟军最高司令（SACLANT）。到1962年底，另外2艘潜艇将转隶大西洋盟军最高司令，总数将达到7艘。到1963年底，我们希望总共转隶12艘，有可能2艘进行大修，留下10艘。也就是说，那时我们整个"北极星"部队将用于北约。

随着此后"北极星"项目的开展，我们愿意将具备完全作战能力的"北极星"潜艇用于北约，具备完全作战能力指的是已经做好战斗准备，不是那些需要撤回到船厂进行大修的潜艇，是那些可以在北约水域正常作战的潜艇。按照目前的计划，这些将是"北极星"舰队的主体，因为有些潜艇将部署到太平洋，或者有一部分将部署到其他地方。

这种持续的、长航时的、可控的力量是北约报复能力的关键和独特因素。它必须被用于对北约全面核反应做出最大贡献，北约的这种核反应是不可分割的。特别是，"北极星"潜艇战备、瞄准和发射时间必须对作为整体的大西洋联盟的整体需要负责任。因此，这些力量的使用将不局限于支持任何单一战区或主要指挥官。

中程弹道导弹部队

我们准备在这次会议之后尽快在理事会会议上详细讨论需不需要中程弹道导弹力量问题。然后我们将准备讨论与这支力量相关的全面的军事技术及政治议题。我希望我们的盟友仔细考虑采取这一措施的各方面影响。

这里有许多复杂的问题要处理。同时，尽管美国没有承诺采购或部署中程
弹道导弹武器系统，但美国正在研发这样的武器系统。关于我们正在发展
的这一武器系统的技术说明，在附件里有。

非核力量及前沿战略

我们认为，北约及其军事指挥官应当将在中欧地区执行前沿战略列为
最高优先事项。特别是，地面力量需要固守前沿，大约 30 个师可用于这一
战略。地面和空中力量将被部署在这一区域，提供必要的作战和勤务支持。
充足的装备及储备使这些力量有效发挥作用，特别是空军部队将很好地得
到保护，以便能在非核作战中有效发挥作用。

美国意识到在完成这些规划时的困难程度，但相对于可能出现的危机，
以及我们可以动用的资源而言，这些困难都不算太大。问题不在于我们联
盟的能力，而在于联盟的意志。困难是客观存在的。我们都面临征兵、预
算水平或者收支平衡等方面的困难。但是，残酷的技术方面的事实和军事
力量的现实性也不能被忽视。这些都要求我们采取共同行动。

附　件

关于"X"导弹的概略数据

射程　　　　　　　　　　2000 海里

CEP（圆概率偏差）　　　约 1000 英尺（陆基）在 1000 海里射程上

　　　　　　　　　　　约 1700 英尺（海基）在 1000 海里射程上

弹头爆炸当量

导弹毛重　　　　　　　　12000 磅

作战方式：依据多种要素决定水面机动部署或者公路机动部署

250 枚导弹总造价约 20 亿美元

进度：预计于 1963 年 7 月 1 日前决策生产；1966 年开始作战部署

评　介

在美国核战略发展史上，美国于 1962~1963 年短暂奉行过所谓的"打

击军事目标"战略。美国时任国防部长麦克纳马拉正是在本次北约理事会部长级会议上所做的演讲中，首次提出了这一战略思想①。

麦克纳马拉在演讲中宣称，美国认为，在核时代"基本军事战略同过去在大多数常规军事行动中所采用的方法基本一样"，"主要的军事目标应该是摧毁敌人的军事力量"。在他看来，不仅使用核武器只打击对方城市的战略不可取，就连"既打击对方城市又打击对方军事目标"这样的战略，也有很大"局限性"，也不可取。显然，他这里所说的"打击军事目标"，是将城市目标完全排除在外的只对军事目标进行核打击。

关于为什么要选择这样一种打核战争的思路，麦克纳马拉并没有做详细说明。但从他对这一问题很短的一段阐释中似乎可以看出，他十分关心核战争可能造成的敌对双方的死亡人数对比，这是他决定采取"只打击军事目标"战略的主要原因。事实也确实如此。

麦克纳马拉此前虽然有短暂的从军经历，但主要在商界活动，在军事上，特别是核战略上完全是一个"素人"。他就任美国国防部长时，曾被美国海军倡导的"最低限度威慑"思想所折服②。为了塑造或者改变麦克纳马拉关于核问题的认知，美国空军寻找机会，安排时任兰德公司分析员的威廉·考夫曼给麦克纳马拉进行了一次专题汇报，向他展示了三种可能的核打击方式的不同毁伤后果：第一种，苏联对美国战略核力量发动突然打击，美国用剩余核力量打击苏联城市，苏联打击美国城市，结果是美国死亡 1.5 亿人，苏联死亡 4000 万人；第二种，美国对苏联城市进行打击，苏联用剩余核力量打击美国城市，结果是美国死亡 1.1 亿人，苏联死亡 7500 万人；美国空军着力要向国防部长推荐的是第三种打击方式，即美国使用核武器打击苏联的核力量，避开苏联城市，并保留一部分兵力做后备力量，用于在必要时打击苏联的城市。他们认为，在知道美国把其城市作为抵押品之后，苏联会进行反击，但很可能不会打击美国城市。如果采用这种方式，美国的死亡人数可能只有 300 万人，而苏联则可能死亡 500 万人。在这三种方案中，第三种方案不仅造成的死亡人数的绝对值大幅下降，而且是唯一

---

① 一个多月后（1962 年 6 月 16 日）在位于阿安伯的密歇根大学的演讲中，麦克纳马拉再次谈及这一思想，其开始为世人所知。

② 美国海军提出，仅由 200 枚从潜艇上发射的弹道导弹组成的报复性力量就能确保美国免受苏联的核袭击威胁。

的美国死亡人数少于苏联死亡人数的方案，其优势显而易见。麦克纳马拉
被空军提出的第三种核战争方案吸引，随后就正式提出了"打击军事目标"
战略。死亡人数多少显然是他决定选择这一方案的关键影响因素。①

　　麦克纳马拉的演讲还涉及战略核力量、战术核力量以及常规军事力量
之间的相互关系，盟国核力量与美国核力量，欧洲防务与美国防务，常规
战争与核战争关系等一系列问题，从中可以管窥 20 世纪 60 年代美国核思
想、核政策、核战略的重要发展动向。

　　"打击军事目标"思想提出后，很快遭到来自多个方面的反对，加之美
国各军种，特别是空军借机要求大规模扩充战略核武器，麦克纳马拉很快
就放弃了这一战略思想。但"打击军事目标"思想并未被美军摒弃，开始
成为美军实际的核战争规划的主导思想，持久发挥作用。

---

　　①　本书收录了威廉·考夫曼的文章《威慑的必要条件》（见资料十三），关于这三种打击方
　　　　案的相关内容，可参看〔加〕格温·戴尔《战争》，李霄垅、吕志娟译，江苏人民出版
　　　　社，2007，第 182~185 页。

三十一

国防部长麦克纳马拉就"战术核武器需求"问题给参谋长联席会议主席(莱姆尼策)的备忘录[*](1962年5月23日)

华盛顿,1962年5月23日

主题:对战术核武器(Tactical Nuclear Weapons)需求进行研究和继续研究一般任务部队(General Purpose Forces)需求

正如我在1962年2月17日主题为"一般任务部队需求研究"的备忘录中所指出的那样,我希望你(参谋长联席会议主席)组织一次对战术核武器需求的研究。我把这项研究看作"一般任务部队研究"的延续,要从那一研究小组中抽调大约10名军官作为研究团队的核心成员,研究开始时间不能晚于7月1日。现在就应着手对研究工作进行规划,与我的参谋人员合作来挑选研究的负责人,并确定其职权范围。

我建议,由美国陆军汉密尔顿·豪兹(Hamilton H. Howze)[①] 中将领导第一阶段研究工作,美国空军保罗·埃姆里克(Paul S. Emrick)少将担任他的副手。豪兹将军应该继续领导关于陆军航空兵的研究,但是在有关战术核武器需求第一阶段研究任务完成之前,他和埃姆里克将军不应再承担其他任务。第一阶段研究工作应于10月1日以前完成[②]。

我希望第一阶段集中研究战术核武器在欧洲地面战斗和空对地支援作战中的使用问题。我认为,目前关于我们在欧洲地面作战中使用战术核武

---

[*] "Memorandum from Secretary of Defense McNamara to the Chairman of the Joint of Staff(Lemnitzer)",FRUS,1961–1963,Vol.Ⅷ,National Security Policy,Doc.86,pp.294–298.

① 豪兹将军在美军最早提出并详细阐述了"空中突击"概念。1962年其担任美国陆军战术空中机动需求委员会主任。

② 1962年10月初,美军参联会提交了题为"战术核武器需求"的研究报告。

器的力量态势、学说（doctrine），以及对其使用目的的认识等，都令人很不满意。

我特别想知道美国陆军地面部队提出需要“戴维·克罗克特”（Davy Crockett）①、核火炮，一直到“潘兴”（Pershing）导弹等战术核武器，其依据在哪里。这些战术核武器的用途是什么？在什么样的紧急情况下要使用这些核武器？用这些核武器去达成什么目标？

有人提出在战区至少应该保留规模相对较小的战术核武器（例如，无论如何应该在战区为那些以战区为基地、主要用于执行非核作战任务的战术飞机保留核武器，或许还要保留几个用于实施核阻断的“潘兴”导弹营），似乎是以下列政治和心理因素为基础提出来的：第一，“美国如果不在战区部署核武器，盟国在心理上会无法承受”；第二，“美国在战区部署核武器，可以威胁把对方挑起的单方核战争转变为双方核战争，从而有助于慑止苏联将非核冲突升级为核冲突”；第三，“在战区部署了这样的武器，可能有助于通过在危急关头对敌方一个或几个关键军事目标实施核打击，来显示我们的决心，或者让苏联看到其实施的侵略中所隐含的升级风险”。但在战区保留更多战术核武器所要达到的目标是什么，以及实现这些目标所需核武器的具体数量、具体类型等，都还很不清楚。

我们正在购买的“戴维·克罗克特”、“下士”（Corporal）、“中士”（Sergeant）、“曲棍球”（Lacrosse）、“诚实约翰”（Honest John）、“潘兴”以及原子爆破装置（ADM's）等，在一场全面核战争中能够保护欧洲吗？如果是这样的话，这种投资的回报是不是很可疑呢？不是所有的证据都表明远程战略力量在这样一场冲突中将起决定性作用吗？进一步讲，如果我们规划的在战区部署的战术核武器满足不了要求，那么我们是否应该为此采购足够的战略核武器呢？

还有，这些用来保卫欧洲的战术核武器，在一场核战争中的用途仅限于战区范围吗？如果其用途仅限于战区范围，那么有很多问题需要考虑。这样的核冲突有可能发生吗？我们会遇到在欧洲遭到苏联核攻击时我们自己却不把冲突升级到全面战争这样的情况吗？我们需要为应对这种紧急情况（即只打一场仅限于战区范围的核冲突——编者注）分出一部分资源吗？

---

① 美国陆军装备的一种发射核炮弹的无后坐力炮，1961 年开始装备部队。

或许，排除这种可能性，对我们而言会更合情理一些。另外，在战区范围内用核战争来应对苏联的常规攻击，对我们真的有利吗？有什么证据来支持使用核武器对人力资源更少、技术更先进的一方更有利这样的观念呢？至少在欧洲，敌我双方都使用战术核武器在军事上对我们不利，这不是明摆着的吗？在任何情况下，使用核武器既能保护欧洲又不摧毁欧洲，这行得通吗？此外，我们要为这样一场战争来发展完备的能力吗？我们要购买广义上的完备的武器系统，例如，要发展在核环境中既能生存又能作战的完备的军事能力吗？换句话说，我们能只购买武器，不购买其他配套系统吗？我们的通信线路易受原子攻击影响，而我们在这方面似乎没有采取任何补救措施。我们的作战人员如何在有放射性尘降的环境中生存？在战术核环境中我们如何有效保持指挥和控制？这些问题似乎都还没有搞清楚。相反，我们已经为我们在欧洲的军队采购了大量的战术核武器，形成了遍布欧洲的战术核态势，这看上去似乎是在为第二次世界大战卷土重来做准备。如果我们不打算为战区核战争构建完整的核力量态势，而只是要形成一种核表象（就像我们今天正在做的那样），那么这样一种核表象或许能够通过比我们相应的核发展规划成本低得多、风险也低得多的方式来实现。

为了弄清楚这些疑问，并找到解决问题的答案，我认为本研究应关注以下问题。

A. 审查由以下两种情况发展而来，且只局限在欧洲作战区的战术核战争发生的可能性及其后果（考虑由此形成的军事态势和造成的民事损失）。引发这样的战术核战争的两种情况为：

1. 苏联使用战术核武器发起攻击；

2. 美国在输掉非核战争时将战争升级。

从可以稳定地保持核战争的有限性，使其不升级为对美国、美国的盟国及对苏联本土大规模攻击的洲际核战争的角度看，打这样一场有限核战争可行吗？即使用于实施指挥控制的机场和通信线路遭到核攻击，仍可能保持有组织的军事行动，就这一点来看，打这样的有限核战争可行吗？在不使用核武器就不足以保护欧洲的情况下，我们将一场非核冲突升级到战术核冲突的水平能保卫欧洲吗？究竟哪一方会从双边都使用核武器中获得更大的军事上的好处（从而会反对将冲突限制在非核水平）呢？

B. 审查战术核武器在一场由苏联发起的全面战争中的作用。评估各种战术核武器在我们使用战略核武器能取得的成果之外，对我们的成功能做出什么额外的贡献。对苏联使用战略核武器打击我们的地面部队所造成的影响进行量化。

在对上述 A 项和 B 项进行分析时，要考虑以下因素：

1. 北约军事态势在核攻击面前的脆弱性；

2. 在欧洲使用战术核武器对欧洲地区的人口和工业造成的附带损害；

3. 每一类战术核武器系统的作战效能。

C. 在战区使用战术核武器来达成以下目的时，所需要的战术核武器的最小规模是多少，需要的最少的核武器类型有哪些：

1. 用于确保产生令欧洲人确信核武器会用来保护他们的心理作用；

2. 阻止苏联将一场非核冲突升级为仅限于作战区域的战术核冲突；

3. 阻止苏联将其常规攻击部队大规模集结到容易被核攻击摧毁的程度；

4. 有能力通过在欧洲中部引爆几枚核弹来表明我们的决心，并提醒苏联人，在他们的侵略中存在固有的升级风险。

D. 考察建设真正具有核常双重能力的地面部队所面临的难题。如何提出常规作战和核冲突的能力需求？核常双重能力部队要：（1）与常规部队在常规战斗中的效能进行比较；（2）与核力量在核战斗中的效能等进行比较。要考虑陆军野战部队的战术核武器与常规作战战场近在咫尺时所带来的安全和稳定隐患。[①]

最终（在 10 月 1 日最后期限之后），我希望做这一研究的小组再去研究一下舰队防空作战、反潜战（ASW）和战区防空作战对战术核武器的需求问题。关于这每一个方面，我们都应该分析一下将非核冲突升级为双边核冲突对我们自己有什么好处。

我还希望你制定计划，不做时间限制地继续研究在非核作战领域对一般任务部队需求的问题。这项工作应该由一个小型的由精心挑选的高素质军官组成的研究小组（大概 12 人）来进行。这个小组应该继续发展、完善

---

① 原文件中，紧接着的下一段是："在 10 月 10 日国防部与国务院举行的主要讨论北约议题的政策会议的记录中，引用了麦克纳马拉当时谈论战术核武器的一句话：'我们自己进行的研究还未最终结束，研究结果不太有说服力。'〔见负责欧洲事务的副助理国务卿 J. 罗伯特·沙茨尔（J. Robert Schaetzel）给乔治·鲍尔（George Ball）的备忘录，日期为 1962 年 11 月 10 日；政府声明，中央档案室，740.5/10-1062〕"从上下文看，这一段话令人难以理解，故略去。

和改进现在正在进行的工作。我认为在这一领域尤其需要开发系统定量的方法。我相信在 7 月 1 日完成目前的研究（关于非核作战对一般任务部队需求的研究——编者注）后，我和我的同事将对后续研究工作提出问题、发表意见并给出建议。

从总体上讲，这一研究团队应考虑以下关于一般任务部队研究的问题：

（a）在本研究确定的条件及紧急情况下，这些结论正确吗？可靠吗？

（b）是否存在其他替代性武器系统和部队未被充分利用的可能性，而这些武器系统和部队能以更低的成本完成同样的工作呢？

（c）这些分析是否提示我们，还应该考虑其他情况和目标呢？

我已经让希契（Hitch）[1] 先生代表我为两个团队的研究提供指导。

请你在 6 月 15 日之前将落实上述这些要求的计划呈报给我。[2]

罗伯特·麦克纳马拉

吴红莉　译

评　介

20 世纪 50 年代后期，为了解决艾森豪威尔政府"大规模报复"政策不可信的问题，美国学者提出了"有限核战争"理论，得到了艾森豪威尔政府的认可。美国 1958 年"基本国家安全政策"文件首次明确提出，美国核武器库应包括各种类型的战术核武器。[3] 美国战术核武器开始"爆炸式"增长。到 1962 年，美国库存战术核武器数量已经达到 20000 件，4 年内数量增加 2 倍以上。在此期间，美国理论界发现，"有限核战争"理论无法从根本上解决如何确保将核冲突控制在"有限"层次上这一核心问题，这一理论存在无法克服的内在矛盾，于是对这一理论的兴趣大减。但是美国政府，特别美国军方并没有重视这一问题，仍然提出要大量采购多种类型的战术

---

①　查尔斯·希契原为兰德公司研究员，与人合著《核时代的国防经济学》，深得麦克纳马拉赏识，被任命为肯尼迪政府的助理国防部长，其领导创建的新的规划、立项、预算系统（PPBS）具有重大影响。

②　1963 年 4 月，参谋长联席会议的特别研究团队（战术核武器分组）提交了一份"对战术核武器需求的进一步研究"的报告。

③　参见本书收录资料十一。

核武器。麦克纳马拉的这一备忘录，是美国肯尼迪政府关于战术核武器的第一份正式文件，标志着美国官方开始重新审视战术核武器的作用与发展问题。

在备忘录中，麦克纳马拉提出了关于战术核武器的一系列问题，反映了他对战术核武器问题的基本关切、主要政策倾向和立场。一是通过提出能否找到"使用核武器既能保护欧洲又不摧毁欧洲"的可行途径，来质疑美军发展和使用战术核武器的合理性；二是通过提出战术核冲突与全面战略核战争之间的内在关联性，质疑持续发展和大量使用战术核武器的必要性；三是通过对比战术核打击效果与战略核打击效果，质疑发展战术核武器是否为最"划算"的维护国家利益的途径，质疑其经济性；四是通过对使用战术核武器具体战场环境的设想，质疑实施战术核作战的现实可行性。通过这一备忘录，麦克纳马拉间接表达了他对当时美军竞相发展、大力采购战术核武器做法的担忧和不满，预示着美国关于战术核武器的政策将要发生改变。

依照麦克纳马拉的备忘录，美国军方随后组织对战术核武器问题进行了至少两轮研究。在此基础上，1963 年 12 月麦克纳马拉在一份备忘录①中专门就美国"战术核武器态势与战略"（tactical nuclear posture and strategy）问题进行了明确。此后，美国战术核武器发展速度开始明显放缓。到 1967 年，美国库存战术核武器数量不再增加，美国战术核武器发展开始转入规模持续减少的阶段。

---

① 　指 1963 年 12 月 19 日"国防部长麦克纳马拉致约翰逊总统的备忘录草案"，主题为"关于 1965 财年至 1969 财年陆军和海军陆战队一般任务部队的建议，本书收录资料三十六摘录了其中的"战术核力量及战略"部分的内容。

三十二

联合战略目标规划参谋部历史：SIOP-62出台的背景与过程*（1962年）

战略空军司令部总部历史与研究部

前 言

本文件是联合战略目标规划参谋部（JSTPS）接续历史的首篇。第一，它关注了20世纪50年代战略目标规划这一难题的发展变化，以及用于将不同司令部的打击行动整合起来的核打击计划的发展演进；第二，它关注了设在战略空军司令部总部的联合战略目标规划参谋部的组成；第三，它关注了第一个单一联合作战计划（SIOP）的制定。在本历史的准备过程中，历史学家们认真研究了收藏于战略空军司令部总部的联合战略目标规划参谋部文件，以及在华盛顿的参谋长联席会议的文件。那些标识为"展示"（Ex）的文件都是战略空军司令部总部信息委员会历史与研究部的文件。

目 录

背 景

1960年8月16日，国防部长托马斯·盖茨（Thomas Gates）关于在战

---

* "History of the Joint Strategic Target Planning Staff: Background and Preparation of SIOP-62", Digital National Security Archive（DNSA）。

略空军司令部总部组建一个由战略空军司令部司令领导的联合参谋部的决定，第一次将各军种所掌握的所有战略核能力集合到了一个联合作战计划中。盖茨认为，这一决定是他在五角大楼七年期间做出的最重要的决定。也许在回顾了 1952 年至 1960 年战略核进攻计划与协调活动的历史之后，才能更好地认识到这一举动的重要意义。

在二战结束到朝鲜战争开始这段时间，战略空军司令部实质上垄断了美国的核武器投送手段。1946 年，参谋长联席会议将战略空军司令部所属力量置于其直接作战控制之下，并在此后几年通过阻止战区司令强行控制战略空军司令部所属力量，进一步强化了战略空军司令部与其所属力量之间的这种关系。因此在这些年间，在计划和实施原子进攻上不存在协调问题，但到了 20 世纪 50 年代早期，由于核武器及其投送工具向其他军种扩展，情况开始发生变化。

1952 年，美国海军宣布其所有的新型攻击机都可携带战术原子弹，并且手中已经有了能够投送大型原子弹的飞机。在欧洲和远东新组建的战术作战单位，也开始具有发射小型核武器的能力。事实上，空军部长托马斯·芬莱特（Thomas K. Finletter）宣称，"几乎所有"的美国空军作战飞机正在进行改装，以便能投送核武器。而距离苏联成为一个核大国的时间也越来越接近了。1949 年苏联爆炸了一个核装置，一年后美国空军相信，苏联已经拥有了一支强大的远程空中力量，到 1952 年这支力量可能覆盖美国全部区域。

为了应对日益增加的苏联威胁，参谋长联席会议开始采取行动，来获得对本国正在扩大的核力量的更直接的控制。1952 年 3 月，一个特别委员会审查了当时已有的原子作战控制与协调程序，并建议对原子作战实施集中控制与协调，以实现轰炸效果的最大化和军种间相互干扰的最小化。参联会同意了这一建议，并在欧洲和远东建立了被称为联合协调中心（JCC）的场所，用于对作战计划实施横向协调。联合协调中心实际发挥着战情室（War Room）的职能，用于接收、整编、显示、审查、协调及转发与核力量计划及行动有关的信息，这些信息也是相关的联合司令部和特种司令部司令官以及参联会所关切的。这种协调是作战协调，也就是说，它是在敌对开始之后才进行的协调。

联合协调中心的早期运行实践，暴露出在敌对态势形成之前就需要对各司令部司令的核计划进行协调。于是，1954 年，参联会要求每一个相应的指挥官呈交其战争计划的原子作战附件，也就是一个打击目标清单，并将它同战区司令和战略空军司令部司令相应的作战计划进行协调。1955 年，战略空军司令部受命作为东道主，举办了一次由相应指挥官参加的会议，目的是拿出一套可以击败共产主义国家空中力量的原则或方法。除了认为需要就核战争计划定期协调之外，会议没能取得其他任何成果。经参联会批准，这些秘密会议对外被称为全球协调会议（WWCC）。在 1958 年之前，这样的会议每年都召开。经过这些会议协调并经参联会批准的计划，被提前交给联合协调中心用于对演习或在敌对开始时进行必要的作战协调。敌对行动开始之前和之后整个协调活动，就是人们所熟知的核协调机制。

这一机制成功吗？通过回顾在准备一份单一司令部的打击计划过程中出现的打击计划的形成、核武器发射、不同核武器之间的相互支持以及使轰炸效果最大化等各种复杂的问题，或许能够更好地理解这一问题的复杂性。这些因素之所以能够被处理好，是因为这一工作是在同一个通用原则的框架内进行的。当尝试在具有不同概念、原则、传统和技术的司令部间进行协调时，问题就变得非常难处理。从积极的方面来说，全球协调会议确实使司令官能更全面地了解彼此的能力、任务、目标和计划。各自的打击目标清单、所用的力量，以及实施打击的时间等都可以在会上进行讨论和比较。这可以避免一些矛盾和冲突。而这一机制的缺陷相对于其优势而言显得更为突出。至少对战略空军司令部而言是这样的。全球协调会议没有解决打击目标冲突问题，例如，在 1957 年和 1958 年的会议上，双重打击、三重打击（两个或者更多司令部向同一个目标发射核武器）的情况并没有明显减少。参联会的各指挥官之间既没有实现相互支持的目标，也没有将他们的战略行动统一起来。在联合协调中心，作战协调程序依赖于高度复杂的通信系统。在和平时期的演习中，通信时间在信息发送者与接收者之间的延迟增加，信息形成积压；在作战情况下，该通信系统的效能会大大降低。在 1958 年到 1960 年在联合协调中心机制下实施的每一次军事演习中，出现了超过 200 次的核武器"抵达目标时间"（TOT）冲突，体现出现存核计划在执行中存在严重的冲突。战时，通信被干扰或者中断，会导致不必要的飞机及飞行员的损失。在长达四年的协调努力中，比较打击目标清单、解决其中一些冲突，是最后的收获。参联会主席特文宁将军相信，从这些协作活动中得出的一个基本原则是："……核作战必须预先计划，以便能最大限度地自动执行，对交战开始后的通信依赖最小。"

寻求更加有效的协调

1958 年 7 月 23 日国会通过的 1958 年国防部改组法案（公开法 85 - 599），似乎为更好地协调战略进攻行动开启了新的前景。艾森豪威尔总统在向国会描述他的计划时强调，"在我们的战略规划和基本作战指导上，实现完全统一最为必要"。国防部长和参联会要有在这些问题上采取行动的权威，这一点十分必要。一直支持按功能进行整合的空军支持总统的计划，陆军也支持这么做。但海军对此却不那么热心。

当时的国防部长尼尔·麦克尔罗伊（Neil McElroy）按照新的改组法被授予了在发展和使用新式武器系统上的更大权力。他审查了当时关于发展新式舰载弹道导弹，或者叫"北极星"导弹的计划。1958 年 12 月，他要求联合参谋长们就未来如何使用这一武器系统提出各自的看法。

作为空军的代言人，托马斯·怀特（Thomas D. White）将军支持创建一个统一的美军战略司令部，该司令部包括来自空军的下属作战单位（重型和中型轰炸机，以及中程和洲际弹道导弹）和海军的"北极星"导弹力量。他建议，在参联会批准了的情况下，战略空军司令部司令（CINCSAC）或许可以组建起这一组织，以便在"北极星"导弹实战可用时，这个组织能正常运作起来。战略空军司令部人员要与来自其他参与军种的人员整合起来，派遣给新组建起来的战略司令部总部。怀特将军认为，一个联合战略司令部将是最适合制定高效核进攻计划的组织架构。

陆军、海军和海军陆战队总体上反对空军的方案。海军作战部长阿利·伯克（Arleigh Burke）上将反对把所有战略武器体系整合到一个单一司令部中，建议拒绝空军的立场。此前海军已经要求，把"北极星"力量分配给美国大西洋司令部司令（CINCLANT），最终还要分配给美国欧洲司令部司令（USCINCEUR）和美国太平洋司令部司令（CINCPAC）。伯克上将认为没有必要对现有体制进行改变，在他看来，自从 1958 年国防改组法颁布以来，现有协调机制运行良好，且将"北极星"导弹部队整合到各舰队，也不会引发瞄准上的问题。另外，把所有武器体系置于单一司令部指挥之下"……会扰乱并改变美国的国防组织结构"。参联会已经拥有了防止在战略瞄准、战略计划和武器运用上出现重复现象的权力，而且海军作战部长认为，参联会的这种权力并没有丧失，仍然存在。陆军总体上赞同海军的观点，但其认为对这一问题进行彻底研究的时机还不成熟。它认为应把"北极星"导弹部队分配给舰队，当它成为一个确实可实战使用的系统后，再审议它的指挥架构问题。海军陆战队支持由参联会负责选择打击目标，然后由联合司令部司令官们将这些目标分配给攻击部队。海军陆战队担心对目标的打击由一个司令部来完成，会产生一种"庞大而僵化的"（monolithic）结构，它控制所有核打击飞机，以及陆基和海基导弹，如果通信系统被破坏，会造成严重的协调上的困难，它会变得十分脆弱。

因为意见不统一，一个包括不同意见的决策文件被提交给国防部长。尽管怀特将军在给麦克尔罗伊的报告中说，他并不认为做出一个关于指挥安排的决定是很迫切的事，因为一直要到1960年后期这一体系才会用于实战，但毫无疑问，国防部长想推进瞄准协调进程。1959年7月底，在战略空军司令部总部听取了向国防部长和参联会成员所做的"紧急战争状态"（EWO）简况汇报后，国防部长要求参联会主席向他提出主席个人在此问题上的看法。

在给国防部长的回复①中，特文宁将军回顾了关于核计划协调的历史，得出结论说，"……在当前的安排下不可能就协调问题取得更大的进展……"。他反对对现存机制进行小打小闹的修补，支持对现有体系进行"根本性改变"。问题被进一步分成三类：（1）核打击瞄准政策；（2）统一核作战计划的制定；（3）对打击力量的控制。关于第一个问题，他倾向于接受空军的打击军事力量的理论，认为要打击的目标体系应当包括（以优先性为序）远程核投送能力、政府和军事控制中心、战争支撑资源、人口中心。当瞄准政策被采纳后，在参联会主席看来，负有战略打击任务的司令官应当提出一个国家战略目标体系或清单，提供给参联会 J-2（情报部）来审查。关于第二个问题，他认为，制定一个统一核作战计划的必要性显而易见。他会指派由战略空军司令部负责统一作战计划的制定。海军的航空母舰不会被用于打击任何预先计划的战略目标。但当"北极星"潜射导弹发展成为一种重要的作战能力时，它将被纳入统一作战计划中。关于第三个问题，参联会主席提出，如果采取了上述行动，作战控制和不同军种之间相互干

---

① 指的是1959年8月17日特文宁致国防部长的备忘录，参看本书收录资料十九。

扰的问题就"简单了"。用特文宁的话说，出台一个国家战略目标清单
（NSTL）和单一联合作战计划（SIOP）"……为地区指挥官作战计划与战略
空军司令部计划之间必要的协调提供了合理的基础"。只有在就这些问题做
出决定，形成了决策并开始生效之后，瞄准协调问题才会取得进展。

在将自己的观点提交给国防部长的同时，参联会主席通过寻求各军种
对 18 个问题①的回答，来了解各军种在瞄准协调问题上的立场。最初，由
一个跨军种的特别委员会为这 18 个问题准备了一份统一的答案。随后，每
个军种单独准备了自己的答案。在关于"北极星"指挥与控制问题上，军
种间存在巨大的意见分歧。但在 1959 年，由于在等"2009 研究"的完成，
在这一问题上并没有进一步行动。"2009 研究"是一个提供给总统批准的、
关于优化全面战争目标体系的研究。

1959 年 12 月国防部长麦克尔罗伊离职，解决瞄准协调难题的任务落在
其继任者托马斯·盖茨身上。新国防部长上任伊始就表示，他准备采取行
动推动这一进程。1960 年 1 月 20 日他告诉参联会，在方便的时候他想同他
们讨论 SM-171-59（关于"北极星"问题不同意见的文件）。1960 年春季
早些时候发生的事，再次表明确实需要在此问题上采取行动了。在欧洲盟
军最高司令部（SHAPE）举行的全球协调会议上，与会代表们一致认为，
使种类繁多的武器系统瞄准目标且不浪费打击资源"……已经远远超出全
球协调会议的能力范围"。美国欧洲司令部司令和战略空军司令部司令的高
级代表在他们写给参联会的备忘录中表示："随着武器数量的不断增加及使
用方式的多样化，有效使用这些武器似乎只能通过一个单一的权力机构
实现。"

与此同时，各军种在此问题上的立场相互矛盾仍是主要障碍。1960 年 5
月 6 日，特文宁将军向国防部长建议：参谋长们难以就他提出的 18 个问题
达成一致意见；参谋长都提出了他们各自的意见。在 6 月中旬进行的两天讨
论中，各军种同新任国防部长就各自立场进行了自由交流，在此之后，参
联会准备了一份文件，内容扩展到各军种在政策、目标侦察、核打击规划
及协调等领域的不同看法。参谋长们同意，需要有一个基本的瞄准政策，
用以将"2009 研究"提出的指导意见和总统关于进行该研究的决定，转换

---

① 这 18 个问题包括有关瞄准政策的 4 个问题，关于一体化战略核武器作战计划的 9 个问题，
关于对核部队作战控制的 3 个问题，以及关于作战分析及战争演习的 2 个问题。

成一个联合司令部和特种司令部司令官可用的操作指南，还需要有一个用于在国家战略目标清单中选择目标的指南。但他们对应该出台一个什么样的瞄准政策的问题没能达成一致。特文宁将军感觉到各军种之间的分歧在增加，至少从各自盘算的角度看，可以这样说。他强调，参联会不应当等待找到一个"完美的答案"。说到做到，他提出了一个国家战略瞄准政策。各军种在这一问题上的立场被整理为 SM-696-60 于 1960 年 7 月 20 日送交国防部长。

1960 年 8 月 16 日，经过参联会超过一年的反复商讨和经历了两任国防部长之后，关于战略系统的指挥控制以及战略瞄准问题，开始成为需要国防部长做出最终决定的问题。拿出的方案明显是妥协的产物，它既没有采纳空军赞同的统一指挥的立场，也没有采纳海军有关现存的参联会机制能够解决这一问题的立场。战略空军司令部在战略打击规划上的广泛经验得到了国防部长盖茨的认可。战略空军司令部司令被委任来领导这个独特的机构，它是参联会的下属机构，在战略空军司令部总部集聚起一个由来自各军种的专家组成的团队，为所有用于首次战略核打击的美国部队制定一项计划。战略空军司令部司令作为战略目标规划主任的职责，是他的一份额外和独立的责任。8 月 18 日，国防部长盖茨任命爱德华·帕克（Edward N. Parker）海军少将（后晋升为海军中将）担任鲍尔将军的副手，他是一位核武器专家，是国防原子武器支援局（DASA）的前负责人。

组织架构

鲍尔将军立即开始将他的跨军种参谋人员聚拢到战略空军司令部总部。引进新人、建立新机构、按照战略空军司令部的方法对他们进行培训等工作快速向前推进，而且他们开始思考解决这一机构在形成早期阶段面临的主要问题。留给他们制定第一份统一核打击计划的时间很短；国防部长需要在当年 12 月之前完成这一工作。

这一新机构的规模要尽可能小，大多数位置由战略空军司令部已有的参谋人员来填充，但所有军种都要参与核打击规划各方面的工作。相关的司令官［欧洲盟军最高司令、大西洋司令部司令、太平洋司令部司令、阿拉斯加司令部司令（CINCAL）、东大西洋和地中海海军部队司令（CINC-NELM）］都被要求向 8 月 24 日在奥弗特空军基地（Offutt AFB）召开的会议派出会议代表，来讨论新机构的组成及人事安排。三天之后，形成了用于完成授予的主要任务，即准备国家战略目标清单、制定单一联合作战计划的机构的组织框架草案，其被提交给了参联会。

该机构主要分成两大块（见下图）。第一块是主任办公室。鲍尔将军作为战略目标规划主任，其主要任务包括：

a. 组织一个联合战略目标规划参谋部，参谋部人员来自各个军种，具备进行目标瞄准及打击规划的必要技能；

b. 建立并维护国家战略目标清单，为攻击国家战略目标清单上的目标制定并修订单一联合作战计划；

c. 将国家战略目标清单及单一联合作战计划呈递给参联会供其审议和批准，指出在准备这两份文件过程中他解决的意见分歧。

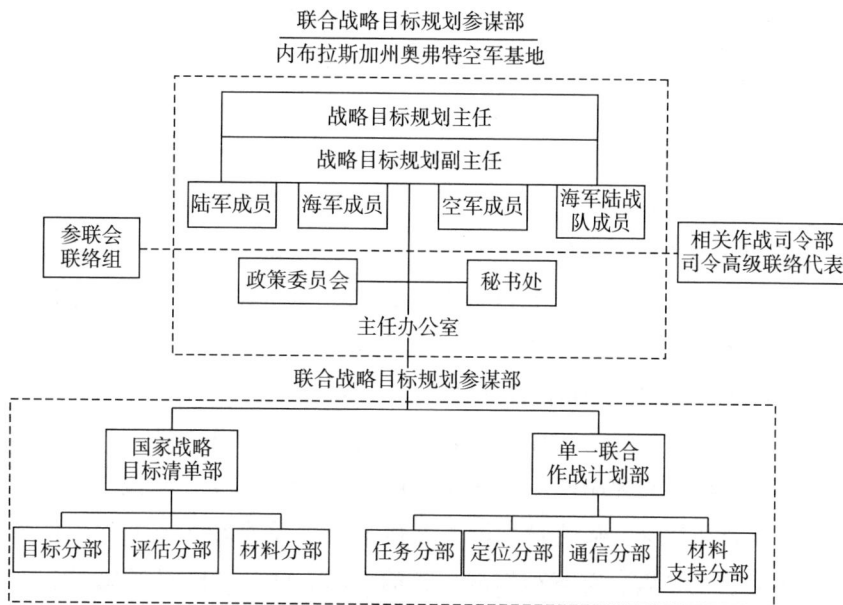

主任办公室还任命一个副主任，在主任缺席时由他代行主任职责，他在联合战略目标规划参谋部活动安排上还充当主任的首席助手和顾问。主任办公室还包括来自陆军、海军、海军陆战队及空军的各一名代表。这些军种代表充当主任的私人参谋和副手，在相关政策问题上代表各自军种立场，充当联络人的角色。这些代表不在指挥链上。来自那些向单一联合作战计划提供部队的联合司令部和特种司令部司令官的代表，以及参联会联络组也是这个参谋部的一部分。联合司令部及特种司令部司令官的这些代表（数量由他们的司令官确定）参与国家战略目标清单和单一联合作战计划的准备。他们并没有被整合到联合战略目标规划参谋部里，而是直接对他们各自对应的上级指挥官负责。参联会联络组是参联会联合参谋部的一部分，协助战略目标规划主任理解参联会指示，并向参联会及各军种通报国家战略目标清单及单一联合作战计划准备进展情况。联合司令部及特种司令部司令官的代表和军种派出的代表组成一个由副主任担任主席的政策委员会。该委员会对相关政策进行审查，并批准相关政策；负责将意见分歧提交给主任，由主任做最终裁决。秘书处也是主任办公室的组成部分，它的职责是对管理及人事进行监督。该机构的第二块包括两个由目标参谋人员组成的业务单位，一个是国家战略目标清单部，一个是单一联合作战计划部，这两个部门依据其各自从事的业务来命名。

该机构最早的 269 个联合参谋岗位分配如下：来自战略空军司令部的有 140 名军官、57 名飞行员和 22 名文职人员；来自陆军的有 10 名军官，来自海军的有 29 名军官，来自空军的有 8 名军官，来自海军陆战队的有 3 名军官。

1960 年 9 月 1 日，参联会批准了建议的机构组成框架，正式将其命名为联合战略目标规划局（JSTPA）（9 月 29 日，该机构被重新命名为联合战略目标规划参谋部），其批准的最初的联合编制分配表（Joint Table of Distribution，JTD），给 197 名战略空军司令部人员额外增加了 50 名军事航天人员，用于完成相关领域的工作。还有一个变化是，参联会规定，单一联合作战计划部的副职领导应该是一个海军军官，军衔等级为少将或者上校。

接下来，在对国家战略目标清单部情报架构及战略空军司令部总部情报支持机构调查之后，应海军作战部长的要求，联合战略目标规划参谋部副主任要求额外增加 69 个军事人员岗位，除 5 个由空军飞行员担任的岗位外，其余岗位全部由海军和陆军人员担任。这 69 个岗位中有 40 个分派到了战略空军司令部总部的情报职能部门，29 个分派给了联合战略目标规划参谋部。经过审查，参联会只批准暂时增加 29 个军事人员岗位和 3 个文职人员编制，不同意增加其他 40 个军事人员岗位。

该机构为了准备第一份国家战略目标清单和单一联合作战计划不得不匆匆忙忙地组建起来，因为国防部长已经命令这两份文件必须在 1960 年 12 月 14 日之前完成。重点是能够从各个军种调来最适合从事这项工作的人员；

对战略空军司令部参谋人员的能力也没来得及进行分析。但是在第一份国家战略目标清单和单一联合作战计划出台后，该机构要针对未来的需要进行一些调整，例如，要增加使这些文件跟上新形势的工作。鲍尔将军建议精简机构；非战略空军司令部人员的岗位数量从 83 个减至 75 个，担负双重职能（既在战略空军司令部，又在联合战略目标规划参谋部——编者注）的战略空军司令部人员数量从 219 人减至 111 人。他还要求将来自各司令部的常驻代表数量减至最少。

陆军和海军不同意鲍尔将军的建议。海军作战部长并不认为这一建议在各个方面都足以代表各军种的意见，而是只对空军有利。因为国家战略目标清单部的首要责任是关注情报及目标选择，在海军看来，各军种应该有同样多的代表。伯克海军上将也不赞同减少来自各司令部的代表的提议，反而认为应该由相应的司令官自由委任自己的代表。基于未来考虑，海军作战部长建议设立一个情报小组，由来自各作战司令部、各军种、联合参谋部和中央情报局的代表组成，该情报小组"……提供最广泛和最专业的情报基础，以达成支撑单一联合作战计划的目标"。陆军也认为，鲍尔将军关于编制的建议不符合联合参谋部的标准，它也不同意让除战略目标规划主任之外的战略空军司令部军官同时在两个核心岗位上工作。陆军建议，在国家战略目标清单部的各军种代表数量应该一样多，应依据提供核打击部队的比例来确定在单一联合作战计划部工作的各军种代表比例。

战略目标规划主任鲍尔将军则强调，现有参联会关于组建联合参谋部的指南，并没有给出有关向一个特殊司令部分派联合参谋岗位的先例。他辩解称，他理解参联会批准的联合编制分配表就代表了参联会的指南，这一编制分配最节省，也能最有效地利用空间和技术设备，最符合用于实施核打击计划的部队和武器装备的配比要求。他并没有将用于该计划的力量作为分配代表名额的基础；如果他这样做了，那么海军和海军陆战队的代表人数要减少一半。在联合编制分配表中，34 个核心岗位中有 14 个明确由陆军、海军和海军陆战队人员担任（占比 41%）。尽管战略目标规划主任并没有要求成立一个情报小组，但他欢迎每一个联合司令部和特种司令部的司令官各增加一名情报军官，用于监督单一联合作战计划的情报工作，他还同意由联合司令部和特种司令部的司令官们额外增加 10 个人，以提高情报的可信度，对不同情报进行协调。

在考虑了鲍尔将军的新建议及上述各军种对此建议的评论后，新任国防部长麦克纳马拉通报鲍尔将军说，他的做法完全符合盖茨部长的指令要求，但他应按照如下指南对联合编制分配表进行调整：

A. 在国家战略目标清单部关键岗位上的人员，不应承担其他责任；

B. 国家战略目标清单部的关键岗位将选择那些最能胜任这一岗位的人员来任职，不管他是哪一个军种的；

C. 单一联合作战计划部关键岗位上各军种的代表人员，将按照每一个军种提供的用于执行单一联合作战计划部队的比例来确定；

D. 联合战略目标规划参谋部应该按照能接收、评估和使用来自任何可靠来源的情报的要求来重新编组。但是"联合情报审查小组"似乎并不需要。

于 1961 年 4 月 27 日提交的修改了的联合编制分配表，主要以 1 月新任国防部长建议的组织架构为基础，包括 34 个关键职位，总共 186 个军事人员和文职人员编制。国家战略目标清单部 16 个关键岗位上的人员明确没有军种分别；为这些职位选择最合格的人员时，将不考虑军种因素。在战略目标规划主任看来，联合战略目标规划参谋部组织架构的新指导原则就是"按照提供部队的比例来确定各军种代表的比例"。提交的该机构组织架构于 1961 年 6 月 14 日被参联会批准。

SIOP-62 的准备

鲍尔将军在其履行作为战略目标规划主任的职责上，受国家战略瞄准与攻击政策（NSTAP）的指导。国家战略瞄准与攻击政策是一份参联会文件，它是国家战略打击计划的核心。这一政策明确的打击目标是摧毁中苏集团的战略打击力量，或者使其失能，并摧毁其重要的军事和政府控制中心，打击城市—工业中心，达到"2009 研究"明确的毁伤水平。这些目标将由一体化的战略部队来完成，单一联合作战计划指导它们打击最小目标清单上的目标。

联合战略目标规划参谋部组建后的第一项任务是决定要打击哪些目标。8 月 18 日，鲍尔将军指示其情报高级职员准备一份初级的目标清单。在 6 天之后的第一次司令部会议上，情报人员提交了一份工作清单，即人们所说的由大约 4000 个目标组成的国家战略目标数据库。一个由帕克中将牵头的筹划指导委员会信誓旦旦地说，该目标清单满足了所有战区司令部的需要。鲍尔将军希望最终的清单仅包括那些已经确认被识别和定位的目标。

国家战略目标数据库是确定国家战略目标清单的基础，前者是美国情报界所了解到的中苏重要战略目标的组合。通过从该目标数据库中精选那些优先级最高的目标，最终形成国家战略目标清单。在通过目标权重系统给数据库中的目标赋予一个相对价值之后，就开始了确定理想的爆心地面投影点（DGZ）的程序。（约 1 页内容未解密——编者注）

在展开建立目标系统工作的同时，单一联合作战计划部的工作人员和来自各司令部的代表们则分析了那些战区司令部准备用于打击这一目标系统的武装力量的能力。只有那些在 1960 年 12 月已有的部队和已经具备的能力，才考虑用于 SIOP-62。规划使用的每一种武器系统的可靠性也要确定下来，并交给政策委员会来批准。

1960 年 9 月中旬，开始了为所有汇集到单一联合作战计划部的武器系统确定爆心地面投影点的工作。爆心地面投影点是国家战略目标清单部确定的。目标体系被分成两个部分。（约 2 页内容未解密——编者注）

在将目标分配给现役部队的工作完成之后，再完成毁伤程度评估以及做出必要的优化和调整，国家战略目标清单就完成了。

1960 年 12 月 1 日，国防部长、参联会成员、为单一联合作战计划提供部队的联合司令部和特种司令部的司令们，以及其他高级军事和民事领导人共 32 人，聚集在战略空军司令部总部听取 SIOP-62 的简况汇报。汇报内容包括国家战略目标清单、作战概念、敌人的防御、力量运用、对核武器成功抵达目标和毁伤及伤亡情况等的评估，以及对于计划的不同意见等。

完整的 SIOP-62 是一个关于在对中苏集团初始战略打击期间，需要打击什么目标，由什么部队来打击，用什么方式进行打击的详细计划。它取代了联合战略能力计划中任何与之冲突的指导原则。计划的主要部分是 8 个附件，分别是：情报、责任和指挥关系、原子弹、作战概念、协同指令、打击时序、通信以及管理程序。在总统的指示下，参联会掌握使计划付诸实施的特权。其打击任务如下：a. 摧毁中苏战略核能力、极其重要的基本军事和政府控制中心，或者使其失能；b. 打击中苏集团的重要城市—工业中心，达到使其经济瘫痪并使中苏集团无力继续进行战争的程度。（约半页内容未解密——编者注）

在简况汇报会上，大西洋司令部司令高级代表海兰德（J. J. Hyland）少将就 SIOP-62 的某些不同意见向参联会做了汇报。尽管这些不同意见早前已经通过战略目标规划主任以及参联会的指令得以解决，但还是作为给国防部长的简况汇报的一部分被提交。首先，海兰德将军对他称之为（约 2 页内容未解密——编者注）。

1960 年 12 月 2 日，SIOP-62 没有进行大的改动就被参联会、国防部长和总统批准，明确于 1961 年 4 月 1 日生效。单一联合作战计划则于那一天正式生效。

摘　要

为 1962 年准备的单一联合作战计划代表着在战争规划方面独一无二的一次进步。在此之前，核瞄准只能面对相互支持和最经济地使用核力量等受到阻碍的现实来进行协调。在参联会长时间考虑这一问题没有达成一致意见后，参联会主席提出了一个国家战略瞄准政策。国防部长接受了他的提议并指示将其作为战略空军司令部司令在履行其作为战略目标规划主任这一新职责时的指南。在 1960 年 8 月 16 日的决定中，国防部长认为，不需要建立一个战略司令部，但他也不认可战略目标规划通过现有的参联会体制就能完成的看法。他组建了联合战略目标规划参谋部，它向参联会负责，但机构设在战略空军司令部总部。联合战略目标规划参谋部取代了原来用于规划协调的全球协调会议这一途径，尽管作战协调（约 2 行内容未解密——编者注）仍然是需要的。由于距离截止日期时日不多，以战略空军司令部官员为核心，他们得到了派往新机构的其他军种人员的协助，在不到 4 个月的时间内就拿出了第一份国家战略目标清单和第一个单一联合作战计划。正如所预料的那样，这一过程伴随着由军种理念不同而产生的分歧，但这并没有影响到 12 月 1 日将最终的计划提交给国防部长，也没有影响到该计划被最终采纳。联合战略目标规划参谋部不是能解决所有核打击协调问题的灵丹妙药，但它开了一个头，为未来进一步发展打下了基础。

评　介

美军成立专职于核打击规划的联合参谋机构，是美国核政策核战略发展进程中的重要事件，在一定程度上代表和反映了美军当时关于战略核打击的基本认识和立场。

　　这份关于美军联合战略目标规划参谋部早期历史的文件，比较清楚地
概述了 20 世纪 50 年代美军进行战略打击规划协调的方式和方法，展示了新
的核打击规划机制建立的过程；文件重点介绍了美军内部围绕建立联合战
略目标规划参谋部进行的博弈，清晰呈现了这一核作战规划机构的框架、
构成及职责分工等。

　　这份文件将此前很多有关核打击规划协调的事件，包括本书前面收录
的几份文件串了起来，有助于从整体上了解这一时期美军关于核力量运用、
核打击的认识及其变化情况。

三十三

美军铁路机动型"民兵"导弹发展政策的变化过程（整编）

一 美国空军关于"民兵"导弹项目概要① （摘录）（1959 年 10 月 27 日）

1. 作战规划

a. "民兵"导弹力量将包括部署在加固的、在大范围内分散配置的发射装置内的导弹，以及使用美国现有部分铁路网线部署的导弹。固定部署导弹的发射控制将通过一个加固的发射控制中心来完成，该中心将用于监控和发射导弹。发射控制中心将加固到抗力达到（数字未解密——编者注），导弹发射井将加固到抗力达到（数字未解密——编者注）。

b. 机动导弹将部署在另外一个经过勘测的地点，其与另一个部署点的间隔距离将短于敌人情报界的估计。机动型"民兵"导弹的生存防护将主要通过频繁的移动来实现。

c. 一个机动型"民兵"导弹作战单元将尽可能同普通火车在外观上相似，将包括如下 13~20 节车厢（另外还有 1 个火车头和 1 节尾车厢）：

（1）1 节燃料车厢；

（2）1 节动力车厢

（3）1~2 节生活起居车厢；

（4）1 节供水车厢；

（5）1 节餐车及娱乐车厢；

（6）3 节带导弹的起竖和发射车厢；

（7）1 节技术保持及导弹保障用车厢；

---

① "Minuteman Program Summary", Digital National Security Archive （DNSA）, Nuclear History （NH） 677.

（8）根据需要配备数节缓冲用车厢。

d. 到 1964 财年末，计划有 805 枚"民兵"导弹处于实战可用状态。其中有 150 枚为机动导弹。

二 空军部长就关于不同类型"民兵"导弹项目的评估致国防部长的备忘录①（1961 年 3 月 17 日）

主题：关于不同类型"民兵"导弹项目的评估

1. 在 1961 年 3 月 8 日的备忘录中，您要求空军就推迟部署机动型"民兵"导弹且由加固且分散部署的井基"民兵"导弹来取代它的问题进行评估。我们已经进行了考察并提出如下方案。

a. 在 1964 年 8 月前生产并部署 800 枚加固且分散部署的井基"民兵"导弹。

b. 从机动型"民兵"导弹项目分出足够的资源用于支持 800 枚加固且分散部署的"民兵"导弹项目。

c. 推迟机动型"民兵"导弹发展进程，直到能够使加固且分散部署的井基"民兵"项目所需资源得到充分满足。

2. 从实战角度看，以下考虑是合适的。

a. 从现在起直到 1964 年，关于战略导弹力量结构最重要的考虑是确保快速发展导弹力量，到 1964 年年中，使其达到大约 800 枚实战可用的规模。这样的"民兵"部队水平，对于为美国提供能够抵消在此期间苏联导弹力量所需要的大量导弹来说是至关重要的。此外，这将确保美国战略核力量有很高的生存性。为实现这样的导弹列装规模而扩建生产基地，将为国家提供生产设施及其他能力，如果苏联导弹力量持续增长的趋势被随后的情报证实了的话，那么这些生产设计及其他能力对持续快速推动美国陆基洲际导弹部队建设显然十分重要。

b. 机动型"民兵"导弹有很高的生存概率，这一优势被与所有机动系统相关的更高的采购及运行成本所抵消。如果苏联导弹力量真的如我们所知道的那样，则加固且分散部署的"民兵"导弹达到规定的生存能力所需的花费要少于机动型"民兵"导弹。但做出这样的一个选择需要有在对苏

---

① "Appraisal of Minuteman Alternatives", Digital National Security Archive（DNSA），Nuclear History（NH）726.

联陆基洲际导弹的规模、性能（特别是导弹精度）上的判断不会太离谱的运气。由于相关的情报评估存在多种可能性，而且对敌人在我们预测的问题上的实际行动进行验证的时间会滞后，我们国家通过列装一部分机动导弹来增加"民兵"导弹的种类，是一种明智的做法。

c. 如果 800 枚经过加固且分散部署的导弹如期于 1964 年年中列装，且我们的机动战略核武器发展项目按计划推进，那么机动型"民兵"导弹发展有一些延误是可以接受的。

3. 按照 1964 年 8 月将达到 800 枚经过加固且分散部署的导弹所需要的生产、建造及部署场地准备等要求，已经提出了相关的项目方案及时间安排。有关时间阶段及相关关键时间节点的信息将很快提交。

4. 有关这一问题更详细的分析见其他一些文件。（附录清单，略）

5. 依据前面的分析，空军得出如下结论。

a. 到 1964 年年中部署 800 枚经过加固且分散部署的导弹在 1961 财年及预测的 1962 财年可用资源范围内是可行的。

b. 用于机动型"民兵"导弹的资源在满足前述井基"民兵"导弹项目需要后，将使我们能够以延后 12~15 个月的进度来持续实施机动型"民兵"导弹发展项目。这一推迟对机动型"民兵"导弹项目的确切影响，将由我们正在实施的一项详细研究来确定。

空军部长

尤基尼·朱克特（Eugene M. Zuckert）

三　国防部长麦克纳马拉在参议院国防拨款委员会上关于 1963~1967 年国防项目及 1963 财年国防预算的陈词[①]（摘录）（1962 年 2 月 14 日）

关于"民兵"导弹

12 个中队总共 600 枚经过加固且分散部署的"民兵"导弹在 1962 财年已经获得了拨款。这些导弹将于 1964 财年末全部部署到位。我们在 1965 财年增加 200 枚"民兵"导弹，1966 财年和 1967 财年再各增加 150 枚，相应地到 1967 财年末部署总数达到 1100 枚。尽管我们的想法一直没有最终确定

---

① "Statement of Secretary of Defense Robert S. McNamara Before the Senate Subcommittee", Digital National Security Archive（DNSA），Nuclear History（NH）4.

下来，但我们期望到 1968 财年末有大约 1200 枚导弹部署到位。

我们通过对铁路机动型"民兵"导弹的进一步研究确信，在机动型"民兵"导弹上得到的收益抵不上为此的付出。因为要进行大规模研究和发展，机动型"民兵"导弹不论列装多大规模，每一枚成本大约为 1500 万美元，是固定部署"民兵"导弹成本的好几倍。而机动型"民兵"导弹的运行维护成本更是高得多。此外，机动型"民兵"导弹的可靠性及精确度都比不上固定部署"民兵"导弹。机动型"民兵"导弹更易遭到蓄意的破坏，还会在防止放射性尘降、安保等方面涉及很多很难解决的操作上的问题。我们因此决定取消发展机动型"民兵"导弹，这在 1962 年为我们节省了 3000 万美元的资金。

尽管我上面描述的"民兵"导弹项目将不会用尽我们已经拥有的每月 30 枚导弹的生产能力，但我们一直认为，我们应当完成去年已经开始的将导弹生产能力增加到每月 60 枚的扩建工程。因为在是否能按时发展出"空中闪电"（SKYBOLT）导弹①，未来苏联建造陆基洲际导弹的数量、进展、导弹性能等问题上，存在很大的不确定性，如果说随后需要我们加快"民兵"导弹发展，那么我们认为现在相对较小幅度地额外增加相关预算，使我们有能够以更快速度来建设我们的导弹力量的选择是明智的。

评 介

20 世纪 50 年代后期，美国空军规划发展井基部署和铁路机动部署两种"民兵"导弹，并完成了机动型"民兵"导弹的相关试验。但到了 1962 年，机动型"民兵"导弹发展项目被正式取消。本文件整编了大体反映这一过程的三份原始资料，从中可以大体看出美军机动型"民兵"导弹的基本情况及美军内部关于此种导弹的主要看法。

从本文件可以看出，美国空军站在提高导弹生存能力的角度，极力赞成发展铁路机动型"民兵"导弹，认为在敌方导弹命中精度日益提升的背景下，机动导弹的优势会更加明显。与此同时，美军也承认铁路机动型

---

① "空中闪电"导弹是美国空军推动的一个空射弹道导弹项目，计划由战略轰炸机挂载发射。英国曾计划购买该型导弹。1962 年该型导弹第一次成功发射。麦克纳马拉于 1962 年正式取消了该型导弹的发展计划。

"民兵"导弹的采购、维护和运行成本高于固定部署的导弹。

对于十分重视成本—效益的国防部长麦克纳马拉来说，发展铁路机动型"民兵"导弹显然不是一个好的选择。在他看来，铁路机动型"民兵"导弹不仅成本高出固定部署型号好几倍，在可靠性及精确度上也不如固定部署型号，而且在实战中还容易遭到破坏；他甚至还认为，铁路机动导弹在核防护及安保等方面也存在很大问题。正是基于这些考虑和认识，他强行中止了这一项目发展进程，决定只部署井基"民兵"导弹。

本文件还显示，美国空军从一开始就预测到，随着技术的发展，井基部署"民兵"导弹会面临生存问题，但其还是从"抵消"苏联导弹力量的角度为大规模部署井基导弹找到了理由，认为大量消耗敌方导弹武器，在一定程度上就是这种固定部署"民兵"导弹的重要作用。

三十四

肯尼迪政府"基本国家安全政策"草案[*]（摘录）（1962 年 6 月 22 日）

华盛顿，1962 年 6 月 22 日

基本国家安全政策

［这里省略了目录和第一部分"原则和目标"。］

第二部分：一种战略

一、军事政策

A. 美军的作用

1. 力量与政策。美国积极的和建设性的国家政策目标，在很多方面直接依赖于适度的美军的存在以及使用这些军队来保护自由世界攸关利益的意愿。在当前和可以预见的未来，美国军事政策对于自由社会的命运至关重要，这是因为我们的军事实力相对于我们的人口和可以控制的资源而言是相当强大的，也是因为我们的盟友的安全直接依赖于我们的军事实力以及我们使用这些实力的意愿。几乎没有哪一种我们所维系的外交关系，不是在评估了美国的军事实力以及我们可能会使用军事实力的环境之后才建立起来的，无不带有浓厚的军事色彩。在这种实力的生成上，支持由专业人士来使用这种战争武器，仍然是大部分人的责任。我们国家的军事机构使我们的军事实力能够达到并保持在高效范围内，这些军事机构为美国当前的领导层以及将来的军事人员提供了主要的可用资源。

2. 主要任务。为维持自由世界，美军担负着四项主要任务。

---

* "Draft Paper Prepared by the Policy Planning Council", FRUS, 1961–1963, Vol. Ⅷ, National Security Policy, Doc. 93, pp. 310–328. 该政策草案由美国国务院政策规划委员会拟制，是经过了此前多轮长时间讨论的版本。最终版本在此基础上改动不大。

a. 慑止或应对针对美国或者其他关键地区的直接核攻击。

b. 在威慑或者对抗共产主义国家针对自由世界国家，或者对那些对自由世界国家生存至关重要的海域或者交通线进行的非核攻击上，辅助盟友和友好国家的军队。

c. 支持友好的民众对抗共产主义及共产党鼓动下通过颠覆、准军事暴力及游击战等破坏他们政府、分裂他们社会的行为。

d. 如果发生了战争，采取对抗行动使美国及其盟友的损失最小化，保护他们的利益，挫败敌对军事力量，以美国及其盟友可接受的方式结束战争。不论是非核战争还是核战争，不论是地区战争还是全面战争，在战争损伤有限的情况下达成战争目标都符合美国利益。据此，使任何战争都成为有限战争是美国的一项政策目标。

就所有这些任务来说，应该意识到的是，有效威慑的基础是具有一种明白无误的能力，可以防止潜在敌人通过使用军队来获得超出其损失的收益。很多因素可以用于威慑，对这样一种能力的需求是持续的，而且是必须要满足的。

3. 辅助性任务。美军还有另外三项重要任务。

a. 在自由世界提供一种能够对抗包括威胁对美国或其盟友发动核或非核攻击在内的共产主义入侵、共产主义政治和心理施压的安全氛围。

b. 支持美国通过外交和其他方面的努力尽可能减少在自由世界内部的冲突，努力和平解决争端与分歧，并推动实现世界自由的目标。

c. 直接或者通过军事援助和军事训练项目对发展中国家的现代化做出贡献。

4. 核导弹时代特别紧急的事项。使用现有的和未来可预见的投射工具实施的核战争的性质及其后果，要求我们奉行一种既能实现上述目标，同时又要把不得不使用核武器来保护核心利益的可能性降至最低的军事政策。从更广泛的角度来说，这种政策要能够使升级到全面核战争的风险最小化。

美国在与主要对手的核交战中遭受伤亡的人数及国家被毁伤的程度已经很高了。这些数字随着时间的推移还会增长。

我们的欧洲盟友遭受的人口损失甚至更大。

这些事实进一步强化了我们对奉行在与主要对手的核战争中以限制平民毁伤为目标的军事政策的需求。因此，要尽可能多地提供非核防务选择；

尽可能维持强大的灵活、可生存和可控制的战略核力量，这种战略核力量要既能慑止敌人攻击，又能影响敌军的核规划，还能用于实施作战行动；要在不降低自由世界威慑或对付共产主义国家攻击所需相关能力的情况下，寻求有效的、可核查的军备控制举措。

B. 目标：一个稳定的国际军事环境

5. 美国军事政策目标。基于上述这些考虑，美国军事政策的主要目标是创造一个军事环境，使我们能够：

a. 对蓄意的侵略，尤其是使用核武器的侵略，威慑效果最大化。

b. 使发生意外的、非故意的或者非情愿的核冲突的可能性降到最低；降低包括美国及其盟友在内的任何国家发生事故、对事态和意图产生误判、出现虚警或非授权行为等的可能性；降低因这些行为触发大国间核战争的可能性。

c. 以不轻易升级冲突，特别是在面临危机和有限冲突的压力下不使事态恶化至全面战争的方式，成功应对侵略。

6. 寻求稳定。通过小心、审慎的努力，我们可以创造一个敌我双方在国际事务中减少彼此使用军队的冲动，并减少核与导弹时代所固有的不稳定因素的环境。本节剩余部分考察的是，这一目标对发展和运用美国军事力量的主要要素的影响。这些要素包括核部队、防御部队、一般任务部队、反游击部队等。本节还考察了作为国家安全政策不可分割的组成部分的军备控制和裁军政策。

C. 面临的威胁

7. 共产主义国家的战略。共产主义国家军事战略的一个恒定特点就是寻找自由世界在防务上的弱项或者短板，包括地区性的和技术上的弱项。目前，避免同美国力量的直接冲突，以及避免同自由世界其他国家的相应力量的冲突，已经成为共产主义国家军事战略的一个明显目标。苏联的政策似乎是以对特定的脆弱地区［如北阿塞拜疆、希腊、柏林、印度支那（即中南半岛——编者注）以及韩国等］和特定的脆弱性［如柏林的地理位置、老挝和越南共和国（南越）对抗颠覆及游击战的能力不足等］施压为基础的。

8. 未来的威胁。鉴于美国在可预见的未来具有的核能力，特别是我们具有的强大的二次打击能力，估计苏联不会蓄意采取可能导致全面核战争的行动。尽管如此，苏联低估美国的能力或者误判美国意图的可能性始终存在。他们可能认为，自己与日俱增的核实力会使对那些被认为不关乎美国核心利益的地区的非核侵略成为他们行得通的选项。他们也可能会低估某些特殊利益或者地区对美国的重要性，在误以为美国不会做出反应的情况下采取行动。基于此，美国军事政策的第一个变化就是要让苏联对美国或者其他重要地区，特别是西欧地区的直接攻击变得没有吸引力且无利可图。但是，二战后一个最重要的教训，就是如果我们希望尽可能减少苏联渗透的次数并降低其效率的话，那么美国及其盟友的政策也必须能够做到尽最大可能消除所有地区防务上的脆弱性。这一教训要求，如果自由世界想要创造一个全方位的稳定的军事环境，美国及其盟友就要发展更全面的军事能力，发展能覆盖到自由世界尽可能大范围的军事力量。

美国及其盟友军事能力谱系上的主要缺口位于非核能力这一端，包括常规军队的能力和用于反叛乱的军事能力。尽管自由世界的基本军事立场是防御性的，但是美国及其盟友仍需要具备在共产党控制下的地区实施公开的和秘密的有限行动的能力。实施这样的行动必须依据特定的环境、代价和风险仔细权衡；但是美国不能接受允许共产主义国家渗透到自由世界而不允许我们对他们进行渗透的非对称态势。

D. 战略力量

9. 战略核力量的规模和特性。保持稳定的军事环境要求我们的战略核力量要足够有效，要能够使中苏领导人明白无误地知道，中苏集团当前的实力地位在一场全面战争后将急剧衰落。在评估美国为了满足这一需求需要做出多大的努力时要始终铭记，苏联在进行算计时，不会只考虑在经历核交战后苏联的相对实力，还会考虑核交战对东欧地区共产党地位的重要性，对共产主义中国相对实力的重要性，以及对保持以俄国人为基础实施共产主义控制的可能性的重要性。

为满足上述战略目标需要，美国在对 60 年代中期的战略能力进行相关规划时，应当维持分散部署、经过加固、机动和可控制的核运载工具组合，以便达到如下目的。

a. 苏联不管出现什么样的可能的技术突破，对消灭或者瘫痪美国大部分核报复力量都不那么自信。

b. 美国即使在不利的条件（如苏联发动突然袭击）下，仍然能够实质性地削弱敌方军事能力。

为了实现上文提出的那些目标，且使国际军事环境有更大的稳定性，我国军队的核力量及使用核力量的计划，应当按照能够继续在国际重大危机中发挥稳定作用的要求进行设计。所以我们的战略核力量应当有足够的生存能力，因而我国核手段的生存性和有效性要能够满足：（1）不需要依赖美国实施先发核打击；（2）不需要依赖在危机时美军要采取特别"剧烈的举措"来降低美军的脆弱性，以至于使苏联明显感觉到美国的攻击迫在眉睫，或者美军要实质性减小其核力量的作用效能；（3）不需要依赖美国对于敌军可能发动攻击的模棱两可的证据而必须立即做出反应。

10. 总统对核力量的控制。美国战略力量使用规划和发展设计应能提供数量更多的选项，用于应对不同层次的敌对活动，打击不同的目标体系，总统或者总统提前授权的指挥当局能够事先审查这些选项，在发生战争时可以从中选择某一选项作为决策结论。我们的战略力量必须变得越来越易于区分，在集中统一指挥下越来越能够依据高层决策有控制地使用。应当发展和维持具有极高生存能力的指挥、控制和通信系统，满足以下要求：（1）能够使总统，或者由总统事先授权在他不能履行职责情况下替代他指挥的指挥当局，在任何情况下都能够使用核武器，特别是能够在极度紧张或者极端敌对情况下使用核武器；（2）在可行范围内，能确保行动的实施和终止能连续地、敏感地对总统或者由总统事先授权的指挥当局的政治决策做出反应。个体（总统或者指挥当局）对可能使用核武器场景的预判，以及对使用核武器的方法的预期，都不应损害在任何情况下核力量运用上的灵活性。

11. 全面战争可能以各种不同的方式爆发（通过预谋的攻击、先发制人、战争升级或无意间爆发），也可能因爆发的时间、美国情报评估的准确性、敌军选择攻击目标的种类以及美军防止遭重复打击和对方后续波次攻击能力大小等的不同，而以不同的方式进行。事先固定某一种作战方式实际上是不可能的，并且我们的瞄准计划和指挥控制系统如已经说过的那样，必须重新设计，以便总统或者他授权的指挥当局在冲突发生前或者冲突过程中能够指导作战。考虑到这些约束，战略核武器事先的运用规划及准备旨在：

a. 削弱敌人战略核攻击能力，特别是他们对于美国及其盟友的人口中心实施重复打击的能力。

b. 保持一支随时可用的、能够生存的战略核力量，对其实施集中统一控制，在必要情况下有选择地使用这支力量打击对方城市—工业中心；打击敌方其他重要能力要素目标；通过其他方式的使用来支持达成下面 c 中确定的目标。

c. 为同对方进行谈判，以及以符合本报告提出的美国利益的方式结束战争提供便利。

对美国实施任何攻击后可能遭受美国后备核力量报复的前景，可能使潜在对手产生强烈的克制自己不去规划或者实施对美国或者盟友实施不受限制攻击的动机。这样一支做好随时使用准备的、对敌人幸存下来的目标构成威胁的后备核力量，也可以明显地将威慑扩展到战争期间，削弱在战争中幸存下来的敌方领导人实施不受约束的攻击或者继续实施战争的意志。此外，实现以可以接受的方式结束敌对状态的目标，需要我们的核作战计划及作战决策把出现被解除了武装的美国同武装敌人对抗的可能性排除在外。基于以上这些原因，美国不论保持什么样的战略核力量规模、构成和有效性，通过在初始攻击中增加投入的战略核力量的规模，来防止被敌人解除武装，这一点十分重要。

12. 优化战略核武器使用。与战略核武器设计和使用相关的一个重要问题是，如果我们必须开始使用核武器，如何优化这种使用。

一方面，自 1945 年以来，美国的政策就排除了把对苏联发动核攻击作为结束冷战，使自由世界获得确定的胜利的一种方式的可能性。发动核战争的政策除违背我们的道德和政治传统外，还一直笼罩着会对西欧产生严重后果的阴影。随着苏联具备中程和远程核投送能力，将核打击严格局限于战场的合理性已经逐渐降低。

另一方面，我们明确承诺要保护西欧的人口和领土，我们同样清楚地承诺，为了防止在亚洲和中东地区遭到失败，我们在那里也会使用核武器。

这马上就引发了一个问题：如果我们率先使用核武器，那么对方是否会对此很敏感，也会跟着实施这种伴随有核战争升级风险的有限使用核武器行动，或者说针对苏联战略核武器投送系统实施核打击，这是否为明智之举。

目前来看，这一问题连同情报评估及涉及的军事技术发展项目等，容易引起法理上的争议。这一问题的答案可能会随着不能提前预判的形势的变化而变化。

13. 当前政策。因为不能排除寻找到率先使用核武器最佳条件这一议题的可能性，所以在我们的核力量使用计划及核力量发展上，保持最大限度的灵活性显得十分重要。有三个与此相关的建议需要特别提出来。

a. 我们应该向苏联传达如下信息：（1）苏联军队如果不越过自由世界的前线，我们就不打算发动战略打击；（2）如果他们越界了，为了保护我们的核心利益，在必要时我们将实施先发打击；（3）在严重危机情况下，或者在有限冲突时，我们不会表现出如此明显的准备发动核打击的倾向，以至于严重增强苏联在这些危机中实施先发制人打击的动机。实际上，这就是我们在西柏林问题上已经传递的多重信息①。

b. 我们在制定关于发动对苏联战略核打击系统实施战略打击的计划和构想时，不能把自己束缚起来，这些使用计划会发挥类似于在 1914 年那样的重大国际危机中各大国的战争动员计划及战争计划所发挥的那种作用，例如，创造出如此巨大的为了摧毁对方的核力量而提早采取军事行动的压力，以至于剥夺了为和平解决危机所采取外交努力的时间。

c. 我们并没有也不应完全要求我们的战略力量要在第一次攻击中实质性地摧毁苏联的所有核打击系统。一言以蔽之，这样的目标不切实际。

E. 积极和消极防御

14. 积极防御。积极防御的首要目标是通过以下方式来提升稳定性。

a. 帮助保护美国核报复部队。

b. 阻止敌军轻易地、以很小的代价就对美国人口和工业中心造成严重破坏。

c. 尽可能大地破坏敌军的攻击力量，使敌人的打击计划复杂化。

随着苏联发展更加先进的武器系统，达成上述第二个目标的困难与日俱增，因此，需要经常、仔细地对实现这些目标所实际投入的资源进行重新认识和思考。

---

① 这里指的是 1961 年爆发的柏林危机。1961 年 6 月，苏联再次提出就柏林问题达成协议，否则就要同民主德国单独缔结和约，美国拒绝了苏联的要求，美苏关系再度紧张。在此期间，美国采取了包括发表全国动员讲话、增拨军费、增加军队员额、向西柏林增派驻军、派遣高官到西柏林视察等在内的一系列举措。最后，苏联被迫退却，冻结了柏林问题，危机得以缓和。

15. 消极防御。消极防御措施并不会排除苏联给美国造成严重损害的可能性，如果它想这样做的话，它就可以这么做。如果敌人将克服这些消极防御措施作为其首要目标的话，那么他们可选择使用的武器有很多。然而，更合理的假设是，苏联在长期的、代价很大的洲际导弹武器系统发展上投入的资源，不会明显受到美国为了减少在核攻击中的人员伤亡而实施的消极防御措施的影响。考虑到可能出现敌对的各种不同环境，消极防御用于实现以下三个主要目标。

a. 防止或者限制对美国人口中心非直接大规模攻击所造成的美国人员伤亡。这一目标可以进一步分成两部分：首先，减少因核爆炸产生的冲击波、热辐射和其他立即出现的影响因素所导致的人员伤亡；其次，降低因核爆炸所带来的放射性尘降、大火及其他非直接影响因素导致的人员伤亡。第一部分目标只能通过综合运用积极防御和消极防御举措来实现；遍布全国各个基地的、用于实现这一目的的防御系统并不能保证足够有效。第二部分目标可以通过放射性尘降庇护系统，连同当地关于使用这一系统的组织、计划及日常训练等来实现。

b. 在各个政府层次保持连续性。对建立并宣传政府关于这一工作的连续性应给予充分关注；为民众提供这些措施（放射性尘降庇护系统——编者注）曾经的安全防护记录，建立控制中心以及政府可以紧急调用的备用场所；为重要的政府人员、资源和设施提供保护并最大限度发挥其作用。

c. 为了当前和未来的国家安全，加强、组织和规划对国家资源的管理。与此相关联，必须继续关注：（1）在国家紧急状态下稳定地、有组织地对国民经济进行指导；（2）快速启动遭袭后国家生存、善后、恢复所必不可少的工业重建；（3）将剩余人口和资源合理组织起来。

这些消极防御措施很重要，至少可以防止即使在遭受了非直接以我国市民社会为主要目标的有限打击的情况下，美国经济社会系统也不至于崩溃或者混乱到不可收拾的地步。联邦政府在这一点上要持续努力，且加强对民众的教育。但政府在做这些时应十分小心，不要使民众产生不切实际的、关于这些项目一定能够完成的期待，不能使这些措施转移公众的注意力，不能把民众用于其他国家安全必要任务的精力转移到这方面。

F. 一般任务部队

16. 规模和性质。在我们努力去维护一个平衡的、稳定的国际环境的过程中，第三个重要因素应当是使美国及其盟友维持足够的一般任务部队，这支力量不仅要完成规定的全面战争任务，还要在出现了小于全面战争规模的军事对抗的情况下，为盟友、友好国家和友好地区提供有限度的保护，而无须采取很有可能引发核战争的其他行动。

确定美国满足这一要求所需的非核力量规模时，应考虑中苏可以想到的三种地区性非核攻击类型：1. 动用所有已经被部署到或者准备部署到攻击区域的部队来实施的大规模进攻；2. 在低于大规模攻击水平的任何层级上实施的小规模侵略；3. 进行全面动员、使用所有人力资源及物资实施的全面攻击。

美军一般任务部队应当强大到在盟友力量的配合下，能实现如下目标的程度。

（1）在不使用核武器的情况下尽可能长时间地挫败中苏军队对涉及美国核心利益的区域实施的大规模非核攻击，起码要能够使共产党有足够的机会认识到他们所从事活动的风险性，然后致力于以外交手段结束冲突。

（2）在持续的不使用核武器且没有时间限制的战斗中，挫败由中国或者苏联的地面和空中力量实施的任何层级的低于大规模侵略水平的非核侵略。

（3）用于在中苏全面进攻情况下完成全面战争任务，只要这样做不会显著影响或者减损常规目标部队慑止和应对小于全面战争规模的军事冲突这一首要任务。

此外，一般任务部队应该保持在不使用核武器情况下对必要的一些海军基地、海上区域实施控制的能力，以应对这些海上交通线和海区面临的非核海上和空中攻击。

应该根据需要增加一般任务部队的数量，提高部队的质量（如通过保持储备物资的现代化），以达成上述目标。在此过程中，应该考虑到如下事实，尽管 1961 年征召后备力量是基于当时形势所采取的重要军事行动，但不能就此认为我们未来面临的威胁会如此少见、如此严重、如此明确，以至于我们可以使再次进行后备役征召成为用于满足上述目标需要的在政治上可行或者技术上合理的方式。

一般任务部队也应当：

a. 拥有足够的机动性，以便他们可快速做出反应，且具有能同时满足欧洲和东南亚这两个重要威胁地区需要的规模，这两个地区极有可能面临威胁，且它们会直接威胁美国的核心利益。

b. 具备很高的训练、组织和装备水平，使其在持续战斗中不需要在各个方面都依靠核武器，就能完成前面（1）（2）所规定的应对主要共产主义国家的进攻和较小规模的侵略这样的任务。

c. 为执行上述任务提供足够的后勤支持（包括在可能的海外战区内或战区附近提前建设和预先储备所需要的设施、设备）。

美国政策的一个长期但明显可取的目标是创建一支实力足够的一般任务部队，以便它与盟友可用的部队一道，通过运用非核手段挫败中苏在任何时候可能实施的对最大数量的关系美国核心利益的地区实施的非核攻击。应该迅速考虑是否应逐步采取除上述要求的措施之外的补充措施，来达成与美国及其盟友都相关的这一目标。从美国及其盟友在人力、财政及生产能力等方面可用的资源来看，这一目标在我们能力可及的范围之内。但为实现这一目标采取行动，需要做出对美国及其盟国人民而言十分艰难的政治决策。应当深入研究解决这一难题的新方法。

即使自由世界的非核力量在尽可能大的限度内增强了，仍然应该考虑到在不在本地使用核武器（或者在对手会使用核武器进行回击）的情况下，美国及其盟友的军队有可能不能挫败世界主要国家对某些地区进行非核攻击的情况，因此，美军威胁发动战略核武器打击，对于慑止敌方对这些地区的进攻仍然十分重要。这样的决定在政治上和军事上会产生什么样的影响，应当成为重要的研究课题。

17. 应对紧急情况的计划。在已经存在，或依据第 16 段确定的政策坚定的进行规划的范围内，应针对共产主义国家小于全面攻击规模的每一种可能的非核侵略样式，相应制定使用一般任务部队做出非核反应的应急计划。应当做好可以立即执行这些计划的准备。

18. 进行地区性战争。在进行地区性战争时，美国应该：

a. 寻求以令美国满意的方式结束战争，且使敌人清楚，美国正在为实现什么样的特定的政策目标而作战，美国这样做对实现这一目标有什么样的贡献。

b. 做好在与中苏部队的地区性直接冲突中作战的准备。

c. 保护友好人民的利益。

d. 寻求控制冲突强度，使冲突升级为全面战争的风险降至最低，认识到有时候需要有控制地、故意地加剧冲突。

e. 采取军事行动，以减少对冲突区域的破坏，加强盟友的团结和有效性。

19. 战术核武器的部署及使用。如果我们开始使用核武器，不管是战术性使用还是其他性质的使用，不要指望能够不遭到核报复。例如，即使是地区性核交战，也要考虑会对欧洲产生最痛苦的后果。这样的核交战不可能给我们带来任何明显的军事优势。它会迅速导致全面核战争。

主要以展示我们使用这种武器的意志和意愿为目的的非常有限的核武器使用，可以在不遭受实质性报复、不使对抗升级的情况下，阻滞苏联的侵略。这是一个我们不能摒弃的仅次于最后一招的选择。这样做成功的可能性并不高，而且采取这样的行动有可能导致极其严重的政治后果。

同样可以想象的是，在战场上有限使用战术核武器并不会扩大常规力量交战范围，或者改变常规交战的性质。但是这样的前景不被看好。

掌握在部队手中高度分散的核武器很难实施集中控制。双方都有可能发生事故性的和非授权使用核武器的行为。此外，苏联面临的做出同等反应的压力，核武器系统巨大的灵活性，单件武器的巨大火力，从未受攻击的因而也未遭受摧毁的很远的基地可以轻松地、精准地召唤这样的武器，以及空中优势在核作战中的极端重要性等，所有这些考虑都表明，地区性核战争会是转瞬即逝而又极具破坏性的现象。

正在进行的对基于战场需要或者阻断敌人进攻目的来使用核武器的研究，应该督促他们继续进行①。在这些研究完成之前，关于使用战术核武器的过渡性指导方针是：

a. 规模与性质。美军应具备足够的战术核能力：（1）阻止敌人发动战术核战争；（2）强化（在必要时，与明显的美国使用核武器的意愿结合起来）对苏联的威慑，在美国非核能力与战略核能力的加持下，继续在慑止主要国家或者共产主义国家全面非核进攻方面发挥主要作用；（3）如果出现了通过地区性核交战我们在军事上有所收获且这样的核交战不可能导致冲突升级的情况（例如在海上或空中冲突中），要能够有选择地使用战术核

---

① 这里指的是国防部长麦克纳马拉力推的关于战术核武器作用的一系列研究。相关情况可参看本书后面收录的相关资料。

武器；（4）在其他情况下可以通过非常有限地使用来打击被确认的军事目标，主要目的是展示我们抵抗侵略的意志。

b. 组织和部署。美国和盟军的战术核能力应该按照如下要求进行部署，对其的指挥和控制应该按照如下要求来组织：（1）细心地维持核武器和非核武器之间的明显界限；（2）确保只能依据总统的决定才开始使用战术核武器，即使是非核敌对行动开始后也要确保如此；（3）确保在总统确定的限制范围内，在与冲突性质、与一旦发生核失误可能导致的严重后果等相适应的高级指挥层次上，对战术核武器的使用实施持续不断的控制。

为了实现上述目标，确保核武器能够不受事故或者蓄意的非授权使用的影响，同时又兼顾其作战效能，须做到以下几点：（1）将掌握在盟国总统和美国总统手里所有必要的、作战需要的关于核武器的技术保护措施整合起来，应该是优先级最高的事项；（2）掌握在盟国手中的美国核弹头的保管人，应接受培训，配备相应装备（有两行半内容未解密）；（3）对这些安排及核武器防护情况，以及美国及其盟友的核武器、核部件的状态、指挥与控制、组织及部署等进行定期审查，以确保这些核武器在上述这些方面都处于最佳状态。

c. 使用。只有在确认通过使用核武器可以促进实现第18段中所明确的目标，不使用核武器就不能达成这一目标的情况下，才应该在局部战争中使用战术核武器。在决定是否存在这样的使用核武器的条件，以及如果存在这样的条件该如何使用核武器时，应考虑如下因素：（1）我们有没有能力在不使用核武器的情况下挫败敌人的侵略；（2）敌对双方地区性核交战可能产生的军事影响；（3）这样的地区性核交战可能产生的地区性和世界性的政治影响；（4）这样的核交战对交战所在国的实际影响；（5）这样的核交战升级为全面核战争的风险。

G. 反游击战部队

20. 任务。在稳定的军事环境中，第四重要的因素应该是美国及其盟友要有能力和政策使在自由世界的国家发生的游击战争对共产党而言无利可图。鉴于本地部队在慑止游击战和进行反游击作战方面发挥着主导作用，反游击作战应遵循如下原则。

a. 预防性行动。应采取特殊步骤使那些容易发生游击战的国家更加清醒地意识到共产党在游击战领域的战术，使它们更清醒地意识到在自由世界国家的民事和军事条件下，共产主义国家的游击战术会更可行、更有吸引力。要意识到这一点的重要性，以及与此有关的非军事因素的重要性，应将重点放在制定和实施旨在防止出现宜于发生游击战的环境条件的经济和政治以及军事计划上。我们必须提前确定潜在或现实的容易发生游击战的地区；将外国政府的注意力和我们自己的政策措施集中在预防性行动上；组建有能力用最可能的有效的方式来应对游击战的当地和美国的民事和军事力量。

b. 危机形势。当游击冲突爆发时，我们应寻求在尽可能早的冲突阶段，在美国必要的政治和经济项目支持下，动员有效的当地防御力量。在适当的和可行的情况下，我们的目标应当是：（1）保持受攻击国家的独立和领土完整；（2）只要能够与我们的这一目标及我们的承诺一致，就要使美国的直接干预最小化；（3）使升级为地区常规战争或者升级为核战争的风险最小化。

c. 美国的能力发展。在实现上述 a 和 b 提出的目标需要时，应将发展与游击战相适应的硬件、技术及战术等作为美国训练和发展项目的优先事项。

21. 游击战中的边界难题。尽管主要依靠当地持不同政见者或被游击队转变去信仰共产主义的那些人来应对游击战，但游击队中共产党的行为有时会涉及从外部输入关键人员和物资，并接受来自外部的行动激励和刺激。因此在那些对共产主义国家开放边界的国家，成功实施反游击战可能会十分困难。为此：

a. 美国应当增强自由世界对于涉及有外部支持的游击战的国际侵略的认识，以阻止其他力量对游击战力量的跨境支持行为，并以此作为对相关力量可能实施的制裁的依据。

b. 美国应设法关闭开放的边境或控制来自外部其他国家的供应线，有时由一支国际力量采取行动或许对此有帮助，尽管迄今为止在这一方面成功的经验并不多。

c. 为了防止自由世界国家面对攻击时被击败，必要时美国应考虑对侵略者进行有选择性的、针对性的制裁，这将使对抗升级的可能性降到最低。

22. 盟友的作用。在盟友参与威慑和实施游击战问题上，美国的政策如下。

a. 通过正式的联盟安排或其他方式组建当地力量，用于慑止游击战，且在可能的情况下，当威慑失败时用来为动员实施有效的对抗措施争取时间。

b. 尽可能多地从自由世界为被攻击的国家争取外交、民事和军事支持，在此过程中要考虑我们的盟友所能做出的民事和军事贡献的大小、政治上的可接受程度，以及提供援助的特定地域性特征等因素。

H. 美军的其他任务

23. 附带的任务 （略）

I. 支持项目

24. 后备力量 （略）

25. 海外基地和设施 （略）

26. 军事援助 （略）

27. 研究和发展。为了保持部队有效的全面威慑能力，自由世界必须推进在很多前沿领域的研究和发展。美国应当通过研究和发展，在那些对实现我们政治和军事目标具有重要意义的军事技术领域保持领先优势。应加强对以下两个被忽略但很重要的领域的研究和发展工作的关注。

a. 我们应当将那些能够改善我们维持非核战斗能力的武器和装备置于优先位置。我们应当与盟国在一些有选择性的非核项目研发上相互支持，以提高这些非核军事能力。

b. 我们应当重视研发那些有助于欠发达国家对抗游击战及当地的外部威胁的武器装备。

为了达到这些目的，应继续努力加强基础科学研究 （既包括军事机构的研究，也包括政府民用机构的相关研究），推动军事技术的创新和运用（既使用政府研究机构的成果，也使用私人研究机构的成果），推动将这些研究成果转化为军事装备。但是，有可能取得进展的领域之多，改变研发模式及将研究成果推广运用成本之高，以及国家各个部门对稀缺的研发资源需求之普遍，预示着我们必须进一步集中研发那些极端重要的项目，回避那些改进幅度不大的项目，或者回避那些并不能弥补现存武器系统重大缺陷的项目。

我们还应通过研发来寻求生成新的能力，用于对抗共产主义国家低于实际使用军队程度的施压。

28. 化学和生物战。美国军队应当具备使用生化武器和防御生化武器攻击的能力。使用生化武器的决定只能由总统直接做出，且要有正当的政治、军事条件：（1）除现有的消防、反纵火、反暴乱机动在适当的军事行动中使用之外；（2）除反暴乱机构在镇压平民骚乱时使用之外。

J. 军备控制与裁军

29. 美国在军备控制与裁军上的利益。保持稳定的军事环境所需要的第五个，也是最后一个要素，是我们在军备控制和裁军上的政策。美国在军备控制与裁军上的安全利益直接源于美国军事政策及在当前和可预见的未来所处的具有如下特点的军事环境，这些特点包括：

a. 核力量规模越来越大、核能力越来越强、核投送手段越来越多的现有发展趋势会持续，这从整体上讲是一种破坏稳定的因素，有悖于美国利益。

b. 因意外，或有更大可能因误解、误判、虚警或者非授权行为，或者通信不畅等而引发核战争的可能性，已经大到了必须寻找措施来弥补的程度。

c. 在缺乏对军备实施限制的情况下，未来几年：（1）美国将继续有能力给苏联造成极高程度的毁伤；（2）苏联在全面核交战中毁伤美国平民的能力会得到实质性增强；（3）为了保持稳定的军事环境，会继续耗费大量的自然资源和稀缺的智力资源。

d. 因为除非要在共产主义国家发动侵略前抢先做出反应，否则美国并不打算对那些受共产党政权奴役的国家发动核打击，所以美国不能利用其技术优势实施无端的、秘而不宣的、突然的核打击。

e. 如果能够确保使苏联和我们同步地、对应地降低核打击能力，那么美国即使拥有低于当前水平的核打击能力，仍能维持可信的二次打击威慑，且不会危及美国战略目标。

30. 美国军备控制与裁军政策目标。基于上述这些考虑，美国军备控制和裁军政策应当成为美国国家政策的一个要素。在这种情况下，美国应当通过推进形成稳定的军事环境，发展一旦战争爆发可以限制战争损伤的手段等，来使我们的军事政策更加完善，使其能更好地维护美国安全。基于此，美国在军备控制和裁军政策上应寻求达成如下目标（不是按照优先级做的排序）：

a. 美国应防止核武器能力向目前还不掌握这样的能力的国家扩散。

b. 应当采取措施降低因意外、误判形势或者通信故障引发敌对的可能性。

c. 应当通过世界主要国家实质性地、能确保安全地减少军备及采取其他措施进行非全面的和非彻底的裁军，来限制敌对国家侵略美国及美国盟友的能力，降低爆发战争的风险，减小战争爆发时造成的毁伤。

d. 作为长期目标，应当寻求通过达成在有效力的世界机构有效国际控制下的整体的和彻底的一揽子裁军协议，来改善政治和军事环境，减少并最终彻底消除将使用或者威胁使用军队作为国家政策工具的做法。

下面对以上列出的这四项措施一一进行讨论。

31. 采取措施防止核武器能力扩散

为了降低核扩散风险，不仅要将有保障地（safeguarded）停止核试验作为重点，而且还要将有保障地停止生产用于武器目的的裂变材料，以及寻求达成一项核国家承诺不放松对本国核武器的控制，防止核武器流向非核国家的协议作为重点。不扩散核武器的协议在措辞上不应质疑现有的北约核武器托管安排以及盟友之间任何的多边安排。

32. 降低因意外、误判形势或者通信故障引发敌对可能性的初步措施

即使苏联不认同美国关于未来世界需要通过谈判来减少军备发展的设想，其可能也会意识到因意外、误判形势或者通信故障而可能产生的严重危险，因此可能愿意同美国一道采取有限的举措来减少这些危险。这样的举措可能包括对军事活动进行事先通报，设立一些设施使双方军事指挥中心之间能够进行直接的、安全的和不间断的通信联系，建立观察所，做出降低突然袭击风险的安排，建立减少战争风险国际委员会，美国和苏联通过这个委员会来考虑提高军事稳定性的进一步的举措，缓和紧张关系，控制军事危机，将仓促做出军事反应的需要降至最低。甚至在这样的委员会建立之前，美国就应寻求机会同苏联就这些举措进行正式的讨论，提醒苏联这些问题的重要性及问题的性质。

33. 有限裁军措施

有限裁军措施，虽然是非全面和非彻底的裁减军备措施，但也可以是实质性的和综合性的裁军措施。这些措施包括削弱或者限制战略核投送能力，削弱或者限制常规军备及武装力量，确保和平利用外空等。在就有限

裁军措施进行谈判时，美国应最大可能地去寻求纠正北约和华约之间存在的常规地面部队不平衡的问题。这样的措施将减少爆发战争的风险，限制军事发展项目的成本，在战争爆发了的情况下，减小战争的毁伤后果。

34. 在和平世界里寻求全面和彻底的裁军

美国应继续清楚地表明，其有意愿通过谈判就在和平世界里实现全面和彻底裁军问题形成行动方案并最终达成协定。

这样的行动方案将包括降低并逐步消除除维持国内秩序以及国际和平部队所需力量之外的国家其他军事能力。这一过程将按照平衡、对等、能够保护安全的步骤来实施，使核与非核武装力量及军备能够同步得到管控与裁减；这一过程要以有效核查机制为保障，这一核查由双方相互实施或者由国际性组织来实施，且要对为维护国家安全必须保留下来的军备的范围及种类等十分敏感。在削减国家军事力量的同时，这样的行动方案也会促进更多更有效的维持和平的方法的提出，包括宣布放弃将颠覆和非直接侵略作为政策工具，使国际法成为处理分歧的准则，改进处理国际争端的程序和方法，建立一支能有效保护所有国家、防止危害和平的行为发生的国际和平部队等。

从目前苏联的态度和政策来看，全面和彻底裁军在近期不可能实现。基于此，美国应：（a）继续奉行这样的政策，坦率地强调这样的政策对国际法、对有效地保持和平国际机制的根本影响；（b）同时，寻求如上所述的更有限、更可靠的军备控制措施。

35. 评估

在对军备控制和裁军措施进行评估时，当然首先应考虑的是与此相关的军事风险或者军事优势有多大。此外，也要对下面这些因素进行权衡：在军备扩散中军备持续的、不可控的增长所必然导致的危险；提议的军控及裁军措施对美国执行其对外政策的能力可能产生的影响；这些措施对共产主义国家整体政策及对华约集团的演变可能产生的影响。

36. 视察与核查

军备控制与裁军必须有充分的核查作为配套举措。需要在以下问题上进行有效的核查：（1）对军备的销毁或者军备向和平用途转化的核查；（2）对中止或者限制军备生产、试验或其他特定活动的核查；（3）对军备和武装部队没有超出协议规定的水平这一事实的核查。需要持续发展核查技术，以充分利用科技进步成果，核查的范围、水平等应当同技术需要、同核查给国家安全造成的风险程度等关联起来。有些军备控制措施显然在没有正式核查机制的情况下也可得到保证，或者通过国家情报收集能力就可以轻易得到核实。

37. 军备控制与军事规划

将美国军备控制规划和研究纳入美国军事发展规划是十分重要的。两者都旨在提高美国军事安全水平，它们只有在执行过程中紧密协调才能实现这一目标。一方面，在规划一项军备控制措施时，我们必须考虑它对相应的军事能力及国家战略支持的影响。另一方面，军事应急计划、军事研发、武装力量及军备发展规划等在一定程度上应体现出它们关注到了军事环境稳定性、武器装备及军事学说演进、非授权使用武器的可能性等方面可能会受此影响。

38. 军控知识的传播

美国日益增长的关于军备控制的知识及对其的理解，不仅应向其他西方国家散播，而且还应向中立国家及苏联集团来传播。鼓励在西方国家之间和东西方国家之间召开关于军备控制的非正式会议、磋商和会谈。在这些场合我们保证我们的代表是能胜任的、负责任的，且能够保证国家利益。

39. 新出现的地区军备竞赛

阻止那些以提高声望或者对外冒险为目的的可能的地区军备竞赛。应当充分利用一切可能的机会，就限制这样的军备竞争形成默契或者达成明确的协议。我们应当持续地有意地寻找能创造或者包含这种机会的途径。

（报告剩余的部分分别是"针对不发达地区的政策""组织架构""与共产党政权的关系""国内的基地"等，略。）

杜荣斌　译

评　介

1962 年上半年，美国国务院政策规划委员会推出了一份和艾森豪威尔政府时期国家安全委员会"基本国家安全政策"年度报告类似的国家安全政策草案，标题也是"基本国家安全政策"（BNSP）。这份文件一度在美国政府内部被多次传阅、讨论和修改①，被认为是肯尼迪政府"认为自己在世界事务中正试图做什么的最全面的指南"②。这份政策草案长达 284 页，本书只选取了其中关于"军事战略"部分的内容。

这份政策文件从美军作用、军事目标、面临的威胁、战略打击力量、防御力量、一般任务部队、反游击战部队、美军其他任务、支持性项目、军备控制与裁军等 10 个方面全面阐述了美国国家军事政策或者军事战略。

相对于艾森豪威尔政府强调"大规模报复"，肯尼迪政府这份安全政策文件明确指出，全面战争、大规模核交战不符合美国利益，美国军事政策的基本目标是防止爆发核战争，努力使任何战争成为"有限战争"，降低军事冲突升级为全面核战争的风险。与之相对应，强化非核军事力量作用、有控制地使用核力量、尽可能降低核战争升级风险等，成为其军事战略设计的核心理念。

值得注意的是，相对于其他部分，该文件中关于战术核武器政策的表述多少有点模棱两可。首先，文件将战术核武器部署及使用的内容列入"一般任务部队"下，令人费解；其次，文件一方面提出了使用战术核武器的可能方式，明确了战术核打击的性质，强调存在在战区范围内使用核武器的可能性，另一方面又认为它们"成功的可能性不高""前景不被看好""是转瞬即逝而又极具破坏性的现象"。可以说，这份文件并没有从根本上解决与使用战术核武器相关的政策和战略问题，这也成为这份文件最大的一个"硬伤"，肯尼迪总统甚至因此拒绝批准这份政策文件③。

这份政策草案最终虽然没有被正式批准，但其提出的有控制的反应、限制升级、严格区分核常界限等理念和思想，以及对战术核武器运用合理性的质疑等，在这一时期，甚至在此后很长时间内的美国军事战略、核政策核战略中，都有明显的体现和反映。

---

① 相关情况，可参阅本书收录资料三十五。
② 〔美〕约翰·刘易斯·加迪斯：《遏制战略：冷战时期美国国家安全政策评析》（增订本），时殷弘译，商务印书馆，2019，第 201 页。
③ 肯尼迪不批准的另外一个重要顾虑，是担心正式批准、认可了这一政策，会束缚总统手脚，限制总统政策选择的灵活性。参看〔美〕约翰·刘易斯·加迪斯《遏制战略：冷战时期美国国家安全政策评析》（增订本），时殷弘译，商务印书馆，2019，第 201 页。

三十五

肯尼迪政府"基本国家安全政策"草案历经的变化*（摘编）（1962年）

1961 年 11 月就任美国国务院顾问兼政策规划委员会主任之后，沃尔特·罗斯托夫（Walt W. Rostow）主持制定了一系列政策草案，所有这些草案都被命名为"基本国家安全政策"。1962 年 2 月 7 日版"基本国家安全政策"草案只在国务院内部传阅。在 2 月 14 日给国务卿腊斯克的备忘录中，罗斯托夫将该草案描述为"相对于之前的基本国家安全政策文件多少有点高深莫测的文本而言，这一文件析理性更强"，他建议要么在经过国家安全委员会审议后将该文件送交总统阅示，要么按照国家安全委员会行动记录的方式准备一份该文件的缩减版本。但罗斯托夫认为，去除文件中的解释性材料同时又不使政策文件晦涩难懂，或者不造成严重误解，会是十分困难的。

标注日期为 2 月 14 日的政策修订版本共有 193 页，每页按照双倍行距排版。3 月 3 日国务卿及国务院其他高级官员开了一次时间很长的会，对其进行了讨论。

在 3 月 6 日由总统国家安全事务助理麦乔治·邦迪主持的白宫成员日常会议上，肯尼迪总统读了罗斯托夫的"基本国家安全政策"草案，认为它是一个很好的文件，每一个人都应该仔细研究一下，并向国务卿提出他们的意见。麦乔治·邦迪评论说，他认为军备控制与裁军问题在政策草案中着墨太少。他还认为前面 100 页是"皮"，后面 100 页才是"肉和馅"。

在 3 月 26 日给总统的备忘录后面，罗斯托夫附上了一份长达 285 页按

---

* "Editorial Note", FRUS, 1961–1963, Vol. Ⅷ, National Security Policy, Doc. 70, pp. 243–247; "Editorial Note", FRUS, 1961–1963, Vol. Ⅷ, National Security Policy, Doc. 90, pp. 304–305. 本文件由这两份原始文件整编而成。

照双倍行距排版的"基本国家安全政策"草案，并将其描述为"接近完工"（semi-final）稿。罗斯托夫称，这一版草案适宜总统对其表达个人看法并做出最终决定。国务院将该版政策草案在政府内部及驻海外机构广泛分发，收到了不少评议意见。

3 月 26 日版"基本国家安全政策"草案同前两版一样，以"学说"（Doctrine）或者基本目标打头，紧接着是"战略"部分，或者实现目标的途径。第三部分提出了特殊的国家安全规划任务。第四部分，也即最后一部分，详细规划了对预期危机的处理程序。

在第一部分即"学说"部分，提出了美国安全政策的"建设性目标"是逐渐建成国际自由世界，并将"国际自由世界"定义为国家能够在确保各自独立前提下进行有效合作，按照它们自己的方式朝着基于"自愿和个体自由"的统治方向来迈进，在社会公正、和平解决分歧、提升对国际机制的参与度、在国际法律秩序上取得进展等。美国的军队力量必须在国际自由世界居于中心地位，以用于应对共产主义世界灵活多样的武装侵略，为通过外交努力去遏制无政府民族主义的冲动行动提供支持。美国应在美国及其盟国军事力量框架内，努力达成上述自由世界目标。

在第二部分，列出了"战略"的五个维度，包括军事政策、在欠发达地区的政策、组织框架、针对共产主义国家的政策及美国国家根基等。

关于美国战略报复力量的规模，该文件明确，核报复力量应当有"足够的准备状态及有效性"，以便使中苏集团领导人毫无疑问地预知，一场全面核战争将严重削弱其集团实力地位。美国核报复力量必须有足够的生存能力，以便使其生存不依赖于先发核打击也能得以保证，且要有足够的可控制性，能够对察觉到的威胁做出自动反应，而不会增加因误判形势而引发核战争的风险。在全面战争中，核武器将从一开始就要使用，由总统预先对其使用做出决定，并接受总统的指示和控制。关于第一次打击，该政策考虑了很多问题并得出结论：美国不应被第一次打击计划自缚手脚，并假设美国不应如此坚决地排除首先发动核打击的可能性，以至于使我们自己弄丢了利用苏联人对这一点的不确定来增强我们的核威慑的好处。该文件还声称，美国不应将美国战略核力量要能够在第一次打击中实质性地全部摧毁苏联核发射系统作为一个绝对的条件。该文件还提倡要有足够的民防，以防止放射性尘降对民众造成不必要的伤害，但同时警告称，不要对这样的民防工程能够起多大作用有过高的期待。常规任务部队要增加机动性，要能够在不动用核武器的情况下，遏制苏联或者中国小于全面战争规模的非核侵略。如果在常规任务部队与核作战部队的训练和装备上一定要平衡、取舍的话，那么应该朝有利于非核作战部队的方向倾斜。美国及其盟友都需要在增强反游击作战力量方面做出努力，只是在不影响到常规目标实现的情况下才将反游击作战政策作为一个次要目标，这显然是不够的。美国应当在没有核武器，敌人使用核武器或者敌人占有常规军事优势迫使我们使用核武器等任何情况下，都能够实现目标。在这种情况下，必要时小规模使用核武器的主要目的将是政治性而非军事性的，用于传递美国可能升级战争的意图。

美国基于以下原因对军备控制与裁军感兴趣：如果苏联配合美国削减其核军备，则二次打击威慑可以在较低的核投送水平上实现；苏联的核能力正在增强；出现代价高昂的核僵局的可能性在增大；如果说整体上不可能，但在统计学意义上却存在因事故而发生核战争的可能；存在核扩散的可能。当前的军备控制目标应当能提升军事环境稳定性，从而对我们的军事政策起到补充、辅助作用。

关于在欠发达地区的政策（略）

关于组织框架（略）

关于针对共产主义国家的政策（略）

关于美国国家根基（略）

草案第三部分是国家安全任务，主要解决第一部分和第二部分没有明确的问题。共列出了25项任务，包括北约核战略、在欠发达地区的军事作用、针对中苏分裂的政策、日本的未来以及美国的生产能力等。

草案第四部分是对预想的危机的应对程序，列出了52种需要提前研究的潜在危机。

* * *

1962年6月6日，美国政策规划委员会传阅了182页的基本国家安全政策文件草案。该文件继续保持原有基本框架，但大量段落被重写或者修改，主要改动如下。

第一部分为"原则与目标"，用新的语言呼吁加速共产党政权建设性地改变其性质及政策，以削弱共产党政权对人民的控制，为他们投身于自由世界提供便利……

第二部分是"战略"，在"军事政策"部分，对发生战争情况下美军的主要任务做了新的表述，即"以美国及其盟友可以接受的方式结束战争"。在关于全面战争的部分提出，由于在这样的冲突中难以提前对作战行动做出精准规划，所以应对发生这种冲突的可能的准备，应瞄准：降低敌人战略进攻能力，特别是敌人逐渐加码的多波次打击美国人口中心目标的能力；保持能用于打击敌方人口中心及其他主要力量要素的能力；为通过谈判以符合本报告提出的美国利益的方式来结束战争创造有利条件；3月26日版本中有类似的一段话，但3月7日版本中没有类似的话。

　　……

在军事政策里的"当前政策"段落有一句新的表述，称美国不应当将核力量具备在第一次打击中实质性摧毁苏联所有核投送工具作为绝对需求，认为这样的目标不具有现实可行性。在战术核武器部分也有新的表述。

在"军事政策"部分报告仍然宣称，美国军控规划应当同军事发展规划一体进行。对此新版报告进一步称：一方面，在建议采取一项军备控制措施时，我们必须考虑其对相应的军事能力的影响，以及对国家战略的支持度；另一方面，军事应急计划、核武器研究与发展、武装力量及装备发展规划等，也都应在一定程度上体现出他们意识到这些举措对战略环境稳定、武器及条件的演进，以及对非授权使用核武器的可能性等方面的影响。

李雪松　译

评　介

这份资料由关于肯尼迪政府"基本国家安全政策"文件形成过程的部分史料整编而成，对更好地理解这一政策文件，更好地理解肯尼迪政府内部关于军事战略、核政策核战略的看法，有一定帮助。

从这份资料可以看出，美国人所说的"学说"，基本上等同于"目标和原则"；而且，在这份国家安全政策草案中，"政策"里包含着"战略"（政策草案的第二部分），而"战略"又由不同领域的"政策"组成，说明当时美国人似乎并没有刻意对"战略"与"政策"孰高孰低、哪一个在上位哪一个在下位进行明确区分。在这份资料中，美国人所说的"政策"似乎既包括目标，又包括实现目标的方法与途径，而"战略"则只是（主要是）实现"政策目标"的方法与途径。

该资料还表明，当时美国内部就要不要打全面战争、在全面战争中要不要一开始就使用核武器及如何看待战术核武器作用等问题，存在明显的意见分歧。①

---

① 详细内容，可参阅本书收录资料三十四。

三十六

国防部长麦克纳马拉就"战术核力量及战略"致总统约翰逊的备忘录*（1963年12月19日）

华盛顿，1963年12月19日

主题

• 关于1965财年至1969财年陆军和海军陆战队一般任务部队的建议

E. 战术核力量及战略

虽然我们对欧洲地面战术核战争进行了几次研究，但仍然不能完全弄明白战术核武器在我国总体战略（over-all strategy）中的作用。例如，我们尚未解决有关地面部队在核武器攻击面前的脆弱性，以及在核环境中持续作战的可行性等重要问题。总的来说，我们对这类战争的理解远远不如我们对大多数其他战争的理解那么深。目前，我们研究得出以下一些结论。

有理由相信，我们的相关作战计划目前所设想的那种战术核战争升级的可能性很大，特别是在战术核武器爆炸当量增加的情况下。我们正在寻求减少这种升级可能性的方法。

［有2段（原文13行）文字未解密］

在战术核武器方面苏联最终会实现与美国近似对等的能力，这可能会减小甚至消除美国或北约在与苏联作战时，通过诉诸战术核武器所获得的任何军事优势。虽然还没有对这方面进行充分研究，但几乎没有证据表明，在这样一种情况下（指双方战术核武器处于对等均势时——编者注）使用战术核武器将会得到比交战部队之间的军事僵持局面更好的结果。

---

* "Draft Memorandum from Secretary of Defense McNamara to President Johnson", FRUS, 1961-1963, Vol. Ⅷ, National Security Policy, Doc. 153, pp. 580-584. 本资料只摘取了这一报告中有关战术核武器部分的内容。

核冲突可以分为以下几类：

1. 全球范围的战略核战争；

2. 战区核战争，有可能是核毁伤范围局限在战区范围内的全球战争，且可能很难将毁伤范围限制在战区范围内；

3. 核打击局限于前沿作战区，加上用于阻断美国和苏联对外通信线路的战场作战（battlefield warfare）；

4. 仅在前沿作战区域使用核武器的战场核作战；

5. 警示性核打击（demonstrative nuclear strikes），意在通过发出升级冲突的威胁来向对手施压。

虽然地面部队必须准备参加这些核冲突中的任何一种，但我们用于地面部队作战的核武器系统的设计，应主要针对但不完全局限于在后三种情况下来使用的需求。

不确定性

战术核作战存在许多尚未解决的不确定性。我们在战术核作战上没有经验可循，也不能确保我们能够将战术核武器同其他武器很好地搭配起来，并保持不同武器之间的平衡。主要的不确定性包括：

战争可能如何开打？

在没有预警的情况下，处于集结区域（barrack area）的部队极易遭受核打击。另外，哪怕只得到一点点预警信息，部队也能迅速分散到战场多个点，在这种情况下，（对苏联）要造成同样多的人员伤亡就需要进行更多的核打击。如果从一开始就使用核武器，我们就可以在敌人靠近时引爆已经提前放置好的原子爆炸装置；如果不是从一开始就使用核武器，这种时机上的不确定性会使其部署和使用变得复杂。类似的问题也困扰着其他规划要使用的核火力及核部队的部署。这些时机上的难题主要源于北约决策机制所固有的滞后性，当然，这种滞后性易受各种政治上不确定因素的影响。

核冲突会升级吗？

据估计，在欧洲发生的不同规模的战术核作战，所造成的平民伤亡情况也不一样。在一场局限在战场范围的战术核作战中，造成欧洲平民伤亡的人数最少也有几十万人，而在一场涉及整个战区的战术核战争中，平民伤亡人数将达到 500 万到 5000 万人，甚至更多。约束自己不主动升级冲突，是否能禁住在敌人使用其核武器之前使用更多武器将其核运载工具摧毁的诱惑，这是一个大问题。例如，我们在欧洲部署的用于实施核打击的飞机具有脆弱性（即有可能被打掉——编者注），这就造成了极大的不稳定性。这会引发那些试图进行有限战场核战争的指挥官的主要关注。

苏联有什么样的核武器及其使用武器的理念是什么？

据我们所知，就像北约的作战计划一样，苏联的作战计划已经在强调实施整个战区范围的核打击了。据估计，苏联的核武器储备比我们要少得多，也许主要是基于这个原因，苏联核发展规划没有像我们那样突出强调发展短程、小型的核弹头。在必要情况下，其会被迫使用更远射程、更高当量的核武器。苏联解密的军事文件反映出苏联核弹头相对短缺，其还没有将核武器投入前沿区域或在战场某一部分使用这样的理念，并且有一部分人还对使用少量高当量核武器摧毁敌方军队表现出兴趣。随着苏联核武器储备的增加，苏联对可能在作战前沿区域发生使用低当量核武器的冲突所持的消极态度可能会改变，但我们不能很有把握地预测苏联的这种理念何时会变化，或是否会发生如我们所想的这种改变。此外，一个主张使用"高当量低成本"核武器（high-yield-low-cost nuclear weapon）的派别，有可能会主导苏联在地面核战争上的思想。

在这方面，最近的一项研究设想了北约部队正在准备并占领其防御阵地，但防御阵地的确切位置不详的情况，评估了在这一假设前提下苏联沿着北约部队在中欧的占领区设置了一个由 32 枚总爆炸当量达 2000 万吨 TNT 的核武器组成的隔离区所产生的影响。研究认为，在这种情况下，在北约 30 个师及相关单位总共超过 67 万名士兵的部队中，处在战壕中的人员损失 7%，处在建筑物中的人员损失 33%，露天人员损失 43%。北约还要损失 11% 的坦克和大炮，以及 35% 的车辆和电气设备。报告指出如果部队平均分散在战壕、建筑物和露天场合（该研究没有大胆地猜想部队都处于露天这种情况），那么整个部队会有 28% 的人员伤亡，19 个师中有 15 个师受爆炸影响的伤亡人数达到 40% 至 65%。尽管这次核袭击避开了大城市，但还是会造成 180 万平民伤亡。

核战场

［1 段（原文件中 11 行内容）未解密］

心理反应

战术核战争对涉及的双方的军队、平民、指挥官和政治家，都将是一种全新的体验。很难预测这些不同的群体在面对密集战术核交战这样一种新奇而令人不愉快的经历时会有怎样的表现。我们的研究表明，在最初几天，交战部队的伤亡人数可能高达50%，大量作战单位的伤亡人数可能达到30%或更多。许多幸存者也已经受到了辐射，但其遭到辐射的剂量很难确定。对军队以及与军队混杂在一起的平民及决策者来说，累积效应会很强烈，因为他们会尝试将得到的各种零碎的报告关联起来以掌握真实的情况，并采取适当的军事行动和民事行动。对各个层面而言，在这种情况下保持理性、有控制地采取行动将是一个重大难题。

我们的研究结果

最近研究中的这些例子，阐明了影响中欧需要多少战术核武器这一决策的一些主要因素的性质，以及其对所需核武器数量的影响。

关于很多类型的核武器是否应该发展的决定，必须同基于这些研究的一些结论联系起来。除了前面指出的那些结论以外，与战术核武器需求相关的数字同假定的战争局势特定细节之间，具有高度相关性。特别是，所消耗的武器数量及种类反映的是双方假定分配用于核战争头一两天的核武器情况。

1962年10月，参谋长联席会议印发了四次手工图上演习的结果，这些演习是为了确定1967年防御100公里战线的北约军队的三个半师与苏联陆军合成部队的7个师之间发生核交战时头一天或两天的情况。结果如下表：

［整个表（4行）未解密］

1962年10月，参联会采用了一种不同的、更理论化的方法来研究整个北约地面作战的战术核需求，研究也考虑了更先进的敌对核武器系统的动态影响。该模型的输入变量包括双方力量对比关系、苏联核武器储备规模、相对的可发射使用核武器比例和随机的核武器作战效能等。研究表明，为了到1967年使苏联军队减损50%并耗尽苏联的战术核武器，同时使北约军队的损失保持在30%以下，根据有选择的对不同当量核武器的组合，北约欧洲中部地区战术核需求如下表所示。需要注意的是，所需战术核武器数量同苏联可用核武器数量以及我们选择使用的核武器的规模有密切关系，特别是受后者的影响非常突出。

［表格（3列3行）未解密］

注：本表中的数据基于下列条件得出：

虽然所采用的方法确实考虑了敌人地面作战行动给北约武器造成的损失这一因素，但它不包括许多在数量上影响北约总库存需求的其他因素，例如：（1）因敌人空中和导弹部队打击而造成的组织机构的损失；（2）武器系统可靠性；（3）核运载系统或核武器部署位置不合适；（4）受制约因素影响，核武器投送受到严格限制；（5）提高了对目标抵近核打击的效能，而不是使用数学模型中的随机数。前三个因素会产生额外的需求；在核武器混合编组中加入很小比例的高当量核武器，就可以使那些制约因素不太显著地改变对核武器的需要；但第五个因素很有可能会大幅降低对核武器的需求。参联会研究还涉及不同的部队部署密度、不同的武器可靠性及上面谈到过的核武器发射使用比例等问题。结果表明，通过抵近目标瞄着打（acquired target fire），上述最后一项（所需战术核武器数量）可修改如下：

［表（3 列 2 行）未解密］

1963 年 4 月，参联会公布了对前述的北约部队在防御 100 公里前线时组合使用不同战术核武器的效果的进一步研究的结果。（原文 2 行未解密）

［表（3 列 4 行）未解密］

［原文 1 段（10 行）未解密］

盟友的看法

［原文 1 段（20 行）未解密］

关于战术核武器研究的综述

在迄今为止所完成的研究的基础上，我们在战术核战争方面仍有许多问题需要了解，既要从其军事后果的角度，包括"它会对谁有利？"这一核心问题来看，还要从可能爆发战术核战争的政治环境角度来看。但是很清楚的一点是，我们目前没有充分的论据证明，应该更加依赖英国和德国所说的那种类型的战术核战略。我们在规划的战术核武器发展中，正是为实施这一战略（英国和德国所说的那种类型的战术核战略——编者注）提供一个选项，且在苏联突然袭击欧洲的情况下，我们可能不得不依靠这一战略。为应对这种紧急情况，参联会需要下大力气制定在交战区及与其连接的禁区内实施在限定区域使用低当量核武器作战的计划。

（后面是一整页的表格，略）

吴红莉　译

评 介

从 1962 年起，美国国防部长麦克纳马拉开始特别关注战术核武器发展和运用问题，指示美军参谋长联席会议等机构就这一问题进行了一系列研究[①]。1963 年底国防部长提交给总统的关于未来一个时期美国陆军和海军陆战队一般任务部队发展设想的备忘录中，设专节阐述战术核武器问题。可以说，这份资料既是对此前近两年时间美军相关研究成果的阶段性小结，也在一定程度上反映了当时美军高层在战术核武器问题上的一些看法。

本资料一开始就承认，关于战术核武器还有很多问题没有搞清楚，说明在美军内部，包括美军高层及国防部长，对战术核武器的认知存在明显分歧。他们只在使用战术核武器会使冲突升级、在对方也有战术核武器情况下美军使用战术核武器不会有什么好处等两个问题上有一定的共识。

从本资料内容可以看出，美军当时设想了 4 种使用战术核武器的场景，分别是战区核战争，核打击局限于前沿作战地区及用于阻断美国和苏联对外通信联系的战场作战，核打击仅限于前沿作战区域的战场作战，以及警示性核打击。通过战术核武器进行警示性核打击是最低强度的战术核武器使用选项；在何时使用战术核武器、美军能否控制住自己不升级核冲突以及苏联在不升级核冲突上是否同美国配合等三个问题上，他们认为不确定性最大。

---

① 参看本书收录资料三十一。

三十七

关于"管理与结束战争"的备忘录[*]
（1963 年 11 月 7 日）

1963 年 11 月 7 日

致泰勒（Taylor）[①] 将军的备忘录

主题：管理与结束战争

背景

1. 附件（随附文件 A）是净评估委员会（NESC）关于战争结束问题的研究报告。它是依据国防部长的要求（随附文件 B）而进行的研究，而国防部长则是依据由哈佛大学托马斯·谢林领导的其中一个罗斯托夫"基本国家安全政策"（BNSP）规划任务小组完成的研究才提出这一研究要求的。从根源上讲，随附的这份研究已经由那个特别研究小组（指谢林领导的研究小组——编者注）做完了，但在对其研究进行了一些讨论之后，由参联会提议，经国防部长同意，由 NESC 人员重新对这一问题进行了研究。随后您发布了进行这一研究的指示（随附文件 C）。

研究内容

2. 这项研究考察了在三种情况下同苏联之间爆发的全面战争，这三种情况分别是：（1）苏联对美国发起了灭国式（nation-killing）的打击；（2）在得到苏联将要进攻的可信证据后，美国实施有区别的（discriminate）先发制人打击；（3）涉及升级的战争包括（a）一场有限战争和（b）同时进行的两

---

[*] "The Management and Termination of War with the Soviet Union", Digital National Security Archive（DNSA）, Nuclear History（NH）395.

[①] 马克斯韦尔·泰勒将军时任美国参谋长联席会议主席。

场有限战争。

3. 研究内容表（随附文件 D）给出了关于研究内容的衡量标准。我已经用红线标出了一部分。简单地说，这项研究认为：（1）如果双方决定发起灭国式的打击，在敌对状态结束时每一方首先（有可能唯一）想到的将会是生存；但是，（2）在其他情况下，特别是在战争升级的情况下，在某些决策点上，停止战争会对双方都有利，甚至在双方本土都已经遭到了一定攻击的情况下，也可能这样。必须补充的是，这样一个过于简单但相当准确的概述，依然错过了该研究提出的在极端紧张形势下如何发挥军队和外交作用的一些会引起争议的核心见解。

4. NESC 人员在研究中得出的结论并不是特别惊人，包括：美国需要改进政治—军事规划，提高指挥和控制能力（包括在华盛顿地区要有可生存的指挥设施），要有可更加有区别地使用的武器系统，要有更强的监视能力，具有升级战争但同时又无须显著增加部署的部队规模和能力的部队，等等。最重要的建议是国家安全委员会应为战争计划，包括单一联合作战计划提供综合性指南，应在计划形成之后对其进行审查。在 J-5① 要为此设立一个联合参谋部等。

几点评论

5. 当前研究做的最重要的一件事是提供证据证明，建议的 NESC 下一年的研究任务真的有价值。当前的研究只是从表面上拓展了我们正在做的一项尝试，这一尝试对帮助政府更好理解战争过程应当有极其重要的作用。

6. 没有人会对 NESC 的研究成果感到完全满意。它只是一种面很宽但深度不够的研究（但它仍然是目前在这方面最好的、唯一可用的分析）。有人会质疑得出的结论和提出的建议。其他一些人可能会质疑说，报告通过提出有可能对战术层面和战略层面的核武器使用加以控制，使原本不会真的发生的核武器使用，似乎变得有可能发生了。对于在这一类研究早期阶段得出的结论和提出的建议，必须认识到它们一定是过渡性的。顺着这一分析方向继续研究得出的一些洞见，将更加重要。

7. NESC 给我了一份这一报告的复本，要我在周五前提出非正式的评论。我提出如下修改建议。

---

① 　美军参谋长联席会议下设的用于制定作战计划的职能部门。

a. 正如古德帕斯特（Goodpaster）[1] 将军在研究报告中指出的那样，在两种战争升级的场景中，关于欧洲和远东地区的战争在时间上的关系说得并不是特别清楚。

b. 这一研究并没有说清楚，苏联在一定条件下相对于"无条件投降"而言会更喜欢"单边裁军"的意思是什么，以及苏联人为什么会有这样的倾向。报告中关于这一问题说得比较模糊。

c. 将苏联基本国家安全目标表述成同美国的目标"非常类似"，似乎不对。对苏联的政治—军事目标似乎需要有更加精准的描述。

关于这一研究的后续活动

8. 国防部长在其 4 月的备忘录（文件 B）中指出，他想把战争结束研究提供给罗斯托夫的跨部门研究小组，在他们审议了之后，再交给参联会做出评议。这意味着这一研究报告在提交给国防部长的过程中会经过您，正常情况下您不会在参联会之前看到报告，要很晚才能到您手里。

建议

9. 我建议

a. 我们将第 7 段中的评论交给 NESC 人员。

威廉·史密斯（W. Y. S)[2]

附件 A

NESC 关于"管理与结束同苏联的战争"研究报告

五、结论和建议

战争管理和结束的概念并不新鲜，在以往的战争中，人们已经在管理和结束战争方面取得了不同程度的成功。当前任何形式的战争都可能演变成核战争，并且核战争的激烈程度会迅速上升到前所未有的水平，这与以往相比是全新的变化。这种战争的利害关系从未如此巨大，也从来没有过需要决策者在几分钟内而不是几周或数月内就要做出如此重大且不可撤回

---

① 安德鲁·古德帕斯特将军时任美国参谋长联席会议主席助理。

② 威廉·史密斯（William Y. Smith）上校是泰勒将军的军事助理。

的决定的情况。

本研究的结论是：在一切战争规划中，必须充分考虑战争管理和结束问题。更进一步的结论是：这样的努力将增加成功运用政治行动和军事力量，以慑止苏联将战争进一步升级，并促使苏联领导人寻求在美国可接受条件下结束战争的可能性。

要接受上述结论，就需要对预想的战争要达成的战争目的和结束战争的基础条件之间的相互作用关系做出分析，对如何使当前的实际情况同不断变化的世界局势保持同步进行分析。美国的规划还必须考虑到核战争给国内和国际事务带来变化的可能性，这些变化是如此剧烈，以至于依据战前价值观确立起来的战争目标会被改变或者放弃，以支持新的战争目标。在这些分析中，必须考虑战略部队瞄准的作用、战中威慑的需要、军事力量在战争最后阶段的作用以及在总统层面加强指挥和控制的程序等。最重要的或许是，用于指导规划人员的政策必须更加全面、综合。

这些拟议的行动中的任何一个，都不应被解读为要以其他似乎合理的军事学说为基础来拟制战争计划。我们所追求的是更加有效的战争规划，因为国家目标和战争目标得到了更为精确的界定。我们还要寻求的是，一旦战争打响，政治和军事计划人员要相互了解不同行动可能产生的影响。后一个过程可能是最重要的，因为它会成为总统及其主要顾问审查这些计划时可以使用的一种方法，会使人们了解到这些决策的性质，即一旦应急计划被执行，这些决策会面临什么样的情况（影响后果严重且不可更改）。

接下来的段落给出了将战争管理与结束概念运用于几种最可能发生的战争情形时的一些结论，也指出了要使这一概念更加有效，必须在这样的战争开始前去选择完成的一些行动。我们可能还要考虑影响战争结束根基的一些主要因素。最后，还提出了强化总统层面指挥与控制职能，强化政治—军事规划综合性和兼容性的具体建议。

战争管理及结束在由大规模毁灭性核攻击引发的战争中的作用

在考虑战争爆发的各种常用方式时，有一个基本问题始终很明了，那就是，美国必须始终为应对最糟糕的情况，即苏联对我国发起毁灭性的袭击做好准备。应对这一情形的关键在于，无论苏联的攻击有多么突然，都必须确保美国核武器具有高度可生存性。由于对敌人精确打击能力的评估始终存在不确定性，只有通过将不同武器系统搭配起来（mix of weapon systems）的方式，才能达到这种确保生存的要求。与应对这一威胁同等重要的，是必须有一个使总统能够发起报复性攻击的指挥和控制系统。

如果发生了以毁灭国家为目的的核攻击，那么将复杂的反应能力付诸实践、尝试通过管理战争来限制战争的总体影响，或者尝试通过谈判来结束战争等，都几乎不可能成功。因此，在这种情况下一定不能冒着削弱我们摧毁苏联的能力的风险来实施这些管理与结束战争的理念。但这并不是说，在核交战后期军方没有什么必须准备要完成的重要任务。这些任务包括协助国家开展恢复稳定工作（约两行半内容未解密——编者注）等。

以可区别的方式使用战略核力量的能力和以管理与结束战争为原则使用战略核力量的能力之间的关系

美国应发展在战争情况下能够有区别地使用的核武器系统。这将为各个层级上的战争提供更有效的威慑。与此同时，不断增加军事力量运用的灵活性，将使美国在需要通过更加激烈的战争来维护国家利益时，能更大胆地采取行动。如果出现了需要美国实施先发制人攻击的形势，这样的核武器系统就会派上用场，而军事打击的可区分度可能对苏联决定终止其战争行动发挥作用。希望在这种情况下，苏联作为一个务实主义者，能够意识到选择在有可能毁灭国家的核交战爆发之前结束战争。但是，在公开宣示有控制的核反应政策时要非常谨慎，既不要让苏联领导人觉得美国正在寻求在战争中使用核武器的可能性，也不能让他们觉得，美国不会使用击败苏联所需要的任何力量。

我们还必须改进武器系统，以进一步保证核战争实际上是可以控制的。这些战略武器系统中有一部分应该有很高的精确度和可靠性。国家层面的指挥系统必须具备足够的生存能力，以保证控制的连续性，并能得到近乎实时的敌情数据。瞄准学说必须在目前要求对军事目标攻击时尽可能减小对平民造成的毁伤的基础上更进一步。最后，必须全天候保持同敌方的可靠沟通，以便能与敌方领导人进行直接谈判。

可以看出，在同苏联进行有控制的核交战情况下，美国的目标可能会远低于令敌人无条件投降或者将共产党政权摧毁这样的标准。尤其是如果美国将战争升级到这种有控制的核交战的程度，其意图将是迫使苏联领导人接受停火。或许很明显的一点是，如果美国不再提出苏联必须无条件投降的要求，或美国提出的条件不再危及其领导层在苏联的继续统治（尽管这对美国有利），苏联领导人可能会觉得它更容易接受。

战争管理及结束在涉及升级的战争中的作用

在强度较低的战争中，在重要的转折点上决定采取哪一种行动的问题会很复杂。为了有效决策，决策者必须得到对与政治目的相关的军事行动的评估的支持。因为这些最重要的决定会涉及是否改变战争水平或强度问题，因此需要总统来最终做出这样的决策。总统在任何时候都需要得到关于形势的持续的政治—军事方面的评估，从而能够清楚知道有选择地采取某一行动的可能后果。这需要有连贯的关于美军、盟军（无论参与与否）和敌军的数据信息。此外，他（总统）还必须了解美国、盟国、敌国或者敌对国家集团，以及其他一些重要国家的政治局势。

管理和结束不断升级的战争，在一定程度上受到可用的武器系统类型的影响。在不断升级的战争形势中，有一些内在的停战点是显而易见的，这些停战点都可以通过精心设计的战争管控措施来为美国所用。行动和言语都会影响敌人，但与敌人高级指挥官的直接交流，对于尽量减少被干扰的可能性是必不可少的。与过去的战争相比，现在与敌方当局的持续直接沟通将十分重要，且要大大减少沟通中模棱两可的情况。

对国家指挥中心或总统的要求

（约半页内容未解密——编者注）

（5 条建议，约 1 页内容未解密——编者注）

关于国家战争规划过程的修改建议

对涉及核升级威胁的战争进行控制和管理会更加复杂，这将需要预先做出非常详细的规划，以确保总统有办法及时做出经过深思熟虑的决定，确保一系列可能的决策能够被正确贯彻执行。

这种预先规划将包括如下一些具体活动。

a. 站在外交政策的角度，对在实现尽可能多的其他国家目标过程中的美国军事力量运用问题做出分析，以便充分理解我们采取各种行动可能导致的政治—军事形势。

b. 在国家层面制定足够详细的指导方针，以确保对美国军事能力使用的规划能够对实现各种替代性的国家目标做出反应。

c. 必要时采用相应军事力量或技术，以支持外交政策执行所需要的各种政治—军事理念。

d. 通过一定的程序，使总统了解在极端紧急情况下可能需要他做出的各种决策类型的例子，采取相应手段，确保其主要顾问能够持续为其提供关于采取某种行动后可能造成的军事、政治和经济后果的最准确、最及时的评估结论。

以下给出的具体建议，是直接针对在制定和审查战争计划时整合军事和政治元素方面的难题而提出来的。

建议 1：国家安全委员会或直接或通过下属委员会，应为制定包括单一联合作战计划在内的战争计划提供全面的指导，在计划完成后对其进行审查，并对这些计划一旦实施可能产生的预期结果进行审查。

建议 2：为履行上述职能提供人员支持，国家安全委员会中各机构的代表应详细确定在联合参谋部 J-5 工作的人员组成。

建议 3：为了提供一个测试机制，J-5 与联合战争演习机构一道，要制定一个对主要战争计划及特定的应急计划进行演习的日程表，按照这样的日程进行演习的可能性似乎越来越大。联合工作组可以由国家安全委员会中各机构代表扩充而成。

艾康 译

评 介

随着苏联的战略能力不断增强，美国越来越认识到打全面核战争不符合其根本利益，如何对战争实施控制、尽早结束战争开始引起美国各界的关注。这份报告是这一时期比较典型的关于这一问题的研究成果，反映了当时美军在这一问题上的基本认识。

报告强调，美军的一切战争规划，必须充分考虑战争管理和结束问题。报告重点分析了在三种可能的战争情形下的管理和结束战争问题，指出：为了有效管理和结束战争，应该有区别地使用核武器，有针对性地发展核武器；要在战争期间继续实施威慑；要尽可能减小打击军事目标时造成的附带平民伤亡；要在战争中始终保持与敌方领导人的沟通；要由最高执政当局（美国国家安全委员会）为单一联合作战计划提供全面的政策指导，并负责审查核打击计划；要研究战争升级点（转折点）；等等。

三十八

国防部长就"北约军事战略"致国务卿的信[*]（1963 年 12 月 3 日）

1963 年 12 月 3 日

国防部长麦克纳马拉就"北约军事战略"致国务卿迪安·腊斯克的信

亲爱的迪安：

在过去的几个月里，我的参谋人员就 MC100/1^① 的一些细节进行了讨论，美国的军事委员会已经批准了这一文件，但我还没有收到国务院关于这一文件的正式意见。MC100/1 虽然比希望的要长一些，但我认为它对美国而言是可以接受的，我相信你也同意这一点。

参联会和我最近已经就一个更加简洁的用于北约的军事战略报告达成一致意见。我认为，这一战略报告与 MC100/1 的精神是一致的，但更加实用，前者的复本见附件。

我请你把你关于这份报告的评论或者赞同的意见反馈给我，便于我们尽早提请总统批准。现在我还不能预测，要把完整的报告列入北约议事日程，需要具备什么样的早期的必要条件，所以我认为，我们应当把它用作在部际联席会等会议上对这一议题进一步深入讨论的指南。

---

* "Military Strategy for NATO", Digital National Security Archive（DNSA）, Nuclear History（NH）988.

① MC100/1 是为 1963 年 12 月在巴黎举行的北约理事会会议准备的一份文件，文件标题是"关于 1970 年前影响北约的军事形势"。在对此报告进行审议期间，美军参联会又准备了作为本资料附件的"北约军事战略"文件。

这封信的复本我给麦乔治·邦迪①也送了一份。

鲍勃（Bob)②

附件 "北约军事战略"

最高机密

北约军事战略

总则

1. 北大西洋公约组织（NATO）的全面（over-all）防御观念，是指通过使用北约部队来抗击潜在侵略者，以促进和平，保障北约地区安全。北约部队的组织结构、部署、训练及装备水平，要达到使潜在侵略者获取有利结果的概率小到足以促使其改变原来决定的程度，其原来的决定是借助军事力量来达成目标，进而愿意冒发动武装攻击或者支持武装进攻所带来的风险。因此，北约军事准备的首要目标是通过有效慑止侵略来慑止战争。这样的威慑的主要因素是具备能够让对方看得见的实力，以及清楚、可信地使用这些实力的决心。进一步准确地说，这种威慑力量包括：

a. 占有优势的战术及战略核能力，加上不论敌对攻击的性质及状况如何都不会出错的立即使用这些力量的能力。

b. 其他具备在铁幕附近区域实施防御，能够识别并确定所有侵略的性质、规模，并在投入核武器之前和之后，能够阻止对方突入西欧的随时可用的部队。

c. 清楚展示在任何时间都要保护所有西方世界，以及为达成这一目的在必要时会使用任何武器的戒备状态及决心。这些可用的手段既包括核元素，也包括非核元素，非核元素要能够单独运用，或者与核武器混合运用。

2. 有限侵略。为了应对有限侵略威胁，例如，那些既不危及国家生存，也不会马上危及重要军事力量要素完整性的打击，北约必须能够在低于战略核战争门槛时就做出有效反应。此外，必须在任何时候都能够使侵略者

① 麦乔治·邦迪时任美国总统国家安全事务助理。
② 鲍勃是罗伯特·麦克纳马拉的昵称。

处于一种不利的军事态势中，使其为侵略要做出的努力、承受的风险、付出的代价及可能遭受的损失超出其希望获得的收益。因此，在发生了有限侵略的情况下，北约应使用足够的非核力量立即、积极地做出反应，必要时通过使用战术核武器来强化这种反应，挫败侵略，从而在无须升级到全面核战争的情况下，使对方停止侵略。当北约国家领土遭到蚕食时，应通过反击来恢复态势，同时要避免过度减损用于持续保护西方世界的整体能力。随后，军事同盟的地面、海上及战术性空中力量必须能对很多形式的有限侵略快速、灵活、有效地做出反应。

3. 作为这一灵活性的重要方面，北约军队必须做好在我们的非核部队面对难以有效应对的大规模有限侵略时，有控制地使用战术核武器的准备。因此，和上面所说的非核反应选项同等重要的是，北约军队应当具有立即对敌军事目标实施精准的、有控制的、分级（discriminatory）的核打击的能力。战术核武器一旦开始单独使用，或者与其他非核武器同时使用，就形成了一种截然不同的态势，进一步升级的风险会很高。在这种情况下，如果联盟在非核战争与全面核战争之间有从常规反应到十分谨慎地有选择性地使用战术核武器，再到通过对敌方部分或者全部领土实施打击来展示大规模使用核武器的决心等一系列反应的话，那么有控制地使用战术核武器就会是一个至关重要的选项。

4. 在针对北约的侵略刚开始时，可能很难对侵略的规模及敌方攻击的目标做出评估。在这种情况下，北约军队应通过采取适当的陆上、海上和空中常规军事行动做出回应，必要时通过使用战术核武器来强化应对。北约军事行动的目标是：

a. 恢复北约国家领土完整，迫使敌人立即停止侵略，或者尽可能快地停止侵略。

b. 稳定侵略范围，防止侵略进一步扩展，进而对需要采用什么手段来应对侵略做出判断。在为稳定非核侵略而采取的军事行动中，刚开始时不要使用核武器。

5. 重大侵略。重大侵略是指威胁到北约国家生存或者破坏主要军事力量主体完整的进攻。它可能由小规模的冲突扩大而形成，也可能在几乎没有什么预警的情况下一上来就实施，其中可能包括迅即摧毁北约核打击能力的行动。抗击任何形式的重大侵略，能迅速而果断地判断出是否为重大侵略，对北约而言极其重要。北约联盟抗击重大侵略的目标应当包括：

a. 实施包括使用核武器在内的全面进攻，破坏敌人继续实施侵略的意志和能力。

b. 在尽可能靠近铁幕的地方阻止苏联地面部队的进攻，在此过程中使用那些达到这一目的所必需的核武器。

c. 尽可能减小苏联核攻击的影响。

d. 随后，消灭那些可能已经进驻到北约领土的敌军。

e. 确立并保持对那些对北约至关重要的海域的控制权。

f. 北约战后残余部队要足以保证盟国生存，足以实现联盟的战后目标。

6. 要执行上述战略理念，特别是关于选择使用核武器、实施精选的打击选项的理念，对联盟而言重要的是要确定一个有不同选项的核打击计划（optional plan）名录，以及一套事先确定好的、能确保进行快速决策的指挥控制流程，这种决策的快速性对这一战略来说至关重要。

评　介

美国是北约主导性国家，承担着保护北约其他国家安全的特殊"责任"，北约军事战略同美国军事战略存在紧密的内在关联，体现和反映的主要是美国在相关问题上的认识和立场。

相对于此前北约军事战略提出的"北约必须主要依靠核武器，必须首先使用战略和战术核武器来进行防御"的战略指导而言[1]，美国在 1963 年底制定的这份"北约军事战略"中明确提出，北约要奉行"全面防御"战略，强化常规军事力量在保障北约安全中的作用，明确将北约未来要实施的战争分为使用常规武器的战争、使用战术核武器的战争和使用战略核武器的战争三种类型，或者三个阶段。

该战略文件就战术核武器使用问题着墨颇多，认为战术核打击是常规打击的补充，是北约军事战略灵活性的重要体现，在应对敌方侵略时可以

---

[1]　1957 年北约通过的战略构想文件 MC14/2 明确，由于北约无法阻止苏联人发起的常规战争，所以北约必须首先使用战略和战术核武器，并提出即使在苏联没有直接参与对北约成员国进攻，或者参与得不坚决的情况下，北约仍然有可能选择使用核武器来应对。参看〔美〕布莱恩·J. 科林斯《北约概览》，唐永胜、李志君译，世界知识出版社，2013，第74~75 页。

一开始就使用战术核武器。关于核打击升级问题，该战略认为只要谨慎选择打击目标、地域及所用核武器类型，事先规划出包括通过打击对方领土上的目标来展示大规模使用核武器决心在内的一系列有限核打击选项，是有可能做到有控制地使用核武器、避免核冲突升级的。

　　美国在这份"北约军事战略"文件中展示出来的思路，实际上是肯尼迪政府确立并奉行的"灵活反应"军事战略的翻版。1968年，北约正式实行"灵活反应"军事战略①。

---

① 　1968年1月，北约通过了新的军事战略文件MC14/3，要求灵活选择直接防御、审慎升级和全面核反击等手段，以逐步升级的方式来威慑敌人，应对可能的侵略。这一战略也被称为"灵活反应"战略。

三十九

美国空军基本学说*（节选）(1964 年 8 月 14 日)

1964 年 8 月 14 日

第一章　空天（aerospace）学说的物理基础

1-1. **什么是空天学说？** 空天学说是关于使用和利用美国空军的作战及维护和平能力的理念的权威声明。像所有其他军事学说一样，空天学说是以在研究、分析、试验和军事经验中不断积累的知识为基础建立起来的。但与众不同之处在于，它特别强调飞行员的经历，尽管这不是唯一的。由于它必须在可能的冲突环境发生变化时与时俱进做出修改，因此它对可预见的技术和政治条件适时做出反应就显得十分重要。分配给空军的广泛的任务和职责，要求发展不同类别的学说。这些学说都列在下面，在 AFR 1-1 中有更详细的概述。

a. **基本学说。** 这是本手册的主题。基本学说描述在和平和战争时期使用航空航天力量来支持美国国家目标的基本原则。

b. **作战条令。** 作战条令处理空军内部存在的特殊能力，如战术作战、战略性作战和防御性空中作战。它包含空军某一层级的部队在执行特定任务时所采用的规则、技术、战术和程序等。

c. **联合条令。** 联合条令是关于在由参联会明确的某一特定联合作战中力量运用概念的权威声明。适用于参加联合作战的所有军种，并指导联合司令部及特种司令部的军事行动。

1-2. **空天力量和国家目标。** 空天力量只是我国军事力量的一部分。每一个独立的军种在我国整体军事力量中都有其独特的位置，都被用于发挥

＊ "United States Air Force Basic Doctrine", Digital National Security Archive (DNSA), Nuclear History (NH) 354.

其在一个特殊作战媒介中独一无二的特点。每一个军种力量的存在并不以完成本军种的目标为目的。每一个军种都是在与其他军种力量，以及国家外交、经济活动和国内政策密切协调下来发展和作战的。空天力量同其他这些措施联合起来使用，以影响敌人决策，将其导向与我国基本国家目标一致的方向。空天力量还用于增强其他自由世界国家抵抗敌人侵略的能力。空天力量捍卫的国家目标在很大意义上讲，是政治性的而不是军事性的。美国寻求由独立国家组成的世界能够免遭侵略，在这个世界里，基于法律的法治以及法律面前人人平等能够普遍实行。在这样一个世界上，所有人都有望实现政治自决、经济和社会公平，有信仰的自由，能够免于被调查。通过实现这些目标，美国寻求普遍认可的个体的尊严，这是我们这个国家的立国之本。

1-3. **现代冲突的本质**。只要美国及其盟友要面对那些试图破坏我们要去维持的制度的势力，那么冲突就可能在许多领域发生。和平与战争已不再像第二次世界大战之前那样，存在严格的界限。相反，冲突存在一个巨大区间，在这个区间里，冲突的强度和性质可能有无限多的变化。一种极端的情况是，可能爆发全面的热核战争；另一个极端则是在经济、政治、社会和教育等领域的竞争。在这个区间的很多部分有可能爆发战争，而且爆发的战争强度各不相同。

a. 在可预见的将来，美国可能卷入从热核交战到游击战及反游击战行动等各种不同的军事斗争中。为了确保我们有能力挫败旨在阻挠我们实现国家目标的一切侵略，我们必须使自己具备有效对付任何这些威胁的能力。我们可能卷入的任何战争，不论它是因何而起，如何有限，都有扩大的可能。因此，必须把现代战争看作一个容易变化的、不可分割的整体，我们必须发展能够在所有类型的冲突中最有效发挥作用的军事能力。

b. 潜在敌人掌握的热核武器和确保其投送出去的能力已经改变了我国整体军事力量的运用。主要核大国之间的冲突，包括对工业和人口目标攻击在内的全面战争，即使对"胜利者"而言，也可能造成难以承受的损失。因此，敌人所具有的通过报复摧毁我们城市的能力，要求我们必须更谨慎地寻求打击的目标，而不是去彻底击败敌人。此外，即使在同较弱对手的战争中，这样彻底击败对手的极端目标也可能导致出现不利的境况。此时，对方完全失败的政治影响可能促使我们的敌人进行干预，它会对我们的人口中心发起攻击。在这样的冲突中，我们对敌方城市的威胁将主要作为一种胁迫来发挥作用，以阻止敌人投入其全部力量。

c. 在低于全面战争的水平上，军事力量仍然可以直接使用。通过快速地使用同面临的问题或军事威胁相适应的军事力量，可以令人信服地向敌人发出我们反对侵略的信号。在大多数情况下，这些力量的运用应限于对军事力量和军事系统的精确攻击，以防止可避免的附带民事损害，以及因这种损害而带来的坚决的报复。适用于所有危机的主导性原则是，将使用的武力限定在与特定的冲突态势相匹配的限度内。"击败"敌人是我们要达到的特定的政治目标。

d. 只有在文职领导人认为军事力量与特定的冲突态势相关且可以使用的情况下，军事力量才能用作政策的工具。在热核时代，使用军事力量的决定可能取决于文职领导人对是否可以相当精确和有限度地使用这种力量的信心。军种必须制定作战计划，发展军事技术，以体现国家决策者所希望的对政策起支持作用的克制性使用。

1-4. **现代冲突中的军事目标**。美国的军事目标是对实现国家基本目标发挥作用。这些军事目标包括：

a. 防止世界上那些对美国及其盟国利益至关重要的地区发生军事侵略。

b. 以适合通过谈判达成政治目标的方式使用军事力量，挫败侵略。

c. 在战争期间限制美国及其盟国遭受的损害。为了实现这些目标，我们必须为国家决策者提供多种选项，以便他们可以从中选择适合的某一种，来回应敌人的每一种挑战。

1-5. **威慑的过程**。威慑是通过使敌人确信其预谋的挑衅或攻击将给其自身带来不可接受的不利影响得以实现的。在最高层次的冲突中，这个过程是比较明确的。我们持续保持的确保给对方造成不可接受的毁伤和报复的能力，对于使敌人确信他们对我们的工业和人口蓄意进行全面攻击是徒劳的，应该就足够了。在没有达到全面进攻水平的冲突中，敌人是否能被威慑住，取决于其对我们在每种情况下能够使用的力量的估算。如果敌人清楚地知道，美国既有决心，也不论需要投入什么力量，都有足够的能力去挫败侵略，那么就会产生威慑作用。

a. 在有些情况下，很显然，我们的可用兵力足以应对敌人的侵略威胁。但是在敌对开始时，侵略者很可能去选择对自己有利的条件，有可能看到采取有限行动对自己有利。因此，为了有效威慑，我们必须使敌人确信，我们已经做好了以对我们有利的方式来与其对抗的准备，即使这样会增加冲突的强度或范围。此外，在每一种情况下，我们使用力量的威胁必须具有让使用力量看起来合理的特点。也就是说，对即将到来的危机而言这样的威胁是可信的。

b. 威慑是持续性的现象。即使在冲突开始后，在其已经达到全面战争水平之前，总是有一些值得去防止的敌对行动：如果我们保持一种明显的能够升级冲突的能力并能通过升级冲突来取得优势，则这样一种战争期间的威慑最可能获得。我们威胁要采取的行动的性质相对于我们要处理的问题而言，必须是可信的。我们必须有具备与不同强度冲突相适应的能力的军队。但最重要的是，我们要保持在更高强度战争上的能力优势。这样一种态势可以使敌人明白无误地知道，如果冲突升级，我们的优势将会越来越明显。

第二章　空天力量的总体特性及需求

2-1. **作为军事媒介的空天**。地球表面以上的区域，包括大气层和近太空区域，为军事行动提供了独特的介质。与陆地和海洋军事环境不同，空天与地球表面无处不相连。因此，它可以直接进入全球各地的敌人的后方和地球上任何一个危机地区。这些特点使得利用这种介质的武器系统能够为我们国家的军事能力做出独特的贡献。

2-2. **空天力量的灵活性**。空天武器具有潜在的高度灵活性。他们在不同作战环境中执行军事任务的能力使这些部队能够在国家未来可能面临的一系列危机中发挥至关重要的作用。如果利用得当，空天介质可提供以下军事优势。

a. 范围——能够覆盖的目标范围从大约绕地球半周到很短的距离不等，并能在距防御区域尽可能远的位置阻击敌人的进攻威胁。

b. 机动性——能够快速转移作战基地、实现部队集中，对机动武器发射平台进行战术利用。

c. 反应能力——能够对世界任何地区的突发事件做出快速反应，对敌人的特定挑衅做出选择性反应。

d. 战术通用性——具有以各种速度，并通过在高度、机动性、飞抵目标的时间、持久性等方面的多种变化来完成多重任务的能力。

2-3. 空天力量需要具备的特性。由于其对国家威慑态势十分重要，空天力量必须持续保持有足够规模的力量和多种运用方式，有可以立即用于实战的能力。为了确保这种威慑态势既有效又可信，空天部队必须具备下文简要说明的一些特征。在接下来的章节中，我们按照不同冲突水平的需求，对这些特征一一进行详细讨论。

a. 生存能力。空天力量应该能够在敌人的攻击中生存下来，随后能够在他们最初想到的各种冲突环境中对上级的指挥做出反应。不论是在地面部署状态，还是在执行任务过程中，都要能够保证空天力量生存。根据敌人打击能力的具体情况，可能通过选择下列措施中的其中一种或者将几种措施组合起来的方式，保证地面部署状态的空天力量的相对可生存性，这些措施包括加固、机动、隐蔽、分散和安全（security）等。

b. 指挥和控制。如果空天部队要发挥灵活性的潜力，就必须针对危机的发展情况，以及相应的政策决策，对其实施集中指挥和严格控制。为了达到这些目的，指挥安排不能把航空航天力量按照不同的控制利益要求进行分割，这是至关重要的。对空天力量的控制必须集中到足以全面发挥这些力量能力所需要的高层次。处于这种层次上的决策者和指挥官需要掌握关于敌军和友军、目标毁伤、天气和敌人意图等方面的最新信息。因此，关于指挥和控制的规定必须包括各种感知能力、快速处理和分发信息的系统，以及在生存下来的指控中心与文职决策者之间交换重要数据的手段。还必须有关于将指挥决策传达给作战单位的足够详细的规定，以便进行现实的规划、清楚地了解任务目标、将武器精确地导向要打击的目标。

c. 突防能力。空天力量必须具有避开或抗击敌人主动防御系统、顺利抵达指定目标区域的能力。这一能力可以通过提供具有瘫痪或者干扰对方防御性电子预警系统能力的突防平台，以及必要时能摧毁对方地对空防御系统及防御控制系统的手段等途径来实现。在整体的任务规划中，通过使用各种各样的武器平台、战术、弹道、航路及飞行高度等，有助于增强突防效果。这样给对方造成的多重威胁将增大敌人防御强度，降低其单一防御手段的防御有效性。

d. 有选择地摧毁目标。为了响应国家政策目标要求，有必要具备在明知有很多约束的情况下来摧毁很多目标的能力。对有些目标需要有很高的摧毁可靠性，同时还要尽可能防止造成附带伤害。对其他一些目标则要求在广阔的区域内实现破坏效果的最大化。此外，打击目标信息获取受限问题不会因同等重要的对应付敌人防御的能力的需求而缓解。因此，选择性地摧毁目标可以通过组合多种武器以及多种投送方式而得到加强。在最终的分析中，确保实现选择性摧毁目标的最重要的一个因素是提高武器投送的精确度。

e. 恢复及循环使用。最基本的一点是，空天飞行器可以用作武器发射器及具有战斗支援功能的高机动性运载工具。由于它们是成本高昂的运载平台，所以它们的有效性部分取决于它们实际的可重复使用性。可重复使用飞机及航天器以及回收轨道飞行器助推器的能力，可以增强这些武器在危机中的使用效用，否则在危机情况下，确保有一定后备能力的需要会面临一定的制约。此外，为了在非核作战中取得决定性结果，持续攻击和多波次攻击必不可少。因此，在许多情况下，武器系统重复使用能力对交战结果可能是至关重要的。

2-4. 不同冲突对空天部队的需求。不同类型军事冲突为空天部队创造了不同的作战条件。因此，有必要对空天力量在每一种不同类型冲突中的作用进行区分和考察。

a. 将公开的军事冲突视为全面战争或有限战争已是司空见惯的事，前者往往意味着国家生存受到威胁，而有限战争涉及的问题则少一些。但是，由于美国和苏联都向各自阵营的国家提供军事援助，因此自由世界和共产主义国家之间的任何战争都将威胁到这两个大国的地位及影响力，并可能导致直接对抗。另外，所有的战争都可能被限制在一定程度上；通常情况下，这种限制体现在打击目标的数量或类型、使用武器的种类、运用军队的规模、作战区域或作战目标的性质等方面。

b. 在考察不同类型冲突对空天部队提出的要求时，讨论分为从一开始就考虑打全面战争，以及从一开始就考虑打不同形式的较少敌对战争的情况。为避免使"有限战争"包罗万象，将允许对若干不同类型的空天力量行动进行分析，这些行动可能在一些全面战争或有限冲突中同时发生。我们将讨论以下几种空天力量作战：全面战争、战术核作战、常规作战、镇压叛乱。

c. 这样分类并不表示说这些作战行动是相互排斥的。例如，常规冲突可以转变为战术核作战。在这种情况下（即在战术核作战中——编者注），常规弹药可能仍然在很多作战行动中使用。此外，在某些情况下，远程核武器系统可能被用于执行战术核作战任务，战术核武器系统可能被用于执行战略任务。

第三章　空天力量在全面战争中的运用

3-1. **全面战争（general war）的定义**。全面战争是指共产主义大国与自由世界大国之间的武装冲突，在这种冲突中，交战国使用其全部资源，主要交战国的生存处于危险之中。特别重要的是，在全面战争中，军事资源可以不以武装力量公开参加战斗的方式来使用。在交战双方的对抗中，诸如高度紧张的警告、后备力量动员和战略分散等措施，也成为军事力量使用的组成部分。

3-2. **全面战争可能爆发的形式**。尽管全面战争可能包括以洲际打击为主的核武器使用，但依据所使用武器的类型和数量，以及所追求的打击目标等，全面冲突的形式可能呈现很多类型。全面战争行动可以采取以下这些形式中的任何一种：打击城市—工业目标的作战（countervalue operation）①；全面打击军事目标（full-scale counterforce）；有限打击军事目标（limited counterforce）；或者打击城市—工业目标与打击军事目标混合进行。

3-3. **打击城市—工业目标的作战**。这是以敌人主要城市—工业区为主要目标的战略空战。

a. 实施大规模打击城市目标作战的目的，是给敌国造成足够的破坏和高伤亡，使作为一个正常运转实体的敌国社会处于危险之中。高当量核武器、快速投送工具以及现代工业社会高度集中的特性等，使美国和苏联有能力打这种类型的战争，在一定程度上讲，英国和法国也具备打这种战争的能力。此外，具有这种能力的国家还可以有一些有限打击城市目标的选项。在有些情况下，如果实施攻击的国家拥有更强的全面核打击能力，那么对诸如水力发电设施、炼油厂或核电站等孤立的或分离的高价值目标进行精确打击，有可能不会遭到大规模报复。

---

① 在美国核战略理论中，"countervalue" 一词经常出现，往往与 "counterforce" 一词对应。有人把 "countervalue" 译成"打击社会财富"，本书从其本义出发，将其统一译为"打击城市—工业目标"。

b. 如果双方都有发动大规模打击城市目标战争能力的话，那么实施大规模打击城市目标战争的可行性会成为一个重要问题。可预见的技术发展难以保证有能够保护一个主要核国家免遭另一个核大国大规模打击破坏的方法。除非能够找到一种可以消除导弹和飞机威胁的近乎完美的方法，否则避免大规模打击对方城市目标的行动符合双方利益。为了确保使可能的敌人记住这一点，我们必须在敌人发动这样一场战争的情况下，保持可信的能够对敌人实施更严厉报复的能力。

c. 由先进的大规模杀伤性武器及具有极高可能突破敌方防御系统的投送系统组成的可信的打击城市目标的能力，对于威慑而言十分重要。这样的能力应该能阻止一个理性的敌人对美国城市—工业区的直接攻击，因此它是美国军事态势的一个基本要素。然而，只具有打击城市目标能力的核力量在应对较低强度侵略时，效用会非常有限。因此，我们需要有进行全面战争的额外的选择，通过这些选择可以令人信服地对敌人进行威胁，阻止敌人采取小规模的冲突行动。

3-4. 全面打击军事目标的作战。打击军事目标的作战包括使用战略空军和导弹部队，在可能发生敌对行动的任何情况下，摧毁敌人军队或者使其丧失重要军事能力。全面打击军事目标作战同大规模打击城市目标作战的区别，既是程度上的，也是类型上的。打击军事目标代表了较低强度的冲突，在这样的冲突中，对敌人经济的整体破坏及对敌方人口的杀伤数量都很小。这种作战有不同的作战模式，在每种模式下，对方所有的核威胁目标及与之相关的军事能力都将受到攻击。

a. 全面打击军事目标作战的目标是：

（1）通过破坏敌人的军事力量，极大地削弱敌人发动全面战争的能力。（随后利用更大的对我们有利的军事能力不均衡，来确保实施符合我们利益的谈判。）

（2）通过在敌人核运载系统发射前或仍然在空天飞行过程中将其摧毁，来减小美国及其盟国所受到的损害。

（3）使敌人相信，虽然它的城市—工业中心没有受到攻击，但如果它打击我们的城市，我们随时都准备使用可信的打击城市目标的能力进行报复。

b. 打击军事目标作战的最终目的是迫使敌人在冲突升级到打击城市目

标阶段之前结束冲突，并通过谈判达成有利于美国政治目标的安排。要在一个充满敌意的对手那里达成这样的一个结果，必须使对手确信：（1）我们打算完整保留他们社会的至关重要的经济和政治框架，以使他们能效仿我们也这样来做；（2）我们通过谈判给他们提供的条件远比他们失去城市一工业中心好得多。上述第一个条件，可以通过把我们的意图直接告知敌人，以及通过我们的行动间接地传递给敌人来实现。有意地避免打击非军事目标，以及在打击军事目标行动中谨慎地限制附带损害，站在敌方的角度看将减少我国核打击政策的模糊性。第二个条件可以通过合理确定战争目标，以及我们最开始只动用那些对达成我们政治目的而言必需的、关键的军事力量的方式来实现。

c. 具备发动全面打击军事目标战争的能力会极大地增加实施威慑的方法——当涉及具有强大打击城市目标能力的敌人时，这一点表现得尤为明显。通过提供一种可靠的能力将冲突的门槛提高到敌人明显处于劣势的水平，就成为对较低强度侵略的一种可靠威慑。

3-5. 有限打击军事目标的作战。这同全面打击军事目标战争的不同之处在于，只对敌人整体战略核力量中的一部分实施打击。有限打击军事目标的作战行动从出动一个架次（一发导弹）打击一个目标到打击多个不同类型的目标，可以有多种变化。这种作战也可以是对特定类型的所有目标，如轰炸机前进基地、反弹道导弹防御系统或潜艇隐蔽坞（submarine pen）等的攻击。作为全面战争的一种独特方式，有限打击军事目标作战最突出的特点是针对选择的军事目标可以采取多种不同的行动。

a. 在热核时代，全面战争最有可能由低强度冲突升级而来，或者因一系列挑衅而发生。因此，可以假定低强度、小规模的暴力活动不足以决定性地解决问题。在这种情况下，有限打击军事目标的作战就能发挥重要作用。这类作战的目标是：

（1）通过军事行动向敌人表明，美国既有意愿，也有能力通过进行更高强度的对抗，来达成攸关利害的政治目标。

（2）使敌人确信，尽快结束冲突并以合理的方式进行谈判，比将战争升级到更高强度要更加可取。

b. 同全面打击军事目标的作战一样，极端重要的政治问题为打击军事目标行动提供了最重要的指南。当然，谈判涉及的议题必须有利于美国政治目标。此外，对军事目标实施有限度打击的选择及其执行同最终目标保持一致也很重要。选定要打击的目标必须具有与政治问题相匹配的战略价值。选用的核武器和投送系统必须确保有尽可能高的打击精度，选用的核武器当量要同对目标的预期伤害保持一致，而对平民的附带伤害要最小。

3-6. **打击城市—工业目标与打击军事目标混合的行动**。这些行动可能包括高强度战争，在这样的战争中，敌人的战略威胁目标以及他们的城市—工业区都将被打击。

a. 这种类型的战争同纯粹打击城市—工业目标的作战的主要区别在于，在这类战争中使用大量的军事力量来打击敌人的军事目标，以限制对方反过来给自己造成伤害。对于对那些位于城市—工业区内，或者与城市—工业区连在一起的军事目标的攻击，可以进行优化，使其在摧毁军事目标的同时，能造成其周围区域最大限度的人员伤亡及破坏。

b. 尽管任何高强度的以城市作为打击目标的核交战将造成对生命和财产的极大破坏，但我们不能肯定敌人不会发动这种类型的战争。因此，我们有能力摧毁敌方大部分的战略投送系统，从而限制其可能给我们造成的破坏，这就显得十分迫切。与纯粹打击城市目标或军事目标的战争不同，这种报复性打击选择可以挽救数以百万计人的生命和我们大量的经济基础设施。

c. 由于没有可以同在报复行动中确保摧毁美国大量城市相匹配的有意义的政治目标，所以美国不会发动大规模的打击城市目标与打击军事目标混合的行动。这只有在报复敌人对美国进行的城市攻击时才适用。

3-7. **保持战略优势的必要性**。军事上的优势，并不仅仅取决于与敌方回击你时投送的破坏性力量相比，你能投送更多的用于摧毁敌方社会的破坏性力量。军事优势要通过具有能有选择地摧毁敌人军事力量的明显能力优势，进而强化胁迫敌人在达成对城市目标打击之前就结束冲突的能力来实现。保持进攻与防御系统之间的适当平衡，是对各种攻防武器能力在应对特定威胁及在可能的战争条件下其相对有效性进行权衡分析的一个主题。

a. 只要美国及其盟友受困于那些致力于破坏我们要保留的社会制度的势力，军事优势就将是进行自我保护的一个重要因素。在决定我们应该将军事建设重点放在哪里时，必须优先考虑使那些能够用于冲突谱系最高端对抗的军事能力保持质量和数量上的优势。如此一来，我们就排除了高强度战争成为对敌人有吸引力的选择的情况。我们因此也更不可能涉身于那些最直接危及我们国家生存的冲突。如果我们在这些方面占有明显优势，如果我们能够灵活地、有控制地打击那些由我们选择的、位于敌人腹地的军事目标，那么我们就可以将有限的战略空袭作战选择作为赢得最终政治优势的一种手段。

b. 如果发生了侵略，侵略通常会是在攻击者认为对其有利的条件下开始的。在我们这个时代，美国及其盟国不可能在每一个潜在的侵略点上都处于局部优势，特别是在与苏联集团毗邻的那些地区，这是一个基本的现实。实施有效威慑，在威慑失败的情况下能挫败侵略，这依赖于一种可信的、能够将冲突的门槛抬升至美国及其盟友占有优势的水平的能力。必须保持足够的战略力量优势，以确保我们在全面战争中始终居于优势地位。

c. 在和平时期，战略优势可以减少敌人讹诈威胁的影响，以及敌人其他的通过逐渐掌握军事能力来获得政治优势的努力的影响。面对美国的战略优势，敌人的这种努力很难使其获得政治上的好处。

d. 空天力量在为我们国家提供全面战争能力方面的重要性是无与伦比的。为了确保在全面战争中的优势，必须不断发展技术，以提升空天武器系统的质量、性能，必须升级战术和训练程序，以最大限度提高空天力量作用效能。

3-8. 积极的空天防御。能够去除或者消除敌人军事威胁的所有进攻和防御举措，都是保持全面战争态势的重要因素。要部分地摧毁敌人那些在我们攻击之前已经发射，或者在我们打击军事目标的攻击中生存下来的力量，需要有积极的空天防御能力。这些能力提供了针对吸气式空中威胁、陆基洲际弹道导弹、潜射弹道导弹和敌方卫星等的防御。

a. 积极的空天防御部队通过以下方式为达成全面战争目标做贡献。

（1）通过监视和战术预警剥夺敌人偷袭的优势。预警不论是对于保持我们的决策梯次而言，还是对于优化我们的进攻和防御力量、我们的被动防御措施的效能而言，都是必不可少的。监视还必须为确定攻击的来源、来袭威胁类型和规模等提供详细信息。

（2）增加敌人在评估其可能实施的任何攻击的成功可能性时的不确定性因素。因为增加了不确定性因素，不同类型的空天防御就会迫使敌人不得不去设计战术和装备来对抗我方的多种武器系统，这极大增加了其突防和攻击的难度。

（3）必要时展示国家实施核作战的坚定决心。能够应对敌人进攻威胁的能力使遂行核作战变得合理、可信，这进而强化了威慑。

（4）通过在敌人核投送系统飞抵打击目标前将其摧毁，限制美国及其盟国国土及人口遭受的损害。

b. 无论是敌方对美国造成的哪一种空天威胁——有人驾驶飞机、陆基洲际弹道导弹、潜射弹道导弹，还是空间系统，积极的空天防御的基本概念都是在作战条件许可范围内尽可能远地攻击敌人，且随着敌人接近其目标而不断增大对敌人的压力。这需要具备实施指挥和控制，进行监视、早期探测、识别和跟踪来袭目标的能力，也需要空天防御武器系统具备在与美国大陆相对较远的距离上作战的能力。

3-9. 被动防御。 被动防御包括民防、兵力伪装和疏散、军事设施尽可能远离城市及恢复重建能力等。对这些和其他形式的被动防御予以适当关注，将减小遭到的破坏及平民伤亡，增强国家从全面战争的物理性影响中恢复过来的能力。

3-10. 关于二次打击的考虑。 对美国空天力量而言，具备做出二次打击反应的能力，即能够对敌人针对他们的直接攻击做出反应，是一项基本要求。这一要求的重点在于具备战略和战术预警能力、生存能力、积极空天防御能力和指挥控制系统。

a. 战略预警通过侦察和情报系统的联合输入来实现，这些系统被组合起来用于获取和评估在敌方这一封闭社会里发生的重大军事活动的信息。

b. 足够的战术预警由能覆盖全球、快速解读出相对复杂的预警信息、连续核查来自不同系统的预警信号的多种可生存的系统组合来提供。

c. 生存能力通过多种方式获得，包括加固和分散（陆基洲际弹道导弹）、空中和地面警戒（有人驾驶飞机）、随机大范围疏散（有人驾驶飞机）以及机动和伪装（"北极星"导弹和有人驾驶飞机）等。

d. 由于我们的战略进攻力量还不具备进行二次打击的能力，积极的空天防御及对我们的进攻力量进行可负担得起的保护，将成为应对敌人首先发起进攻的唯一途径。

e. 敌方在对美国发动初次攻击后剩余的战略力量可能是冲突的决定性因素。由于敌人不可能指望通过一次打击就摧毁美国的全部核报复能力，敌人有可能被迫保留一部分核部队作为后备力量，用于摧毁在最初进行的核打击中未能击中的目标，或有意留着没有打的目标。敌方可能留着一部分核力量，用于在谈判中讨价还价；否则，敌方将任由那些在其最初的攻击中幸存下来的美国军队摆布。在这种情况下，战争结果将由美国幸存部队在对抗敌人幸存下来的力量中的表现来决定。一支强大的、可生存的、可控制使用的美国二次打击力量，将使敌人的先发制人打击战略失去对它的吸引力。

3-11. **关于第一次打击的考虑。**由于我们不能排除美国可能首先发动有限使用核力量这样的紧急情况，我们的军事力量态势和全面战争计划必须把进行第一次打击作战和二次打击作战都考虑在内。还必须认识到，全面战争的爆发可能会模糊任何对第一次打击和二次打击的严格区别，特别是在全面战争是逐步升级发展而来的情况下。

3-12. **要求有人系统与无人系统组成混合部队。**在可预见的未来，美国空天力量将继续要求将有人和无人进攻与防御系统混合起来。相对于全部由导弹力量组成的部队而言，有人与无人混合的系统将具备如下优势。

a. 它会进一步增加敌人的防御困难。保持既来自大气层，又来自空间再入飞行器的可信威胁，迫使敌人不得不使其空天防御多样化。这将使敌人难以将所有防御资源集中用于对付单一类型的威胁，或者使其将有限的资源重新分配到诸如战略进攻力量的其他领域。低空飞行的飞机对防空的要求，与高空突防的飞机对防空的要求完全不同，两者又都与弹道导弹再入飞行器对防御的要求存在明显的不同。

b. 它会进一步加大敌人的打击困难。如果被迫同时与我国区域防空（有人驾驶拦截机）力量和要地防空力量（地对空导弹）对抗，敌方飞机会有更高的损耗率，这在很大程度上会使它们难以有效遂行进攻任务。此外，有人驾驶拦截器提供了攻击敌方携带空中导弹发射装置的航空器的最佳手段。在未来，有人驾驶飞行器还可能具有以下重要功能：（1）对潜射弹道导弹进行区域防御；（2）监视和摧毁敌方卫星。

c. 它将为意外情况提供保障。如果只依赖一种打击系统，一旦该系统出现意外故障或敌人在防御该打击系统上取得突破，国家就会处于极端脆弱的境地。在近似实战的条件下，有人驾驶系统为日常测试提供了额外的保障。

d. 它能够满足执行互补性任务的需要。每一种战略空天打击系统都具有其专属的执行任务的能力。弹道导弹飞抵目标、摧毁目标用时最短；有人驾驶飞机具有实施现场侦察、可召回及重复使用的能力。在时间是最重要因素的情况下，弹道导弹提供了快速打击目标的手段，但在发射后的可控制性、打击准确性及挑衅程度等方面处于不利地位。另外，有人驾驶飞机飞抵目标用时较长，但它们可以：（1）在整个任务过程中对其实施控制；（2）通过其观察目标的能力达到更高的打击精度（因此也减少了所需爆炸当量及附带损害）；（3）看到并报告完成任务的结果；（4）一次出动打击多个分布很广的独立目标；（5）可以被召回且再次使用；（6）比弹道导弹的挑衅性要小。

e. 它将增加做出军事反应的选项。完全由导弹力量组成的部队，无论是基于空天防御的目的还是战略进攻的目的，都难以做到灵活。例如，在空天防御方面，无法对来源和意图不明的飞机实施监控，对我国安全而言将是不能容忍的情况。我们并不希望用地对空导弹击落每一架未知的商用飞机，我们也不希望敌机飞越我们的边界而不受惩罚。在战略进攻力量中，有人驾驶系统提供了从国际危机期间的冷战示威（例如，在 1962 年古巴危机期间事先宣布战略空军司令部进入戒备状态）到在最高强度的战争中用类似于敌人打击美国的方式，来报复性摧毁敌人的社会，覆盖所有冲突范围的可用选项。有人驾驶系统通过其可控制性、精确投送、侦察能力，以及其固有的灵活性，成为我国国家决策体系中最有效、可用性最强的军事工具。

第四章　空天力量在战术核作战中的运用

4-1. **战术核作战的定义**。战术核作战包括同地面部队或海军部队协调使用空军核武器，以获得和保持空中优势，并协助在一个有限目标区域的联合行动取得成功。

4-2. **战术核作战的目标和局限性**。地理因素和地区力量的相对水平有可能需要美国军队使用核武器，以确保及时挫败侵略，并通过技术而不是人的生命以有利于我方的方式结束冲突。美国的军事行动连同适当的政治行动必须能使敌人相信，其将受到有效抵抗，但同时也不能使其感觉冲突升级不可避免。

a. 适当的核作战规模及强度将取决于政治考虑、敌方军队的性质、敌方核能力，那些影响军事效力的地理因素，以及与特定行动有关的可能的附带毁伤。

b. 在战术核作战中，核武器使用必须是有区别的、精确的。它们的使用必须能清楚表明美国通过确保使敌人遭受重大军事损失，同时又避免不必要的财产和人口伤亡来挫败侵略的决心。必须事先规划好用于特定威胁地区的、针对特定目标的战术核打击选项。可以混合使用常规武器和核武器来摧毁目标，同时不危及友国的军队及人口，或通过附带损害使冲突的强度超过必要的水平。

4-3. **核武器在战术空战中可能的运用**。在大多数战术作战中核武器都能有效使用，在很多情况下，这会大大减少使用常规武器需要出动飞机的架次。以下是受到不同程度约束的作战的典型例子。

a. 使用核武器对抗升空的敌机，会迫使敌机在更低的高度上作战，从而减小其有效作战范围，减弱其侦察和目标捕获能力，限制其战术灵活性。在有些情况下，这样的核打击能够提供重要的军事优势，并在不造成明显严重毁伤后果的情况下清楚表明美国的决心。

b. 使用低当量、精确打击核武器对敌机场和导弹阵地实施攻击，可在不会造成重大附带民事损害情况下，严重削弱敌方军事能力。

c. 具有一定精度和威力的核武器，可用于打击开往战场途中的敌方军队及军用物资，或封锁敌人交通运输线路的关键节点，同时避免对平民造成附带损害。

d. 具有一定精度和威力的核武器，能够使数量上处于劣势的友军地面部队击败常规武装的敌人。一旦核武器被用来对付核对手，按照常规方法部署的部队（使用战术核武器的部队——编者注）所具有的脆弱性可能要求其要么立即撤退，要么将冲突升级到在战区范围内最有效地使用核武器的程度。

e. 核武器可用于打击按照政治划分的地理范围内的单一目标或多个目标的组合，以积极而准确地表明美国准备使用一切必要的力量去挫败侵略的意图。受保护的区域范围，或不被核攻击的地区，对于决定作战基地和后勤保障的可靠性至关重要。除非有压倒性的政治原因，否则敌人一定不能想当然地认为在作战区有一个不被打击的保护区，他们能够借以取得其作战优势。

4-4. **对威慑的贡献**。在必要情况下美国在限定区域内使用核武器来应对侵略的清晰的能力和意图，将是对敌人常规攻击和战术核攻击的强大威慑。美国在有限区域内明确展示使用核武器以反击侵略的能力和意图，将对常规和战术核攻击起到强大的威慑作用。美国必须有能够在特定区域为达成有限目标而发生的冲突中产生显著优势后果的可行的核选项。但是这种能力的基础，是在最初的战术核打击选择不能取得结束冲突这一令人满意的结果的情况下，所具有的实施更高强度核作战的明确决心和占有优势的能力。

4-5. **反空袭任务**。当使用核武器时，机场会被飞机或导弹摧毁。因此，警戒和疏散是决定制空的至关重要的因素。处于警戒状态的核部队规模及其部署位置对于决定冲突初期能够获得多大优势特别重要，而这种初期优势可以通过任何一方发动突然打击来获得。疏散体系，利用机动性，伪装，有效的指挥和控制能力，地对空防御系统，以及为每架飞机、每枚导弹设置大量可能的部署阵地等举措，提供了最高水平的核攻击防护。这种分散可以通过具有短距或垂直起降能力的战术飞机、机动导弹部队及可以在远离安全区的地方作战的飞机等来实现。向已知的固定区域进行疏散，收效很小，但这可以增加更远距离上的作战基地的预警时间，而且敌方要想实施打击，需要投入更多攻击力量。从安全区发起的攻击具有类似的保护作用；但是，如果安全区距离目标区很远，那么飞机利用率将受到不利影响。如果双方都能够进行高水平的预警和疏散，那么制空权将转移到在突防、目标获取及打击能力上占优势的一方。

4-6. **近距离空中支援任务**。为了使地面部队作战有效，友军飞机必须能够深入作战区域上空的每一个点上直接攻击敌军。空对地核火力是摧毁敌军部队和武器集结地的主要手段。使用核武器抵近打击来支持地面部队作战，要求核武器有高精确度、能快速反应、可控制，要能够投送当量适中的核弹头，以避免伤及友军。完成这一任务还取决于确定适合使用核武器进行攻击的目标的能力。此外，与在非核冲突中一样，地面作战的结果可能取决于空战的结果。如果没有制空权，地面指挥官将严重受制于敌方的空中打击以及有效空中支援的缺乏。

4-7. **封锁任务**。即使是小当量核武器也具有相对较大的破坏力，它同对打击目标的高精度识别和摧毁结合起来，就使利用核武器进行封锁比利用常规武器进行封锁更可行、合理。而空对地武器可以实现这种结合。低当量、高精度、空对地打击核武器甚至可以摧毁人口中心附近的封锁目标，却不伤及友军，不产生其他不希望出现的附带影响。在战术上，地对地导弹通过打击那些对打击精度及可控性要求比较低的目标，用于遂行封锁作战任务。

4-8. **空中侦察任务**。发生了包含战术核作战的冲突，可能伴随战区范围的侵略威胁和很多危机爆发点。因此，联合指挥官必须掌握由具备突防能力的空中侦察系统提供的关于敌人后方区域活动的全战区情报。战区空中作战指挥官必须不断获取敌方空中作战部署和后勤保障活动的信息，以便履行其空中对抗和相关的封锁职责。地面力量指挥官必须精确侦察敌军部署、后备力量集中、武器装备集结和通信线路等情况，这些情况中的任何一个都可能成为有利的打击目标。在使用核武器的战争中，侦察必须能向所有用户及时提供分散很广的目标的信息。大多数适于进行核打击的目标都有转瞬即逝的特点，这需要混合使用侦察和打击能力。

4-9. **空运任务**。完成空运任务的情况取决于在使用核武器方面所受到的限制。当与核对手对抗时，战术空运部队需要大范围疏散，以及具备垂直或短距离起降能力。只要后方地区没有受到攻击，战略空运可以使用规定的机场，按正常程序进行作业。在这些情况下，对飞机能力的要求将与在常规战争中的要求一样。然而，在附近没有安全庇护场所的战术核作战中，需要大规模增加战略空运飞机总数，以保持有效地将物资送抵分散地点的能力。由战区空运指挥官集中控制的战区空运，可最有效地利用用于支援联合作战的资源。

4-10. **指挥和控制**。战术核作战需要特殊的指挥和控制程序，以实现有控制地使用实现政治—军事目标所必要的战术核武器。在核作战环境中，通信系统的生存至关重要。必须建立空中指挥所，具备进行早期预警和对突防行动进行控制的能力。

李旭飞 译

评 介

美国空基和陆基战略核力量全部编在美国空军，美国空军的学说、条令包含很多关于战略核力量规划和运用的内容。本资料摘选了 1964 年版美国空军基本学说中关于全面战争（核大战）和战术核作战的内容，有助于人们了解这一时期美军在核力量运用、核作战方面的看法。

本资料篇幅很长，内容较多，可重点关注以下几方面的内容。

一是关于核威慑。本资料按照威慑目标将核威慑分为两种类型，有效威慑全面核大战的基础，是具备通过打击对方城市—人口目标给对方造成不可接受的毁伤和实施报复的能力；而要慑止没有达到全面战争规模的侵略或者战争，则需要有确定无疑的击败对方的能力，而且要有不惧怕冲突升级，或者通过升级冲突可以获得更大优势的能力。本资料将威胁可信作为威慑有效的重要条件，认为其本质是具有能与应对各种威胁相匹配的各种能力及各种相应的力量运用方式。

二是关于全面战争中核力量运用方式。本资料主要依据核打击目标及打击规模将全面战争中的核打击区分为四种类型，并且明确将"countervalue"的含义界定为"以敌方主要城市—工业区为主要目标"的核打击，将"counterforce"界定为"以摧毁敌人军队或者使其丧失主要军事能力为目标"的核打击[①]。本资料明确的四种核打击类型实际上构成了全面战争中核力量使用的四个层级，最高层级为以城市—工业区为主要目标的核打击，然后依次为对城市目标与军事目标的混合打击、全面打击军事目标和有限打击军事目标。美国空军当时还认为，打击城市目标与打击军事目标不只是打击强度上的差别，也有打击类型、打击性质的差别。

三是关于导弹与轰炸机两种核打击平台的优劣。本资料指出，使用导弹平台实施打击的主要优势是快，而使用轰炸机则在可召回、可控制、可重复使用、打击效果可现场观察等方面有明显优势。本资料比较清楚地体现了当时美国空军对战略轰炸机的偏爱倾向，甚至将其定位为"国家决策体系中最有效、可用性最强的军事工具"。

---

① "countervalue"和"counterforce"是美军核政策核战略中经常使用的两个术语，但关于其确切含义存在不同认识。例如，有人将"countervalue"理解成对军事或者与军事相关目标的打击，旨在消除敌方实施战争的能力；有人则将"counterforce"理解成对敌方战略力量的打击。美国空军在这篇资料里比较精确地界定了它们对这两个军事术语含义的理解。

四十

关于"战术核力量在北约战略中的作用"的
国防简报*（1964 年 12 月）

北约国防部长会议

法国巴黎，1964 年 12 月

战术核力量在北约战略中的作用
（国防背景简报）

摘要：

北约有从依赖核武器进行防御到主要依赖非核选项但以战术核打击选项作为支撑的各种备选方案。目前北约在中欧的力量态势过于强调打全面战争，以至于影响了至关重要的非核能力的发展。核选项不足以取代非核选项，实施核打击需要更多的人，存在更大的升级为全面战争的风险；它们对平民更具破坏性；它们更易受军队、平民和决策者，包括美国盟友行为的不确定性的影响；它们使北约失去了在战术空战上的优势。然而，我们需要有适度的战术核能力，以使我们的盟友对我们的承诺放心，助力我们慑止核与非核侵略，并在威慑和我们的非核防御失败的情况下，用于防止低于全面战争层次的冲突升级。这些战术核力量应该起补充作用，且不应严重损害我们的非核力量态势〔例如，执行快速反应警戒任务（QRA）的飞机〕。这些战术核力量应该能够在非核冲突及敌人的第一次核打击中生存下来；它们应该为随后的核冲突提供平衡的能力；且它们应该能以有选择的、经过精心设计的有控制的方式来使用。我们应采取配套措施，改变北约相应的政治指令和战略理念，突出在灵活应对能力，特别是非核应对

---

* NATO Ministerial Meeting, Paris, France-December 1964, "The Role of Tactical Nuclear Forces in NATO Strategy", Digital National Security Archive (DNSA).

能力方面的需要。我们应该在"一事一办"（case-by-case）原则基础上，仔细审查在战术核领域需要的主要花费。

可选择范围

可选择范围从剥夺苏联在欧洲采取非核打击选择的可行性、合理性及主要依靠核武器进行防御，到争取使对方在欧洲只实施非核打击选项且拒绝接受用战术核选项来替代非核选项的观点，不一而足。目前北约战略指南将首要重点放在核应对方案上；法国也是如此，甚至更加依赖战略核力量；英国支持一开始先用非核能力迟滞敌人几天，之后需要时，每个军有选择地使用最多不超过 200 枚战术核武器，作为必要时升级到全面战争的一种"衔接"（link）；德国人则主张在作战中迅即使用小型核武器，用以取代非核选项，在此之后如有必要，则使用小型核武器对敌纵深目标实施打击（deeper strikes）；然而，美国的一些研究认为，当前北约部队在大规模非核攻击面前，实施非核防御不会取得成功，因此，考虑实施将攻击美国和苏联本土目标排除在外的核作战及波及整个战区的核战争。美国官方的立场是支持以强大的非核力量来应对的选择，反对用核力量取代非核力量，并支持对苏联实施非核应对的选择。

当前北约的概念

在最初使北约转向主要依赖核武器上，美国发挥了重要作用。因此，北约战略指令 MC14/2 明确北约的最优先事项是为打全面核战争做准备，欧洲盟军最高司令的力量态势及力量使用计划也主要聚焦于全面核战争。但是欧洲盟军最高司令在全面战争中所能完成的任务很有限。他的大部分部队以及指挥、控制和通信系统与后勤保障系统在突然袭击、核攻击面前非常脆弱，他的部队在全面战争中的贡献与我们的战略核力量的贡献相比，要小得多。尽管他的部队可用于慑止攻击，但是如果威慑失败，我们还不能确定这些部队能够有效地保护欧洲。

按照目前的战略指南，欧洲盟军最高司令的非核潜力并没有完全达到要求。他的核常双重用途飞机只有大约三分之一留着只用于执行核任务；北部集团军群（NORTHAG）能力很弱，非美军的地面部队在人员、装备、后勤和动员能力方面存在不足，防空系统还不完备，它的飞机集中部署且没有防护。因此，欧洲盟军最高司令现在不能执行针对苏联的非核打击选项。

由于欧洲盟军最高司令在全面战争中对核交战贡献甚小，且他在核战争中保卫欧洲的能力也值得怀疑，所以我们必须改变北约战略观念，减少其对全面战争的重视程度，使欧洲盟军最高司令增强其非核能力成为可能。通过每年近 300 亿美元的开支，北约盟国应该能够设计出更有效的应对选项。

用战术核选择代替非核选择

核打击选择的拥趸们设想了警示性打击、核力量参与作战和有选择的战区核打击等一系列选项。他们认为，核打击选择通过利用北约的战略核优势和庞大的战术核武器储备，应该能发挥阻止苏联在目标有限的侵略中将冲突升级至一定水平之上的作用。在假设的非核防御不可行的情况下，这些人期望我们的盟友能够接受在中欧进行核作战并遵守对核打击的约束条件。

考虑到在核冲突中军队的人力需求，如果我们的部队不足以支撑非核冲突，那么在使用核武器的作战中，特别是当敌人使用了它可能有的当量更大的核武器时，我们的部队取胜的希望就更渺茫了。一旦使用核武器的作战开始，利用敌人的弱点发动先发制人打击、使核战争升级到更高级别的诱惑将会很大（就像赌徒发现自己对捞回赌本的诱惑不可抑制一样）。考虑到可能影响到核战争的各种条件，不要指望苏联不会将冲突升级到比核作战更高的其他层次上。一旦冲突开始，我们的欧洲盟友有强烈的冲动使其保持在非核层次上，去通过谈判或可能情况下通过升级的方式来迅速结束核战争。基于所有这些原因，不能认为战术核选择是可以接受的非核选择的替代品。

另外，一个针对苏军的非核打击选择在欧洲中央地区是行得通的。假设美国的 1 个师相当于华约的 2 个师，非美军的其他北约部队的 1 个师相当于华约的 1.2 个师，北约现在可以用 35 个等效师来对抗在民主德国和捷克斯洛伐克的华约的 34 个师，且在 30 天内，北约有能力总共部署 57 个等效师，而华约估计有能力在 3~4 个星期内部署 60 个师。由于给苏联提供了除自杀或投降之外的其他选择，这些部队减少了因需要使用武力而使联盟整体承受的压力；它们带来的结果是使冲突升级为全面战争的风险更小；它们有助于我们保留最初形成的重要的非核与核之间的防火带（nonnuclear-nuclear firebreak）；它们对民用环境的破坏比使用核武器对民用环境的破坏要小；它们利用了西方在军事经验、工业基础上的优势及战术空战的优势；相比于核打击选择，它们能提供更有意义的军事结果，而在实施核打击选项上我们没有经验可循，且这还涉及敌方军队、平民和决策者行为上的巨大的不确定性，以至于我们对通过核打击选择获得有利结果没有十足的信心。基于所有这些原因，针对苏联的非核能力成为唯一令人满意的制定保卫西欧的计划可以依据的基础。

实施战术核选项的案例

核武器就在那里；它的存在可以打消盟友们对美国做出的会使用任何必要的武器来保卫他们的承诺的顾虑。这些武器发挥着介于两者（即非核冲突和全面核战争——编者注）之间（intermediate）的威慑作用；如果没有这些武器，苏联有可能忍不住会在欧洲发动核攻击；有了这些核武器，我们就把在核打击面前同样脆弱的苏联军队当成了人质。它们还对慑止非核侵略有作用。如果威慑和我们的非核防御失败了，它们还代表了一种避免爆发全面战争的防范手段。出于所有这些考虑，我们应该有这样一个中间选项。但由于我们不能非常有信心地依赖这一选项，所以我们为这一选项确定的目标应该适中。

理想的核力量态势的特征

由于对我们核与非核能力的最高要求可能是一致的，我们必须直面这样一个困境，即委派哪些力量作为核常双重用途力量，且要使我们的非核能力不会因为要留出主要力量（如 QRA 飞机）来只执行核任务而受到严重影响。我们的战术核力量应该能够在敌人的非核打击及敌人核作战的第一次打击中生存下来，并为此后的核冲突提供平衡的能力。在这方面，我们的指挥、控制和通信系统可能决定着这种平衡。我们可能不应有这样的概念，即实施那些持续数周以上的使用核武器的激烈作战，或者实施持续几天的全面的战区核战争。最后，除了纯粹的常规作战选项外，我们的战术核态势应包括有选择的、可控制的、蓄意使用核武器的选项。欧洲盟军最高司令的政治指令、战略指导和应急防御计划都应进行调整改变，使其能够发展首先强调非核选项的各种应对选项。鉴于美国不能强行为北约规定战略及力量架构这一现实，美国所有官员都应为实现前述这一目标而努力。

力量影响

由于我们可能无法提供能在持续几天的全战区交战中生存下来的完整

的指挥控制系统，即使付出很高的代价也不行，因此我们在这方面的目标
可能必须是有限的。用“潘兴”导弹替换 QRA 飞机会减少欧洲盟军最高司
令掌握的关键核打击力量的脆弱性，并把那些高性能飞机解放出来，用于
执行重要的非核任务。在非核战争中，通过为这些飞机提供软性防护设施，
相比于将它们分散部署，能更好地降低它们的脆弱性。我们正在寻求改进
我们的防空系统。我们应该集中主要精力用于提高在非核战争中飞机对抗
的损耗比例，而不是将精力花费在非常复杂的对核攻击的防御上。分配 2 万
名美军人员作为核武器看守人员，来支持欧洲盟军最高司令的全面的核武
器分散部署计划，似乎并不是美国人力资源最有利的运用方式。考虑到在
欧洲部署的核武器数量及其面临的脆弱性问题，任何增加其数量的看法都
是不可取的。

　　我们在力量发展上似乎存在重大漏洞。我们已经不再很详细地提出后备
人力资源问题了。我们的后勤和通信线路（lines of communication，LOC）都
很脆弱。在目标信息获取上问题很严重。我们的战术核武器储备是否达到
了最佳组合、最佳规模，都存在疑问。我们不知道如何去结束核战争。除
非在逐案分析基础上得到强有力的证明和支持，否则我们应该避免在没有
一个整体规划的情况下，零敲碎打地去推动发展战术核武器。

　　研究

　　为了奠定一体化规划的基础，有人提议参谋长联席会议主席（CJCS）
特别研究小组应该在 1965 年 3 月 31 日之前完成一项研究，设计中欧地区战
术核力量构成，计算其成本，并对不同的构成方案进行比较。为了通过规
定相应的方式、步骤和策略等，来影响欧洲盟军最高司令战略指导的必要
调整，国务院和国防部应共同考虑如何在北约内部达成必要的共识这一
问题。

起草人：

助理国防部长（负责审计）办公室［OASD（Comptroller）］系统分析师

弗兰克·凯姆（Frank Camm）上校

1964 年 12 月 4 日

吴红莉　译

评 介

如何应对苏联对北约的欧洲国家的常规军事威胁，一直是美国军事战略及核政策核战略重点解决的一个问题。苏联在常规军事力量上占有优势，美国的欧洲盟友不愿意将自己的国土变成战场，美国要防止欧洲战事波及美国本土，防止本土遭到核打击，这三点构成了 20 世纪 60 年代北约军事战略的核心矛盾，也是美国核政策核战略中最难处理的一个问题。这份报告比较清楚地反映了这样一个困局，以及当时美方对解决这一问题的基本考虑。

从这份报告可以看出，各方对于如何打可能在欧洲发生的战争的问题持各种不同立场：英国人坚持先使用非核手段再有限使用战术核手段；德国人则要求直接跳过非核应对阶段，一开始就使用小型核武器；法国人则支持用战略核力量来应对地区性威胁；美国国内有一部分人赞同实施波及整个战区的核作战，美国官方此前则支持通过全面战争来慑止和应对可能的地区冲突（1957 年通过的北约 MC14/2 战略构想的主要思想）。由此足以看出美国及其盟友在欧洲地区使用核武器问题的极端复杂性。

这份资料重点阐述了当时条件下美国官方在欧洲防御问题上应该秉持的立场，即不能用战术核力量取代非核力量，主要发挥非核军事能力的作用；认为采用这一新学说不仅合理（避免了使用战术核武器带来的升级风险），而且可行（在中欧可以形成与苏联大体均衡的常规军事力量态势），好处很多；它甚至将主要依靠非核能力看作"唯一令人满意的"保卫西欧的战略思路。

美国主要依靠非核手段保卫西欧的新设想对战术核武器的作用也给予了充分关注。在美国人看来，战术核武器在西欧的存在本身就可以发挥令盟友安心，使苏联不敢发起核打击，甚至不敢轻易发起常规进攻的作用；而在威慑失败的情况下，这些战术核武器对防范爆发全面战争至少会起到缓冲作用。但由于使用战术核武器，或者打有限核战争，无法从根本上确保冲突不升级（不可能根本解决），报告一方面指出在欧洲部署战术核武器很有必要，保留战术核打击选择有重要作用，另一方面又强调"不能非常有信心地依赖这一选项"，"不知道如何去结束（使用战术核武器的）核战争"，对有效发挥战术核武器的作用明显底气不足。这在很大程度上也是美国决定转变其欧洲军事战略思路的重要原因。

四十一

参谋长联席会议就"1968 财年至 1975 财年军事战略"致国防部长麦克纳马拉的备忘录[*]（1966 年 3 月 7 日）

1966 年 3 月 7 日，华盛顿

JCSM-147-66

主题：美国 1968 财年至 1975 财年的军事战略

1. 在 1966 年 1 月 10 日主题为"对联合战略目标计划（JSOP）第一至第五部分和第六部分的内容和传阅程序进行更改和修订"的备忘录（JCSM-15-66）中，要求告知您参谋长联席会议对联合战略目标计划所做的某些程序性更改。

2. 在此提交下列文件：

a. 参谋长联席会议对今后 2~10 年整体军事战略的看法摘要（附录 A）。

b. 参谋长联席会议将在联合战略目标计划第六部分讨论的关于主要军事力量水平的过渡性决策事项（附录 B）。

c. 1968 财年至 1975 财年 JSOP 第 I-V 部分（附录 C，单独提供）。

3. 被认为是执行该战略所需的军队水平以及支持其的理由，将于 1966 年 3 月中旬作为 1968 财年至 1975 财年联合战略目标计划第六部分来提交。届时，参谋长联席会议将就附录 B 中所列重大决策事项向您提出分析意见及建议。

4. 参谋长联席会议建议，对给总统准备的关于即将到来的预算年度的备忘录草案中部队水平的单独分析，应在附录 A 所提出的全面军事战略背

---

* "Memorandum from the Joint Chiefs of Staff to Secretary of Defense McNamara", FRUS, 1964-1968, Vol. X, National Security Policy, Doc. 118, pp. 357-359.

景下进行，并由在 1968 财年至 1975 财年联合战略目标计划中更详细的分析做支撑。参谋长们进一步建议，附录 A 应作为您为总统草拟关于 1968 财年至 1975 财年美国总体军事战略和部队水平的备忘录的主要依据。

5. 如果不带附件，本备忘录可以公开。

参谋长联席会议代表：

参谋长联席会议主席　厄尔·惠勒（Earle G. Wheeler）

附录 A

美国 1968 财年至 1975 财年的军事战略

第一部分
导言

总则

1. 美国武装部队的基本任务有两个：（1）慑止或果断处理针对美国及其资产的任何军事攻击；（2）在全球范围内保护并拓展（project）美国的利益，以支持达成美国国家目标。

国家目标

2. 美国外交政策的五项主要目标是：

a. 制止或挫败任何层次的侵略，无论是核攻击、有限战争、颠覆政权，还是游击战。

b. 使西欧、北美和亚洲工业化程度较高的民主国家结成更密切的联盟，以促进自由世界的安全与繁荣。

c. 帮助欠发达国家在不牺牲其独立的前提下实现现代化革命。

d. 通过建立和发展像联合国、国际法院、世界银行和国际货币基金组织这样的机构，以及其他全球性和区域性机构，逐步推动形成一个真正的以合作和法律为基础的国际社会。

e. 采取措施寻求降低战争风险，缩小与共产主义世界冲突的区域，鼓励民族主义和个人主义在共产主义国家重新出现，这些已经在改变和分化曾经是铁板一块的共产主义集团。

3. 美国必须积极参与塑造一个与自由兼容的世界，或者给共产党力量提供一个机会，使他们按照对我们有利的方式塑造世界。在这样的框架内，美国军事力量的作用是：（1）首要的，是慑止敌对力量的使用，如果威慑失败，使美国及其盟国能够打败敌人；（2）其次，在其独一无二的能力和主要角色责任允许的范围内，参与外交、经济和心理等非战争行动。美军的主要军事目标源于美国国家目标及美国军队的主要军事角色。

军事目标

4. 美国四项基本军事目标是：

a. 保护和保卫美国，保持其作为世界强国的地位和行动的自由。实现这一目标所需的军事力量必须首先能够慑止或有效地应对任何针对美国的军事攻击。

b. 能够支持美国全球利益。美国的军事力量应该能够与盟军和友军一起，有效阻止或应对那些针对对美国安全至关重要的其他地区实施的任何军事袭击。

c. 支持美国外交政策和海外的外交努力。它们包括用于援助友好政府预防和击败威胁到其生存的颠覆、叛乱和侵略的军事项目。与之相适应的美军的任务是能够保护美国财产，保护美国和精选的友好国家的国民及其必要的资产。这一责任适当扩展到确保美国和友好国家在海洋、空中和太空区域的行动自由，并防止其被用于危害美国利益。

d. 保持我们的力量处于随时可用、能实施战略性部署、能机动且足以支撑开展各项军事行动这样的状态，以实现美国的目标，对美国及其盟友造成的毁伤最小，且使敌方得出有利于美国及其盟友的结论，同时使敌对状态保持在与达成美国目标需要相称的最低规模水平上。

战略考虑

5. 用于支持美国国家目标和实现美国军事目标的整体战略概念，是防止或击败在任何时候任何地点发生的针对美国国家利益的敌对行动。这就需要：（1）拥有一种具有足够实力和灵活性的军事态势，使美国能够获得在处理军事、政治和经济事务上的主动性；（2）协调和利用所有国家力量工具，使其发挥最大的效益。威慑、集体安全和灵活反应是这一概念的基本要素。

6. 遏制核交战（nuclear exchange）发生是美国战略的首要任务，因为如果发生了核交战会威胁国家生存；与此同时，美国的战略还必须提供能在任何低于全面战争层次的冲突中慑止侵略的能力。为了确保威慑有效，美国军队必须具有明白无误的、使直接或者间接针对美国攻击或者损害美国利益的行为毫无吸引力且无利可图的能力。控制、击败或摧毁敌人的军事能力，以及美国在必要时动用武力的坚定决心，必须既明确又真实。

7. 集体安全涉及获得、发展和稳定那些现在或最终将对美国全球安全利益做出贡献的盟友。

8. 灵活反应对防止冲突升级至关重要，它因此成为威慑不可分割的要素。灵活反应需要有一支现代化的、机动的和平衡的力量，它将允许在不同的条件下有更广泛的使用军事力量的选择，且通过威胁使用武力来实现美国的目标。

9. 这些考虑是否能转化为力量态势，取决于美国国家目标及发出要实现这些目标的威胁在世界环境中的相互作用。

吴红莉　译

评　介

美军参谋长联席会议在美国战略指导体系中处于特殊位置，负责制定国家军事战略，将国家战略目标转化为军事战略目标，为各领域、各战区战争规划和计划及各军种军事能力发展规划等提供前瞻性的战争构想、战略框架、基本原则。本文件基本反映了 20 世纪 60 年代后期美军关于 70 年代中期之前美国军事战略的展望和总体认识。

四十二

助理国防部长（恩索文）就"确保摧毁力量与限制损伤力量相互影响"问题致国防部长麦克纳马拉的备忘录*（1966年5月23日）

1966年5月23日，华盛顿

主题：美国确保摧毁（assured destruction）力量与限制损伤（damage limiting）力量之间的相互影响

去年给总统的关于战略进攻与防御力量的备忘录特别关注了美国确保摧毁能力面临的超出预期的威胁的问题。这些威胁是在没有清晰分析其从苏联的角度看有多大的可行性、合理性，也没有情报证据证明苏联有这方面发展趋势的情况下设想出来的。对威胁的这种假设为美国对其确保摧毁能力进行极端检验提供了恰当的分析工具；然而，这也会造成遮盖美国影响苏联行为的机会这样的风险。把超出预期设想的威胁视为理所当然，会使我们的限制损伤力量很难同苏联自己规划的军事力量对我们所能造成的实际损伤匹配起来。

正如我们视他们的军队为先发制人威胁一样，苏联显然也将我们的军队视作潜在的先发制人威胁。因此，他们必须发展他们自己的能够保护其确保摧毁能力免遭美国先发打击摧毁的能力。这在一定程度上将消耗苏联的资源，苏联因此会将原来用于提升其限制损伤能力的一部分资源移作他用，这样一来，我们（美国）完成确保摧毁任务将变得更容易。

假若苏联将大量开支主要用在诸如加固导弹发射设施、用于分散部署导弹或使导弹具备机动性等防御措施上，而不是用于增加他们进攻手段的

---

*　"Memorandum from the Assistant Secretary of Defense for Systems Analysis（Enthoven）to Secretary of Defense McNamara", FRUS, 1964 - 1968, Vol. X, National Security Policy, Doc. 128, pp. 396-399.

有效载荷，那么苏联花费大量的资金来保护他们确保摧毁能力的做法是符合美国利益的。苏联将资源转向加强其防护措施，将降低美国维持同苏联在战略能力项目上设想的投入水平相适应的确保摧毁态势的成本，同时也可以通过降低苏联对我们造成破坏的能力，对限制美国及其盟友所遭受的损害做出贡献。

对美国政策的影响，涉及继续维持对付苏联战略进攻力量的军事威胁价值大小问题。确切地说，这涉及美国通过降低导弹打击的圆概率偏差（CEP，即实现更精确打击——编者注）来迫使苏联采取代价高昂的诸如发展机动作战力量、硬点防御等降低脆弱性的措施有多大的价值。虽然苏联会做何反应我们无法确切预测，但如果苏联做出的反应是通过把打击精度提升至低于我方（即苏联的 CEP 低于美方——编者注）的水平，来优化其应对美国威胁的确保摧毁能力，那么这将降低苏联在其弹性很大的"确保摧毁"预算范围内，通过先发打击来限制其损伤的能力。

标注日期为 1964 年 9 月 8 日，由国防研究与工程主任（DDR&E）领导开展的名为"美国和苏联战略进攻和防御力量的总结"的研究说明了美国战略进攻力量对苏联部队产生的压力。该研究中的一项分析表明，如果苏联通过优化其确保摧毁能力，来对抗美国小规模打击其军事进攻目标的能力，苏联会以 133 万美元/千磅的价格采购大型的软防护导弹（soft missiles）。如果通过加固和分散的方法确保生存，则采购有效载荷相等的导弹的成本将增加到三倍，达到 400 万美元/千磅。我们对苏联核实力造成的实际的削弱似乎对苏联军队的规划产生了重大影响，这一点从苏联大规模部署 SS-11 导弹以及他们极力发展小型、机动导弹技术上就可以看出来。

我的幕僚们（国防部负责系统分析的人员——编者注）已经对美国规划的军事能力项目给苏联限制损伤能力间接带来的压力做了进一步分析。这一分析包括三个步骤。

第一步，假设苏联事实上对保持有效的确保摧毁能力并不太关心，其军队是按照在第一次打击中破坏美国确保摧毁能力的标准来设计的。这基本上是去年总统备忘录草案中在极端案例中使用的方法。

第二步，规划的美国军事力量被用于对抗苏联这样的力量，而苏联幸存的军事力量攻击美国的城市目标。结果造成美国死亡的人数如此之低，以至于假定的这种苏联核能力态势，对苏联而言不能被看作其确保摧毁能力。

第三步，在保持与第一步中所确定的苏联预算水平一样的情况下，我们按照苏联的第一次打击主要破坏我方的限制损伤能力的规则，来重新规划苏联的军队，但迫于我们（美国）的核能力所施加的压力，苏联针对我国的确保摧毁力量的二次打击能力将受到限制。这一限制明显削弱了苏联在固定预算水平下破坏我们（美国）的确保摧毁能力的能力。

分析

苏联先发打击只打击我方的限制损伤能力。在充分考虑导弹可靠性的情况下，对苏联对 SS-9 导弹的需求重新进行的分析表明，苏联需要大约 350 枚 SS-9 导弹，每枚携带 10 个 Mk-17 型分导式多弹头（MIRV），才能对美国已规划发展的（programmed）陆基导弹部队造成高可信度的摧毁。假设苏联有了这样的导弹能力，且他们使用了像国家情报规划项目（NIPP）中所介绍的他们假定有的那样的 MIRV，那么 SS-9 导弹在 CEP 为 1500 英尺（约 450 米）时，对美国核部队的预期毁伤概率为 0.92，当其 CEP 为 2100 英尺（约 640 米）时，预期毁伤概率仅为 0.77。（我们现在预测到 1970 年苏联 SS-9 导弹的 CEP 为 3000 英尺，没有明显的证据表明苏联正在采取适当措施来降低 CEP 的值。）仅这些导弹就将花费苏联 90 亿美元（约 150 万美元/千镑），超过了苏联其他进攻力量的总花费。

接下来，我们为苏联设计了一个最低成本的（导弹）防御系统，以使苏联在面对美国幸存下来的核力量对其城市的攻击时，能将其死亡人数控制在其总人口的××%（数据未解密）。这一人口死亡水平相当于在苏联没有防御系统的情况下美国对苏联使用××枚弹头（数据未解密）所造成的毁伤水平，大致相当于从一个非常好的针对美国报复性攻击的导弹防御系统漏过去的导弹所造成的毁伤水平。这一防御包括部署在 15 个城市的 1800 个区域拦截装置和 1000 个末段拦截装置，这一防御系统在 5 年内所需总花费约为 64 亿美元，外加与上述成本数据无关的用于研发、工装和生产设施等的成本。在这些费用中，大约 80% 的费用用于区域防御。这与分析美国保持小规模 Nike-X 反导系统所需花费的结果基本上是一致的。

因此，只要在苏联基本预算基础上增加 150 亿美元，苏联就可以在 1969 年至 1974 年将我们规划的导弹部队的确保摧毁能力降低到一个对我们非常不利的水平。苏联的基本预算包括它们的研发项目、导弹项目、潜射弹道导弹项目、轰炸机项目和防空项目的成本。

苏联军队的确保摧毁能力。在评估苏联的确保摧毁能力时，我们就像苏联决策者可能做的那样，分析了美国发动先发制人打击的情况。美国规划建设的部队是按照先发打击苏联洲际核军事目标系统来设计的，如前文提到过的，苏联洲际核军事目标系统包括装配有分导式多弹头的 SS-9 导弹以及其他陆基洲际弹道导弹基地、潜射弹道导弹基地、洲际轰炸机基地等。如果苏联的区域防御系统不能覆盖其所有的 SS-9 导弹阵地，就像目前对苏联 SS-9 导弹发射井定位的情况，那么在美国实施先发打击后，苏联使用剩下的核力量可能造成的美国的人口死亡比例将低于 10%。如果假设苏联区域导弹防御可以保护苏联的军事目标，并且能够全覆盖、无死角，那么遭袭后苏联生存下来的部队，在美国没有反导系统的情况下估计会给美国造成约 22% 的人口死亡（相当于 200 枚等效百万吨当量核武器造成的伤亡）。因此，苏联的威慑将完全依赖于其对美国军事目标的精确定位，以及其作为点状防御组成部分的反弹道导弹系统的有效性（即使美国部署了非常少的反弹道导弹系统，也能抵消苏联剩余的核力量）。

苏联通过先发核打击，打击美国用于限制损伤的目标，限制打击美国用于确保摧毁的目标。作为最后一步，苏联会采取措施来保持他们的确保摧毁能力。他们被允许在与苏联限制损伤力量花费一样的情况下，用生存能力更强的力量来取代上述假定的力量。由此产生的如表 1 所示的核力量态势，同国家情报规划项目预测的苏联的导弹力量非常类似，SS-9 导弹被假定携带分导多弹头除外。此外，苏联还使用原计划用于购买末端防御系统的费用采购机动导弹和区域防御系统。SS-9 导弹及区域防御系统可以视为在其确保摧毁这一核力量核心之上，增加了其限制损伤能力。

如果（苏联）所有核力量被用于对美国限制损伤能力实施先发打击，（例如，没有保留任何一点力量用于随后打击美国的确保摧毁能力），则能够生存下来的美国导弹力量仍然可以发射超过××枚（少于一行内容未解密）等效百万吨当量核弹头来打击苏联，而不是用××枚（少于一行内容未解密）等效百万吨当量核弹头用于只打击苏联的限制损伤能力。即便如此，这个数字再一次超过了去年总统备忘录中提出的美国有效的确保摧毁能力所需要的××枚（少于一行内容未解密）等效百万吨当量核弹头的标准。

表 1　苏联限制损伤洲际核力量和确保摧毁洲际核力量

单位：枚

发射架	1969 年	1970 年	1971 年	1972 年	1973 年	1974 年
限制损伤洲际核力量						
软防护杀伤 SS-7 导弹（1×2）	102	80				
硬防护 SS-7 导弹（1×3）	70	70	70	70	55	30
硬防护 SS-9 导弹分导式多弹头（1×1）	300	350	350	350	350	350
确保摧毁洲际核力量						
软防护 SS-7 导弹（1×2）	102	80				
硬防护 SS-7 导弹（1×3）	70	70	70	70	55	30
硬防护 SS-9 导弹分导式多弹头（1×1）	125	125	125	125	125	125
硬防护 SS-11 导弹（1×1）	300	375	425	475	525	550

结论

苏联人站在我们的核力量会先发使用打击他们确保摧毁能力的角度，一定会花更多的钱来达成通过先发打击摧毁我们的限制损伤能力的目的。这并不是说苏联没有能力同时拥有令他们满意的既能威胁我们的确保摧毁能力，又能威胁我们的限制损伤能力的核力量。但这确实意味着，通过精心设计我们自己的军事力量，我们可以封死苏联轻易就能够破坏我们的限制损伤能力这样的"道路"。此外，降低美国核武器打击的 CEP，可以防止苏联将发展更多的能抵抗打击的洲际弹道导弹发射井作为应对之策；苏联或许需要机动核力量和导弹防御。因此，简单地增加进攻性武器的有效载荷，可能不是苏联应对美国强大的打击军事目标能力的反应。

因此，对苏联军队形成制约的美国限制损伤力量的特殊性会持续受到关注。例如，Mk-17（而不是 Mk-11A）核弹头的载具所达到的高精度会被认为有助于间接提高确保摧毁能力。

应该根据苏联可能的反应，特别是依据这些变化对苏联确保摧毁能力和限制损伤能力组合所形成的约束，来对那些改变美国军事力量的建议（如额外增加大载荷导弹等）进行评估。如果不以此为基础，分析很可能是不完整的，而基于不完整的分析做出的决策有误导性。

在今年的总统备忘录中，我建议增加一项互动分析。因此，除了考虑苏联的威胁并找出克服这些威胁所需要的力量外，还要依据可能对苏联产生的影响，来考虑各种可能的新的美国力量体系——可以既包括对确保摧毁能力的保护，也包括对限制损伤能力的防护，或者只包括其中一种。

吴红莉　译

评　介

1963 年美国国防部长麦克纳马拉开始将美国核力量区分成确保摧毁力量及限制损伤力量两大类。确保摧毁力量是指即使在遭到突然核袭击的情况下仍然用于摧毁和能够摧毁苏联社会财富的核力量；而限制损伤力量是指主要用于减小敌人能用于对美国及美国盟友造成人员伤亡的那部分核力量，是能够减小美方损失的核力量，其通常指用于打击对手军事目标，特别是核力量目标的核力量。在此后几年，美国国防部主要按照这一分类来规划美国核力量建设，申请和分配用于核力量的国防预算。确保摧毁和限制损伤之间紧密关联、相互作用，且与敌方核力量建设发展及其运用选择存在密切关系。这份文件对后一种关联性进行了分析。

本资料运用博弈论方法，分析了苏联可能采取的核打击模式对美国产生的影响，反推苏联各种核力量发展模式的优劣，再由此来确定美国核力量建设发展重点和方向。这样一种分析问题的模式，比较清楚地反映和体现了麦克纳马拉时期美国国防部的决策和管理风格。

四十三

空军部长（布朗）就"威慑及限制损伤"问题致国防部长麦克纳马拉的备忘录[*]（1967 年 9 月 14 日）

华盛顿，1967 年 9 月 14 日

主题：对战略核战争的威慑及限制损伤

我关注到了我们用于解决慑止战略核战争这一难题的一般性方法，也关注到了我们的限制损伤能力同威慑之间的关系，以及它与如果威慑失败了我们关于真正打核战争（war fighting）的规划之间的关系。

在我看来，威慑不仅取决于苏联对他们自己可能遭受的损失的判断，也取决于他们对于美国相对的损失大小以及他们自己的军事能力生存情况等的判断。苏联领导层在政治上的冒险性及他们的政治性质也很重要。在未来类似于"古巴导弹危机"那样的事件中，如果美国遭受的损失高达80%，那么仅造成苏联 20%的人口伤亡是不够的。^① 那样的话，苏联领导人可能会认为，苏联通过使用生存下来的核力量支配控制欧洲工业企业，能成功地从战后恢复起来，而美国可能就难以存在了。

我们的评估应既考虑其军队的能力，包括部分轨道轰炸系统（FOBS）^②、巡航导弹潜艇、中程轰炸机，以及相应的进攻/防御作战，还要考虑其有可能实施突袭的策略。我的感觉是我们已经变得太理论化了，也就是说我们

---

* "Memorandum from the Secretary of the Air Force（Brown）to Secretary of Defense McNamara", FRUS, 1964-1968, Vol. X, National Security Policy, Doc. 191, pp. 613-614.

① 1963 年，美国国防部长麦克纳马拉提出，美国只要能打击苏联约 20%的人口和 50%的工业生产能力，就算是摧毁了苏联，就对苏联造成了不可承受的核毁伤。

② 20 世纪 60 年代初期，苏联开始研发装载在 P-36 导弹（SS-9）上的轨道弹头，1965 年底，苏联开始对这种导弹及弹头进行飞行试验，1968 年该携带轨道弹头的导弹正式列装。

的考虑同我们自认为最不可能发生的战争的最可能的方式差别太大了，从而使我们的考虑同苏联可能的判断之间有太大的不同，而他们的判断则决定着我们的威慑的有效性。

我认为我们应当考虑一种新的威慑准则。我们应该努力确保在任何核战争中，苏联遭受的损失至少要同美国遭受的损失一样严重，且确保战后双方存留下来的军事力量对比态势不会对苏联有利。关于后一点，我知道会有正反不同的争论，但我感觉它值得我们严肃地对待。

更进一步来讲，我们应当依据如果核交战开始我们的核力量会如何发挥作用来评估我们的核力量，要考虑各种不同的核交战开始的场景。我认为，在这种情况下，执行破坏苏联人口和工业能力的核打击选择，会是对我们而言最不好的选择。相反，我们可能需要在采取措施来保留这种打击对方人口和工业能力的确保摧毁的威胁的能力的同时，运用我们的力量把苏联破坏美国城市—工业设施的实力减到最小。规划用来实现打击对方人口和工业能力的核力量，同在面对"超出预期"（greater than expected）的威胁时用于保留自己的确保摧毁能力的核力量①看上去会有很大的不同。

哈罗德·布朗（Harold Brown）

评 介

1964 年之后，美军开始明确将"确保摧毁"作为规划核力量建设与运用的基本标准和原则。1967 年美国空军部长布朗在这份备忘录中，提出了自己关于这一问题的质疑和思考。

麦克纳马拉倡导的"确保摧毁"，实际上是基于绝对毁伤标准的威慑思路，即只要能够确保给敌方造成一定程度的核毁伤（毁伤 20% 的人口和 50% 以上的工业能力），对方就不敢发动先发制人核打击，核威慑就会有效。在这一备忘录中，布朗首先对这一逻辑提出了质疑，认为相对损失对威慑有效性具有重要作用；苏联如果判断美国在战争中遭受的损失明显大于苏

---

① 要想保存自己的确保摧毁能力，就要确保使自己的核力量少受对方打击，或者不受对方打击，这就要求自己要能够打击对方的核力量、军事目标。对用于这一目的的核力量的要求，同对打击对方人口、工业能力目标的核力量有明显不同。

联可能遭受的损失，则即使其本身遭受的绝对损失很大，也有可能会发起
战争，实施先发核打击。基于此，布朗明确提出，确保美国在战争中遭受
的损失不大于苏联遭受的损失，确保在美国与苏联战后的实力对比中，美
国不处于下风，应该成为美国有效慑止核大战爆发的新准则。顺着这样的
逻辑，他进一步提出，打击人口和工业能力目标不是最好的核力量运用选
项，美军应该重点发展限制损伤能力，实施主要打击对方核目标的选项。

　　布朗原本是一个学者，他在这份文件中提出的思想具有一定的代表性。
事实上从 20 世纪 70 年代尼克松政府开始，他的这些思想就开始在美国核政
策核战略中被采用。他本人担任卡特政府的国防部长一职时，更是将这一
思想付诸实践，并做了进一步拓展。

四十四

国防部长麦克纳马拉在旧金山的演讲[*]
（1967 年 9 月 18 日）

今天下午我想和你们讨论美国国防部长必须要面对的最严峻的问题：规划、准备并确定政策来对抗可能爆发的热核战争。

这是绝大多数人不愿去设想的一种情形。

这是可以理解的。因为现在技术已经把我们所有人同一种恐怖的场景绑定到了一起，这种恐怖使人类在地球上生存超过 100 万年以来所发生过的任何灾难都相形见绌。

现在，人们在我们所谓的核时代里已经生活超过 20 年时间了。

我们经常忽略的是，人类未来的每一个时代都将是核时代。

那么，人类如果有未来的话，它也必将永久地被有可能爆发热核战争灾难的阴云所笼罩。

对此，我们不能熟视无睹。

在这个问题上，我们能做的是坚持理性、现实地面对这一问题，并讨论如何采取行动使这种危险最小化。

没有哪一个理性的公民、政治领导人或者国家需要热核战争。

但仅仅是不需要，还远远不够。

我们必须理解那些可能增加爆发热核战争风险的行动，以及那些能减少这种风险的行动，同那些代价虽然很大但对前两者几乎没有什么影响的

---

* "San Francisco Speech-by Defense Secretary Robert S. McNamara", Philip Bobbitt, Lawrence Freedman, Gregory F. Treverton, eds., *US Nuclear Strategy: A Reader*, The Macmillan Press Ltd, 1989, pp. 267-282. 这是 1967 年 9 月 18 日麦克纳马拉在旧金山举行的国际合众社编辑与出版商大会上的演讲，后来麦克纳马拉将演讲的标题确定为"安全的本质"（The Essence of Security）。

那些行动之间，到底存在哪些差别。

现在整个问题日益带来心理上极大的不安。但要对这些问题进行建设性的、富有成效的辩论，却又难度极大。

核战略从技术角度看显得特别复杂。除非能够很好地理解这种复杂性，否则进行理性的讨论和决策基本上不可能。

我今天下午要做的，就是处理核战略中存在的这种复杂性，在时间允许、满足安全许可要求的情况下，尽可能精确、详细地将其阐述清楚。

任何问题都必须从精确定义开始。

美国战略政策的基石一直都是慑止针对美国或者其盟友的核攻击。我们实现这一点的途径是在战略性核交战期间的任何时候，甚至在遭到对方突然实施先发核打击的情况下，都能保持对任何单一侵略者，或者给多个侵略者造成令其难以承受的高度可信的毁伤的能力。

这可以被定义为我们的确保摧毁能力。

现在，要理解"确保摧毁"对于整个威慑概念而言是最本质的因素，这十分重要。

我们必须掌握真正的确保摧毁能力。而这种真正的确保摧毁能力还必须可信。可以想象，我们的确保摧毁能力是真的但没有可信性，在这种情况下它难以威慑侵略者。

关键在于，潜在侵略者必须相信我们的确保摧毁能力确实是真的，且我们在遭受攻击时使用这种能力实施报复的意志确实坚定不移。

这样一来，结论就非常清楚：如果美国要慑止针对自己或者其盟友的核攻击，它必须掌握实在的、可信的确保摧毁能力。

当我们计算所需的力量时，我们在对潜在侵略者的能力及其意图的估计上，必须保守一点。安全取决于对最坏情况的假设且有能力来应对这种最坏情况。

在那种最糟糕的情况下，我们必须能够抗得住针对我们的所有核攻击威胁，包括对我们的报复性力量的攻击、对我们的指挥控制设施的攻击、对我们的工业能力的攻击、对我们的城市及我国人口的攻击等，而且要保持能够将侵略者毁伤到使其社会倒退至 20 世纪之前水平的那种能力。

这就是慑止核侵略的含义。这种能力的存在意味着，对方的侵略意味着侵略者确定无疑的自杀，不仅针对其军事力量而言是这样，对其整个社会来说也是这样。

下面我们谈一谈另外一个词：第一次打击能力。这个词就其本义而言，是一个含混不清的词，因为它可以简单地表示一个国家使用核力量率先攻击另外一个国家的能力。但正如这个词惯常的意思那样，它有更多的含义，代表着实质性摧毁被攻击国家用来实施报复的二次打击力量。

这是"第一次打击能力"在这个场合应该被理解成的含义。

显然，现在第一次打击能力是十分重要的战略概念。美国不能，未来也不会允许自己处于这样一种不利的态势，即其他某一个国家，或者几个国家联合起来具备这样一种第一次打击能力，而这种能力有可能被用于对抗美国。

进入这样一种与这样的一个国家或者几个国家对峙的态势，不仅会对我们的安全构成难以忍受的威胁，而且它显然会使我们丧失慑止针对我们和我们的盟友的核侵略的能力。

我们今天还没有处于这种不利态势，甚至连进入这种不利态势的可预见的危险都不存在。

我们的战略进攻力量规模巨大：有1000部"民兵"导弹发射器，都部署在地下，有很好的防护；有41艘"北极星"导弹潜艇携带656枚导弹，这些潜艇中的大部分在任何时候都隐藏于海面下；大约600架远程战略轰炸机，其中约40%始终处于高戒备状态。

我们单单是处于戒备状态的核部队就携带超过2200件核武器，每一件核武器的平均爆炸当量超过100万吨。只要有400件百万吨当量的核武器被投送到苏联，就足以摧毁其超过三分之一的人口①和超过一半的工业能力。

所有这些灵活的、高度可信的核力量都配备有足以保证其穿透苏联防御系统的装置。

那么现在苏联的情况是怎样的呢？苏联现在具备了强大的核武装吗？

答案是肯定的。

它具备了针对美国有效的第一次打击能力吗？

答案是没有，它还没有这种能力。

---

① 按照1964年美国确定的确保摧毁的标准，使用400件等效百万吨当量核武器打击苏联城市和工业目标，对应的毁伤效果是毁灭苏联五分之一的人口和超过一半的工业能力。因此这里说"超过三分之一的人口"可能是本人口误，或者资料记录失误。

在可预见的未来苏联能获得这种针对美国的有效的第一次打击能力吗？

答案是不能。

之所以不能，是因为我们有决心对此保持全面警惕，我们在任何时候都不会允许我们的确保摧毁能力降低到使苏联的第一次打击有那么一点点行得通的地步。

苏联正在采取强有力措施来获得针对美国有效的第一次打击能力吗？

尽管对这个问题的回答我们还不能非常肯定，但我们相信，答案是"No"。在任何情况下，从某种意义上讲，这个问题本身无关紧要。之所以无关紧要，是因为不论苏联有什么意图或者行动，美国都将持续保持，并在某些方面强化我们的报复力量，我们将继续拥有确保摧毁其社会的能力，对此我们有十足的信心。

但是与此紧密关联的是另外一个问题。那就是，我们掌握了针对苏联的第一次打击能力吗？

答案是没有。

我们没有这种能力，不是因为我们忽略了自己的核力量。相反，我们的核力量已经达到了对苏联具有明显优势的程度。

我们不具备对抗苏联的第一次打击能力，和他们不具备对抗我们的第一次打击能力的原因一模一样。

原因就是我们双方都已经将我们的二次打击能力建设到了任何一方都难以真正具备第一次打击能力的程度。这里说的二次打击能力指的是能抗得住对方的突然核打击，且仍有足够的核力量生存下来给侵略者造成不可接受的毁伤的能力。

当然，美国根本没有办法阻止苏联获得它当前的二次打击能力，50 年代我们也达不到对苏联实施大规模先发制人的第一次打击的能力。

那么，令有些人不快的事实是，美国和苏联都没有能力攻击对方而使自己不会在对方的报复中被摧毁。我们任何一方在可预见的未来也都难以获得第一次打击能力。

进一步的事实是，美苏双方目前都具有实在的、可信的针对另一方的二次打击能力。更精确一点来说，这种相互摧毁的能力为我们双方提供了强烈的避免发动一场核战争的可能的动机。

与此关联的一个更经常出现的问题是，美国是否要追求对苏联的核优势。

答案是我们要有这种优势。

但正如关于这个问题的其他事情一样，这个答案具有技术上的复杂性。

这种复杂性部分来自什么样的优势标准才最有意义、最现实。

很多关于这一问题的评论家倾向于用总的爆炸当量，或者可用的导弹发射器数量来定义核优势。

现在，按照这两种标准，美国在相互瞄准对方的核武器上对苏联占有巨大优势。

但恰恰是这两种衡量标准本身误导了人们。

由于最有意义、最现实的核能力衡量标准既不是总爆炸当量，也不是可用的导弹发射架数量，而是能够被精确投送到要最优先打击的目标且具有足够的威力将这些目标摧毁的核弹头的数量。

总爆炸当量本身并不足以表征确保摧毁能力，因为它同生存能力、打击精度或者突防能力等没有什么关系，同有效摧毁不同优先等级目标的关系也不大。因为要对一个目标毁伤过度而导致其他同等重要的目标完好无损，这显然不可能取得优势。

更多的导弹发射器数量也不足以表征确保摧毁能力，因为我们很多的导弹发射器将携带多弹头。

但如果用实战可用，且能够被精确地、可靠地、有效地投掷到美国或者苏联相应的目标去的核弹头数量这一现实的标准来衡量的话，我可以告诉你们，美国目前相对于苏联至少拥有 3∶1 或者 4∶1 的优势。

此外，在我们能够现实地进行规划的未来，我们在这方面还将维持对苏联尽可能大的优势。

但是，我要特别指明的一点是，我们当前在可靠的、精确的、有效的核弹头数量上相对于苏联的优势，既超出了我们最初的计划，事实上也超出了我们的需要。

而且，在安全更加均衡的情况下，我们占有这方面的"优势"意义有限，因为我们即使有了现在这样的优势，或者占有任何更大的数量的优势，一个明摆着的、无法逃避的事实仍然是，苏联只凭借其当前的力量，就能够有效地摧毁美国。即使在遭受美国全面的第一次打击之后，它仍然能做到这一点。

　　我已经提到了，我们当前的优势超出了我们当初的计划。现在我给你们解释一下，为什么会出现这样的情况，因为我认为这是核军备竞赛双方相互作用的一个重要实例。

　　1961 年当我开始就任国防部长时，苏联只有规模很小的实战用洲际导弹装备。但是，他们确实掌握了在随后几年里显著扩大那种装备规模的技术能力和工业生产能力。

　　现在，我们还没有证据来证明，苏联事实上做出了要全面利用他们的这种能力大规模发展洲际导弹的计划。

　　但是正如我已经指出的那样，做战略计划的人在进行预测时必须要保守一点，也就是说，他必须为那些看似合理的最坏的情况做好准备，且不能满足于希望只发生那些最可能的情况，不能只为那些最可能出现的情况做准备。

　　由于我们对苏联的意图还不太确定，我们还不敢保证苏联一定不会进行这种大规模的战略能力发展，所以我们不得不通过大力发展“民兵”导弹及“北极星”潜射导弹，来确保能够应对有可能在苏联出现的这种情况。

　　如此一来，为了应对哪怕只在理论上有可能出现的苏联核能力增强，我们做出了导致我们的核弹头数量及可投送的核弹头爆炸当量目前居于优势地位的决策。

　　但是，这一明摆着的事实还在于，假如我们能够得到更准确的关于苏联战略核力量发展计划的情报，我们就不需要去发展像现在这样大的核武器库。

　　现在，我们完全清楚了。我不是在说我们 1961 年做出的决策没有道理。我只是在说，在缺少准确的信息的情况下，做出那样的决策是必要的。

　　进一步讲，我们的那个决策本身，到后来不可能不影响到苏联的核计划。

　　这里最重要的是要理解，美国和苏联会相互影响对方的战略计划。

　　不论他们出于什么目的，也不管我们出于什么目的，任何一方的与核力量发展相关的行动，不论涉及的是进攻性武器还是防御性武器，即使是潜在的有现实可能性的行动，都必然会激起对方的反应。

　　恰恰是这种“行动—反应”（action-reaction）的现象刺激了军备竞赛。

　　现在，在战略核武器上，军备竞赛进行得特别奇特、讽刺。不像军事历史上任何其他时代，今天武器数量上的显著优势不能有效地转化为政治控制力，或者外交影响力。

当热核力量使人不可思议地感到恐惧，代表着潜在的无限毁伤的时候，它就成了有限作用的外交工具。它的独特性在于它既是一种无所不能（all-powerful）的武器，又是一种存在严重不足的武器。

苏联和美国不管谁先打，都能够相互摧毁对方的这样一个事实，压缩了我们的核力量能够有效慑止的苏联侵略的范围。

甚至在战后早期我们具有核垄断优势时，我们就不能慑止苏联在柏林问题上对我们施压，或者慑止他们不向朝鲜的侵略行动提供支持。

如今，我们的核优势则难以慑止苏联对东南亚地区共产党叛乱的任何形式的支持。

这已经成为对我们自己及对我们的盟友来说难以接受的一个教训，因为存在这样一种强烈的心理倾向，将优势的核力量看作维护安全简单且不会失效的解决方案，将其当作在任何情况下都能获得胜利的一种保证。

我们的战略核力量在维护我们自己及我们的盟友的安全上，发挥着至关重要且不可或缺的作用，但这种作用与生俱来就是有限的。理解这一点很重要。

因此，我们和我们的盟友必须保持强大的常规军力，具备全面的应对多种多样的次一级的政治和军事侵略的能力，在这样的侵略中，我们如果使用战略核力量来应对会占不到什么便宜，因此，对这种层次的侵略，战略核力量本身难以对其有效发挥威慑作用。一个人不可能将不可信的行动装扮成可信的威慑。因此，美国及其盟友的安全只能在具备了各层次的分级威慑（graduated deterrent）能力，且每一种威慑能力在其适用范围内又完全可信的情况下，才能得以保证。

现在，我已经指出了在战略核事务上苏联和美国相互影响对方的计划。

近些年来，苏联已经极大地扩充了其战略进攻力量。我当然一直在关注这一变化，并对其进行着仔细的评估。

很显然，苏联核增长的一部分原因，是对 60 年代初以来我们的核力量发展的一种反应。

苏联的战略核计划人员会毫不怀疑地认为，如果我们的核力量越来越快地发展下去，我们到某一个时间或许会达到具备可靠的对苏联实施第一次打击能力的水平。

那实际上不是我们的意图。我们这样做的目的是确保他们不会事实上超越我们，因为他们具有理论上达到这样一种针对我们的第一次打击的能力的可能。

但是，他们没有像我们理解他们那样，更加准确地读懂我们的意图。结果就是，我们双方都将我们各自的核力量发展到了远超出对抗对方最初的核力量所需要的可信的二次打击能力的水平。

在这样做的过程中，我们双方谁也没有达到第一次打击能力。而不论我们认为他们的意图是什么，他们认为我们的意图如何，现实的形势变成了在可预见的未来我们任何一方都能使对方的第一次打击能力归于无效（即具有可靠的二次打击能力——编者注）。

现在，我们怎样才能肯定地说事情就是如此呢？

我们怎么会如此肯定苏联不可能逐渐地超越美国，不论其是通过技术上的突破，或者只是简单地就令我们不知不觉地落在后面，或者是由于任何其他原因如我们不愿意投入必要的资金，因为别的什么军事难题分了心，因为错误的情报，或者只是因为重视不够和想得太天真等？

所有这些原因及其他原因，我们国内的一些评论人士都已经讨论了，他们担心我们实际上正在落后到十分危险的地步。

关于所有这些的回答都是简单且直来直去的。

我们不会让苏联超过我们，因为如果那样的话，将危及我们作为一个国家的生存能力。

没有哪一个美国总统、哪一个国防部长、哪一届美国国会允许这个国家面临这样的风险，不论他属于哪一个党派，也不论他有什么政治主张。

我们不想和苏联进行核军备竞赛，主要是因为这种“行动—反应”的现象让军备竞赛显得十分愚蠢且徒劳。但如果进行这样的军备竞赛，是用来防止苏联获得其用于对付我们的第一次打击能力的唯一途径的话，那么美国有足够的资源、技术及意志在这样的竞赛中超过对方，只要需要，就可以一直竞赛下去。

但我们更想做的是同苏联达成一个现实的、合理的无风险的协议，通过这个协议有效地防止这样一种军备竞赛。我们双方都拥有超过可信的确保摧毁能力要求的大量核武器。基于同样的原因（“行动—反应”——编者

注），这些核武器已经达到了在每一个方面都已经超出需求的程度。我们每一方都基于非常保守的预测，针对对方的核发展做出反应。也就是说，我们双方都建起了超出我们各自二次打击能力需要的核武器库，原因很简单，就是因为我们每一方都想有能力应对那种"可能的最坏的情况"。

但是由于双方现在都拥有了超出我们各自需要的威慑能力，双方都可以从先是限制双方的进攻性和防御性战略核武器，然后是裁减这些核武器的适当的自卫性协议中受益。

双方或许可以达成，也可能达不成这样的一个协议。我们希望双方能达成。我们相信达成这样一个协议是合理的，因为很明显它符合我们两国的利益。

但无论是否能达成这一正式的协议，我们确信，苏联和我们任何一方都不打算通过获得第一次打击能力来使对方处于危险之中。

相反，我们确信双方都将尽最大努力保持各自的确保摧毁能力。

对我们任何一方来说，尽最大努力去获得第一次打击能力并非明智之举。因为任何一方的情报收集能力就是这样了（being what it is），从实现技术突破到其变得实战可用在时间上领先或者落后的情况也就是那样了，我们任何一方都不可能悄无声息地获得第一次打击能力。

现在，让我们看一个特殊的案例。

苏联现在正在部署反弹道导弹系统。如果我们明智地对此做出回应，那我们就无须惊慌。

苏联这套反导系统对我们突破苏联的防御，造成其大规模的、不可接受的损失的能力不会造成什么威胁。换言之，它不会马上对我们的确保摧毁能力造成任何明显的影响。

它之所以不会造成威胁，是因为我们已经采取了必要的措施，确保我们的陆基"民兵"导弹、由核动力潜艇发射的新型"海神"导弹以及我们的战略轰炸机部队都有必要的突防手段，且从整体上讲，我们构建了一支十分强大的核力量，使我们在苏联的攻击面前有足够的生存能力，足以突破苏联部署的反导系统。

现在让我们转到最近备受关注的另一个问题上，即我们是否该部署一个反弹道导弹系统来对抗苏联的核威胁。

首先我要说的是，不论从哪一方面讲这都不是一个新问题。从 50 年代后期开始，我们就已经有了部署美国反弹道导弹系统所需要的技术能力及战略动机。

在我们在此领域的技术已经有了重大进展的情况下，我们要明白，在当前或者可以预见的未来，没有哪一种反导系统可以为美国提供一个打不穿的防护盾。理解这一点很重要。如果存在建造这种"打不穿"的防护盾的可能性的话，那我们肯定需要这套系统，我们也肯定会建造它。

关于这一点，让我来批驳一下与这一主题完全没有关系的一个反对意见。

有人宣称我们反对部署大规模的反导系统，是因为这会贴上 400 亿美元昂贵价格的标签。

我想清楚地告诉有这种想法的人，400 亿美元不是问题。

如果我们能发展并部署一个真正打不穿的罩住美国的防护盾，我们愿意花的就不是 400 亿美元，我们愿意花超出这一数字数倍的钱，需要多少我们就花多少。

钱本身不是问题。拟议建设的防护盾是可以被打穿的，这才是问题。

但是，如果花 400 亿美元不能明显改善我们的安全，那么花这个钱就没有意义。如果达不到这样的效果，那我们应该把这么多的资源用于能够明显改善我们安全的其他领域。

每一种现在看来可行的反导系统，都是尽一切可能向进攻弹头发射防御导弹将其摧毁。

但被很多关于这一问题的评论人士忽略的是，相对于发展能打掉来袭导弹的防御导弹而言，任何这样一个防御系统显然更容易被对方通过发射更多进攻弹头，或者通过发射假弹头这种简单的方法所击败。

这就是核领域"行动—反应"现象的所有症结之所在。

如果我们要在全美国部署密集的反导系统，那么很明显，苏联会有强烈的动机去增强他们的进攻能力，以抵消我们在导弹防御上的优势。

对我们任何一方而言，为此花费 40 亿、400 亿或者 4000 亿美元是徒劳的，所有这些花费，所有这些反导部署，这方面所有的努力，最终都会使我们在安全上处于和我们现在几乎一样的平衡点上。

我们已经启动了一个花费数十亿美元的防御武器项目，目的是抵消苏联现在已经部署的小规模的导弹防御系统，应对其未来可能部署的更多反导系统。

花这些钱是值得的，也是必须要花的。

但我们心里必须记住，是因为"行动—反应"这一现象，我们才花的这些钱。

如果我们反过来选择部署"厚"（heavy）反导系统，不论其花费多少，我们可以确定的就是，苏联将采取行动抵消掉我们希望从中获得的优势。

（此处略去约 1 页内容——编者注）

现在已经到了我们双方都理性认识、理性行动的时候。这样做显然符合我们双方的利益。

我已经多次说过，将用于保护我们的城市免遭苏联攻击的反导系统同用于其他目的的反导系统区分开来很重要。

我们应该严肃考虑的我们的反导系统的另外一个用途，是更好地保护我们的战略进攻部队的安全。

还有一个用途与共产主义中国正在形成的核能力有关。

有证据表明，中国正在投入巨量资源发展核弹头及导弹投送系统。正如我在 1 月所说的那样，有迹象显示，中国将在一年左右时间里拥有中程弹道导弹，在 70 年代早期具备洲际弹道导弹初始能力，70 年代形成一支小规模洲际打击部队。

到目前为止，反导系统生产周期这一因素已经使我们可以就推迟部署一个"薄"（light）反导系统作为对抗共产主义中国核发展的措施是否对我们有利这一问题做出决策。

但是，如果我们希望有这样一套反导系统的话，那么适合我们启动反导系统生产的时间是短暂的。

中国目前正陷于内部争斗，但它发展战略核能力的基本动机看上去很可能是试图为其威胁邻国提供实力基础（这是在臆断、抹黑中国，读者应注意甄别——编者注），并通过核武器为自己在世界上树立不那么可信的威望。

我们强烈反对中国发展核武器，就像我们反对其他国家发展一样。我们反对核扩散，因为我们认为核扩散最终会增大普遍的、灾难性屠杀的风险。

约翰逊总统已清楚地表明，美国将反对中国任何使用核武器来讹诈其邻国的行为。

我们现在具有，在能看到的未来将一直具有对中国压倒性的第一次打击能力。尽管中国在起劲地向其民众宣传"原子弹是纸老虎"，但大量证据表明，它相当重视核武器的毁伤威力。

中国过去一直小心谨慎，避免采取任何可能导致同美国发生核对撞的行动，尽管其说得很强硬，这是可以理解的。我们的力量不仅可以彻底摧毁其全部核进攻力量，也可以摧毁其社会。

那么有没有可能在 70 年代中期前中国不会再如此小心谨慎，以至于要尝试对美国或者我们的盟友发动核打击呢？

它如果那样做了，是非理智的，是自杀行为，但人们还是能想象到，在一些情况下中国人可能会误判。我们希望将这种可能性降到最低。

正如我已经指出的那样，由于我们的战略核能力规划必须始终保守一些，甚至要考虑到潜在对手有可能采取的那些不理智行为，美国部署一个"薄"反导系统来应对这种可能发生的情况是慎重明智的做法，这样的结论还是站得住脚的。

我们要部署的反导系统相对便宜，在应对中国的攻击上，比有人建议的用于应对可能的苏联核攻击的规模大得多、复杂得多的反导系统，会有高得多的可靠性。

此外，部署这样一种专用于应对可能的中国攻击的反导系统，会有很多其他的好处。它会给亚洲国家一种额外的暗示，我们准备慑止中国的核讹诈，从而服务于我们阻止核武器向目前的非核国家扩散的目标。

进一步讲，部署针对中国的反导系统，能够为我们的"民兵"导弹发射阵地额外增加一层抵抗苏联攻击的防护，两者是并存的。这意味着，我们事实上甚至可以以极低的代价明显地增强我们的导弹部队的效能，避免通过扩充部队以大得多的代价来达到同样的效果。

最后，这样一个相当可靠的反导系统可用于对抗那些不大可能真的出现，但任何其他拥有核武器的国家可能意外发射的洲际导弹，以加强对我国人口的保护。

在详细审视了所有这些情况之后，我们已经决定推动用于对付中国的反导系统部署进程。在今年年底我们将开始实际生产这一系统。

关于这一决策，我想强调的是，其中包含着两种可能的危险，每一种我们都应仔细提防。

第一种危险是，我们在心理上有可能会陷入对核力量充足性过分简化理解的传统套路上。简单的事实就是，核武器只能用于慑止很小一部分威胁。这种反导系统的部署将增强我们的防御态势，强化我们的进攻性陆基洲际导弹的有效性。但是亚洲的独立国家必须认识到，这些好处并不能取代它们保持自己的常规军事力量，有些国家还应增强这种力量，这样它们才能够应对更可能出现的地区安全威胁。

第二种危险也是心理上的。经常会有一种疯狂地去发展所有新式核武器的冲动。如果一种核武器系统可行，且很有效，就会有来自很多方向的强大压力，要求按照远超出需要的合理水平的标准，去采购和部署这种武器。

在部署这种针对中国的相对"薄"的、可靠的反导系统上，这种危险将表现为要求将这种反导系统扩充为针对苏联的"厚"反导系统的强大压力。

我们必须坚决抵制那样的诱惑，不是因为这样我们就能有一个喘息机会，可以放松对苏联有可能实施第一次打击的警惕，准确地说是因为我们对这种攻击的最强大的威慑不是大规模的、代价高昂的、有很高的被击穿可能性的反导防御盾牌，而是完全可信的进攻性确保摧毁能力。

这种从目前的技术水平看所谓的"厚"反导盾牌，实际上在用于对抗苏联的攻击时根本不是合格的防护盾，它更像是一个使苏联大规模增加其进攻力量的强大诱因。如我已经指出的那样，那会使我们反过来必须有所回应，如此一来，军备竞赛就会令人绝望地朝着双方都没有明智目的的方向发展。

我要强调的是，我们决定部署一个有限的反导系统，绝不代表我们认为同苏联在限制战略进攻和防御武器上达成一个协议的重要性，或者我们达成这样的协议的意愿有任何一点降低。

从石斧到洲际弹道导弹的演进之路，尽管已经经过了超过100万年时间，但看来正通向单一方向。

一个人如果喜欢愤世嫉俗，那么他或许会得出结论说：人类历史的连续和平的特点似乎并不明显，和平偶尔会被战争打断。战争反复爆发，又一次一次地被抛弃，精疲力竭与战后恢复像和平名义下的游行一样，轮番进行。这更能代表人类历史的特点。

我不想用那种愤世嫉俗的眼光来看待人类历史，但我真的相信，人类在避免战争上的智慧经常被推动战争的愚蠢所碾压。

但是，愚蠢的无限战争可能已经成为过去，现在发动全面战争就不只是愚蠢，还是自杀。

据说如果一个人有足够大的决心去自杀，那就没有什么东西可以阻止他。

问题就在于，在这个不受限制的战争意味着数以亿计的人的死亡，意味着可能有数以百万计的下一代人存在基因缺陷的时代，我们的决定是什么？

人显然是愚蠢与聪慧的一个混合体，历史则显然是这对矛盾混合的结果。

历史已经将我们这些特殊的生命体推向了这样一个时代，在这个时代人类在战争与和平问题上的愚蠢行为导致的后果，正越来越具有灾难性。

最终，人类安全的根本并不维系于他们有什么武器。

最终，人类安全的根本来自他们的智慧、心智。

在原子时代的第 22 年，世界所需要的不是进行一场新的军备竞赛。

在原子时代的第 22 年，世界需要的是一场奔向理性、比比谁更理智的竞赛。

我们最好都参与到这场竞赛中。

不仅我们这些管理者要参加，我们的人民也要参与其中。

评　介

这是麦克纳马拉在其将近 8 年时间的国防部长任期内，经常被人们提及的一次重要演讲。

在演讲中，他首先为自己倡导确立的"确保摧毁"思想进行了辩护，认为"确保摧毁"是整体核威慑概念中最本质的要素，而所谓的"第一次打击能力"本质上是指能够摧毁对方用于实施报复的二次打击能力。基于此，他强调指出，美国核力量建设发展，或者说美苏核领域博弈斗争，本质上就是要坚决防止对方获得"第一次打击能力"，即确保自己即使在最极端情况下仍然具有实在的、可信的"确保摧毁"能力。因为任何一方都不允许对方有这种能力，所以他强调，不论是美国还是苏联，实际上都不可能真正具备"第一次打击能力"。

麦克纳马拉在演讲中重点阐述了军事互动中所谓的"行动—反应"现象，并将其看作造成美苏超量发展核武器、军备竞赛持续不断的内在动因和逻辑。他认为，产生这一现象的思维起点，是战争领域存在必须从最坏处着想，即他说的"预测必须保守一点"的共识。由此出发，一方往往要为应对对方有可能给自己造成的最糟糕的情况做准备、采取应对手段，而不论这种最坏的情况发生的可能性有多小。这反过来必然会影响另一方的军事计划和行为，引起另一方做出反应。正是这样一轮一轮你来我往的心理互动，刺激了一波又一波的军备竞赛，推动了美苏近乎疯狂的核武器发展。

反导系统是麦克纳马拉演讲的另一个重要话题。他在演讲中表达了总体上不赞同发展导弹防御系统的倾向及理由。在辩解美国为什么决定部署一个"薄"的导弹防御系统时，他把应对所谓"中国导弹威胁"作为主要理由，实在可笑。

麦克纳马拉这篇演讲中的部分观点，特别是导致军备竞赛的"行动—反应"现象，得到很多人的认可，在美国理论界及政府内部产生了一定的影响。但即便他看到了问题的本质、矛盾的根源，却无力从根本上改变这种现象。他在演讲中希望的"智慧""理智"并没有在此后美国决策者身上出现，美苏之间仍在进行甚至比之前更加激烈的一轮又一轮核军备竞赛。

四十五

1965~1968年美军单一联合作战计划的发展演进[*]（整编）

如果威慑失败，核交战开始，单一联合作战计划（SIOP）会统领美国战略的执行。制定 SIOP 的第一步是起草关于核打击任务、核打击选项及对目标破坏的标准的指南，由参谋长联席会议来完成并由国防部长随后批准。紧接着，这一指南将交给位于奥马哈的联合战略目标规划参谋部（JSTPS）。担任战略空军司令部司令（CINCSAC）的空军四星将军，同时担任战略目标规划主任；一名海军中将担任他的副手。联合战略目标规划参谋部起草打击目标清单，把目标加入打击目标名录，然后把要打击的目标与可用的核武器进行匹配。最后，参谋长联席会议审议并批准由此产生的打击计划。

从 60 年代初开始，参谋长联席会议和国防部长办公室已经开始尝试扩大 SIOP 中的核打击选项及选择范围，目的是能够做出更加有控制的反应，对打击目标的选择做进一步区分。1961 年 10 月，国防部长麦克纳马拉已经批准了关于 SIOP-63 的政策指南[①]，该指南首次提出了"有控制的反应"的概念。1963 年 10 月由参谋长联席会议批准通过，并于 1964 年 1 月 1 日开始生效的下一个核作战计划——SIOP-64，使用的是和 SIOP-63 同样的指南。SIOP-64 包含了三类任务以及由这些任务混合而来的五个核打击选项，这三类任务代号分别是 Alpha、Bravo 和 Charlie。1964 年 12 月，参联会签发了制定用于取代 SIOP-64 的新核作战计划的指南。由于这一指南所采用的基本思想同用于准备 SIOP-64 的指南的基本思想并不背离，它无须得到国防部长麦克纳

---

[*] 本资料摘编自："Refining the SIOP"，Walter S. Poole，"History of the Joint Chiefs of Staff：The Joint Chiefs of Staff and National Policy 1965-1968"，Office of Joint History Office of the Chairman of the Joint Chiefs of Staff，Washington，D. C.，2012，pp. 23-25。

[①] 参看本书收录资料二十八。

马拉的批准。在新指南中，原来的三项任务被修改，并增加了第四项任务，代号为 Delta；核打击选项被重新安排，以便能照顾到核打击任务的变化。

联合战略目标规划参谋部然后着手制定一个详细的核打击计划。1965年春天，当时新的 SIOP 的制定已经接近完成，作为战略空军司令部司令和联合战略目标规划参谋部主任的约翰·瑞安（John D. Ryan）将军提交了一份令人振奋的报告。报告称：自 1964 年 1 月 SIOP-64 生效以来，导弹的可靠性已经从过去的 35% 提升到了 64%；处于戒备状态的导弹数量已经增长，导弹平均命中精度已经提升。因此，尽管苏联部署在加固发射井里的洲际导弹数量已经从过去的 25 枚升至 229 枚，但美国使用处于戒备状态的导弹来执行某一项打击任务时所能造成的毁伤预期已经显著提升。

1966 年 5 月 6 日，瑞安将军向参谋长联席会议提交了一份核作战计划草案，提请批准。12 天之后，参谋长联席会议批准了 SIOP-4（SIOP-64 的修订版），并宣布新计划将于 1966 年 7 月 1 日起生效。他们向瑞安将军保证，新的核作战计划"相对于 SIOP-64 而言，有了重大的改进，尤其是考虑了那些没有处于戒备状态的核力量的瞄准问题，并更多地关注到了共产主义中国"。联合参谋长们确实对瑞安提交的计划做了一些改动，并告诉瑞安要继续努力，增加对中国目标的瞄准和打击。

1966 年 6 月 6 日，国防部长麦克纳马拉听取了关于新的 SIOP 的简报。他提出，希望能增加其中一种核打击选项，尤其是针对中国的核打击选择所能造成的人员伤亡数量。他还希望在任何情况下，核打击给自由世界造成的人员伤亡比给共产主义国家造成的人员伤亡要更少一些。瑞安将军研究了核打击给中国造成更多人员伤亡的问题，并写出了报告，但报告结论并不支持国防部长的愿望。国防部长还提出，是否有可能不通过执行 SIOP 来对中国或者苏联实施小规模的核打击。参谋长联席会议联合参谋部作战部（J-3）反对对苏联实施有限核打击，理由是对苏联实施小规模核打击，可能招致苏联做出大规模核反应。事实上，这种看似无所谓的有限核打击计划的存在，可能会损害到 SIOP 的可信性。

约翰·麦康奈尔（John P. McConnell）将军建议对国防部长关于小规模核打击的提议做出这样的答复，即美国掌握"世界上最具灵活性、反应最快、能力最强的核力量"。哈罗德·约翰逊（Harold K. Johnson）将军似乎更不赞同国防部长的想法，他强调，小规模核打击同"全面战争的基本原则"，即在全面战争中最大多数的核武器应尽早使用的原则有冲突。如果采纳了国防部长的建议，有可能在对美国不利的情况下招致苏联的大规模报复。海军上将戴维·麦克唐纳（David L. McDonald）①　则建议，对国防部长的问题可做如下回复，即在进行小规模核打击的能力确实存在的情况下，参谋长联席会议对实施这种打击的问题"可能会持严重的保留态度"。但是，这些争议的最终结果是参联会于 9 月 22 日向国防部长提交了一份简单的、乏味且了无新意的备忘录。参谋长联席会议向国防部长保证，现有程序可以有效指导对敌国实施单一目标的或者小规模的核打击。也就是说，美军一直没有制定针对苏联的小规模核打击计划。

1966 年 7 月，在 SIOP-4 刚刚生效后不久，瑞安将军请求取消任务 Delta。他强调，取消任务 Delta 会使核打击的灵活性受到一点损失，但同时会使瞄准、决策、执行程序，以及核打击计划维护等变得简单，这会极大地抵消在灵活性上受到的损失。参谋长联席会议同意了瑞安将军的请求。1966 年 9 月 15 日，参谋长联席会议签发了新的相应的政策指南。到林登·约翰逊总统任期结束，SIOP-4 都一直有效。

评　介

继 SIOP-63 之后，美军又先后制定了 SIOP-64、SIOP-4 等核作战计划。在美国已经解密的关于这些核作战计划的少量档案资料中，大量内容被涂黑，难以从中看到有价值的信息。本资料摘编自美国参谋长联席会议发展史，比较清楚地呈现了这一时期几个不同版本核作战计划的发展脉络及主要变化。

从资料内容可以看出，1968 年之前美军制定核作战计划仍然基本依据 1961 年 10 月为准备 SIOP-63 而制定的政策指南②；该资料还表明，这一时期对中国的核打击是美军高层在美国核打击计划上关注的重点问题；从资料记述可以看出，这一时期美军内部围绕是否应该实施小规模战略核打击，存在较大争议。国防部长麦克纳马拉希望有更小规模的战略核打击选项，

① 约翰·麦康奈尔当时担任美国空军参谋长；哈罗德·约翰逊当时担任美国陆军参谋长；戴维·麦克唐纳当时担任海军作战部长。

② 事实上一直到 1973 年，美国都主要依据这一政策指南制定或者修订其核打击计划。

但各军种参谋长对此似乎普遍反对，麦克纳马拉的提议最后只能不了了之。

虽然这一时期更小规模的核打击选项没能得到高级军官的认可，没能在核作战计划中得到明显体现，却为后续美国核武器运用战略调整埋下了伏笔。1969年尼克松政府上台后，美国内部围绕这一问题又进行了长期博弈，成为美国下一次核政策核战略调整的重点方向，并最终成为美国核运用政策的主导思想。

四十六

国家安全委员会关于"联合战略目标规划参谋部简报"的会议记录[*]（1969年2月12日）

华盛顿，1969年2月12日

联合战略目标规划参谋部简报

· 苏联 SS-9 导弹与美国"大力神"Ⅱ导弹载荷比较

· 美国处于戒备状态的核武器爆炸总当量＝苏联威胁到美国的核武器爆炸总当量的二分之一

· 苏联弹道导弹防御系统（ABM）可能保护苏联48%的目标

尼克松①：苏联的弹道导弹防御系统能干什么？我们用的是什么情报？

有人回答（Ans）：电子情报（ELINT）。

尼克松：我们认为他们的导弹防御系统能正常运行了吗？

有人回答：对此我们不太能确定。他们的"塔林"（Talinn）系统②并不是弹道导弹防御系统，但为了慎重起见，我们将它当作弹道导弹防御系统。

赫尔姆斯：我们关于苏联导弹精度的声明是以真实情况，而不是以估算情况作为基础的。

尼克松：有人认为，苏联重视防御，我们重视进攻。他们为什么会这么说？

---

* "Minutes of National Security Council Meeting", FRUS, 1969–1976, Vol. XXXIV, National Security Policy, 1969–1972, Doc. 5, pp. 8–10.

① 参加会议的有总统尼克松、总统国家安全事务助理基辛格、国务卿罗格斯、国防部长莱尔德、中央情报局局长理查德·赫尔姆斯、空军参谋长约翰·麦康奈尔等。

② 指1964年在爱沙尼亚塔林市开始建设的苏联防御导弹系统。

莱尔德：苏联在过去两年时间里花在进攻力量上的开支占其总开支的三分之二，是用于防御的开支的好几倍。苏联的国内生产总值只是我们的一半。

尼克松：我们在防务上磨磨蹭蹭（puttering）。所以有批评认为，我们这样做更可能招致战争。

罗格斯：我们用大约10%的导弹来瞄准苏联的导弹防御系统，这会使我们的导弹发射时间平均推迟22分钟吗？

莱尔德：我们的委员会对延误发射这一因素印象很深刻。

赫尔姆斯：他们只在环莫斯科地区有好的导弹防御系统。"塔林"不是弹道导弹防御系统。

苏联人已经减少而不是增加了其导弹防御系统的数量，从128个减少到了64个。他们意识到用导弹防御系统不能消除我们的导弹武器的威胁。

莱尔德：你不能用金钱来衡量延误发射时间所造成的影响。

简报员：我们有很大的脆弱性。我们不能对他们的468枚经过加固的洲际弹道导弹进行瞄准和摧毁，我们对他们其余的导弹也只能造成很小的毁伤。

这样带来的后果是：

在古巴导弹危机期间，我们在任何情况下都能赢得对抗。

（展示了核爆炸总当量发生的变化）

如果美国先发制人，我们对苏联有5∶1的优势。

美国有68%~86%的人口可以在冲突中生存下来。

那时我们在力量态势上的优势很明显。但现在情况已经变了。现在核爆炸总当量已经反过来了。他们超过了我们或者和我们一样了。

（尼克松对下面这一核爆炸总当量数据很感兴趣：按照双方现有核武器爆炸当量计算，美国将有31%~64%的人口存活下来，而苏联有58%~87%的人口存活下来；双方剩余的核投送工具大体一样；在古巴导弹危机时期，美国在与苏联的核对抗中剩余的资产远多于苏联，而随后苏联剩余的资产逐渐增加，最终将远超美国。[①]）

这看上去是说双方大体对等。对等可能并不存在，平衡可能更容易令

---

① 原文件这一段是一个示意图，这里将示意图用文字表达出来。

人不安。例如，今天我们的导弹受到对方压制（pindown）时会很脆弱。但苏联的导弹就不是这样。

我们的轰炸机部队没有足够的预警，很脆弱。

我们的指挥控制很脆弱。

海军上将①：我们导弹上的计算机运算速度很快，但苏联的不行。弹头再入大气层的路径就是通过计算机算出来的。

在苏联人看来，他们是领先的。他们可能因此变得更大胆，在攻击性上会更直接。

尼克松：那是因为他们知道我们不自信。

简报员展示了力量发展趋势：

苏联人在除分导式多弹头（MIRV）之外的其他方面做得更好。

如果苏联也在规划发展分导式多弹头，那么由于他们的导弹投掷质量更大，所以他们发展分导式多弹头会做得更好。（麦康奈尔：他们的弹头的命中精度要差一些。）

尼克松：在六年时间内发生了惊人的变化。我们是什么时候开始意识到这种变化的呢？SIOP 对此什么时候发出了警报？

有人回答：有一些人了解这一点。

赫尔姆斯：苏联人很快就会给导弹配备分导式多弹头。

麦康奈尔：而我们却裁减了我们的轰炸机。

尼克松：我们的投送系统现在情况怎么样？噢，过去是 5：1，现在是一样多。

我们不能随意推断。我们喜欢低估对手。

赫尔姆斯：我们既高估对手，又低估对手。在 1966 年时就是这样。

麦康奈尔：除了质量外，在其他方面我们没有想着领先。

莱尔德：我们想的主要是怎么做才能不发生战争。那是最优先的事项。

尼克松：确实是，有些人愿意接受均势（parity）概念。

麦康奈尔：1966 年我就感到震惊了。

简报员：我们现在的力量对于报复来说足够了，但对于形成对美国有利的态势来说则是不够的。

---

① 这位海军将军不确定是谁，有可能是联合战略目标规划参谋部成员。

尼克松：必须记住，对方还有一些导弹我们没有办法瞄准和打击，这些导弹大部分不在原地。我们没有力量得到这些导弹的情报。

简报员：苏联的核力量增加速度超过了我们，我们不知道他们的核力量会发展到什么程度，向哪一个方向发展。

我们关注了他们的 SS-9 导弹，以及他们与我们的"北极星"潜艇类似的潜艇。

我们看到他们正在发展新的陆基机动洲际弹道导弹、新的部分轨道轰炸系统（FOBS）、新的分导式多弹头导弹。他们的研究和发展能力主要凭借两个因素超过了我们。对我们构成压制（pindown）是有可能的。

我们已经能够确保摧毁，但还不能限制损伤。

在核冲突中我国人口的死伤会超过苏联。他们的国土面积比我们的大，我们的人口比他们集中。

评　介

尼克松政府于 1969 年 1 月 20 日正式就职后，基辛格利用其总统国家安全事务助理的身份及尼克松对他的充分信任，发挥其对核战略问题比较熟悉、造诣较深之优长，立即推动对包括核问题在内的国防问题进行一系列研究和审查，并利用国家安全委员会会议深入了解掌握国防领域情况。本资料是 1969 年 2 月 12 日国安会听取联合战略目标规划参谋部简报的会议记录。

资料内容显示，尼克松对美国与苏联之间的战略力量对比态势由几年前明显占优转变到当时的大体相当十分不满；与会人员也大多认为，如果当时双方战略力量发展势头持续下去，美苏战略力量对比会呈现对美国越来越不利的态势。如何看待和应对这一变化，实际上成了摆在尼克松政府面前的一道难题。

四十七

国家安全委员会关于"苏联战略威胁"会议的记录*（1969 年 2 月 14 日）

华盛顿，1969 年 2 月 14 日，早上 10：40

10：40 赫尔姆斯①开始做简报

苏联正处于十字路口——现在对其未来走向能够做出的新的决定。

他们的目标是要实施严肃意义上的威慑——克服早前的政治和心理劣势。

SS-9 导弹比 SS-11 导弹要大，也更精确。

a. 防御方面：苏联有 64 个反导发射器。

b. 研究和发展方面：苏联很多防御项目正处于或接近发展的关键阶段。关于"塔林"（Tallinn）系统——大多数人认为这是防空系统，也有人认为如果使用不同的雷达，这一系统可以发展成反导系统。

苏联近期已经减少了其回应的次数。他们缺乏资源。他们要想应对我们的进攻力量还有很长的路要走。

防御

防御莫斯科的系统始建于 1963 年。由于不能有效应对我们的进攻能力，他们将拦截器数量从最初计划的 124 个减少到 64 个。1973～1975 年苏联的

---

* "Notes of National Security Council Meeting", FRUS, 1969–1976, Vol. XXXIV, National Security Policy, 1969–1972, Doc. 7, pp. 17–22.

① 参加会议的有总统尼克松，副总统阿格纽（Agnew），总统国家安全事务助理基辛格，国务卿罗格斯，国防部长莱尔德，财政部长戴维·肯尼迪，美国中央情报局局长理查德·赫尔姆斯，空军参谋长约翰·麦康奈尔，国家紧急准备办公室主任乔治·林肯（George A. Lincoln），美国驻日内瓦裁军谈判代表杰拉德·史密斯（Gerard Smith），副国务卿艾略特·理查德森（Elliot Richardson），国防部副部长戴维·帕卡德（David Packard），国家预算局国家安全项目部主管艾利斯·维奇（Ellis Veatch），总统国家安全事务副助理黑格等。

反导系统将得到改进（不到一行的文字未解密）。估计其反导系统能够保护重要目标区域，但不能进行全国范围的防御。

苏联在应对低空轰炸机的攻击上一直存在困难。要解决这一问题苏联需要付出高昂代价。

进攻

a. 到 70 年代中期，苏联会有 30～50 枚潜射弹道导弹。

b. 未来 10 年其洲际导弹发展目标是达到 1100～1500 枚的规模。

c. 我们估计这些洲际导弹将配备分导式多弹头（MIRV）、集束式多弹头（MRV）；他们最近进行了一次集束式多弹头试验。

d. 他们进行了部分轨道轰炸系统（FOBS）试验，对洲际导弹发展有些失望。

e. 苏联正在发展陆基机动洲际导弹。我们判断他们可能发展机动的中程（MR）、中远程（IR）和洲际导弹。

尼克松：我们有机动导弹系统吗？

麦康奈尔：我们不需要这样的导弹。

尼克松：他们从 1963 年开始发展反导系统，没有发展机动导弹系统。他们在新武器发展上难道更有创造性、更加自信吗？是他们领跑，我们追赶吗？我们不能处于那种状态。

麦康奈尔：在欧洲部署机动洲际导弹的设想被国会否决了。

尼克松：我们的导弹发展冻结了吗？

麦康奈尔：我们只是改进现有系统，没有发展新系统。

尼克松：我们总是在打上一场战争。① 如果机动导弹好，我们为什么不发展？

莱尔德：我是当时拒绝发展机动洲际导弹的议员团成员之一。我认为在欧洲部署"北极星"潜射导弹的想法比在北约发展机动洲际导弹的设想要好。

尼克松：苏联有大型机动导弹。

莱尔德：50 年代后期，我们也曾尝试发展这种大型洲际导弹，但最后

---

① 尼克松这句话的意思是说，美国人的思维模式总是停留在过去。

发展了其他类型导弹。①

尼克松：帕卡德，你已经和情报界的人谈过了，你担忧苏联人发展机动洲际导弹这件事吗？

帕卡德：我们在技术上领先于他们。苏联导弹数量已经连续 3~4 年在增加，我们没有增加。我们的"民兵"导弹数量保持在 1000 枚，我们的潜射导弹和轰炸机是有效的。我们处于相当不错的态势。我们推动很多项目来发展，例如我们的"哨兵"（Sentinel）系统虽然费钱，但能够防御苏联②。我们正在改进我们的导弹。但是苏联开始装备 SS-9 导弹，且这种导弹能够摧毁我们的"民兵"导弹发射井。而我们却不能摧毁他们的导弹发射井。我们不具备第一次打击能力。

基辛格：他们也不具备第一次打击能力。

尼克松：我认为现在这种情况是极其重要的，带有哲学性质的。回想一下"斯普特尼克"③ 吧。冻结发展，试验失败，快速推进。苏联的突破是巨大的，具有政治上、心理上的影响。我们在这方面进展顺利吗？

帕卡德：我们在这方面有足够的知识和技术。现在不确定的是，如果苏联在这方面有了一个我们所没有的新主意，态势就会改变。我们面临的困难是苏联正在培养数量两倍于我们的科学家，红色中国正在培养数量四倍于我们的科学家。

莱尔德：我们不能像苏联那样，但应支持进行相应的研究和发展。

尼克松：我们瞄准的是社会科学。他们可能在技术上会实现更加令人激动的突破。

赫尔姆斯：苏联人在防空截击飞机需要的空气动力领域取得的进展值得关注。

莱尔德：我们不能像苏联人那样为战争投入资金。他们投入 15 亿美元（我想有 30 亿美元），会迫使美国投入 300 亿美元。他们在防御上与我们的

---

①　这里指的是 50 年代后期美国空军计划发展铁路机动型"民兵"导弹，后被麦克纳马拉取消了。参阅本书收录资料三十五。

②　1967 年美国约翰逊政府决定部署一个"薄"（thin）的反导系统，该反导系统以"奈基-X"（NIKE-X）为基础来构成。同年 12 月，美国国防部宣布将这一反导系统重新命名为"哨兵"系统。

③　1957 年苏联发射的世界上第一颗人造地球卫星被称为"斯普特尼克"。这一事件当时震惊了美国，在美国国内引发了数年之久的所谓"导弹差距"的争论。

投入相比，按照美元计算是 4∶1 或 3.4∶1，在进攻武器上与我们的投入之比是 3∶2。他们在国防领域是这样干的。他们之所以要同我们谈判，是因为这伤害到了他们自己，他们与我们在这方面的付出是 7∶1。

基辛格：苏联的 SS-9 导弹如果装备得足够多的话，就成了一种打击军事目标（counterforce）的武器。我们的导弹不能打掉他们的发射井，我们还不能扩充我们的导弹力量。

麦康奈尔：我们需要一种更重的导弹武器。

史密斯：我们并没有处于这么落后的位置。我们在分导式多弹头、潜射导弹、照相侦察等方面领先于苏联。

尼克松：苏联正在跨越式地超过我们。

麦康奈尔：是这样的。

莱尔德：让我奇怪的是，他们准备在机动导弹方面超越我们。

林肯：他们并不能实施有效的第一次打击。

麦康奈尔：问题的关键在于要警惕这一点。如果我们只能等，而不能主动警惕这一点，苏联能够发展出第一次打击能力……

尼克松：这真的会关系到他们外交政策的侵略性大小。肯尼迪总统在 1962 年时看到的是 5∶1 的实力差距，因此有充分的信心。我们今天却不能像 1962 年时那样做。我们关心苏联的信心，关心他们认为我们有什么样的能力。我们同苏联之间可能已经达到了一种恐怖的平衡①（a balance of terror）。

基辛格：这是一种新的态势。

尼克松：是的。

基辛格：帕卡德，当他们同我们的行事方式不同时，一个理智的领导人对此会怎么考虑呢？

帕卡德：我们正在努力评估苏联可能的行动。

罗格斯：亨利（基辛格），苏联人难道不会寻求什么突破吗？

尼克松：苏联人的这种痴迷如果成功了，将给我们带来严重危险。我们已经倾向于低估苏联了。我们想他们已经冻结了战略能力发展，我们可能一直处于领先。帕卡德，我们难道没有远远领先吗？

帕卡德：是的，我们是领先的，我们只需要对此稍微关注一下就行了。

---

① 编者加的着重号，以示强调。

我们并没有面临严重的危险。

尼克松：你们一直这样认为吗？

罗格斯：我们难道不是正在从越南战争中吸取教训吗？

莱尔德：这是一种不利的局面。

林肯：应该考虑政治因素。

尼克松：我们的哲学是不率先发动攻击。或者我们不再需要这一点。

帕卡德：美苏哪一方都不能获得抢先打击的能力。你抢先进攻的损失
比后发打击的损失还大。

麦康奈尔：将导弹放到太空船上没有什么优势。

阿格纽：防御比进攻花费少吗？

莱尔德：不，防御比进攻代价大。

阿格纽：但苏联却不选择代价更小的方式。到底哪一种代价最大？

帕卡德：美苏任何一方都能抵消另一方的行动。

麦康奈尔：我们在我们的计划中假设遭到没有预警的苏联的打击，因
为这是最坏的情形。

基辛格：苏联规划者或许会面临另外一种最糟糕的情形，那就是我们
接到预警后就发射导弹。很难相信任何一方在实施攻击时会把所有武器都
发射出去。更可能的情形是有限制地使用核武器。

麦康奈尔：如果我们接到预警后就开始攻击，那么我们可能遭受超过
25% 的毁伤。

尼克松：用 25% 的损伤来应对全面毁灭。我们必须考虑他们接下来会
做什么决定。不管他们随后怎么行动，他们的城市完了。这是最重要的，
不管他们接下来会做出什么决定。

基辛格：对抗的双方每一方都从最坏处着想。

尼克松：我们不得不这样做。这不是我们的传统吗？

麦康奈尔：是的，我们一直都是这样做的。

基辛格：苏联或许不会从一开始就攻击美国。他们要确保达成毁伤的
最大效应，这会影响他们入侵的意愿。把这种新形势同苏联的地区侵略联
系起来很重要。

尼克松：他们的重点已经变了。他们习惯性地知道，美国总统会对此
做出反应，但现在他们可能不这样认为了。

基辛格：快速反应只会产生一部分影响。需要有更多举措。对我们而言，像之前那样决策会很困难。这可能意味着需要采用小规模的打击组合，以防止冲突升级到更大规模。

尼克松：灵活反应，简直胡说八道。苏联有可能进行常规攻击，规模更大的常规攻击。我们记得，当时我们的大规模报复战略使我们能够自由地选择应对①。但现在形势已经变了。在欧洲，我们可能不得不考虑显著增强我们的常规军事能力。

罗格斯：亨利的看法（指"采取小规模的打击组合"——编者注）存在争议。

林肯：核攻击与常规攻击之间没有明显的"防火带"（no clear fire break）（即两者之间没有明显的界限——编者注）。

尼克松：我们难道不应因为对方有了数量巨大的毁伤性力量而对此进行重新评估吗？

基辛格：欧洲人没有意识到，美国的核保护伞（nuclear umbrella）取决于实施第一次核打击。但第一次核打击现在不可信了。需要对战略学说进行评估。

莱尔德：因为优势减小了，我们难以做出灵活的反应。

尼克松：不再有核保护伞了。我们的有利态势已经变了。我们必须正视现实。

赫尔姆斯：没有迹象表明，苏联的新型远程轰炸机规模会减小。

在中国方面，洲际导弹项目似乎遇到了障碍。如果今年开始试验的话，最早推迟到1972年才会有这方面的能力，可能晚2~3年。

中国不可能有弹道导弹核潜艇。

中国距离掌握打击美国本土武器的时间还有3~4年。

麦康奈尔：即使（中国）列装了，数量也不会多。

史密斯认为，通过军备控制将给美国省下一大笔钱。

尼克松：我们能否加快战略研究②的时间？据说要三个月？我进行谈判

---

① 这里指的是艾森豪威尔政府奉行的"大规模报复"学说，尼克松当时是美国副总统。

② 这里所说的战略研究，指的是1969年1月21日基辛格代表国家安全委员会发出的国家安全研究备忘录（NSSM3）中所明确的对美国军事态势及力量平衡问题进行研究的任务。该研究由美国国务院、国防部及中央情报局共同进行，由国防部副部长帕卡德牵头。

需要这个研究。

帕卡德：好的，我们加快研究，但这一问题同一般任务部队（GPF）之间的互动关系十分复杂。

尼克松：我们要加快研究进度。

（以下是关于反导问题的简单讨论，略。）

评　介

或许是基辛格本身就是核战略学家的缘故，尼克松政府刚一上台就对国防问题、核问题给予了特别大的关注。除了连续发出多个国家安全研究备忘录，要求相关部门和机构对国家安全问题、核问题进行研究外，白宫还连续召开国家安全委员会会议对相关问题进行讨论。本文件是 1969 年 2 月 14 日美国国家安全委员会讨论美苏战略力量态势的会议记录。

本资料内容中有两点特别引人关注。一是在本次会议上，美国政府（尼克松总统）首次做出了美苏之间可能已经形成了"一种恐怖的平衡状态"，即"战略均势"的判断。这一判断构成了此后很长一个时期美国考虑与安全、国防、军事、核武器等相关的一切问题的基本前提。二是在本次会议上，基辛格明确提出了要"更加有限制地使用核力量"，实施"小规模战略核打击"问题，代表了他在核力量运用上的基本主张。这也成为此后几年他极力推动美国核力量运用政策、核力量运用规划转变的基本方向。

本资料还显示，当时美国高层在美苏力量对比态势、美国面临的安全威胁等问题上看法并不一致，甚至存在明显的意见分歧。这在一定程度上预示了尼克松政府后续推动安全政策、核政策改变的过程不会一帆风顺。

四十八

国家安全委员会关于"美国防务态势"的会议记录[*]（1969年2月19日）

华盛顿，1969年2月19日

总统^①请亨利·基辛格介绍要讨论的议题。

基辛格：

面临的困难：除军事因素外，心理因素也发挥着重要作用。对威慑而言，另一方想什么同我们想什么一样重要……不能证明对方原本要做的事到后来为什么又不做了。相关问题的答案往往不具有决定性的说服力。

报告^②提出了关于基本战略选项的看法；提出了用来对其进行分析的要素类型清单，包括代价、政治因素、军事反应等。

研究小组（RG）提出了5个基本选项。

1. 美国主导

这是经常讨论的观点。我们现在关注到了我们没有第一次打击能力（像1962年我们曾经具备的那种能力），特别是对北约而言。采用美国主导这一选项可能使我们重回到过去的优势地位。

---

* "Minutes of National Security Council Meeting", FRUS, 1969–1976, Vol. XXXIV, National Security Policy, 1969–1972, Doc. 8, pp. 24–29. 这次会议继续讨论战略政策议题，实际上是1969年2月14日会议的继续。

① 参加本次会议的人员包括总统尼克松，副总统阿格纽，总统国家安全事务助理基辛格，国务卿罗格斯，国防部长莱尔德，财政部长戴维·肯尼迪，中央情报局局长理查德·赫尔姆斯，参谋长联席会议主席厄尔·惠勒（Earle Wheeler），国家紧急准备办公室主任乔治·林肯，美国驻日内瓦裁军谈判代表杰拉德·史密斯，副国务卿艾略特·理查德森，国防部副部长戴维·帕卡德，国家预算局国家安全项目部主管艾利斯·维奇，等等。

② 这里说的报告是由国家安全委员会起草的标题为"战略政策事项"的研究报告，提出了美国可能采取的至少5种战略选择。相关情况参看 "Paper Prepared by the National Security Council Staff", FRUS, 1969–1976, Vol. XXXIV, National Security Policy, 1969–1972, Doc. 6, pp. 12–17。

当然，这也会使我们在政治上和心理上占有优势。但这很难再使我们达到 5 : 1 这样的优势——这需要持续提高毁伤水平。

2. 得到改善的平衡态势

3. 保持既有平衡状态

有人反对这一点，认为这样会使我们用于保护盟友的威慑力量的效用明显减小。

4. 实现稳定威慑

有意来维持威慑力量。

5. 低限度威慑

麻省理工学院和哈佛大学的学者比较支持这一观点。

当前的态势——还未达到最高的边界

做什么样的选择并非纯粹是技术性的，还与核力量运用理论、对军备控制的作用，以及对方可能的反应等因素有关。这对帕卡德副部长提出的建议、联盟政策、军备控制政策、东西方关系等都会产生重要影响。

尼克松请帕卡德就他正在研究的问题谈谈看法。

帕卡德：

反导防御的目标及选择

美苏任何一方都不可能在这方面占据主导地位。

苏联正在部署更多的导弹，他们在导弹数量上将占优势。我们现在在潜射导弹上占优势，但苏联人想在这方面实现均衡。我们在有人驾驶轰炸机上占有显著优势。

两种极端情况：获得主导地位需要具备什么条件？

a. 摧毁敌人的进攻力量，使其难以进行回击。

要实现这一点很难，我们没有能力摧毁其潜艇。我们需要更精确、推力更大的导弹，轰炸机难以实时地用于实现这一目标。

b. 另外，为敌方要打击的目标提供很好的防护。

反导防御的难题：

1. 新的大量的反导系统会十分有效，但苏联可以通过迅速增加导弹数量，通过分导式多弹头来应对。他们能够以更低的代价来对抗我们的导弹防御。反导是一种无效的防护。

基辛格：在对付苏联大规模攻击时是无效的。

2. 通过战术措施有效应对反导系统。苏联能够聚焦于一点，压垮我们。在这种情况下反导系统没有什么吸引力。

有效威慑需要什么呢？

1. 保护二次打击能力

我们现在的形势还是相当好的。我国陆基导弹部署在经过加固的阵地上，只有面对更大型的、更精确的导弹威胁时，它们才是脆弱的。

除了那些处于警戒状态的飞机外，其他的轰炸机在面对打击时是脆弱的。对方的潜射弹道导弹可以打击我们的轰炸机。

我们自己的潜射弹道导弹具有极强的威慑作用。

2. 我们可以利用反导系统来保护我们的导弹部队和轰炸机部队。尽管反导系统并不完美，但也不是那么不堪；有了反导系统，可以使苏联的攻击更加困难，减少我们的人员伤亡。

或许可以通过发展进攻性力量来增加威慑。但不需要为了二次打击能力来发展反导系统。

说我们通过反导系统来保护城市听起来并不合理，但说我们将通过反导系统来保护我们的二次打击能力则是合理的。

我们这样部署反导系统不会使苏联感受到威胁。

尼克松：双方都不部署，或者我们用反导系统来保护城市，对他们会构成心理上的威胁吗？

帕卡德：他们会将保护城市的导弹防御视为发展其他进攻性力量的前奏。

尼克松：假定你能用反导系统来保护城市。如果可信的威胁到第一次打击能力的措施同保护盟友紧密关联起来，那么这些举措真的很有必要吗？

帕卡德：对方不会真的让你发动第一次打击的。

史密斯：在历史上，对人口的保护往往被看作要进行第一次打击的信号，它会更具威胁性。

尼克松：我们轻率地说我们将依据预警情报进行核打击。谁会相信？你只要这样做，就意味着你要承受被严重毁伤的风险。

莱尔德：问题在于，我们不能用导弹防御来保护城市。不可能真正实现平衡。我们应当使我们的人民认识到这一点。加上我们的威慑，我们能对付其他的一些威胁。我们不应该关注苏联人在想什么，而应该关注怎样做才对我们的安全、对国家的安全最有利。

尼克松：站在他们的角度来规划博弈对抗计划很重要。这对军备控制
讨论很重要。

莱尔德：他们有反导系统，但这些反导系统可能用于保护其他目标。

帕卡德：我们不知道他们为什么要发展反导系统。用反导系统来保护
我们的进攻能力会有利于稳定，有助于限制战略武器谈判（SALT）。

尼克松问史密斯是怎么想的。

史密斯：对限制战略武器谈判而言，这两种方式没有太大差别。正在
进行的反导武器发展对于谈判而言不具有决定性意义。

罗格斯：在反导问题上，有没有对谈判有好处的看法？

史密斯：最好将导弹防御同将它作为谈判进展的标准联系起来，同它
们代表的不追求第一次打击能力的信号关联起来。

从狭义上讲，我不赞成反导防御。在我们就反导问题做出决策的同时，
我要强调，我们已经审议了得到了参谋长们同意的最后一项提议，即我们
目前正处于开始与苏联就限制战略武器进行谈判的态势。宣布我们将部署
反导系统的数量限定在莫斯科明确的范围之内，然后宣布不按照第一次打
击模式进行部署。

惠勒：如果从技术、资金的角度来思考可以提供第一次打击能力的反
导防御的可行性的话，那么我会支持发展反导系统，至于说它会不会破坏
稳定，我不太担心。

尼克松：我也不担心这一点。我们给北约提供核保护伞也遭到了很多
批评。我们不会因此就不做了。

惠勒：我方核力量要瞄准对方的中程和中远程弹道导弹目标。这会减
少我们必须去保护的易受这些导弹打击的盟友数量。当然，我们要保护美
国自己在欧洲的资产。

尼克松：北约十分敏感，他们要我们保证我们会继续瞄准和打击那些
瞄向他们的敌方武器。

惠勒：当前的反导系统无法用于防御海基核武器。

尼克松：我们会依据对方的政治警告信号来使更多轰炸机处于戒备
状态。

惠勒：目前处于戒备状态的轰炸机占 25%。

基辛格：苏联人不会发出政治预警信号的。

尼克松：我的意思是，我们可以花几个月时间来提高轰炸机戒备率。

惠勒：那样的花费会很大的。

尼克松：我们谈谈预警发射（firing on warning）吧。我们有潜艇、轰炸机可用于摧毁苏联那些没有加固的目标。你们的计划基于最坏的情况，即我们连预警开火也做不到。因为届时可能很混乱，所以你们认为做出这样的假设十分重要。

惠勒：你可能获得虚假的雷达信号。我们已经遇到过这种情况了。我们或许会得到警告说，有信号表明传闻的苏联部署潜艇的数量已经增加了。这会成为我们提升轰炸机警戒状态的原因。现在，我们没有办法探测到从潜艇上发射的导弹，除非我们巡逻的飞机恰好发现了发射的导弹。因为轰炸机很重要，所以重新考虑通过轰炸机来弥补这一缺口是很重要的。

尼克松：增加雷达上阵列数量的成本有多大？

帕卡德：投入不大，大约要 1 亿美元。

你可以建设更多或者更少的反导系统。我们不可能对很多城市进行防护。但我们可以对一些军事基地进行保护。因为你需要全领域覆盖，所以对中国导弹的防护效果会降低。但你会开始具有可行的反导保护能力。

尼克松：现在讨论一下中国的形势。中国一定会进行第一次打击。为什么中国要打击我们的二次打击能力呢？他们不会用导弹来摧毁我们的城市吗？为什么我们回击中国的攻击时一定要打击他们的城市呢？

帕卡德：（展示了一张图表）区域反导将为我们应对中国早期的威胁提供早期的防护。这种"斯帕坦"（Spartan）反导系统①只能对付中国最初的导弹系统。导弹上的突防装置能有效应对我们这种反导系统。

林肯：我有一个提议，我们开始部署反导系统但不公开说明我们在反导发展和部署上最终会走多远，这将有助于史密斯的谈判。

史密斯：不。宣布部署多大规模会更好。如果我们必须公开宣布的话，我们宣布的部署规划可以夸大一些。

罗格斯：《不扩散核武器条约》（NPT）第六条说，缔约国要达成核军

---

① 这里是指美国于 1967 年开始建造的"哨兵"反导系统，"斯帕坦"是该反导系统中用于进行远程拦截的导弹。随后尼克松政府宣布建设的"卫兵"反导系统也使用了这一型号的拦截导弹。

备控制协议。对非核国家来说，这很重要。随着 NPT 正式生效，我们应真
诚地来推动这一进程。昨天已经有人问我这一问题了。我们有义务推动谈
判进程，而且是真心实意的。这在条约里说得很清楚。

尼克松：但条约并没有说谈什么和什么时候开始谈判。我们不要受此
限制。

罗格斯：当然不会受此限制，但我们必须真诚地推动这一进程。如果
苏联说让我们就限制核军备问题谈判吧，我们必须去和他们谈。我们处于
众目睽睽之下。

惠勒：很长时间以来，我们不是一直负有代表联合国的义务吗？这又
怎么样呢？

罗格斯：但这是条约义务。

史密斯：我们已经在谈判了。公开这一点是有意义的。高尔（Gore）①
认为我们应当只就反弹道导弹开始谈判。但我认为，苏联想在进攻导弹和
防御导弹两个方面都谈。

莱尔德：苏联不想谈导弹防御。

罗格斯：我们应当将进攻和防御捆绑起来。

尼克松：对于这次出访②，我需要有尽可能大的灵活性。在关于反导防
御的决策上也要这样。尽管我们的观点要表达得清晰可信，但将我们的倾
向性清楚地让对方知道对我们则是无益的［不要咨询那些部长（Depts），
不要在文件中出现］。然后，如果我们决定推动这一进程，那么我们的倾向
性会是我们在军备控制难题上做出的重要姿态。我们还不能确信什么会影
响到我们在谈判中的立场；在我们有了一些筹码之前，我们不要将我们的
想法表述得那么清楚。

莱尔德：尽管 1970 财年的预算可能会削减，但经过艰难地做工作之后，
国防预算会增加 2 亿美元。

帕卡德：你能明确地说你一定不会花 1000 亿或者 500 亿美元去发展一
种新型武器系统。你准备完全抛弃固定部署的导弹武器。我们也应更有效
地提出问题来。很少有人理解这一问题的重要性。（按照美国人回应的方式
来理解。）

---

① 这里指的是美国参议员阿尔伯特·高尔。——原文件注
② 1969 年 2 月 23 日至 3 月 2 日，尼克松总统到欧洲进行访问。——原文件注

莱尔德：3 月 17 日是提交预算的截止日期。国会首先就要审议军备预算。他们对于在军备上花这么多钱很是忌妒。

尼克松：那让我们把它们都列出来，而不是漏掉它们，把它们敲定了。

尼克松、罗格斯：苏联既要谈进攻导弹限制，又要谈导弹防御问题。

尼克松：将最低限度威慑（minimum deterrence）选项去掉。站在你们的角度，看一看这些选项怎么样。

基辛格：每一个都应该是一揽子的，都要分析其影响。

尼克松：这对核算这些战略的成本有帮助。

帕卡德：价钱相对于整体决定而言将非常合理，这不难。一般任务部队是主要麻烦。战略核力量在总体预算中的占比并不是那么突出。不可能高于 20%。在保持主导这一选项上面临的主要困难是，这基本上是不可能实现的。

罗格斯：那就照此提交。

尼克松：当你说要改变它时，你就是敞开了防御中国导弹的大门。

帕卡德：到 1975 财年我们将具有一定的区域反导防御能力。主要变化是彻底抛弃建立能够应对苏联导弹威胁的城市反导防御系统。

惠勒：建立用于应对苏联导弹威胁的反导系统，会使苏联的导弹瞄准和打击复杂化。例如，他们将不得不用更多导弹武器来瞄准华盛顿。

尼克松：你好像更愿意打击对方处于警戒状态的防御性武器，而不是绕过这些防御体系去打击他们的进攻系统。这是一个很重要的观点。

这是如何实现的？

帕卡德：排除 4M7 核弹头①的计划。这会增加放射性，但放射性尘降问题会是次要问题。

史密斯：加拿大人会同意吗？

惠勒：我们有一个团队正在北美防御司令部（NORAD）同加拿大人讨论这一问题。但他们（加拿大人）要知道关于这一问题的更多内容。他们已经提出了一个很长的问题清单。

尼克松：我不认为这会增加我们同苏联进行谈判的筹码。让我们做一些他们可以知道我们正在做的事情吧。我们不应表现得太明显。亨利，你

---

① 这里指的应该是美国反导系统使用的核拦截弹头。

同意这一点吗？筹码是真实的，但把筹码拿出来说，它就不真实了。

基辛格：我同意您的观点。

帕卡德：这会产生很多问题。

莱尔德：明天这样的会谈就要开始了。

尼克松：给他们讲，我们主要的考虑是防护美国。这不是简单地进行讨价还价的问题。现在这对与苏联的谈判有什么帮助吗？我将不会尝试去评估苏联人会怎么想。但在谈判中，我们应该将进攻力量和防御系统综合起来一起谈。

基辛格：在国防问题上表现强硬一些对莱尔德（Mel①）来讲是不会有害的。

莱尔德：我会说，我们还没有做出最终决定。

尼克松：绝对正确，这很重要。随后将做出决定，确定哪一种方式对美国来说是最好的。我们的军备控制谈判将考虑这一点。我们正在做的这件事不是要去强化我们的硬实力。

史密斯：我们可以讲，反导防御系统不会产生严重影响。我们不知道它会产生什么样的影响，但我们不认为它是一种决定性的手段。

尼克松：部署反导系统与我们关于这种系统的发展之间能同步吗？这一直是困扰我的一个问题。我们能知道这方面的一些情况吗？

帕卡德：我们将了解这方面的情况。我们的发展将不受我们要部署什么系统的限制。反导防御可能进行多种改进。关于反导的各种不同的想法都会被探讨和研究，包括非核技术、使用激光束等。激光技术看起来很有吸引力。我们要继续沿着这些及其他技术路线进行研究。

罗格斯：我们的反导防御能阻止苏联实现决定性的突防吗？

帕卡德：我们会尽我们所能去实现这一点。

尼克松：我想，这给了我们一个较好的与苏联人同步的机会。我们不得不去做苏联人正在做的事。至少在史密斯先生进行谈判之前我们可以这样做。

史密斯：我们需要继续推进反导项目发展吗？

帕卡德：技术需要同需求结合起来才能有实际的好处。很难在真空中

---

① Mel 是 Melvin Laird 的简称。2 月 20 日梅尔文·莱尔德将在参议院外交关系委员会上作证。

发展出一个有效的、实际的系统来。

莱尔德：战略核武器价格被压低是一个问题。但真正的困难来自常规力量。苏联能够买到比我们更便宜的常规武器。我们的常规武器成本将上升。施罗德（Schroeder）① 想要知道，如果达成了战略协议，我们是否会（向联邦德国——编者注）派驻更多的常规部队。

尼克松：达成协议了，我们就按照协议执行。情报界正在疯狂地搜集关于反导防御系统的情报，部分原因在于我们得不到关于这方面的事实。

1. 反导系统的成本将达到 1000 亿美元（我们已经不再考虑部署"厚"反导系统）。

2. 我们正在威胁到苏联。

这正是政府和军工复合体（Mil/Industrial complex）之间矛盾之所在。我们将听取参联会、国防部或者国务院的意见。对现有议题进行民意测试是合适的。当做出相关决策后，我们不得不对此做出解释，说明这一决定不是受制于军工复合体，不会看上去像新一轮军备竞赛，不会导致与苏联开战，不会令纳税人担忧。我们不得不说，如果做不到这一点，我们的设想几乎不可能成为有效的法案。我们不能因此而心怀愧疚。

评 介

这是美国国家安全委员会又一次讨论美国战略政策的会议记录，议题涉及美国可以选择的应对选项、反导问题、与苏联的军备控制谈判等多个方面。

从尼克松在会议上的关注点可以看出，当时他还处于了解情况的阶段，对国家安全的很多问题还没有形成自己明确的看法。基辛格关于威慑的阐释，如威慑中的心理因素、从对方角度来思考问题等，体现了他过去一直作为核战略学者的背景和思维方式。

关于同苏联的军备控制谈判，会议谈及美国的意图的表达、增加谈判筹码、将多个议题进行捆绑等策略，让人印象深刻。

---

① 格哈特·施罗德当时是联邦德国国防部长。

四十九

关于"战略充足"标准的第 16 号国家安全决策备忘录（NSDM16）[*]（1969 年 6 月 24 日）

华盛顿，1969 年 6 月 24 日

给：国务卿，国防部长，中央情报局局长

主题："战略充足"（strategic sufficiency）的标准

在 1969 年 6 月 18 日国家安全委员会会议之后，总统已经做出如下决定。

基于进行相关规划的需要，即使考虑了美国遭受核打击的情况，美国"战略充足"的标准也应当界定如下：

1. 保持高度可信、足以慑止针对我国战略力量全面突袭的二次打击能力；

2. 我们的核力量要确保能够打消苏联在危机中率先发动核打击的动机；

3. 确保我们有能力使苏联在核战争中给美国造成的人员伤亡和工业损失，不超过他们自己在战争中遭受的人员伤亡和工业损失；

4. 部署能够将小规模攻击或意外发射给我们造成的损失限制在较低水平上的防御系统。

总统指示，在进一步研究的结果出炉之前，上述这些标准供所有政府机构和部门在考虑与美国战略态势相关的事项时使用。

亨利·基辛格

---

* "National Security Decision Memorandum 16", FRUS, 1969–1976, Vol. XXXIV, National Security Policy, 1969–1972, Doc. 39, pp. 153–154.

评　介

1969 年 2 月到 6 月，美国国务院、国防部等机构按照国家安全委员会的要求，对美国战略政策和战略态势进行了联合研究。他们得出的一个重要结论是，美国已经不可能再获得对苏联明显的战略优势了。但尼克松政府又不允许美国处于第二的位置，甚至对于"均势"都难以接受，提出美国战略能力必须要"充足"①。经过多次开会讨论后，6 月中旬，美国国家安全委员会拟定了美国战略能力"充足"的四条标准，作为第 16 号国家安全决策备忘录予以发布，成为美国正式的国家安全政策。

该政策文件从四个方面对美国应具备的战略核能力进行了界定，这四个方面分别是：能够防止苏联发动针对美国战略核力量的核袭击、能够防止苏联先于美国使用核武器、能够在核战争中给苏联造成相对于美国而言更大的伤亡以及具有有限的导弹防御能力。

尼克松政府这一"战略充足"标准，从本质上讲，是核力量发展、核能力建设标准。相对于麦克纳马拉确定的"毁伤苏联 20% 的人口和 50% 以上工业生产能力"的"绝对标准"而言，尼克松政府确定的战略能力标准，特别是第三条，明显将美国战略核能力同苏联战略核能力联系在一起，具有明显的"相对性"。

一直到 1974 年初，"战略充足"都是尼克松政府在核领域唯一的国家政策指南；到卡特政府上台之前，这一关于战略核能力标准的政策一直有效，对这一时期美国战略核力量建设及军备控制斗争实践发挥着重要作用。

---

① 详细情况参看 "Editorial Note"，FRUS，1969-1976，Vol. XXXIV，National Security Policy，1969-1972，Doc. 35，pp. 134-137。

五十

国务卿罗杰斯就"苏联打击中国核设施的可能性"致总统尼克松的备忘录[*]（1969 年 9 月 10 日）

华盛顿，1969 年 9 月 10 日

主题：苏联打击中国核设施的可能性

8 月 18 日苏联大使馆二秘达维多夫（Davydov）在华盛顿午餐会上与一名国务院官员交谈时，提出了苏联袭击中国核设施的想法。我随函附上谈话备忘录，它详述了苏联这一外交人员产生询问美国对此可能做出何种反应这一动机的理由。

达维多夫的谈话是不寻常的，因为他给我们提供的苏联的这种行动选项存在极大争议。在任何与苏联人谈及这一想法的其他场合，都难以找出苏联人去这样做的正当理由。

——据报道，在 3 月底或 4 月初，柯西金的女婿格维希阿尼（Gvishiani）和阿特西姆维奇（Artsimovich）教授在波士顿访问期间，曾表示苏联将不得不摧毁共产主义中国的核武装。他们似乎在试探与他们交谈的美国人对他们的话的反应。

——意大利共产党人罗萨纳·罗桑达（Rossana Rossanda）声称，今年 7 月意大利共产党领导层收到了莫斯科传递的一条消息，询问他们如果苏联出于自卫的需要被迫对中国的导弹设施和原子能设施进行预防性打击（preventive strike），意大利人将做何反应。根据以往的经验，罗桑达的身份可能不只是这一信息的发布者那么简单。罗桑达所提供信息的更准确的版本可能包含在芬兰共产党 6 月在莫斯科世界共产党大会上的磋商报告中。依据这份报告的说法，一位苏联领导人那时曾断言：苏联有能力对中国立即进行

---

* "Memorandum from Secretary of State Rogers to President Nixon", FRUS, 1969–1976, Vol. XXX-IV, National Security Policy, 1969–1972, Doc. 66, pp. 244–247.

致命一击（很可能不只是打击中国的核设施），但苏联不希望做出这样不符合"列宁主义原则"的事情，除非将其作为极端的防御措施。

——6月，《消息报》周日副刊科学编辑曾询问美国驻莫斯科大使馆的一名官员，美国对苏联有可能对中国发动的攻击（打击的性质没有具体说明）会做何反应。最近，这位编辑却回避了这个话题。在两周前回应美国对他的最近一次质询时，他只是说，苏联正在努力改善同中国的关系。7月《新闻周刊》的刘思磊（Sidney Liu）曾被苏联亚非事务研究所的德尔尤金（Delyusin）问及：他认为中国民众会对苏联对中国的大规模攻击做何反应（报告同样对攻击的性质没有说明）。

——苏联8月初给外国共产党发了一封信，给人留下的印象是苏联对中苏关系的未来非常关注，但我们从其他两个渠道得到的信息没有一个表明，苏联在这封信里讨论了像打击中国核设施这样的具体行动事项。

——最后，苏联最近关于这个问题的表态，是由其外交部东南亚事务负责人卡皮察（Kapitsa）做出的。他对一名加拿大记者坚定地表示，苏联打击中国核目标是"不可想象的"，这个非常规的想法本身就是西方媒体杜撰的。

达维多夫绝对不可能知晓苏联高层关于这一问题的讨论，更不会知道苏联关于这一问题的任何决定。相反，他很可能被授予了这样一项工作：尽可能多地了解美国人在中国问题上的态度。于是他假设了如果苏联打击中国核设施美国人会做何反应这样的问题，目的只是诱导美国人讨论他们对中苏关系的看法。打击中国核目标的想法已经被美国媒体关注到了，这一话题在华盛顿的外交官和记者中间也都被谈论过。此外，在前面提到的午餐会几天前，在与国会实习生的一次会议上，达维多夫曾被问及，他认为美国在中苏发生战争情况下应该采取什么立场的问题，因此他有可能想到在我的这份备忘录中他谈论的这些观点。

通过上述证据，以及从苏联领导人的讲话、莫斯科宣传机构和我们从保密渠道得知的关于苏联外交焦虑的相关消息中可以清楚地看出，苏联对与中国的麻烦感到担忧，苏联对其他国家如何看待中苏紧张关系很感兴趣。但一直令人怀疑的是，苏联是否已经命令其官员系统性地征求其他国家在苏联可能对中国核目标实施攻击问题上的反应。不管怎样，美国国务院已经考虑，达维多夫的谈话可能是此类调查的第一步，基于此我们已提醒美国驻外官员，如果遇到类似的对话，一定要报告。目前，只有美国驻罗马大使馆有了回应。苏联驻罗马大使馆的一名一秘告诉意大利官员说，他预计会有新的、更严重的事件发生。据称他没有寻求意大利对此事的回应，驻罗马大使馆的报告也没有提到打击中国核设施的问题。

由于在相对较短的时间内没有更多的有关这方面的报告，达维多夫最近的谈话，以及 5 个月前他在波士顿的言论，看上去更像是好奇而不是什么信号。可以肯定的是，莫斯科一直在全神贯注处理他们与中国的矛盾，克里姆林宫可能正在评估所有可能的选择。因此，不能排除苏联袭击中国核设施的可能性。然而，我的顾问和我都认为，苏联不会实施这样的行动。苏联人必须权衡此举引发与中国全面战争的风险，尽管苏联人自 1965 年以来就一直在做准备，但他们不太可能相信自己已经为这场战争做好了充分准备。此外，他们不能保证摧毁中国库存的全部核弹，而且无论如何，他们都会面临中国以新的更大的决心重建核武装的局面。

1969 年 8 月 12 日关于中苏争端的国家情报评估（The National Intelligence Estimate）指出，旨在摧毁中国导弹和核设施的常规空袭，可能是对莫斯科最具吸引力的军事选择，但条件是他们相信这样做不会使他们卷入旷日持久的全面战争。国家情报评估并不认为克里姆林宫会得出这样的结论，但认为也存在一定的可能性。考虑到苏联实施这种袭击在军事、政治、经济、外交等政策及意识形态方面可能造成的所有影响，国务院分析人士判断，苏联实施这种特定行动的可能性会一直远低于 50%，且中苏之间如果发生冲突，冲突很有可能是中苏边境摩擦升级而来的。我认为这一评估是合理的。

艾康　译

评　介

1969 年 3 月中苏双方在珍宝岛发生军事冲突之后，苏联国内出现了对中国实施"外科手术式"核打击的声音，苏联通过不同渠道试探美国人对其可能实施对中国的核打击的态度和看法。美国国务卿致总统尼克松的这份备忘录，综述了美国掌握的苏联这方面的一些动向，概述了他们关于苏联对中国实施核打击这一问题的基本判断。

五十一

国家安全委员会高级职员劳伦斯·林恩就单一联合作战计划问题致总统国家安全事务助理基辛格的备忘录*（1969年11月8日）

1969 年 11 月 8 日

在我们对单一联合作战计划（SIOP）进行讨论之后，我把目前的 SIOP 主要特点归纳如下：

——当前的国家战略瞄准政策，从梅尔文·莱尔德①给的文件（见附件 A）中复制而来；

——参谋长联席会议提出这一政策的依据及一些争议点；

——对 SIOP 进行修改或者完善需要特别关注的问题。

我相信，下一步您要同惠勒将军②见一次面，向他提出一些问题，他对这些问题的回答，有助于您给总统勾勒出关于 SIOP 的清晰画面，向总统提供关于 SIOP 的一些替代选项及理由，并给出关于修改 SIOP 可能性的建议。基于这一目的，我已经列出了您要向惠勒将军提出的一些特定问题的清单（见 Tab B 谈话要点）。

当前的 SIOP

现在的 SIOP 最初是按照同苏联进行一场全面核大战而设计的。对于达不到全面核大战强度的核冲突，则依靠诸如欧洲盟军最高司令（SACEUR）已经制定的战区应急计划那样的计划来进行规划；但是，我不知道战区对核作战是如何进行规划的，瞄准的是哪些目标。

当前的 SIOP 依据打击的目标，已经进一步区分出三类任务：

---

* "The SIOP"（Includes Attachments），Digital National Security Archive（DNSA）.

① 梅尔文·莱尔德时任美国国防部长。

② 厄尔·惠勒四星上将时任美军参谋长联席会议主席。

——ALPHA：用于摧毁中苏在城市之外部署的战略核投送能力。作为这项任务的一部分，苏联和中国最高政治和军事控制中心会被攻击——对莫斯科—北京的一揽子导弹打击（the Moscow-Peking Missile Packages，MPMP）。

——BRAVO：用于摧毁中国和苏联那些不包括在 ALPHA 任务内的、没有在主要城市部署的其他军事力量、军事手段。

——CHARLIE：用于摧毁那些因为位于市区而被排除在 ALPHA 和 BRAVO 打击任务之外的中国和苏联其他军事力量和军事资源，并摧毁中国和苏联至少 70% 的城市工业基础。

这些任务已经被进一步分解为 5 个核打击选项。即使是规模最小的核打击选项——对 ALPHA 任务目标实施先发制人的打击，也将使用我们 SIOP 规划部队总数的 58%。有大约 1750 枚核弹头有望击中苏联境内的目标或者稍微偏离目标的地方。如果苏联预先探测到了我们的攻击，那么攻击需要的核武器数量会更多。

基本的核打击选项如下表所示。

SIOP 打击选项			
	打击选项	通常包含的 SIOP 任务	留着暂不实施的打击任务
先发制人 打击	1	A	MPMP
	2	A，B	—
	2X	全部	—
报复性打击	3	A，B，C	B 和 C，或者 C
	4	全部	—

需要特别强调两点：

——按照当前的核打击计划，我们总是在打击苏联"城市—工业等社会价值"目标（"value"targets）之前，先摧毁苏联所有的核威胁。这就是为什么即使是最小规模的核打击任务，打击强度也会如此之高。

——我们一开始可以保留（withhold）某一任务中的某一要素（ALPHA任务中的 MPMP），保留某一类打击选项中的某一项任务（选项 2 中的 CHARLIE 任务），或者以上两种都留着不打。

我理解，除 MPMP 外，在这些打击选项中还有多达 90 种可以留着暂不实施的次级打击选项。这些留着暂不实施的次级打击选项该如何确定，有多少可以真的成为作战计划的内容，等等，我们现在都还不清楚。

——我想我们应该从惠勒将军那里了解这些可以保留的任务选项的信息。

——我还强烈建议，您要向惠勒将军询问通过设计额外的留着暂不实施的选项集合来获得次级 SIOP 打击选项（sub-SIOP attack options）的可能性有多大。这是您既能获得其他攻击选项信息，同时又可以尽可能少地同战略计划人员接触的一种方法。

讨论要点：确定 ALPHA 任务的合理性

我认为，您应该将关于 SIOP 的讨论限定在 ALPHA 任务上。因为任何一个 SIOP 打击选项都包括 ALPHA 任务，而且执行 ALPHA 任务需要动用的核力量最多。

我还认为，您最好只讨论先发制人的核打击问题，至少开始的时候应该这样。报复性打击问题涉及一些有争议的关于敌人打击的假设，而在对这些假设取得共识之前，很难想象能对报复性核打击问题展开有益的讨论。

您可以通过惠勒将军，提前了解一下参谋长联席会议关于确定 ALPHA 任务的依据是什么。我希望惠勒将军能够给出以下提及的理由。（我已经给出了一些您可能希望提出的反对的观点。）

参谋长联席会议认为，在同俄国的核交战的一开始就要实施完整的 ALPHA 打击任务，论据很充分。他们为此提出了 5 点理由[①]。

1. "苏联人如果知道了美国可能会实施一次小规模核打击，会降低美国强大战略核力量态势的威慑价值。"

当然，也会有人相应提出，准备通过一场小规模的核攻击跨过核常之间的 "防火带"（firebreak），会向对方清晰表明，美国下一步或许会 "采取任何其他可能的方式"，这反而能强化美国的威慑。

2. "这样一种核打击（小规模核打击——编者注）可能会使苏联人对美国的意图（真实的或者想象的）产生警觉，在后续更大规模的核打击势在必行的情况下，这会使他们进入一种对我们不利的戒备状态。"

这种观点实际上只适用于苏联被打了个措手不及的特殊情况。在双方关系紧张期间这是不可能的。这也不适用于美国攻击苏联软目标的情况，

---

① 实际上是 6 点理由。

在这种情况下，美国的核武器会摧毁苏联大量的没有进入戒备状态的或者
软（没有经过特别加固防护处理的——编者注）机动武器。我们的攻击也
可以用于摧毁敌方那些还未达到最高作战准备状态的部队。

事实上，如果没有进一步的证据，我想有这种相互对立的观点就足够
了，但是如果能够得到如下一些可靠信息，分析人员可以对这些观点做更
有力的论证分析。这些信息包括：

——苏联的软军事目标清单；

——美国核武器打击这些目标的效能（使用各种各样的核发射投送系
统及核弹头）。

按照 NSSM64[①] 的要求，有一部分工作已经在做了。那一研究的分析表
明，在主要打击对方军事力量的战略进攻中，对任何一方而言，从一开始
就打击对方软军事目标的回报，都是非常可观的。

有人可能会反对这样的论据，认为这种软军事目标有可能同人口密集
的城市或者工业综合体混在一起。如果这些目标受到攻击，苏联或许会认
为其被迫要做出回应，其可能会回击美国一个类似的目标或者一个规模稍
小一点的城市。在这种情况下，有哪一个总统还会冒险一开始就打击对方
的软军事目标呢？

3. "一次小规模的核打击会触发苏联即时大规模回击，尤其是他们会
使用软性核力量来实施反击。"

这一观点显然是上面所谈及的那种两难窘境衍生得出的结论。如果美
国发动的核打击规模太小，不足以打掉苏联全部的软性核力量，那么这一
观点显然是成立的。苏联可能会使用它剩余的软性核力量对美国进行核打
击，而不是眼睁睁看着剩下的这些核力量被美国后续核打击所摧毁。苏联
或许不会将美国的小规模核打击同大规模核打击明确区分开，且只会觉得
必须实施核报复（当然，这是另外一个问题）。

对这个问题的很多争论，转向对软目标的脆弱性及对其打击可能的附
带影响的分析。这一点通过分析就能够解决，但前提是我们要知道苏联的

---

① NSSM64 是 1969 年 7 月 8 日，由时任美国总统国家安全事务助理基辛格以国家安全委员会
名义发布的第 64 号国家安全研究备忘录，主题是"美国的战略能力"。该备忘录要求美国
国防部对如何慑止和应对有限核战争问题进行研究。参见 "National Security Study Memo-
randum 64", FRUS, 1969 - 1976, Vol. XXXIV, National Security Policy, 1969 - 1972,
Doc. 41。

软性核武器目标周边有哪些人口中心或者工业中心。

4. "快速实施一次小规模核打击，可能使我们剩下的大部分战略核力量和战区核力量（theater forces）处于较低的能力状态水平上，这些力量在苏联核报复打击面前会显得尤为脆弱。"

这一观点只有在下面一些情况下才成立，即：我们为了最大程度地实现打击的突然性，在初始核打击中只使用那些处于日常高戒备状态的核力量，剩下的都是一些非戒备的战略轰炸机和没有做好使用准备的核潜艇。在这种情况下，美国可靠的高精度打击系统已经用完了，剩余核力量的可靠性的平均值或者绝对值会比之前的稍低一点。

如果我们的核力量在隐蔽情况下进行战备，如果我们能将实施战备的计划和命令提前下发给相应部队，使我们的指挥通信系统在遭到核打击后不至于负担过重，如果我们能够将对监视的需求维持在最低限度上，那么上述这种情况就不会发生。此外，据说参谋长联席会议于1969年7月建立了一套能够对有选择的核打击选项进行快速规划的程序。

但是，一个与参谋长联席会议的观点不直接相关却又十分重要的问题是，苏联对这个问题是怎么看的，其对这种危机形势可能如何反应。一旦遭到美国的核攻击，苏联的危机管理能力会严重削弱。苏联国内一下子会谣言满天飞。至于苏联的核力量，如果有一部分能生存下来，在同上级指挥官通信中断的情况下，这部分力量会怎样行动呢？苏联核武器操作人员会发射导弹打击那些他们原计划只在发生了全面核大战时才打击的美国目标吗？

5. "任何对苏联的核打击都应当考虑压制或者突破苏联防空和/或导弹防御系统；在每一个SIOP打击选项中都包括了数百件用于此目的的核武器，这些核武器是SIOP计划中一个不可分割且相互支撑的要素……"

这一结论现在还不是特别明显。就像防空系统（SAM）对越南北部（NVN，即越南民主共和国——编者注）的压制一样，人们为防空系统投资花钱的意愿，能够通过遭受打击后剩下的防空系统可在多大程度上降低对方攻击效能来进行评估。评价的标准是敌方损耗要更高，拦截率要更高，敌方投送武器的精确度要降低。

至于战略攻击，用少量导弹攻击敌方的雷达站或者防空系统发射装置，相比于使用后续攻击力量来使敌方"门户大开"来说，回报要更高。

但是，这样的攻击如果使苏联的防御系统变得很脆弱，会破坏战略稳定。

在对攻击进行规划时，我们可以将这种破坏稳定的风险降至最低，而
且将因这种防御转换而产生的"开销"最小化。例如，我们或许可以设
计一种不打击对方防御体系的核攻击，或者将其防御系统破坏到刚好满足
我方导弹能突防过去摧毁其所防御的软性核力量目标的程度。要进行这样
的分析，我们需要知道能飞抵苏联软性核力量系统目标的攻击通道，以及
飞抵那些专门用于保护这些软性核力量及保护其他目标的防御系统的通
道；我们还要知道美国用于攻击苏联这些防御系统的武器系统的作用
效能。

6. 参谋长联席会议的最后一个观点是："太平洋司令部司令（CINCPAC）
和欧洲盟军最高司令麾下有战区核力量，制定了实施低于全面核攻击强度
的核打击的指挥和应急计划。"

有人可能会说，把 ALPHA 任务纳入所有打击选项中，是参谋长联席会
议对其在 ALPHA 打击目标清单上所遵循的逻辑的一种保护。

改变 SIOP 的现实难题

涉及 SIOP 的工作，面临一定的现实难题：

——每年对 SIOP 进行一次评估，评估期间会调整瞄准目标体系。目
前，在这些评估完成之后大约需要 6 个月时间对 SIOP 进行调整。

——对瞄准目标进行调整的时间可以缩短。当战略空军司令部掌握了价
值 7 亿美元的"民兵"导弹一体化指挥控制系统之后，对瞄准目标进行调整
的时间将从过去的 90~180 天缩短至 17 天。但现在，这大约需要 6 个月。

——制约"民兵"瞄准目标重新调整的另一个因素，是更换"民兵"
导弹上的导航和控制指令需要时间及一定的技术力量。这项工作需要由特
别小组来完成（大约需要 100 个这样的小组），完成一枚导弹的打击目标调
整，需要花费长达 8 个小时的时间。技术力量这一制约因素将使 SIOP 更换
瞄准目标的时间不可能低于 14 天。

——潜艇上的导弹重新瞄准要快得多。但是，在潜艇警戒巡逻期间，
无法确定潜艇是否接收到了新的瞄准指令，因为潜艇在所处位置没有暴露
的时候，是不能同国家指挥当局通信的。

——当前核武器的瞄准是按照能最有效摧毁 ALPHA 清单上所有目标来
设计的。为了实现这一点，防止在发射、突防或者飞行过程中可能出现的

失败影响打击效果，存在大量的对目标交叉瞄准的情况。也就是说，这是一个大量核弹头瞄准多个不同目标的瞄准体系。为了实现对特定目标最有效的摧毁，需要对这一瞄准体系做出一定的改变。

我相信，通过聚焦于那些可以留着暂不实施的选项，您会有一个得到了扩展的 SIOP，能够给总统提供在打击目标种类和数量上更富于变化的核打击选项。由于这些选项会成为 SIOP 的一部分，依据总统的命令，这些选项会迅速得到贯彻执行。这样一来，一方面，您不需要刻意地对核武器和投送系统进行复杂的改变，要知道，进行这样的改变需要花费的时间从改变部分武器所需要的数天，到改变所有力量所需要的至少三周（利用计算机来重新规划还不能实现），不一而足；另一方面，在只对 SIOP 核心部分进行投资的时候，我们整体的威慑效能不会被削弱。

关于 ALPHA 任务中留着暂不实施的选项的建议

为了开始推进 SIOP 扩展工作，能提出一两个关于在 ALPHA 任务中留着暂不实施的选项的建议，我想对您来说会是十分有益的。可以请惠勒将军让他的联合目标规划人员按照以下思路专门来设计两个这样的保留打击的选项。

ALPHA 任务的次级打击选项
（保留除下面这些目标之外的其他所有 ALPHA 打击任务选项）

打击选项	对美国核力量的需求
打击苏联位于偏远地区且没有防御系统保护的软性核武器系统	就每一种情况而言，消耗掉的美国核力量数量都应少于被摧毁的苏联核力量数量
打击苏联位于偏远地区且其专属的防御系统已经被清除的软性核武器系统	这也意味着必须能够对苏联的目标进行联合定位，或者启用具有目标重新装载能力的美军武器系统，如轰炸机或者弹道导弹核潜艇等

建议：

我建议，您要同惠勒将军会面来讨论 SIOP。在会面时，您可以向他提出上面列出的这些问题（谈话要点见附件 B）。

批准_____　　　　不批准_____

此外，我还建议，您请惠勒将军让联合目标分析参谋人员对 ALPHA 中只对苏联一些软性核目标实施打击的保留打击选项进行评估。我已经在附件里列出了上面已经讨论过的关于两个选项的概述。

批准＿＿＿＿＿＿　　　　　不批准＿＿＿＿＿＿

附件 A-国防部长莱尔德的文件

附件 B-与惠勒将军的会谈要点

附件 C-关于两类核打击选项的描述

附件 A

国防部长莱尔德给亨利·基辛格的函

1969 年 4 月 9 日

亲爱的亨利：

你应该能回想起我们最近同总统讨论过的，在紧急情况下美国及其盟国军事力量使用选项这件事。联合参谋人员已经准备了一份具有代表性的关于军事力量使用选项的清单，现在我把这一清单连同惠勒将军对它的评论（见随信附件）一起给您。

正如惠勒将军所指出的那样，由联合参谋人员准备的这份军事力量使用选项清单，绝对没有穷尽所有可能性。我认为这个问题太重要了，您和您的工作团队可以考虑起草一份国家安全研究备忘录（NSSM），用以推动对"次级 SIOP"（sub-SIOP）选项问题做进一步深入研究。

梅尔文·莱尔德（签名）

附件　惠勒将军的评论

惠勒将军关于军事行动选项问题致国防部长的备忘录

1. 最近，在同您和总统的讨论中，提到了在紧急情况下美国及其盟国军事力量行动的可用选项问题。附在后面的是一份由联合参谋人员准备的具有代表性的关于军事力量使用选项的清单。

2. SIOP 中本身有一些力量使用选项，这些 SIOP 选项中有一部分是可以有选择地来执行的，例如只对 ALPHA 任务（核威胁）目标实施报复性打击等。但是，SIOP 建立在几项任务和各种核打击选项相互支撑的基础之上，所以如果只是选择性地执行其中的一部分任务，会对 SIOP 的整体效果造成不利影响。例如，如果只对位于苏联北部的导弹发射阵地进行先发制人的核打击，可能会引起苏联即时的、大规模的核反应，结果会造成我国大部分核报复力量被摧毁。因此，这份军事力量使用选项清单中也包括了像使用欧洲盟军最高司令所属的核武器这样的其他核武器使用选项。在这种情况下，SIOP 就可能完好地留着用于应对灾难性的威胁。

3. 您可能还记得，在我们与总统讨论的过程中，提到过在美国支持下以色列使用军队对阿拉伯军事行动实施报复的问题，还提及对阿斯旺水坝进行攻击的问题。在准备清单过程中考虑过这样的选项，但进行评估后认为，这种行动必然会导致冲突的极度升级，它实际上可能也是一种"超杀"（overkill）反应。因此从军事上看，这样的行动选项不合理。

4. 尽管随附的军事行动选项清单明显没有包括所有可能性，但我感到它提供了一个未来可以进一步讨论的框架，它也预示着，目前在低级的突发事件到全面核战争之间存在很大的军事行动选择空间。

5. 建议您给基辛格博士提供随附文件的副本。

参谋长联席会议主席　　惠勒

关于军事行动选项清单的附件① （略）

附件 B

与惠勒将军就 SIOP 问题会面时的谈话要点

（您可以从感谢惠勒将军准备了莱尔德部长于今年春天提供给我们的关于 SIOP 的说明来开始你们的会谈。此外，您可能也要讲，尽管有一支跨机构研究小组按照 NSSM64 的要求，正在对低于全面核交战强度的核交战问题

---

① 惠勒将军备忘录后面的附件，是一个罗列了 17 种可能的军事行动选项的表格。这 17 种可能的军事行动选项，按照全面核战争、有限核战争及常规战争进行分类。每一种可能的军事行动选项包括面临的选项缺口、应用的场景或者示例、对方可能的反应、美国可能的反应，以及关于该选项的评价等。

进行研究，但您还是认为在 NSSM64 这样的框架内来讨论 SIOP 太过于敏感了。）

1. ALPHA 任务

就我对我们已经接收到的关于当前 SIOP 的简报的理解来看，我们所有的核打击选项都是从攻击苏联核力量，即执行 ALPHA 任务开始的。我还记得，我们用于执行这一任务的部队所占比例最大，达到了我们所有核力量的 58%~74%。照此看：

——我们至少在开始时是聚焦于执行 ALPHA 任务的。

——我们可以将讨论的话题进一步限制在美国先发制人的核打击上，因为关于报复性打击的讨论，前提条件是我们假设了苏联会如何攻击我们以及我们的反应速度有多快。

（惠勒将军可能要为进一步讨论这一议题提供更多细节）

（您要提出的问题）你能解释一下参联会这样来确定 ALPHA 任务的理由吗？

（可以多花点时间讨论这一问题——必要时可以在备忘录中列出论证的要点）

2. 留着暂不实施的一揽子打击任务

我理解在 SIOP 中，除了对莫斯科—北京的一揽子导弹打击外，还包括不少其他需要留着暂不实施的选项。但我唯一不太明白的是，SIOP 真正能在多大程度上提供留着暂不实施的选项：

——你能再详细地说说这些留着暂不实施的选项吗？

——我们能否额外规划一些留着暂不实施的选项，用作我们获得额外的 SIOP 次级打击选项的一条途径呢？

（可以多花点时间讨论这一问题）

3. ALPHA 任务中的次级打击选项

因此我们可能要推动扩展 SIOP 的打击选项，假如我能够提出几个 ALPHA 任务中留着暂不实施的选项，那会是十分有益的。

（您可以将关于这种选项说明的附件 C 提供给惠勒将军）

——你的联合目标规划人员能否按照这些线索提出一些 ALPHA 任务中留着暂不实施的选项呢？

4. 讨论 CHARLIE 任务——对城市—工业目标的打击

在未来的会面中，我想继续就 SIOP 问题与您进行讨论，进一步集中讨论 ALPHA 任务问题，也会谈到打击城市—工业目标的 CHARLIE 任务。我知道，我们的核力量中只有大约 11% 的部队被用于执行这一任务，而这些部队却要摧毁苏联城市—工业目标清单中 70% 的目标：

你能给我们提供关于这些打击目标的种类及数量的更多信息，以及选择打击这些目标的理由，以帮助我为未来会面讨论 CHARLIE 任务做准备吗？

附件 C　参谋长联席会议主席提交的有代表性的军事运用选项清单①

一　全面核战争

A. SIOP

1. SIOP 攻击 4C 选项，这是用于执行 ALPHA 任务（核威胁目标）、BRAVO 任务（城市之外的军事目标）、CHARLIE 任务（城市—工业目标）的报复性核打击

选项缺口：没有相应的条令；如果不进行 ALPHA、BRAVO 任务，CHARLIE 任务无法执行

应用示例：针对苏联先发制人打击做出的回应

苏联可能的反应：进行谈判终止敌对

美国/盟国可能的回应：通过谈判争取最有利的态势

评价：任何一方都不具备在不遭受毁灭的情况下继续进行核战争的能力，参联会并不认为只破坏城市而将对方核威胁完整保留下来是一种合理的选择

2. SIOP 攻击 3B 选项，这是用于执行 ALPHA、BRAVO 任务的报复性核打击

选项缺口：没有相应的条令；如果不进行 ALPHA 任务，BRAVO 任务无法执行

应用示例：针对苏联先发制人打击做出的回应（对城市的破坏最小化）

苏联可能的反应：进行谈判终止敌对

---

① 原文件中这一部分以列表方式呈现，为排版方便计，将其转变为正常文本格式。

美国/盟国可能的回应：通过谈判争取最有利的态势

评价：这一选项使对城市的破坏最小化，符合军事瞄准需求；参联会并不认为破坏军事力量而将对方核威胁完整保留下来是一种合理的选择

3. SIOP 攻击 2C 选项，这是用于执行 ALPHA、BRAVO、CHARLIE 任务的先发制人核打击

选项缺口：没有相应的条令；如果不进行 ALPHA、BRAVO 任务，CHARLIE 任务无法执行

应用示例：在接到苏联要进行全面核打击的明确预警情况下实施

苏联可能的反应：对美国及其盟国实施全面的核报复

美国/盟国可能的回应：进行谈判，以争取最有利的态势

评价：这一选项要在苏联发射核武器攻击美国及其盟友之前，对其目标实施最大限度的打击；参联会并不认为破坏其城市而将对方军事力量及核威胁力量完整保留下来是一种合理的选择

4. SIOP 攻击 2B 选项，这是用于执行 ALPHA、BRAVO 任务的先发制人核打击

选项缺口：没有相应的条令；如果不进行 ALPHA 任务，BRAVO 任务无法执行

应用示例：在接到苏联要进行全面核打击的明确预警情况下实施

苏联可能的反应：对美国及其盟国实施全面的核报复

美国/盟国可能的回应：通过谈判争取最有利的态势

评价：这一选项使对城市的破坏最小化，符合军事瞄准需求；参联会并不认为破坏军事力量而将对方核威胁完整保留下来是一种合理的选择

5. SIOP 攻击 1A 选项，这是用于执行 ALPHA 任务的先发制人核打击

选项缺口：（未解密——编者注）

应用示例：在接到苏联要进行全面核打击的明确预警情况下实施

苏联可能的反应：对美国及其盟国实施报复，城市也许能，也许不能幸免

美国/盟国可能的回应：通过谈判争取最有利的态势，或者如果城市遭袭击，则执行 BRAVO、CHARLIE 任务

评价：这一选项仅打击对方的军事核威胁目标

6. SIOP 中留着暂不实施的选择

a. 留着对方导弹不打

选项缺口：没有相应的条令；当前的计划只支持将对莫斯科—北京的一揽子导弹打击作为留着暂不实施的选项

应用示例：只有当高度肯定对方的打击严格局限于军事目标时才用于实施报复

苏联可能的反应：以保留对方部分导弹力量不打作为回应

美国/盟国可能的回应：当形势发展预示着要发展成为全面战争时才执行这一打击计划

评价：为进行谈判，要具有高水平的控制系统生存能力

b. 留着对方国家不打

选项缺口：（未解密——编者注）

应用示例：当一个国家的行为被认为对美国及其盟友而言是友好的时候

苏联可能的反应：颠覆这个国家并将这个国家作为采取进一步军事行动的基地

美国/盟国可能的回应：对原来这个留着暂时不打的国家，执行不打击军事目标的攻击选项

评价：美国的指挥和控制系统必须确保生存，以便发出执行不打击军事力量的行动选项的指令

c. 留着特定的目标不打

选项缺口：没有相应的条令；这一选项目前还没有被考虑到

应用示例：当特定目标有留下来不打的价值时

苏联可能的反应：利用这些留下来的特定目标

美国/盟国可能的回应：当特定目标的价值减小时，执行对它的打击

评价：可用于保护那些非常重要的政府机构所在地不被打击

7. 有选择地使用 SIOP 力量

a.（未解密——编者注）

选项缺口：没有相应的条令；当前还没有实践过

应用示例：当渴望使用单一核武器打击梯次配置的基地（staging bases）或者展示时

苏联可能的反应：进行短暂的全面核交火

美国/盟国可能的回应：通过谈判来使对抗降级

评价：美国的指挥和控制系统必须确保生存，以便发出执行不打军事力量的行动选项的指令

b.（未解密——编者注）

选项缺口：没有相应的条令；受季节和装备水平的影响

应用示例：战略核潜艇从北极发射导弹打击苏联位于北极的轰炸机基地

苏联可能的反应：执行"红色一体化战略作战计划"（RISOP）以反击美国

美国/盟国可能的回应：执行 SSP/SIOP

评价：苏联不能分辨出从美国发射的洲际导弹打击的类型，因为从美国发射的导弹抵近苏联的方位角都是相似的，进入苏联反导系统探测区域的导弹都比较集中。潜艇有能力进行各种不同的发射活动；在高纬度地区命中精度会降低

B. 欧洲盟军最高司令规划的核打击（SSP）

1. 全面执行 SSP 计划

选项缺口：没有相应的条令；同 SIOP 密切关联

应用示例：打击位于苏联及其卫星国的所有 SSP 规划目标

苏联可能的反应：全面打击北约成员国以及/或者美国

美国/盟国可能的回应：进行对等报复

评价：在不执行 SIOP 的情况下执行 SSP 在技术上可行，但其缺少 SIOP 的支持，实际效能低下

2. 有限使用 SSP 规划的力量来打击经过选择的苏联目标

选项缺口：没有相应的条令；同 SIOP 密切关联；缺乏相应的程序；目前还没有制定相应的计划

应用示例：打击 SSP 规划的苏联军事目标

苏联可能的反应：回击英国、关岛、联邦德国等

美国/盟国可能的回应：考虑全面执行 SSP 打击

评价：（未解密——编者注）

3. 有选择性地执行 SSP

选项缺口：（未解密——编者注）

应用示例：实施规划的打击苏联之外的国家的选项

苏联可能的反应：对位于西欧地区的北约军队实施核打击

美国/盟国可能的回应：通过谈判结束冲突或者考虑全面执行 SSP 打击计划

评价：（未解密——编者注）

4.（整体缺失——编者注）

二 有选择的核打击

A. 扩大的核武器战场运用

选项缺口：（未解密——编者注）

应用示例：发射空基战术核武器打击扩展了的作战区（苏联本土除外）内的军事目标

苏联可能的反应：正常地对位于西欧地区的盟国军队和设施实施核打击

美国/盟国可能的回应：正常地使用战术核武器打击除苏联之外的目标

评价：欧洲战略空军司令部可能会执行其认为适宜的地区优先打击方案（RPP）。北约则强调用核来对抗苏联

B. 当地作战区的核作战

选项缺口：（未解密——编者注）

应用示例：选择性地使用空中或者地面核武器以夺取在当地的主动权

苏联可能的反应：广泛地攻击盟国机场和"潘兴"导弹发射阵地

美国/盟国可能的回应：扩大战场使用核武器范围，发射空射战术核武器对敌人威胁本地区的核能力实施攻击（排除对苏联的攻击）

评价：现在北约军队的指挥和控制系统很脆弱（依据雅典指南，就核武器使用同北约进行协调是一个难题，这可能会影响使用核武器的实时性）

C. 防御使用

选项缺口：（未解密——编者注）

应用示例：使用核爆炸装置来挫败敌人的进攻锐气

苏联可能的反应：必要时使用核武器打击作战区

美国/盟国可能的回应：开始有选择地在战场或者防空作战中使用战术核武器

评价：（未解密——编者注）

D. 警示性使用

选项缺口：（未解密——编者注）

应用示例：盟国以高空爆炸方式在盟国国土作战区域前沿使用核武器

苏联可能的反应：以同样的方式展示性使用核武器且继续实施常规军事打击

美国/盟国可能的回应：北约吁请法国进行支援和干预

评价：戴高乐要求双方克制，呼吁举行首脑会晤，但法国继续保持中立

三　常规战争

A. 大国间的常规战争

1. （未解密——编者注）

选项缺口：（未解密——编者注）

应用示例：发生了与苏联的常规战争。北约无法通过常规军事方式来抑制华约军队的进攻

苏联可能的反应：华约的军队利用其军事进展继续行动

美国/盟国可能的回应：在欧洲盟军最高司令的建议下，选择性地使用核武器

评价：经过动员之后，在保证西半球安全的同时，美国仍有能力完成下面两项任务中的一项：（1）加强欧洲防务且在北约/华约之间的冲突中实施前沿防御作战，同时在东南亚地区实施防御作战且在全球其他地区（如朝鲜半岛）保持必要的军事部署；（2）在北约以外区域实施包括抗击 CPR（疑似指中国，请读者注意甄别——编者注）干预或者侵略在内的重大作战行动，同时保持在北约地区的前沿部署

2. （未解密——编者注）

选项缺口：（未解密——编者注）

应用示例：只是在海上发生的重大常规冲突

苏联可能的反应：试图将冲突限制在海上，将冲突控制在苏联能力范围内

美国/盟国可能的回应：坚持"海上冲突"概念，主要保护美国及其盟国的航运以及通信线路（LOC）；运用空中力量协助打击苏联的海军力量。尝试通过谈判结束冲突，并公开威胁要通过对苏联保障设施的核打击来升级冲突。如果上述措施不能奏效，在反潜战（ASW）中有选择地使用核武

器，紧接着将是对战争支持设施的核打击

评价：美国及其盟国依赖海上通信线路来中止冲突或者将冲突扩大到超出苏联能力所及的更大范围。因此，海上冲突控制在有限范围内对苏联而言相对有利

B. 大国侵略

1. 通过第三方代理人行为转移苏联注意力并减少其在其他地方的行动

选项缺口：在第三世界美国缺少政治杠杆

应用示例：中国民族主义代理人在符拉迪沃斯托克引爆背包炸弹/原子爆炸物，并伴随 CPR 的常规攻击

苏联可能的反应：民主德国（苏联的代理人）军队大规模地越过联邦德国边境

美国/盟国可能的回应：北约动用全部的常规军事力量，开始就有选择地使用核武器问题同相关国家进行协调

评价：美国/CPR 不存在相应的应对计划

2. 苏联增加在全世界范围内的干预

选项缺口：在第三世界缺少政治杠杆

应用示例：日本对萨哈林岛（Karafut）发动两栖进攻，并攻占位于国后岛和择捉岛上的苏联军事基地

苏联可能的反应：朝鲜入侵韩国，苏联空军轰炸位于日本北部的军事基地

美国/盟国可能的回应：美国军队联合韩国共同保卫韩国，并打击入侵韩国的军队

评价：没有哪一个日本的计划将实施这样的行动，或者知道日本有能力去实施这样的行动。进一步讲，日本的法律需要进行修改才能允许日本这样做，因为日本军队现在只是自卫力量

3. 进行意图和决心的展示

选项缺口：（未解密——编者注）

应用示例：扣压苏联/中国共产党在美国的商船和飞机

苏联可能的反应：共产主义国家采取对等行动

美国/盟国可能的回应：警告苏联及其他共产主义国家，美国有可能使用军事手段

评价：（未解密——编者注）

评 介

　　尼克松政府于 1969 年 1 月上台后，立即着手推动对美国核力量态势及核政策核战略进行审议。尼克松总统及他的国家安全事务助理基辛格认为，在美苏已经形成"恐怖核均势"的情况下，美军当时以优势核能力为基础、以大规模核打击为基本特征的单一联合作战计划已经难以满足保障美国国家安全的需要，强调美军应该重视实施小规模核打击、有限核打击，增加核打击选项的灵活性。一方面，白宫通过召开国家安全委员会会议、发布国家安全研究备忘录等方式，推动国防部、参联会等对相关问题进行研究[①]；另一方面，基辛格组织国家安全委员会内部人员对这一问题进行研究。国安会高级职员林恩给基辛格准备的这份备忘录，在一定程度上代表了美国国安会内部的这种努力，反映了基辛格对美国核力量打击计划的一些基本看法。

　　关于这份资料，应重点关注以下三点。一是它较详细地披露了美国当时使用的 SIOP 中包括的核打击选项。由于保密原因，之前相关资料中有关 SIOP 打击任务分类、打击选项等的内容往往被拉黑，并没有解密，公开的部分也往往语焉不详[②]。这份资料清楚地列出了当时美军规划实施的三种类型核打击，包括五个具体的核打击选项，是人们了解这一时期美国核打击计划的重要参考。二是它列出了参联会反对实施小规模、有限战略核打击的"六点理由"，一方面清楚地反映了美国军方反对实施小规模核打击、抵制对当时的 SIOP 原则进行修改的基本立场，另一方面有助于人们更全面地理解当时美国军方在核武器使用规划上的做法和思路。三是从其内容可以看出，基辛格是以增加"留着暂不实施的打击选项"数量作为突破口，来推动改变美国核武器运用政策的。这一点，连同上面第二点，有助于人们更好地理解尼克松政府改变核运用政策的过程为什么会那么艰难[③]。

---

① 相关内容可参看本书收录资料四十九、五十、五十二、五十五等。

② 参看本书收录资料三十。

③ 尼克松政府用了 5 年时间，才于 1974 年 1 月推出"有限选择"核运用政策。在此期间相应的政府机构、部门经历了多轮艰苦的博弈。相关情况参看紧接本资料的后面几份资料。

五十二

参谋长联席会议"有限战略核战争"研究报告[*]（1969 年 12 月）

华盛顿，未注明日期

第一卷　概述

第一部分　有限战略核战争（Limited Strategic Nuclear War）概念

A. 介绍

1. 由于本报告涉及美国战略的基本问题，因此应简要回顾核力量关系的演变（美苏核力量此消彼长的对比关系——编者注）、由此产生的战略和限制问题，以及对我国核力量的影响。

（原文此处省略了第一部分的 A.2 节，这一节概述了美苏战略关系演变历史。）

3. 当前美苏战略军事能力关系

美国和苏联在百万吨级当量战略进攻性核武器上处于均势（parity），苏联军队按照规划在未来十年要大发展，要在战略运载工具和爆炸当量方面大大超过美国。美国规划的库存战略弹头数量预计将继续超过苏联规划的数量，但这还应将苏联核武器爆炸当量更大，以及苏联用于保护其城市的弹道导弹防御系统有可能增加等因素一并考虑在内。美国采用混合核力量编组旨在确保在任何情况下都能提供保证生存的足够核力量，用于实施二次打击，摧毁苏联城市—工业基地。美国防御型战略力量的基本态势，主要是要防止美国城市—工业区免遭轰炸机袭击。苏联目前已有的和规划发展的战略防御力量超出美国数倍。在最近这次雄心勃勃的战略进攻力量大

---

[*]　"Study Prepared by the Joint Chiefs of Staff", FRUS, 1969-1976, Vol. XXXIV, National Security Policy, 1969-1972, Doc. 129, pp. 453-466.

发展中，苏联通过部署潜射弹道导弹、建造加固发射井来加强战略进攻力量的生存能力。苏联洲际弹道导弹武器的最新发展表明，他们可能正在寻求有效的对美国报复力量的第一次打击能力。总之，虽然美国具有了确保摧毁能力，但其进攻和防御力量的限制损伤能力还很有限，且有可能进一步减弱。

B. 确保摧毁

1. 可信性

在一个强调"确保摧毁"理念的战略中，威慑的基础是：用威胁立即进行大规模的对城市—工业目标的打击（countervalue），来回应苏联对美国的核攻击。进一步讲，根据美国的宣示政策（declaratory policy），苏联对欧洲的大规模核攻击会招致美国对其本土的全面核报复。

a. 在当前这样的战略力量关系下，一项以"确保摧毁"理念为主要内容的战略可能并不足以应对所有情况。虽然确保摧毁能力使苏联不太可能对美国发动大规模攻击，但它难以保证能慑止苏联对美国实施有限战略核攻击。苏联可能会发动这样一次有限战略核攻击，同时留下足够的可以摧毁美国的后备力量，因为他们相信，美国会因担心最终后果而被威慑住，不敢对苏联的有限核攻击行动做出大规模打击其城市—工业目标的反应。相对于接受苏联最初攻击所造成的新形势而言，美国紧接着采取摧毁苏联的行动可能被认为是一个更糟糕的选择。

b. "确保摧毁"作为我国战略的主要内容，其在可信性上面临的限制和局限，甚至用更高的标准来衡量，也适用于美国核战略支持盟友的可信性。例如，北约针对华约的全面常规攻击做出核反应曾经是可信的，因为它有美国威胁使用其战略核力量在后面做支撑。如果假定是"确保摧毁"战略关系，那么美国为了保护盟国而大规模使用战略核武器实施打击，就显得不合理，因为这样做会冒美国被苏联高强度摧毁的风险。那么在这些情况下，美国确保摧毁能力就不再可信。

c. 风险。苏联人有可能从变化了的战略平衡（strategic balance）中推断认为，美国在应对苏联对美国或其盟国实施的有限核攻击时，会被威慑住，不敢选择把冲突升级为战略核战争。苏联人可能还推断认为，在这样一些情况下美国宣示的"确保摧毁"政策不再可信，他们可以在常规或有限核攻击中使用武力，以可以接受的风险来达成有限的目的。

C. 有限战略核战争

1. 简介

本报告概念部分的进一步延展，是以在上述美苏战略关系中必然存在爆发有限战略核战争可能性的假设作为基础的；并进一步评估关于有限战略核战争、有限性、核力量使用约束条件、有限战略核战争目标、威慑标准，以及应当发展的攻击/反应选项等的概念和能力。

2. 有限战略核战争的概念

a. 在前面章节中讨论的战略关系演进说明，需要重新评估美国战略备选方案。虽然"确保摧毁"理念是国家军事战略的重要组成部分，但它只是整个结构中的一部分。由于过去我们的核报复能力使很多敌对行动推迟发生，因此就有一种倾向坚持将这一作用归因于国家军事战略，坚持认为其中"确保摧毁"这一部分发挥了相对于国家军事战略可能发挥的作用而言更广泛的威慑作用。对其他的可能性、选项及能力也必须进行评估。美国的战略和能力，应当能够为我们在接受由苏联蓄意发起的有限核攻击所形成的形势，或者将其升级为要执行单一联合作战计划（SIOP）的全面核战争之间做出选择提供清晰的、有一定灵活性的选项。在美苏相互威慑情况下，美国应制定以降低在低层级核战争中存在的风险和不稳定性为目标的各种选项。

b. 目标与冲突控制之间的关系。在有限战略核战争中，应当构想和实施一些用于实现包括政治目标在内的特定战略目标的攻击。设定这些目标应着眼于在实现国家安全目标的同时，阻止冲突进一步发展。美国在任何战争中都有的一个军事目标，是确保在战争结束时美国处于有利地位。在有限战略核战争中必须认识到，如果不加约束，这种使美国获取有利态势的目标可能会变成不敢自我实施升级威慑的挫败，而升级威慑则是有限战略核战争理念所隐含的另一层意思。由于这一原因，再加上下文要讨论的其他限制和制约因素，对国家指挥机构的一项压倒一切的要求，是要在有限战略核战争中对冲突实施严密控制。控制将成为有限战略核战争最主要的一个特征。

3. 有限战略核战争面临的约束

这里讨论的约束主要是指改变或者调整核战略面临的政治障碍，核战略旨在提高实施战争的能力。国家指挥机构目前达到的对冲突有效控制的能力也需要加强。

a. 国内政治约束。美国在运用其核力量实施有限战略核战争时会面临很多难题，即使是将其作为"确保摧毁"的补充也不行。为了在面对公众压力时保持稳定性，美国人需要确保这种能进行有限战略核战争的核能力有助于慑止此类冲突的爆发，且在威慑失败情况下，这种能力有助于增大在升级到全面战争之前结束冲突的可能性。为了获得这种有效的能力，需要改进战略防御，用于战略部队的军事花费要增加。这些举措有可能导致临时性的战略部队发展期延长（stretch-outs）。

b. 国际政治约束。

（1）在为有限战略核战争确定概念时，存在我们有可能错误地认为对手将采取类似战略和力量态势，且有着和我们一样的目标的风险。

（2）国际社会对此最直接的政治关切是，美国如何协调"鼓吹有能力实施有限战略核战争"与"美国限制拥有和可能使用核武器的传统政策"之间的关系。美国鼓吹有限战略核战争是可行的、必要的选择，其效果难以预测。

（3）使盟国接受这个概念也会是一个有难度的问题。他们会坚持在核打击问题上必须协商一致吗？美国在实现目标和保持控制的情况下会单方面进行核打击吗？这样一种冲突控制只有在双边参与情况下才能成功实现吗？美国的战略力量使用应该与战区核力量和战区威胁脱钩吗？美国的有限战略核战争概念与英国和法国的核力量之间是什么关系？等等。

（4）上文第（2）和（3）段中列出的那些国际政治考虑中有些超出了本研究的范围。它们似乎是在确定有限战略核战争概念的有效性过程中必须解决的问题。

c. 国家指挥当局的指挥和控制。核战争的物理效应可能严重制约国家指挥机构履行其类似于指导战略部队运用，获取实时的、精确的关于美苏战略潜力的信息等职责的能力。可靠的与对手沟通的能力将非常重要。必须准确评估对手的反应、能力和做出的选择。

4. 必须考虑的因素和约束

有一些必须考虑的因素及约束条件可能会影响部队在有限战略核战争中的运用。它们可以大致分为控制和计划这两个方面。

a. 控制。控制直接关系到将冲突限制在尽可能低的水平上这一目标。

（1）例如，在选择打击目标和所用运载工具的类型时，对手可能的和预期的反应必须作为约束条件来衡量。从这个意义上说，对指挥控制系统的攻击或对城市防御的摧毁性攻击可能导致攻击升级。对手在攻击实际源头、规模以及预期打击的目标等方面的感知能力，是一种不确定性因素。如果预警系统或者打击效果评估系统遭到饱和攻击或者由于其他原因而失去作用，那么冲突有可能会超过任何一方所期望的层级。

（2）另一个战争控制约束因素是评估毁伤情况的能力。在有限战略核战争中急需实时的情报，使国家指挥当局能够得到进行核攻击规划必不可少的一些监视信息及通信网络的支持。此外，还必须考虑到监视系统在运用上面临很多限制，例如监视对效能未降低的防御系统的突防能力，监视能覆盖所有需要掌握的目标且相应了解其细节的能力，监视在及时反应与掌握一定细节之间如何进行平衡的能力，等等。

b. 规划。

（1）为了显示决心和能力，在有限战略核战争中成功实施打击是极其重要的。这将对选择攻击的目标、打击目标、运载工具的类型，以及所用弹头数量等提出限制性要求。

（2）在冲突中武器资源的使用一定要有控制，确保在更高级别的冲突中有部队可用于实施可信的威慑，以保持确保摧毁能力基本完整，同时还要在有限战略核战争中能够达成需要马上实现的目标。如果核打击选择及有选择的核力量运用范围太宽，会引起核武器资源过度紧张，导致出现减损 SIOP 效能的可能。如果在有限战略核战争中，特别是在低层次的有限战略核战争中选择攻击的目标被包括在 SIOP 的打击范围之内，则对 SIOP 效能的减损会最小。

（3）与上述考虑相关的，是预测或评估在核交战任何一个时间节点上双方剩余战略核实力之间的相对平衡关系，以及按照战争后果来衡量的任何一方的相对战略态势的能力。对其形成制约的一个因素，是在有限战略核战争中，确定在什么样的时间节点上，如果进一步消耗军队会严重削弱战略部队剩余能力这样的一种能力。

（4）应尽量减少附带毁伤，因为对手不能预知他们的什么目标会被攻击，这可能造成诸如附带伤亡这样的意外的严重影响。这（尽量减小附带毁伤这一要求）将需要在选择运载工具和目标上有所限制，以便尽可能精确地达到预期效果。

（5）对打击精度和每一次打击的成功概率的特殊要求，是对核力量规
划的额外的约束。

5. 军队在有限战略核战争中的影响

在控制、攻击精度和打击成功概率等方面的约束性要求表明，用于实
施有限战略核战争的最佳能力，需要有超越现有战略力量标准的理念和能
力。这似乎需要美国在可用的军事力量方面具有优势，例如要在能够生存
且能够在各种核打击选项中采取行动的军事力量上占有优势。这将需要有
各种不同的部队、武器和相关的指挥和控制系统，可用于实施有控制的、
有选择性的和有区别的攻击。

D. 有限战略核战争的目标

1. 上述讨论表明，有限战略核战争的一个重要特征是军事行动与政治
目标之间密切联系。军事行动的进展将由外交和政治事件来决定，其有效
性与盟国在其中发挥的作用、国内外舆论以及国家目标等有关。这些行动
需要把军事计划、军事行动同政治、外交方面的努力协调起来，共同实现
一系列远比严格意义上的军事目标更广泛的目标。这些协调一致的行动必
须设法减少对手在危机中能感知到的国家利益同其承担的风险及可能的损
失之比。与此同时，它们还必须能增加对手对美国利益"底线"（depth）
的认识，增加对美国使用军事力量承诺的认识。在可能的情况下，它们必
须努力得到美国国内和国际社会的支持，强化通过这种方式向对手施加压
力。它们必须寻求其他国家为美国提供重要的军事支持，同时防止其他国
家为对手提供同样的支持。它们必须向对手强调其面对美国行动时的脆弱
性，强调继续对抗下去只会对其越来越不利。它们必须在发出准备限制行
动规模和准备以合理条件结束冲突的信号过程中，让对手知道美国希望其
做什么。最后，它们必须考虑有限战略核战争对美国作为世界强国的长期
影响。

2. 实现这些目标意味着，在军事方面需要通过有区别地和有控制地使
用武力，来传递我方明确的要求和意图，以精准达成特定效果，即反映和
支持国家当局目标的效果。

3. 从广义上说，军事目标将是：阻止对美国的有限战略核攻击；如果
威慑失败，对此类攻击实施防御，并通过有限战略核攻击进行回应，以支

持达成政治目标并保持相对优势；限制对美国及其盟国的毁伤，在尽可能低的层次上、在有利于美国的条件下结束敌对行动。

E. 有限战略核战争中的威慑

1. 引言

a. 迄今为止，我们的重点一直放在美国总体战略在不断变化的世界战略关系中必须做出什么样的反应，以及在那一更大框架内需要我们增强的核能力发挥什么样的作用等问题上。那么问题就来了：应该如何建设这样一种能力呢？如果要满足我们这些需要，美国的核政策应该以什么方式进行调整呢？这些都为在有限战略核战争背景下的威慑提出了新的标准。

b. 全面战争已经被大规模核攻击带来的对美国或苏联整个国土的大面积毁伤的前景威慑住了。衡量这种攻击有效性的标准及威慑有效的基础，是摧毁对方的城市—工业基础。威慑被视为攻击前（preinitiation）的初始状态，同威慑承诺执行后的情况几乎没有什么关系。然而，对有限战略核战争而言，在冲突之前和冲突期间应考虑影响威慑的各种因素。

2. 威慑准则（deterrence criteria）

a. 通过施加单一的或混合的足以使其攻击的预期后果对其不利的影响，可以阻止苏联对美国进行有限战略核攻击。这些威慑影响因素可分为以下几类。

（1）减少其攻击动机的举措。美国可以采取的一项措施是，避免让苏联面临这样一种局势，即在这一局势中有限战略核攻击似乎是适宜的，可以成为其实现某些目标的手段。与此相关的一个举措是，应当避免使我们的力量态势及部署被苏联人视为极端的威胁或显得特别脆弱。

（2）防御产生的军事影响。反潜、反导和防空，依据其规模、效能和部署的范围等，会剥夺苏联在有限战略核攻击中取得成功的可能，或限制其成功的可能，或者使苏联在是否真的能实现其特定目标上产生极大的不确定性。根据攻击规模的不同，苏联可能会希望通过损失大量核投送工具在一定程度上确保达成其攻击目标。如果实现这一目标所需的兵力相对于整体战略资源或潜在收益而言被认为不成比例、过于庞大，那么苏联领导人可能会被慑止住，不敢发动这样的攻击。对轰炸机和导弹的有效防御似乎对于击败有限核攻击而言特别适合，因为这样的防御不会因在全面核战争中可能存在的那种条件而变得复杂，或者效能被削弱。虽然那样的防御不太可能阻止苏联对某些目标的攻击，但这些防御能够为那些具有最大政治或军事意义的目标提供优先保护。使对方意识到攻击这些目标的难度很大，要付出很高代价，将有助于慑止苏联的攻击。

（3）进攻的军事影响。进攻能力以人们最熟悉的方式——威胁实施能给对方造成不可承受的毁伤的报复——构成了威慑的基础。对方的这种损伤可能由对城市—工业目标的打击造成，也可能由直接对军事力量的打击造成。威胁使对方遭受军事上的损失，增加了威慑有效性，例如，幸存下来的军事力量有可能与攻击方的力量保持平衡，这对侵略者不利；军事力量的损失对国家独立和生存具有至关重要的作用。最后，防御方有可能通过实施报复来攻击对方军事目标，这可能减少侵略者留下来的进攻力量，这些进攻力量原本足以防止对方达成其未来的目标，或者足以使对方在实现其未来目标上产生极大的不确定性。此外，高生存性的进攻系统不仅有助于威慑，而且会极大地降低对方实施以削弱美国报复能力为目标的小型攻击的动机和可能性。对所有强度核攻击的最普遍适用的威慑，是可能导致某种形式的进攻性报复，且有升级为全面战争的风险。发动攻击所寻求的任何好处都将远远低于由此造成的损失。

（4）其他的军事影响。鉴于对立双方战略力量在总的数量上大体相等，要慑止有限核攻击，美国必须通过对现有系统进行技术改进，而从长远来看要通过发展更先进的武器系统，来占据进攻力量质量上的优势。苏联领导人若预先知道了美军在各种有限核作战中占有质量优势，很可能会被慑止住，不发动有限攻击。

b. 威慑准则概要。上述讨论表明，以下关于战略、军队发展和军队态势的准则将有助于慑止有限战略核攻击或以解除对手武装为目的的攻击，美国因此应做到：

（1）保持在进攻和防御能力上的质量优势，使苏联领导人相信，美军将比苏军更有效，在任何有限核冲突中实现目标的效率更高。

（2）维持指挥和控制系统，以便在有限战略核战争中有控制地、灵活地使用部队，并减小非受控升级的可能性。

（3）使苏联领导人清楚地知道，任何有限核攻击都会导致美国使用其战略力量做出反应，这将使苏联处于相对不利的态势。

（4）避免过度强调我方力量组成、态势和部署，防止让苏联人误以为我们是瞄准第一次打击来的，防止使我们的力量在有限战略核作战中显得很脆弱。

（5）军队的数量和质量要能够使苏联无论如何都不能确定地认为，对美国或其盟国实施有限战略核攻击会出现对苏联有利的结果。

3. 稳定性

a. 苏联很有可能要发展用于有限战略核战争的能力。这就给我们提出了一个问题，即是否任何核能力发展都会破坏战略稳定。双方做出的保证及相关的主张都不能解答这一问题。

b. 主要力量的改进、提高会被认为是破坏稳定的，但提高指挥和控制能力不在此列。

c. 苏联的核力量发展表明他们要提升其打击军事目标能力，而美国的防御能力，以及意在限制美国所受损失的打击军事目标的能力都很有限。美苏核能力上的这种非对等性不断加剧，正在破坏战略稳定。美国发展可用于在有限战略核战争中实施一系列不同核打击的能力，可能有助于抵消这种不对等。

d. 美国被置于使苏联"解除武装式打击"（disarming attack）极有可能取得成功、美国难以做出可信反应、美国被迫接受苏联强加的条件等的不利境地，是不可接受的。通过保持适当的力量态势，采取措施减少我国核力量在面对苏联"解除武装式打击"时的脆弱性，就可最大限度地降低美国处于这种不利态势的可能性。

F. 攻击/反应选项

1. 攻击层次的战略意义

a. 是否使用核部队会被视为衡量攻击层次的一种标准。但这样一种衡量标准会误导人们以为，决定打击什么目标是衡量攻击程度最重要的因素。

b. 进一步讲，当某一层次的军事效果已经达到极限时，使用核武器极有可能取得决定性的结果。几乎不可能在较低的冲突层次上考虑使用核武器，这样使用可能是一种资源浪费。在有限战略核战争中选择打击哪些目标，以及确立打击要达成什么目的时，军事力量使用上的经济性就是重要的军事考量因素。

c. 因为战争的最终目标是政治性的，所以通过攻击来展示决心或警告对方，可能算作一种战略选择。然而，本研究在这些方面并没有进行详细分析，因为它们既不可度量，在决定美国能力发展方面也不具有军事意义。

d. 有时需要进行一些小规模核攻击，以在自己遭受损失、吃了亏的情况下能获得一些补偿。相反，如果通过使用大量核武器来回应小规模攻击，攻击者承受着被误解进而导致冲突升级的风险。这种升级风险是将攻击保持在较低水平的主要理由。

e. 将攻击限制在使用少量核武器上，同时保持将攻击推向更高层次的能力，这是一个重要目标。因此，有限战略核战争暗含一种逐步使用核力量打核战争（war-fighting）的战略。由于美国的战略进攻力量和相应的指挥控制系统是按照实施大规模攻击的要求来设计的，逐步使用核力量则对部队指挥与控制的持久性提出了额外的要求。

f. 出于务实的考虑，美国最大限度的威慑将依靠能够扛得住（absorb）包括苏联"解除武装式打击"在内的各种有限战略核打击，并能用于对苏联实施包括"解除武装式打击"在内的各种有限战略核打击的美国核能力。因此，这项分析强调要有主要打击军事目标的攻击/反应选项，主要强调具有重大军事意义的对军事目标的核攻击。

2. 针对军事目标的打击（counterforce strikes）

a. 本部分所讨论的针对军事目标的打击，指的是对直接构成核威胁的目标——主要是战略进攻性武器系统，包括相应的控制系统及核武器储备库——所进行的攻击。

b. 在先前关于"确保摧毁"可信性的讨论中提到过，苏联针对我国军事目标的大规模攻击可能难以被慑止。苏联力量发展规划将证明，苏联正朝着发展针对军事目标的第一次打击能力的方向迈进，这会使苏联在核交战中取得对其有利的打击收益率。在美国的战略规划中，必须考虑苏联通过在一定层次上发动针对军事目标的攻击，有可能为其赢得对美国的战略优势这样一种因素。

c. 为了实现美国对苏联针对军事目标的打击能有效做出回应的目标，进行回应的方式应该是适当的。我们也应该通过打击对方的军事目标做出回应，因为我们的回应不应造成非军事人员的严重伤亡和非军事资源的严重破坏。造成这样的非军事损失可能会强化对手的决心，增大冲突升级为全面战争的风险。正因为如此，针对军事目标的打击相比于针对城市—工业目标的大规模攻击，在政治上可能更容易接受，因而在有限战略核战争中是一种很可信的反应选择。

3. 针对其他军事目标（other military targets）的核打击

其他军事目标包括除战略核力量、其控制系统及核武器储存库以外的所有军事资产。应在尽可能考虑了政治目标、打击军事目标和打击城市—工业目标有可能相互矛盾的情况下，来打击其他军事目标。在某些情况下，打击其他军事目标本身可能就有价值。如果美国在打击对方军事目标或者其城市—工业目标中无法占得便宜，则应考虑通过将其他军事目标作为合适的攻击目标来获得或保持相对优势。

4. 针对城市—工业目标的打击（countervalue strike）

a. 针对城市—工业目标实施攻击是有限战略核战争的一个选项。攻击一定的战争支撑资源，同时尽量减少附带伤亡，会使对手付出高昂代价，可在一定程度上防止冲突升级。然而，在有限战略核战争中，把城市—工业设施作为可攻击的目标并不可取，因为这会导致长期的政治和心理效应，有可能导致冲突升级。

b. 由上述观点可以看出，本研究没有将有可能导致大量平民伤亡的对城市—工业目标的攻击看作合适的、可能的选择。

（此处省略了 32 页，包括第二部分"信息、决策和控制"、第三部分"规划发展的部队能力"以及第四部分"需要提高的部队能力"。）

第五部分　重大发现及观察结论

A. 重大发现

1. 用于威慑和反应的能力

整个 20 世纪 70 年代，美国慑止或应对有限战略核战争的能力会变得越来越不可信。总的来说，获得相对优势的军事目标将难以实现，美国将难以控制冲突升级或强力迫使冲突结束。美国的威慑能力同我们做出反应的能力直接相关。此外，美国指挥和控制系统的结构并不是为了及时、灵活地应对大规模有限战略核攻击而设计的。

2. 进行有限战略核战争的能力

美国有很好的执行预先规划的攻击的能力，但没有足够的在多轮交战中有控制地使用部队的能力。这种能力上的不足是实施这种类型战争面临的主要限制因素。

3. 指挥和控制系统的生存能力

面对核攻击时的脆弱性是我们在指挥和控制系统能力上面临的主要问

题。现有的指挥和控制系统是为实施预先攻击、支持实施 SIOP 而设计的，不能指望这些系统在有限战略核战争的多轮核交战中继续有效发挥作用。

4. 信息

收集、使用及时的、准确的和可靠的情报，对于成功实施有限战略核战争至关重要。必须及时了解目标的状态及所处位置。除了更常见的预先打击所需要的情报外，有选择地、高效地使用部队，需要持续地对美国和苏联的核打击毁伤效果进行评估。

5. 打击目标目录

存在一些经过选择的苏联和美国的目标名录，打击这些目标会造成相对较少的平民伤亡。可以对打击目标进行选择，通过打击这些目标来实现政治或军事目的。

6. 防御

目前苏联对美国有防御优势。弹道导弹防御和防空系统能够对有限战略核战争产生重要影响，对选择最合适的手段用于攻击特定目标会产生重大影响。除了能限制自己遭受的伤害外，防御还需要自己的进攻达到一定强度，以确保达成防御的期望目标。对防御体系目标实施大规模攻击易于造成误解，带来反应升级的风险。如果美国的战略防御力量包括由相互补充、相互支持的各种防御系统组成的混合体，则美国的战略地位可能得到改善。

7. 戒备率

处于警戒状态的轰炸机和潜艇易于阻止对方通过发起针对军事目标的核攻击而获得决定性优势。这些处于警戒状态的部队的生存能力有助于保持危机稳定，并有助于保持确保摧毁能力，从而降低爆发战争的可能性。在持续的时期内提高戒备部队与非警戒部队之比，余地很小，比较困难。

8. 使用轰炸机摧毁硬目标

在我们的导弹部队中，无论是当前的导弹再入系统，还是计划发展的导弹再入系统，都没有达到可以用于有效摧毁硬目标的命中精度—当量之间的最佳搭配。可以飞抵目标的轰炸机是目前我们的战略武器库中最有效的 "硬目标终结者"（hard target killer）。我们现役的和规划发展的由轰炸机携带的核武器，命中精度较低但爆炸当量很高，用于打击诸如核武器储存库、导弹发射井等目标时非常有效。在有些情况下，一些像导弹发射井这样的时间敏感目标，可能不适于使用轰炸机来打击。

9. 机动概念

机动部队易于阻止对方通过发起针对军事目标的核攻击而获得决定性优势。这些部队具有一定的对"解除武装式打击"的免疫力，可增强战略稳定性，提高部队的能力。

10. 部队的改进

通过提高部队数量和质量，可增强其在有限战略核战争中的能力。进一步增强部队能力，特别是指挥和控制能力，能用于完成重新赋予的打击任务，或者对新的目标系统实施打击的任务。

B. 观察结论

1. 发起攻击后可能的优势

在最初发起的"解除武装式打击"的末尾，被攻击一方有可能推断得出结论说，它仍然保持着相对于进攻方而言更为强大的进攻力量。在这种情况下，有可能会看到这样一个场景，即被攻击一方会从克制自己不对敌人做出反应，尝试与敌方谈判来结束战争中，察觉到自己在相对实力对比上占有优势。

2. 总统权力机构的生存能力

虽然可生存的指挥中心对总统权力机构而言也是适用的，但关于确保总统权力机构生存性的诸多难题，必须在最高优先级上加以解决。

第六部分　需要决策的问题

A. 基本问题

NSSM-64[①] 为本研究确定了两个基本问题。第一个问题是，根据美国和苏联当前的和规划发展的战略力量之间的平衡态势，确定有限战略核战争概念是否合理、有效。第二个问题是，美国是否应该为实施有限战略核战争发展可信的能力。

B. 有限战略核战争概念的合理性

1. 考虑的问题

a. 在就有限战略核战争概念是否合理进行辩论时，有一些问题应该考虑，包括：

---

① 1969 年 7 月 8 日，基辛格给国防部长莱尔德发出第 64 号国家安全研究备忘录（NSSM64），研究的主题是美国的战略能力。

（1）有什么证据表明，苏联可能考虑将有限战略核战争作为一种可行的选择？

（2）如果美国发展了这样一种用于实施有限战略核战争的能力，这将对 SIOP 的可信性及确保摧毁能力产生什么影响？

（3）这种用于实施有限战略核战争的能力能否被对手发展类似的战略和能力所抵消？

（4）我们发展这种能力对我们的盟国和其他核大国会产生什么影响？

（5）如果这一概念被认为合理，那么同我国其他发展项目联系起来看，与此相关的财政影响是什么？

（6）如果这一概念不可信，那么如何以令人信服的方式让苏联人知道这样的事实？

b. 在处理这一概念是否合理的问题时，既有选择接受的，也有选择拒绝的。不管是哪一种选择，都面临风险。

2. 拒绝这一概念的风险

拒绝有限战略核战争概念所固有的一些风险包括：

a. 苏联可能会发展这种能力。这将为他们在使用核武器方面提供一系列美国无法与之匹敌的选择。如果他们选择进行大规模有限攻击，美国随后会面临以下必须马上实施的行动：通过执行 SIOP 进行回应；协商解决问题；什么也不做。如果他们进行小规模的攻击，美国还可以通过临时性地选择使用核武器或其他武器来做出应对。所有这些选择都可能无法妥善应对这样的局面。

b. 以低于全面核战争的水平使用核武器来解决危机的大门可能会关闭。

3. 接受这一概念的风险

接受有限战略核战争概念并发展相应的能力的风险在于，采取这些行动可能：

a. 鼓励苏联加快发展其战略核武器；

b. 降低我国确保摧毁能力的可信性；

c. 证明成本太高而无法获得支持；

d. 被理解为鼓励使用核武器；

e. 被一些较小的拥核国家作为它们可以使用核武器的证据；

f. 在一些危机情势下易于造成不稳定；

g. 更易于通过在持续冲突中的渐进升级步骤使冲突最终升级为全面战争。

C. 发展相应的能力

1. 可采取的行动

a. 如果当前认为这一概念既不合理也无必要，那么就没有理由来制定一个包括这一概念及相应能力发展在内的战略。

b. 如果这一概念被认为合理但不必要，则存在发展或不发展这样一种能力的选择。

c. 如果这一概念被认为既合理又必要，就应该发展实施有限战略核战争所需要的能力。

2. 能力发展指南

如果要发展用于实施有限战略核战争的能力，就需要有适当的战略指导。通过修改现有的战略充足性标准，可以为完善现有战略和发展这一能力提供基础。以下似乎可以用作额外的合适的指导。

a. 将原来的第四条改为："部署防御系统，以协助慑止有限战略核攻击，或在威慑失败的情况下，将此类攻击以及意外发射造成的伤害控制在较低水平。"

b. 增加第五条和第六条：

（1）第五条："保持能够在威慑失败情况下，确保我国获得相对有利的结果的能力（这意味着要具有能够在战争发起阶段、战争实施阶段和战争结束阶段，在人员死亡、工业能力受损、剩余军事资产及综合军事目标系统损毁等方面形成对我国相对有利的比例的能力）。"

（2）第六条："保持在有限战略核战争中能够持续地、有控制地使用力量所需要的部队，以及能支持实现这一目的的指挥和控制系统。"

艾康　译

评　介

尼克松政府正式上台之初，尼克松和基辛格在国安会会议等场合多次强调，苏联最有可能对美国发动规模有限的核攻击，表达了对如何应对低于全面战争规模的有限战略核战争问题的极大关切。[①] 1969 年 7 月，基辛格签发给国防部长一份国家安全研究备忘录（NSSM64），要求研究美军用于慑止和应对苏联发起的低于全面战争或者毁灭式核攻击规模的有限核打击的战略能力。[②] 美军参谋长联席会议按照要求，对相关问题进行了研究，于当年 11 月向国防部长提交了长篇研究报告。本资料只截取了原报告的一部分内容。

报告承认在美苏新的战略力量关系下，美国以"确保摧毁"理念为主的战略难以应对很多情况，威慑可信性令人怀疑，有可能招致苏联的有限核打击，存在美苏之间爆发有限战略核战争的可能。

报告从多个维度入手，深入研究了有限战略核战争相关问题，包括有限战略核战争的相关概念、美国实施这一类型核战争面临的各种制约因素、有限战略核战争的目标、它与核威慑的关系、在这类核战争中可能的攻击层次和攻击选项等；结合美军实际，报告提出了实施有限战略核战争的 10 点结论或者建议，最后提出了在有限战略核战争问题上，需要从整体上做出决定的重大问题，即接受还是不接受有限战略核战争概念，美军准备还是不准备打有限战略核战争。

报告虽然看似公允地分析了有限战略核战争的利和弊，但明显表现出不支持、不赞同实施这种类型核战争的倾向。报告在对有限战略核战争做出详细分析之后，仍然明确提出了这一概念的合理性问题；虽然拒绝和接受这一概念都有风险，但报告显然认为，接受这一概念面临的风险要多得多、大得多，至少从报告列出的在两种情况下（接受或者拒绝这一概念）面临的风险的数量之比（7∶2）可以看出来。此外，报告还认为，美军当时不具备应对和实施有限战略核战争的能力，而且整个 70 年代都很难具备这种能力，认为美军如果要发展这种能力将面临很大困难。这等于从实践角度否定了实施有限战略核战争的可行性、可能性。

尼克松政府一上台，白宫方面立即表现出对美军已有核瞄准政策、核打击计划的不满，开始推动以增加核力量运用灵活性、实施和应对有限核打击为基本方向的美国核力量运用政策的调整，但遭到了美军高层的坚决

---

①　一般认为，尼克松在这个问题上明显受到了基辛格的影响。

②　关于这份备忘录（NSSM64）的详细内容可参阅"National Security Study Memorandum 64"，FRUS，1969-1976，Vol. XXXIV，National Security Policy，1969-1972，Doc. 41。

抵制。在这种背景下出台的这份报告，比较准确地反映了当时五角大楼同白宫在核政策核战略问题上的主要分歧和矛盾所在。这种分歧和矛盾在1974年之前一直存在，是影响这一阶段美国核政策核战略发展进程的重要因素。

五十三

总统国家安全事务助理(基辛格)就"国防部长的提议"致总统尼克松的备忘录[*]（1970 年 11 月 25 日）

1970 年 11 月 25 日，华盛顿

主题：关于国防部长莱尔德的提议

国防部长莱尔德向您提交了他"对我们寻求用于实施您的 70 年代为了和平的外交政策和战略所应遵循的基本方法的看法"的报告①。（他的书面报告附在这份备忘录后。）

国防部长的概念性方法

莱尔德部长将我们的"基本防御目标"定义为：

——将美国的部分安全负担转移给我们的盟友。

——发展盟国军队，重视地区防御安排。

——将国防预算占国民生产总值的比例从 9% 削减到 7%，并发展一支由志愿人员组成的军队。

国防部长认为如果我们采用新的国防规划原理，就可以做到这一点。根据他的理论，我们会：

——基于部队的威慑能力而非作战能力（warfighting capability）来设计部队。这意味着我们将依靠核武器来慑止类似于由华沙条约组织的部队带

---

* "Memorandum from the President's Assistant for National Security Affairs (Kissinger) to President Nixon", FRUS, 1969 – 1976, Vol. XXXIV, National Security Policy, 1969 – 1972, Doc. 162, pp. 453 – 466.

① 莱尔德提交的报告的名称为"为了和平的战略——'现实威慑'国家安全战略"。该报告具体内容参看本书收录资料五十四。

来的大规模常规威胁①。如果我们采取这一战略，大批美军可以从欧洲撤出。

——在亚洲、拉丁美洲和非洲依靠"尼克松主义"（Nixon Doctrine），通过提供军事援助来强化当地的友好部队，以应对可能的威胁。国防部长希望日本在亚洲发挥更大的安全作用。然而，无论日本做什么，国防部长都不认为美国应该在日本维持地面部队来应对他认为不太可能的中国威胁。如果日本自己的部队不能阻止中国的进攻，美国将依靠海军和空军来实施岛屿防御战略。

国防部长关于军队态势的建议

国防部长的概念性方法使他提出在 20 世纪 70 年代我们的军队态势应做如下重大变化：

——美国将在欧洲维持 10 万～15 万人的军队，而目前授权在欧洲部署的是 32.3 万人。

——美国将从韩国撤回额外的一些美军部队。②

——除顾问外，所有美军都将在 1972 年年中之前从越南撤出，而 1971 年 7 月 1 日之后您不会再做出任何在那里重新部署部队的决定。③

——"卫兵"（Safeguard）反导系统部署地点将从目前计划的 12 个降至 4 个。

——我们的航母将从 15 艘减少到 12 艘。

另外，我们目前大部分的部队发展规划将不做改变。例如：

——我们将继续保持约 1050（实际上是 1054——编者注）枚陆基导弹和 41 艘导弹潜艇的核态势。B-1 轰炸机和水下发射远程导弹系统（ULMS）将得到改进。

——我们将继续维持 14～16 个地面作战师和 33～36 个战术空军联队。

我的观点

我对国防部长提出的战略持严重怀疑态度。

（1）威慑对实战（Warfighting）

国防部长认为，我们目前以作战能力为基础来规划我们一般任务部队

---

① 尼克松在这一句话下面画了线，并在旁边空白处批注：这不可信。
② 尼克松在前面这两点下面画了线，并在每一点下面的空白处批注：不是现在。
③ 尼克松在这一句话下面画了线，并在旁边空白处批注：空中力量不能离开。

的政策是错误的。他主张我们应该建立威慑力量。

这是严重的概念错误。任何力量，无论是核的还是非核的，其威慑价值不能明显超出其实战能力。①

部队设计的关键在于让潜在对手相信这些部队具有实战能力。我们不能用学说和华丽的辞藻来替代一支能够让我们的敌人相信通过攻击无法达到其目的的军队。

国防部长似乎认为，建立具有实战能力的部队增加了发生冲突的可能性，因为敌人知道我们具有特定的能力。但实际情况恰恰相反。如果我们有实战能力，敌人就会被存在我们用它来击败其攻击的可能性所威慑住。如果我们没有这样的能力，且我们又不能将我们能力上的不足隐藏起来不让敌人知道，那敌人就会知道我们不能应付他们的进攻。这样一来，我们的行动将变得可预测，由于他们的能力会超过我们，因此他们的侵略会变得更加可能，而不是可能性更小。

因此，实战和威慑本质上是一回事。

（2）莱尔德部长的国家安全方法 VS 军事方法

莱尔德部长对以下情况做了区分：

——一种依靠核武器建立起更强大的抑制侵略的因素的国家安全方法。

——一种通过设计部队来应对各种威胁，但并不特别强调我们可能通过首先使用核武器来对可能的冲突施加降级压力的军事方法。

这种区分存在的问题实际上回到了上面说的实战与威慑问题上。北约就是一个典型的例子。

如果将他的方法用于北约，莱尔德部长认为，如果我们使用核力量而不是常规力量来阻止大规模常规攻击，会强化我们的军队的威慑价值。我们要采取"安全的方法"而不是寻求通过设计部队来应对常规攻击的"军事的方法"。

但最近国家安全委员会关于北约的会议表明，只有当你愿意冒核战争的风险，且我们的核实战能力和升级核冲突的意愿都超过对方时，使用核武器的规划在北约才能发挥出增强我们的威慑的作用。正如在国家安全委员会会议上所指出的那样，如果苏联有确保摧毁能力，那我们这样一种政

---

① 原文件中这一段话改变了字体，用于突出强调这是基辛格的主要观点。尼克松在这一句话下面画了线，并在旁边空白处批注：我同意这一观点。

策的可行性就值得怀疑。你如果拒绝了"军事的方法"，假如华约发动了大规模攻击，留给你的只有两种选择：（1）放弃欧洲；（2）升级到对苏联目标实施核攻击。

总而言之，国防部长莱尔德的国家安全方法建议北约采用大规模报复战略，而防御（或实战）的方法则更倾向于实施：

——我们目前的短时间的常规防御选项，以及

——可能需要通过在战场上使用核武器来迟滞敌人的大规模攻击（我们的灵活反应选项）。

（3）我关于国家安全框架的看法

我关于国家安全战略的看法包含了一系列同莱尔德部长不同的观点。一个真正的国家安全战略应该包括我们的外交态势、我们的经济援助和贸易政策、我们的文化和教育项目，以及我们的军事态势。

如果所有这些工具被融合成一个整体，我们将为国家安全建立一个相比于仅靠武力来保证的国家安全更为广泛和更持久的基础。这里必须有一个整体设计。然后，我们的盟友和朋友的政策将强化我们的利益，那么留给我们潜在敌人的选择就最小化了。

莱尔德部长的国家安全概念没有充分重视我们在亚洲和欧洲的政策立场。[①] 在不与我们的盟友共同制定出相应计划的情况下，就突然改变我们在这些地区的部队态势，会搅乱世界关键地区的政治平衡。

在国家安全框架内考虑国防部长的提议需要审查以下内容：

——我们的北约盟国对撤出 10 万～15 万美军会做何反应。[②]

——从韩国撤离更多美国驻军，韩国会做何反应。

——1972 年年中前美国从东南亚撤出全部作战部队的军事和政治影响是什么。

——日本对提议的从亚洲撤军会做何反应。完全可以想象，我们的行为会刺激日本去发展核武器。

这些问题弄清楚了，才能清楚地理解国防部长的建议可能产生什么样的后果。如您所知，美国国务院对莱尔德部长观点背后的许多政治假设都持坚定的支持立场。其他人则对他关于像日本这样的国家会如何使用其武

---

① 尼克松在这句话下面画了线。
② 尼克松在这四点下面画了线。

力和影响力的观点提出质疑。我们在考虑国防部长关于军队的建议的同时，
需要对这些问题进行审查。

国防部长做出的贡献

虽然国防部长的建议需要在我们的总体安全框架内加以彻底审查，但
他还是提出了很多非常现实的问题，包括：

——在保卫北约方面，我们确实承担了比例过大的责任。我们那里的
盟友确实有能力改善他们的军队，如果他们这样做了，最终可能会使我们
能够大幅减少在那里的驻军。

——我们确实必须在我们自己部队的设计和战备方面做出重大改进，
这将使我们能够更好地应付可能在中东和拉丁美洲出现的紧急情况。

——我们可能需要重新考虑维持美国军队以应对中国对东南亚大陆的
全面常规攻击的合理性。

您可以做出的回应

我认为您应该利用莱尔德部长的主动性，让他帮助拿出一份关于他的
提议及其他有价值的关注点的更深入全面的意见。文件 A 是一份供您签署
的给莱尔德部长的备忘录，这份备忘录用于获得他在这项工作上的合作。

给您的建议

您签署附件 A 中的备忘录。①

李旭飞　译

评　介

1970 年 2 月尼克松总统发表了他总统任上的第一份外交政策演讲，阐
述了他的施政基本思路。基于这一政策思路，国防部长莱尔德提出了安全
和国防领域的"现实威慑"战略。基辛格在这一篇备忘录中，提出了他在
相关问题上不同于莱尔德的看法。

基辛格与莱尔德的分歧主要集中在两个问题上，一是美国应该基于威
慑能力还是基于实战能力来设计军队。莱尔德提出应基于威慑目的、威慑

---

① 原文件没有列出这一附件。

需要，而不是基于实战能力来设计美军。基辛格则强调，威慑与实战本质上是一回事，实战能力是威慑有效的基础，必须通过发展实战能力来强化威慑，必须发展军队的实战能力。二是美国应主要依靠核武器来应对侵略威胁，还是主要依靠常规力量而将核武器作为补充。莱尔德强调前者，而基辛格则倾向于后者。

核武器是不是必须具有进行核实战的能力才能真正发挥威慑作用（同常规军事力量一样），以及核武器对常规军事威胁有没有威慑作用，或者威慑作用有多大，这两个问题从核武器诞生起就存在，且它们有各自完整的逻辑及庞大的拥护群。人们在这些问题上之所以出现明显的意见分歧，关键是看问题的角度、强调的重点不一样。进一步讲，这种不同认知产生的根源，是对核武器性质的定位的不同，即把核武器看成革命性的、与传统武器存在本质差异的武器，还是将其看作除了威力更大之外，与传统常规武器并无二致的特殊武器。正是基于这种不同的定位，产生了核战略的不同流派，导致人们对很多核问题有明显不同的看法。这份资料列出的基辛格与莱尔德的意见分歧，根源也在于此。

五十四

总统尼克松的外交政策报告*（摘编）

1970 年："以和平为目的的新战略"①

适用于整个 70 年代的美国政策

从一上任开始我就断定，这个建立在以美国的克制来寻找对方克制（restraint to invite restraint）原则基础上，需要具备可靠生存的二次打击能力的"确保摧毁"战略学说，应当依据苏联持续增强的战略能力，进行仔细审议。由于苏联正在持续推进其野心勃勃的核武器发展项目，我们不得不提出一些基本问题。一场核战争为什么会爆发或者被用于要挟他人？顺着这个思路，美国实施有效威慑需要具备怎样的核能力呢？

简言之，我们找到了可以最准确地表述为"充足"的战略目标。

我们的审议充分考虑了两个之前不曾存在的因素。

第一，苏联当前的战略力量建设，同我们知道的他们发展和试验的其他项目一道，给我们提出了他们核力量发展的意图何在，以及我们及我们的盟友会因此面临什么样的潜在威胁等一系列严肃的问题。我们必须清醒地、现实地对待这些问题。

第二，美苏双方不断增强的核力量催生了新的、令人不安的问题。遭到敌方核攻击时，总统在明知那样决策将导致美国平民接下来会遭到大屠杀的情况下，他难道还只能有下令大规模毁灭敌国平民这么一种选择吗？

　＊　1970~1973 年，尼克松每一年都会在国会发表一次关于外交政策的演讲，用于阐述其总体国家安全政策，本资料特摘录其中部分内容。参见 Richard Nixon，"US Foreign Policy for the 1970s"，Philip Bobbitt，Lawrence Freedman，Gregory F. Treverton，eds.，*US Nuclear Strategy*：*A Reader*，The Macmillan Press Ltd，1989，pp. 387–405。

　①　摘自尼克松 1970 年 2 月 18 日给国会的报告，报告标题是"A New Strategy for Peace"。

"确保摧毁"的概念是否限定得太死了？确保摧毁是否应该是衡量慑止我们面临的各种威胁所需要的能力时的唯一尺度呢？

我们通过审议达成了共识，我们的核态势所要达成的压倒一切的目标是政治性的和防御性的，即：绝不允许其他国家因为具有核军事优势而把他们的意愿强加到美国及美国盟友的头上。我们必须确保使所有潜在的侵略者明白无误地知晓，不论是发动核进攻还是实施核讹诈，抑或是采取如苏联常规进攻欧洲那样的有可能升级至核大战的其他行动，他们都要面临难以承受的风险。

顺着这一思路，我们最重要的任务是确定用于评价我们应对预想的威胁所需的战略核力量充足的标准是什么。这一标准对于评价可能同苏联达成的限制战略武器协议的合理性也是需要的，这使得确定这样一种标准显得更加重要。

我们政府内部在战略充足的四个标准上已经形成了一致意见。这四个标准代表了认识上的重大进步。这四个标准既满足充足的要求，也满足灵活性的要求。我们将依据技术的发展变化不断对这些标准进行审议。

对核力量进行规划

解决了战略目标和战略充足的标准问题，我们分析了在 70 年代和更长时期内可能的美国战略核力量态势。我们审查了从"最低限度威慑"到通过加速在海外部署美国战略核力量重新获得数量优势的各种选择，其中最低限度威慑是围绕弹道导弹核潜艇建立起来的核力量态势，是"确保摧毁"学说的狭义解释。

我们得出的基本结论是，显著减少或者显著增加我们的战略核力量项目和部署，将给我们造成不利的结果。

急剧缩减核力量可能使我们难以达到充足的标准，可能激发苏联做出对立的反应。如果美国单方面退出核军备竞争，苏联有可能会很好地利用这一机会加快他们的核发展，形成相对于我们的明显战略优势。苏联当前战略武器发展和部署的速度和广度，已经明显超出了维持最低限度威慑所需要的水平，他们形成战略优势并非不可能。但矛盾的是，这样会打消苏联同我们达成军备限制协议的任何动机，反过来会引起我们的盟友的严重关切。对我们的北约盟友来说，尤其如此。我们的北约盟友认为美国做出的慑止苏联对他们的侵略的承诺，主要是建立在我们保持强大核态势基础上的。

反过来，急剧增加核力量不会给我们带来任何明显的政治上或者军事上的好处。很多人相信，（我们如果这样做了）苏联会采取相应的行动来抵消我们的行动，至少会部分抵消我们的行动，而且苏联的政治立场可能会进一步强硬，美苏紧张关系会加剧，美苏达成限制战略武器协议的前景将不可挽回地遭到破坏。

最终我们在面临这些极端情况时必须怎么做，当然取决于很多因素。苏联会继续扩充其战略核力量吗？他们的核力量构成会是怎样的？我们在限制战略武器问题上会达成什么样的共识？限制战略武器协议可能包括哪些核武器系统？

我知道，塑造我们核态势的决策可能是我们面临的最复杂、最攸关国家前途命运的决策。对这些问题的回答将极大地决定我们是否将被迫强化核力量部署以抵消苏联对我们实施有效足够威慑所构成的威胁，决定我们和苏联是否能一起从对抗时代转向协商时代，决定美苏是否可以共同将实施负责任的、非刺激性的以充足为基础的核军控政策作为双方可以共享的目标，决定双方是否要展开新一轮军备竞赛。

1971 年：为和平而建①

引言

总统的首要责任是保障美国安全。由于认识到了我们所处时代的危险性，以及建设现代化国防所需要付出的巨大代价，美国人民和国家允许总统动用巨大的资源来履行其责任。但是每一届美国政府在履行国家安全的职责上，都极大地依赖于其前任的相关决策。

在国家安全问题上，每一任总统都是链条中的一环。每一届政府都继承着已有的力量。之前政府的长期投资规定了短期内军事力量变化的程度。

我深知，我在国防政策方面的决策将极大地影响我的继任者所能用于维护国家安全的能力的大小。我很清楚我不能确切地知道，只能部分地意识到我的继任者将不得不面对的危机。因此，我要打造这个链条上的强大一环。

---

① 　摘自尼克松 1971 年 2 月 25 日给国会的报告，报告标题为 "Building for Peace"。

我们已经习惯了通过国家安全委员会系统来强化国防规划程序。我们已经对在当前国内和国际政治与经济背景下国防领域的难题进行了考察和研究。这些研究为我们评估国家优先事项提供了基点。

我们确定的优先事项必须能反映我们国内最紧迫的问题。这一点我们做到了。1972 财年我们全部的国防开支，包括用于越南（战争）的开支，在国民生产总值及联邦总预算中的占比比 1950 年以来的任何一年都要低。

但你们需要清楚的是，国防发展项目并没有做出很大的调整。每一项调整的幅度也不是一样大。在确定国家安全事项上如果认识不到这一点就是错误的，而且是根本性的错误。这里存在一个绝对的点，我们的安全力量绝不能低于这个点。这就是能力水平充足。超出或者保持在这个水平上，我们的国防力量就可以充分保证国家安全。低于这个水平，就是一个巨大的无差别的根本没有安全可言的区域。因此充足并不是针对国家间冲突而言的，我们用于国家间冲突的力量已经足够了。

我们当前的安全开支水平足以提供保护我们核心利益所必要的防务力量。这一点必须要保证。

核政策与核力量

包括进攻和防御力量在内的战略力量，是我们的安全的基石。

- 核力量主要慑止针对我国和我国盟友的核攻击。

- 我国核力量面对的是一个企图实施低于全面战争核攻击的侵略者，这会导致不可接受的升级风险。

- 我国核力量对于保持稳定的政治环境至关重要，在这样的政治环境中，对美国及其盟友的入侵或者强制的威胁可以被限制到最低程度。

我们的核力量数量必须是足够的，效能必须是足够的，并且其部署要能够达到这样的效果，即能够使侵略者在任何时候都清楚地知道，他们对我们的核攻击必定会使他们遭受无法承受的核报复毁伤后果。我们的核力量不能弱于其他国家，这显得非常重要。因此，我将致力于使我们的核力量变得强大，同时通过谈判方式来寻求同苏联之间的稳定的战略关系。这两者之间并不矛盾，它们实际上是相互补充的。

战略平衡

去年，我围绕 70 年代新的核政策进行了报告。通过对变化了的核关系进行评估发现，我们面对着如下现实：

- 一直到 60 年代末，我们的核力量都能给我们提供明显的优势。

- 但是在 60 年代后期，这种核力量平衡被打破了。当我们的核力量保持在原有水平上时，苏联却在大力发展强大的、先进的核力量，这些力量在数量和能力上已经接近，有些方面甚至已经超过了我国核力量。

从任何一个标准来看，我们都认为苏联战略核力量的规模已经超过了其实施威慑需要的水平。比数量增长更重要的是，苏联选择发展和部署的核力量的性质已经发生了变化。这些力量，特别是携带重型多弹头的 SS-9 洲际导弹，如果继续发展和部署到足够的数量，将非常适合用于对我们的陆基威慑力量实施先发核打击。苏联核力量这样的设计和发展将不可避免地使我们的未来面临极大的威胁，使我们目前能够满足安全需要的战略力量的充足性面临挑战。特别是：

苏联现在只是在寻求一种报复能力，因而会在战略武器发展上进行有意义的限制，还是将追求一种能够攻击或者破坏我们的报复能力关键要素的核力量，因而需要我们相应做出反应，发展额外的核军备，从而与其进行另一轮军备竞赛呢？

在过去的一年，对这些问题并没有明确的答案。但可以清楚的是，苏联在过去一年里还在继续显著增强其核能力（见下表）。

美国和苏联实战部署的弹道导弹数量

单位：枚

	1965 年	1969 年底	1970 年底
洲际弹道导弹			
美国	934	1054	1054
苏联	224	1109	1440
潜射弹道导弹			
美国	464	656	656
苏联	107	240	350

到 70 年代中期，我们判断苏联将会建成一支弹道导弹核潜艇数量同我们一样多的部队。此外，苏联持续显著提升其核武器性能。这些变化包括发展其新的、改进型的、与"民兵"导弹处于同一个级别的 SS-11 导弹，继续试验多弹头，研究和试验反导系统，提高防空系统等。

另一个不确定性因素是中国掌握了核武器。中国持续发展战略弹道导

弹。到 70 年代末期，中国有望掌握实战可用的洲际弹道导弹，能够打到
美国。

另外，苏联在过去几个月里，似乎放慢了其陆基战略导弹发射装置部
署的速度。这种变化意味着什么，现在还不清楚。苏联可能是要进行自我
限制。苏联领导人可能和我们一样，已经认识到：已经部署的洲际导弹数
量已经足以满足需要了。这种放缓速度也可能只是暂时的，随后会有新型
导弹部署。这种延迟部署可能意味着苏联正准备显著提高其核武器质量，
譬如使用新的核弹头或者新的制导系统。最终，这种放缓速度也可能预示
着会有一种全新的导弹系统要部署。

我们将继续密切关注苏联的核武器部署。如果苏联真的在核发展上进
行自我克制，我们会对此表示欢迎，并将这一因素纳入我们自己的规划中。
如果这只是为新的更激烈的核军备竞赛做准备，那么我们也将做出相应的
反应。

"战略充足"学说

正如我去年所解释的，我们的防务政策一直是保持"战略充足"。"充
足"的概念不只是以存在争议的计算，以及关于一场战争可能如何爆发及
如何实施的可能场景的假设作为基础。它从一定意义上讲可以说是一个政
治概念，涉及对现在的及可以预见的军事环境是否危及我国法定的和我们
渴望的国家利益所做出的判断。

需要特别指出的是，"充足"有两个方面的含义。从狭义的军事视角
看，"充足"意味着有足够的军事力量能够对潜在侵略者造成一定程度的毁
伤，这样的毁伤足以慑止他们发动进攻。只依靠被那些不太关注保护我们
自己军队的人经常建议实施的"预警发射"战略，将使我们如同生活在悬
崖边缘一样，丧失我们希望保持的灵活性。

从广义的政治视角看，"充足"意味着保持一支足以保护我们自己及我
们的盟友免遭胁迫的军队。因此，我们的核力量同苏联核力量之间的关系，
必须达到我们用于保护我们核心安全利益的能力及决心不会被低估的程度。
我，包括我的继任者，一定不能将自己局限到把实施对敌人平民的无差别
毁伤作为应对挑战唯一反应的地步。当我们的这种反应可能招致我们自己
的平民也遭受毁伤时，更是如此。而我们的军力规划只是以有限的和理论
上能给对方造成不可接受的毁伤作为基础，这同"充足"的政治含义也不

符合。

　　但是"充足"也意味着我们的军队的数量、性能及部署，要达到使苏联难以从中解读出其可以通过进攻来解除我们武装的程度。我们在战略核发展项目及限制战略武器谈判（SALT）提议中所反映出来的我们的目标，就是要保持一种平衡，并因此减少核战争爆发的可能性。在我们所能够单方面决定的范围内，我们要寻求消除那些昂贵的、浪费的以及危险的核武器部署需要。

　　防御性是它的本质，决定实施"战略充足"而不是战略优势这样一种政策，并不代表我们不容许我们的利益受侵害的决心有任何的松动。"充足"学说更是代表着对我们面临的与核力量有关的变化了的环境的一种清醒认知。美国和苏联现在已经到了在核力量数量上任何小的优势几乎没有什么军事意义的地步。而努力去保持巨大的优势则会刺激军备竞赛，这最终将证明是毫无价值的。美苏双方几乎可以确定会投入必要的资源来保持这种平衡。我们已经精心选择去"裁剪"我们的核政策，以适应这些现实。但我们也在其他军事力量领域采取措施，以防止我们与苏联在这些领域出现差距。

　　我们希望苏联和我们一样认识到这些现实，希望他们的核力量扩建能够停止。认为我们对对方那些威胁到战略平衡的核武器数量和质量方面的进展不做出反应，那是没有道理的。

　　为了推行我们的政策，我们在国家安全委员会框架内已经开始了很多评估，以进一步深化我们对维持"充足"所需要的战略关系、核武器数量及其类型等的认识。这些持续的研究十分重要，因为即使是核武器数量保持稳定不变，相对的战略关系也会因为核武器现代化和技术进步，以及作战使用概念的不同而发生变化。因此在过去这一年，我们已经特别审查了我们的核力量的三个方面的问题，这三个方面对于"充足"的概念都至关重要，分别是我们现有核力量的生存性、灵活性及混合性（mix）。

　　生存性。我们的核力量必须达到这样的状态，即能够让苏联知道，即使他们对我们实施一次全面的突然袭击，他们仍然将遭受不可承受的损失和代价。我们的核报复力量的生存性因此是至关重要的。没有生存能力，苏联在未来的一些危机中，可能会尝试发动先发制人打击，或者认为通过施加军事或者政治压力，我们会被有效地威慑住。

我们的核报复力量的生存性可以通过以下不同方式得到保证：

- 通过增加进攻性力量，确保有足够数量的部队在敌人突袭中能生存下来。

- 利用我们的防空和反导力量对我们的洲际导弹部队及轰炸机部队进行防护。

- 加固我们已有的导弹发射井。

- 增加核部队中机动力量部分所占的比重。

- 为导弹配备分导式多弹头，使每一枚生存下来的导弹能够攻击尽可能多的目标，且不会被单一反导拦截器所拦截。

为了提高我们的核力量生存能力，我们已经精心采用了一些专门为展示我们的防御意图而设计的措施。例如，由于扩大我们的进攻性力量规模会加剧苏联的危机感，且有导致新军备竞赛的风险，我们已经用加固导弹发射井及部署导弹防御系统等方法来取而代之。我们部署分导式多弹头导弹也是出于这样的目的。分导式多弹头并不是将弹头数量、精度及爆炸当量等进行整合来威胁苏联的陆基洲际导弹。

通过我们已经实施的导弹发展项目，目前我们的大部分核报复力量在遭受打击时是安全的，在不远的将来也会是安全的。但是，苏联持续发展导弹，提高其命中精度，特别是发展携带高精度的分导弹式多弹头的重型SS-9导弹，会对我们核力量的陆基部分生存构成威胁。我们对此将持续密切关注。作为最高的优先级，我们将采取对保持报复性力量可靠生存能力而言必要的任何举措。

灵活性——我们可以有效做出反应。我们已经审议了我们关于对各种危机情况做出反应的概念。我们必须确保拥有相应的力量及运用程序，使我们能够有与受到挑衅的性质和程度相适应的各种选择。这意味着我们要有能够使我们做出选择及适当反应，且不必借助于大规模毁灭反应的计划和相应的指挥控制能力。

混合性。多年来我们一直保持三种类型的核力量：陆基洲际导弹、轰炸机和弹道导弹核潜艇。这三种类型核力量中的任何一种用于回应对方的第一次核打击时，都能给对方造成极高的毁伤。它们结合在一起，毫无疑问具有造成不可承受的毁伤的能力。混合性概念利用了每一类投送系统独特的优势。这提供了应对因敌人技术重大突破，或者我们不可预见的行动失败所带来的挑战的能力，使敌方对我国实施打击的规划变得更加复杂。这种组合使敌方长远规划其核力量发展进程及构成变得更加复杂。这三种类型核力量中如果有一种的有效性和生存性被削弱，那么苏联就可能有选择地集中其资源用来削弱另外两种类型核力量的有效性和生存性。这将使我们面临严肃的新的抉择，我们因此将依据威胁及技术的变化，持续对我们的核力量态势进行评估，确保我们能实现核力量组合最优化，以满足"充足"的要求。

在对核力量的"充足"性进行评估的同时，我们正在持续同苏联进行限制战略武器谈判，寻求达成关于战略平衡的协议。在这份报告的其他部分，我将详细报告这些谈判的进展情况。

满足"充足"标准的核力量

去年，我宣布我们将保持已有核力量，几乎不做什么调整。我们做出这样的宣示原因在于：（略）①

在过去这一年里，我们继续实行有意克制的政策。我们在核力量建设上取得了如下进展：

● 我们开始通过加固"民兵"导弹发射井来提高"民兵"导弹力量的生存能力，减小其在核打击面前的脆弱性；我们也继续部署"卫兵"反导系统以保护我们的"民兵"导弹。

● 我们给一些战略导弹配备了分导式多弹头。这一行为有助于增加战略稳定性，因为这有助于确保我们具有可信的报复能力。我们未来的核武器库中如果没有这样一种武器系统，苏联对我国战略核力量发动先发制人核打击的可能性，再加上苏联强大的导弹防御能力，将使未来我们的核报复力量中是否有足够数量的核武器穿透对方防御网成为问题。有了分导式多弹头，我们每一枚生存下来的导弹将有能力打击对方多个目标，从而增强我们穿透对方防御网的能力。

我们认为，在苏联核力量规模扩大、性能提高的情况下，这些举措对于保持我们核力量的"充足"性要求是至关重要的。

为了确保我们的核力量未来仍然是足够的，我们将继续研究和发展相关的手段和武器系统，以提升我们的战略进攻和战略防御力量的有效性和

---

① 原文件引用了上一年外交政策报告关于快速裁减和急剧增加会造成的负面影响的阐述，故这里略去。

生存性。

为了照顾限制战略武器谈判，我们极大地克制我们的行为，尽量不改变我们的核力量态势。我们将避免采取可能增大美苏达成战略稳定协议困难的行为。同时，如果协议近期不能达成，我们必须做好采取必要措施使我们的战略力量保持"充足"的准备。

弹道导弹防御

在我宣布"卫兵"反导项目时，我承诺"在这一反导系统部署的每一个阶段都将进行审查，以确保我们正在做的只达到应对现有威胁所必需的程度，保证其不超出需要"。我们的国防项目审查委员会（Defense Program Review Committee，DPRC）① 刚刚完成关于"卫兵"系统对限制战略武器谈判的影响、我们的核政策、苏联核能力的变化、中国战略力量发展等的详细审查。得出的结论如下：

● 苏联虽然看上去放慢了其导弹系统数量增长速度，但证据还很不清晰。同样不能确定的是，即使苏联保持其目前的核力量规模，未来这些武器性能的提高就一定不会危及我们陆基洲际导弹力量。

● 在美苏对限制双方进攻性与防御性力量没有共识的情况下，苏联核武器可能的性能提升及数量增长，对我国陆基导弹力量构成了严重威胁。

● 对方核攻击也有可能直接瞄着我们的国家指挥当局，这会严重威胁到我们依据攻击的不同性质、规模和来源地进行适当反应的能力。

● 我们还一直面临有可能发生意外事故的困扰。

● 最后，在 70 年代末，中国将具备威胁我们部分人口中心的能力。

核形势的这些变化使我相信，我们最初做出采取必要步骤来部署"卫兵"反导系统的决策是明智的。我相信我们目前必须继续规划推进我们的"卫兵"反导项目。

同时，我们已经就限制防御性和进攻性战略武器问题积极同苏联展开磋商。对反弹道导弹系统进行限制对于达成限制战略武器谈判协议而言十分重要。在我们关于"卫兵"反导系统的规划中，已经考虑了这一因素。

去年国会批准了四个"卫兵"反导系统部署阵地上不同级别的工作，

---

① 国防项目审查委员会是尼克松于 1969 年 10 月下令成立的一个决策审议机构，由总统国家安全事务助理担任主席。所有依据国家安全研究备忘录完成的研究成果及相关建议，在提交给国家安全委员会审议之前，须先由国防项目审查委员会进行审议。

这些阵地最初是设计用来保护我们的"民兵"导弹的。

我将继续推动一个能够为我们在进行限制战略武器谈判时提供最大灵活性的"卫兵"反导项目。我们没有做任何可能对在限制战略武器谈判中达成任何协议有妨碍的事。我们下一年的特定发展规划将由国防部长来宣布。

同时，我们还没有从苏联方面听到对他们目前保持这么高的洲际导弹部署水平的清楚的解释，也没有得到他们有关会继续放慢发展速度的保证。此外，苏联已经在追求核武器质量提升，这会威胁到我们的报复性核力量。基于世界发生的所有这些变化，我们还不能确保通过限制战略武器谈判能达成限制核发展的目的。但正是基于有达成这一目标的这样一种可能性，我认为，继续使我们的反导项目最小化十分重要。

我们的战略核力量构成了我国安全的基石。我们将保持这些核力量有足够的规模和质量，以实现我们的威慑目的。在我们企图保持确保我们的威慑有效所必需的任何核力量的同时，我们也努力寻求任何合理的谈判途径，这有可能使我们结束核军备竞赛。而这一核军备竞赛对于美苏任何一方实现真正的安全，都毫无益处。

1972 年：正浮现出来的和平架构①

我们必须用比以往任何时候更多的资源来追求和平，同时我们在保持我们的国防方面也必须比以往更加坚决。尽管在 70 年代很多事情都正在发生变化，但有一点没有变，那就是美国的强大是和平框架中的决定性因素。

——1971 年 5 月 29 日在美国军事学院的演讲

核时代军事力量由很多要素组成，战略核力量是最重要的。战略核力量是对针对美国或者其盟友的核攻击的主要威慑；能迫使侵略者考虑到不可接受的升级风险，对发动低于全面攻击水平的攻击持谨慎态度；能减少对美国或者其盟友实施胁迫或者强迫的可能性。

---

①　摘自尼克松 1972 年 2 月 9 日给国会的报告，报告标题为 "The Emerging Structure of Peace"。

本届政府一上台，美国在历史上首次面临在战略力量上同苏联大体均衡的态势。当苏联大力发展其核力量时，美国却在差不多四年时间内将其战略核武器发射架数量维持在既定的水平上。

对正在出现的美苏战略平衡可能生产的影响进行评估是一项重要任务。除了简单地将苏联和美国核力量的相对数量及能力相加外，我们还应该思考如下更多的问题：

达成战略均势是增加还是减少了爆发核战争的可能性？

苏联持续推进其战略核力量发展能否给他们带来政治优势？

我们的对手的新的核能力到底是什么？其核力量使用及核学说未来发展趋势是否很清楚？他们有什么别的战略选择？

只有对这些问题进行研究，我们才可能在美国核力量规模、构成等问题上做出合理的决策，才能对未来美国可能接受的核态势做出评估。

决定我国核力量规模及质量的一个重要因素是发展一种关于在70年代背景下使用这些核力量的学说。在50年代当美国具有近乎垄断的战略核力量时，人们认为通过全面的大规模反应的学说能够达到威慑目的。

在60年代早期当苏联战略能力发展了之后，做出更加灵活的反应被认为是必要的。能够有选择地破坏敌人的军事力量成为重点，同时通过留着不打对方的城市目标来防止对方打击我们的城市。

在上一届政府时期，苏联战略力量规模和种类进一步增加，使得在苏联对我国实施第一次核打击后，我们摧毁苏联战略进攻力量的难度增大了。早期的战略学说看上去不再可信，"确保摧毁"学说开始广为接受。照此战略概念，即使在我们的核力量遭到全面核打击之后，我们只要仍然能够摧毁对方一定规模的人口和工业能力，那么威慑就被认为是能够实现的。按照这一理论，只要我方保有足够确保生存的核力量，对方的战略力量发展则无关紧要。

在审视了各种与战略力量相关的概念后，我决定我们的核力量应以"战略充足"学说为基础。这一学说考虑了政治因素及相对于"确保摧毁"概念而言更多的军事因素。（此处有省略）

"战略充足"要求不管发生怎样的技术变化，核力量在数量和质量上都要达到足以维持稳定的战略平衡的水平。美国和苏联的战略能力已经达到了我们可以不用因为害怕数量上少于对方而迫使自己进行核发展的程度。

但我们不能允许苏联在进攻和防御力量上对我们占有明显数量优势。

我们的核力量必须足以使苏联明白，即使对美国进行一次全面的核突袭，它也不会严重破坏我们的核报复能力。我们的核力量必须能够灵活运用。简单的"确保摧毁"学说并不能满足当前灵活性更强的战略选择的需要。没有哪一个总统会使自己处于只能有一种选择的境地，特别是当这种选择还是要下令对敌人的人口和工厂进行大规模摧毁的时候。面对一系列我们难以回避的政治—军事困境，我们的核政策不应当把摧毁对方的城市和工业，造成令对方难以接受的损失作为唯一的依据。我们必须有能力针对不同的形势做出相应的反应。对这个问题将继续研究。

1973 年：营造持久的和平[①]

在采取必要举措保持我方核力量充足的同时，我们正在为限制军备竞赛寻找合理的基础。这两个方面对确保有一个更稳定的和平框架的国防而言十分重要。

核政策

慑止战争爆发是我们的核政策的首要目标，也是我们的核力量的主要职能。因此，我们的目标仍然是：

- 慑止针对美国或其盟国的全面核攻击。
- 使任何潜在侵略者因为面临不可接受的升级的风险，而不敢轻易发动低于全面战争水平的攻击。
- 保持稳定的政治环境，在这样的环境中美国或者美国盟友面临的被侵略或者被胁迫的威胁最小化。

核力量是我国军事态势的核心构成部分，我国的安全及我国盟友的安全极度依赖核力量。

我们的战略目标没有变化，可我们所处的军事战略环境已发生了巨大变化。美国和苏联之间大致的核均势现在已经是一种战略现实，且已经在核军备控制协议中得到确认。但一些技术上的进步有可能破坏这种平衡。基于此，我们将依据潜在敌人在核领域的进展情况，继续对我们的核政策及核发展项目是否足以适应新形势进行评估。

[①]　摘自尼克松 1973 年 5 月 3 日给国会的报告，报告标题为"Shaping a Durable Peace"。

（此处有省略）

我们必须现在就规划发展我们的核力量，使其足以应对下一个十年可能的潜在威胁。我们必须在未来形势不确定、技术加速发展的背景下发展我们的核能力。

在 60 年代，导弹相对不够精确，也都是单弹头。现在导弹精确性明显提高，且携带可独立瞄准的多弹头。在当前形势下，再用百万吨当量标准来衡量破坏能力，会误导人们关于核力量充足性的理解。核武器系统的质量以及它们的生存能力对充足性起决定性作用。

1972 年达成的限制战略武器谈判协议，迟滞了苏联战略进攻力量数量快速增加的势头。但在当前限制战略武器谈判协议的限制下，战略核力量现代化还可继续进行。因此，我们必须精心评估苏联提高其战略核能力的行为，必须相应地采取措施推进我们自己的核现代化。

• 苏联正在发展至少三种新型洲际弹道导弹：一种是新的、非常大的、能力超过了 SS-9 的导弹，SS-9 是目前苏联最大的实战部署导弹；一种是稍小一点的洲际弹道导弹，有可能是 SS-11 的后续型号；还有一种固体燃料推进的洲际导弹，可能用于替代 SS-13 或者是发展机动打击能力。[①]

• 这些新型导弹可能携带分导式多弹头，其精度提高，使我国陆基导弹面临更大的生存脆弱性，因此会破坏当前的战略稳定。

• 已经开始部署一种新型可水下发射的射程 4000 英里导弹的核潜艇。

苏联在反弹道导弹方面的研究和发展没有减弱的迹象。

如果苏联目前的这种趋势继续下去，我们却不采取补救措施，那么当前我们赖以确保在敌方攻击中生存下来并用于对敌实施报复的核力量将面临更大的脆弱性。未来一个时期我们会面临在危机时发动核战争对对方更为有利的这样一种形势。这会是一种不稳定且危险的战略关系。这样的战略形势对我们而言是不可接受的。

在 60 年代后期，美国战略核力量的有效性主要用"确保摧毁"这样一个标准来衡量。这个概念假设，只要确保在美国遭到大规模打击后，美国能进行报复且能够给实施攻击者的人口和工业造成其难以接受的损失，威

---

① 这里指的是苏联于 70 年代中期装备的 SS-17、SS-18、SS-19 和 SS-16 等型号导弹。其中 SS-18 是苏联最大型的洲际导弹，SS-19 是 SS-11 的后续型号，SS-16 是三级固体燃料公路机动型导弹。

慑就是有效的。

70 年代，战略学说必须满足不同的标准。美国能做出令对方不可接受的反应是威慑有效的关键，毁伤对方数以千万计的平民不再是能应对任何挑战唯一的或者必需的最为有效的威慑。这样一种剧烈的反应只有在应对危及国家生存的最严重威胁时，才具有可信性。此外，按照杀伤对方人员数量来衡量我们战略力量的有效性，不符合美国的价值观。

70 年代在潜在对手掌握规模很大且灵活性更高的核力量时，美国需要制定新的战略学说。威胁对对方城市实施全面核攻击，可能不再像在 60 年代那样，是可信的威慑。在不太可能发生核战争的情况下，一个侵略者可能会选择有选择地去使用核武器，用有限的核武器打击有限的目标。美国总统不应该使自己处于面对这样的一种侵略只有用全面核打击来做出反应的境地。为了应对种类更多的可能的敌对行动，总统必须有更多的应对选择。

70 年代的可信威慑需要更大的灵活性。

● 我方缺少灵活性将诱使侵略者在危机中以有限的方式使用核武器。如果美国能够用可控的方式使用核力量，美国可能的核反应将有更高的可信性，从而使威慑更有效，对手率先使用核武器的可能性也会更小。

● 因此，为了使核威慑能够用于应对更多的紧急场景，我们必须确保我们的核力量能够用于实施多种类型的核打击。

● 如果战争爆发了（我们无法绝对保证战争一定不会爆发），我们应当有办法使对手相信进一步侵略对其不利，以防止战争升级。

使我们的核力量在使用上更加灵活，并不需要我们的核力量发展有很大的变化。我国军事力量的主要目标仍然是威慑。潜在侵略者必须明白，美国仍将有决心、有能力采取行动来应对任何侵略。

评　介

从 1970 年到 1973 年，尼克松每一年都向美国国会做关于美国国家政策的报告，阐述美国在国家安全问题上的政策立场。这些报告是外界了解和掌握这一时期美国国家安全政策的重要窗口。这份资料节选了尼克松这几份报告中与核政策、核力量相关的内容。

　　尼克松这四份关于国家安全政策的报告，基本上围绕美国如何应对苏联战略实力已经赶上美国，甚至可能超过美国这一新的形势来展开。尼克松政府认为，新形势下原有的以"确保摧毁"为核心的美国核政策核战略已经难以有效应对美国面临的安全威胁和挑战，使总统陷入"在明知那样决策会导致美国平民紧接着遭到大屠杀的情况下，只有下令大规模毁灭敌国平民这一种选择"的难以接受的境地。他提出的应对策略是建设"战略充足"的核力量。在报告中，尼克松用大量篇幅来阐述"战略充足"的含义，强调"战略充足"不是要谋取对苏联的战略优势，而是防止苏联获得对美国的明显核战略优势；要求在新形势下美国战略核力量不仅要足以慑止苏联发动大规模核打击，还必须能够威慑苏联可能发动的低于全面战争的有限攻击，要能够针对各种不同情况做出相应的反应；强调美国核力量的生存性、灵活性和混合性。报告虽然认为与苏联就核军备控制达成协议是实现美国安全战略目标的重要途径，但显然将其置于从属位置，没有指望它发挥主要作用。

五十五

国家安全委员会高级审议组关于"亚洲核政策与中国"会议的记录*（1971 年 3 月 12 日）

华盛顿，1971 年 3 月 12 日，下午 3：08—4：40

主题：亚洲核政策（NSSM-69）和中国（NSSM-106）①

与会人员：

高级审议组主席：亨利·基辛格

国务院：助理国务卿约翰·欧文、亚历克西斯·约翰逊、马歇尔·格林、小詹姆斯·威尔逊、瑞森·加特莱特、莱斯利·布朗

国防部：国防部副部长戴维·帕卡德、阿姆斯特德·塞尔登、保罗·默里上校

中央情报局：罗伯特·库什曼中将、布鲁斯·克拉克

参议院联席会议：威廉·威斯特摩兰将军②、阿德里安·圣约翰将军、福斯特·史密斯将军、梅尔文·约翰苏德上校

美国新闻署：弗兰克·莎士比亚

军备控制与裁军署：菲利普·法利、约翰·李海军中将

国家安全委员会工作人员：韦恩·史密斯、约翰·霍德里奇、理查德·肯尼迪上校、约翰·考特、基思·古思里

结论摘要：

高级审议组一致认为：

＊　"Minutes of Senior Review Group Meeting", FRUS, 1969-1976, Vol. XXXIV, National Securi-ty Policy, 1969-1972, Doc. 181, pp. 739-748.

①　NSSM-69 是 1969 年 7 月 14 日基辛格以国家安全委员会名义发布的以"美国在亚洲的核政策"为主题的国家安全研究备忘录；NSSM-106 是 1970 年 11 月 19 日发布的以"美国对中国的政策"为主题的国家安全研究备忘录。

②　时任美国陆军参谋长，曾长期担任美军对越南军援司令部司令。

1. 亚洲核政策。将成立一个工作组来修订和扩展包含在 NSSM-69 研究①中的以下几个方面的内容。

a. 对未来十年中国威胁的预测。中国核武器可能以什么样的速度增长？这将如何影响美中核平衡以及对中国使用核武器的可行性？应该考虑对中国哪些类型的常规威胁进行制约，以阻碍中国动用其全部武装力量对付邻国？

b. 美国的战略选择。美国应该在多大程度上依赖战略力量（核力量）来应对中国的常规攻击？需要依赖战术核力量吗？使用战术核武器对付中国会在多大程度上意味着要使用战略核力量？对中国使用战略核力量对执行单一联合作战计划的能力会产生怎样的影响？

c. 军力水平。美国实施战略核打击选项需要什么样特定水平的军事力量？需要什么样水平的一般任务部队、战术核力量及其他相关力量？

d. 储存战术核武器。在前沿基地储存战术核武器的威慑价值何在？哪些政治因素会影响我们在特定国家部署战术核武器？

2. 美国在台湾的军力水平。美国国防部将提供有关驻台美军的以下信息。

a. 分为两类：第一类是保卫东南亚需要的部队，第二类是维持东南亚防务的部队。

b. 为部署上述第二类部队可能的替代安排。

c. 已经计划了的对驻台美军的裁减。

高级审议组认为没必要增加美国在台湾的作战或非作战部队人员。

（这里略去了会议关于中国在联合国的代表权以及可能达成的关于中国宣布放弃在台湾海峡使用武力协议等结论）。

基辛格：今天我们有两个主题要讨论——美国的亚洲核政策和对中国的政策。对美国的亚洲核政策的研究，已经有差不多一年时间了，主要是国防部在牵头。它对这一主题进行了很有意思的分析，但是由于不同机构之间存在分歧，这一分析没有提出相应的政策建议。我想看看我是否能把

---

① 由来自美国国务院、国防部、中央情报局、参联会代表组成的跨部门研究小组按照 NS-SM69 的要求于 1970 年 5 月 14 日完成了一份 69 页的报告，报告包括影响美国在亚洲的核政策的因素、使用美国战略核能力对付中国的可能选项、美国在太平洋地区的战略核能力、美国在亚洲的力量态势及安排选项、核打击可信性、核扩散问题、通信需求、需要决策的事项等几部分内容。1970 年 6 月 30 日基辛格收到了这份报告。

这些问题分组，以便我们能知道哪些问题需要我们来解决，以及我们要往
哪个方向去努力。这里涉及三个不同的问题。第一个问题是我们需要在多
大程度上依靠战略核力量来抵御中国常规威胁。这受两个因素的影响：一
是我们对中国战略力量增长的评估，二是我们在使用战略核力量抵抗中国
常规攻击时应采取的战略。第二个问题是我们需要在多大程度上依靠战术
核武器来对付中国的常规攻击。这就提出了战术核武器使用方式、将战术
核武器部署在哪里以及部署多少等问题。第三个问题是，针对可预见的中
国威胁，我们应该在太平洋地区保持什么样的一般任务部队态势。

　　这是我从已经进行的研究中提炼出的三个问题。这样总结适当吧？

　　帕卡德：是的。我们首先要认识到的是，我们在中国问题上面临与苏
联不一样的难题。由于我们和苏联之间存在核均势（nuclear parity），我们
决定更多地依赖常规力量。但现在，我们与中国不存在核均势关系。我们
在战略力量上居于优势，无论我们的武器在技术上是否叫战略武器或战术
武器。

　　基辛格：我认为这种区别（战略核武器与战术核武器的区别——编者
注）是模糊的。

　　帕卡德：此外，我们不太可能用常规部队去应对中国的攻击。这表明，
我们有更多的理由考虑如何在亚洲使用我们的核力量。我们的核力量可用
于威慑，用于可能的先发制人攻击，或用于对付中国的常规攻击。

　　基辛格：你是否把在欧洲我们并不考虑的使用战略核力量的选项包括
在内？

　　帕卡德：我认为我们可以区分战略核力量和战术核力量。然而，只要
我们在韩国、菲律宾和台湾有基地，诸如 F-111 和 B-52 这样的战术力量就
可以与我们所说的战术核武器一道使用，发挥战略作用。我们也可以使用
战略武器对抗中国。相比于对付苏联，我们能够单独使用轰炸机来更有效
地对付中国。这里涉及的问题很多，同我们的总体战略态势不无关系。

　　基辛格：我们要在多大程度上用核武器来对付中国的常规攻击，取决
于我们在一段时间内对中国军队的优势有多大。你认为中国在什么时候能
够拥有足以让我们在发动核攻击之前思量再三的核武器？中国核武库在什
么时候会使我们对他们使用核武器成为难题？

　　帕卡德：关于这个问题，我认为与我们正在部署的"卫兵"反导系统

有关系。

库什曼：中国人现在有少量可用的核武器。也许到 1975 年，他们可能拥有有限的对我们进行第一次打击的能力。

基辛格：你的分析中有一个问题，就是它没有区分中国未来可能装备的武器的类型。另外，你提到 1975 年中国会有 300 枚核弹头但只有 260 件武器。为什么会有这种不同？

帕卡德：我不知道。

克拉克：这是因为中国的核武器技术领先于其运载系统。我们认为他们可以在尚未开发出来导弹武器时制造他们的核武器。随着时间的推移，他们将弥补这一差距。

基辛格：看一看本研究特别明确的中国核力量的组成：10～25 枚洲际弹道导弹、80 枚中程弹道导弹和 200 架轰炸机。在"卫兵"反导系统还没有建成或者在目前正在就"卫兵"反导系统进行谈判的条件下，这 10 枚或 20 枚洲际弹道弹突防会有什么问题吗？我知道中国的核力量同我们的核力量存在巨大差距。我认为假设我们使用核武器对这 10～25 枚洲际弹道导弹实施打击，我们可以保证摧毁它们。

库什曼：（2 行内容未解密）

基辛格：为什么？

库什曼：（3 行内容未解密）

欧文：（1 行内容未解密）

库什曼：是的。

基辛格：你对中国这些（已经观察到的）土堆（mounds）是怎么解释的？

库什曼：我们认为它们是一种战术性防御系统。

基辛格：我不相信。他们会为仅仅 6 个发射单元建造五角大楼那么大的设施吗？

克拉克：是的，他们会这么做，而且已经有了。

基辛格：这似乎难以置信，但我没有更好的理由来解释。

克拉克：这很难搞清楚。这些掩体似乎是为炮兵准备的，它们不够大，不能容纳核武器。

基辛格：炮兵需要 6 个掩体？

库什曼：这就是我们所看到的。

基辛格：这到底意味着什么呢？

克拉克：有证据表明，土墩是防御陆上进攻的一体化防御体系的一个组成部分。

基辛格：看来这是一笔巨大的投资。

克拉克：他们正在堆起很多土，这并不需要进行很大的投资。

库什曼：他们有的是人力。

帕卡德：在合理的一段时期内，我们将处于能够对中国进行先发制人打击的有利态势，但形势会不断发生变化。如果我们今天认为这是一个可行的选择，就必须不断对其进行新的审查。

基辛格：靠我们现有的核力量加上另外投送的核力量，有没有可能在不使用战略武器的情况下使用战场核武器呢？这事如果搁在苏联，我们或许可以合理地确信，单独使用战术武器是可行的，因为苏联有理由认为他们能够挺过第一次打击。但对于中国人来说，如果使用核武器，他们可能会认为这只是对中国发动进攻的前兆。因此，他们可能会决定实施先发打击。这是一个两难问题，因为中国的战略力量很小，我们可能不得不先发制人。

帕卡德：这就是我的观点。以我们现有的兵力水平，我们可以应付这种情况。你所担心的是，如果你在战场上使用战术核武器，你必须同时清除中国的战略力量。到一定时候，这将不再是一个可行的战略，但我们现在还不是这样。我认为这就是我们现在的政策。

基辛格：我注意到，参联会指出针对中国的任何行为都不应削弱单一联合作战计划的效能。那么到了什么时候，对中国的核打击不可避免地会削弱单一联合作战计划的作用呢？

帕卡德：将核武器瞄准中国的目标现在已经削弱单一联合作战计划的作用了。（两行半内容未解密）通过那种方式，我们就能提供对付中国所需的核能力，同时减少对单一联合作战计划的影响。

基辛格：（对欧文说）你觉得怎么样？

欧文：我认为您和戴维（帕卡德）的方案是一个合乎逻辑的军事计划。我们该做什么取决于会发生什么。（一行半内容未解密）及越南战争结束。

约翰逊：归根结底，我们是否设想在没有遭到先发制人打击的任何情况下使用战术核武器。我们必须记住，现在的问题不是中国与美国的直接对抗，而是中国与我们在亚洲的盟友的直接对抗。我们必须考虑中国的邻国日本、韩国、台湾（台湾不是一个国家，请读者阅读时注意甄别——编者注）和东南亚国家。我不知道我们在这个问题上是如何得出这个结论（即可以对中国使用战术核武器，进行先发制人核打击——编者注）的。

帕卡德：我也不知道。然而，我们今天正在讨论的问题是，我们是否有能力这样去做，而不是我们是否真的要这样做。我们能够保持这种能力（少于1行内容未解密），并通过对中国全部核力量的"清零"打击（neutralizing attack）来支持这一点。只要我们能保持这种能力，我们就应该这样做。我们应该做好准备，使这样的选择可行。

约翰逊：没有人会争论保持必要能力的问题。问题是核武器与该地区常规部队之间的关系。随着美国常规部队水平的下降，我们是否要增加或减少我们的战术核武器在这一地区的部署呢？

帕卡德：还有一个问题。（两行半内容未解密）

欧文：（1行内容未解密）

帕卡德：（2行内容未解密）

威斯特摩兰：我们的战争演习表明，如果中国人真的进行侵略（一行半内容未解密）。

基辛格：韩国人的研究表明，如果没有美国的支持，一支现代化的韩国军队可以抵御中国和朝鲜的联合攻击90天时间。美国需要提供多大的兵力支持才能使这种抵抗无限期地维持下去？

威斯特摩兰：八又三分之一个师。

约翰逊：这个分析假设中国人在其他地方都没有部署力量。你必须考虑这是不是一个现实的假设。我们认为中国撤走他们在中苏边界的部队是不现实的。

基辛格：（对克拉克）你有什么看法吗？

克拉克：如果中国面临失去战略力量的危险，他们很可能会发动先发制人的攻击。我们知道他们的一个试验场现在就有一个发射井。在某个时候，中国的洲际弹道导弹能力也会井基化部署。

基辛格：到那时，我们的导弹精准度将使这种变化不会有什么作用。对未来十年中国核力量的发展我们难道没有什么预估吗？

克拉克：目前的估计是到 1975 年他们将有 10~20 枚洲际弹道导弹。到
1980 年也有预测，但预测结果的区间很大，因为我们不知道一旦中国的发
展规划启动了，它的发展速度会是怎样的。保守的数字是到 1980 年中国有
100 枚洲际弹道导弹。

基辛格：（对威斯特摩兰说）你说我们抵挡不住中国的全面常规攻击
（一行半内容未解密）。在东南亚，我们假设泰国人需要有美国 4~6 个师的军
队支援。

威斯特摩兰：按照目前的框架，我们需要向韩国增援八又三分之一个
师，向东南亚也就是泰国和越南共和国（南越）增援七又三分之一个师。

基辛格：让我倒过来看看。如果我们使用战术核武器，我们将减少多
少个师呢？你们的沙盘推演是否设想过使用战术核武器？

威斯特摩兰：没有。如果我们使用战术核武器，就不需要任何实质性
的增援了。（1 行内容未解密）也许在这种情况下我们需要的师的数量将是
沙盘推演所需兵力的一半。至于韩国，如果韩国军队按照目前的计划实现
现代化（少于 1 行内容未解密），美国四个师的增援将是足够的，尽管可能
没有必要。

基辛格：在同一时期这对太平洋地区的常规部队意味着什么？

威斯特摩兰：（两行半内容未解密）

基辛格：为什么？我以为（1 行内容未解密）。

威斯特摩兰：如果韩国军队实现了现代化，会这样。但我也说过，在
韩国需要美军的四个师。

基辛格：那么使用战术核力量将使我们的常规部队需求减少大约一半。

威斯特摩兰：这是我估计的最高数量。在韩国可能不需要这四个师。

基辛格：你如何定义战术核武器？

威斯特摩兰：由 8 英寸榴弹炮、"诚实约翰"（Honest John）导弹或者
战术飞机投送的核武器。

基辛格：这些战术核武器会迟滞敌人向纵深渗透吗？

威斯特摩兰：这些核力量会挫败敌人的进攻。

基辛格：（对欧文和约翰逊）你们怎么看？

约翰逊：我没有理由质疑威斯蒂（威斯特摩兰将军）的判断，他说的
是中国共产党最大限度的参与，问题是这个假设有多大的现实性。

基辛格：中国共产党最大限度的参与是以中国人在各条战线上都不部署兵力为前提的。

欧文：报纸在谈论有 60 个师（25 个朝鲜师和 35 个中国师）发动的攻击。据说这将严重影响中国共产党在苏联边境的军力。

约翰逊：我认为参联会假设的极端情况是恰当的。当然，这是不是一个合理的假设，要由政治领导层去认定。

威斯特摩兰：我们会收到很多关于这种袭击的预警的。

约翰逊：是的，这种进攻不会在一夜之间发生。

威斯特摩兰：这会对他们的交通系统造成负担。他们需要三四个月的时间才能把部队部署到位。

约翰逊：那你为什么说我们需要在前沿基地部署核武器？

威斯特摩兰：我们必须研究预警的实际意义。因为假如对方知道了我们在战场部署有核武器，它就有了威慑价值，所以前沿部署是值得尝试的。

约翰逊：我想我们正在讨论同一件事的不同情况。

（莎士比亚此时也来到了会场。）

基辛格：假设有人攻击韩国，我们的战略要求增加四个美军师来增援，并且有一个战术核打击选项。你会先做什么？你会先使用战术核武器，然后增加常规部队吗？或者是你先派常规部队增援，然后使用战术核武器？

约翰逊：（1 行内容未解密）

基辛格：我认为，如果中国人正在抽回其在所有边境上的兵力，这就是一个相对容易的决策。那么我们就有一个好主意令他们难以招架。如果他们只是抽回了部分边境部署兵力，那么我们就得在使用常规力量还是战术核武器之间做出选择。

威斯特摩兰：是的，假如韩国军队实现了现代化。

基辛格：那么我们认为一个谨慎的中国领导人会动用什么样的力量来发动攻击？

威斯特摩兰：你假设中苏的紧张关系会持续下去吗？

基辛格：苏联在中苏边境上驻扎有 36 个师。

威斯特摩兰：一个谨慎的中国领导人将派出不超过 25 个师来实施对韩国的进攻。

库什曼：我们必须记住，中国军队还管着各个省呢。

约翰逊：他们还要留出一些军队来对付台湾。

威斯特摩兰：他们在实施大规模攻击方面确实面临一些难题。

帕卡德：问题是韩国有什么值得中国去发动攻击的。

约翰逊：他们为什么要这么做？

基辛格：这肯定会在日本引发连锁反应。

威斯特摩兰：最坏的情况是中苏结成军事同盟。我引用的数字是基于这样的假设。

基辛格：在这种情况下，我们就真遇到问题了。苏联军队就会登场了。在这种情况下，我们能在亚洲投入的常规部队是不够的，对中国进行先发制人的攻击也变得不可能了。我们会像海军上将①所说的那样，在韩国进行双线核交战。对此有过分析吗？

威斯特摩兰：可能分析了吧，但我不太清楚。

基辛格：我认为，在所有这些研究中，你都假设中苏关系足够好，中国人对苏联什么也不担心。还有两个问题我们需要提出来。假设我们在太平洋地区需要有战术核武器，它们应该部署在哪里？这些武器为什么要前沿部署，需要多大规模的兵力？从尽可能周全的角度考虑，我想问一下，在我们在这里筹划的这种情势之下，相比在夏威夷或关岛部署，我们在台湾部署战术核武器会有什么好处？

帕卡德：第一个答案是，通过前沿部署可以产生一些看得见的响动。这能加强威慑作用，因为我们假设对方因此会认为我们更有可能使用核武器，特别是如果我们有飞机驻扎在那里处于待命状态的话。如果要考虑核武器投送时间，我们可以使用航母。（3 行内容未解密）

基辛格：我觉得国务院对此会在政治上有不同的看法。

约翰逊：（4 行内容未解密）

帕卡德：我大体上同意你的观点。（1 行内容未解密）但参联会不同意。

威斯特摩兰：没错。

约翰逊：（1 行内容未解密）

威斯特摩兰：（1 行内容未解密）

帕卡德：另一个需要考虑的因素是韩国人对（少于 1 行内容未解密）

---

① 原文件中没有明确海军上将是谁。

的敏感性。

基辛格（对帕卡德说）：你正在考虑的（少于1行内容未解密）是否正确？

帕卡德：（1行内容未解密）

基辛格：我认为增长了几个数量级了。

威斯特摩兰：（1行内容未解密）该计划将于下周交由国防部长决定。

欧文：这就是给我们带来麻烦的原因。

帕卡德：这是我推荐的方案。（6行内容未解密）

欧文：我们没有问题（一行半内容未解密）。

基辛格：前几天我们对这一问题讨论的观点有些不同［美国改变关于在联合的中国代表的政策通过了全球风险控制（GRC）评估］。一开始我以为，我们会在国家安全委员会里讨论我们的亚洲核政策。然而，现在看来，准备一份类似于我们为北约所做的那样的分析材料是有用的。这份分析材料可能涉及常规力量、战术核武器和其他力量。显然，我们还不能告诉军方（少于1行内容未解密），但我们能够做出判断，依据政治因素在某些国家部署战术核武器将是可取的。我们也可以就各种力量的侧重点是什么得出一些结论。

为什么不让帕卡德再成立一个工作小组呢？参联会可以重点分析一下地面增援部队和对战术核武器的需要之间的关系。中情局可以再预测一下中国对我们的威胁。然后我们召开国家安全委员会会议讨论这一问题。

（会议在讨论了与 NSSM-106 有关的问题后结束，此处略去这些相关讨论）

艾康　译

评　介

冷战期间，中国长期被美国视为主要对手之一。1964年中国爆炸第一颗原子弹，成为有核武器国家之后，中国在美国核政策核战略中的分量明显增加，如何对付中国，开始成为那一时期美国在核领域考虑的一个重要问题。这份会议记录比较清楚地反映了70年代初美国高层在针对中国的核政策问题上的基本看法。

　　会议集中讨论了如何应对所谓的"中国威胁"问题，特别是在要不要以核武器来应对与中国可能的常规军事冲突，主要使用战略核武器还是战术核武器来应对等问题上讨论比较多。该资料显示，美国军方（国防部）认为，在当时双方核能力对比态势之下，美方是可以先通过先发制人打击，摧毁中国全部战略核力量，再（或者同时）放心地对中国军队使用所谓的战术核武器的。这可以说就是美国当时对中国的用核思路。从这份资料还可以看出，影响他们敢不敢持续对中国实行这样的核力量运用政策的关键因素，是中国战略核能力的强弱。他们认为，中国的战略核能力一旦达到了他们难以通过先发制人打击将其"清零"的程度，他们这一政策的可行性就会大打折扣。

　　这份资料还涉及中国会在多大程度上与美军进行大规模直接对峙、战术核武器与战略核武器的区别、对中国战略核力量发展的评估等一系列问题，有助于人们了解那一时期美军在一些核问题上的政策、想法。

五十六

国防部长莱尔德关于"现实威慑"战略的报告*
（1971 年 2 月）

关于"现实威慑"国家安全战略

梅尔文·莱尔德

I　战略概述

1970 年 2 月 18 日，尼克松总统在他向国会提交的关于外交政策的第一份报告中，阐述了一项和平政策，以及实现这一政策需要做些什么。基于伙伴关系、实力和谈判意愿的原则，这一积极的政策旨在推动美国和世界其他国家走向和平时代。总统在 1971 年 2 月 25 日的第二次外交政策报告中重申了这一基本政策，它是我们"现实威慑"（Realistic Deterrence）新国家安全战略的基础和指导。

和平的目标和保持足够作战能力的需要之间是完全一致的。当总统宣布足够的实力是他外交政策的三大支柱之一时，他赞成这一点；没有足够的军事力量，我们的国家就不能实现或维持和平。

从总统的和平战略中，我们得出了国防规划的如下指导方针。

我们的目标是防止战争，保持一支以慑止侵略为目的的现实的、随时可用的军事力量，这支力量在威慑失败时，要足以应付侵略。作为国防部长，我相信依据我国的军事力量水平和军费支出，美国通过一支高效的、现代化的军事力量，可以实现从战争到持久和平、不断扩展的自由的转换。

---

*　Melven R. Laird, "Toward a National Security Strategy of Realistic Deterrence", Robert J. Pranger, Roger P. Labrie, eds., *Nuclear Strategy and National Security Points of View*, American Enterprise Institute for Public Policy Research, 1977, pp. 25-37.

这支军事力量在和平时期的花费不超过国民生产总值的 7%或者更少，且不超过 250 万名志愿人员的规模。连同足够的实力、真正的伙伴关系和建设性的谈判，这样一支部队可以慑止战争。

A. **安全政策和战略远景**。一个国家在任何既定时间内所享有的安全，在很大程度上都是过去的努力，特别是在技术领域努力的结果。美国和自由世界其他国家今天显然享有比过去 20 年在不做巨大努力情况下得到的多得多的安全。

在过去的 20 年里，我们在核能力方面取得了世界第一的地位，在太空领域处于领先地位，并大大增强了我们的常规能力。我们的军事力量是世界许多地区特别是欧洲地区防止侵略和维护和平的一个重要因素。然而，它并没有阻止印度支那地区侵略的发生。

面临的一个问题是，过去 10 年的国家安全政策没有充分重视通过威慑侵略者来降低发生一切形式战争的可能性。这些政策对军事规划的影响，是创建了一支能降低核战争爆发可能性，同时又强调提高参与其他类型冲突并在其中作战的军事能力的美国军队。

这种军事能力被证明不是有效威慑，这源于国家安全规划中的第二个主要问题。这种失败与军事战略、国家安全战略和外交政策紧密地、完全地关联，而这些涵盖了有效威慑的所有要素既有非军事的，也有军事的。

本届政府相信我们的国家安全的核心目标是防止战争，并且努力推进一代人的和平，这是尼克松总统和平战略的基础。用于整个 70 年代的现实军事战略不能以其自身为目的。军事战略必须是一个更广泛的国家威慑战略不可分割的一部分，并与我们在对内各领域的紧迫需求紧密关联。

B. **变化的环境——70 年代的序曲**。当尼克松政府于 1969 年 1 月上台时，很明显，我们（美国）面临复杂的国家安全问题，要求根据不断变化的国际和国内环境对现有政策重新进行思考。很明显，我们需要有新的方向……

至少有 7 个方面的因素综合在一起表明，现存的经济、政治、军事和人力资源等与 5 年前的情况已经大为不同。这些因素是：

- 苏联日益增强的军事能力和技术推动力；
- 苏联在世界各地日益扩展的影响力，其在全球范围内不断扩展其海军力量部署就是明证；

- 共产主义中国的核威胁日益浮现；

- 国家优先事项重新排序，国防支出占国民生产总值的比重在降低；

- 急剧上升的美国人力成本，以及开始向零征兵和全志愿军队迈进；

- 由于经贸蓬勃发展，特别是在自由世界国家之间，世界经济环境正在变化；

- 北约成员国对责任分担的必要性日益觉醒，我们的许多亚洲朋友也日益认识到地区支持的必要性。

面对这种变化的环境，经过国家安全委员会仔细分析，我们得出的结论是，无论如何，我们在 20 世纪 70 年代的国家安全规划必须确保遵循以下标准：

1. 美国要保持足够的战略核能力，以此作为自由世界核威慑的基石；

2. 发展和（或）继续维持有效的自由世界力量，尽量减少在威慑失败时需要使用战略核力量的可能性；

3. 国际安全援助计划将在整个自由世界增强有效的自卫能力，并与外交和其他行动一道，促进在我们的朋友和盟国之间达成地区安全协议。

C. 转向一个新的国家安全战略。 1969 年提出的对我们的未来国防规划有重大影响的两项主要倡议（initiatives）分别是"尼克松主义"和限制战略武器谈判（SALT）。第一个倡议（"尼克松主义"）强调，我们决心为我们和我们的盟友之间的合作确立一个新的基础，这一倡议考虑到了盟友们日益增强的能力。另一个倡议（SALT）则表明了我们承诺把严肃和有意义的谈判作为迈向和平的合适的道路。

SALT 是美国在谈判领域寻求与苏联就限制战略武器问题达成协议的一项关键努力。SALT 代表着美国尝试：（a）降低美苏之间爆发大规模核战争的可能性；（b）通过谈判而不是军备竞赛来保持美国的"战略充足"。除其他目的外，SALT 还意味着努力避免在战略力量上的投入显著增加……

"尼克松主义"的应用可以为自由世界的强大及安全提供一种通过有意义的谈判来支持和平倡议的现实途径。

虽然 1970 财年和 1971 财年的核发展项目及预算水平都是过渡性的，但 1971 财年的计划包含了总统和平战略的许多关键要素。使 1971 财年计划与之前的战略区别开来的要素包括：

- 确立了"战略充足"概念，它以我国战略能力发展的特定准则为基础；

• 保持以增加责任分担及其他自由世界国家防御能力提高作为支持的强大常规能力；

• 保持和平时期足够的一般任务部队，能同时应对共产主义大国在欧洲或亚洲的进攻，协助盟友对抗亚洲的非中国威胁，并应对其他地区的突发事件；

• 减少美国现役部队，更加重视它们的战备状态和效率，包括对它们的现代化改进；

• 重新强调保持和利用我们的技术优势；

• 增加对自由世界其他国家必要的防务援助，加强自由世界其他国家的作用；

• 采用新的美国军事人力资源方法：以零征兵和实现建立全志愿现役部队目标为基础，更加依赖国民警卫队和预备役部队。

在 1969 年到 1970 年过渡时期的审查和决定中，产生了一种实现国家安全规划概念的新方法，且对旧有概念进行了重构。这种新战略是"现实威慑"。

D. "现实威慑"战略……总统外交政策的基本组成部分以及和平的三大支柱，即力量、伙伴关系和谈判之间相互关联的特性，一方面从最广泛的层面表明总统的政策目标之间紧密关联，另一方面证明由国务院所指导的外交政策活动同主要由国防部负责的国家安全战略之间密切关联。

总统的外交政策目标集中于长期目标和长期政策。他在描述"尼克松主义"时指出，仅仅依靠由美国的物质和人力资源所产生的这种能力来构建持久和平架构，既不现实也非最有效的方式。我们已经说过，现在我要再说一遍，我们无意成为世界警察。我们的许多盟友已经很繁荣；其他国家也在迅速变得繁荣。因此，我们同我们的盟友和朋友更充分地分担保护和平与自由的责任是现实的、更有效的。

我们寻求一种和平架构，在这一架构中，自由国家依据各自相应的力量和资源相互支持，对抗共同的威胁，同时每个国家都对自己的防御承担主要责任。如果每个国家都能更多地依靠自己的力量，特别是依靠自己的国防人员来保障自己的防务，则所有国家的安全都会得到加强。

通过培植和加强我们的盟国的能力，"尼克松主义"将加强世界的稳定。它旨在促进形成一种更有效的威慑——并由此获得更加稳定的世界——从而以一种在全球更加强大的力量态势来提升推动有意义的谈判的前景。

通过力量和伙伴关系这两根支柱，每个国家都发挥着重要的作用，承担着相应的责任，每个国家都在强大的自身安全的基础上为和平做出努力，这样一种用于保障国家及国际安全的防务规划方法，就是"现实威慑"战略。这也构成了第三根支柱——有意义的谈判的基础。

现在转到与这一战略相关的防务态势及军事力量上……我要指出的是，无论SALT的结果如何，我们的战略力量都仍将是自由世界慑止核攻击的基石，而且我们的战略力量相对于发挥这一关键作用而言必须始终是足够的。要确保在战略和战术核层面有足够的威慑，我们及我们的盟国也需要保持强大的常规军事能力。因此，对于威慑谱系上那些低于全面核战争层级的威慑而言，用于慑止苏联和中国冒险的力量显然必须有足够的实战能力，在有限核选择和常规打击选择上也应如此。在过去两年中通过我们与盟国一道对我们国家及我们的多边威慑能力全面的重新审查，尤其是对北约70年代联盟防务的历史性评估，我们再一次确认了这一点。

当我们朝着总统提出的70年代的和平目标前进时，除了苏联或中国的大规模攻击外，对局部冲突的威慑将越来越多地由盟友和朋友来提供，它们有能力、有意愿来保护它们自己。通过可以提供并发挥共享能力优势的区域防御安排，地区安全将得到进一步加强。

1. 区域差异。显然，没有任何单一战略可以完全适用于截然不同的情况。因此，我们必须调整"现实威慑"战略的要素，以适应我们在不同地区面临的各种情况。让我简单地列举几个因素……

在北约/欧洲，美国在70年代的国家安全战略必须包括在西欧（包括其南北两翼）保持强大的北约威慑，以应对苏联和华约可能的低于战略核交战层级的各种举动。它们这样的举动可能是连续的，从边界入侵和以军事为后盾的政治威胁到包括海上冲突在内的全面常规进攻或战术核攻击。

在亚洲，我们相对于中国持续保有核优势，这对慑止中国对我们亚洲盟友的核攻击或常规攻击发挥着巨大作用，通过部署区域性的能有效应对小规模攻击的弹道导弹防御系统，这一态势将得到进一步加强。但我们的亚洲朋友和盟友需要增强它们自己的常规军力，既保卫它们自己免遭并非来自中国的其他攻击，也要在地区联合层面上建立能够延缓共产主义中国

发起攻击的地区防御力量。同时，我们将在那里维持与我们在亚洲的承诺
相匹配的足够的军事力量。

指望每一个国家都发展独立的能够应对非中国或者非苏联攻击的自我
防卫能力，是不现实或者效益不高的。过分消耗盟友的人力及经济将阻碍
经济增长，从而妨害政治稳定，而政治稳定对军事安全又是至关重要的。
同时必须认识到，在有些地区存在阻碍建立紧密且有效的地区相互安全安
排的深刻的历史、社会和政治因素。因此，必须在独立防务能力和集体安
全安排之间保持精妙的平衡。对美国而言能够激励和帮助地区国家发展这
种能力、做出这种安全安排的最重要的方法，就是向我们的盟友提供适度
的安全援助。

总之，强调自由世界力量和伙伴关系的"现实威慑"战略为我们实现
基本的国家和国际安全目标提供了最可行的途径。这一战略涉及美国外交
和安全政策的转向……要想成功地运用总统的和平战略，就必须协调运用
所有的外交政策资源——军事力量、外交、军事和经济援助、对外贸易等，
而最重要的是，这要得到国会和美国人民的理解和大力支持。

正如总统上个月在其外交政策报告中所言："为了美国人，是一种带有
首先忧虑我们要为他人做什么这样一种质朴心理的外交政策。美国扮演的
是一个强烈要求同其他国家一道做出新的持续努力的角色。"

Ⅱ　国防规划理念

美国"现实威慑"战略的基本目标是防止武装冲突，并最终不再将其
作为一个国家试图将其意志强加给另一个国家的手段。但是，只要其他国
家可能使用武力这样的威胁持续存在，就必须持续将充足的军事力量作为
自由世界战略的一个基本要素。

在国防规划方面，"现实威慑"战略强调我们需要制定计划，以最优化
利用所有可用于满足自由世界安全要求的军事力量和相关资源。被我们称
为"总体力量"（Total Force）的自由世界的这些军事力量和相关资源，既
包括美国及其盟友的现役部队和后备部队，还包括我们的盟友和朋友通过
除地区努力之外的额外努力，或者通过提供适当的安全援助可以发挥作用
的那些军事能力。

A. "总体力量"方法

　　需要总体上清楚地知道……国防项目并非可以无限调节……存在一个绝对的点，我们的安全力量水平一定不能低于这个点。这就是充足的水平。超过或者达到这个水平，我们的国防力量就足以保障国家安全。如果低于这一水平，则是一个无差别的根本没有安全保障的广大区域。达成了这一标准之后如果再大力加强国防力量，它在国与国之间的冲突中就没什么作用了。

　　　　　　　1971 年 2 月 25 日总统向国会提交的外交政策报告

　　在规划应对（现有的对自由世界的威胁）时，我们打算使用"总体力量"方法。我们将计划运用一切合适的资源进行威慑，包括美国的资源及自由世界的资源，发挥潜在可用的资产的作用。

　　考虑到潜在冲突的多样性，我们在防务规划上将遵循以下指导原则。

　　● 在慑止战略核战争方面，将继续主要依赖美国的战略威慑力量。

　　● 在慑止战区核战争方面，美国也负主要责任，但我们的某些盟友通过发挥自己的核能力作用能够与我们分担这一责任。

　　● 在慑止战区常规战争，如在欧洲同苏联的常规战争上，美国及其盟国军队分担这一责任。

　　● 在慑止低于战区层次的威胁或者局部战争上，受到威胁的国家或盟国要承担主要责任，特别是在提供人力方面；但是，当美国的利益或责任因此受到威胁时，我们必须准备通过向这些愿意为它们自己的国防分担责任的国家适当提供军事和经济援助的方式，来提供美国的帮助。在必要和适当的时候，美国将实质性提供包括后勤支持和海空作战支援等在内的支持。在某些特殊情况下，还可能提供地面作战支持。

　　此外，美国涉足世界事务并不只是基于我们的联盟的需要，而是基于我们正式和非正式的责任，它源于我们自己的国家利益并被其塑造。为了保护我们的利益，我们必须确保能够自由使用国际空天，自由出入世界海洋。因此，我们未来的国防规划也必须确保美国有能力防止对自由使用国际空天和世界海洋的有效挑战。

　　"总体力量"方法的重要性，或许可以从其在北约的军事应用中得到最好的证明。

如前面已经说过的，美国在战略核武器和战区核武器方面担负主要责任，尽管在后一种情况下，我们的某些盟国也贡献了重要力量。我们的核力量现在和将来都必须是足够的，因为它们是自由世界威慑的基石。通过提供强大、有效和可生存的战略核力量，可靠和有效的情报、指挥和控制，以及我们的战略态势中其他的必要能力，我们要努力使潜在对手相信，求助于全面核战争带来的浩劫仍将是非理性的、不可能成功的选择。

美国战略核力量首先用于慑止战略核攻击。它与战区和战术核能力一起，在慑止低于全面核战争水平的冲突方面也发挥着重要作用。

然而，正如过去 20 年的实践所证明的那样，仅仅依靠核能力是绝不能阻止或制止侵略发生的。足够的核能力必须与我们自己的和盟友的常规能力结合起来发挥作用。这种常规能力必须足以应付在与华沙条约组织发生冲突时可能出现的复杂环境下的侵略。如果这些北约部队要慑止这样的侵略，它们必须有能力利用强大的装甲和反坦克部队、用以取得空中优势和支援地面战斗的适当空中力量、用以支援北约侧翼的强大海军力量，以及其他作战和支援力量来对抗这种侵略。

此外，这样的冲突需要有美国的增援和支持，而且毫无疑问它会涉及海上冲突。因此，美国和我们的盟友必须能够控制美国和盟国海外部队所需要的任何必要的空中和海上通道。

最后，由于我们的一些北约盟友——如希腊和土耳其——既没有，也负担不起必要的现代化装备，所以帮助它们实现部队现代化，并依靠它们操作并控制这些装备是符合我们的利益的。相反，我们必须真的期望那些有能力这样做的盟友，通过适当的发展、财政支持和军队现代化，来证明其对共同防御做出了贡献。

总而言之，通过运用能覆盖所有可能的冲突及包括所有可能的能力的各种资源，我们意欲保持足够的美国能力，并将这种能力同新的伙伴关系秩序中的其他国家的能力结合起来。如果要实现持久的和平，我们必须共同努力来慑止侵略、防止战争。

我们也将在非北约地区使用"总体力量"概念。总统在去年给国会的外交政策报告中特别针对亚洲的那一部分指出，我们的朋友和盟友必须为自己的国防承担越来越多的责任。

在上个月提交给国会的第二份年度外交政策报告中，他说：

> 我们将继续提供与我们的能力与利益相适应的军事能力和经济资源。但这不再是天经地义的，或者在这个时代这可能不再说明全球的安全或者发展是美国的首要关切。其他国家的防务和进步必须首先是它们自己的责任，其次是地区的责任。没有自助和地区互助这样的基础，美国的帮助将不会有成效。美国能够，也将参与到对那些与我们的利益关联的其他国家的安全和进步事业中，但只是作为一个部分，而不是最有分量的那个部分。

1969 年 1 月尼克松政府上台时，我们在东南亚的情况正好相反。美国军队承担了主要责任。在尼克松总统的和平战略指导下，我们面临的第一个挑战，是扭转美国人越来越多地参与地面作战的趋势。我们着手结束美国在印度支那战争中的军事介入。

我们的新战略取得成功的一个关键因素，是不仅在防御计划上，而且在更广泛的背景下实施"总体力量"规划。这个更广泛的背景包括所有自由世界的军事的和非军事的资源，这些资源有助于防止冲突的爆发或持续，同时能促进国家间的自由、和平、自决与合作。

……

C. "总体力量"规划和国际安全援助。"尼克松主义"具有挑战性的目标是可以实现的……但只有我们和我们的盟友都为实现这一目标做出贡献才可以。

每个国家都必须尽它们能够尽的一份力：从我们的许多盟友那里得到人力；从美国这里获得技术、材料、专业技能。通过提供发展和维持这一力量所必需的物资和相关训练支持，国际安全援助项目成了"尼克松主义"的一个关键工具。基于这些原因，安全援助对于在国家安全和外交政策上获得主动性有了新的重要性，通过这种援助，行政当局降低了保持足够防务态势及我们的海外介入的总成本。

许多愿意且真的能提供帮助的朋友和盟友只是没有资源或技术能力来为它们自己的防务承担更大的责任。除非我们帮助它们，否则这一用于消除美国直接军事介入必要性，同时不损害自由世界安全的基本政策，不会取得成功。

给我们的朋友和盟友提供的用于保障它们自己安全的装备越好，我们自己的安全就越有保障。之所以如此，是因为爆发战争的可能性和美国介入战争的可能性将会降低。

对他国有效的安全援助可以使更多的本地部队替代美国的部队——特别是美国地面作战部队。一个积极和成功的安全援助项目也有助于在一个时期内展开更有意义的谈判，营造一种危险性更低的世界环境，这也是我们推动安全援助项目要达成的持久和平和拓展自由的目标的一部分。持久和平和拓展自由是我们的希望，也是我们的目标。

D. 支持"现实威慑"战略的新倡议。"现实威慑"战略要求有新的倡议和新的概念来补充"总体力量"规划。其中一些倡议将涉及美国承担主要责任的领域，而另一些倡议来自我们的规划同我们的朋友和盟友的规划之间更紧密的融合。有一些倡议可能应该更恰当地称为努力的新方向或再定位，而不是新方案。不管它们被称作什么，我们相信它们都是必要的，如推动我们的军队现代化，对它们进行重塑以适应未来的环境，为保障我们的安全做好准备等。

1. 美国军队规划倡议。自由世界依靠美国的军事力量作为其威慑的基石。正如尼克松总统所说，我们的战略力量政策是"充足"的政策。除了我们关于 SALT 的外交倡议之外，我们认为现在为未来的战略力量规划提出一系列新概念是适当的。依靠在 SALT 问题上取得的进展，或者军事威胁的增加，尤其是来自苏联的威胁的增加，我们可能需要也可能不需要全部实施这些概念，可能只需要执行其中的一部分……

在对我们未来的部队进行规划时，面临的另一个困难是可能需要部署一般任务部队的各种潜在危机局势的广泛性。过去，这些部队主要是按照应对复杂的战区常规战争而构设的，尽管也关照了应付低烈度的紧急事态和有限战争冲突的情况。军方正在研究是否有可能对从我们现有部队中挑选出来的一部分部队进行调整，既提高我们的整体能力，也提升我们部队的反应能力。

我们已经采取的一个重要措施是实行了关于后备力量的新政策。在未来任何需要迅速且显著扩大现役部队的紧急情况下，国民警卫队和后备人员将取代新征召的入伍人员，成为扩充现役部队的最初的和主要的来源。

与维持较大规模现役部队所需要的费用相比，非现役部队相对较低的维持费用使得在规划"总体力量"架构上有更大灵活性成为可能。维持非现役部队较低的成本，使得在同等成本条件下可以向全现役部队架构提供更多的部队单元，或者以较低的成本维持同等数量的部队单元。但是，这也要求迅速有效地提高国民警卫队及后备部队单元的能力和动员水平。

……

3. 与我们的盟友一起进行力量规划。与我们的盟友进行力量规划这一概念并不新鲜；我们的目标是重振并提高这一重要军事力量对自由世界安全的贡献率。

在北约的力量规划上，美国必须全面、有效地实施详细而综合的对所有北约力量都适用的长期规划和行动，包括研发、采购、培训和操作等。我们最近的努力代表着我们朝着确保北约部队能对华约的侵略形成现实威慑的方向迈出了重要步伐。

去年（1970 年）12 月在布鲁塞尔举行的北约理事会部长级会议……表明了北约的一种新的精神，即我们的盟国充分认识到当前的现实，且决心自己去肩负更多的防务负担。

我认为，在这些会议上办成了三件特别重要的事。第一，北约的国防部长们批准了此前花了 6 个多月完成的北约 AD-70 研究。该研究强调需要实施更多的常规威慑，且指出现有北约常规能力明显不足。与会人员都感觉到，在常规军事领域必须采取更多行动，且北约必须维持现代化的和足够的战术和战略核能力。

第二，就是缓和……

第三，在责任分担方面给出了范例，就是朝着更加公平地分担北约防务费用方向迈出了重要的第一步。10 个欧洲国家同意它们在接下来 5 年时间里提供大约 10 亿美元的额外的防务费用，这些费用大致平均地用于提升它们自己的军队和额外地改善交通条件和飞机掩体等基础设施项目。这也是欧洲人意识到欧洲必须为自己的利益付出更多的最真切证明。在未来 10～12 年内提高部队实力是第一个重要共识。欧洲人在战略、财政、人力资源及政治现实等方面的觉醒以及他们决心面对这些现实，既有利于欧洲也有利于我们。

我们还在继续进行我们的研究，继续规划将北约所有可用的资源更加紧密地整合起来，规划改善我们的管理和动员程序，从而增强北约的能力。

另一个紧密合作的例子包括对韩国武装力量现代化的项目，当然，还有完全越南化的项目。

但是我们还采取或者规划了其他一些举措以增强我们自己以及盟友的能力。其中一个方面涉及在研究与发展方面更多的合作……我们希望消除在武器系统研发活动上任何不必要的重复。在一定程度上讲，这种重复是能够减少的，我们可以用更低的成本来提高我们的能力。

尽管这个计划并不是没有问题，但我们已经仔细权衡过利弊了。我们认为，与我们的盟友在这方面进行合作符合我们双方的利益。

同样的，我们认为，我们的研发项目在执行"尼克松主义"上发挥着明显的作用。对我们的盟友进行适当的军事援助经常会被限制，既是因为美国提供的援助项目清单可能不适合当时的条件，在有些情况下也是因为被援助方缺乏相应的技术知识、他们国家在经济上面临困难。有那么一些领域，我们通过适当的努力有助于确保提供与盟友能力相称的装备或援助。

……

我们的目标是通过提供装备减少其对美国军队的依赖，选择那些在可用资金下能够优化军事能力的装备，选择提供更加先进的美国常规用途装备，使其能够适合、匹配友国或者盟友的能力。

吴红莉　译

评　介

在向国会提交的第二份年度国防报告中，国防部长梅尔文·莱尔德分析了"尼克松主义"在国家安全领域的影响，阐述了国防领域落实"尼克松主义"的新国防战略——"现实威慑"战略的相关问题。通过这份报告，可以管窥到 20 世纪 70 年代初美国政府在国防领域、军事领域的基本政策立场。

莱尔德在这份报告中提出，前几届政府的国防政策主要集中在慑止核侵略上，导致美国在应付低于全面战争层次的冲突，以及威慑在世界不发达地区普遍存在的冲突等方面存在明显的能力不足问题，因此美国必须奉行"现实威慑"新战略，实施新的国防规划方法，即"总体力量"方法。

不论是"现实威慑"战略，还是"总体力量"国防规划新方法，其核心都是强调美国盟友和伙伴在安全和防务上要发挥更大作用，要承担更大的责任。由于核武器已经被证明在威慑大多数低于全面战争层级的威胁方面难以有效发挥作用，需要更多发挥常规能力的作用，因此本文件提出的美国盟友和伙伴应发挥更大作用，实际上是要求它们在常规军事能力发展、应对常规军事威胁等方面发挥更大作用。所以，"现实威慑"战略、"总体力量"方法本质上是通过更加均衡地综合运用美国及其盟友、伙伴的资源和能力（主要是增加盟友及伙伴所占比重），更加均衡地分担防务责任（主要是将地区防御责任转移给面临威胁的地区国家），有效应对更加多样的安全威胁（更有效地应对非核的、低于全面战争层级的威胁），从而更全面、更现实地达成美国国家安全目标。

五十七

国防部长莱尔德就"国防部实施的核运用政策研究"致总统尼克松的备忘录[*]（1973 年 1 月 5 日）

国家安全委员会高级职员菲力普·奥迪恩（Philip Odeen）致基辛格的备忘录

主题：1972 年 12 月 26 日国防部长莱尔德就建议的对美国战略政策的修改致总统的备忘录

国防部长莱尔德送来了随附有国防部战略瞄准政策研究结果（随附文件 D）的致总统的备忘录。国防部这一研究由约翰尼·福斯特（Johnny Foster）^① 领导的一个特别研究小组完成，持续了去年一年。莱尔德的备忘录附了两份文件：

——一份核武器运用政策（nuclear weapons employment policy）草案。莱尔德建议将这份草案作为国家战略瞄准与攻击政策（NSTAP）。该草案既提供了一个新的概念框架，也提供了用于确定灵活反应选项的指南。

——福斯特小组报告。这份报告涉及美国核政策的所有方面，为建议的核运用政策提供了更宽泛的框架体系。该报告建议用一份新的国家安全决策备忘录（NSDM）来取代 NSDM16^①，新的国家安全决策备忘录要涵盖战略目标、核运用政策、核武器获取政策（nuclear weapons acquisition policy）及民防等内容。该报告还概述了一份新的宣示政策和一份经过修改的、

同新的 NSDM 相适应的国防部长防务政策规划指南。

关于这两份文件的分析性摘要及这两份报告提出的一些问题见随附文件（随附文件 C）。随附的这一备忘录概述了核心观点，并对下一步应采取的行动提出了建议。

关键问题

这两份报告的质量都很高。这两份报告合在一起，代表着我们朝着发展出灵活多样的核打击选择、制定出更加协调一致的核政策方向迈出了重要的步伐。但是，这两份报告也存在一些重要的缺陷，有一些尚未解决的问题。主要有三个方面：

——对主要打击选项及大规模的有选择的打击选项进行了很详细的研究和指导，但更加有限的核选项及地区核打击选项只是被一般性处理，需要填充内容。从在任何严重危机中实际使用核力量的角度看，这些更有限的核打击选项可能更有吸引力，在任何核规划指南中都值得对其进行全面关注。

——关于为了支持应用政策我们应该在多大程度上增加我们的军事力量的问题，福斯特小组报告虽有涉及，但并没有给出答案。该报告中原本包含一个对这一问题进行的详细审查并提供了政策选项的附件，但这个附件并没有随莱尔德致总统的备忘录一起提交。核武器获取政策同核武器运用政策之间的关系，是从麦克纳马拉时代就遗留下来的、影响我国核态势的重大问题。它也是我们的战略目标研究的主要关注点，是任何综合性战略政策的核心内容。在讨论莱尔德提出的其他方面建议的同时，这一问题也需要说清楚，否则我们就是在还没有看清是什么东西的情况下就瞎买（buy a pig in a poke）。

——这份报告还提出了如何在总统颁布的国家政策与国防部负责制定的国家政策之间进行界定这一重要问题。这份 NSDM 提出了很多国家政策目标，其中有很多是相互矛盾或者抵触的。国家政策的任务就是通过在这些目标中明确重点和优先权来解决这些矛盾。在福斯特报告中，有很多这样的重要问题留待国防部长办公室和参联会自行决定。

官僚因素

莱尔德想在他及福斯特离任前，让他们提出的这些建议能够迅速在国家安全委员会引起关注（莱尔德非常急切地想让这一进程继续推进下去，他有可能会寻求将报告向上直接交给总统）。他的急切心情可以理解，但他在核政策上的这些提议显然还需要进一步研究，进行更加仔细的审查，以便更加全面地弄清楚由此可能产生的影响。前面说到的那些缺口应该补上，几个重要的不清楚的地方需要澄清，对我们的宣示政策以及我们的任何新政策同我们的北约战略之间的关系等问题，应给予更细致的关注。

与此同时，我们应该快速推进这一工作。现在对制定出一份属于国家安全事务核心的全面核政策来说是一个千载难逢的好机会。我国核政策已经有太长时间不受总统控制了。我们因此应当在国防部新掌门人挥霍掉为此付出的努力之前，抓住时机，乘势而上。

下一步举措

我认为，下一步我们应在国防项目审查委员会（DRPC）下面，成立一个由精挑细选的人员组成的特别（ad hoc）小组，来审查、修改并最终形成国家核运用政策及整体的战略政策指南。这个小组应由国安会成员来领导，由来自国防部的几名代表，以及来自国务院及中央情报局的各一名代表组成。您的日程安排如果允许的话，应听取关于这项研究详情的完整简报，且我们应召开一次严格限制规模和人员的 DRPC 会议，使高层能关注到莱尔德的政策建议，且赋予这一研究跨部门的性质。

我已经准备了一份给总统的关于莱尔德备忘录的简明摘要的备忘录（见随附文件 A），并间接提及了您成立一个特别小组的计划。随附文件 B 是您给国务卿、国防部长及中央情报局局长的关于建立跨部门研究小组的备忘录草案。致总统的备忘录中还包括总统给莱尔德的信的草案，以感谢他所做的工作。

建议

您签署附件 A 中致总统的备忘录，以及附件 B 中关于建立特别小组的备忘录。

附件 A

最高机密/敏感信息

基辛格致总统的备忘录

主题：国防部长莱尔德关于美国核政策的建议

国防部长莱尔德已经送来了一份给您的备忘录，内容是他关于美国核政策重大修改的建议。在他的备忘录后面附有两份文件：

——一份核武器运用政策草案，呼吁在威慑失败情况下，以更灵活、更有限的方式来使用核武器；

——另一份是关于约翰尼·福斯特博士领导的国防部特别研究小组对我国整体核政策表述的建议。

国防部长莱尔德想在他和福斯特离任之前使这些建议在国安会能够迅速得到关注。他的这种急迫心情是可以理解的，我们也不想让这方面工作的发展势头减弱。这给我们提供了一个千载难逢的好机会，我们可以借此获得对一个核心国家安全领域的掌控权。在这个领域，已经有太长时间不受总统指导了。

然而，这份政策指南草案还不足以成为您关于这些问题的观点，不能直接变成您的决策。尽管这些建议代表了朝着建立一个更加灵活的核态势的方向迈出了重要一步，他们的研究质量很高，但在弄清楚这些建议的全部影响之前，还需要对其进行仔细审查。此外，还有几个重要缺项需要增补，一些重大议题还需要深入研究。

下一步，我计划建立一个对国防项目审查委员会负责的特别小组，目的就是审议这些提议，并对其做出一定的修改，以便最终形成供国防项目审查委员会及国家安全委员会审议的报告。因为这个议题太敏感，特别小组的参与人员限制在我的职员、国防部、国务院及中情局的代表范围内。我还计划尽早召开一次对参与者有严格限制的国防项目审查委员会会议，使高层机构能够关注到这些建议。

我随附了您给国防部长莱尔德的简短的信①，感谢他在这一问题上做出了很有价值的努力。我建议您签署这封简短的信。

附件 B

基辛格的备忘录

发给：国务卿　国防部长　中央情报局局长

---

① 原文件中没有这里所说的总统给莱尔德的感谢信。

主题：建议的对美国核政策的调整

国防部长已经建议对美国核政策进行很多重要的修改。这些修改包括：

——新的关于核武器使用的政策指南；

——新的关于美国整体核政策的描述。

总统想对这些提议予以优先关注。为此，相应地将在国防项目审查委员会之下建立一个特别小组。该特别小组将由我的职员菲力普·奥迪恩领导，由国防部派出适当的代表，以及来自国务院及中情局的各一名代表参加。

该特别小组将审查国防部长提交给总统的研究报告，并审查可能与这一问题相关的其他材料，包括在美国核武器使用政策审查小组提交给国防部长的报告中对核武器获取政策的分析等。

请将你们参加特别小组的代表告知奥迪恩先生。

亨利·基辛格①

附件 C

国防部长提交的两份报告的分析性概要
国防部战略瞄准研究结论及建议

国防部长莱尔德在 1972 年 12 月 26 日提交给总统的备忘录后面，附有国防部战略瞄准政策研究的结论，该研究是由约翰尼·福斯特领导的一个特别研究小组完成的。莱尔德的备忘录包括：

——一份核武器运用政策草案。该政策草案提供了规划实施更加灵活的战略打击选择的指南，将用于取代目前的 NSTAP。

——福斯特小组关于美国核政策的全面报告，包括一份建议的用于取代 NSDM16 的新的 NSDM、一个关于新的宣示政策的框架和一份修订版五角

---

① 1973 年 2 月，基辛格发布了以美国核政策为主题的第 169 号国家安全研究备忘录，要求成立跨部门研究小组对美国核政策相关问题进行研究，要求研究时要参考莱尔德提交的研究报告。该备忘录还明确该研究由国防部代表主导进行。详细内容参阅 "National Security Study Memorandum 169"，FRUS, 1969 - 1976, Vol. XXXV, National Security Policy, 1973 - 1976, Doc. 4。事实上，基辛格没有完全听取奥迪恩的建议，并没有原文不动地签署这份备忘录。

大楼核政策规划指南。

本文件概述了核运用政策草案及这份全面报告的要点，明确了在国安会进一步考虑这一问题时需要关注的主要问题。

I. 核武器运用政策草案

背景

国防部进行这一研究的初始目的是审查当前我国的 NSTAP，并对其进行适当的修改，以提供更加灵活的战略反应选择。该研究是迫于来自 DPRC 战略目标研究的压力才实施的。DPRC 的研究明确，核力量运用政策是美国核政策的重要组成部分，但核运用政策一直没有被纳入我们对美国核态势的研究中。

目前美国的核运用政策涵盖于 NSTAP 中，NSTAP 是一份由参联会交给战略空军司令部的文件。这份文件是制定单一联合作战计划（SIOP）的基础。目前，NSTAP 同政府的核战略指南，即 NSDM16 之间没有关系。后者处理的主要是核武器获取问题，而不是核武器使用问题。NSTAP 也没有提供总统各种声明中所要求的灵活打击选项。当前奉行的 NSTAP 相比于 20 世纪 60 年代早期麦克纳马拉参谋人员准备的原始政策文件，几乎没有什么变化，但是战略形势已经发生了巨大变化。

NSTAP 确定的打击目标有三个层次：

——摧毁苏联和中国的核进攻能力（SIOP 的 Alpha 任务）；

——摧毁苏联和中国的军事目标体系（SIOP 的 Bravo 任务）；

——严重破坏敌人用于支撑战争活动的工业基地，以及他们的城市工业中心（SIOP 的 Charlie 任务）。

当前这一政策的缺点是明显的。它唯一的目标是通过毁灭敌人来打赢核战争。它没有尝试去控制升级，也没有尝试规划有限核打击选项。此外，该政策没有考虑包含在一场核战争如何开始中的巨大不确定性。该政策关于一方或者另一方会发起一场要置对方于死地的大规模攻击的假设，或许是最不可能出现的场景。

国防部长办公室提交的核武器运用草案

新的运用政策草案同当前的瞄准政策存在显著不同，这种不同既是形式上的，也是本质上的。主要的不同在于，现有政策试图通过摧毁敌人的军队、军事能力及借助打击对方的进攻力量来限制美国遭受的毁伤等来打赢核战争。建议的新运用政策旨在快速地在低毁伤水平上终止战争。必须通过控制升级来限制美国遭受的毁伤。新政策包括了所有进攻性核武器——不仅是战略核武器，还有战术和战区核武器——而现行的 NSTAP 则只涉及战略核力量。

新运用政策的第一个主要目标是升级控制，主要通过以下方式来实现：

——确立升级边界，例如规定所用武器的类型、打击目标的类型及武器发射位置等。

——通过确保我们维持具有高生存力的打击城市—工业目标（counter-value）能力来慑止敌人升级冲突，这种能力可用于摧毁苏联的工业基础。在新核运用政策草案中具有这种能力的部队被称为"机动预备部队"（Swing Force）。

——通过给适当类型的核武器安排相应的打击任务（例如，因为轰炸机在后续阶段不具有生存能力，因此不应作为打击城市—工业设施等社会财富目标的后备力量使用），来防止不稳定性［例如，在任何核交战中面临的核力量"要么投入使用要么被摧毁"（use of lose）的压力］。通过这种设计，提供"攻击转换稳定性"（trans-attack stability），使升级压力最小化。

——避免摧毁敌方关键的国家指挥控制设施，以确保敌人有能力控制升级，而不是诉诸"自动"反应。

新运用政策的第二个重要目标是为防止升级失败的情况提供政策指南。在这种情况下，我们的核力量不是简单地摧毁敌人的人口和工业，而是要使对方残存的军事力量及战后的恢复能力最小化。这一目标是要增强战后我国的相对实力和影响力。因此，重点不在于出于城市—工业目标自身的原因而将其摧毁，重点应该是摧毁那些对战后恢复至关重要的社会资产，包括那些会成为战后重建骨干力量的军事人员。至于说有哪些目标符合这一标准，现在还不清楚，新的政策指南要求对这一问题做进一步研究。

武器分配的优先级

获得更具灵活性的反应选项的一个关键因素，是如何将核武器分配给那些要打击的目标。如何进行武器分配，决定着我们是否有数量足够、类型刚合适的核武器来实施灵活打击选择，通过打击城市—工业等社会财富目标实施后备力量威慑，确保核武器有足够的生存能力以满足"攻击转换稳定性"的需要。目前，不论我们的核武器的生存能力如何，或者我们实施的是报复性打击还是先发制人的打击，我们的大部分核武器都被分配用于打击核目标（如导弹发射井）。

按照建议的核运用政策，在以下两种情况下，核武器被分配用于打击不同目标的优先级存在明显区别。一种是建立在常备的、处于日常戒备状态且遭到了毁伤的核部队基础上的核打击选项（主要是报复性打击）；另一种是建立在戒备状态逐步加强且完好无损的核力量基础上的核打击选项（主要是先发制人打击）。下表比较了用于当前核运用政策和用于建议的新核运用政策的核武器分配优先级的不同。

核武器被优先分配用于打击不同类型目标的顺序		
当前政策	新政策	
优先级 报复性打击或先发制人打击	报复性打击	先发制人打击
1 战略核目标	城市—工业目标	城市—工业目标
2 城市—工业目标	指挥/控制系统	核部队，包括加固发射井部署的核力量
3 一般任务部队	一般任务部队及非井式的核目标	指挥/控制系统
4 不适合	加固发射井里部署的目标	一般任务部队

这里列出的不是目标遭攻击的顺序，而是为这个目标组合分配核武器的优先顺序。例如，那些对我们的工业能力构成威胁的目标会优先分配到核武器。因此，这些具有"持久生存能力"的核武器（可能是潜射弹道导弹）会被分配用于打击那些对我国城市—工业能力构成威胁的目标，即使这些武器适合于或者需要用于打击那些对我国核力量构成威胁的目标。如果我们实施先发制人打击，并不意味着威胁到我国城市—工业能力的目标在冲突中会首先被打击，相反，我们可能在打掉苏联威胁到美国及我们的盟国的核目标之后，再打击这些目标，而留着那些生存能力很强的用于打击对方社会财富的能力，来慑止苏联升级冲突或者打击我们的城市。

打击选择

由于意识到在核冲突可能会如何开始的问题上存在不确定性，新的核运用政策草案给出了范围很广的核打击选择，这些核打击选择可归结为以下四种类型。

1. 主要打击（Major Attacks）。这些是按照当前的 SIOP 思路确定的大规模战争攻击。包括四个具体的打击选项：（M1）主要对苏联和东欧的一般任务部队及核军事力量实施打击；（M2）第一个打击选项加上对政治和经济目标的打击；（M3）和（M4）分别与前两类打击选项的目标一样，只不过打的是中国而非苏联的目标。有一些限制打击的目标，被排除在分配武器实施打击的范围之外，包括那些与重要城市连在一起的目标，在一些特定国家的目标，莫斯科和北京，以及需要飞越（overlight）苏联①来打击的目标（只适用于针对中国的打击选项）。

2. 有选择的打击选项（Selected Attack Options）。属于这一类的共有 12 个选项。这些选项更多地考虑了控制升级。相对于主要打击而言，这些有选择的打击选项打击的一揽子目标要少一些。与这些有选择的一揽子打击目标配套的各种各样的留着暂时不打的目标，为阻止冲突升级划出了界限。除了前述的限制打击的目标外，还确定了一类特殊的限制打击目标，使敌方对其遭袭情况进行评估的设施能够完整保留下来，从而使敌方能够保持其攻击的有限性。在任何一种情况下，都要保留一定的用于打击对方城市—工业目标的后备力量，要用生存力强的力量充当这样的后备力量，以阻止敌人对我国城市实施大规模打击。

国防部核运用政策指南中明确的有选择的核打击选项包括：

（S1）打击苏联威胁到美国的核目标；

（S2）打击苏联威胁到北约的核目标；

（S3）打击苏联威胁到北约的空中核与常规目标；

（S4）打击苏联威胁到北约的常规地面目标；

（S5）打击苏联威胁到北约的海上目标；

（S6）不使用美国本土部署的力量打击苏联针对北约的核防御系统；

（S7）打击对我们驻亚洲地区的军队及亚洲盟友构成威胁的苏联核目标；

（S8）打击对我们驻亚洲地区的军队及亚洲盟友构成威胁的苏联常规目标；

（S9）打击苏联的防空目标；

（S10）打击中国的核目标；

（S11）打击中国的国家、民事和军事控制系统；

---

① 在 1974 年 4 月 3 日美国国防部长发布的核力量运用政策指南中，有"overflight"，所以这里的"overlight"应该是笔误，实际上应该是"overflight"，意思是需要飞越苏联来实施的打击。

（S12）打击中国对美军及其盟友构成威胁的常规军事目标。

3. 有限打击选项（Limited Options）。实施范围很广的有限打击选项也是可能的。但是核运用政策指南草案并没有真正对这一类核打击选项给予像对主要打击和有选择的打击那样的关注。它只是宣称，有限打击选项应该有可能从上述有选择的打击选项中抽取而成。它还宣称，这些有限打击选项严重依赖于具体对抗场景，需要进一步研究确定，且它在很大程度上可能会依赖于战争开始时的形势。为了便于确定有限打击选项，需要在参联会成立一个特别规划参谋部，用于研究和准备关于有限打击的预先规划，并在危机时根据需要来设计特殊的打击选项。

4. 地区打击选项（Regional Options）。这些打击选项是考虑使用部署在该地区的美国核部队来对该地区（任何一个战区）面临的威胁实施打击。如同处理有限打击选项一样，核运用政策指南草案对此问题也没有给予过多关注。它只是提出参联会要制定对已经部署的敌军，对敌人的地区控制系统、后备力量、用于强化和支持其地区部队的设施等进行打击的总计划（general plan）。参联会要发展能用于进行快速态势评估及执行这些打击选项所需要的能力。详细的地区核打击计划要由地区指挥官在打击发起前制定完成。

该运用政策指南强调，应当制定在三种情况下使用核武器的整体计划，这三种情况分别是：回击苏联核打击，在长时间常规战争后使用核武器，在战争开始后不久就使用核武器。规划人员应当假设国家指挥当局能够对核活动实施高度的指挥控制。关于核打击规划的每一个努力，都应通过对打击目标及选用武器的限制，来使核打击造成的平民附带毁伤最小化。应完整保留敌人对其战术核力量的控制能力，以防止敌人做出自动升级反应。

毁伤标准

关于核运用政策的另外一个重大变化是降低了需要达到的预期毁伤标准，特别是对加固导弹发射井目标的毁伤标准。这一变化将使大量核武器从原有的打击任务中解放出来，用于执行其他打击任务。预期核毁伤正常情况下将不超过90%（目前，这一标准高达98%。就打击硬目标而言，这种变化意味着每个目标可以节省下来数件核武器，因为在如此高的毁伤概率水平上，每一件核武器对于预期毁伤的贡献下降了）。由放射性因素导致死亡的人数将首次被计算到毁伤效果里。这将成为在有限核选择中用以避免附带核毁伤的一个准则。

参联会的作用

参联会的首要职责是填补在向总统和国防部长呈交的建议的瞄准政策中的缺项。这主要包括：

——确定"机动预备部队"的规模及组成；

——评估实施主要打击选项及有选择的打击选项的实际效用及风险；

——确定所有事先规划的有限打击选项的基本原则；

——评估地区打击选项的有效性。

Ⅱ. 给国防部长的关于整体核政策的报告

国防部长莱尔德给总统的备忘录中包括的第二份文件，是福斯特小组关于整体核政策的报告。这份报告尝试在更大的核政策框架内来考察建议的核运用政策。围绕这一目的，该报告考察了核政策的四个构成要素：

——我国核战略目标；

——我国核运用政策（即核瞄准政策）；

——我国核武器获取政策；

——我国军备控制政策。

该报告还涉及其他三个相关的核政策议题：我国的宣示政策（declaratory policy），我国核政策同北约战略及北约力量之间的关系，以及建议的新的核运用政策同我国民防态势之间的关系。

该报告最终就如下几个问题给出了建议草案：一份关于包括上述各个要素的核政策的新 NSDM（附件 A）、一份经过修订的国防项目规划指南（附录 B-Ⅱ）和一个关于我国宣示政策立场的大纲（报告 C 部分，第 32 页）。

核战略目标

该报告对我国核战略目标给予了较多的关注，对 NSDM16 进行了评判，提出了关于我国核战略目标表述的建议修改版本。

报告指出，NSDM16 实际上是一个关于获取政策的声明，且其明确的"充足"标准是模糊不清、难以实现和过时的。

——第一个标准（保持足够可信的二次打击能力）的报复打击目标体系及我们实施核打击的目的是模糊的。

——第二个标准（使对方没有实施第一次打击的动机）容易使人产生不同的理解，这一问题一直都没能解决。

——第三个标准（保持给苏联造成的毁伤超过他们给我们造成的毁伤

的能力）在全面战争极高伤亡水平情况下并没有实际意义，且如果苏联将人口从城市撤出，那么从伤亡角度看，这一标准不具有可行性。此外，如果将这一目标转换成瞄准政策，会同其他的瞄准目标（即有限打击选项）相抵触，实现这些瞄准政策目标有可能要求优先打击城市—工业目标。

——第四个标准（拥有反导防御系统）需要修改，以适应反导条约的要求，且要将北美大陆防空系统包括在内。

建议的关于我国内容广泛的核政策目标，总体上同总统在年度外交政策报告中所概述的目标保持了一致。它们包括：慑止针对美国及其军队的核打击；帮助慑止有核国家针对美国及其盟友的常规或者核攻击；防止有核国家对美国及其盟友进行胁迫。

但该报告还增加了几个特定的核政策目标，用作新核运用政策的基础。这主要包括：

——如果威慑失败，确保美国拥有强大的实力地位和影响力，通过升级控制来限制美国及其盟友遭受的毁伤。

——在升级得不到控制的情况下，通过打击那些对敌战后恢复起关键作用的社会资产，限制美国遭受的毁伤（通过打击敌人军事力量目标），以及保留一支后备力量在战后来保护美国、防止对方实施胁迫等途径，最大限度地增加战后美国在经济和军事实力上相对于敌人的优势。

——通过采取措施使敌人在先发制人的打击中得不到明显的好处，具备明确的能够对敌方破坏稳定的行动起平衡作用的能力，以及精心设计我国的力量构成，使我们的力量建设不会被苏联解读为要对他们实施解除武装式打击的威胁等，以提高在力量态势上及危机状态下的核稳定性。

关于这些核政策目标的全部影响有多大，还不清楚。该报告建议，这些问题在国防政策规划指南中会有更多关注，而国防政策规划指南是国防部长的职责范围。从总统的角度看这样的职权划分是否合理，是一个重大问题。

获取政策

报告对我们的获取政策，即关于我们应如何发展和部署核力量所做出的决定，同我们的核战略目标以及我们的核运用政策之间的关系有深入的分析。该报告声称，这里的一个重要问题是，我们正在发展的力量、正在采购的武器装备，随着时间的推移，应在多大程度上来支持这一核运用政

策。这一问题之所以重要，是因为我们以战争计划为基础的武器系统获取
政策同包括预算约束在内的其他政策要素之间可能会存在矛盾。该报告指
出，虽然我们想尽可能获得足够的核能力去执行我们的核运用政策，但是
财政、军备控制及战略稳定等方面的考虑清楚地告诉我们，获取政策不能
单单建立在核运用政策基础之上。

该报告在这个问题上并没能给出最终的结论。报告指出，该报告有一
个附件，在给出不同替代选项时对这一难题做了详细的考察。但是，对获
取政策所做的这一分析并没有包含在国防部长提交给总统的那一版报告中。
事实上，在莱尔德提交的建议的新 NSDM 中，关于获取政策那一部分留出
了一个空白。

获取政策是任何符合逻辑且合理的全面核政策的重要组成部分。制定
这样一个获取政策，实际上也是战略目标研究的主要目标之一。该报告说
明，这一问题是一个应该在国防政策及国防规划指南中重点解决的问题。
这将使这一关键问题实际上脱离总统的控制。如果我们要制定一个全面的
综合性核政策，那么这一问题就应纳入 DPRC 框架内的后续工作议程，对其
做进一步研究。

军备控制

报告对军备控制方面的问题只给予了简单的关注，这主要是因为军备
控制问题对运用政策没有直接的影响，更重要的是因为它们更多地受获取
政策的影响，而获取政策问题在福斯特小组报告中并没有得到解决。

战区核力量及宣示政策

报告声称，同我们的盟友分享我们的新核政策很重要，盟友应当参与
到我们对核政策更加详细的发展过程当中。

报告还建议，要对北约战略进行适当的修改，使其同我们的新核政策
保持一致。虽然需要对北约战略进行怎样的修改还不清楚，但是"灵活反
应"这一总的概念给我们的盟友提出了一些重大难题，我们的盟友倾向于
将这一战略概念视为要在欧洲打有限核战争，美国战略核力量要从欧洲抽
身。因此，在这个当口我们是否要在盟友中间突然宣布这一新政策，从而
引发一场战略争论，这确实是一个需要仔细研究的问题。

宣示政策会引发一个类似的问题。我们为总统起草的年度审议报告草
案中的战略核力量部分已经概括了灵活反应军事态势的主要特征。我们有

很正当、很充分的理由通过一些新的战略概念，包括增强我们的威慑在我们的盟友及对手眼中的可信性来使其公开化。但采用的方式可能同国防部长报告中建议的方式会有所不同，对这个问题也需要做进一步考察。

Ⅲ. 关键事项

该报告提出的一个主要问题是，我们是否要在总统层面上公布一个包含所有构成要素、详细到足以用于塑造我们的核态势的核政策，这些构成要素包括战略目标瞄准政策、获取政策和军备控制。使这样一个重大国家安全问题具有一定的连贯性、一致性是十分合理的，而这一问题已经有太长时间基本上不受总统控制了。

国防部长的报告及瞄准政策草案为我们制定出这样一项全面的政策提供了一个千载难逢的好机会。但是将他们提供的报告和草案用作我们做出必要决策的基础还稍显欠缺。不仅在他们建议的核打击选择中有缺项和模糊不清的地方，而且在武器获取政策这一关键问题上也没有给出答案，它当然也不会同我国军备控制目标联系起来。正如前面所指出的那样，还有一些与宣示政策相关的附带的重要问题，以及采用什么方式与我们的盟友一道来实施这一政策等问题，这些都还没有解决。最后，报告提出的这个全面的政策指南是否应该将民防包括在内，也是一个要解决的问题。

附件 D

国防部长就核武器规划问题致总统的备忘录

主题：核武器运用规划

在过去的一年里，国防部将主要精力用在了对美国核武器政策很多方面的研究上。这些努力要达成的目的主要是两个，一个是确定一个综合性的、协调一致的核运用规划政策架构，另一个是拿出相应的执行文件，对现行核运用规划做出修改。在这一过程中，我们考虑了"尼克松主义"中的核盾牌保证（the nuclear shield）、近期美国及其盟友的军事能力、您表达出来的希望有能用的核打击选项而不是大规模摧毁的选项，以及我国"现实威慑"基本战略的需要等。

我认为，我们已经完成的工作，代表着在美国核政策领域朝前迈出了重要一步。所提的建议如果能够得以实行，将消除目前我国公开宣布的核目标同实际的核打击计划之间存在的巨大反差，使两者协调起来，也将为核武器获取和核武器使用规划提供更加合理的基础。同时，包含在随附的关于核武器使用的建议政策指南中的修改了的核作战概念，表明了核运用哲学及核运用规划的重大变化。随附的另一份文件——对美国整体核政策的审议报告——对这些概念也有阐述。我认为，这些修改了的核作战概念极大地代表了目前我们在核问题上的需要，这样的政策应该被批准、实行。

参联会深度参与了核政策修改过程，他们支持对政策的修改。他们对执行新的核运用政策提出了一些问题，但他们表示有信心使这些问题得到满意的解决，并已经着手为调整核运用规划做准备。我们估计，在 6～12 个月内，新的核运用政策的要求就可以在核作战计划中得到体现，但新的核运用政策要得到全面执行，将需要长达两年的时间。

我已经让主持国防部这一研究任务的福斯特先生将我们的研究成果向国务卿罗格斯和基辛格博士做了简要报告，并由他协助在国家安全委员会把这件事继续推进下去，他是国防部这一项目的负责人。在我们的建议能够打动您和您身边的顾问们的情况下，他还准备就有效执行这一政策的合适安排进行讨论。我打算近期同艾略特·理查德森（Elliot Lee Richardson）①就这一问题进行讨论。

我相信，批准和执行我们建议的核打击规划方法，将填补我国国家安全规划和军事战略规划在概念和操作上存在的一个重大缺口。我力主快速关注和处理我们提交的这些文件，以便我们的政府能够从那些现在已经深刻认识到这一问题且有了相关洞见的人那里全面受益。

梅尔文·莱尔德

附　件

莱尔德关于建议的核武器运用政策指南概要

建议的核武器运用指南指出，威慑是美国的基本政策目标。为了支持

---

①　艾略特·理查德森将于 1973 年 1 月接替莱尔德出任美国国防部长职务。

这一目标，该核武器运用政策确立了核打击选择的目标及指导方针，核打击选择用于执行对美国认为能够威慑对手的目标实施打击，它同我们关于威慑政策的看法及解读是一致的。

作为核武器使用及规划的政策指南，该文件做出如下表述：

　　如果威慑失败，主要目标是确保美国有强大的实力及影响力，并限制美国及其盟友遭受的毁伤。这些目标将通过升级控制来实现，具体包括：（1）通过实施有选择的军事行动来保护美国核心利益，并消除敌人进一步侵略的动机；（2）努力限制暴力的范围及强度；（3）通过将敌人一些重要目标留作"抵押品"，威胁随后将对其摧毁，胁迫敌人坐下来就终止战争进行谈判。

　　当升级不能得到控制时，美国的目标是确保战后美国在剩余的政治、经济和军事实力上，相对于敌人有最大的优势，排除敌人占优的可能性。这一目标将主要通过以下措施来实现：（1）摧毁敌人那些对其战后实力和影响力，以及对其战后国家和军事恢复至关重要的政治、经济和军事资源目标；（2）限制美国及其盟友遭受的毁伤；（3）保持一支战略核力量作为后备力量，用于保护美国，防止战争期间及战后被敌方胁迫。

该政策指南既适用于战略核力量，也适用于部署在战区且具备核能力的力量，还规定了与盟国核力量运用计划之间的协调关系。

该文件确定的核打击规划正式架构规定了四种核运用选项类型，分别是：主要打击选项、有选择的打击选项、有限核选项及地区核选项。关于这些不同类型的攻击选项的主要特点见图1。

确立这一正式的核打击规划架构的初衷，是发挥预先规划的优势，由此可能实现必要的灵活且快速反应的核打击规划。这些分类之间的界限并不十分明显，进行划分也没有什么特别的意义。

针对苏联和中国的主要打击选项与有选择的打击选项，是依据打击目标从整体上进行区分的。这些打击选项中包括的具体的打击选项，分别在表1和表2中列出来了。正如图1所指出的那样，有选择的打击选项所打击的目标，实际上是主要打击选项要打击的目标中的军事类目标的子集（sub-

set）。有选择的打击选项提供了事先规划好的核打击，可用作我们灵活使用
核武器来控制冲突的一种额外的举措。例如，如表 1 所示，在针对苏联的核
打击选项中，S1 瞄准的是对美国构成核威胁的目标，S2～S6 瞄准的则是威
胁到在欧洲的北约国家的目标，而 S7 和 S8 则是瞄准那些威胁到在亚洲的美
军及美国盟友的苏联目标。在可能的情况下，要区分核威胁目标与常规力
量目标（如 S2 与 S3～S5、S7 与 S8）。进一步讲，S3～S5 则提供了对敌人空
中、地面和海上力量目标分开打击的选项。

　　对主要打击选项及有选择的打击选项，通过规定禁止打击的目标名录
及在执行过程中留着暂不执行的打击选项对其进行了额外的界定，提供了
额外的灵活性。这些规定见表 3。该政策指南实际上为每一种打击选项类型
都确定了禁止打击目标的名录及留着暂不实施的选项。

　　除这些打击灵活性外，政策指南还通过提供有限核选项来适应当下始
料未及的新形势，在这种形势下"主要打击选项和有选择的打击选项不太
适合达成相应的政治/军事目标"。有限核选项打击强度相对较低，"可以在
对预计可能出现的危机形势进行正常规划期间来确定，也可以在危机期间
或者敌对状态出现之后来确定"。对主要打击选项和有选择的打击选项事先
做出规划，便于快速确定有效的有限核选项，有限核选项甚至可以在一定
程度上使用前两者中的一些武器—目标的配对组合。

　　（大约 3 行内容未解密——编者注）

　　第四种打击选项类型是地区核选项，提供（大约 20 行内容未解密——
编者注）。

　　在建议的政策指南中有几个与地区冲突中核武器使用选项相关的重要
概念。第一，该政策指南指出，敌方常规力量在"对敌人战后恢复实施内
部控制、保护用于其战后恢复的外部资源的安全，以及继续威胁美国及美
国盟友"等方面发挥着重要作用。基于这种认识，政策指南规定，在主要
打击选项和有选择的打击选项中，要事先规划对这些常规力量及与其相关
的支持设施的打击。有选择的打击选项中关于这一部分的规划，将用作支
持地区冲突中的有限核选项的基础。第二，政策指南指出，保留敌人国家
层次的控制能力和对遭到的攻击进行评估的能力，对于通过政治程序来结
束冲突至关重要。在为控制升级而设计的打击选项中，明确要求避免对这
些目标实施打击。第三，政策指南指出，用于地区冲突的核选项一定不能

显著降低我们用于慑止针对我国大规模攻击的能力。第四，核作战带有极大的风险和不确定性。所以，政策指南要求参联会对核使用计划的有效性、效用及带来的风险做出评估，并准备在有限核冲突期间向国家指挥当局提供近乎实时的关于战术形势的建议。（约1行内容未解密——编者注）

总之，建议的政策指南为在各种政治/军事对抗中通过使用核武器来维护国家利益提供了重要依据以及正式的规划架构。指出下面这一点十分重要：尽管核武器实际上是一种威力极大的武器（immense power），但它们还没有强大到不需要有好的规划、不需要有足够的后勤保障、不需要有精心设计的战术策略、不需要有深思熟虑的军事战略、不需要实施专业化作战的程度。（大约半页内容未解密——编者注）

主要打击选项	有限核选项
·大规模的，需要事先计划 ·要区分对苏联和对中国的打击选项 ·打击军事目标选项包括打击核目标及打击常规目标 ·打击社会目标选项包括打击政治目标、经济目标和军事目标 ·有留着暂不实施的打击选项	·通常是小规模的 ·事先计划，或者临时计划 ·使用战略和战区核力量 ·达成有限目标： 发出信号，对等反应，谋求地区优势 ·国家指挥当局在正常规划过程中以及危机和冲突期间参与确定
有选择的打击选项	地区核选项
·中等规模，要事先计划 ·打击军事目标 ·是主要打击选项的子集 ·严格限制核打击的目标，依据： 打击地区，目标类型，所用美国军事力量 ·有留着暂不实施的选项，且数量增加	·攻击范围及所用力量限定在地区冲突范围 ·一般性计划，遵从交战规则 ·要达成的目标： 打击敌人部队，剥夺敌人进一步侵略的机会，为政治解决提供便利 ·国家指挥当局进行控制

图1　打击选项的架构

表1　针对苏联的主要打击选项和有选择的打击选项

	选项编号	打击的目标
主要打击选项	M1	苏联及其东欧盟友境内的综合军事目标体系
	M2	M1中的目标加上位于苏联境内，对其战后恢复而言必需的城市、工业、政治、经济及军事资源
有选择的打击选项	S1	苏联威胁到美国的核军事目标
	S2	苏联威胁到北约的欧洲成员国的核军事目标
	S3	对北约的欧洲成员国构成威胁的空中核及常规军事目标
	S4	对北约构成威胁的地面军事目标

续表

	选项编号	打击的目标
有选择的 打击选项	S5	苏联和东欧国家威胁到北约的海军部队
	S6	对北约的欧洲成员国构成威胁的综合军事目标体系，但不使用美国本土部署的力量
	S7	苏联对美国在亚洲的驻军及亚洲的盟友构成威胁的核军事目标
	S8	苏联对美国在亚洲的驻军及亚洲的盟友构成威胁的常规军事目标
	S9	有选择地压制苏联的防空体系以展示苏联在打击面前的脆弱性

表 2　针对中国的主要打击选项和有选择的打击选项

	选项编号	打击的目标
主要打击 选项	M3	中国及其盟国境内的综合军事目标体系
	M4	M3 中的目标加上位于中国境内，对其战后恢复而言必需的城市、工业、政治、经济及军事资源目标
有选择的 打击选项	S10	中国可实战使用的核军事目标，以及单独的或者混合的用于核能力重建的资源、手段
	S11	中国的国家、民事和军事控制能力
	S12	中国及其盟友可对美国在亚洲的驻军及亚洲的盟友构成威胁的常规军事目标

表 3　禁止打击的目标名录及留着暂不实施的选项

禁止打击的目标类型	备注
适用于主要打击选项与有选择的打击选项	
城市	那些位于主要城市内或者与主要城市连在一起的目标
乡村	
国家统治机关	莫斯科或北京
国家军事控制机构	包括通信设施
打击评估设施	能够使敌方领导人对遭到的核攻击的性质做出评估的传感器及与其连接的通信系统
需要飞越苏联实施的打击	
适用于有限核选项及地区核选项	
包括额外一些禁止打击的目标名录及留着暂不实施的选项	

评　介

自 1969 年尼克松政府上台开始，美国军方对总统尼克松及其国家安全事务助理基辛格关于修改核政策、增加有限战略核打击选项的提议一直持抵制态度。在白宫方面持续施压下，到了 1972 年，国防部长莱尔德的态度开始转变。1972 年 1 月 19 日，国防部长指示在国防部内部成立一个特别委员会，对"美国战略核武器运用政策"进行研究。这是 1969 年以来美国国防部首次主动对这一问题进行综合性研究。这份备忘录是关于此次研究所得主要结论和观点的概述。

国防部组织的内部研究，最终形成了核武器运用政策草案和关于美国整体战略政策两份报告。核运用政策草案正面回应了白宫在核武器运用政策上的主要关切，将"提供更加灵活的战略反应选项"作为出发点和主要目标，主要从两个方面提出修改建议。一是将控制核冲突升级，在尽可能低的水平上结束冲突，作为核力量运用主要目标，并提出了实现这一目标的举措；二是着眼战后博弈进行核力量运用规划，强调大规模核交战中美军应重点摧毁那些对敌保持战后实力、战后恢复起关键作用的目标，以延缓或者迟滞敌人战后恢复和重建进程，确保美国在战后仍居优势地位。

国防部提出的核武器运用政策草案的最大亮点，是构建了由四类核打击选项构成的核打击选项体系，依据打击对象、打击目标、打击规模等，将核打击区分为主要打击、有选择的打击、有限核打击和地区核打击四种类型，在前两种类型核打击之下又明确提出了更加具体的次级打击选项。通过构建这样的一个核打击选项群，在一定程度上增强了美军核打击的针对性、灵活性。

国防部此次研究还在历史上首次明确了美国核政策核战略体系框架，对其内容进行了规范。报告明确，在总体核战略目标之下，美国核政策核战略应包括核运用政策、核武器获取政策、核军备控制政策、宣示政策、对北约的核政策，以及民防与核运用政策的关系等内容。

由该文件可以看出，美国白宫对国防部的研究存在明显的矛盾心理。一方面他们认为这一研究是朝着白宫希望的方向迈出的重要一步，另一方面他们又对由国防部主导核政策核战略制定和调整进程、总统有可能仍然不能控制这一领域表现出极大担忧。白宫和五角大楼围绕核政策制定的主导权仍在明争暗斗。

美国国防部的内部研究为后续相关研究打下了重要基础，也在很大程度上搭建起了尼克松政府核政策核战略的基本框架。其确定的核打击规划基本模式（进一步区分打击选项类型，每一种打击类型包括若干具体打击选项）以及核政策核战略内容框架体系，成了此后美军核打击规划、核战略指导的标准模式，到现在一直都在沿用。

五十八

跨部门工作小组 "美国核政策" 研究（NSSM169）摘要报告[*]（1973 年 6 月 8 日）

1973 年 6 月 8 日，华盛顿

NSSM169——美国核政策摘要报告

第 169 号国家安全研究备忘录（NSSM169)① 要求对包括所有核力量在内的美国现行核政策进行审查，并对当前核政策可能的变化进行评估。这份报告对 NSSM169 工作小组的分析和建议进行了概括和总结。

工作小组研究认为，一个新的以下列概念为基础的关于战略核力量及战区核力量（theater nuclear forces）的运用政策是可取的、可行的②：

——为更多核打击选择确定目标、制定指导方针，更多核打击选择可以为国家指挥当局（NCA），即美国总统和国防部长，或者是他们的继任者或者接任者提供更大的灵活性。

——与这些核打击选择关联的，是在威慑和外交努力都失败的情况下，将 "升级控制" 作为结束冲突的一种方式，以保护美国生死攸关的利益。

---

* "Summary Report of the Inter-Agency Working Group on NSSM 169", FRUS, 1969 - 1976, Vol. XXXV, National Security Policy, 1973-1976, Doc. 17, pp. 49-82; "NSSM - 169—Summary_ Report" [Includes Attachment], Digital National Security Archive（DNSA).

① 1973 年 2 月 13 日，美国总统国家安全事务助理基辛格向美国国务卿、国防部长和中情局局长发布第 169 号国家安全研究备忘录（NSSM169)，要求组成特别小组（ad hoc group），参考国防部内部研究成果，对美国已有核政策进行审议，提出修改意见，评估改变核运用政策可能产生的影响。该文件还明确，这一研究由国防部的代表来主持，NSSM169 见："National Security Study Memorandum 169", FRUS, 1969-1976, Vol. XXXV, National Security Policy, 1973-1976, Doc. 4, pp. 19-20。本资料实际上是遵照这一研究备忘录要求所得研究成果的内容概要。

② 在第二份原文件（DNSA）中，此处及下面四点都被标记了下划线。

——在大规模报复中，瞄准那些对敌人战后实力和战后恢复起至关重要作用的政治、经济和军事目标。这可以用作对苏联和中国的主要力量集团实施更直接的胁迫性威胁，也可用作对大规模核攻击的威慑；在控制升级难以实现的情况下，通过这样的报复性攻击使对手得不到任何实质性收益，能更直接地维护美国的利益。

——即使在实施报复性打击之后，也要掌握一支规模相对较小的特定的后备力量，用于慑止战后敌方对美国及其盟友的胁迫。

工作小组还认为，发布一个集核力量获取、部署、运用计划，以及军备控制、公开声明等于一体，共同支撑美国国家目标的核政策是可取的。本报告讨论了建议的对核运用政策的改变及其对核政策其他要素的影响。

工作小组将很多背景资料以及它们在摘要报告中的引注集中在一起，作为文件 A 和文件 B。对这些文件的重复引用，说明工作小组感到这些文件中包括了很多在本报告中需要考虑的更加重要的材料。但是，工作小组并不想去弄出一个关于这些文件的大家意见都一致的文本，而且有些人还希望从某些部分中将这些材料单独抽出来。附件 II 列出了这些文件的清单，以及每一份材料的内容摘要及来源①。

A. 简介

这份研究报告在以下基础上对现有核政策可能的变化进行了评估：

——这些变化相对于基本国家政策而言是否可取；

——用于支撑核政策这些变化的假设是否合理；

——这些变化对与盟友（特别是北约盟友）以及潜在对手的关系的影响如何；

——这些变化对关于限制战略武器谈判（SALT）的规划有何影响；

——这些变化同美国核武器获取政策之间的关系如何，对其有何影响；

——政策声明方面存在的问题及这些变化如果被采纳应当按照什么样的程序来对外宣示。

基于 NSSM169 的审议由一个跨部门工作小组来完成，工作小组由国防部国防研究与工程主任（DDR&E）来领导，成员包括来自国防部长办公室、

---

① 参照的第一份原文件（FRUS）中没有收入附件 I "建议的关于广泛的国家战略核武器及战区核武器政策的国家安全决策备忘录（NSDM）草案"，以及附件 II "关于某些文件的清单"。而参照的第二份原文件（DNSA）则包含这两份附件。

参联会、国务院、中情局的代表，以及国安会的职员。

按照指示，本审议考虑提出的运用政策建议及其相应的支撑性分析，经国防部长提交给总统。本报告中考虑的对现有核政策的调整，源于之前接续研究的成果，包括国防项目审查委员会（DPRC）战略目标研究的成果。

本报告覆盖以下主要议题，对其更加丰富的分析在背景参考资料中可以找到。这些议题包括：

——美国核政策的构成要素及目标；

——需要对美国核政策进行仔细审议的原因；

——工作小组关于核运用政策的主要研究成果；

——其他相关的考虑，包括与获取政策的关系、对 SALT 的影响、宣示政策等；

——建议及执行方面的提议；

——对工作小组的建议进行评估时需要考虑的关键事项。[①]

此次对美国核政策进行审查的目的，是确定当前核政策中存在的问题，提出一个各要素相互协调的核政策框架供批准。这一审查必定只是漫长的核政策调整进程的开始，而不是结束，不是一次修改就完事。

B. **美国核政策的构成要素及目标**

美国核政策应当为国防部关于战略和战区核力量发展项目、预算、作战等的规划，以及美国政府其他机构对包括与其他国家的核关系、军控协议谈判等在内的相关行动的规划提供宽泛且明确的指导方针。

谈到核政策，很重要的一点，是要认识到它有多个方面。核政策的构成要素包括：

——运用政策，即如何用现有可用的核武器进行瞄准，以及在核冲突中如何使用这些核武器；

——部署政策（deployment policy），即如何部署我们的核力量和核弹头，特别是如何在海外进行部署；

——获取政策（acquisition policy），即用于发展和采购用于未来的核武器系统的规划准则是什么；

---

① 以下简介部分的内容，在参照的第一份原文件（FRUS）中被省略。

——关于核政策的公开声明（declaratory statements on policy），即我们如何向公众、盟友和对手来描述我们的核政策。

此外，还必须考虑美国军备控制目标及正在进行的军备控制活动。美国军备控制的主要目标，是通过谈判而非不受限制的竞赛使美国保持足够的战略核力量，通过降低爆发核战争的可能性、增强军备竞赛稳定性，来强化美国安全。军备控制通过限制敌方力量来支持美国核政策，主要是支持获取政策。但这并不是说，我们的核力量发展规划要以必须达成军备控制目标作为前提。事实上，我们的获取政策应当为军控谈判失败提供防范，但同时，我们的获取政策也应为我们的对手提供更多促使他们达成军控协议的激励。但不管怎么说，制定核政策时必须要考虑军备控制因素。

核政策的这些构成要素应相互协调一致地支撑国家为核力量确定的目标。这些目标为评估当前核政策、提出如何修改核政策的建议等提供了切入点。这些目标包括：

1. 首要和最重要的目标，是慑止任何使用核武器攻击美国的行为。

2. 对下列行为发挥威慑作用：

a. 慑止那些有美国盟友参与或者其他与美国安全密切相关的国家参与，且这些国家在冲突中受到了有核国家威胁的军事冲突；

b. 威慑针对美国、美国盟友及美国海外军队的常规攻击。

3. 作为必然的结果，禁止敌方通过威胁使用核武器来胁迫美国、美国盟友及其他与美国安全密切相关的国家。

4. 如果威慑失败，在美国及美国盟友损失最小的尽可能低的冲突水平上停止冲突，当涉及美国核心利益时阻止敌人达成其目标。

5. 从两个方面构建有利于保持稳定的核态势：

a. 减少使用核武器，特别是在危机情况下使用核武器的动机；

b. 减小进行徒劳的或者应对式军备竞争的潜在压力。

C. 当前的核政策及其改变的必要性①

1. 美国现有核政策文件

除了关于 SALT 的一系列国家安全决策备忘录（NSDM）之外，1969 年 6 月 24 日发布的第 16 号国家安全决策备忘录（NSDM16）是目前唯一正式

---

① 文件 A“对美国核武器运用政策的审议”及文件 C“美国核政策”（第 9～19 页）对这一问题有更充分的讨论。——原文件注

的关于核政策的总统指南。这一指南涉及获取政策，宣布在进一步研究之前，美国战略核力量应满足四条标准。这四条标准简单地说，就是：

——保持确保报复能力；

——美国核力量不应刺激、"鼓励"苏联发动第一次核打击；

——苏联对美国城市/工业能力的毁伤不能明显超过美国对其城市/工业能力的毁伤；

——为美国提供区域性的"薄"反导防御保护。

这份正式指南涉及的内容，在总统对外政策报告以及国防政策和规划指南（DPPG）文件①中已经得到了极大的扩展。

当前的国家战略瞄准与攻击政策（NSTAP）为战略核力量及一部分战区核力量②运用提供了指南。这项于 60 年代早期制定的政策宣称：美国在全面核战争中的目标是击败苏联及其盟友，并以有利于美国的方式结束战争。NSTAP 强调主要实施限制损伤式（damage-limiting）核打击，打击苏联核力量，并摧毁敌人支撑战争的工业能力。该政策提供了五个单一联合作战计划（SIOP）攻击选项③，在最新一版 SIOP 中，规模最小的攻击选项也要动用 2500 枚核弹头。

除了 SIOP 外，战区司令官也有有限使用核武器的应急作战计划。此外，欧洲盟军最高司令（SACEUR）也有关于北约核力量运用的全面打击计划（GSP）。现有的这一核规划体系，本身有能力提供使用战略核力量和战区核力量进行有限打击的选择，但缺少为此提供目标和指导方针的国家政策文件。

2. 改变的必要性

NSDM16 明确的标准在很多方面已经难以满足需要，或者说已经过时。这些标准有一些模糊的地方，容易有各种不同的解读；在有了反导条约的情况下，区域防御这一条标准已经失去意义了；它也不能为核武器运用以及战区核力量获取与部署等提供指导。

修改当前的核政策还有其他更重要的原因：

---

① 1973 年 3 月 25 日，美国时任国防部长理查德森发布了 1975~1979 财年的国防政策和规划指南。——原文件注

② 在这份报告中，"战略核力量"指的是陆基洲际导弹、潜射弹道导弹和洲际航程轰炸机。美国其他的所有核力量被称为"战区核力量"。——原文件注

③ 五个具体的核打击选项请参看本书收录资料五十一。

——在 50 年代和刚进入 60 年代的时候，美国核能力居于优势地位，通过威胁实施大规模报复，打击苏联军事目标，或者人口/工业目标，来慑止苏联在世界上任何地方发动核攻击或者常规攻击，还可以说是可信的威慑。但现在情况已经变化了。苏联已经有了很强的威慑美国对其进行战略打击的能力，这一点已经被第一阶段限制战略武器谈判协议（SALT I agreement）证实了。如此一来，除了用于回应美国大规模打击这一情况外，用大规模报复对其他情况进行威慑，其可信性已经严重受损。

——受战略平衡关系的变化及其他因素的影响，美国盟友，特别是其北约盟友，对美国给它们提供核威慑的能力及这种威慑的可信性的看法已经发生了变化。这使得它们对美国安全保证的关注度上升。

——在关于美国核威慑威胁、核政策公开声明和实际的核运用政策等的流行观点之间，开始出现矛盾。当前的核政策强调通过威胁进行大规模报复来慑止核攻击。但流行的观点继续把人口和工业中心看作要威胁打击的目标；认为政府声明没有明确要打击哪些目标，当前运用政策导致的结果，是重点打击敌人军事力量。

——还没有关于战区核武器获取和运用的公开的国家政策指南。

——尽管好几个总统声明都强调，希望通过灵活的核力量运用选择来对挑衅做出相应反应，但不论是现有的核力量运用选项，还是必要的计划机制，都难以满足国家指挥当局关于快速进行危机反应的要求。建立有限核打击规划系统和程序是可行的，但在国家层面还没有为这样的规划提供相应指导的政策。

——因为当前美国的核政策不够充分，所以美国在 SALT 和中欧地区裁军谈判（MBFR）[①] 上的立场并不必然反映美国清晰的、相互协调的政策目标。不管怎么说，最近进行的关于军备控制的分析，已经开始有了更多的考虑，包括本报告讨论的一些问题。

总之，现在并非 NSDM16 中所有决定都能够得到有效执行，而基于 NSDM16 政策指南的安排并不能慑止低于全面核战争水平的其他冲突。在国家层面，目前在执行宣布的灵活核选择政策方面，还没有采取什么举措。美国核政策存在缺口（如缺少关于战区核力量的国家政策）和不协调的问题

---

① 中欧地区裁军谈判全称"关于在中欧共同减少部队和军备以及有关措施的谈判"。1973 年 1 月至 6 月相关各方在维也纳举行了筹备会议，当年 10 月开始正式谈判。

（如宣布的核运用政策与实际的核运用政策之间相互矛盾），而自美国对其核政策进行最后一次全面评估以来，世界政治—军事环境已经发生了巨大变化。

D. 建议的核运用政策

NSDM169 工作小组重点研究了核运用政策。包括获取政策在内的核政策其他方面虽也都有涉及，但对如何计划使用可用的核武器问题研究得最深入，而对如何获得新武器问题的分析则相对较少。我们的研究还涉及军备控制和宣示政策（declaratory policy）。获取政策、军备控制和政策声明将在 E 部分进行讨论。

在这一部分，研究了建议的核运用政策的以下几个主要方面：

——对当前核运用政策的主要改变；

——对核运用规划的考虑；

——NSSM169 工作小组的结论。

1. 核运用政策的变化

建议的核运用政策包括如下重要内容[①]：

——国家核运用政策指南既适用于进攻性战略核力量，也适用于所有的进攻性战区核力量。

——如果威慑失败，核运用政策目标应当是控制冲突升级，争取在损失最小的情况下结束战争，同时保护美国核心利益不受损害，保留在必要时推动冲突进一步升级的能力。

——在难以控制冲突升级的情况下，美国的目标是摧毁那些对敌人战后能力及战后重建起至关重要作用的政治、经济和军事目标。

——为控制升级明确瞄准和打击概念，包括：在明确界定的范围内实施核战争，威慑敌人进一步升级冲突，保持核攻击转换稳定性[②]，避免破坏敌人国家层面的指挥控制系统。

[①] 文件 B 中包含了通过国防部长提交给总统的建议的新的核运用政策。文件 A 包括了支撑性理由及与当前的 NSTAP 的对比。建议的运用政策并没有提供关于规划运用核防空、反导力量及反潜战力量的指南，也没有覆盖类似于侦察、必要的非核力量运用等相关的或者辅助的行动。这些事项将是国防部下一步需要研究的问题。——原文件注

[②] 最可能留着用于慑止敌人升级冲突的攻击选项，应该使用有足够的持久生存能力的部队及指挥、控制、通信（C³）系统，这些力量和系统能够在冲突期间长时间保留下来，并能够及时、有效地执行相应的核打击选项。——原文件注

——明确了用于主要核冲突（major nuclear conflict）的瞄准和打击概念，包括：摧毁敌人政治控制能力，敌人战后重建最需要的资源，以及那些会用于进行国内控制、保护其外部资源，对美国及美国盟友构成威胁的敌方军事力量（特别是常规力量）。

——提出了一个灵活的、对打击选项进行事先规划和临时规划的框架，这些打击规划能够体现前述的这些概念。

——明确规定核战争计划中分配核武器进行瞄准的相对优先权，其中一些优先权是可变的，如何变化要视美国进行核打击的目的是要发起核冲突，还是要对敌人发起的核冲突做出回应来确定。例如，在美国实施二次核打击时，打击苏联洲际弹道导弹的优先级最低，而在进行第一次核打击时，打击这些导弹的优先级就高。

——要有特定的后备力量，除非国家指挥当局有特别要求，否则这一部分力量将不被用于实施任何核打击。这些力量将用于慑止战后敌人可能的胁迫，但依据国家指挥当局的决定，这些力量也可以部分地用于加强核打击。

——规定和平时期国家指挥当局要审议核运用计划，在危机期间国家指挥当局依据当时的政治—军事需要应当参与修订核运用选项。

——在文件 B 中提出的建议的核运用政策指南由广义的政策指南和更详细的核运用计划指南（包括为特定的攻击选项明确目标和指导方针）两部分组成，以利于后续对其进行完善。

在所有这些变化中，对建议的运用政策来说最关键的是三点，值得进一步详细讨论。这三点分别是：打击选项的构成、升级控制、重大核冲突中的瞄准理念。

a. 打击选项的构成

这里有四种类型的核运用选项，分别是：主要打击选项（Major Attack Options，MAO）、有选择的打击选项（Selected Attack Options，SAO）、有限核选项（Limited Nuclear Options，LNO）和地区核选项（Regional Nuclear Options，RNO）。这同之前的国家战略瞄准与攻击政策形成了鲜明对比。之前的国家战略瞄准与攻击政策只提供了主要打击选项以及数量很少的可选择的打击选项。这些类别的核运用选项的主要特征如下图所示。

构建这一正式的核打击选项框架的出发点，是要利用预先规划的好处，

主要打击选项	有限核选项
·事先计划，大规模 ·区分对苏联和对中国的打击 ·打击军事目标选项包括打击核目标及常规目标 ·打击城市目标选项包括打击政治、经济和军事目标等 ·由国家指挥当局来选择实施何种打击，决定是否停止打击	·通常是小规模的 ·事先计划，或者临时计划 ·使用战略和战区核力量 ·达成有限目标： 发出信号，对等反应，谋求地区优势 ·国家指挥当局在正常规划过程中以及危机和冲突期间参与确定
有选择的打击选项	地区核选项
·中等规模，事先计划 ·打击军事目标 ·是对重要打击选项里的部分目标实施的打击 ·升级边界：地区，目标类别，美国军事力量 ·由国家指挥当局来选择实施何种打击，决定是否停止打击，决定是否扩大打击	·攻击范围和使用的力量限于地区冲突 ·通常要提前批准计划 ·目标： ·对抗敌人军事力量 ·剥夺敌人进一步侵略的机会 ·为政治解决提供有利条件 ·国家指挥当局通过规定目标和交战规则实施指导

打击选项的架构

预先规划可提供计划的灵活性；要获得进行快速计划的好处，快速进行计划很必要。每一类这样的核打击选项都设计用来支持下一部分要讨论的升级控制概念。不同类别核打击选项之间的界限并不是完全清晰的，在它们之间硬是划出明确的界限，意义也不大。

主要打击选项用于对苏联及其盟友，或者对中国及其盟友实施大规模打击。对苏联和对中国的打击是完全分开的，可以打击这两个国家中的一个，也可以同时打击这两个国家。可以留着暂时（withhold）不对这两个国家的全部盟友或者部分盟友进行打击。

有选择的打击选项用于对挑选的地区性目标或者不同类型的目标实施中等规模、事先计划好的攻击，是专门设计的另外一种用于控制升级的灵活性举措。每一个有选择的核打击选项都是"主要打击选项"中所打击的军事目标的一个子集，它们经过特别的设计，既可独立实施，也可同其他有选择的打击选项一起实施，或者作为主要打击选项的一部分来实施。

有限核选项用于适应当前不可预见的环境变化，在这样的环境中，"主要打击选项"和"有选择的打击选项"同我们希望达到的政治军事目标难以匹配。通常情况下，有限核选项的打击强度较低，可以在危机前、危机期间或者敌对期间的正常规划过程中对这样的核打击进行规划。提前做好的"主要打击选项"计划和"有选择的打击选项"计划，为快速生成有效的"有限核选项"计划提供了便利，有时甚至可以直接使用这两种打击计划中的一些武器打击组合，来生成"有限核选项"计划。

地区核选项用于在战区范围内或者在履行地区防务义务时，需要通过使用核力量、核资源对敌人的进攻立即做出可靠反应才能最有效维护美国及其盟国利益的情况①。"地区核选项"的目标是与常规军事力量一道抗击敌人军事侵略，为通过政治途径解决冲突创造条件。基于"地区核选项"的性质，只能在实施这种打击前对其进行详细规划，而且这种规划通常由冲突地区负责军事作战的指挥官来组织实施。但是，为了确保在规划"战区核选项"时能顾及美国整体战略目标和当地具体的军事形势，建议的核运用政策规定：覆盖可能的应急情况的全面计划应提前准备好，并对其有效性及其与国家核运用政策的一致性进行审查。建议的运用政策还规定，在敌对期间，国家指挥当局应通过规定详细交战规则、对建议的核打击行动进行详细审查和可能的调整，或者将其中一些核打击行动合并等方式，对此类核打击实施高度控制。

b. 升级控制概念

在当前的核运用政策中，"限制损伤"被认为是纯军事性质的打击对方核威胁目标的行为，至少在同苏联对抗时，很难让人相信这能使美国遭受的毁伤保持在较低水平。另外，"限制损伤"作为一个政治—军事概念，通过升级控制似乎变成了有可能实现的方法，它既可以为国家指挥当局提供更多的处理危机的选项，也有助于实现国家目标。

这就是与当前美国运用政策的主要不同之处。它是以一种关键假设和一种关键的保留与克制（a key reservation）作为基础的：

——它假设对抗双方的目标是有限的，且它们为实现目标而愿意承受的损失也是有限的。美国控制冲突升级的努力会表现在对使用核力量的克制上，同时也要使其对手相信：如果其坚持要升级冲突，美国将突破这些限制。这会给对手提供重新考虑自己行为的机会。

——它也承认，从一定程度上讲，敌人如果愿意承受任何损失，或者缺少中途暂停下来和重新思考的途径，升级控制概念就不会起作用。因而，这一运用政策给国家指挥当局提供了通过建立必要的机制进行升级控制的

---

① 这一界定不打算排除使用分派给北约的"海神"弹头或者其他部署在战区的其他"战略性"核打击系统。——原文件注

机会，但这并不能代表国家指挥当局一定要这样做，也不会危及美国应对重大核冲突的能力。

关于升级控制的前景在 G 部分（议题 1）进行考察，而运用政策的这些变化对威慑的可能影响也会在 G 部分（议题 2）进行考察。外界对这一政策的看法，以及对手关于这一政策的反应，在 G 部分议题 3 和文件 H 中有讨论。

关于运用政策的这一部分，相应的有以下一些考虑：

——具备对直接交战区内的敌人军队实施非连续的有限核打击的能力，使敌人达不成其地区性目标，同时要将敌人的一些关键目标留作"抵押品"（hostage），以影响敌人关于行动的潜在收益和潜在损失的评估，同时也给他们留出了重新思考的时间；

——要建立一个核打击选项框架，通过允许在明确限定的范围内、在低于大规模对敌攻击的水平上使用核武器，来达成规定的目标；

——保留后续可能用于对敌方心目中高价值目标进行大规模攻击的能力，以慑止敌方将冲突进一步升级；

——不对敌人国家级指挥、控制、通信和情报系统进行攻击，使敌国领导人能够辨别美国打击的性质，管束他们的军队，同美国进行谈判。

通过为预先规划好的和事前才计划的对挑选的目标进行的各种强度的军事打击详细规定目标，使升级控制在运用计划中得到体现。还要规定，要依据危机进展情况来修改目标，调整相应的实现目标的计划。因此，对有限核冲突进行规划的方式发生了转变，之前将明确要打击的目标置于最重要位置，现在，由国家指挥当局明确特定的与危机相关的政治—军事目标则最为重要。

c. 重大核冲突

如果升级得不到控制，美国陷入一场重大核冲突中，那么建议的运用政策明确，美国此时的目标是为美国在战后大国力量对比中争取到尽可能有利的态势。这同现在 NSTAP 规定的以对美国及其盟友有利的方式结束战争这一核心概念形成了鲜明对比。现行政策的这一目标通常用战后双方还剩下多少战略核力量进行衡量。

现行 NSTAP 强调的进行最终的大规模报复威胁的概念，在建议的运用政策中得以保留，但是其威胁打击的主要目标有了变化，主要威胁打击以下这些对敌人战后实力和战后恢复起至关重要作用的目标：

——打击敌人的政权及其控制工具；

——打击对敌人社会和军事恢复起至关重要作用的城市、工业和经济资源；

——打击敌人军事力量，特别是常规军事力量，否则这些力量在敌国对战后恢复实施内部控制、保护战后恢复所需资源的安全、继续威胁美国及其盟友等方面会发挥重要作用。

威胁打击那些对敌人战后恢复起至关重要作用的政治、经济和军事目标，也是控制升级的重要举措，因为在有限冲突中留着这些目标不打，就是要慑止敌人进一步升级冲突。从逻辑上讲，威胁摧毁这些目标对任何核冲突都会有一定的威慑作用。因此，这种对那些在敌人战后恢复中起关键作用的目标实施大规模报复打击的惩罚，应取代之前更全面的威胁对敌国人口和工业目标的摧毁，成为美国宣示政策的一部分。

没有一个人敢确定，甚至非常有信心地说，他知道怎么做才能够威慑住苏联或者中国，使它们不进行核威胁或者发动核攻击。但工作小组相信，有了适当的公开声明做支持，建议的运用政策至少同现在公众普遍认为的威胁打击敌国人口和工业目标，或者官方认为的威胁打击那些没有明指的目标有同样的威慑效果。此外，建议的政策还有如下一些好处：

——这些修改后的瞄准准则具有胁迫性，这些准则对苏联和中国国内的政治团体、技术团体和军队等三种主要力量集团中的每一个都构成了直接威胁。

——更为重要的是，这些新准则强调，不能让对手从发动核攻击中有任何实质性的获益。

——宣布的威慑性威胁同在重大核冲突中采取的最符合美国利益的行动能更好统一起来。这种变化给威慑确立了一个共同的主题，为核政策中的声明部分与运用部分提供了一个统一的框架。威慑性威胁同瞄准政策也协调起来了。

在工作小组看来，建议的对目标瞄准准则做的这种改变，要好于原来那种不分青红皂白地摧毁对方人口或其他目标的威胁，既符合宣示核政策的目的，也将威慑性威胁同实际的对目标的瞄准紧密联系了起来。

有些人相信，这种改变将强化对全面核战争的威慑作用，即使爆发了全面核战争，这也将改善美国及其盟国在战争中收获的效果。

但有人已经提出了疑问，如果执行的是主要打击选项方案，这种改变实际上不会带来任何不同的结果。因为核武器作用有其自身特点，加上苏联和中国的人口目标同上述特定的政治、经济和军事目标混在一起，没有分开，所以打击这些特定目标，仍不可避免地会造成实质性的人口毁伤灾难。而其他人会怎样看待这些建议的改变，目前还不清楚。这些问题在 G 部分议题 2 中有更详细的讨论。

d. 后备核力量

在留着准备执行后续任务的那些部队、升级为警戒态势的那部分战略核力量，或者从先前任务中解放出来的那部分战略力量之外，建议的核运用政策还在后备力量中明确了一支"机动预备部队"（swing force）。建立"机动预备部队"的目的有两个：首先，在任何留着暂时不用的力量外，提供一支具有高度攻击转换稳定性的后备力量，用于即使在美国对主要国家实施了核报复打击之后，仍能防止战后敌人对其实施核胁迫；其次，提供在有限核选项中灵活使用核武器的能力，以及当需要通过额外的"有选择的打击选项"来控制升级时，提供额外的扩大"有选择的打击选项"的能力。

除非被国家指挥当局明确要求用于实现上述这些目标，否则"机动预备部队"将不用于其他打击任务。为了能够提供各种不同性质的武器系统，在"机动预备部队"中哪一种战略力量都要有。因为需要由国家指挥当局授予其任务，关于"机动预备部队"的运用规划，应能提供灵活的重新瞄准的程序，且要提前准备瞄准用的数据。

2. 对核运用规划的考虑

NSSM169 工作小组注意到国防部已经做出的判断，即建议的对运用政策的改变可以通过 1974 财年规划的核项目得到一定程度的实现，认为没有理由来怀疑国防部的这种判断。制定把军事能力同战略目标联系起来的真实的美军作战计划，是一个精细的过程，现在估计这一过程要持续 24 个月。这一过程包括哪些步骤，可参考 F 报告。虽然工作小组并不认为 1974 财年规划的核力量项目对贯彻这一运用政策来说是最好的，但确信这一运用政策同规划的核发展项目一起，相比于 NSTAP 连同其规划的项目，能更好地支持和实现美国目标。得出这一结论的部分理由，前面已经讨论过了，但有一些关于这些改变是否可行的问题需要进一步深入研究。这些问题包括：

——真的存在通过实施有限核打击选项就能维护美国利益的情况吗？

——建议的运用政策同一些地区性考虑之间，特别是同美国对北约的承诺之间是如何联系起来的？

——核打击规划系统需要做出哪些改变？

a. 有限打击选项的实用性

虽然当前美国有能力在很多情况下使用核武器，但不能立即就弄明白的是，除了对那些打击美国本土的核攻击实施大规模报复性攻击外，在其他情况下美国是否真的会使用核武器。真敢把有限使用核武器作为一种可信的应对方式吗？

苏联发动有限规模的核冲突，是美国选择实施有限核战争的一种场景。苏联核学说呼吁，在苏联相信北约将要对其发动核攻击时，它要在欧洲实施战区层次的核打击。对于攻击欧洲的北约国家时是否连带攻击美国本土的问题，苏联核学说并没有明确给出答案。虽然苏联正式的学说否认会在欧洲或者亚洲战区进行更有限的核攻击，但这种可能性不能排除。

在其他一些情况下，美国采取包括有限使用核武器率先发起攻击等在内的大胆行动可能是最好的选择。

我们建议，在面临这些情形时，美国核武器使用应遵循 D.1.b 部分提出的升级控制概念和原则。当然，这也不能保证升级一定能被控制住。后文 G 部分的议题 1 讨论了升级控制可能的几种前景。到底会出现哪一种情况受制于很多因素，而且每一种情况都必须放到全面的军事和政治背景下来分析。通常情况下，如果是高强度、大规模对抗，攻击涉及超级大国本土目标，以及攻击了对方战略核力量，那么采用升级控制方式面临的风险更大，后果的不确定性更多。

在文件 B 中提出打击选项构成、指导方针，以及为打击选项确定目标，已经构设了适合进行有限核打击的特定的政治—军事场景，而不是要发展一种没有指向性的核打击选项菜单。我们还认为，随着分析的深入，建议的打击选项构成及指导方针可能需要修改。

为了检验最初提出的打击选项结构及指导方针的有效性，需要对一系列包括美国要首先使用核武器在内的可能使用核武器的冲突案例进行研究。文件 D 进行的这项研究，得出了以下一些结论：

——确实存在这样的可能的情况，即核武器是有限核冲突中最适宜使用的军事手段；

——应该为潜在冲突设置多个层次的可行的核打击选择[①]；

——这样的核打击选择，需要也应该既包括战略核武器，也包括战区核武器；

——建立这样的核打击选项有助于实现国家在有限冲突中的目标，又不会刺激冲突任何一方去实施大规模核打击。

b. 关于地区核力量运用的考虑

工作小组审查了现行的战区核武器运用政策，发现需要对这一政策进行更加清晰的阐述。战区指挥官有很多核应急作战计划，但是缺少对这些计划进行指导的国家总体政策。当前关于有选择地使用战区核武器的程序既麻烦，耗时又长，而且从来没有国家指挥当局的高官亲身体验过这些程序。因此，人们并不看好国家指挥当局能按时批准在海外战区范围内使用核武器。

另外还有一点，使用战区核力量必须顾及友好国家和盟国的态度，特别是要考虑到在其国土上进行核作战的那些国家的态度。在北约欧洲盟军最高司令部，使用战区核力量的计划需要经过欧洲盟军最高司令批准，基于 MC14/3[②] 及协商一致的关于使用核武器的北约政治指导方针来制定。欧洲盟军最高司令部现行的请求北约驻欧力量有选择地使用战区核武器的程序，虽然规定得很清楚，但是在一些需要征求相关国家同意才可以实施的情况下，有关请求使用核武器的决策，需要同那些与核武器使用相关的北约国家进行政治上的磋商。而盟国参与磋商的高级官员，又几乎没有亲身参与过雅典指导方针[③]所确定的那种决策程序。因此，在需要咨询他国意见的情况下，对战区提出使用核武器的请求，可能难以及时做出决策。

因为没有关于战区核力量运用的国家政策，现有的核力量使用计划也

---

① "option" 一词，既可以理解成 "选项"，通常指静态的方案，也可以理解成 "选择"，代表挑选 "选项"、方案的结果，带有动态性。本篇按照上下文实际语境，有的将其翻译成 "选项"，有的则译成 "选择"。

② 1968 年 1 月 16 日，北约防务规划委员会会议通过了北约军事委员会报告 MC14/3，它成了北约防务总体的战略概念。MC14/3 宣称，战区核力量用于慑止常规进攻，并在威慑失败的情况下，用于对常规进攻做出反应，且对抗敌人升级冲突。——原文件注

③ 在 1962 年 5 月 4 日到 6 日在希腊雅典举行的北约理事会部长级会议上，北约成员国的国防部长和外交部长批准了关于北约在自身防御中使用核武器的指导方针。——原文件注

未必一定体现国家指挥当局对危机进行管控的意图。升级控制理念要求对
战区核力量使用规划有一个政治—军事方面的定位。

（1）战区核力量在建议的运用政策中的作用

战区核力量在建议的运用政策中有两个主要作用。第一，在"主要攻
击选项"中，战区核力量被授予任务，帮助实现美国在全面核战争中的国
家目标。因为作用距离有限，战区核力量很可能应该首先用于打击敌人军
事力量的前沿梯队。在北约欧洲盟军最高司令部，这些战区核力量当前既
用于打击敌人部署在前沿（战场）区域的军事力量，也用于打击除苏联之
外的位于其他华约国家的目标，还用于对苏联西部国土上的目标实施纵深
打击。

第二，战区核力量在"有选择的攻击选项""有限核选项""地区核选
项"中被授予任务。工作小组认为，在这些核打击选项中，战区核力量主
要用于给敌人传递信号，让敌人知道美国的目的是有限的，但美国有足够
的力量同敌人长期进行斗争，使美国能够通过政治途径来结束战争。即便
在某些情况下，政治举措和常规军事行动可能已经阻止了敌人，对方也不
再倚仗军事优势进行侵略，但可能仍需要核力量有所行动，目的是让敌人
确信，他们的潜在损失会使他们的行动显得不值当。但是，假设对方的目
的只是为谈判建立一个双方都可接受的基础，那么这种核攻击的区域、毁
伤程度及持续时间等如果超出了实现上述目标需要的限度，就会刺激敌人，
增加他们延长冲突和升级冲突的冲动。因此，要想使升级得以控制，克制
是十分重要的因素。

当前，国家指挥当局在这种情况下的核选择主要是两种类型：

——冲突期间应地区指挥官的特别要求或者依据国家指挥当局的特别
指示，选择性地使用战区核武器；

——执行预先规划好的类似于欧洲盟军最高司令部全面打击计划
（GSP）① 那样的全战区核打击计划，或者使用 SIOP 实施战略打击。

在这些极端情况中，还要对在必要时使用战区核力量及战略核力量打
击敌人军事力量的核选择进行规划。确定这样的核打击选项，目的在于使
那种能够将冲突导向双边都能接受的终止冲突的政治安排成为敌人所面对

---

① 尽管 GSP 从理论上讲可以独立于 SIOP 单独执行，但其实际效果则依赖于同时执行的
SIOP。——原文件注

的唯一合理选择。这恰恰就是建议的运用政策需要的那种核打击规划。

（2）地区核选项

地区核选项对于地区核冲突而言特别重要。建议的运用政策为制定能够支持"地区核选项"的计划提出了以下指导原则：

——这些核打击计划将包括对敌方已经部署的力量、他们当地的保障基地及后方固定保障基地实施的打击，且服从国家指挥当局发布的交战规则。

——参谋长联席会议应当具备对国家指挥当局需要的"地区核选项"快速进行规划、评估和执行的能力。这种能力应包括能把建议的核打击可能的军事影响、其不确定性和风险等告知国家指挥当局，以及向国家指挥当局提供与盟国进行协调的服务。

——通过选择合适的核弹头当量、核投送工具及瞄准点，使规划的核打击对民众和盟国军队的间接毁伤最小化。

——保持敌国领导人掌控战区核力量的能力免受损毁，以便他们控制冲突升级。

——军事指挥员应做好在以下情况下使用核武器的准备，包括在长期常规冲突之后的下一阶段开始时，或者在常规冲突早期阶段刚开始时，对敌人的核攻击进行回击。

这些工作最后得到的成果，是在敌对状态开始前或者在敌对期间，能给出一系列建立在上述准则基础上并经过国家指挥当局审查的核打击选项。通过重新制定计划，或者由国家指挥当局对事先规划的核打击选项进行适当修改，来满足应对危机的特殊需要。在敌对情况下，相应的军事指挥官可以依据当时的政治和军事态势，请求执行某一个核打击选项或者将几个核打击选项组合起来执行。另外一种情况是，由国家指挥当局启动执行其中一个或者几个核打击选项。

（3）与北约和亚洲相关的特殊考虑

建议的运用政策中关于战区核力量的规定，在全世界范围内都适用，但它们尤其适用于北约。在MC14/3中提出来并经其他核计划文件补充和完善的北约"灵活反应"战略，是拟制这些规定时必须考虑的因素。虽然一些欧洲人有不同的看法，但工作小组相信，这些战区核指导方针和整个运用政策同MC14/3是一致的。这一运用政策也许着重于一些在MC14/3中没有说清的问题。例如，一些欧洲人或许认为对核力量关注太多，而其他一些人可能害怕美国战略核力量从欧洲事务中剥离。这些问题在 G 部分议题 4 中有讨论。

亚洲战区和欧洲存在明显的不同。第一，在亚洲，同盟友在规划核打击上的联合程度远远比不上在欧洲的情况。事实上，我们同任何亚洲盟友都没有核合作协议，因而也不存在进行联合核计划的合法职能。第二，在可预见的未来，相比于苏联，与中国发生有限核运用升级的风险要低得多。第三，我们同中国之间，还没有类似于美苏之间那样的危机磋商安排（例如热线）。第四，在亚洲缺少联盟架构，所以不清楚我们是否可以使用部署在一个国家的核武器来保护另一个国家免遭攻击，或者在危机期间当第三方面临明显的被核冲突波及的威胁时，它们是否会允许核武器投送系统越过他们国家。第五，虽然我们的亚洲盟友寻求通过美国核保护伞进行全面防护，但它们或许会强烈反对一个非亚洲国家使用核武器打击亚洲国家，特别是当它们的国土没有受到直接威胁的时候。亚洲同欧洲在核问题上存在的这些差异，并没有减损核运用政策对亚洲的价值，它凸显出我们在亚洲和在欧洲面临不同的战略难题。

虽然工作小组同意，美国应当有一系列允许有限使用战区核力量而不使用战略核力量的可用核选项，但其也指出，广泛使用战区核力量而不使用战略核力量的核选项，对我们的北约盟友而言可能引发严重的政治难题。因此，在是否应该将地区核选项单独作为一类的问题上，存在不同看法，因为盟友如果知道有这样一类核选项存在，它们会担心这是否意味着美国战略核力量要从欧洲事务中抽身。这在 G 部分议题 4 中有讨论。

c. 核打击规划体系的同步变化

建议的关于现有运用政策指导方针的改变，以及与其相适应的打击计划及程序，都要求核战争规划系统对国家指挥当局要能更敏捷地做出反应。

参谋长联席会议要具备快速规划、评估和执行"有限核选项"和"地区核选项"的能力，以回应国家指挥当局的要求。这需要平时计划与危机时期计划之间，国家指挥当局、参联会及编成内核力量被授予了打击任务的联合司令部和职能司令部之间能够高度协调。此外，需要有足够的政府工作人员在危机管理及与盟友协调上支持核计划。在危机期间，参联会应持续向国家指挥当局通报相关战术形势细节，特别是关于有限核打击的情形。这对于确保国家指挥当局协调政治外交行动与军事行动，依据形势变化修改交战规则，必要时指导实施额外的军事行动等都十分必要。

参联会战争规划系统的结构是按照规划"主要打击选项"的要求来设置的。这也为规划"有选择的打击选项"打下了基础，因为"有选择的打击选项"是"主要打击选项"的子集。

为了充分发挥战争规划系统的作用，需要在和平时期对这一系统进行演练，让包括国家指挥当局及其顾问班子在内的所有涉及要素都参与其中。这些演练可用于检验和评估国家指挥当局、起支持作用的政府人员、参联会、相应的联合司令部及特种司令部之间的相互配合情况，使所有参与者都熟悉他们各自在决策程序中发挥的重要作用。这些演练还可用来检验用于战时的那些计划、程序及设施设备的有效性、快速反应性。这些演练还可在和平时期为国家指挥当局详细了解并精心挑选危机期间的核打击选项提供途径。

3. 结论

工作小组包含在"暂定的修改的核武器运用指导方针"报告中的这些理念，如果被采纳了，将极大地改进现行核运用政策，提高核运用政策对国家指挥当局的快速反应能力。当然，核政策中与建议的运用政策相关的其他一些重要方面也都有所涉及。这些方面的内容见 E 部分。

这次审议的目的不是要为在任何可能的冲突或者危机中美国采取的真实行动制定指导方针。从某种程度上讲，审议的重点在于给出一个现实且可行的核打击选项体系，能够在当前形势下为国家指挥当局所用，重点在于明确拟制、选择和执行这些核打击选项所必需的机制。执行的过程会很漫长（一旦总统批准了建议的核运用政策中的这些基本理念，这一过程估计需要大约 24 个月）。此外，还有一些程序上、技术上的问题（如指挥和控制能力）需要进一步详细研究。这些问题在 F 部分和 G 文件中会涉及。

E. 与建议的运用政策相关的其他主要政策考虑

工作小组认为，应当将核政策各要素更好地统一起来。基于这一目的，这一部分主要研究了建议的运用政策变化对获取政策、SALT 及核政策公开声明等可能产生的影响。

工作小组并不认为，调整核力量部署会增强建议的运用政策调整所能够产生的实际效果。但是工作小组注意到，在 NSSM168 和 NSSM171① 指导下开展的那些工作，对于那些与力量部署相关的问题而言非常重要。

1. 武器系统获取政策

在考虑建议的运用政策的变化时，自然而然地就会产生美国战略与战区武器发展问题。战略核武器预算需要大幅增加吗？真的需要那些会破坏美苏核力量平衡稳定，反过来又会影响美国同北约盟友的关系，或者会遭到国会强烈反对的战略或战区核力量发展项目吗？

正如早前已经说过的那样，建议的运用政策最重要的特征就是实施该政策无需调整 1974 财年力量发展规划。这就是说，逐渐地会有充足的核弹头，核力量本身会有更多的灵活性，C^3 硬件能力也会更强，这些加起来有可能使新的核政策理念近期就能得到很大程度的落实。但这并不是说，美国核力量必须要达到执行建议的运用政策所需要的最佳状态才可以。

工作小组并没有依据运用政策的改变研究特定的武器系统发展规划，也没有对武器获取政策进行像运用政策那样深入的研究。但是，我们深入思考了运用政策同获取政策之间的一般性联系，并研究了获取政策的某些问题。

a. 运用政策与获取政策之间的联系

运用政策与获取政策有共同的目标——支撑基本国家安全目标，但它们之间也有明显区别。运用政策为当前可用核武器的瞄准和使用提供指南。获取政策为未来发展和购买武器系统提供指南。

制定获取政策必须考虑运用政策，因为未来执行运用政策的能力大小，取决于获取政策会提供何种力量。但是，获取政策要考虑政治、军备控制、财政等更多因素，这就是说，不能把运用政策目标作为制定获取政策的唯一依据。

影响获取政策制定的主要因素包括：

——实现核运用政策目标所需要的能力；

——应对未来不确定性威胁及美国武器性能不确定性的需要；

——武器获取项目对盟友关于美国对它们的防务承诺、美国履行这一

① NSSM168 是 1973 年 2 月 13 日发布的标题为"美国的北约政策及力量发展"的国家安全研究备忘录；NSSM171 是 1973 年 2 月 13 日发布的标题为"美国的亚洲战略"的国家安全研究备忘录。——原文件注

承诺的能力等的认知产生的影响；

  ——武器获取政策及发展规划同我们的军备控制目标及军控谈判立场之间的相互作用；

  ——同苏联保持稳定的目标（稳定核军备平衡关系、危机稳定、攻击转换稳定）；

  ——经济上的约束。

  这些因素相互交织、矛盾，必须在获取政策制定过程中加以解决。因此，这可能决定了获取政策并不能为实现所有的运用政策目标提供所需力量，而且一旦发生核冲突，要接受其随之而来的风险。这可能也决定了获取政策还要能提供除运用政策目标之外，实现其他目标所需要的力量。

  b. 建议的运用政策对获取政策的影响

  多年以来，运用政策对获取政策的影响很小。NSTAP 要求具备对包括战争支撑工业（任务 C）、敌人核威胁（任务 A）、其他军事目标（任务 B）等在内的大规模目标系统进行防范性打击的能力。NSTAP 提供了对包括核威胁目标在内的所有军事目标，或者只对核威胁目标进行打击的核选择。NSTAP 的核心理念是以有利于美国及其盟友的方式来结束战争。这经常用战争结束时留存下来的战略进攻力量数量来衡量。

  目前的获取政策已经可以为高效防范性力量计划（well-hedged force planning）提供打击敌人城市—工业目标所需的确保摧毁报复能力，这通常用快速致死人数（prompt deaths）来衡量。但是，这一获取政策也特别规定，不应采购那些专门用于打击军事目标的战略武器。这项针对报复能力的"高效防范性力量计划"已经提供了远超出执行任务 C 所需要的核力量、核弹头，但在 SIOP 中这些力量瞄准的是军事目标。

  工作小组建议的更加一体化的核政策，是通过两条路径使运用政策和获取政策更好地协调起来，同时也充分考虑政治、军控以及经济因素对获取政策的影响。

  首先，消除威慑与核计划中作战目标之间的巨大差距。在当前核政策指导下，在规划核力量运用和规划核力量获取之间，需要在认知上有一次重大转换，核运用关注的是如何打赢一场全面核战争，而核获取关注的则是如何防止爆发一场全面核战争。因此，一直到最近，危机控制和有限核战争问题在有关战略核力量的运用和获取规划中，都没有受到足够的重视。

建议的对运用政策做出的改变有助于消除这种差距。

其次，如果威慑失败了，运用政策直接的目标是慑止冲突进一步升级。这要求获取政策除了提供用于大规模报复的防范性力量外，还要提供用于实现这一目标的力量。

与此相关联的另一个措施，是重新定位现行的提供防范性力量的获取政策，使获取政策能够提供摧毁那些对苏联和中国战后恢复起至关重要作用的政治、经济、军事目标所需要的力量。这会导致后续关于运用政策与获取政策之间连贯性的举措的出台。威胁摧毁那些对敌人战后恢复起至关重要作用的政治、经济、军事目标，将是美国慑止核战争的基础。如果威慑失败，摧毁这些目标的威胁同有限使用核力量一起，会共同构成控制冲突升级的基础。如果不能控制冲突升级，真正摧毁这些目标会成为使美国战后保留尽可能多力量的途径。

获取政策和运用政策之间有一些共同目标，而且一般说来，在制定获取政策时还要充分考虑运用政策目标及其他国家目标，这为国防部长及DPRC评估特定核发展规划、评估对这些目标之间的预算折中等提供了更加系统的框架。

c. 建议的运用政策对武器系统项目及预算的影响

是否启动一个新武器项目，以及项目进展速度、武器性能、采购数量等，取决于很多因素。这些因素如下表[①]如示。

影响战略核武器和战区核武器系统获取项目的因素

1	关于未来苏联和中国威胁的假设
2	增强信心的需要（例如要防范敌方意外的技术突破，或者防止美国核力量意外的系统性失败）
3	替换老旧武器系统的需要
4	新的和老旧武器系统的能力
5	计划要在海外储存和部署的武器系统
6	预想的可能会使用核武器的作战环境
7	计划使用核武器或者其杀伤效果来打击的目标的种类和数量
8	获得那些计划使用核武器来打击的目标信息的方式

---

① 资料来源一（FRUS）中省略了这一表格。

续表

9	与这些武器使用相关的指挥与控制需求
10	对危机稳定性及攻击转换稳定性的需要
11	军备控制考虑（例如建立克制发展的范例，提供讨论还价的筹码等）
12	建设与苏联军队相匹配的美国核力量的政治压力
13	附带毁伤最小化的需求
14	发展和采购武器的成本
15	运行和维持（O&M）的成本，包括被替换系统的成本等

大多数这样的因素不会受到建议的运用政策改变的影响。因此，诸如 B-1 轰炸机、"三叉戟"（Trident）导弹等正在实施的武器项目既符合当前的 NSTAP，也符合建议的运用政策。对那些已经列入规划的武器发展项目的启动、进程、武器性能等产生影响的因素，主要是对未来苏联威胁的假定，对获得能应对苏联不合实际的技术进步威胁的高生存性威慑力量的渴望，对能防范苏联在全境部署反导防御系统威胁的渴望，政治上必须跟上苏联核武器发展步伐的那种情绪，以及对增加美国在 SALT 中筹码的渴望等。

当然，需要依据建议的运用政策的变化，对当前核武器发展规划进行详细评估。这一评估在 F 部分有。需要考察的一个方面是美国核力量的性质及其在有限核冲突中的指挥、控制、通信能力，另一个方面是核力量规模、核武器性能相对于运用政策要求的所有灵活攻击的选项，包括打击对敌人战后恢复起重要作用的目标等能否满足要求。

建议的运用政策被采纳后，基于苏联核及常规力量在其战后恢复中有可能发挥重要作用的情况，要求增加美国核力量、增强打击军事目标能力的呼声有可能会显著高涨。有些人则认为，这不应该是关注重点，因为如果一项政策及支撑这一政策所必需的武器系统真的符合国家利益，那么这项政策及相应的武器项目即使花费很大也会被批准。

但问题在于，宣布的国家目标都是原则性的，从中不能直接或者明确地得到一系列武器系统需求清单。如果没有明确的武器获取政策作为指导方针，建议的运用政策被采纳之后，它可能被各种特殊利益拥护者拿来，用于在国防部、其他政府部门甚至国会为他们各自的项目进行游说。这对那些对国家安全而言不那么重要的武器项目发展会施加巨大压力。如果没有明确的武器获取指导方针用于对国防部计划人员进行指导，他们就很难从整体上平息各种争论、做出系统性分析，很难使国防部长和 DPRC 在就发展项目及预算进行决策时，能够考虑所有美国目标，而不是只关注运用政策目标。此外，除非我们的获取政策非常精准，否则我们公开的政策声明有可能会包括一些我们的获取政策原本没有的一些武器项目。在这种情况下，苏联有可能用新的、额外增加项目的获取政策来进行回应。

采纳建议的运用政策，并不要求一定要改变现有的发展规划。但是对现有发展规划做出一些调整还是需要的。是否要调整，要依据发展项目自身的价值来决定。下面这些是规划核发展时必须要考虑的：

——发展能打击对战后恢复起重要作用的军事目标的力量；

——打击军事硬目标的能力；

——对中国核力量实施先发制人打击的能力；

——战区核力量态势；

——美国核力量特性及同有限攻击、有控制的攻击相关的 C^3（例如 C^3 系统的可持续生存性）。

正如在报告其他地方已经指出的那样，修改核力量的当前和近期作战计划，将为实现运用政策目标提供强大能力。由于任何一项能力不足都会很清楚，所以用于弥补这些不足的发展项目必须依据其成本、效益，以及其对包括军控在内的所有核政策目标的影响等，逐项来处理。

d. 对防御力量的考虑

此次政策审议聚焦于进攻力量，因此对防御力量对于美国安全的贡献关注不多。尽管如此，关于这一问题仍然有以下四点十分重要。

——首先，在任何可以想象的情景下，我们都确实需要继续保留一些导弹和轰炸机防御系统。这些系统（a）可对敌人的有限攻击进行一定程度的防御；（b）帮助美国控制（police）空天；（c）增大敌人战略打击规划、战略发展规划的复杂性。

——其次，目前的反导条约规定美国只能在两个地点部署 200 个反导发射装置。当前的政策为美国的北美大陆防空明确了方向，即防御小规模的轰炸机攻击，应为实现这一目标投入有限的力量。

——再次，在未来更加依赖性能先进的反导系统的情况下，美国正在继续推进能提升导弹防御能力的重大研究发展项目，这符合美国利益。

——最后，防御性力量要同核能力一起部署在战区。在规划有限核选项和地区核选项时，应将这些防御性力量一并考虑在内。

基于前述原因，建议国防部长在对建议的核政策中的获取政策进行审议时，对现有防御系统的作用、种类、潜在效用，未来维护美国利益需要什么水平的防御系统，以及发展未来这种水平的防御系统对财政、军备控制的影响等问题一并进行评估。

2. 核政策与军备控制

建议的核政策基本目标是更加有效和稳定地慑止战争爆发，如果因为某些原因要使用核武器，要减小造成的灾难性后果。美国军备控制政策有助于实现这一目标。在可能影响军备控制的要素中，应主要关注公众、我们的盟友以及苏联会如何理解这一新政策。

工作小组相信，核运用政策对当前美国在 SALT 和 MBFR 上的军备控制立场没有什么直接影响，但运用政策的变化，特别是这些变化带来的获取政策发生的变化，会间接地对美国在这些问题上的军备控制立场产生影响。

存在新政策被解读为严重偏离原有政策的风险，认为新政策不再是通过确保摧毁来进行威慑，反而强调"打核战争"（nuclear "war fighting"）。这可能会被看作美国要追求新的战略能力，苏联因此不得不进行回应，从而会加剧美苏战略军备竞争，影响双方进一步的军备控制谈判。但是也有人认为，美国修改过的运用政策所暗示的新发展规划，会激励苏联更加严肃地同美国进行谈判，以阻止美国实施这些新发展项目。

应该强调的是，新政策并没有完全背离原有政策，新政策不代表美国要大规模采购和发展核武器，这会减小（可能不会完全消除）新政策对SALT 的影响。在这方面，预算需求及其他行为会证明新政策不会增加美国的国防开支，不会刺激军备竞赛。

a. 建议的运用政策对军备控制的影响

建议的运用政策应该不会对军备控制有明显影响。

未来，美国可能将不得不考虑 SALT 对核力量作战的限制，例如，限制战略导弹核潜艇或者航空母舰作战区域。通常情况下，要站在包括核运用政策在内的整体美国政策的角度，对这样的军备控制提议做出评估。虽然苏联已经有了这样的提议，但美国还没有提出过类似的提议，而事实上，美国人一直坚持认为，作战活动不应被纳入 SALT 范围内。

SALT 会潜在地对美国核力量基础产生限制作用。苏联已经提出要求，美国前沿部署的弹道导弹核潜艇及其他核系统（如核常双用途战术飞机）也应被纳入 SALT 一并处理。类似的提议在 MBFR 中可能也会被提出来。同样的，应当站在包括核运用政策在内的整体美国政策的角度，对这样的提议做出评估。但是，美国已经多次拒绝苏联关于在 SALT 中限制前沿部署核力量的提议，并清楚地表明自己的立场，即美国不会考虑任何可能破坏盟友安全，或者破坏美国履行对北约义务的能力的 SALT 限制性规定。

b. 获取政策与军备控制

美国的军备控制努力应从两个途径对核政策发挥支持作用。首先，军备控制通过达成使核政策目标得以实现的协议，来保护美国核政策；其次，军备控制通过减少当前或者未来美苏敌对威胁或者使这种威胁稳定下来，来强化美国核政策。

获取政策如果恰当，它应当反映美国总统和国防部长关于美国核力量基本目标、作用及特点等的深思熟虑的判断。正如前面已经讨论过的那样，这些判断应顾及运用政策需求，以及其他影响武器获取的因素（如战略稳定、预算、盟友的态度等）。因此，工作小组相信，军备控制主要与获取政策存在相互影响。

以下这些与运用政策变化相关的获取政策问题，可能会对美国关于 SALT 的立场产生影响，影响的大小取决于如何解决这些问题。

——获取政策进一步突出打击军事目标，会影响人们对减小美国核武器总载荷或者限制美国分导式多弹头（MIRV）那样的进攻能力等提议的评价。

——在获取政策中强调用于有限核打击的核力量必须高度可靠，会影响人们对限制导弹飞行试验提议的评价。

——美苏对各自战略进攻力量不同组成部分的作用有自己的认识，这是获取政策的一个方面，会影响美国关于限制美国战略系统性能的 SALT 的立场。例如，我们或许把使用陆基导弹看成进行有限核战争的一个选择，因此，可能很少关注苏联使用具有硬摧毁能力的陆基洲际弹道导弹打击我国陆基导弹的问题。还有一种情况，在保持"三位一体"核能力的情况下，我们需要通过与苏联的谈判，相互裁减那些必须进行重大改进才能应对可能的威胁的武器系统，或者我们会选择就在总体力量水平范围内自由组合各自力量之外的其他军备控制措施进行谈判。

——建议的核政策假设需要一直保护美洲大陆之外的美国核心利益。可以通过使用轰炸机部队投送常规弹头或核弹头实现这一目标。因此，关于用美国战略轰炸机来换取苏联洲际弹道导弹的提议，应当从轰炸机部队具有核常双重用途的角度来考虑。

——美国在 SALT 中关于前沿部署力量的立场以及 MBFR 可能会限制战区核力量的立场，会受到当前战区核力量获取政策被修改的影响。例如，当前战区核力量获取政策要求对战区核力量只进行小幅度的现代化改进。对这些力量进行重大的现代化升级改进，可能发挥杠杆作用，也可能造成新的谈判难题。

下面这些获取政策可能的变化，对军备控制似乎不会造成直接影响：

——更加强调 C^3 及核力量在打击转换中的可生存性，因为核力量的可生存性在 SALT 中一直是考虑的关键问题，而 C^3 一直不在谈判涉及范围之内；

——更加强调核武器重新瞄准能力。

因此，修改后的运用政策对美国军备控制立场会有一些影响，这些影响主要是由获取政策的改变引发的，从这一点来看，可以认为这种影响并不大。但是用什么来解释运用政策，可能对 SALT 本身有更大的影响。

3. 政策的公开声明

如果那些建议的运用政策的变化被执行，至少有四个方面的理由要求我们把这一政策向我们的盟友、潜在的敌人和公众披露。

——美国有义务就核战略、核计划问题通过核计划小组（Nuclear Planning Group，NPG）同北约进行磋商，有义务通过北约联合军事参谋部就核计划的某些方面进行协调；

——希望能营造出使有核国家领导人考虑控制核战争升级，而不是按照事先的计划自动做出反应的环境；

——公众一直希望得到对总统关于需要有灵活打击选择的声明所做的更充分的解释；

——国家有责任、有必要就诸如特定国防发展项目这样重大的政策问题对国会、公众做出解释。

基于目前而不是进一步研究完成之后的核政策修改的情况，可能对任何核政策变化，对外阐释都要相对少一些，至少目前是这样的。这样可以使人们对获取政策问题有更深入的理解，也能使政府在更广泛的坚实的（firm）政策基础上，对国会和盟友的疑问做出回应。但是，即使关于获取政策的决策要延后做出，也应从现在开始就制定关于核政策公开声明的计划，因为任何关于核政策变化或者正在进行的研究的非官方披露都需要回应，需要对有限披露所引发的问题进行处理。

任何关于核政策的公开声明将有多方听众，包括美国民众，美国国会、美国的盟友和朋友，以及苏联、中国及其盟友。关于核政策的公开声明必须充分照顾到所有这些潜在听众。

所有这些听众对美国核政策变化会如何反应，取决于新政策以何种方式呈现，取决于这些听众如何理解美国核政策变化对他们的影响。有一些建议的运用政策的变化，会在美国与盟友之间、美国与对手之间引发新的外交政策议题，会造成美国内部的一些矛盾。这些在G部分议题3和议题4中有讨论。通过有计划、分阶段地对新政策的主要内容进行解释，避免发表那种180度大转弯式的核政策声明，以及强调预想的核政策变化是程序性的、渐进式的，而不是革命性的，小心翼翼地将核政策呈现在世人面前，能够将造成上述麻烦的可能性减至最小。

核武器通常是一个容易被情绪化的主题，外界对任何关于美国核政策的新提议的反应都难以完全预测。但工作小组相信，以下这些将是外界对建议的核政策的改变最可能的反应或主要关切。

a. 美国国会及民众

他们将主要关心新核政策是否需要增加国防开支。他们也可能关心是否要重启军备竞赛。此外，那些过去强调"只能是确保摧毁"主题的人，可能对核政策出现任何一点偏离这一主题的变化都会持批评态度。另外，那些接受核政策这些变化的人，则会对"只能确保摧毁"的思想进行批评。

b. 潜在对手

潜在对手对美国核政策的这些变化可能有两种不同的反应，必须要注意：

——把强调限制使用核武器的新政策解读成会削弱美国的用核意愿，进而会削弱美国核威慑，从而增大了敌人采取侵略性行动的风险。

——如果新政策让潜在对手全面了解之后，相对于之前强调大规模报复的政策而言，它可能被看成更加务实的同苏联和中国战略力量建设展开竞争的方法。如果对新政策有这种认识，则其会发挥增进对美国利益及美国义务尊重的作用。当然，新政策中威胁胁迫性使用核武器的内容有引发局势更加紧张、刺激军备竞赛、损害军备控制谈判的风险。当前，新政策也可能符合苏联对美国实际的核政策一贯的认识，如果是那样，就不会有什么影响。

c. 盟友和朋友

建议的核政策对强化美国与盟友的关系确定会有作用。美国任何关于核政策的公开声明都应强调这一点。

——苏联正在形成可靠的报复能力，这已经开始动摇美国盟友对美国安全承诺的信心，它们怀疑美国在保障它们的国家安全时是否准备大规模使用战略核力量。推出有选择地使用和有限使用核武器的选择，会使我们使用核武器来保卫盟友安全的承诺变得更加可信。

——在建议的核政策中，战区核力量与战略核力量被整合在一起，如果能够向它们证明战区核力量同战略核力量确实有效地整合在一起，在作战上与美国战略核力量更紧密地联合在一起，那么这种整合可能为我们的盟友所接受。

我们的盟友可能有以下的主要关切。

——尽管战区—战略核力量实现了一体化，但是地区核选项作为一个独立的攻击类别，可能意味着美国战略核力量要从西欧和亚洲防务中抽身。

——核政策的新理念同英国、法国基于最低限度威慑的战略之间可能会有冲突。如果这两个国家认为美国核政策的这种变化会削弱其本国核威慑的话，它们可能难以接受美国核政策的这种变化。

——这些政策变化有可能削弱盟友在核决策中的作用。

——新政策有可能使美国在其战略中更加强调发挥核武器作用，从而导致同苏联关系的进一步紧张，进而损害当前的威慑态势。如果盟友们这样来理解美国的新政策，它们或许不会再努力发展它们的常规军力了。

需要特别强调的是，如果这些建议的政策变化被认为会对北约产生不利影响，则存在北约内部出现战略分歧的风险。另外，建议的核政策为美国及其盟友在北约防务计划中更加现实地发挥核武器作用提供了机会。

d. 方法和途径

工作小组研究了怎样对上述每一类听众描述和解释美国核政策的变化，才能减小由此引发的潜在风险的问题。建议的对外阐释美国核政策的方法途径强调与盟国的关系，因为升级控制理念毫无疑问是它们最难接受的变化。这种阐释方式将要求分阶段、由略到详地对外披露新政策，要求突出强调新政策与老政策是一致的，强调新政策有助于更好地实现美国国家安全目标，至于对盟友，则强调美国会同它们共同实现其国家目标。

建议的对外阐释方法既有实质性的，也有程序性的。实质性的方法包括：

（1）向外界表明，这一核政策同美国之前以威慑为主要目标的核政策是一致的，对不打算侵略他国的国家来说，这一核政策不构成威胁；

（2）强调并说明核政策的变化是如何在冲突各个层级上起到强化威慑作用的（这一点要特别对盟友讲明白），并让外界看到，新政策使美国所有力量在对欧洲和亚洲的防护中更好地连接了起来；

（3）强调相对于"确保摧毁"来说，新政策更人道，更讲道义；

（4）通过预算需求及其他行为来证明，新政策将不会增加美国的防务开支，不会造成美国核武器扩散，不会刺激军备竞争；

（5）强调新政策是同当今世界潜在威胁作斗争的务实方法。

用于对外阐释核政策的程序性的方法可能包括：

（1）将新核政策说成是自然的、渐进的变化；

（2）同国会一些关键成员就核政策相关问题进行坦诚、详细的讨论；

（3）以预先精心准备的立场为基础，就相关问题同北约国家进行深入的多边磋商（主要是在核计划小组内部），同其他国家进行深入的双边磋商；

（4）详细确定有哪些问题可能会遭到外界反对，为每一个这样的问题准备有说服力的回应方案。

F. 新政策落实的程序步骤

工作小组相信，本报告建议的核政策综合性举措，将促使核政策各个要素更好地协调起来，将使核力量获取、部署及使用计划，同军备控制努力、核政策公开声明等共同支撑实现美国基本国家目标。此外，新政策将引导人们对一些尚未解决的核问题进行更深入的分析研究。

工作小组提出，如果建议的对核政策的改变最终被采纳，推行新政策必须循序渐进，这主要是基于两个方面的原因。

——首先，制定能够将美国核能力同运用政策目标结合起来的实际的核作战计划（operational plan）（例如对 SIOP 及其他核作战计划的修改等），是一个涉及多个方面、耗时很长的过程（估计需要 24 个月），而且在经过修改的核运用政策被正式批准之前，这一过程没办法正式启动。关于这一过程的概要描述及其涉及问题，在文件 F 中有讨论。正如其中强调的那样，虽然有关开启这一过程的很多准备工作现在已经在做了，但全面执行建议的核政策必然经历一个迭代反复的过程，这样才能确保利用这种变化了的程序制定出真正可用的核作战计划。

——其次，武器系统获取政策及发展规划的变化——如果有的话——将在进一步分析之后才能确定。这种分析除了考虑核运用目标外，还要考虑包括财政等在内的其他因素。这在前面 E 部分已经讨论过了，在文件 G 中也有讨论。

不管怎样，依据参谋长联席会议的初步分析，工作小组已经得出结论，通过 1974 财年规划的力量项目，建议的运用政策就能落实到令人满意的程度。也就是说，随后的核运用计划将是对当前运用计划极大的改进。这些改进主要体现在：（i）如果有必要进行大规模攻击，规划的大规模攻击能更加直接地体现和维护国家利益；（ii）如果有必要实施中等规模和小规模攻击，规划的这些攻击有更大的灵活性，为在地区冲突中使用核武器提供了更加令人信服的选择。

因此，采纳建议的核运用政策，并不要求现在就改变已经规划了的力量发展项目。但是建议的运用政策确实对消除侦察、预警和 C^3 系统业已存在的不足提出了更加迫切的要求。

工作小组提出的行动建议是，清楚理解对核政策进行针对性修订的必要性，并做出指示采纳建议的对美国核政策的修订，将修改过的美国核政策贯彻执行下去。

工作小组相信，已经着手制定的广泛的政策指导方针需要对现有政策做出进一步阐述。工作小组还相信，在没有预先获准的情况下，也可启动对运用政策的修订，因为总统的相关决策必须建立在令人满意的基础之上，在这之前需要对有关问题进行深入研究。因此，工作小组建议采取如下举措来落实本报告所提的建议。

1. 批准本报告提出的核政策整体目标及其支撑框架体系。这些目标会接受进一步的审议，在做出了后面概述的那些努力之后，它们有可能被修改。

2. 批准本报告提出的关于核武器运用政策的修改建议，将其作为对核政策进行渐进修改的基础。这要通过指示国防部长发布关于核武器运用政策指南来实现，国防部长的政策指南是核武器运用规划的基础。

依据国防部长的指南，参谋长联席会议计划系统：（a）依据指南提出的目标和指导方针制定作战计划，并对作战计划进行评估；（b）建立危机管理程序，以便对国家指挥当局进一步的指示做出回应，国家指挥当局的这些指示会明确应该针对地区冲突中的哪些情形来制定核力量使用计划，围绕什么样的目标来制定核计划等；（c）和平时期准备和实施演练，以检验和评估国家指挥当局及其顾问、国家军事指挥中心（NMCC），华盛顿的军事和政府人员，联合战略目标规划参谋部（JSTPS），以及相应的联合司令部和职能司令部之间的相互配合情况。此前已经讨论过，这一计划程序需要迭代反复，这意味着国防部长的指南可能要进一步调整。

运用指南应特别强调用于控制升级的军事措施和政治举措要相互支撑。相应的，在这一政策指南指导下，为了支持各种核打击选择所固有的灵活性，为了能快速反应，为了使国家指挥当局及其直接的政策顾问能得到与可能的核使用相关的政治和军事建议，一套能够提供这种快速反应建议的高级参谋机制是必不可少的。相应的参谋人员必须由不同类型的人员混编而成，必须有充分的获得所有相关信息的权利，必须有充分的同其各自上级直接联络的能力。应当对目前参谋长联席会议的应急作战程序、当前用于拓展 NMCC 的程序进行审查，并对其进行适当改进，以满足上述要求。

3. 在国务院指导下，进一步制定一个关于宣示政策的详细计划，以向外界告知美国核政策的变化，向潜在对手就核政策变化做出解释（或公开或者私底下）。其中包括相应的同美国盟友共用的声明。这一计划可以在 E 文件提供的初始计划的基础上制定。这一计划既要考虑北约军事架构内已有的沟通渠道，也要考虑正常的外交渠道。为了更好地完成这一工作，中央情报局应当以文件 H 所做的初始研究为基础，准备一份关于苏联和中国对新政策可能的反应，以及美国应如何通过声明和行动来影响它们的反应的评估报告。对宣示核政策进行详细规划，会减少先前谈到的可能的麻烦。

4. 在国务院指导下，就新的基本目标将对当前美国在 MBFR 和第二阶段限制战略武器谈判（SALT Ⅱ）上的基本立场可能产生的影响做出全面分析。这一审查报告应当对当前的谈判方式提出调整建议，以更好地支持美国核政策基本目标；还应当从支持军备控制立场的角度，对核政策目标需要怎样调整提出建议。工作小组十分清楚，关于核武器发展的决策将影响军控谈判，但是并没有审查当前 SALT Ⅱ 的问题。所以，现在规划的获取政策目标，并不包含任何明确的只是有利于军备控制的目标。

5. 国防部应继续对那些支持本报告建议的变化的核力量（包括战略与战区核力量）发展、获取和部署等的可能的影响进行评估。评估的早期成果在 1975 财年预算案最终确定前上报给总统。这一评估必须依据财政资源、对军备控制的考虑，以及它们能在多大程度上满足此前提出的威慑、运用和规划目标的要求等，仔细考虑一系列的政策和发展项目。国防部长对此已经有了指示，在对本报告讨论的这些变化做出评估和决策之后，就正式开始这项评估工作。这项工作应在文件 G 确定的框架内实施。

G. 关键议题①

在工作小组考虑的这些议题当中，有 5 个议题非常重要，工作小组建议由更高层来审议。这 5 个议题分别是：

——升级控制的前景；

——建议的政策的变化对威慑的影响；

——苏联和中国对建议的政策的变化可能做出的反应；

——盟友们对建议的政策的改变的认识；

——建议的政策的可行性。

1. 议题：升级控制的前景如何？

a. 当前的环境

b. 影响升级控制的关键变量

（1）对目标和风险的看法

（2）升级边界

（3）苏联军事学说及能力

---

① 资料来源一（FRUS）中这一部分被省略。本资料只列出资料来源二（DNSA）中关于这 5 个议题的一级和二级标题。

c. 尝试进行升级控制会失去什么？

（1）军事上的考虑

（2）对威慑的影响

（3）对盟友关于美国保护它们的承诺的认识的影响

（4）苏联是否会用大规模核打击来应对美国对其领土实施的有限核报复，尚存在不确定性；这样做的最终结果对美国来说是不是很糟糕，也存在不确定性

d. 结论

2. 议题：建议的核运用政策的变化，是会强化或者弱化对核战争的威慑作用，还是对这种威慑几乎没有影响？

a. 有限核作战

对于建议的核运用政策的第一个变化，会有以下两种观点。

（1）大规模报复的威胁对于慑止任何侵害美国核心利益的行动都已足够，且事实上美国不求助于大规模报复的行为会激起不涉及攻击美国本土的侵略行为的发生。

（2）大规模报复的威胁加上有限使用核武器使敌人的地区侵略难以成功的威胁，相比于单单是大规模报复的威胁，将能够慑止更多的敌方行为。持这种观点的人认为，威胁在地区冲突中有限使用核武器，是威慑必不可少的要素。

b. 在同苏联发生了主要核冲突情况下瞄准基点的变化

c. 结论

3. 议题：苏联和中国对美国的新核政策可能会做何反应？我们该如何将新核政策传递给它们？

向苏联传达新核政策

中国对新核政策的反应及美国如何对中国的反应做出反应

它们会做出反应吗？

它们所做出反应的性质

美国的对抗性反应

结论

4. 议题：除大规模反应选项之外，规划的灵活选项框架的存在，会强化还是弱化我们的盟友对美国会在它们遭受了军事侵略的情况下提供帮助

这一个问题的看法？

　　a. 亚洲盟友的反应

　　b. 北约盟友的反应

　　c. 北约接受这一变化的理由

　　d. 潜在的问题

　　（1）升级边界问题

　　（2）与欧洲"脱钩"的问题

　　（3）地区核选项

　　e. 结论

　　5. 议题：建议的运用政策可行吗？它能够成功执行吗？

　　a. 美国军队能力及规划程序

　　（1）规划程序

　　（2）弹头可用性

　　（3）打击目标的获取

　　（4）执行程序及 C^3

　　（5）附带毁伤

　　（6）关于美国军队能力及规划程序的概要声明

　　b. 其他国家核力量的问题

　　附件 I①

建议的关于广泛的国家战略及战区核政策的国家安全
决策备忘录（NSDM）（准备用于替换 NSDM16）

　　1. 总则

　　a. 总统已经批准将本文件第 2、3、4 部分中提出的概念及目标作为改变核运用政策的基础，以及进一步对本文件第 5 部分确定的问题进行研究的基础。

　　b. 国防部长被授权起草与第 2、3 部分的要求相一致的核武器运用政策

————————————

　　①　资料来源一（FRUS）中没有这些附件。

指南，它将成为参联会通过规划系统进一步修改当前和近期核力量作战计划和规划程序的基础。

c. 为了支持本政策指南中核打击选项所固有的灵活性，满足对快速反应的需要，体现提供与可能的核武器使用相关的政策和军事建议对国家指挥当局及其直接的政策顾问的重要性，需要有一个能提供这种快速反应的建议的高级参谋机制。相关的参谋班子必须同他们在一起，必须有权得到所有相关信息，必须有与他们直接服务的高层联络的所有能力。参联会当前的应急作战程序及当前扩充国家军事指挥中心的规划，应当被重新审议和修改，以适应这一新的要求。

d. 国务卿、国防部长及中央情报局局长应当依据这一政策指南，协调一致地对他们各自的危机管理程序进行改进，以便能够给国家指挥当局实时提供关于采取军事和外交行动的政治—军事评估及建议，以支持潜在的核运用决策。

e. 其他需要执行的行动在第 5 部分明确，并将提交给总统做进一步审议。基于这些行动的结果，对如何对政策做进一步改进提出建议。

f. 美国核政策将以核力量两个主要的、相互关联的作用为基础，一个是慑止任何层次的侵略，另一个是在冲突发生且危及美国核心利益的情况下，在必要时恰当使用核力量。

2. 威慑的特定目标

a. 关于核力量的威慑作用，战略核力量和战区核力量将支持达成如下目标：

（1）慑止针对美国、美国军队及其海外军事基地的核攻击；

（2）联合美国其他力量及盟友的力量，帮助慑止有核国家针对美国盟友及那些其安全对美国利益十分重要的国家发动的常规及核攻击；

（3）禁止有核国家胁迫美国，联合美国其他力量及盟友的力量帮助禁止这些国家胁迫美国盟友。

b. 主要依靠美国及其盟友的常规军事力量来慑止有核国家和无核国家发起的常规侵略，这是美国的政策；要认识到，能够慑止核国家的核力量也能够用来慑止非核国家。

c. 在实践层面上，实现这些威慑目标需要美国在总体上保持具有下列基本特征的核力量态势：

（1）具有极高的生存能力和突防能力；

（2）具有足够的预警、监视和打击效果评估能力，用以支持空中核力量及国家指挥当局的生存性，支持国家指挥当局在核攻击期间及遭到核打击之后进行决策；

（3）指挥、控制和通信能力要足以保证核力量对国家指挥当局有足够的反应；

（4）有清楚无误的可以实施更多类型攻击，以对敌人的潜在威胁或者行动做出反应的能力；

（5）符合军备控制协议的规定；

（6）在整体核力量中没有那种对任何潜在对手有利的不平衡。

要在下面第4部分提供的特殊的规划目标指导下，来规划具有这些特征的核力量态势。

3. 核力量运用的特定目标

为了支持达成这些威慑目标，并在必要时可以恰当使用核力量，需要制定美国战略核力量和战区核力量作战计划，以达成如下的核力量实战运用目标。

a. 在发生冲突情况下，核力量运用的目标是寻求在尽可能低的冲突层次上，在美国及其盟友可以接受的条件下尽早结束冲突。要实现这一目标，用于寻求控制冲突升级的政治性措施和军事性举措要相互支持：

（1）要将抵抗侵略的决心及想有所限制的愿望一并传递给敌方；

（2）通过实施有选择的核打击行动，配合以常规力量，来保护美国核心利益，减小敌人进一步侵略的机会；

（3）给暴力的层次、规模及持续时间等设限，并将设定的这些限制让对方知道；

（4）将敌方一些关键目标留作"抵押品"，威胁随后有可能摧毁这些目标；

（5）准备给敌方提供重新思考其行动的机会。

这些举措将协调一致地实施，以使敌方相信它必须要改变主意，因为：它将不可能成功地达成其目标；继续侵略的代价对它来说太高了；而通过谈判终止战争符合它的利益。所有这些措施意味着，需要有在国家指挥当局控制下灵活使用核武器的计划。

b. 如果升级得不到控制，那么在一场同大国的大规模核交战中美国使用核力量的目标则是取得对美国及其盟友而言最好的战争结果。这一目标通过如下举措来实现：

（1）摧毁那些对敌人战后保持实力和影响力，对敌人战后国家和军事恢复有至关重要作用的政治、经济和军事资源；

（2）努力减小那些对美国及其盟友战后保持实力和影响力起至关重要作用的政治、经济、军事资源所遭受的毁伤；

（3）保持战略后备力量，用于在冲突期间和冲突结束后保护美国及其盟友，胁迫对方。

4. 规划核力量态势的特定目标

在对符合前面提出的基本特征的核力量态势进行规划时，本部分提出的特殊的规划目标应在实践中来实现。在追求实现这些目标时，我们应当寻求通过减小使用核武器的冲动（特别是在危机形势下），以及减小徒劳的或者效果适得其反的军备竞赛的潜在压力，来提升核稳定性。特别是，我们应当断绝敌人获得明显军事优势的一切可能性，这种军事优势或许可以通过先发制人核打击或者第一次核打击来达成；要采取适当措施保持明确无误的能抵消对手潜在的核力量增长或者提升的能力，防止改变双方军事平衡；改变美国核力量构成，使苏联不再有理由将其解读为对其构成了解除武装式的威胁。

a. 确保战略和战区核力量具有很好的规避风险的进攻能力，以实现显著降低战后敌人实力和影响力，明显延长敌人遭袭后恢复期限的目的。要有能力在任何冲突条件下摧毁那些对敌人战后保持实力、影响力及战后恢复起至关重要作用的政治、经济和军事目标。这一毁伤标准既适用于对苏联的打击，也适用于对中国的打击。但是考虑到提供用于打击中国的能力是在与苏联大规模核交战之后才需要的，从规划的需要出发，要假设用于对中国进行攻击的力量在对苏联攻击之前就开始分级进行戒备。

b. 在可能的关于威胁、核力量运用条件以及美军核力量作战能力的假设前提下，要能够提供适当的战略和战区核力量，以完成如下任务：

（1）能够执行与前面提出的控制升级核力量使用目标协调的一系列核打击选项；

（2）能够攻击其他那些虽然重要，但对敌人战后保持能力、影响力及战后恢复不是至关重要的军事目标；

（3）在同苏联进行大规模核交战后保持一支可生存的后备核力量。

c. 战区核力量应当同其他力量一起，规划用于完成在第 4 部分 a 和 b 中提出的威慑目标。特别是，这些力量将是在有限核战争中寻求控制冲突升级的过程中，用于保护美国及其盟友核心利益的主要力量的来源。在认识到使用战区核力量的一系列核打击选择必须考虑友好国家或者盟国，特别是那些核力量将在其国土上使用的国家的意见时，应该规划使用这些力量达成这一目标（即第 3 部分 a 中提出的目标）。下面是分别用于北约和亚洲的额外的指南：

（1）规划用于北约的战区核力量态势应当支持北约的"灵活反应"政策，但这一核态势规划不应尝试强迫盟友接受那些深度使用部署在战区的核武器，但同时不使用战略核力量的理念；

（2）规划用于亚洲的战区核力量态势应当能够提供混合地来对抗有核国家的核与常规防御，将其作为在美国及盟友初始的常规防御被证明难以满足需要情况下的一种防范措施，这种规划应当考虑到在欧洲和亚洲同时发生侵略的情况下，美国为北约国家提供常规军事支持具有优先性这一点。

d. 战略防御力量发展规划要符合反导条约要求。这一发展规划应当提供用于保护报复性核力量的反弹道导弹部署，提供持续的 ABM 研究和发展，提供将最新的 ABM 技术用于保护国家首都的规划。此外，应继续保持北美大陆防空力量态势，使美国在得到战略预警情况下能防御小规模轰炸机攻击，并提供平时的监视和识别能力，且至少能为美国首都提供地对空导弹防御能力。

e. 为了确保核力量能够对国家指挥当局的指令做出响应，并受国家指挥当局的控制，关于指挥、控制和通信系统的规划应能支持国家指挥当局做出决策，且支持部队与规划的目标及力量自身生存能力协调一致地执行国家指挥当局的决策。这一规划应考虑与整体政治—军事形势、接收到的战略预警的情况以及指挥、控制和通信系统遭到直接攻击的可能性等相适应的核力量运用的灵活性。在最低程度上，这一规划应：

（1）在发生了针对美国的大规模攻击的情况下，为决策及实施报复性打击提供实质性支持；

（2）假定国家层面的 C^3 系统及用于支持国家指挥当局的相应的传感器

不易遭到直接攻击，则这一规划要能够为在地区冲突中进行决策以及为控制升级而灵活使用核力量提供足够的支持。

5. 需要额外采取的行动

除了在上面第 1 部分提出的将目标融入修改的美国核政策中的行动外，要指导进行如下一些研究。

a. 国务卿将指导准备一份将美国核政策的变化告知包括苏联和中国在内的其他国家的计划。从总体上讲，核政策的这些变化应当被描述成演进式的、变化幅度适中的。为了支持这一努力，中情局局长应准备一份关于苏联和中国对新政策可能做出什么反应，以及它们的这些反应可能会如何受到美国声明及行动影响的特别评估报告。国务卿及中情局局长的这些努力的成果应在两个月内提交给总统。

b. 参联会将结合其按照上面第 1 部分 b 中的指导对作战计划及规划程序的演进式修改，准备对由此而来的与作战计划及规划程序相关的能力、限制性及风险等进行一次评估。评估结论将在相应的修改程序达到相应的重要阶段节点时上报。对用于改进服务于国家指挥当局在危机管理上的需要的核规划程序的行动，要给予特别关注。在任何情况下，每半年要向国防部长提交一份关于新的发现和行动的概要报告。

c. 总统国家安全事务助理与国务卿、国防部长及中情局局长进行协商，继续对国家层面的危机管理程序进行评估，其间要考虑上面第 1 部分 c 和 d 中提出的要求。初始报告应特别关注当前的跨部门组织安排是否足以满足要求，评估要在 6 个月内完成。未来的周期性报告将包括对这些程序进行适度测试和演练的评估结论。

d. 国防部长将继续对这里公布的关于核力量发展和获取，以及核力量及相关系统部署的决策的可能后果进行审议。这样的审议将按照财政资源、军备控制考虑及它们在多大程度上能够满足在上面第 2、3、4 部分提出的威慑、使用及规划目标要求等，对一系列政策及发展项目进行评估。初始报告重点是提出关于修改当前政策和发展项目的建议，应在对 1975 财年预算做出最终决定之前提交给总统。这份初始报告将包括对那些对敌人遭到核袭击后恢复起至关重要作用的政治、经济和军事目标体系等所做的分析，包括用于美国积极防御的其他发展项目，改进指挥、控制和通信系统的其他发展项目等。在此之后，国防部长每年应准备一份这样的报告，并将其作为正常的规划、立项、预算系统（Planning，Programming，and Budget System，PPBS）① 的一部分，提交供审议和决策。

e. 国务卿将指导对前面第 2、3、4 部分提出的追求的目标对当前美国在 SALT Ⅱ 和 MBFR 中立场的影响问题进行全面分析。这一审议报告应提出对美国当前的谈判思路如何进行适当修改的建议，以支持上述提出的目标。此外，报告还应对概述的目标和概念提出适当修改的建议，以支持我国的军备控制立场。分析结果将作为我们在对关于这些谈判的政策指南做出决策时的正常输入来使用。

附件Ⅱ　相关文件

E. 对与盟友及对手关系的影响（含公开政策声明）

这一文件是国务院按照 NSSM169 要求提交的文件的扩充和修改版。它讨论了建议的核政策对美国与盟友及对手之间关系的影响，并包括一个建议的宣示政策（declaratory）的框架。

F. 用于制定作战计划以执行新运用政策的行动

这是国防部按照 NSSM169 要求于 1973 年 4 月 5 日提交的一份 5 页长的报告，它讨论了按照建议的步骤执行新核运用政策的行为。

G. 核武器系统获取政策议题

这份文件是国防部按照 NSSM169 要求提交的，其最后一次修订的时间是 1973 年 6 月 5 日。稍早前国防部长办公室的一份标题为"美国核力量打击军事目标能力，武器系统获取政策议题"的文件成了这份文件的附件 A。

H. 对手对美国新核政策的认知及可能的反应

这是中情局按照 NSSM169 要求提交的文件，它讨论了对手对美国新核政策的认知及可能的反应。这份文件要求通过单独的政府渠道来分类处理相关事务。

---

① PPBS 是肯尼迪政府的国防部长麦克纳马拉提出的国防资源配置体系，其核心思想是以明确的国家利益标准作为决策基础，同时考虑需求和成本两方面因素，在多个方案中做选择，制定中长期部队发展规划等。

评　介

在 1972 年美国国防部对核政策问题进行内部研究并提交报告之后，1973 年 2 月 13 日基辛格发出第 169 号国家安全研究备忘录（NSSM169），要求组建跨部门小组，在国防部内部研究成果基础上对美国核政策问题进行全面研究。1973 年 6 月，跨部门研究小组提交了一份长篇研究报告。这份资料是该研究报告的概要版。

该研究报告几乎全盘接受了国防部内部研究①提出的主要观点，强调美国核力量运用要以增加灵活性为出发点，在冲突爆发后以控制升级为目的，在核大战中着眼战后博弈来确定瞄准和打击什么目标，且始终保持一支核后备力量，并重申和明确了国防部内部研究提出的由四类核打击选项构成的核打击选项体系。

相比于国防部内部研究，NSSM169 研究涉及的内容更多、研究更深入。它进一步规范了美国核政策内容体系，明确将宣示政策作为核政策主要构成部分；对核运用政策同获取政策、军备控制等其他核政策构成要素之间的关系做了较为深入的分析，并准备了相应的国家安全决策备忘录草案和对外声明草案，对新核政策实行后的相关工作做出了初步安排，内容涵盖了与新核政策相关的各个方面。

这份报告得到了美国高层很高的评价，基辛格认为这是"一流的研究成果"；1973 年 7 月才接任国防部长职务的詹姆斯·施莱辛格（James R. Schlesinger）认为，"这一报告为国家安全委员会进一步讨论这一问题提供了最好的基础"。正是以这份报告为蓝本，美国尼克松政府随后正式推出了其核运用政策。②

---

① 　关于国防部内部研究的主要内容，可参看本书收录的上一篇资料。

② 　关于这一报告的影响，参看本书之后收录的几篇资料。

五十九

关于"美国核运用政策"的交谈备忘录[*]（1973 年 8 月 2 日上午）

华盛顿，1973 年 8 月 2 日，上午 8：00

参与者：

基辛格，总统国家安全事务助理

詹姆斯·施莱辛格，国防部长

布伦特·斯考克罗夫特，总统国家安全事务副助理

约翰·威克姆，施莱辛格的军事助手

施莱辛格：我认为，以下这些是关键问题。第一，升级控制的前景如何？它的约束条件是什么？例如，在欧洲我们会向他们发出警告说，我们打击那些距离作战区前沿（Forward Edge of Battle Area，FEBA）10 英里范围内的目标。

威克姆：规划人员目前还没有任何可以用作核打击计划依据的国家层面的目标。

施莱辛格：第二，运用政策的这种变化对威慑会产生怎样的影响？我们认为灵活性有助于威慑，我们试着对目标系统进行编目，试着打击那些可能破坏对方政权的目标，尝试在核交战之后仍然有可用于实施打击的军事力量，包括常规军事力量。

我们不打友好国家的工业设施。

我们要看看政治上的细节。比如，俄罗斯人口不到苏联总人口的一半。我们能说我们将痛击俄国人，让"金帐汗国"倒台吗？我们打击的实际上是苏联共产党、它的经济目标和军队。

---

* "Memorandum of Conversation", FRUS, 1969－1976, Vol. XXXV, National Security Policy, 1973–1976, Doc. 19, pp. 92–93.

第三，苏联/中国预期会做出什么反应？

如果对方具有安全的二次打击能力，通过打击军事目标来限制我们自己的损伤就不太可能。因此这涉及实施限制损伤打击的方式。

苏联的政策声明可能反对我们这样做。

我们已经把目标分成一个个的一揽子打击目标包。没有什么现实的办法能够实现完全的灵活性。

如果这一运用政策得到了批准，它还将需要两年时间才能完成核打击计划的调整。

第四，盟友的反应。他们将关心任何可能的"脱钩"（decoupling）。

欧洲人认为对苏联城市的打击并不是应对苏联攻击欧洲的特别可信的选择。因此，他们会支持增加具有可信性的选项，扩大选择范围。

基辛格：我们需要的是总统预先要有更多的选择。当发生危机时，没有时间去考虑这些事情。我们不能再等两年时间。

施莱辛格：对部队来说，现在面临的一个大难题是，执行这些有限核打击选项将削弱单一联合作战计划（SIOP）的作用。

基辛格：你们完成的工作①给我留下了深刻印象。我们需要的是细节，是细化它。

我们的宣示政策现在走到了我们的政策执行的前面了。

目前我对部长已经说过的要像我们的宣示政策那样来推进运用政策感到满意。

施莱辛格：我们必须让苏联人心中对我们会在面对低于美国本土防护层级的有些情况下愿意使用核武器这件事产生一定的不确定的感觉。

基辛格：下周我们需要就当前的计划开一个会。

施莱辛格：我们需要有一些针对欧洲的一揽子打击选项，例如对东波兰的封锁性打击，对距离 FEBA 10 英里范围内的目标进行打击等选项。

评 介

NSSM169 报告提交给国家安全委员会后，基辛格组织了多次以美国核

---

① 这里指的是 NSSM169 报告。由于这份报告是由国防部人员主导完成的，因而基辛格称之为国防部完成的工作。

政策为主题的交谈或者会议。这份资料是其中一次谈话的记录。

　　这是一次小范围的谈话，国防部长施莱辛格是谈话的主角。由于刚接任国防部长职务，他对 NSSM169 中提出的美国新核政策存在一些质疑，在能不能实现升级控制、新政策对核威慑会有怎样的影响、苏联会做何反应以及欧洲盟友对此会有何反应等问题上表达了自己的担忧。此外，他很可能是受到了参联会态度的影响，也认为执行新的核政策会影响 SIOP 的作用。

六十

关于"美国核运用政策"的交谈备忘录*（1973年8月9日上午）

华盛顿，1973年8月9日，早上8点

参加者：

亨利·基辛格，总统国家安全事务助理

詹姆斯·施莱辛格，国防部长

布伦特·斯考克罗夫特，总统国家安全事务副助理

托马斯·摩尔（Thomas H. Moorer），参谋长联席会议主席

小威廉·克莱门茨（William P. Clements, Jr.），国防部副部长

卡尔·杜克特（Carl Duckett），中央情报局（领导科学与技术处的副局长——编者注）

罗伯格（Roberge）①，参联会简报员

沃奇（Welch）②，参联会简报员

基辛格：斯坦尼斯回来以后不能控制局面了吗？③

摩尔：我想这是博弈的一部分吧。赛明顿不打算很早放弃权力。

施莱辛格：赛明顿关于中情局的评论④是对斯坦尼斯的攻击。我们应该对休斯（Hughes）⑤继续穷追猛打，问问他是否想让更多人被害，等等。

---

　* "Memorandum of Conversation", FRUS, 1969-1976, Vol. XXXV, National Security Policy, 1973-1976, Doc. 20, pp. 94-97.

① 罗纳德·罗伯格上校，是参联会计划和政策主管。——原文件注

② 爱华德·沃奇上尉，是参联会计划和政策部主管。——原文件注

③ 1月30日，斯坦尼斯在他位于华盛顿的寓所前遭抢劫并被击中两枪。他要一直到9月5日才能重返参议院。在他缺席期间，由赛明顿担任参议院武装力量委员会代理主席。——原文件注

④ 文件中对此没有说明。——原文件注

⑤ 参议员。

（又谈了一些国防项目进展的事）

摩尔：我们对核运用政策的修改，不能削弱我们目前的单一联合作战计划（SIOP）。

基辛格：这难道像"第22条军规"那样难以做到吗？（Isn't that Catch 22?）

摩尔：不，我们能做到，取决于我们要用多少时间。它取决于我们能多快得到关于这个问题的正式决策，以及我们能多快实现重新瞄准。

对第三个国家的打击行动和对苏联的打击行动相比有明显的不同。后者存在一定的引发全面战争的风险。难点不在军事上，而在政治上和政策上。如果我们能使总统参与到演习中来，或许会有助于解决问题。

基辛格：在危机中，总统必须要知道有哪些选项是可用的。然后，我们才能让他加入演习。

摩尔：战略核武器与战术核武器是不一样的。

基辛格：总统不能在什么都不知道的情况下，不知道核力量用了之后会有什么后果的情况下，来授权使用核武器。

摩尔：我说的是快速决策。

基辛格：至少总统必须要知道打击目标的类目，如飞机场等。

克莱门茨：这一版 NSDM① 具有误导性。我们没有能力达到这个 NSDM 的要求。核力量做不到那样灵活。

总统不应想着如果他批准了这个 NSDM，他就会有这些打击选择。

施莱辛格：时间是个麻烦。在我们知道需要什么之前，我们不能机械地将灵活性硬塞给核部队。

基辛格：苏联正在基于这样的目的推动部队建设，我想避免使军事人员告诉总统说，总统命令做的任何事他们都能做。

摩尔：我们在先发制人打击中能比在报复性打击中做得更好。

施莱辛格：我们不能确保对苏联进行一次核打击（非常有限的）造成的毁伤会比打掉位于波兰的所有机场更具灾难性。

罗伯格（开始做简报）：我们正在研究能够覆盖所有打击可能性的不同的核打击选项。概略地讲，这些核打击选项包括地区核选项，即战区核选项、有限核选项、有选择的核选项、主要打击选项。

---

① 指附在 NSSM169 后面的 NSDM 草案。参见本书收录资料五十八。

我们的目标库的主要变化体现在对敌陆军作战单元和政治、经济目标的打击上。

我们明确了 5 种对苏联的打击选项①：

（1）打击苏联威胁到美国的核目标——7000②；

（2）打击苏联威胁到欧洲的核目标——886；

（3）打击苏联威胁到美国亚洲驻军的核目标；

（4）打击中国的核威胁目标；

（5）打击中国威胁到美国亚洲驻军的核目标。

基辛格：但关键是，我们要努力去打击的目标到底是什么？

施莱辛格：例如，打击政治和军事目标的选项有哪些？

罗伯格：那些是我们确定这些打击选项的原则。

基辛格：我们想知道那些原则是什么。

施莱辛格：我们需要看到最主要的打击目标，不是像"摧毁第 11 火箭集团军"这样的目标。

沃奇：我们乐意让你们看看我们研究的问题，并告诉我们这是否就是所需要的。

基辛格：那下一步呢？

施莱辛格：我们正试图向外传递冲突要停下来的信息。"我们正在让你们知道你们在核打击面前有多脆弱，正在展示冲突再升级下去有多可怕的后果。"

否则，你就得一个人单独浏览包括全部 4000 个目标的清单了。

例如，我们要摧毁苏联靠近中国边境的目标，为中国进攻苏联打开大门；这样就可以传递出中美结盟的信号，而这种结盟可以是真实的，也可以是假的。

请你（基辛格）告诉我们，你想要通过核打击传递什么信号。

基辛格：这实际上是一个先有鸡还是先有蛋的问题。我们已经对在约旦可能发生的紧急情况做出了很好的规划，且这个规划在 1970 年时被证明很有效③。可一旦伊朗或者欧洲遭到攻击，我们就不知道该怎么做了。

如果苏联逼得我们在世界各个地方都不得不退缩，那结果就是灾难性的。

---

① 原文件这一句中有一个括号，里面写着"Major?"，可能有人插话或者提出疑问："是 5 个主要打击选项吗？"从后面列出的 5 类打击选项看，这里记录可能有误。

② 原文件中并未说明这里的数字指代的是打击目标的数量，还是打击这一类目标所需核弹头的数量。从上下文分析，很可能指代后者。

③ 指的是 1970 年 9 月约旦和巴勒斯坦解放组织之间爆发的严重流血冲突。——原文件注

摩尔：你关于先有鸡还是先有蛋的比方是对的。这也是我们需要对话的原因。

杜克特：我们应该将那些我们不太能轻易脱离接触的目标列为打击目标吗？我们应该打击敌方那些空中或者海上的目标吗？

基辛格：这里还有几种情况。欧洲之间的冲突；苏联对抗第三世界国家；第三国发生了有可能会波及美国的冲突。

以约旦为例，我们可以通过不计代价、不计后果地将部队快速投送过去来使苏联人害怕。

我想任由形势发展而不采取行动，出现一次严重的危机几乎不可避免。

施莱辛格：把铁托①干掉（Take Tito's death）。

基辛格：赞同。我就此问题发布国家安全研究备忘录②已经有一年时间了。

一般说来，关于这一问题有两种理论，不是缓慢升级，就是马上跃升。

施莱辛格：如果有时间深思熟虑，我会倾向于第二种。如果是核，那么我倾向于第一种。

例如在伊朗，我们派过去一些 F-111 飞机，我们就是要传递一个信息。私底下这或许指的就是里海地区的油田。

基辛格：我们需要把这一偏理论的讨论转向对具体地区的具体打击组合的讨论。最可能出现这种情况的地区并不太多。我们在劳动节（Labor Day）③之后再讨论一次吧。

评　介

在这次关于核运用政策的讨论中，参联会主席提出了新政策有可能削弱 SIOP 效果、对不同国家实施核打击的要求不同、战略核武器和战术核武器使用存在不同、落实新核运用政策需要很长时间、在总统正式批准核运用政策之前美军不能改变其核打击计划等问题，反映出美军高层对新的核运用政策仍然有较大的抵触情绪。

---

① 铁托是南斯拉夫的总统。——原文件注
② 指的是 1971 年 6 月 15 日发布的第 129 号国家安全研究备忘录 "美国政策与后铁托时代的南斯拉夫"。
③ 劳动节是美国的全国性节日，在 9 月的第一个星期一。

六十一

防务审核小组关于"美国核政策"的会议记录*（1973 年 8 月 9 日下午）

华盛顿，1973 年 8 月 9 日，下午 3：40~4：31

主题：核政策（NSSM169）

参会人员：

主席：基辛格

国务院代表：威廉姆·波特、西蒙·威斯、林恩·斯罗斯

国防部代表：罗伯特·希尔、贾斯珀·威尔奇准将、D. R. 考特

参谋长联席会议代表：约翰·威尼尔海军中将

中央情报局代表：威廉姆·科尔比

军备控制与裁军署代表：弗莱德·伊克尔、西德尼·格里比尔

国家安全委员会代表：布伦特·斯考克罗夫特准将、劳伦斯·伊格尔伯格、菲力普·奥迪恩、威廉姆·德格拉夫、基尼·戴维斯

结论摘要

以下是一致意见：

工作小组将依据本次会议的讨论意见，重新起草建议的国家安全决策备忘录（NSDM）①，部门的异议或者建议应该提供给工作小组主席。

参联会应在 NSDM 草案基础上开始进行作战规划。

＊ "Minutes of Verification Panel Meeting", FRUS, 1969–1976, Vol. XXXV, National Security Policy, 1973–1976, Doc. 22, pp. 99–107.

① NSSM169 研究小组在提交 NSSM169 文件的同时，以附件的方式提交了一份基于 NSSM169 报告基本精神而起草的关于美国核力量运用政策的国家安全决策备忘录草案。草案内容见本书收录资料五十八。

基辛格：我们已经就这一问题讨论了 4 年时间，且没有结果。这可能是参联会故意捣的鬼（by JCS design）。

威尼尔：你对我们太不信任了。

基辛格：我原以为今天我会在这里看到主席（摩尔将军）。

威尼尔：他还在国会作证。他可能在 4 点之前到这儿。

基辛格：我们这一轮研究的基本目标不是拿出另一个理论性文件。我们要拿出一套在危机升级之前总统能够掌握的各种核打击选项，他在此基础上进行决策。我们当然要有一个理论指导，但它不能以牺牲可用的打击选项作为代价。如果需要的话，我们将调整这些打击选项，以适应这一理论。我们现在面对的是一个全新的形势，我们的对手有数以千计的核武器。对我们而言，希望有更多打击选项是合理的。我知道，很多欧洲人认为，我们保证兑现我们摧毁对方（苏联）的承诺，以使他们得到他们所需要的安全保证是必要的。但是，如果没有更多的打击选择，我们会瘫痪的。在 1914 年，比利时人就没有坚持说，英国要兑现它摧毁敌人的承诺。但欧洲人新的学说仍然坚持，在欧洲人同意加强自身防御之前我们必须做出摧毁苏联的承诺。附带说一句，我想这份 NSDM 草案在很多方面已经很出色了。

我们现在过一下这个名录，争取能够说说名录中需要注意的问题都有哪些，这一文件①对此是怎么表述的。然后，我们可以整体上讨论一下，看看有哪些地方需要调整。我们需要关注多个层次上的问题，包括通过升级控制我们要达成什么目的，单一联合作战计划（SIOP）同其他核计划之间是什么关系，在外交上，我们应在多大程度上将这些告知我们的盟友、告知苏联，我们应告知它们哪些内容，这些是我们需要讨论的问题的清单。参联会能给我们简要报告一下拟制这份文件的一些考虑吗？

威尔奇：关于升级控制，有多个不同层次的考虑。一开始它是一个口号。

基辛格：我们最擅长干这个。

威尔奇：战术核选项的性质是一个问题。设定这些战术核选项的目的，是让对方接下来改变他们的想法，使对方相信，他们采取进一步军事行动不会给自己带来明显的好处。首先，这些核打击将使对方从他们正在实施

---

① 指 NSSM169 研究报告。——原文件注

的军事行动中一无所获。其次，这些战术核打击潜含着在必要时会实施进一步报复，从这个角度看，我们必须能确保这些小规模的核打击选择不会削弱大规模核打击的威胁效果。再次，我们不应将这样的小规模核打击扩展到完成上述第一项和第二项目标所必要的范围之外。我们要重视谈判，努力让对方理解我们这样做的目的。关键是要搞清楚他们的目标。我们在战术核打击问题上必须小心谨慎，不能走得太远，防止使对方误解了我们这样做的良苦用心。

关于规划的核打击构成，我们设想了四类核武器使用选项，包括主要打击选项、有选择的打击选项、有限核选项和地区核选项。零敲碎打式的核力量运用是对核力量的一种浪费。我们已经尝试依据每一个问题涉及的技术水平去看一看我们是否真的做不到只取其利而避其害，借以找到解决每一个问题的办法。主要打击选项的策略与 SIOP 基本一致，其中中国和苏联是作为独立的对象来处理的。对军事目标的攻击在有选择的打击选项中被进一步分解，有一个候选打击选项清单，当然，这个打击选项清单是可以修改和审议的。我们已经尝试对空中打击进行重组，以便一架既定的轰炸机能够用于打击混合类型的目标。打击选项中包括一定的飞机架次、一些武器组合，以便在事情如人们所预想的那样发生时来使用。我们也已经对苏联东部和西部、常规军事威胁与核威胁进行了区分，在欧洲对陆军、海军和空军设施进行了区分，对战略核力量与单独的战区核力量进行了区分。对中国，我们会打击它的核设施、常规军事力量及指挥领导机构。

基辛格：你在说什么呀？这是文件上的内容吗？

威尔奇：核打击的目标及原则已经确立了。参联会已经对要打击多少目标、适合用哪些武器去打击这些目标，我们可能取得的最好的打击效果会是怎样的，关于打击选项的修改建议、评估涉及的风险，以及不同的打击行动的作用有多大等问题进行了分析。但在日程、时间表或者作战规划等方面，我们还没有开始。

基辛格：这么说来，这些都还只是战争游戏（war game）了？

威尔奇：如果你想是这样的，那么可以说就是这样的。

基辛格：可以命令他们现在开始实质性推进核打击规划吗？

威尼尔：这是一个全新的国家政策。这一政策现在还没有被批准，还不具有法律上的效力。因此，我们还不能对其（核打击计划）做任何实质性的改变。但是我们正在为此做准备。一旦这一 NSDM 被批准，我们将立即启动这一进程。

威尔奇：这是我们的建议，我们想知道这（我们关于核打击的设想）是否也是你心中想要的。在我们看来，这已经可以了。

基辛格：这也正是我们开这个会的其中一个原因。

考特：这一 NSDM 将使重新制定核打击计划、撤开 SIOP 重新对核打击进行评估变得合法。

奥迪恩：将原来的 SIOP 推倒重来，明确每一个打击目标，为那些新的轰炸机赋予新的打击任务，这难道就是主要事情吗？

威尔奇：是的，这是主要的事情。但我们需要的灵活性超出了我们现有能力所及的范围。

威尼尔（对基辛格说）：我知道，你已经听到了这样的说法，即要完成对核打击计划的修改，将需要 18 个月到两年的时间。但是如果这一 NSDM 得到批准的话，那么在 730 天内这个过程可以完成 100%。但是，在 720 天时间内，将只会完成 98%，如果是 50 天，则只能完成 5%。在任何时候都有很多事情不能确定。目前，我们还不知道会对哪些目标造成最大程度的毁伤。

基辛格：除了可能的 C 任务打击选项①外，SIOP 并没有对报复性打击和先发打击做区分。重新制定 SIOP 的其中一个目的就是使我们在实施报复性打击时，不会出现摧毁的是对方空发射井的情况。目前，我们如果选择 A 任务打击选项或者 B 任务打击选项，那么我们打的就是空发射井。

威尔奇：当前的 SIOP 要求攻击对方的常规军事力量。过去，因为我们的核弹头数量不多，这些目标所占比重不是很大。随着分导式多弹头（MIRV）技术的成熟，我们有了更多的核弹头，我们可以打击的目标已经增加了。按照当前的核打击政策，可以打击的目标数量还会进一步增加。SIOP 每 6 个月修订一次。核打击规划人员已经在法律允许范围内做了他们能做的一切，为采用这一新的核力量运用政策做准备。我想任何人都不要

---

① 在 8 月 8 日的备忘录中，奥迪恩为基辛格概括了美国的 SIOP。SIOP 是美国总体的战争计划，利用陆基战略导弹、战略轰炸机和潜射弹道导弹，以及一部分战术飞机去攻击三类战略目标：Alpha 任务（任务 A）——打击美国及其盟友面临的战略核威胁目标；Bravo 任务（任务 B）——打击威胁美国的其他军事目标；Charlie 任务（任务 C）——打击苏联及中国的城市—工业目标。——原文件注

错误地以为，在这方面还没有取得任何进展。

基辛格：我们坐在这里不是要高谈阔论。我需要让总统知道他能做什么。如果你们给他提出了采取军事行动的建议，我要使他知道他做决策时到底在干什么。他除了听过一次关于 SIOP 的简报外，对此可以说一无所知。唯一的那次 SIOP 简报还是三年或者四年前的事了，那并没有激起他对这个问题的热情。

波特：我们需要一个更简单一些的 NSDM。现在的这个版本太长了，也太复杂了。我们想看到包含更多详情的数量少一些的打击选项，以便总统能真的理解这些核选择。我们不是在就这一决策备忘录草案的实质性内容进行争论，它的要点我们都是同意的。

威斯：这里有两个方面的问题。首先，在与总统讨论这一问题时如何能让总统清楚地理解这些核打击选择。

基辛格：还有就是，我们是否有能力确保执行这些打击选项。我们或许正在讨论的是为还没有分配打击任务的核力量制定的计划。

威斯：其次，是在和平时期这种变化被理解和接受的方式。在我看来，问题可能出在公众那里。像威斯纳（Weisner）[①] 和潘诺夫斯基（Panofsky）[②]这样一些人，可能不会理解和接受这种变化。他们确信，"确保摧毁"是最好的政策。

基辛格：那是因为他们要压缩国防预算。想当年，当我写出关于有限核战争的著作[③]时，他们将我视作天才，因为他们认为这将有利于限制我们的国防预算。

威斯：他们或许会将这一变化看作我们要增强同中苏核交战能力的一个借口。

基辛格：我同意你的判断，但不论你改不改政策，他们都会这样认为的。

威斯：我们能够向我们的盟友着重指出，核政策的这一变化会提升威慑，他们支持这一变化符合他们的利益。这里的问题在于你的改变有多大，

[①]　威斯纳是肯尼迪总统的科学顾问，1971~1980 年担任麻省理工学院院长。——原文件注
[②]　潘诺夫斯基是斯坦福大学物理学教授，在 1973 年之前一直担任尼克松总统办公室科学与技术顾问。——原文件注
[③]　1957 年基辛格主编出版了《核武器与国家安全政策》，书中提出打有限核战争、有限使用核武器的理论。

你要向前走多远。如果你把这种有限打击的游戏同最大限度的威慑和控制升级一起来玩的话，你就需要同苏联人在一些问题上有一定程度的共识。仅就有必要向苏联人传递一些有关信息以便能够达成那种共识这一点，恐怕你就会在盟友和国内公众那里遇到麻烦。

伊克尔：这些难题中有一部分，可以通过强调战争恢复能力这一准则来化解掉。但那会引发很多疑问。这怎么与 C 选项进行区分？这样做的代价是什么？这会不会造成一种我们正在为第三次世界大战做规划、做准备的印象呢？我们或许又要回到为全面核交战之后的美苏竞争进行规划的老路子上。关于民防的疑问还没有说呢。我们所有的目标都可以在不强调战后恢复的情况下得以实现。

基辛格：为什么这么说呢？

伊克尔：如果说强调战后恢复意味着我们要攻击更小的城镇、更小的目标的话，会给我们的核武器获取带来麻烦。我们需要不同类型的核武器。这可能会造成一些不好的印象，好像我们不再那么依赖威慑，而是更依赖战后的竞争。这样一来，在国会你不会得到支持的。

威尼尔：现在，我们的目标是摧毁对方 70% 的战争支撑工业。更好的标准是战后恢复速度加上击垮对方军队，使其不能横扫欧洲。还有一个选择是通过毁伤的人口数量来衡量，比如把毁灭 7000 万俄国人作为目标。

伊克尔：我们能够在多大程度上区分对方的经济资源和军事资源，且能在多大程度上对这些资源在战后恢复中的重要性做出分析，也是一个问题。背离选项 C 并不是那么可怕。它可能只需要对选项 C 进行升级就可以了。但如果这种变化引起所需资源的变化，问题可能就不好办了。如果在国会造成我们正越来越少地依赖于威慑的印象，情况就会很不妙。

威尼尔：我们不会向国会介绍我们的 SIOP 的。

基辛格（对科尔比说）：你是怎么想的？

科尔比：苏联人只要发现一点美国要使用核武器的征候，他们就会实施先发制人的核打击。他们坚信他们会找到这种征候，他们随后就会实施大规模先发核打击。

基辛格：对欧洲吗？

科尔比：一开始是对欧洲。如果我们采用有限核打击理念，我们应当将这种理念传递给他们，让他们知道。否则，他们可能会因为对我们的一些行动产生误解，而对我们的一些行动征候自动做出反应。

威斯：在我们真正看到我们正在讨论的是什么政策之前，我们很难对这一问题进行有益的讨论。

基辛格：我们不要就 SIOP 或挑选出来的核选项向国会做介绍。关于欧洲盟友的反应，现在已经有一些相关的论调出来了，如这就是要使美国战略威慑与欧洲"脱钩"，这会破坏美国对欧洲的安全保证等。我们在过去苏联核力量持续增强到很大比重的过程中，一直都面临这样的指责。我们现在生活在一个全新的世界里。我们能如何威慑住苏联？如果我们不能慑止他们，我们如何才能使他们的侵略行动停下来呢？有一种理论认为，我们使战争看起来如此有吸引力，以至于削弱了我们的威慑效力。这在任何时候都不会发生（That's never never land）。我们现在的实力对于慑止希特勒来说已经足够了。但我们讨论的是一个秩序不同的现实情况。希特勒向他的将军们保证将很快取得胜利。即使在选择最少的情况下，去证明如何能实现胜利，或者如何建立起有效防御都绝非易事。至于说欧洲人，他们现在还不知道我们将要做什么。我们已经同意了北约关于使用 10 件核武器的学说。但在此之后，古德帕斯特将军①将做他认为需要做的任何事了。

斯罗斯：欧洲人已经两次听取我们的 SIOP 简报了。

基辛格：欧洲人不能让我们没有这些核打击选项。他们可能会要求在我们希望的时间之前更早地执行选项 1②，但他们不能让我们执行自杀式行动。

威斯：我们正在对欧洲人施加影响。我们正在更多地强调常规军事能力，他们并非全都反对。他们担心的是在一场常规战争中美国和苏联可能会躲在后面，让战火只在欧洲大地上燃烧。

基辛格：他们可以选择不打。

威斯：他们有可能选择不战而降。

科尔比：如果欧洲人相信这些新的核打击选择意味着我们准备在有限核冲突层次上帮助他们，他们可能会诅咒这种变化，但至少他们将会知道他们会得到我们的帮助。如果一上来就选择实施全面核打击或者全然不使用核武器，会使他们处于困难的境地。在这里，苏联人知道我们有有限核

---

① 安德鲁·J. 古德帕斯特时任欧洲盟军最高司令。

② 即 SIOP 中的 Alpha 任务。——原文件注

选项是至关重要的。

基辛格：一方面，我们要使苏联人想到，局势有可能失控，而另一方面，我们还要说服他们不要使局势失控。苏联有可能在不进行大规模核交战的情况下就停下来。我不相信他们有无限的去推动局势升级的欲望。我想他们可能会找借口停下来而不是去升级态势。

科尔比：但是如果产生误解或者猜错了我们的暗示，他们可能会升级态势。

基辛格：这份文件如果能够给出一些打击选择，以便在危机中总统能感受到他正在将局势导向何方的话，那么就很有用了。具体的打击选项应当简洁一些，但是总统如果知道我们正在做的事的话，他可以再等，等最终完成。他过去只是听过一次 SIOP 简报，如果现在的东西仍然和过去一样的话，他恐怕就不会有这个耐心了。

威尔奇：总统还不知道有各种紧急态势应对计划，这真是太不应该了。

基辛格：总统应该听到关于这些不同核选项的简报。正如我之前已经讲的，我不是在吹毛求疵，我最担心的是随着苏联实力的增长，加上我们国内的问题，有人可能会打我们的主意（take a run at us）。

威尼尔：我们可以相当快地将这些打击选项整合起来。

威尔奇：在知道我们选择的方向是否正确之前，我们不愿意推动事情向前。

基辛格：我没有说这到了紧要关头。我们过去太关注越南问题了，以至于我们根本没有深入到这一问题中来。就这份 NSDM 草案而言，能够推动这一进程的任何举措都会得到批准。我们首要关心的并不是要拿出一份无可挑剔的完美的政策文件。我们需要的，是参谋长们能够将一些核打击选项整合起来的某个东西。然后，总统及其内阁官员能够依据他们各自的危机管理职责，对这些核打击选项做出分析判断。我们能够依照公众的意见及俄国人的反应对其进行分析。

波特：我们还应该分析为此要付出的代价。

基辛格：除非预算少于 200 亿美元，否则威斯纳和潘诺夫斯基不会满意的。他们认为"确保摧毁"好，因为这可以保证花费最小。只有杀死 8000万人这样一个核打击选择是不道德的。

波特：但我们应该有与每一种打击选项对应的代价。

威尼尔：在我们规划的 1976 财年军事力量框架内，我们能搞定这件事。我们已经在寻找额外的切实可行的打击选择，但这还不能牵涉到为实施这些选项去采购和装备更多军队的问题。

基辛格：要重新制定 SIOP，以便能为执行这些打击选项预先安排打击力量。这将意味着不会再有那么多核常双重用途部队。

威尔奇：是的，我们将重新制定核打击计划，这样一来各方面就平衡了（the beer and pretzels come out even）。

伊克尔：还有 CQ 脆弱性问题。

基辛格：CQ 是什么？

伊克尔：指挥与控制。

威尔奇：改善 CQ 的工作正在做。太需要对其进行改进了。

基辛格：我们怎样才能使 NSDM 最终定稿？

波特：我建议，你指导我们重新起草一份，基本思路就是简化。

基辛格：现有的工作团队能做吗？

奥迪恩：可以做。

考特：怎么去简化呢？这个 NSDM 有一个 1 页的方案。

奥迪恩：它可是有 7 页的。

波特：这可能做不到，但我想我们应该试试。

威尔奇：我同意，但我要让你们知道这份基础文件①是现在这个样子的根本原因。在这份文件中，能够满足基辛格先生最优先关切的只是文件的第 1 页和第 69~70 页，这几页谈的才是核力量使用。我们不要只谈核力量实战运用，威慑和实战运用都要谈。从第 70 页开始的关于部队运用规划的指南占了很大一部分，它也是令很多人不太能接受的部分。其中包含要阻止对那些呼吁建设新的庞大核力量想法投入过多热情的内容。

基辛格：我们应当诚实地面对这一点。国会在这个问题上对我们的阻止和影响，不会超出之前他们已经给我们造成的影响的程度。在某种程度上讲，我们可以放手去做那些我们认为对的事。我们最好在现有预算限度内来完成这件事。但如果需要新的费用，我们将向国会索求。到 70 年代后期，还会有人到这个位置上来。到那时，苏联的核打击系统将更加成熟。

---

① 指的是跨部门研究小组回应 NSSM169 的研究报告，参看本书收录资料五十八。

如果我们不做一些正确的事，我们的继任者将生活在噩梦中。希望我们能够在我们当前的预算范围内推动这一进程。如果我们做不到这样，那我们就应该寻求更多的国防开支。如果我们得不到需要的预算，我们将不得不停留在已有的资金范围内。但我们必须明白，做什么才是对的。

国防部长办公室及参联会必须启动这一新的核打击规划进程。如果其他机构乐意的话，就让他们坚决不同意或者反对吧，随后我们将讨论他们的问题。我们已经遭到了弗莱德·伊克尔①的反对了。

波特：我们不要对这一 NSDM 的要点争吵不休了，但我们可能要对一些替代选项做一些更深入的研究。我们可能会有其他一些想法，特别是在涉及我们盟友的问题上。

基辛格：这一 NSDM 一旦被批准，参联会应马上开始进行新的核打击规划。我们最终拿出来的任何 NSDM，都将与你们现在应该提前参照的这一草案足够相似。

威尼尔：在这些事情上，有些我们现在实际上已经从起跑线出发了。

基辛格：这一计划将得到批准，其中有可能会考虑国务院的一些改进建议。随后，我们将组建一个由内阁官员及其他危机管理人员组成的精干团队。等到这些核打击选项完善后，总统可能会在参联会战情室亲自听取一次简报。他可能会对在危急情况下他将要做出的决策有亲身感受。我知道，总统急切希望进行这样一次体验。你们都同意这是一个可行的计划吗？

（所有人都同意。）

奥迪恩：如果有哪一个部门把关于这一问题的建议提到了我这里，我将把这些建议转告给参联会。

评　介

这是尼克松总统在就新核政策做出正式决策之前，美国政府内部对该政策进行的最后一次讨论，重点转向了与新核运用政策相关的实践问题，如拟制的 NSDM 草案是否可行、后续核打击计划如何修改、如何使新核政策的执行获得足够资金支持、如何向总统汇报等，标志着这一轮美国核政

---

① 　弗莱德·伊克尔于1973～1977年担任美国军备控制与裁军署主任，他参加了此次讨论。

策调整已接近尾声。

在讨论过程中，来自不同部门的人员仍然对新核政策提出了自己的疑虑。参谋长联席会议代表仍然坚持说，必须等到总统正式批准相关决策备忘录之后，他们才能正式启动核作战计划修订，并强调需要两年时间才能完全落实新政策的要求；国务院代表则忧虑新的核政策是否会引起美国盟友的不安和苏联方面的误解；来自军备控制与裁军署的代表则对着眼战后进行核打击规划的合理性提出了质疑；国防部代表则强调，国防部已经做了很多工作了，认为除了强调实战运用，威慑也要包含于其中。

虽然与会人员提出了很多不同看法，甚至是反对的意见，但在基辛格看来，只要能给总统提供足够灵活的选择，让总统知道关于核打击规划的细节，使总统能够把控美国核力量的实战运用过程，其他都不是问题，为此花再多的钱都值得。

六十二

总统国家安全事务助理（基辛格）就"美国核政策"致总统尼克松的备忘录*（1973 年 12 月）

华盛顿，未注明日期

主题：核政策

国家安全委员会核查小组一直在审查我们的核政策，包括适用于全面战争的核政策和适用于战区的核政策，目的是为您提供更灵活的核使用政策。审查的初步结果体现在文件 A 的《国家安全决策备忘录（草案）》中。

《国家安全决策备忘录（草案）》是提供包括以下核政策基本内容的综合性总统指南十分重要的第一步。

——战略目标。它重申了与您的年度外交政策报告相一致的美国核战略的威慑目标。

——使用政策。它为制定更灵活的战争计划提供了总统指南。这样的战争计划，是在有限的或者全面的战争场景下使用我们可用的核力量对不同的特定目标体系进行打击的计划。

——宣示政策（declaratory policy）。国务院就美国向包括朋友和敌人在内的其他国家如何以及在多大程度上来解释我们的核政策提出的建议。

《国家安全决策备忘录（草案）》第一次为协调我国核政策的每一个方面提供了一个全面的框架。这将有助于优化我们的核态势，使其更有效，对总统的指示做出更敏捷的反应。该框架也将提供一个概念基础，增强我们的核军备项目在国会议员面前的正当性和说服力。

同样重要的是，《国家安全决策备忘录（草案）》将建立一个对我们的

---

* "Memorandum from the President's Assistant for National Security Affairs (Kissinger) to President Nixon", FRUS, 1969 – 1976, Vol. XXXV, National Security Policy, 1973 – 1976, Doc. 30, pp. 138–142.

核政策及其实践效果进行审查、分析和评价的动态流程。这将有助于协调和完善我们的核打击计划和核运用政策，并确保关于实施行动的建议在国家安全委员会系统内得到认真考虑。

核运用政策

目前，还没有一个关于美国应该如何为应对核冲突进行计划的总统指导。国家层面仅有的一些核打击选择是由参谋长联席会议确定的。这些核打击选择还是在我们拥有巨大核优势的时候确定下来的。因此，我们仅有的这些用于对侵略进行回应的规划好的核打击选择，需要我们对苏联进行大规模攻击，尽管现在美苏两国的核实力几乎是对等的了。

随着苏联获得了即使在美国发起第一次打击情况下仍可摧毁美国的核能力，我们通过几乎无限的核交火会"打赢"战争的想法已经变得越来越离谱。这已经使人们认识到我们这一战略不再可信了，这损害了我们的整体威慑。

为了克服这些缺点，建议的《国家安全决策备忘录（草案）》提出了如下核使用政策。

（1）明确要增加一系列有限核打击选项，旨在以美国可接受的方式、在可行的最低冲突水平上来结束战争。要实现这一点，这些核打击选项必须通过给攻击的范围、规模等设置明确的边界来控制冲突升级。这一指导既涉及战略核力量，也包括战区核力量。

（2）在冲突升级无法控制的情况下，仍然执行主要的单一联合作战计划（SIOP）的打击选项。然而，这样的打击选项不再是全面彻底摧毁苏联的军事力量、人口和工业设施，而是用于达成以下目标：

一是通过对苏联军事、经济和政治结构等目标进行系统性打击，阻止苏联很快重返大国地位；

二是尽可能限制美国受到的损伤；

三是保留一支可生存的战略核后备力量，以便在重大冲突后继续保护美国。

国家安全委员会审议流程

随着时间的推移，建议的政策指导迟早会给我们的核态势带来深远变化。因此，在我们的核态势发生重大变化之前，在国家安全委员会体系内建立一套对这一政策实际后果进行考察和审议的程序，应该是明智之举。

具体地说，《国家安全决策备忘录（草案）》要求：

（1）第一批有限核打击选项在三个月内将提交给您批准，随后将对已有的和拟议的核武器使用选项按季度进行审议；

（2）国防部要对与新的重大打击计划及程序相关的核能力、限制性条件和风险等进行评估。

此外，需要有关机构审查它们各自的危机管理程序。与此同时，指示国防部成立一个由高级别人员组成的顾问团，用来在危机中为您提供建议，这一点供您参考。

政治上的考虑

审核小组还审议了新政策指导涉及的政治方面的问题。

（1）我们的盟友倾向于认为，美国核政策的任何变化都是试图使我们的战略核力量从慑止在欧洲和亚洲地区的侵略中抽身。不过，我们相信他们将逐渐明白，我们拟采用的核政策恰恰是要产生相反的效果。

（2）不能指望苏联和中国方面会做出正面的回应，但这一新政策也不太可能损害我们与这两个国家正在改善的关系。

（3）国会的反应将主要集中在这项政策对新武器开支和我们的军控努力的影响上。我们相信，这份新的《国家安全决策备忘录（草案）》将增强我们在发展新武器项目及推进军备控制态势上的说服力。

《国家安全决策备忘录（草案）》以另外两种方式来处理这些关注的问题。

第一，指示国防部将新的政策指导视为美国政策的演变及改进，而不是在战略上另起炉灶。总统政策指导不公开。

第二，需要将美国新的核政策知会我们的盟友，并由国务院和中央情报局对苏联和中国对此的反应进行审查。他们的审查结论和相关建议将通过国家安全委员会提供给您。

这些举措应该使我们能够调控并保持新政策指导的政治影响。

获取政策

目前，总统关于核力量的指导包含在1969年6月发布的NSDM16号文件中。该指南为获取战略核力量确定了标准，但不涉及战略核力量使用。现在NSDM16号文件确定的获取核力量的指导已经不再满足要求，我们需要针对苏联核力量进展、限制战略武器谈判（SALT）协议，以及在可能的

核力量使用选择上有更大灵活性的需求等，确定新的核力量发展的指导
方针。

在这方面虽然已经做了一些工作，但在我能给您推荐一项拟议的未来
核系统获取政策之前，还需要做进一步的工作。附录文件 B 是一份 NSSM 草
案，该草案将指导进行美国核力量获取政策的研究。这项研究将制定拟议
的采购政策指导，以支撑在拟议的关于核运用政策的《国家安全决策备忘
录（草案）》中提出的核威慑及核力量运用目标。此外，这项关于核武器
获取政策的研究亦将考虑以下事项：

（1）美国对本国战略进攻部队可能面临的威胁做出反应的能力；

（2）未来战略导弹打击军事目标的能力；

（3）对在亚洲前沿部署的核武器进行调整；

（4）对在北约部署的核部队进行现代化。

这项研究还指导军备控制与裁军署评估《国家安全决策备忘录（草
案）》和拟议的获取政策对我们的军备控制立场的影响。这是为了确保美
国在各种军控问题上的立场能满足我们的基本安全的需要。

这项研究的结果将使我们能够建立美国核力量获取标准，这些标准既
考虑了美国核力量的威慑作用，也考虑了在威慑失败情况下灵活使用这些
力量的需要。

小结

该《国家安全决策备忘录（草案）》：

（1）提供了比我们的现有核政策更符合现实、更协调统一的核政策；

（2）要求制定有限核选项供您审查和批准；

（3）为审查我们的主要打击选项提供指导，使我们这样的主要打击选
项着眼于强化美国在战后的相对地位，不再主要用来大规模摧毁潜在对手；

（4）呼吁建立必要的指挥、控制和通信系统，以及危机管理安排，以
支持更为灵活的核态势；

（5）设立一个对新的核政策指导实际效果及新政策指导本身的动态审
议程序，以确保该政策指导能满足我们的政策需要。

《国家安全决策备忘录（草案）》将使我们能够建立美国核力量的获取
标准，这一获取标准既考虑了核武器的威慑作用，也考虑了在威慑失败的
情况下灵活使用这些力量的需要。

建议

您授权我签署附在后面文件 A 中的《国家安全决策备忘录（草案）》。

您授权我签署附在后面文件 B 中的《国家安全研究备忘录（草案）》。①

艾康　译

评　介

这是基辛格提请尼克松总统批准美国新的核力量运用政策文件的备忘录。

按惯常做法，基辛格先对新核运用政策的内容、特点等进行介绍。他强调指出，制定新核运用政策的根本目的是要给总统提供更加灵活的核运用选择，因此新的国家核运用政策要求军方必须制定有限核打击选项，用以控制核冲突升级；如果爆发了大规模核交战，美国将着眼于战后双方实力对比、战后双方博弈对抗需要来筹划和实施核打击。

值得注意的是，基辛格在这份文件中明确将此前核政策构成要素中的"关于核政策的公开声明"（declaratory statements on policy）② 转变成了"宣示政策"（declaratory policy）。"宣示政策"这一表述，容易从字面上被理解为用于指导特定核活动，与核运用政策、获取政策等并列的核政策类型，反映不出它同其他核政策之间事实上的紧密联系，容易引起误解。

---

① 总统决定自己签署这两份建议的文件，把句子中的"me to sign"圈了起来，并写上"RN 将签署"。——原文件注

② 参看本书收录资料五十八。

六十三

关于"美国核武器运用政策"的第 242 号国家安全决策备忘录（NSDM242）[*]（1974 年 1 月 17 日）

华盛顿，1974 年 1 月 17 日

给：国务卿　国防部长　中央情报局局长　军备控制与裁军署主任

主题：用于规划核武器使用的政策

基于对 NSSM169 研究结果的审查，以及审核小组的讨论，我已经就美国规划使用核武器的政策做出了如下决定。这些决定并不能算作对美国核战略的背离，相反，它们是对现存政策的详尽阐述。这些决定既反映了现有的政治和军事现实，也反映了我对有更加灵活的核态势的期望。

这个国家安全决策备忘录（NSDM）为规划美国核力量运用提供了一个政策框架。它也建立了一套程序，通过这一程序可以使这一政策的主要方面协调起来，使这一政策能够得到适时的审查和修正。

为威慑目的而规划对核武器的使用

美国核力量的基本任务是慑止核战争，对美国核力量使用的规划应支持这一任务。我们的威慑目标是：

①遏止针对美国、美军及其海外基地的核攻击；

②同美国和盟国的其他军事力量一道，慑止有核国家对美国的盟国和那些其安全对美国利益十分重要的国家实施的常规攻击或核攻击；

③阻止有核国家对美国进行胁迫，同美国和盟国的其他军事力量配合，为阻止这些有核国家对美国盟友进行胁迫提供帮助。

美国将主要依靠自己和盟国的常规部队去遏止核国家和无核国家发动的常规侵略。然而，这并不排除美国使用核武器对常规侵略做出反应。

---

* "National Security Decision Memorandum 242", FRUS, 1969–1976, Vol. XXXV, National Security Policy, 1973–1976, Doc. 31, pp. 142–146.

规划有限使用核武器的选项

如果发生了冲突，使用核武器最重要的目的是在美国及其盟国可接受的条件下，寻求在最低冲突水平上早日结束战争。为达到这一目的，需要规划有限使用核武器的各种选项，这些选项同其他政治和军事措施（包括常规部队）结合起来，用以控制冲突升级。

应当制定用于执行有限使用核武器选项的计划，使美国能够采取有选择的核行动，与常规部队协作，保护美国重要利益，限制敌人继续侵略的能力。此外，这些选项应能向敌人传递美国抵抗侵略的决心，同时表达美国愿意克制自己行动的愿望。

因此，应制定暴力水平、范围和持续时间等都有限度的核打击选项，且采用能够将这种有限性明确、可靠地传递给敌人的表现方式。这些选择方案应：（a）使敌人的某些重要目标成为被我方生存下来的核部队随后加以摧毁的抵押物；（b）控制实施攻击的时间和节奏，以便给敌人以重新考虑其行动的机会。

规划全面战争

在不能有效控制战争升级的情况下，使用核力量的目标是保证美国及其盟国能在战争中获得最好的可能的结果。为实现这一目标，应制定核力量使用计划，为通过现有核力量完成如下任务提供现实可行性：

（1）在大规模核冲突期间和之后，保持生存力强的战略力量作为后备力量，用以保护自己并胁迫敌人；

（2）摧毁那些对敌人保持战后实力、影响力和其早日恢复成为一个大国所需的能力有至关重要作用的政治、经济和军事资源等；

（3）减少那些对美国和盟国继续保持其力量和影响力起至关重要作用的政治、经济和军事资源等所受到的破坏。

进一步的指导和总统对核力量运用规划的审议

国防部长应发出与本备忘录相一致的指南，用作参谋长联席会议修改核力量运用作战计划的基础。该指南的副本应提交总统和国务卿。

在三个月时间内，国防部长应提交一套关于有限使用核武器的初步选项，供总统审查。此后每隔三个月，国防部长应提交关于可行的选择方案的概要，以及对建议新增加的有限使用选项的分析，供总统审查。提交给总统的报告，应包括关于每一个有限使用选项所适用场景的说明。

在六个月时间内，国防部长应向总统提交关于对潜在敌人战后实力、影响力及其恢复成为大国所需的能力具有至关重要作用的政治、经济目标和有选择的军事目标的分析报告。分析报告的有些方面应与国务卿和中央情报局局长进行协调后确定。

此外，国防部长应向总统提交关于由此产生的作战计划的有效性、局限性和风险的评估报告。应每隔大约六个月，在政策修订的重要节点提供评估结论报告。

指挥、控制和危机处理

为确保核力量有效响应国家指挥当局的指令，指挥、控制、通信和监视系统的使用计划必须能够满足决策及核力量执行决策的要求，并考虑美国使用核力量的目标及可能的核打击选择、核力量本身的生存性，以及指挥控制系统遭到直接攻击的后果等情况。该使用规划要至少能够提供：

（1）在美国遭受大规模攻击的情况下，能实质性支持进行决策和实施报复性打击的需要。

（2）在试图控制局部冲突升级的情况下，为决策和灵活使用核力量提供足够的支撑。基于这一目的的指挥、控制、通信和监视系统使用计划，可以假设国家级指挥、控制与通信系统，以及支持国家指挥当局的相应传感器不会受到直接攻击。

关于危机处理程序：

（1）国务卿、国防部长和中央情报局局长应改进他们各自的危机处理程序，以确保能够向国家指挥当局及时提供关于政治—军事的评估结论和相应的建议，以支持国家指挥当局做出使用核武器的决策。他们各自经过修改的危机处理程序，应于 1974 年 3 月 31 日前提交总统进行审查。

（2）国防部长应于 1974 年 3 月 31 日前，就组建一个高层次参谋机构，由他们在危机中就可能使用核力量的问题快速向国家指挥当局提供军事建议的问题，向总统额外提出详细建议，建议内容包括组建这样一个高级参谋机构的必要性，以及该机构的构成、活动、设施条件和设置在何处等。

（3）总统国家安全事务助理，在与国务卿、国防部长和中央情报局局长协商之后，应对国家危机处理程序进行连续的评估。在六个月时间内，国防项目审查委员会应就现有跨政府部门组织安排对危机处理而言是否充分的问题准备一份初步报告，供总统审查。以后的年度报告应包括对国家危机处理程序进行相应测试和演练情况的评估。

需额外采取的行动

国务卿应就向北约盟国，包括苏联和中国在内的其他国家，通报美国核政策改变应采取的必要行动问题准备一份分析报告。这一分析应包括对我国核政策向其他国家通报到何种程度的讨论，以及对这些问题进行决策的主要考虑。这项分析以向盟友逐国单独通报（nation-by-nation）为基础，需明确向每一个盟国进行通报时应避免泄露哪些问题。为了支持这一努力，中央情报局局长应准备一份关于苏联和中国对新政策可能做何种反应，以及美国的声明和行动应该如何影响和改变它们的这种反应的特殊的评估报告。

国防部长应从军事准备角度，就对北约盟友参与北约核计划的现行安排进行一些调整的可行性问题准备一份分析报告。

这些额外采取的行动的结果应于 1974 年 3 月 31 日前提交核查小组审议。

理查德·尼克松

评　介

经过长达 5 年的反复研究和博弈斗争之后，美国新的核力量运用政策文件草案于 1973 年 12 月被送到尼克松总统的案头。1974 年 1 月 17 日尼克松签署第 242 号国家安全决策备忘录（NSDM242），颁布了这一政策，标志着美国新的核运用政策正式出台和生效。

NSDM242 的主要内容，如通过规划和实施有限打击选择来控制冲突升级、在大规模核交战中着眼战后来规划瞄准和打击目标、留出核后备力量等，全部来源于 NSSM169 报告。该政策最突出的特点是强调规划和实施有限核选择，因此它时常被称为"有限核选择"战略。

按照 1973 年 8 月审核小组会议的意见，这一核运用政策最终将核威慑纳入核力量运用范围①，强调核力量实战使用规划必须以威慑为目的，明确

---

① 　参看本书收录资料六十一。

了美国核威慑的三项具体目标，强调将主要通过常规军事力量去慑止非核侵略。

这一政策文件用了较大篇幅，对美国国务院、国防部、中央情报局、国家安全委员会等机构或者部门后续应采取的行动进行了明确，试图借以将核力量运用的各方面统一起来。

这份文件的颁布开创了美国核战略指导的一个先例。自此以后，由总统颁布美国在核力量运用规划上的政策成了惯常做法。美国核政策的变化，往往从总统颁布新的关于核力量运用规划的政策开始。这样的政策文件成为外界研究和理解美国核政策核战略最重要的参考。

六十四

1975 财年美国国防报告*（节录）
（1974 年 3 月 4 日）

国防部长　詹姆斯·施莱辛格

二　战略力量

在美国国防装备主要能力中，战略核威慑力量最受关注。同常规力量相比，核力量花费相对较小。在过去 10 年里，除极少数年份外，用于核力量的花费占国防预算总额的百分比实际上一直在下降。……1964 财年用于战略力量的拨款为 85 亿美元，占整个国防预算的 16.8%。经过超过 10 年时间的涨薪及通货膨胀之后，我们在 1975 财年为核力量申请的经费只有 76 亿美元，占整个国防预算的 8.2%，比 1964 财年核力量预算占比的一半还少。当前用于核力量的经费，同人们关于本届政府已经不再限制进行核竞争的观点并不相符。不管怎么说，我们当前在核力量上的做法与 10 年前或者更早的时候相比，要温和得多。

A. 战略核力量的基础

强调这些相对温和的核力量费用发展走势，并非贬低战略核威慑力量的重要性。在同一个时期，美国已经比历史上任何时候都更多地介入国际事务，美国在面对直接核攻击时、在可能的空前毁灭面前，脆弱性日益突出。核武器给我们的各个方面都投下阴影，即使是实施完全的政治孤立也

---

*　James R. Schlesinger, "Annual Defense Department Report, FY 1975", "Strategic Doctrine: Official Documents And Statements", Robert J. Pranger, Roger P. Labrie, eds., *Nuclear Strategy and National Security Points of View*, American Enterprise Institute for Public Policy Research, 1977, pp. 86–104.

不能减少我们面临的这种威胁。美国太强大了以至于不可能被忽略，（按照洲际导弹投送距离来衡量）也不再能够置身于敌对威胁范围之外。这也就能够理解为什么战略核力量如此受关注了。如果缺少核威慑力量这样一个坚实的基础，我们其余的力量在现代社会将不会有那么重要的作用。

我不能过分强调这最后一点。1945 年以来的所有战争都是核武器阴影笼罩下的非核战争。大多数情况下非核战争的背景中都包含使用核武器的威胁，但是交战国和中立国都知道，核武器像 "橱柜里的大棒" 一样，一直都在发挥作用。或许我们可以像过去那样，希望未来核力量仍然发挥 "暴力刹车器"（a brake upon violence）的作用，使战争一直保持在常规水平或者根本就不发生战争。或许我们甚至可以希望，通过战略核力量为世界范围内的力量平衡和国际战略稳定做出贡献，使我们能在缓和紧张关系之外获得更持久的和平，并全面裁减军备。

战略力量不仅是重要的，也是充满争议的。过去 30 年里有关国防的大部分争论都是围绕战略核力量展开的，在诸如 B-36、轰炸机差距、导弹差距、分导式多弹头和反导系统部署等问题上，都曾引发恐慌。很多争论是围绕特定的武器系统展开的。但关于进攻与防御力量的规模、组成，选择的核打击目标的性质，以及通过选择避免毁灭对方城市的核打击来增强威慑、限制升级的合理性与可行性等，也都有很大争议。

对苏联战略进攻力量发展的关注在不断加强。就在 10 年前，苏联战略核武器还只是以百来计数，现在则要以千来计数了。而且他们的核武器的投掷重量比我们的要大得多。因此，我们现在面临的问题已经不再是（如果过去曾经是的话）如何主动地继续实施或者加速实施核竞赛，而是在实质性均等（essential equivalence）情况下如何去解读和应对苏联主动实施的范围更大的潜在战略竞争。

如果我们要就这些问题进行广泛的、富有成效的辩论，那么国会和公众对战略力量规划和学说发展演变特征的理解就显得十分重要。相应的，对现在塑造我们的战略核力量的因素，对我们在设计核力量态势时对这些因素所做的假设，以及我们在五年国防规划中所用到的指导思想等进行审查，就变得十分重要。在进行这些审查时，我将特别强调我们为什么要保持如此庞大规模和多样化的进攻力量，我们为什么要修改战略学说，以及为什么我们要提议推动一些核武器项目的研究和发展来为未来做准备。

人们能够在最低程度上普遍接受的是，我们一定不能因为我们的战略力量成为诱使敌方攻击的目标而使核威慑失败，也不能使我们的核武器因易于发生事故、出现非授权发射或者因错误的警报而导致威慑失败。

我还要强调的是，我们能够判断出我们为有效威慑所做的计划和项目是否足够，采用的只是考察核威慑为什么会失败和会怎样失败的既有程序。一旦开始进行这种审议，我们很快就会发现，敌人可能不是只有大规模突袭这一种攻击方式，而是有很多种攻击方式，敌人可能会通过这些方式使用或者威胁使用他们的战略核力量，为自己赢得重要优势或者迫使我们做出让步。因此，我们自己的战略力量和战略学说如果想要成功地发挥威慑功能，就必须考虑更多的可能情况。

核扩散是另外一种重要影响因素，它是受很多行为和认知驱动的一个复杂过程。但是，其他国家在多大程度上相信，美国战略威慑会继续成功地保护或者难以保护他们的安全，无疑是影响核武器扩散范围和扩散速度的一个重要因素。为了支持我们的不扩散核武器政策，我们必须考虑其他国家对我们的核学说和核力量使用计划的关切。

其他国家的很多领导人的政治行为同他们对战略核平衡的认识之间存在重要关联性。所有这些领导人绝不会对苏联和美国核力量之间的相互作用关系进行动态计算，这种相互作用关系对我们过去的评估影响非常大。但是，他们中很多人只是静态地看双方力量规模、核弹头数量、等效百万吨当量级（equivalent megatonnage）等的对比。因此，站在我们希望在一定程度上去影响其他人认知的角度，我们必须在战略核力量设计上采取适当的步骤（考虑到他们的关切）。

最后，美国军备控制努力与美国战略核力量的规模、构成之间存在重要的联系。军控协议当然是为限制缔约方随意规划发展他们的进攻和防御力量而精心设计的。但战略核力量发展反过来也会影响军控前景。一些特定的武器系统则是为核军控目的特别设计的。这样的武器系统不仅是核军控讨价还价的筹码，还是扩大或者缩减核力量的基础。因此，军备控制目标一定会对我们的核力量发展计划产生重要影响。

1. 目标这一难题

我们的战略核力量的规模和构成在一定程度上必定依赖于我们赋予它的整体威慑职责的大小，我相信这一点大家都好理解。人们也越来越普遍地认识到，我们的核力量难以独自承担起全部的责任，虽然它们发挥着基础性作用。核及非核的其他力量必须保持强大实力，以覆盖整个威慑范围。但仍要强调的是，战略核部队仍要继续发挥多种作用。我们实现国家安全主要目标的能力仍受制于战略核力量的作战原则、规模和构成等。

威慑过去是并将继续是我国战略核力量的首要目标。但是我们想精确地让这些力量去慑止什么呢？显然，我们希望核力量能够阻止针对美国的直接攻击；但同时，我们也承担着用核力量慑止对我们的盟友进行核攻击的沉重责任。在一定程度上，我们还依靠这些战略核力量发挥防止大规模非核袭击的威慑作用，尽管我们目前主要强调通过美国及其盟友的战区力量来发挥这种作用。我们还将战略核力量视为阻止核大国胁迫美国的手段，视为同美国和盟国其他力量共同作用帮助阻止这些核大国对我们的盟友进行胁迫的手段。

虽然威慑是我们的基本目标，但我们不能完全排除威慑失败的可能性。关于我们需要我们的战略力量在威慑失败的情况下去实现什么目标的问题，我一会儿再回过头来谈。

2. 苏联和中国的战略目标

尽管我们这些目标很重要，但其他国家当前和未来可能的战略核力量将是我们设计自己能力最重要的影响因素。事实上，我们大部分战略目标都是这些潜在威胁的一个函数。

美国要面对的主要是苏联的核能力。在制定我们自己的规划时，我们需要比现在更好地来理解为什么苏联的核能力发展得如此之快，苏联希望通过如此大的投入和如此雄心勃勃的计划来得到什么。只有更好地理解这些问题，我们才能明智地判断出这种能力对我们自己的战略计划选择会产生什么样的影响。

首先需要搞清楚的是两个问题：苏联会对美国的倡议做出什么样的简单反应，会采取什么措施来应对美国的提议？除发展大规模报复美国的二次打击能力外，苏联在更加雄心勃勃地寻找（他们是否还会继续寻找）其他什么东西？

关于这两个方面讨论的文章已经很多了，至少在美国是这样的。但苏联还没有特别向外界证明他们发展核力量的计划及动机，他们提供的这方面的极少证据是碎片化的、相互矛盾的。情况经常是这样，我们面对着不确定性，没有别的选择，只能依据一些现象尽力做出我们自己的解读。

这些证据说明了什么？

第一，苏联在很多战略武器发展上，已经不再是对美国行为做出的反应，而是走在了美国前面。在这个问题上，值得我们记住的是，他们主动部署了中程、中远程和洲际射程导弹，部署了反弹道导弹系统及部分轨道轰炸系统（FOBS）。目前他们正在对四种新型洲际弹道导弹①进行飞行试验。

第二，在战略竞争初期，苏联可能会通过他们的中程打击［或外围攻击（peripheral attack）］能力对西欧实施核威胁，将其作为唯一的美国威胁对其进行洲际打击的回应。但是，在他们获得并增强了直接打击美国本土的能力很长时间之后，他们保持并强化了对西欧的这种威胁。事实上，他们维持的中程打击力量的规模，同他们的西欧对手的实力，甚至同他们要打击的城市目标数量之间，并没有明显的联系。

第三，值得注意的是，苏联显然对 SALT I 协议不满意，该协议暂时冻结了苏联用于补偿美国质量优势的洲际和短程导弹数量优势。根据我们的判断，他们已经决定追求至少和美国一样的核武器质量、性能。

总之，现在我们的核力量规划要面对的形势是，苏联：

一是有数量上与美国持平，但性能更好的战略核发射装置（既考虑轰炸机也考虑导弹）；

二是即使在具备对美国本土实施大规模直接威胁的能力的情况下，仍继续强力威胁西欧；

三是开始发挥其洲际导弹投掷重量更大的优势，逐渐部署多达 7000 枚大当量、高精度分导式弹头；

四是开始生产很容易升级为洲际打击威胁的"逆火"（Backfire）轰炸机。

现在对苏联人实施这些积极的、花费巨大的核发展项目的目的进行有把握的评估，还为时过早。但可以肯定的是，他们看到的不仅是扩大他们的核力量规模所带来的政治和军事上的好处，还有潜在地使我们的大部分战略武器处于危险境地所能带给他们的政治和军事上的好处。

---

① 指的是苏联于 1975 年前后同时列装的 SS-16、SS-17、SS-18、SS-19 等四种陆基洲际弹道导弹。

美国从自己的立场出发，面对这些事态发展不能袖手旁观、置之不理。正如我稍后要讨论的那样，我们正在建议对一些特定的核项目进行研究，以防范苏联持续推动实现他们错误地以为是有意义的、可资利用的一种优势。理想的情况是，通过达成双边协议或在必要时我方采取单方面行动，我们相信我们必须同苏联保持核力量实质上的对等。如果限制战略武器谈判（SALT）继续推进，我们准备和他们一道实现核力量向下的平衡；如果我们必须与苏联的快速发展相匹配，则我们将同他们实现向上的平衡。

苏联的核能力并非我们在规划核力量时需要考虑的唯一因素。站在美国立场需要考虑的第二个重要国家是中国。在过去十年，中国人稳步推动其从发展和试验核武器到部署核能力的进程。我们估计，他们目前已经有了一支中等规模的中程和中远程弹道导弹力量，以及具有核能力的中程和轻型轰炸机。

以前关于中国核能力发展的预测已经证明不是特别可靠，我不能保证目前预测的结果比之前的更可信。我们估计中国至早于 1976 年将具备洲际导弹初始作战能力，稍晚时候潜射弹道导弹将具备初始作战能力。

对中国通过部署这些核武器试图达成的战略目的和政治目的，我们还不清楚，但是与此相关的一些特征已经很明显了。

一是中国对二次核打击能力的重要性十分敏感，正努力使其战略进攻力量脆弱性最小化。

二是中国核武器系统的射程和部署位置使其能够覆盖苏联东部重要目标。但他们这些武器在部署上也考虑到了覆盖周边其他国家的需要。

三是通过部署还处于发展阶段的洲际导弹（及随后的潜射弹道导弹），中国将具有打击苏联和美国全境目标的能力。

当然，在最近四年时间里，我们同中国的关系已经有了很大的改善。此外，中国现任领导人可能会努力追求具备专用于打击城市目标的二次打击能力。因此，我们在核力量规划中必须审慎考虑中国的这些核能力。

任何关于美国面临的核威胁的评估都必须考虑其他一些方面。在不远的未来，美、苏、英、法、中五个国家都将部署潜射导弹力量。在这种情况下，需要有能力对这些核力量不同的国家及所处的不同位置进行确定，需要在我国海基核力量与陆基核力量之间保持可靠通信，并对它们实施严密控制。

另外也很重要的是，我们还要关注可能由这样的情况引发的一些问题，即如果其他一些国家获得了核武器，而这些核武器不一定针对美国，但有可能实际使用或者它们之间相互施压。出现这样的发展可能会对我们的核政策、核使用计划和核发展规划产生相当大的影响。实际上，单单是这样一种可能出现的前景就足以证明，没有任何单一的打击目标体系、没有哪一种相互毁灭城市的呆板场景，足以构成我们的战略力量规划的基础。

3. 威慑与确保摧毁

坦率地讲，我对我们关于威慑的思想以及它需要具备的条件是否跟得上这些威胁变化的步伐表示怀疑。大多数过去确立且一直延续到现在的核理论都披上了过时的外衣，它们源于二战中的战略轰炸行动，源于早期的核技术，那时核弹头要大得多、"脏"得多，运载系统精度很差，核部队在突袭面前非常脆弱。

这些理论假定通过威胁进行报复来慑止另一方的敌对行动。这种报复性威胁，或直接或含蓄，必须严重到足以使敌对行动目标看上去难以达成，或者成本过高、代价太大，或者既使其目标难以实现同时又要付出极高代价的程度。此外，为了使威慑有效，报复性威胁必须可信，也就是说，要使被威慑的那一方相信这种威胁是真的。这种威胁必须以看得见的、能实际使用的军事能力做支撑。

这一理论也承认，威慑的有效性在很大程度上取决于远超和平时期关于报复和有造成巨大破坏能力的声明之外的其他很多方面。此外，威慑必须在危机、重压，甚至是敌方绝望和失去理智等情况下也有可信性。因为在各种情况下，威慑力量本身会成为被攻击的目标，所以它们必须有足够的数量来扛得住大规模、高强度攻击，有能力在二次打击中实施威胁性报复。

关于核威慑必须以高度可信的二次打击报复能力（即使在遭到了突然打击之后仍然如此）为基础这一原则，现在已经得到了广泛认可。但其他一些问题仍然很突出。我国核力量遭受大规模的、晴天霹雳式（bolt-out-of-the-blue）攻击的情况是可能发生的最糟糕的情况，因而它对我们规划核力量规模十分有用。但这不是唯一可能发生的，甚至不是最可能发生的需要我们通过威慑来应对的意外情况。此外，针对这种意外情况，人们对确定什么样的二次打击目标问题存在长时间的争议，反过来确定什么样的二次打击目标，又会对我们采取什么样的战争计划类型、采用什么样的核力量结构产生影响。

这里不是适合探索这场长期战略辩论的全部历史和细节的场合。然而，辩论结论中有一点值得注意。尽管包括只打击军事目标和打击军事目标加上打击城市目标的多种类型在内的多种打击目标选项，作为美国战略学说的一部分已经有很长一段时间了，但在二战后大多数时间内起主导作用的概念，是对敌方城市实施大规模报复打击，或者说是被称为"确保摧毁"的概念。正如我几乎不需要强调的那样，在这个简单的概念中有一种令人毛骨悚然的优雅。我们关于它的假定，实际上就是假设我们在任何时候都拥有破坏潜在对手一定比例的人口和工业潜力的二次打击能力，那么威慑就足够了（实际上很充裕）。如果能够确保即使在极端不利的情况下（这一点也正是争议之所在）也能实施这样的摧毁，就确保了威慑，因为对侵略者而言他们之所得不可能补偿这种摧毁给他们造成的损失。

从确定战略进攻力量规模的角度看，"确保摧毁"概念的确有很多吸引人的地方。因为核武器会产生如此令人恐惧的后果，所以它非常适合用于破坏类似于城市这样的大面积的软目标。进一步说，因为城市有容易度量的像人口和工业这样的一些指标，有可能建立用于度量战略进攻力量潜在效用的数量准则和效用水平标准。而一旦确定了这些特定的目标，加上有了关于敌人突袭的性质及影响的权威评估，反过来确定确保摧毁所需要的二次打击力量就变得相对简单了。

对计算确保摧毁能力的简化并不意味着力量规划者在这个问题上无所适从。相反，关于计算所依据的假设不断有新问题出现。为了达到威慑效果，我们需要的确保摧毁的水平到底有多高？为了确保威慑有效，把几个主要城市及其建筑变成一片废墟就够了吗？或者为了确保威慑有效，我们是否应该将毁伤曲线向后推或者提高毁伤标准呢？既然我们的计划一定要着眼于未来五年甚至十年以后我们的核力量，那么我们应该如何来设想未来的威胁，即我们的部队必须准备应对的敌人进攻的性质和程度会是怎样的？我们对这些部队在突袭中幸存下来、突破敌人的防御体系（如果有的话）、摧毁指定给它们的目标中的表现，该持怎样悲观的态度呢？在防备核力量可能表现不佳问题上，我们该保守到什么程度呢？

应该说，十几年来国家政策制定者选择了一种颇有争议的方式来回答这些问题。例如，为了对抗苏联，我们在 60 年代采用的是摧毁对方 1/5 到 1/3 的人口、1/2 到 3/4 的工业生产能力这样的确保摧毁的水平。之所以这样选择，主要是基于两个方面的原因：

一是超出这个水平之后，额外增加的每一美元投资所产生的破坏水平增量会快速减小；

二是人们认为，破坏如果低于这一水平，将达不到慑止住非理性的或者专制的领导人所需要的水平。

我们倾向于关注多种类型威胁以及对我们战略力量可能的攻击，我们努力使我们的这些力量即使在遭受到强度很高但受现实约束的威胁后，仍然能够有效发挥作用。也就是说，我们并不假设潜在对手在核发展上有无限的预算或没有止境的技术进步，但我们对他们在合理的预算和技术限制之下可能实现什么目标，持谨慎态度。我们关于这些因素选择什么样的假设，并不是依据我们自己夸张的军事需要，而是基于这样一种判断，即在危机情况下，我们不应该使我们国家的生存变成对敌方能力乐观估计的抵押品。

为了确保美国战略进攻力量具有必要的生存性和报复的有效性，我们一直维持着一支"三位一体"的战略核力量，三种力量中的每一种对进攻者而言都是一个大难题，且会是不同的难题，每一种力量对其防御而言都会是特殊的、代价很大的难题，目前所有三种力量合起来，使我们对我们的整体核力量能达成我们希望的威慑目标有很强的信心。

但这只是关于保持目前这种核力量结构原因的部分解释，我们的核力量达到现在的规模和组合，不仅是因为我们需要终极的大规模摧毁威胁的可信性，而且还因为在过去超过十年的时间里，我们一直认为，用核力量去对抗"超出期望的威胁"是合理的。倘若通过这种规模计算方法使我们有了剩余的核弹头，那么，我们可以将额外的核武器用于对付非城市目标，从而获得一些有限核打击选项，包括打击一些硬目标的选项。

尼克松总统强烈坚持持续推行这种谨慎的保持"充足"的政策。因此，我敢自信地说，在 1974 年，即使经过了一场比我们认为我们的敌人可能发动的打击更加残酷、更具灾难性的打击之后，美国仍将保持杀死苏联超过 30% 的人口和破坏其超过 75% 的工业能力的核能力。同时，我们还留有用于对付中国的一部分重要能力。

　　这样的核保证可能会给那些欣赏"确保摧毁"这一简单而神秘的计算的人带来安慰。但对于必须对有关战略核力量的设计和可能使用做出实际决定的政策制定者来说，这可远不能令他们安心。当权者不仅必须考虑因为苏联领导人的一些难以界定清楚的不法行为而威胁使苏联人民遭受如此可怕的报复是否道德的问题，而且从最实际的角度看，他们也必定会被质疑，当敌人即使在遭受某种程度的第一次打击之后还保持着摧毁我们城市的能力时，我们进行这样的回应是否合理和明智。当盟国而不是美国自己面临核战争威胁时，我们单纯依靠预先计划的确保摧毁打击实施威慑的可信性及明智性，就更加令人怀疑了。

　　简单来说，这一政策面临的主要问题，一是威胁打击苏联人口是否道德，二是在对手进行第一次打击之后仍然保留着破坏我们的城市这种后续选项的情况下，我们做出这样的反应是否可信。

　　4. 需要有更多选项

　　尼克松总统在 1970 年强调了仅仅依靠"确保摧毁"的缺点，他说：

　　　　一个总统在面临核攻击时，明知道对敌人进行大规模报复会造成美国人被屠杀的情况，他是否还应该只有下令对敌方平民进行大规模摧毁这一个选项？"确保摧毁"这一个概念的范围是否界定得窄了？这一概念是否应该是衡量我们慑止面临的各种威胁所需的能力的唯一尺度？

　　这个问题并不新鲜，在核时代已经多次出现，我们为了解决这个问题已经做出了一些努力。实际上，1961 年在我们的应急计划中已经增加了几个选项，并对这些打击目标进行了必要的重新定位。但是，这些都涉及使用大量核武器。此外，我们公开地在一定程度上采纳了打击军事力量和"限制损伤"理念。尽管关于两个概念的后续设想，特别是在是否假设以城市作为攻击目标的问题上存在差异，但两者之间还是有如下的很多共同点。

　　一是两个概念都需要保持摧毁城市—工业目标的能力，但这种能力只是作为慑止对方攻击美国及美国盟友城市的一种后备力量，而不是作为实施报复的主要手段。

　　二是两者都承认有可能发生和应该被慑止的是意外核攻击的情况，而不是针对美国的大规模突然核袭击；两者都强调攻击对方军事目标的能力和意图是有效威慑的前提条件。

三是两者都强调，在威慑失败的情况下，主要目标应该是避免进一步对苏联社会造成附带毁伤，并限制美国及其盟国社会遭受的损失。

四是两者在如何结束核战争，以及战略核力量在战争结束中扮演什么样的角色等问题上都没有清晰看法。

五是两个概念都被批评说，它们对核力量的需求无止境，都特别强调威胁打击苏联的核报复能力会因此刺激军备竞赛、增加因先发制人打击而引发核战争的可能性。

六是不论是进攻性的打击军事目标行动还是防御性的限制损伤行动，其所涉及的军事任务都会随着苏联战略核力量数量、种类和生存能力的增加，在实施的成本、复杂程度和难度上提高。

就这两个概念而言，"限制损伤"对我们来说要求更高，成本也更高，因为它既需要具备打击军事力量目标的能力来攻击硬目标及其他战略投送系统，也需要主动和被动防御系统。除此之外，它还要假设（至少应该是核计划的目标）敌人最初将我们的城市和报复力量分开来攻击，或者会在稍后阶段才将我们的城市纳入其核打击范围。不论这种假设的现实性如何，它都给我们用来限制损伤的主动和被动防御系统，特别是反导系统造成了巨大负担。

按照1972年签署的反导条约的规定，美国和苏联只能独立建设不超过两处的反导阵地区域（每一个区域部署的拦截器不得超过100个），全面的"限制损伤"概念中一个实质性的建设模块已经没有了。……这个条约对大型的、反轰炸机防御系统也提出了疑问，因为没有了对导弹的防御，对轰炸机的主动防御就保护我们的城市安全而言几乎不再有什么作用。但突出的一点是，反导条约已经有效地使通过防御来限制损伤的概念（至少按照它在60年代的定义来看）不再是一个主要的战略选项了[①]。

所有这一切是否意味着我们除了完全依靠摧毁城市的威胁之外，别无选择了呢？如果我们努力了，还会是这样的吗？从根本上讲，把所有的

---

① 1974年7月3日，美国总统尼克松和苏共中央总书记勃列日涅夫在莫斯科签署了《美利坚合众国和苏维埃社会主义共和国联盟关于限制反弹道导弹系统条约的议定书》，进一步限制在两国部署反弹道导弹系统。

"宝"都押在这种大规模报复威慑上，并进一步限制这些具有灾难性后果的核武器库，到底错在哪里了呢？

任何一个对这些问题有过一些思考的人都会同意，要在最低限度上维持一支用于实施最后的大规模摧毁威胁的后备力量。进一步讲，如果我们能够确保这种威胁在应对各种紧急情况时完全可信（对盟友和敌人都可信），我们也会同意不再需要其他更多的选择了，而威慑从没有被严肃地证实成功或者失败过。但问题就在于没有人能做出这样的保证。为什么在这些问题上不能有任何保证，原因有很多。

没有这种保证的原因在于，我们自己发现自己很难相信，在面对只会导致相对较小平民伤亡的对军事目标的攻击时，我们真的会实施确保摧毁那种高强度的打击，所以不能确定潜在的对手在危机中一定会被威慑住，而不去考验我们兑现承诺的决心。盟友过去十年来对这种威胁可信性一直都很关注。在任何情况下，除非我们自己或者盟友的城市受到攻击，否则我们真的做出"确保摧毁"那样的反应，会是最愚蠢的事。

今天，除非用于回应对美国及其城市的全面攻击，否则用这样一种对敌人的城市实施大规模报复的方式来进行反应，可信性会越来越小。正如前面已经讲到的，威慑可能由于很多原因而失败。我们需要的是对那些具有挑衅性质的、有可能在全面核大战爆发前中止敌对行动的侵略做出一系列可以控制的反应，从而给恢复威慑态势提供可能。这就能够解决总统和盟友所关心的在大规模反应和无动于衷之间没有足够的其他选择的难题。

那些在一定程度上可以被核报复前景威慑住的针对盟友军队的威胁，既需要我们做出比破坏对方城市更有限的反应，也需要对这种更低强度的反应进行合理的规划。对我国核力量的核威慑，不论是有限的还是大规模的，我们最好都通过威胁打击对方相应的军事力量的方式来做出回应。换言之，为了使应对各种可能的紧急情况的威慑可信、有效，威慑必须建立在有多种核选择，且具备支撑这些核打击选择的一系列能力（在 SALT 框架内）的基础上。像核反应选项这样复杂的问题，不能等到危机发生了才考虑。必须提前考虑。此外，用于探测敌人进攻性质的相应的传感器和反应足够灵敏的指挥控制系统等都必须十分可靠。具有冒险性的敌人必须知道，这些能力我们都有。

反应的弹性也十分重要，因为不管我们做出多大的努力，仍然不能保证威慑不会失败；我们也不能完全预测什么情况会导致威慑失败；事故和非授权使用行为有可能发生，在核武器继续扩散的情况下尤其如此。常规冲突有可能升级为核冲突。事实上，一些观察人士认为，如果在欧洲爆发一场美苏之间的战争，升级为核战争是一定的。信息不全或者领导人被逼到死角、陷入绝望时，使用核武器的意愿就会十分强烈，这对我们会构成挑战。我们甚至不能完全排除他们对我们用于实施二次打击的核力量进行大规模突然打击的可能性，尽管我认为在当前情况下发生这种攻击的可能性接近于零。在某种程度上，我们已经有了能够慑止这些挑战的可选择的应对选项，这些选项相对于过去的选项而言动用核武器的数量要少一些，打击目标更加聚焦一些。但如果威慑失败，我们可以在我们的城市被打击之前做出除进行最大规模的核冲突之外的所有尝试，以迅速结束冲突。损失因此可能被限制在一定范围内，冲突进一步升级可能得以避免。

我想指出的是，对增加有限核选择反应选项持批评意见的人在两个方面没有道理。一方面，如果核平衡不是脆弱的，或者核力量非对称态势可以被长期容忍接受，那么我们在这里说的这些改变将不会破坏这种平衡，也不会刺激军备竞赛。另一方面，如果核力量非对称本身就是问题（尽管存在一些生存能力很高的核力量），那么批评人士自己应严肃地考虑，对于苏联近来实施的旨在发挥他们在导弹数量和载荷上优势的发展举动，我们该怎样来回应。批评人士不论倾向于哪一种情况，都应意识到：

一是在这些至关重要的领域，只沿用传统政策什么也不改变，对美国已经不合适了；

二是尽管"确保摧毁"有些华而不实，但我们多年前就已经有了一些预先规划好的规模很大的、打击敌方非城市目标的应对选项；

三是增加更多的可选择的、相对较小规模的打击选项，并不需要对等地增加核力量，尽管我们可能希望改变这些力量的比例关系，希望提高我们对核力量的指挥、控制和通信能力。

不论有选择的打击选项的原则多么合理，仍然还是有一些问题没有解决。哪些核打击选项是切实可行的呢？这些打击选项所造成的附带毁伤同有意对城市目标进行攻击所造成的毁伤究竟有多大的不同呢？这样的政策选择对我国战略核力量未来的规模和构成，以及与此关联的对我国在这个领域的军备控制目标会产生什么样的影响呢？

影响这些问题的很多因素在本报告后面的部分将被重点谈及。但这里需要特别强调的是，核武器瞄准的目标不仅仅包括城市和导弹发射井，还有机场、其他很多类型的军事设施，以及很多不与城市和人口区混在一起的敌方重要资产。我们有关于这些可能打击的敌方目标的很长的清单，现在我们正将这些目标纳入核作战计划中，这些作战计划将使我们在面对可能的一系列挑战时可以做出更加快捷、积极的反应。从这种必要性出发，我们正在为我们的核力量重新确定打击目标。

在危机中我们会选择哪一个选项来进行应对，将取决于敌人攻击的性质及敌人打击的目标。对很多目标的打击可以预先规划作为打击选项，例如对城市及其他非军事类的高价值目标，不同类型的军事设施，没有加固防护的软的核目标，经过加固的硬的核目标等的打击。类似于机场这样的军事目标，很容易毁伤，无须太高的打击精度即可摧毁。

但有些情况下，一些硬目标可能是我们报复打击最合适的目标，这是一个让我感到激情澎湃的主题。尽管如此，有一些问题还必须指出来。

一是要摧毁经过加固处理的硬目标，并不只是简单的提高打击精度的问题，它是精度、核弹头当量和所用核弹头数量综合作用的结果。

二是美国和苏联都已经将精度、弹头当量及导弹部队数量进行了必要的综合，使其具有了一定的打击硬目标的能力，但这种能力还不是特别有效。

三是不论是美国还是苏联，现在都不具备彻底解除对手第一次核打击能力的能力，双方在可以预见的未来无论如何都难以具备这样的能力，因为双方都有规模庞大的战略进攻系统是另一方毁不了的。此外，反导条约排除了对进攻导弹进行拦截的可能性。正如我已经公开指出的那样，"按照过渡性的限制进攻武器条约，苏联允许保留 62 艘潜艇和 950 个潜射导弹发射装置。此外，他们还有很多其他类型的核力量。我相信，不论从哪一个方面计算都能证明，我们甚至连摧毁其陆基洲际导弹所具有的摧毁城市目标的核潜力都不太可能具备，遑论他们还有海基潜射导弹核力量"。

这一切给我们的教训是，我们不应当在关于摧毁硬目标的争论中，单单挑出命中精度作为某一单方面的或者关键的问题。在某种程度上，我们即使是打击软目标也要最大限度地减小对平民的伤害，因为我认为我们应当，也将需要重视高精度、低当量和空中爆炸的核武器。

为了强化威慑，我们可能也需要有比我们现有的更为有效的硬目标打击能力，这既是以更加经济的方式威胁打击特殊类型目标（这一点盟友可能关注）的需要，也是使潜在敌人清楚地知道他们不可能不受到惩罚地损害我们的加固硬目标的需要。

因此，真正的问题是我们需要多大的硬目标杀伤能力，而不仅仅是发展精度和当量进一步组合的新核弹头。关于数量问题的答案，正如我后面将要谈的那样，将直接取决于苏联战略进攻力量的后续发展情况，以及当前正在进行的 SALT 的进展情况。

同时，如果我不建议进一步研究和发展精度更高、当量—重量比更优化的核弹头，我就是在渎职。不论我们是否决定继续提高我们的弹头命中精度、减小核弹头当量，以及是否为了获得更有效的硬目标打击能力而继续改善我们的弹头精度—当量的组合关系，前述这两个因素都至关重要。不论我们选择走哪一条路，我们比苏联都更需要提高打击精度，因为我们投掷重量相对更小的导弹，限制了我们的导弹的有效载荷和分导式低当量核弹头数量。

具备了用于威胁打击城市—工业目标的后备核能力，有了灵活性及目标分辨能力都更高的进攻性核武器系统，提升了传感器、监视和指控能力，我们就可以对核打击做出相比于现在对平民伤害更小的核反应。对那些因为害怕有这样的变化而认为这种变化会潜在破坏战略稳定的人，我要对他们强调：如果不在我们已有的很多努力之外的其他方向上做更多尝试和努力，我们肯定不可能在大规模核交战中将平民伤亡程度减小到足以使这种努力对一个理智的领导人具有吸引力的程度。但这不是我们要在这里谈论的问题。当前，我们正在努力获得更可选择、更有差别的核应对选项，以慑止其他国家对我们进行任何类型的核胁迫。与此同时，正如后面我将要谈的那样，我们和我们的盟友正在精准地提升我们的常规部队能力，以提高我们使用任何核力量的门槛。

5. 目标瞄准学说与核力量规模的可分离性

核瞄准政策的演进同战略核力量规模之间是可分离的，核瞄准政策对核力量的需要并没有对战略力量规模产生很大影响。在反导条约和关于限制战略进攻力量临时协议允许的范围内预先确定一些核选项是非常合理的。不仅如此，在我们确定的核打击选择中和我们建议研究与发展的核武器项目中，没有哪一个选择、哪一个项目会受到进一步双边协议的限制，或者要通过 SALT 进行裁减。如果苏联准备以对等的方式裁减这些军备，我们准备与他们配合。实际上，我敢说我们会热情地、迅速地投入到这样的核裁减当中。

我们强调核瞄准政策的变化和新的核打击选择，并不意味着我们要完全背离我们过去所做的一切。这也不代表我们有任何可能来获得通过第一次打击解除对方核武装的能力。正如我已经多次公开声明的那样，美国和苏联现在已经有了，将来还会继续有大规模的、能够生存的二次打击力量。如果双方能继续明智地、有远见地采取相应行动，它们之间突然爆发核冲突的可能性是有可能降低到接近于零的水平的。虽然如此，我们还是决定对任何核危机情况能够做出可信反应，让外界能够清楚地看到我们有能力阻止任何潜在的对手通过与我们对抗来达成其有价值的目标。这种精心设计、预先计划的核打击选择将为阻止他们实现那样的目标做出贡献。我们这些行为不会导致核战争，相反它们能阻止核战争。

我再重复一遍，我们迫切希望通过双边协议和均势状态开始削减战略力量。这是我们最希望的。如果美苏都不发展打击军事目标的能力，这也是我们所乐见的。但是我们正在为苏联核武器快速发展的势头所困扰，我们不能忽视美苏两个大国的核力量正变得日益不均衡的前景。我们不希望我们的敌人对我们"三位一体"核力量中的任何一种构成威胁，而我们不能对等威胁他们。我们不希望任何一个敌人在我们经历了核冲突初始阶段后将我们置于除了有将他们的城市作为抵押的能力外没有其他能力了的态势。我们确实也不希望看到，敌人因为想到我们缺少做出反应的灵活性和决心，难以使他们为自己的行动付出高成本且难以取得成功，从而要使用其核力量对我们的一个或者多个盟友进行威胁。

我们会怎么做，这将取决于苏联。但我们不能认为我们可以推迟我们对潜在回击措施的相关研究和发展。必须使苏联在对我们决定做出需要的任何类型反应的问题上不抱任何幻想。如果我们执行了我后面要讨论的这些发展项目，误解的可能性会降低，也才可能有更多的对美苏双方而言都可行的安排。

6. 战略平衡与国际战略稳定

一直到 60 年代末，美国在发射装置、核弹头和等效百万吨当量级上都还有如此之大的领先优势，以至于我们会忽略或者无视将我们的核力量同苏联进行这种静态对比的重要性。但现在，我们除核弹头之外的所有数量优势已经没有了，弹头数量优势也将快速缩小。

苏联是否认为伴随这些变化他们已经获得了一种有意义的、可资利用的优势，这还不太清楚。但是，他们在利用他们在洲际导弹和其他战略能力上相对于美国的优势向一些"观众"施压问题上，已经不再低调。至少他们通过言语已经表明，他们把这种数量上的非对称优势即使不作为军事筹码，也会作为外交筹码。

此外，据我们判断，苏联现在似乎决定利用其在洲际导弹、潜射弹道导弹及有效载荷上的非对称性，这种非对称性是我们于 1972 年 5 月 26 日在莫斯科签署的 SALT I 临时协议中对他们让步而形成的。很显然，他们正在考虑部署大量的重型且可能精度很高的分导式多弹头。正如我已经说过的那样，这种部署迟早会对我们的轰炸机及洲际导弹构成威胁。诚然，我们会有大量的实战部署的潜射弹道导弹生存下来，且苏联也确切地知道这一点。但在很多对此感兴趣的观察家看来，这种实际的和潜在的非对称性（通过这些静态标准来衡量）看上去对苏联似乎更有利。

在这种情况下，我们不能排除未来苏联领导人误以为这样一种看上去对他们有利的非对称核态势可以用于获得其外交优势的可能性。这样的一种误判很容易导致施压、对峙和危机。

最好能断定苏联领导人在面对一个坚定又团结的美国时，迟早会恢复理性，在这种情况下避免犯致命错误，认识到他们的优势只是虚幻的。但等到发生了危机时他们才醒悟过来就已经太晚了。研究和发展是能够防范从一开始就出现这种错觉的手段，是值得我们付出代价的。

所有这些都不代表两国进攻力量之间必须保持完全的对称。假设在声称的对等时代不是所有的局面都只对一方有利，那么美国愿意接受和容忍现在的这种不对称。但美国不能接受所有明显的非对称都朝着一个方向扩大的态势。我们基于经验知道，苏联在这两个方面中的每一个上，都和我们想的不一样。潜在的误解、误判及外交错误会带来极大的风险。一个更加平衡的、稳定的安排，应该是双方都能够保持可靠生存的二次打击能力，具有对称的威胁对方的能力，双方进攻力量应处于可以被察觉到的均等状态。

因此，我们的战略力量体系不仅必须包括一定的后备力量用于威胁对方的城市—工业目标，实施多种核打击选择的能力，以及实施攻击及命令做出适当反应所必需的指控能力，还必须展示出足够的和强大的抵消能力，以使潜在对手或者敌对集团不会在它们能够赢得对美国外交或者军事优势这样的幻想驱使下行动。盟友们看到这一点，对美国的核力量也应该信服。基于此，同我们的瞄准政策不同，我们的战略核武装规模将取决于 SALT 的结果。为了弥补限制战略进攻力量临时协议的缺陷，我们将不得不将静态标准和平衡原则融合到我们的战略进攻力量发展规划中。

7. 建议的核态势的主要特征

此次对影响塑造我国战略核力量使用计划及发展项目的因素的审查，也指出了我们建议保持和改进的战略核力量态势的一些主要特征。它们包括：

一是要有足够规模、足够种类和足够生存性的核能力，以便在任何时候都能给我们提供应对大规模突然袭击及突破敌人防御的强大自信，使我们在更长时间内都有能力保留一支具有确保摧毁能力的后备力量；

二是要有足够的预警，它同轰炸机警戒系统，以及能保证国家指挥当局以可控的、有选择的、克制的方式使用我们的战略核力量所需要的指控能力等一道，要能确保我们的重型轰炸机部队的生存；

三是在应对敌人的潜在敌对行动时，核力量要能够实施多种核打击选择，包括对敌方软目标和硬目标实施精确打击，同时又能够使计划外的附带损失最小；

四是避免任何可能被视为要获得解除苏联核武装的第一次打击能力的核力量结构；

五是进攻力量的规模和构成要能够让人清楚地看出来它同任何潜在对手的战略力量之间保持着总体平衡；

六是进攻性和防御性能力及发展项目要与当前军控协议的规定保持一致，同时，要能够促进达成更长久地进行军备控制，如果可能的话，裁减主要核军备的条约。

艾康 译

评　介

1974 年 1 月尼克松签署 NSDM242、颁布美国新的核运用政策之后，国防部长施莱辛格在多个场合，以多种方式对这一政策的内涵进行了阐释。1974 年 3 月施莱辛格提交的关于 1975 财年国防预算的年度国防部报告，是他第一次对这一政策进行长篇阐述。这份资料选取了这一报告中关于核政策、战略核力量部分的内容。

施莱辛格在报告中阐明了对主要威胁的认识及对苏联意图的分析，对新形势下美国奉行以有限核选择和打击军事目标能力作为特征的这一战略的必要性和重要性进行了详细说明。在他看来，美国核政策核战略未能跟上技术发展及美苏战略态势变化的步伐，导致美国核力量虽然在慑止可能性极小的大规模袭击上游刃有余，但美国总统在面对更多的可能的威胁时，却没有足够的应对选择。为了使美国能够对可能的各种威胁实施足够的威慑，美国必须有能力做出各种不同的反应。如果威慑失败，战争发生，美国必须有能力做出回应，有结束冲突、防止冲突进一步升级的应对选项。相对于此前的核运用战略，美国的新核战略除了继续强调威慑的重要性，强调通过一系列措施增加威慑性核威胁可信性之外，对"如果威慑失败了该怎么办？"这一过去考虑相对较少、处理得相对简单的问题重点进行了思考，并提出了对等有限应对、控制冲突升级等一系列新思路。美国的核政策核战略由此开始体现出比较明显的实战化特征。

施莱辛格本身是一个核战略学家，在核战略理论方面有较深的造诣。所以在本报告中，他对有关核武器、核威慑、核作战的一些理论问题进行了较为深入的阐述。这是他这一份国防报告中的一个亮点。

施莱辛格在尼克松政府"有限核选择"核战略形成过程中，实际上是一个后来者[1]，但由于他是最早披露美国制定了新的核运用政策的人[2]，特别是主要由他对美国这一新的核运用政策的内涵进行公开阐释，所以尼克松政府的这一核运用政策时常也被称为"施莱辛格学说"。

---

[1]　1973 年 7 月施莱辛格接任美国国防部长时，NSSM169 研究已经完成，研究报告已经提交。

[2]　1974 年 1 月 10 日施莱辛格首次公开谈到了美国开始采取一种新的以有限核选择为主要特征的核运用政策。1 月 17 日，尼克松总统才签署 NSDM242。

六十五

国防部长施莱辛格就"美国新核政策"在国会上的证词[*]（摘编）

国防部长施莱辛格关于"美国—苏联战略政策"的证词[①]

1974 年 3 月 4 日

施莱辛格：主席先生[②]，重新瞄准（retargeting）——我更愿意称之为瞄准学说的变化——并不需要对我们的部队结构做任何改变。改变瞄准学说，强调核打击灵活性和选择性的目的是强化威慑。基于我可以详细阐述的理由，我们认为，改变瞄准学说有助于增强应对所有风险的威慑，降低爆发核战争的可能性（幸运的是，这种可能性已经非常低了）。我们需要使我们对核武器的依赖尽可能地低。我们在所有这些问题上要达到的目标是，如果发生冲突，要尽可能将冲突的暴力性保持在最低程度上。正如之前那样，我们正在为使用核部队建立一个框架，如果发生了在这个框架内的冲突，则依据冲突所涉武器的暴力程度在低水平上进行战斗。

我们的判断是，这种瞄准学说的变化有助于强化威慑。在苏联拥有了美国没有能力也没有意愿去消除的反遏制力的情况下，像今天这样的强调只打击城市的瞄准学说，对达成我们大部分威慑目标而言是不够的。事实上，只打击城市目标并不是军队真正的瞄准方式，只有那种公开的让公众

---

* 在美国新的核政策颁布之后，国防部长施莱辛格多次在美国国会作证，对新核政策进行阐释。本资料摘编了国防部长两次作证中的部分内容。

① "U. S. -U. S. S. R Strategic Policy—Testimony of Secretary of Defense James R. Schlesinger", Robert J. Pranger, Roger P. Labrie, eds., *Nuclear Strategy and National Security Points of View*, American Enterprise Institute for Public Policy Research, 1977, pp. 104–109.

② 时任美国参议院外交关系委员会下设的军备控制、国际法及国际组织委员会主席的是斯图尔特·赛明顿（Stuart Symington）。

知道的瞄准学说在强调只打击城市目标。

假如美国要打击苏联的城市工业基地，苏联可以且有可能通过反击来摧毁美国的城市工业基地。在这种情况下苏联自然就会认为，美国可能会被自我威慑住，不会使用其战略力量。因此，如果我们的威慑理论、瞄准学说只强调打击对方城市，他们可能会认为相对而言他们不会有什么风险。

现在，据我判断，强调核打击的可选择性和灵活性产生的效果——我将其与规模大小的问题分开——是提高了针对所有风险的威慑力。

主席先生，正如你从我们之前关于北约问题的讨论中所知道的，像欧洲人认为的那样，美国核部队与欧洲安全之间紧密关联的可信性正在下降。

这种可信性的下降是基于欧洲人这样一种信念，即美国不会在诸如纽约和芝加哥这样的大城市面临被核打击的风险的情况下，为了保护西欧而使用战略力量。结果，正在经历煎熬的北约，还处于日益不相信美国战略核力量与欧洲安全紧紧绞在一起的煎熬之中，尽管在过去很多年我们一直重复着我们的承诺。

欧洲对改变核瞄准学说的反应是表示一致欢迎，他们甚至有点欢欣鼓舞，因为他们认识到，这种改变意味着美国战略核部队仍然是整个欧洲威慑力的可信组成部分。这种威慑力基于三个组成部分：战略核力量、战术核力量和令人满意的常规能力。

瞄准学说的改变并不需要增加新的能力。我们今年要求国会在某些方面增加拨款，但瞄准学说的改变并不依赖于额外增加的这些拨款。我们在预算中要求增加的资金，主要用于改进指挥和控制系统，用于在一定程度上提升打击的精确度，但改变的瞄准原则的效能并不依靠我们能否得到这笔资金。

主席先生，我认为我已经说清楚了部队的规模和我们改变瞄准学说的目的之间的不同。我希望我开头的这些解释是有用的，我在这里将对你们的疑问做出回应。

参议员马斯基（Muskie）：你说的确实很有用。

关于瞄准学说，你说它代表了核学说的一种改变。我们过去的核瞄准实践不是既打击城市目标，又打击军事目标吗？

施莱辛格：是的，先生。

马斯基：那么这一新学说将如何改变我们的瞄准态势呢？

施莱辛格：瞄准学说按照如下方式发生变化。当然，我们所有的核投送工具都是针对特定目标的。我向你们概述的瞄准学说的不同之处，在于它强调打击的可选择性和灵活性。在过去，我们有预先计划的大规模打击，在这样的大规模打击中会向苏联一下子发射数以千计的核武器。这些核打击中确实有一些核力量在一定程度上留着不用于直接打击城市目标，但即使是这样，留下用于打击军事目标的选择也是非常有限的。

在这种大规模打击下，我们不可能确定要打击的目标是不是真的有限。这实际上与打击城市没有什么不同。对某一个目标的打击可能不是要直接破坏城市，但它会给这个城市带来一定的放射性尘降及其他破坏效应。

所以，改变瞄准学说是要给美国总统（无论谁是总统）提供使用少量核武器对有限目标实施打击的选择。需要明白的是，如果美国为了回应苏联设想的某种行为而对其进行打击的话，这种回应不一定是大规模打击。大规模打击反应的可信性，在 50 年代甚至 60 年代当美国洲际核打击力量几乎处于实际上的垄断地位时，是可以理解的。但是，自 1967～1968 年苏联开始在其核部队中大规模列装导弹以来，这种大规模打击的威慑作用的可信度已经降低了。

苏联现有的威慑态势已经超出了美国让其失效所需的能力的范围。对此有些人欢迎，有些人不欢迎。但我认为这就是事实。在苏联精心策划的核打击面前，美国无法限制自身的损伤。

马斯基：你是说总统现在没有以导弹发射井为目标的有限核打击选项吗？

施莱辛格：他假定他可以让美国战略空军司令部（SAC）在紧急情况下实施这样的打击。（省略了部分内容）

但是，为了拥有这样一种能力，一个人必须对其所面临的困难不断进行灌输，并对其进行规划。在面临压力的情况下才那样去做是不明智的。相反，人们应该提前对这些困难进行思考，并将那些可能在一定情况下需要的、总统可能会选择的相关的、小的一揽子打击计划综合起来。我强迫自己不去想这些情况，但它有可能会发生。

我认为，这将强化在我们的威慑作用较弱的少数地区的威慑。

马斯基：所以，你说的是我们之前的战略核力量运用计划是对城市、导弹发射井及其他类似的有限目标进行大规模攻击，你提出的建议是实施从攻击导弹基地到大规模攻击城市之间的一系列核打击选项。

施莱辛格：是的，先生。

如果可以的话，让我来看看是否能回答您及委员会其他成员的质询。

关于这一问题有三个方面。第一个是规模问题。另外关于打击目标有两个问题，第一个是可选择性及灵活性是否合理，第二个是我们国防部今年提出的关于提升打击准确性及有关指挥控制的特定项目是否合理。

我要把这两类问题分开，因为与军备控制界许多人交谈时我发现，对我们正在谈的关于核打击的更大的可选择性和灵活性，他们在一定程度上是很满意的。事实上，他们认为这在道德和实践上向前迈出了一步。但他们所关心的是，苏联从我们提高打击精度的发展项目中可能会得出什么样的推论。我之所以强调这一点，是因为当你在制定瞄准计划上遇到有关可选择性和灵活性难题时，确实就很少有人对此提出批评了。在所有思考过这个问题的人当中，对这一问题进行批评的人相对少得多。

马斯基：你似乎是在暗示，如果我们为总统提供了这一系列核打击选项，这多少会打消苏联人的疑虑，苏联人从总统有这一系列核打击选项这一事实中可能会假定，总统不会采取大规模攻击城市的选择。

施莱辛格：我不确定这是否会消除苏联人的这种疑虑，主席先生。

马斯基：嗯，能在某种程度上影响到苏联自己的反应选择或他们自己关于第一次打击的决定等，这令人宽慰。

施莱辛格：是的，先生。

可能是这样。我提到的令人放心，指的是那些第三方对世界上两个主要战略力量总体威慑效用所持的观点会感到放心。

苏联人未必能从中得到安慰。让他们放心不是我们的目的。为了实施有效威慑，就必须有可信的威胁。在某种程度上讲，有更多的核打击选择使美国在可能使用战略核力量上变得更加可信，这对威慑会产生有利的影响，但这未必会使苏联放心。

苏联对我们宣布这种战略会有什么样的心理反应呢？他们的反应可能有两个方面。一方面，正如一些人所担心的那样，他们或许说有限核打击是合理的、可行的。这种担忧已经有好几年了。但现在还没有迹象表明苏联真的相信这一点。

另一方面，他们可能继续认为所有战争都不可避免地会升级到最高层级。如果他们相信后者的话，那么他们将继续被威慑住，不敢采取任何能想象到的会加速动用具有这种升级效应的核武器的进程的行动。

参议员凯斯（Case）：难道他们必定要相信不是其中一个就一定是另一个？像你之前说的，只能有这两个选择吗？

他们也可能如你所说的，只相信这两者中的一个；他们也可能只相信其中一个，或者哪一个都不信。一旦你开始使用核武器，冲突将不可避免地升级。

施莱辛格：从逻辑上讲，他们肯定是相信这一个或另一个，但几乎没有几个人能够对这些问题有那么精确的理解。许多人认为，核武器的任何使用方式都是可能的，但核战争也有可能被限制在较低水平上。另一些人则认为，一旦动用了三枚、四枚或者五枚核武器，明智的政治领导人就会对其后果——最痛苦的后果——感到震惊，并说："让我们就此打住吧。"

凯斯：我认为这是必须强调的部分，因为我想这是你在核武器使用方面所引入的新思想的核心。但实际上，这并不是什么新东西，因为我们已经有了目标，我们的武器已经瞄准了目标，单个目标是可以选择的。

施莱辛格：是的。

凯斯：这只是我们要思考的一个问题，不是吗？

施莱辛格：没错。这就是为什么我把它称为瞄准学说，而不是已经在使用的术语——重新瞄准。这是火力学说的问题，是你如何看待这个难题的问题。参议员先生，你强调这一点非常对。

参议员汉弗莱（Humphrey）：还要把这一思想灌输给我们自己的民众，不是吗？

施莱辛格：是的。

马斯基：换句话说，你必须重新定位我们的硬件和指挥架构，以匹配这一个瞄准学说。如果明天出现了可以验证有选择的瞄准学说的情况，在我们还没有可以选择的核打击选项的情况下，我们会受到多大限制呢？在时间受限等情况下我们会受到多大的约束呢？

（讨论没有记录）

参议员富布赖特（Fulbright）：接着凯斯参议员的问题来问，您认为有没有进行一场有限核战争的可能性，即仅仅使用了很少一点核武器的核交战？

施莱辛格：我想有可能，参议员。

富布赖特：你确定吗？你为什么笃信这一点呢？

凯斯：基于这一点，那么在达到最高程度之前会有那么一个忍耐极限点，双方会说，"对不起，我们要放手干了"（whoops，boys）。

施莱辛格：是的。

凯斯：有可能是这样。这对我们要讨论的问题十分重要，因此除非你在这种能想象到的对方没有核武器的小事情上使用了核武器，否则摧毁一座城市就会不可避免地成为阻止双方进行任何进一步理性讨论的事件。

富布赖特：我和别人一样对这个问题也不是很清楚。你能设想出一种进行有限核战争的情形吗？

施莱辛格：正如你的问题所暗示的那样，这不是任何总统或者苏联领导人能够轻易做出的决策。这是一种令人非常痛苦的情况。很难想出在什么情况下美国会使用核武器。我很坦然地说，就是这么回事。

我现在要说的是，想出一个有可能有限使用核武器的情形，要比想出一个大规模全面打击另一个有能力进行回击的国家的城市工业基地的情形要容易一些。

我能想到的一种情形是苏联横扫西欧的情况。如果出现这种情况，对北约联盟和美国来说就是重大的失败。我不知道在这种情况下我们的战略核力量会怎么做，但我相信我们的战略核力量还是有必要继续被欧洲人和苏联人认为是会用来保卫欧洲的。

这就是其中的一种情形。参议员先生，对我来说再想出其他的使用核武器的好处不论如何都与其带来的风险相称的情况确实很困难。我们正在讨论的是一种可能性极低的极其恐怖的情况，因此我不能去想出很多可以做出相应核反应的情形。

（后面的内容略）

施莱辛格关于"对军事目标实施核打击"（Counterforce）的简报[①]
1974 年 9 月 11 日

施莱辛格：……下面让我就瞄准学说的变化做一些引导性评介吧。我

[①] "Analyses of Effect of Limited Nuclear Warfare—Testimony of James R. Schlesinger and Analysis by the Office of Technology Assessment"，Robert J. Pranger，Roger P. Labrie，eds.，*Nuclear Strategy and National Security Points of View*，American Enterprise Institute for Public Policy Research，1977，pp. 127-144.

想，这次瞄准学说的变化相对于针对军事目标的核攻击而言，范围更广，更加有限。我们不希望发展单边的针对苏联的打击军事目标的能力。（记录被删除）我们希望避免的是苏联具有针对美国的打击军事目标能力而我们却没有针对他们的这种能力。我们一直希望，限制战略武器谈判（SALT）能够使双方在核发展上都克制自己。

……①

我们调整瞄准学说的目的是强化威慑。依据我和其他人的判断，我们过去的瞄准学说处理的是发生可能性很低的事件。通过强化威慑，我们进一步降低了别人被诱惑采取严重损害美国重大利益的行动的可能性，包括别人以假设的那种方式对美国国土实施攻击的可能性。

时常被提及的与瞄准学说这种变化对威慑能起多大作用这一问题相关的另一个问题是，瞄准学说这种变化会降低核门槛吗？

我认为，这不会降低核门槛。在我看来，保持高核门槛的方法是持续进行常规防御能力建设。降低我们的一般任务部队的能力水平才会降低核门槛。这会驱使我们通过威胁或者实际使用核武器，过早地求助于战术或者战略核武器。在我看来，为了保持那样的高核门槛，我们必须有更强大的常规军事能力。

最后，我想强调的是，我们对这些问题已经研究多年了，但我们仔细研究这些问题的原因，是想避免陷入核武器被使用的形势中。在我看来，通过这种仔细研究已经使那种预料之外的，如果误判了就可能导致发生核战争的危机或者情形得以避免。

……

在我看来，威慑具有以下特征：一是对手应该看不到可资利用的我方力量的脆弱性，或者双方力量的非对称性；二是我们应该有能力清楚地显示我们坚强的决心；三是如果基于某种原因可能威慑失败了，我们应有能力在可能的最低的冲突水平上去结束冲突。当然，最后这一点如果是那种对军事目标的攻击，它也被假定是同大规模攻击军事和城市目标在层次上有明显不同的另外一种冲突。

……

---

① 　原文件省略号为三个＊号居中，用于表示内容是不连续的。

我们已经得出的一点结论是，美国对苏联有限核攻击做出反应的能力，将有助于慑止苏联发动这种攻击。如果我们只有对苏联城市工业基地实施大规模攻击的核选择，那么，在这种假定情况下——继续强调这是假定情况——苏联可能认为美国会被自我威慑住，他们因而可能会以相对较低的风险有选择地对美国目标发动攻击。

如果美国掌握了可以做出相应反应的能力，那么，苏联计划人员面临的则是美国会做出反应且使其一无所获的前景，这样一来，他们有可能仍然被慑止住。威慑仍将继续下去。

……

如你们所知，苏联将提升他们的能力。我们则希望通过 SALT 来限制苏联核弹头增加速度，这些核弹头会使其具备打击军事目标的能力。

当前苏联已经有数千枚核弹头。如果你往 1975 年之后看，那时他们可能开始部署分导式多弹头（MIRV）导弹，届时我们可能会看到，如果他们延续之前的发展态势，他们一年会增加 200 枚携带这类弹头的导弹。他们的部署将包括我之前和你们说过的多种新型导弹。因此，在大约 7 年或者 8 年后，他们可能会有 7000 枚分导式多弹头导弹部署到位。

我们过去在单一联合作战计划（SIOP）中设想的那种针对美国的大规模攻击可能造成美国民众立即死亡的人数，加上放射性尘降造成的死亡人数，总数在 9500 万和 1 亿之间……

在苏联对美国实施的针对军事目标的有选择核打击中，即他们攻击美国的弹道导弹核潜艇基地、战略空军司令部基地及洲际导弹发射井时，死亡人数也会达到 500 万或者 600 万。如果只打击我国洲际导弹发射阵地，死亡人数可能达到 100 万；如果只打击战略空军司令部基地，死亡人数会低一些，有 50 万。

再强调一遍，这只是立即死亡的人数加上因放射性尘降致死的人数。还要说明的是，这种假定的攻击是用两枚分导式多弹头导弹攻击一个发射井，假定的是苏联核武器库中包括各种当量的核弹头……

另一种打击选择则是只对洲际导弹发射井进行攻击，用一枚 100 万吨当量的分导式多弹头导弹攻击每一个导弹发射井。如果攻击了 6 个"民兵"导弹发射井中的 5 个，总伤亡人数大约是 50 万，总共死亡人数可能有 30 万。如果只对怀特曼（Whiteman）空军基地进行攻击，由于它西边紧邻一个重要城市/乡村的人口聚集区，会使死亡人数上升到大约 80 万。包括因放射性尘降而染病的人数在内的总的伤亡人数可能达到 150 万。

……

我要强调的是，这些都是令人极其不愉快的情况，且我们仍然相信这样的攻击将被慑止。但是这里说到的死亡数字，只占包括对美国城市攻击在内的对美国大规模攻击所造成的死亡数字中的很小一部分，低于 1%。

……在这种对"民兵"导弹的攻击中，大部分相关参数的显著变化，只会造成死亡或者伤亡人数相对较小的变化，但选择地爆除外。如果苏联人选择进行地爆而不是空爆其核武器，有可能极大地抬高死亡或者伤亡人数的水平，这一数字可能达到 300 万。

如果苏联规划了这样的核打击，可以假设他们的核武器不会进行地爆。但如果有人假设他们不排除进行核武器地爆的话，那么，由此造成的伤亡水平当然会高得多。

……在这种情况下，我们也假设他们用一枚百万吨当量核武器打击一个目标，在最佳高度上爆炸，且这样的打击发生在多风的 8 月，则我们可以利用任何可用的民防设施。在目前情况下这样来设定是合理的，但你会看到，攻击大约 45 个战略空军司令部轰炸机基地会造成大约 30 万美国人死亡，总伤亡人数大约 70 万。所以说，如果加一个目标系统，人们会再一次谈到 100 万以内的人员伤亡问题。

……

我们现在来看一下打击指挥和控制设施，或者打击弹道导弹潜艇舰队的保障基地，或者打击海军造船厂，或者其他海军基地所造成的人员死亡情况。当然，这些代表着一个单一的目标系统。

攻击那两个指挥和控制设施会造成 40000~45000 人死亡。

如果苏联攻击美国本土的潜射弹道导弹核潜艇保障基地——查尔斯顿（Charleston）和布雷默顿（Bremerton），造成的死亡人数可能达到 10 万。

……

苏联有能力对美国实施有选择的和有限的核攻击，他们部署分导式多弹头导弹之后，这种能力将增强。当然，在他们提高了导弹命中精度、降低了核弹头爆炸当量的情况下，由大当量武器造成的人员死亡将会减少。

我认为美苏之间从一开始就爆发核战争的可能性非常低。我发现，很难想象美苏任何一方会突然攻击另一方城市/工业基地这样的一种情形存在。出现这样的情况没有道理，除非政府疯了。所以我们可以说，由选择性核打击开始的核交战的可能性尽管也很低，但会比一上来就打击美国城市工业中心的核交战出现的可能性要高。

……

参议员凯斯：与此相反的是一些科学家提出的意见，即不可能有任何真正的低层次的核交战。……我的最后一个问题是，你是否真的需要有一些新的武器装备，或者是否你正在进行的是有目的的演讲，是为了宣传，要吓唬俄国人，让他们想一想是现在和我们打交道好呢，还是在我们变得更强硬时与我们打交道更好。现在，这并不是一个不值得去实现的目标，但你的这些演讲是代表一种战略呢，还是一种华而不实的言辞呢？

施莱辛格：凯斯参议员，它是一种战略。美国总统应该有这些核打击选择。

凯斯：但是他现在没有这样的选择吗？

施莱辛格：让我尝试着来回答这些问题。你提出的第一个问题是当前我们是否有有限核打击选项，或者我们以前有没有这样的选项。答案是"有"。在我们的战争计划中有很多打击选项，但所有这些选项的打击规模都很大，会造成苏联大量人员死亡。所以尽管我们有这样的选项，但所有这些在 SIOP 中明确的打击选项，打击强度都非常高……在实践中，我们有数量非常有限的大规模打击选项。我们现在正努力去做的是扩大核打击选项谱系，特别是要提供一些位于这一谱系低端的选项。我想，这就是我们现在正在准备的核打击选择同之前已经存在的核打击选择之间的主要区别。

你提出的另外一个问题是我们如何处理小规模核交战不可避免地升级到大规模核交战的问题。我想这是一个很好的问题。正如你所言，确实存在这样的可能性。我们不能保证说小规模核交战将不会升级到更高层次。而如果我们只是简单地认为，由于存在小规模核交战升级的可能性，我们自己就必须通过各种方式使其升级，让这种升级成为确定无疑的事，这是没有道理的。只是由于你对结果有相对乐观的结论，这并不代表你在清楚知道对方同样会对你这样做的情况下，你必须去暴击你对手的城市/工业基地。这实际上会使一个如果不这样则不一定发生的事，现在成了必定会发生的事了。

你提到了数以万计的人的死亡以及我们不应该以造成多少人死亡作为

我们确定战略的基础的问题。我想一个人必须意识到，我们已经奉行了好多年的"确保摧毁"战略，就是以通过报复造成苏联 1 亿人死亡作为基础的。我国的战略是否应该以设想确保造成另一方 1 亿人死亡作为基础，这是有很多疑问的，实际上是对其道德性的质疑。

一个人必须用像如此需要"确保摧毁"，像将"确保摧毁"作为美国战略唯一思想来源那样的重要程度，来对待更加有限的核打击选择。一个人必须平衡对待这两者。我相信当一个人对此进行仔细审议之后，他会得出结论说，通过扩大报复打击的选项能够使威慑得以强化。

你问到，苏联是否以为我们寻找更精确及更高爆炸当量的核武器代表着我们要对他们的核力量进行威胁，且因为这种认识，他们是否会采取如果不是这样本来是可以避免的那些行动。

关于这个问题的答案有两个方面。一个方面是，去年苏联以令我们惊讶的深度和力度推动了一系列核发展倡议。他们新的陆基导弹的投掷重量，平均算下来是之前导弹投掷重量的三倍。他们看上去仅仅在陆基洲际导弹部队里就有 7000~8000 枚分导式多弹头导弹，更不用说他们的潜射弹道导弹力量了（原文删去了部分内容，没有列出另一个方面——编者注）。我希望我们能够说服苏联人不要部署超出临时协议规定数量的新型导弹，但他们仍然会讲，他们在发展 SS-17、SS-18 和 SS-19 导弹上已经投入了很多钱，他们准备部署这些导弹。

参议员凯斯先生，我们已经非常仔细地辨别瞄准学说的变化与我们建议的一系列战略倡议之间的不同了，我希望您也加入进来对这些区别进行解释。瞄准学说的变化可以在不采购任何额外的武器的情况下得以实施。导弹打击精度对新瞄准学说会有一点作用，但对执行这一学说来说不是本质性的。我们无须额外采购一件武器。甚至有一个比我们目前的力量规模更小的力量结构，不需要更大的爆炸当量，我们也能够做出有选择的反应。

瞄准学说的变化能够与我们的核力量构成的任何变化分开。我们唯一需要做的就是改进我们的核规划，我们以很低的代价或者无须增加额外的代价就可以做到这一点，我们还要做的就是改进我们的指挥、控制和通信系统。

所以瞄准学说的变化应该与任何关于新武器系统的发展、采购和部署分开，它们是两回事。

......

此外，我们已经向国会山送交了我们关于其他事情的预算申请。我们已经向国会山就一种新的、有更大投送重量的洲际导弹申请了预算。我们已经为"三叉戟"导弹申请了资金。

李旭飞　译

评　介

从 1974 年 3 月开始，美国时任国防部长施莱辛格多次在美国国会就美国新的核运用政策作证，并回答国会议员的相关质询。这份资料选编了施莱辛格两次在国会作证时的部分证词。

在 1974 年 3 月 4 日的证词中，施莱辛格向参议院外交关系委员会的一个小组委员会概述了新的选择性打击原则，强调了有限核选择。针对国会议员主要关心的增加核武器运用灵活性是否会弱化对实战使用核武器的约束的问题，施莱辛格反复强调，美国调整核瞄准学说的首要目的是通过增加实施报复性核打击威胁的可信性，来强化核威慑，增强美国核力量在慑止针对美国的有限攻击或对西欧的大规模常规攻击上的作用。他还解释说，新瞄准学说中强调的有限核选择，同之前的核打击选择相比，其根本的区别在于打击规模和打击强度的不同。换句话说，就是把要打击的敌方目标切成的块的大小不同。

在 1974 年 9 月那次作证中，施莱辛格较详细地分析了美苏如果发生针对对方核军事目标的核交火可能造成的人员伤亡情况，强调在这种情况下虽然造成的人员伤亡数字看上去很大，但相对于"确保摧毁"或者全面核打击而言，这一数字要小得多。在回应美国新的核运用政策会不会降低美国核力量使用门槛问题时，施莱辛格强调核武器使用门槛高低只与常规军事能力有关，与核武器使用政策关系不大。这反映出美军总体上奉行的是以核对核、以常对常的"灵活反应"战略思路，但并没有放弃必要时会"以核补常"、核常衔接。

在两次作证过程中，施莱辛格都提到了"自我威慑"概念，并将其作为此前美国奉行的"确保摧毁"政策不可信、有可能失效的理论依据。"自我威慑"概念源于托马斯·谢林提出的经典威慑理论中的一个"悖论"。谢林认为，从理性标准出发，对于都具有可靠报复能力的敌对双方而言，一方向另一方发出威胁：如果对方行为不当就将受到惩罚，以实施威慑；假如威慑失败了，即另一方采取了威慑方不希望的那种敌对行动，那么按照正常逻辑，此时威慑方应兑现其先前发出的报复威胁，给对方造成一定程度的毁伤。但由于对方同样具有强大的可靠报复能力，所以除非威慑方的报复能够一举全部摧毁对方的报复能力（这实际上是不太可能的），否则实施这种惩罚性行为对双方而言将都是代价高昂、非常棘手的过程，这样的结果显然是威慑方所不愿意看到或者不能承受的。所以，从理性角度出发，即使威慑失败了，在考虑兑现事先的威胁承诺会使自身遭受更大损害之后，威慑方选择不兑现其事先的威胁承诺、不实施报复，似乎也更加合理、更为明智。而这一点如果为被威慑方所认识到，那么被威慑方就有可能采取低于全面战争层次的挑衅，在这种情况下对方核威慑失败的可能性就会很大。这就是经典威慑理论中的"悖论"①。谢林提出解决这一"悖论"的方法，是造成局势不完全可控的态势，"如果结果一定程度上取决于意外因素或者是一个我们显然无法控制的过程，那么，我们确实在为对手制造威胁"②。而施莱辛格虽然用谢林的理论来批判"确保摧毁"不可信，但他提出的解决方法，或者说美国新的核力量运用政策给出的解决方案却不是谢林的思路。他不仅没有制造所谓"不确定性""无法控制"的局面，反而强调要通过对核打击过程进行可靠掌握，来对冲突升级进行"控制""主导"，用的实际是另外一种思路。③ 这可能也是施莱辛格在面对议员有关如何确保有限核打击不会升级的问题时，难以做出令人信服的回答的重要原因。这也从一个侧面说明，有限核战争、有限使用核武器战略在逻辑上存在难以完全克服的固有缺陷。

---

① 相关内容参看〔美〕托马斯·谢林《冲突的战略》，赵华等译，华夏出版社，2011，第32、155页。

② 〔美〕托马斯·谢林：《冲突的战略》，赵华等译，华夏出版社，2011，第167页。

③ 升级控制思想，实际上是美国另一位著名核战略学家赫尔曼·卡恩的思路，其核心思想是在冲突的每一个梯级上都能做出相应反应，并且都能占有优势，迫使对方来承担是否继续升级的压力。

六十六

国防部长施莱辛格发布的"美国核武器运用政策指南"*（1974 年 4 月 3 日）

内容目录

---

* "Policy Guidance for the Employment of Nuclear Weapons", Digital National Security Archive (DNSA).

　　b. 地区核选项

7. 责任及审议

附录 A

　　A-1　主要打击选项的打击目标及其指导方针

　　A-2　有选择的打击选项的打击目标及其指导方针

　　A-3　关于瞄准及毁伤标准的指导方针

　　A-4　关于禁止打击的目标名录及留着暂不实施的选项的指导方针

核武器运用政策指南

1. 制定本政策指南的目的及适用范围

　　本文件明确了美国在核武器运用上的国家政策，包括核武器运用规划设想、目标、指导方针等，并考虑了美国当前和近期的军事能力，以及美国外交政策目标等因素。

　　制定本文件的目的是给参谋长联席会议提供指南，使其能据此准备相应的能力计划，以满足使用战略核力量和具有核能力的战区军事力量对苏联、中国及其盟友的国土或军队实施核打击的需要。用于防空、反导和反潜的作战力量，不在本指南适用范围内。本政策指南将在单一联合作战计划（SIOP）及其他核武器运用计划中得以体现。本指南不包括有关美国军事力量发展、获取及部署的政策。这些领域的政策将由国防政策及规划指南来确定。

2. 目标

　　a. 威慑

　　美国战略最重要的目标是慑止针对美国、美国盟友及其他任何一个其安全同美国利益息息相关的国家的核与常规攻击，慑止企图通过威胁发动核及常规军事攻击来胁迫美国、美国的盟友及其他相关国家的行为。

　　b. 控制升级

　　在威慑失败的情况下，美国核武器运用的主要目标是确保美国居于支配和主导地位，限制冲突，确保取得对美国及其盟友有利的冲突结果。这些目标的实现有赖于对升级的控制，即：（1）通过实施精心选择的军事行动来保护美国核心利益，并排除敌人进一步侵略的可能性；（2）努力限制双方敌对暴力的强度及其波及范围；（3）通过将敌人一些关键目标留作抵押品或者"人质"，威胁随后要视情况将其摧毁，来迫使敌人同我国就结束战争问题进行谈判。

c. 全面战争

在不能控制升级的情况下，美国核武器运用的目标是使美国在政治、经济和军事力量方面取得相对于敌人而言的最大化优势，以阻止敌人主导战后态势。主要通过以下途径来实现这一目标：（1）摧毁那些对敌人战后实力、影响力，以及对敌人国力和军力恢复等发挥至关重要作用的敌方政治、经济和军事资源；（2）通过打击敌方军事目标减小美国及其盟友所遭受的毁伤；（3）保持一支战略核后备力量，防止战后敌人胁迫美国及其盟友。

3. 战略概念

a. 升级控制

为了控制冲突升级，美国的军事行动从一开始就应当聚焦于能保护直接受到威胁的利益的那些行动，聚焦于能够阻止敌人进一步侵略的那些行动。美国的这些行动如果能有效发挥作用，则会降低敌人侵略成功的希望。我们行动上的这种克制源于我们自身利益与胁迫敌人的共同作用。在慑止敌人升级冲突，迫使敌人与我国就按照美国的要求结束战争进行谈判的过程中，美国应当保持能够对敌人领导层珍视的、留着暂时没有打击的额外目标实施有效打击的能力。

美国的打击选择应当包括以下概念，从而使作战行动有助于控制升级。

（1）升级边界。美国的核武器使用计划应当给国家指挥当局提供在各种不同冲突层次上、在清晰的边界范围内实施核战争的能力。这些清晰的边界会给敌人传递信号：我们希望将战争控制在一定限度内。作为对确定升级边界的补充，当有选择地将一些目标留着不打且敌方知道美国这种行动之后，美国还应当发展一些能够用来通过将敌方一些高价值目标作为"人质"，以慑止敌人升级冲突的核打击选项。

（2）攻击转换稳定（trans-attack stability）。那些最可能用于慑止敌人进一步升级冲突的核打击选项，应当包括对保持攻击转换稳定的规划。也就是说，对于在整个冲突期间都保持这些打击选择，且这些打击选择能够随时地、有效地得到执行，应该保持足够的信心。

（3）避开对敌方国家指挥和控制系统的打击。核打击选择应当避免攻击：①敌方高级指挥体系，包括高级民事或者军事当局所使用的软防护和硬防护指挥中心；②敌方领导人确认美国攻击性质所必需的传感器及通信系统。保证敌方这些要素的生存能够给敌方控制自己的军队、使敌方能够就限制和结束战争进行谈判提供便利。

b. 战后相对实力及影响力

对保持美国及其盟友相对实力和影响力具有重要作用的目标选择概念包括：①摧毁敌方国家层面的政治控制能力；②摧毁敌人从核战争中恢复其国家和军队时最需要的城市、工业、经济及其他资源；③摧毁或者消除敌人的军事力量，否则这些力量在敌战后恢复中会被用于实施国内控制，用于保护那些可用于其战后恢复的外部资源，用于继续对美国及其盟友实施威胁。

4. 规划概念

a. 事先规划及对其进行审议

需要对核运用选项事先做出计划，使其达到实战可用的程度，这样做的原因主要包括：①提高力量运用的效率及有效性；②快速且有效地传递来自国家指挥当局的核打击执行命令；③为预估执行效果提供坚实基础。国家指挥当局周期性地审议核运用计划的风险、局限性及有效性，对在危机和作战情况下及时且合理地做出决策十分重要。

b. 灵活性

因为不能预测到所有的政治军事情况，所以核运用计划在执行之前，在态势还不完全明朗的情况下，应当有一定的灵活性。为了提供一些留着暂不实施的选项（optional withholds），为了使事先规划的打击选择具有一定的适应性，牺牲掉整个部队的一些有效性是必要的。提前拟制的可能只是一些通用计划，所以要建立适当的组织、规定适当的程序，并对这些组织、程序进行演练，以便能快速地制定、评估和执行特殊的核打击选项。

c. 灵敏回应政治和军事目标

规划核武器运用应当考虑整体目标，特别是美国的总体目标；应当考虑美国的友好国家、盟国的利益，以及核打击要在其国土上实施的那些国家的利益；考虑现存的在某些地区同盟国军队及指挥官进行协调的安排；还要考虑临时出现的和整体的军事形势。

d. 危机和冲突管理

面对快速变化且时常出乎意料的形势发展，控制升级需要对政治、外交和军事行动实时进行控制和协调。因此，应当制定危机管理程序、核运用规划程序，对在危机和冲突期间国家指挥当局及其政治和情报顾问，以及参谋长联席会议及那些配属有核力量的联合司令部指挥官、特种司令部指挥官之间大量的相互影响和作用关系做出规定。这样的程序应当定期进行演练和评估。

在有限核冲突期间，采取的军事行动应当在国家指挥当局高度控制和指导下实施。

e. 打击选项框架

核运用计划将由以下四类打击选项构成：主要打击选项、有选择的打击选项、有限核选项和地区核选项。

5. 主要的和有选择的打击选项

应按照以下规定的目标，并遵循如下的武器分配优先权，来规划主要打击选项和有选择的打击选项。

a. 打击目标

（1）不论战争因何而起，摧毁那些经过挑选的、对敌战后恢复起重要作用的经济和军事资源。这种打击应当达到足以决定性地减小敌人经济实力及其影响力，显著延长敌人战后恢复的周期长度。

（2）摧毁敌方政治领导层，以及他们对资源的控制能力和他们的军事指挥体系，打击要达到必要的强度且切实可行，以消除敌方有效从事战争及对内部实施政治控制的能力。

（3）分配一部分核力量用于摧毁敌方对美国及其盟友构成威胁的核进攻能力，或者使敌方这一部分核力量失能，这种打击要切实可行，以减少美国及其盟友在战争中遭受的损失，削弱敌人进行核胁迫的能力。

（4）分配一部分核力量用于摧毁敌方常规军事能力，或者使敌方这一部分力量失能，这种打击要切实可行，以削弱敌方总体军事能力，并帮助阻断敌人获得外部资源的途径。

从本质上讲，本政策指南并不支持瞄准和打击平民目标。因此，受上述目标指导的核打击选项规划，将不包括将平民聚集区作为瞄准目标的内容。然而，满足上述目标的核打击仍然可能对居民区和人口造成大规模毁伤。

参谋长联席会议应当给这些为主要打击选项和有选择的打击选项所做

的计划分配必需的和适当的核力量。这种核力量分配应基于规划目标进行，不应妨碍对有限核选项和地区核选项的规划，也不应妨碍这些核力量在有限核选项及地区核选项中的运用。还要留出一部分力量用作实现高度攻击转换稳定性的战略后备力量。不论如何，这些用作战略后备力量的部队除非有明确的使用授权，否则就不要轻易动用；而且，使用这些力量的主要原因，一定不是要满足实现上述目标的要求。

主要打击选项和有选择的打击选项应当是一个综合打击计划（integrated plan）的组成部分，某一攻击选项只覆盖综合打击计划目标的一个子集。这个综合计划应当给单一攻击选项提供执行的可选择性及执行的先后顺序。附录 A 为主要打击选项和有选择的打击选项提供了额外的指导。

b. 武器分配的优先级

将武器在上面列出的目标之间进行分配时所考虑的相对重要性如下所示。对于两种类型的规划假设情况而言，这种相对重要性是不一样的。

第一种假设情况：使用处于戒备状态的力量进行摧毁——核力量处于日复一日的戒备状态，能够接收到战术预警情报——敌人将尽最大努力摧毁美国核力量。

在这种情况下，应该为实现上述第一个目标分配足够的核武器，而后，按照第二个目标、第四个目标和第三个目标的顺序，依次降低武器分配的优先级。

第二种假设情况：没有力量被摧毁——力量处于提前准备好的状态，对方没有事先发动核攻击摧毁美国核力量。

在这种情况下，应为实现上述第一个目标分配足够的核武器，而后，按照第三个目标、第二个目标和第四个目标的顺序，依次降低武器分配的优先级。

6. 有限核选项及地区核选项

a. 有限核选项

有必要设计一些试图使人们看到有不同的或者有更多冲突边界限制的核选项，或者设计一些旨在寻求不同的或者更多的目标有限的核选项，以说服敌人终止敌对，而不是寻求实施更大规模的核交战。具备这些特征的核选项，以及基于对固定目标实施的核攻击就属于有限核选项。一般说来，有限核选项相比于有选择的打击选项中明确的攻击选项，打击强度会低一些。有限核选项可以在为预期的危机形势事先进行规划、在危机期间和敌对期间进行规划的正常规划程序中产生。产生有限核选项的程序，也可能会对主要打击选项或者有选择的打击选项的特别修订有帮助，这种特别修订往往是应国家指挥当局要求才实施的。

有限核选项应当服务于三个主要目标：

（1）向苏联或者中国示意，随后的地区性冲突事关美国部分核心利益；

（2）为建立或者增强美国及其盟友在地区冲突中的军事优势提供选项，阻止敌方采取进一步的军事行动；

（3）用于回应苏联或者中国对美国、美国的盟友及其军队实施的有限核打击。

b. 地区核选项

在主要打击选项、有选择的打击选项及有限核选项的指导中，都包括按照临时计划或者提前做好的计划，使用具备核能力的战区力量打击固定目标的内容。然而，有可能出现需要在一个战区范围内立即使用原本用于战区作战且主要用于地区防务事务的力量和资源来直接打击敌方军队，这样才能最好地保护美国利益的情况。

这样的核选项被称为地区核选项。其目标是抗击那些敌方已经部署的、用于侵略行动的军队，并创造一种可能继续通过政治安排，或者重新通过政治安排来结束冲突的态势。那些用于防御特定地区或者区域的军事计划，应该包括适当的地区核选项内容，为打击敌人部署的作战和保障部队、后备力量、加强的力量、战术核打击系统、地区控制及战场后勤设施等提供有选择的、协调一致的核打击选项。

应尽一切可能限制对人口聚集区周边区域的核打击。此外，应通过选择满足需要的最低当量的核武器，选择具有合适打击精度的运载工具，选择能够实现既定目标的合适的瞄准目标，来最大限度地减小对非军事目标及友好国家军队的毁伤。

7. 责任及审议

参谋长联席会议

参谋长联席会议将履行以下职责：

（1）将本政策指南连同其他必要的执行指南传达给相应的联合司令部和特种司令部；

（2）指导并监督核运用规划，评估作战计划可能的后果，以及这些计划对相关的和补充的行动的影响，尤其是对危机管理活动的影响；

（3）必要时就采取的行动，以及有关其对核计划可能产生的效果、效用，其局限性、风险的总体评估等，向总统和国防部长提出建议。

附录 A

规划指南

A-1　主要打击选项的打击目标及其指导方针

A-2　有选择的打击选项的打击目标及其指导方针

A-3　关于瞄准及毁伤标准的指导方针

A-4　关于禁止打击的目标名录及留着暂不实施的选项的指导方针

A-1　主要打击选项的打击目标及其指导方针

注意：关于主要打击选项的整体指南已经在主文件中明确了。下面给出的每一类打击选项目标能被实现到何种程度，将受到是否同在 5b 中给出的武器分配优先级相匹配的限制。典型的打击目标名录意在扩大国家目标。而禁止打击的目标名录用于把一些特定的目标排除在打击选择之外。这些经过挑选的留着暂不实施的打击选项，可以为执行打击特定目标或者一些需要飞越（overflight）第三国领土才能实施的打击提供一种选择。在 A-4 部分，对列为禁止打击的目标以及可选择的留着暂不实施的选项的瞄准名录进行了界定。

M1. 目标：正如在主文件中已经明确的那样，5a（3）和 5a（4）明确的打击目标是指苏联及其东欧盟国境内的目标。

典型目标名录：苏联及其东欧盟国综合性的军事目标体系包括对美国及其全球盟友构成威胁的核与常规军事目标，以及对这些力量实施国家级和中等军事控制的能力。

禁止打击目标名录：无。

留着暂不实施的选项：对城镇、乡村、国家政府机构、国家军事控制机构的打击。

M2. 目标：正如在主文件中已经明确的那样，5a（1）、5a（2）、5a（3）和 5a（4）中明确的打击目标是指苏联及其东欧盟国境内的目标。

典型目标名录：上面在 M1 中明确的目标名录，加上苏联那些在 A-3 部分明确的对其战后恢复起着至关重要作用的城镇、工业、政治、经济和军事资源。

禁止打击目标名录：无。

留着暂不实施的选项：对乡村的打击。

M3. 目标：正如在主文件中已经明确的那样，5a（3）和 5a（4）明确的打击目标是指中国及其亚洲盟友境内的目标。

典型目标名录：中国及其亚洲盟国综合性的军事目标体系包括对美国及其全球盟友构成威胁的核与常规军事目标，以及对这些力量实施国家级和中等军事控制的能力。

禁止打击目标名录：无。

留着暂不实施的选项：对乡村、城镇、国家政府机构、国家军事控制机构的打击，以及需要飞越苏联进行的打击。

M4. 目标：正如在主文件中已经明确的那样，5a（1）、5a（2）、5a（3）和 5a（4）中明确的打击目标是指中国及其亚洲盟国境内的目标。

典型目标名录：在上面 M3 中明确的目标名录，加上中国那些在 A-3 部分明确的对其战后恢复起着至关重要作用的城镇、工业、政治、经济和军事资源。

禁止打击目标名录：无。

留着暂不实施的选项：对乡村的打击，需要飞越苏联进行的打击。

A-2　有选择的打击选项的打击目标及其指导方针

注意：关于有选择的打击选项的整体指南已经在主文件中明确了。下面给出的每一类打击选项目标能被实现到何种程度，将受到是否同在 5b 中给出的武器分配优先级相匹配的限制。典型的打击目标名录意在扩大国家目标。而禁止打击的目标名录用于把一些特定的目标排除在打击选项之外。这些经过挑选的留着暂不实施的选项，可以为执行打击特定目标或者一些需要飞越第三国领土才能实施的打击提供一种选择。在 A-4 部分，对列为禁止打击目标以及可选择的留着暂不实施的选项的瞄准名录进行了界定。

S1. 目标：消除苏联对美国的核威胁。

典型目标名录：洲际弹道导弹部署地；导弹潜艇母港、潜艇基地、潜艇建造厂设施；正在使用的轰炸机大本营基地、疏散部署基地及北极基地；国家及地区核武器储存设施；保证苏联领导人实时使用他们的战略核力量发动攻击的传感器及相应的通信系统；苏联国家级民用和军事控制体系，包括可替代的指挥中心，地区军事司令部及那些并不在核力量编制内的地区性核投送力量控制中心。

禁止打击目标名录：城镇。

留着暂不实施的选项：对乡村、国家政府机构、国家军事控制系统、攻击评估设施等的打击。

S2. 目标：消除苏联对除美国和加拿大之外的北约其他成员国主要城镇的核威胁。

典型目标名录：中远程导弹（IRBM）和中程导弹（MRBM）；部署在中程和中远程导弹阵地内的 SS-11 导弹；潜射弹道导弹（SLBM）母港；轰炸机大本营基地、疏散部署基地及后勤保障基地；国家及地区级核武器储存设施；苏联国家级民用和军事控制体系，包括备用的指挥中心、地区军事司令部及那些并不在核力量编制内的地区性核投送力量控制中心；保证苏联领导人实时使用他们战略核力量发动攻击的传感器及相应的通信系统。

禁止打击目标名录：城镇。

留着暂不实施的选项：对乡村、国家政府机构、国家军事控制系统、攻击评估设施等的打击。

S3. 目标：消除对除美国和加拿大之外的其他北约国家的核与常规空中威胁。

典型目标名录：空军大本营、疏散基地、后勤保障基地及相应的保障设施、核武器存储基地。

禁止打击目标名录：城镇、国家政府机构、国家军事控制系统、攻击评估系统。

留着暂不实施的选项：对乡村（特别是苏联的乡村）的打击。

S4. 目标：消除对北约国家的地面威胁。

典型目标名录：军事控制中心及重要军事指挥部，运输及其他后勤设施；重要的地面固定军事设施；其他对全面实施和指导常规军事行动起重要作用的军事目标。

禁止打击目标名录：城镇、国家政府机构、国家军事控制系统、攻击评估系统。

留着暂不实施的选项：对乡村（特别是苏联的乡村）的打击。

S5. 目标：消除苏联及其东欧盟国海上力量对北约国家的地面威胁。

典型目标名录：潜射弹道导弹及其他海军力量的母港、海军基地、造船厂，以及相应的保障设施。

禁止打击目标名录：国家政府机构、国家军事控制中心、攻击评估系统。

留着暂不实施的选项：对城镇、乡村（特别是苏联的城镇和乡村）的打击。

S6. 目标：消除苏联用于对除美国和加拿大之外的其他北约国家，以及美国不使用从本土（CONUS）投送的部队的情况下实施核防御的目标。

典型目标名录：威胁北约的综合性军事目标体系，包括核导弹及相应的存储基地，以及在 S3、S4、S5 中列出的打击目标名录。

禁止打击目标名录：国家政府机构、国家军事控制系统、攻击评估系统。

留着暂不实施的选项：对城镇、乡村的打击。

S7. 目标：消除苏联对美国驻亚洲地区的军队及美国的亚洲盟国的核威胁。

典型目标名录：潜射弹道导弹相关设施、SS-11、SS-12、中程和中远程弹道导弹、相应的机场、战术核导弹、相应的保障设施及核储存仓库（这些威胁通常位于东经 55 度线以东区域）。

禁止打击目标名录：城镇、国家政府机构、国家军事控制系统、攻击评估系统。

留着暂不实施的选项：无。

S8. 目标：消除苏联对美国驻亚洲地区的军队及美国的亚洲盟国的常规威胁。

典型目标名录：相应的机场、重要的军事力量设施、海军设施（这些威胁通常位于东经 55 度线以东区域）。

禁止打击目标名录：城镇、国家政府机构、国家军事控制系统、攻击评估系统。

留着暂不实施的选项：无。

S9. **目标**：独立或者联合消除中国对美国、对美国驻亚洲地区的军队及美国的亚洲盟国的核作战威胁，消除中国重建这些威胁能力所必要的那些手段。

典型目标名录：潜艇相关设施，轰炸机基地，陆基弹道导弹，核武器生产及存储设施，飞机、导弹、核武器研制、生产和试验设施，以及化学、生物和放射性战争能力。

禁止打击目标名录：国家政府机构、国家军事控制系统、攻击评估系统。

留着暂不实施的选项：对城镇的打击，以及需要飞越苏联进行的打击。

S10. **目标**：消除中国的国家、民事和军事控制能力。

典型目标名录：国家指挥中心，用于替代国家指挥中心的地区军事指挥部、控制中心、与控制核发射部队相关又不在这些发射部队编制内的通信设施；使中国领导人能够探明对中国及中国盟友核攻击性质的传感器及相应的通信系统。

禁止打击目标名录：无。

留着暂不实施的选项：对城镇、攻击评估系统的打击，以及需要飞越苏联进行的打击。

S11. **目标**：消除中国及其盟友对美国在亚洲地区的驻军及美国的亚洲盟国的常规威胁。

典型目标名录：港口设施、主要地面力量设施、机场。

禁止打击目标名录：国家政府机构、国家军事控制系统、攻击评估系统。

留着暂不实施的选项：对城镇的打击，以及需要飞越苏联进行的打击。

A-3　关于瞄准及毁伤标准的指导方针

当对力量使用进行规划时，应遵循以下一般性指南。

a. 与打击目标的重要性相适应

可用的核力量将通过一定的编排来达到对目标的毁伤期望值。一个目标的毁伤期望值同在实现本指南所确定的核打击选项目标中被打击的目标的重要性是一致的。（这里所用到的毁伤期望值指的是多次重复打击情况下的平均毁伤值。）当那些被编排的核武器对提高目标的毁伤期望值只有很小的作用、只相对起作用、只起到一点增值作用时，就要对这些武器的运用进行审查，考虑将其从打击当前的目标转到打击其他目标，以求取得更加明显的使用效果。

b. 采取措施提高摧毁目标的可信度

应当采取措施提高我们估计的打击后果的可信度。例如，可以进行交叉瞄准；但是，当这些措施同其他考虑，譬如攻击转换稳定性发生冲突时，就应选择那些冲突最小的措施。

c. 从总体上考虑目标毁伤期望值

在一个攻击选项中，被编排的美国和盟国的核武器对任何标定的地面爆炸投影点的总体毁伤期望值，通常不应超过90%。对每一个标定的地面爆炸投影点的毁伤期望值的计算将包括在同一个核打击选项中那些用于摧毁附近地面爆炸投影点的核武器所造成的附带毁伤作用。此外，在计算有些类型的核打击，如有限核选项对目标的毁伤期望值时，放射性尘降造成的人员伤亡也将包括在内。如果是出于节省攻击时间，或者打击那些对战区指挥官而言至关重要的目标的需要，那么使用战区力量来打击已经计划由美国其他力量打击的地面爆炸投影点，将不受90%毁伤期望值的限制。如果是在有限核选项中使用核武器打击某一个地面爆炸投影点，或者对某一个地面爆炸投影点实施的是防御压制性攻击，那么对该目标的累计毁伤预期值可以超过90%。

d. 覆盖所有核威胁目标

如果是使用美国所有能用的力量打击苏联那些威胁到美国及美国盟友的核目标，那么对每一个洲际导弹、中程导弹和中远程导弹发射点，对每一个重型、中型和轻型轰炸机基地，对每一个潜射导弹潜艇基地，要保证至少分配1枚核弹头对其进行打击，即使是达不到很高的毁伤预期值，或者只会产生短期毁伤作用，也要保证这一点。

e. 打击城镇、工业、政治和经济基地

正如在主文件中所说的那样，打击苏联和中国的城镇、工业、政治和经济基地的一个非常重要的目的，是最大限度地削弱这些国家战后的战略能力和影响力，延长其战后恢复时间。基于这一目的，瞄准这些目标，至少应满足以下四个方面的准则：（1）平均毁伤中苏每一个国家大约70%的战争支撑工业基础设施；（2）对苏联排名前250位城镇中的每一个工业设

施，对中国排名前 150 位城镇中的每一个工业设施，至少分配一件核武器来
进行打击；（3）对这两个国家的每一个重要的政府中心至少分配一件核武
器来进行打击；（4）消灭包括军事目标在内的其他不包括在上述三项准则
范围内的对其战后恢复起重要作用的目标。

本指南在本质上并不期望瞄准平民目标。因此，满足上述准则要求的
核打击目标将不包含居民区。但应该意识到的是，满足上述准则要求的核
瞄准仍然会造成对居民区及人口的重大毁伤。

A-4　关于禁止打击的目标名录及留着暂不实施的选项的指导方针

确定核打击选项的目标及指导方针中涉及禁止打击目标名录及留着暂
不实施的选项。在主要打击选项和有选择的打击选项中的禁止打击目标名
录及留着暂不实施的选项的目标名称及对其的界定，如下所示。有限核选
项及地区核选项目标及指导方针中可能包括另外的禁止打击目标名录及留
着暂不实施的选项。

（1）城镇。禁止打击或者留着暂时不打那些位于人口达到或者超过 10
万人的主要城市内的目标，或者与这些城市连在一起的目标；如果一个目
标被攻击后，单独或者同对其他目标的攻击一起，平均造成主要城市 10%
或者 10% 以上居民区的毁伤，那么这个目标就应界定为与主要城市连在一
起的目标。如果达成政治/军事目的需要防止对敌主要城市的毁灭，那么违
背上述这一指导方针有可能引起异常情况发生。

（2）乡村。禁止打击或者留着暂时不打那些位于乡村的目标。

（3）国家统治机构。禁止打击或者留着暂时不打那些位于莫斯科城内
和（或）位于北京城内的政府机构。

（4）国家军事控制系统。禁止打击或者留着暂时不打苏联和（或）中
国包括通信设施在内的国家军事控制体系目标。

（5）攻击评估系统。禁止打击或者留着暂时不打苏联或者中国国家领
导人在确定他们的国家或者军队遭袭性质时所用到的传感器及相关通信设
施目标。

（6）需要飞越苏联的打击选项。暂时留着那些需要飞越苏联领土对中
国及其盟友实施打击的选项。

评　介

尼克松签署美国新的国家核运用政策文件（NSDM242）之后，按照程序和规定，国防部长施莱辛格于 1974 年 4 月 3 日发布了这份"美国核武器运用政策指南"文件。这是目前唯一内容比较完整的解密的"美国核武器运用政策指南"[①]，具有较高的参考价值。

国防部长发布"美国核武器运用政策指南"，本质上是对总统发布的国家核武器运用政策的细化和具体化，目的是为参谋长联席会议制定或者修订其核打击计划提供直接的政策依据。因此这份资料除了在主文件中重申了以威慑为首要目的、升级控制、着眼战后博弈、留出核后备力量等在国家核武器运用政策中已经明确了的基本思想和原则之外，还通过附件对规划哪几类核打击选项、核毁伤标准、选择打击目标的约束条件等同核打击规划直接相关的问题重点进行了明确。本资料列出了主要打击选项和有选择的打击选项中包含的打击选项，逐个明确了这些打击选项要达成的目的、典型的打击目标、禁止打击的目标及留着暂不实施的选项等，并对实施有限核选项和地区核选项的目的、主要原则和注意事项等进行了原则性阐述。

本资料明确的核武器分配使用的原则，体现了美国在核武器运用上的一些具体变化。本资料首次提出按照打击目标的重要程度来确定其毁伤度，并依据对目标毁伤的贡献度来调配核武器；规定了目标毁伤度上限为 90%，明确要求将附带毁伤（其他核爆炸产生的毁伤作用）和累计毁伤效应（放射性尘降造成的人员伤亡）计算在内。

虽然当时中美关系已经有所改善，但该政策指南仍然明确要求美国的核打击要覆盖我国所有核力量，并且要对我国最大的 150 个城镇主要工业设施实施核打击，摧毁我国约 70% 的战争支撑能力，打击我国重要政府机构。可见，当时美国仍然将中国作为主要对手，准备对我国实施大规模核打击。

---

① 现在能够看到的分别于 1980 年 10 月和 1982 年 6 月发布的另外两份"美国核武器运用政策指南"文件，其中很多内容被抹掉了。

六十七

就"审议核武器使用政策"问题致国防部长的备忘录*（1976年10月13日）

1976年10月13日

给负责原子能事务的助理副国防部长
麦克逊（Maxson）准将的备忘录

主题：审议核武器使用政策（NUWEP）——执行备忘录

1. 依据过去两三年时间内发生的所有变化来审议我们的核武器使用政策，在我看来是一个很好的主意。特别是，我认为这对于我们更好地履行对战区司令部及特种司令部司令们（CINCS）做出的承诺是很有用的。我们承诺要对核武器使用政策指南中任何被证明执行起来麻烦大于收益的条款进行修改。

2. 另外，附件中提出了很多关于力量获取及目标方面的问题，这些目标不适合出现在核武器使用政策中，且在假定有了 NSSM246① 的情况下，它可能会引起极大的机构性混乱。

3. 附件中还有很多并不包含在现有核武器使用政策中的考虑。

4. 我想，研究在当前和未来战略攻击中使用常规武器的问题是有益的。当然，也就是说，应该重视进行新的转变。我建议由国防部长提出两个方

---

* "Review of Nuclear Weapon Employment Policy（NUWEP）" [Includes Attachments], Digital National Security Archive（DNSA）.

① NSSM246 是 1976 年 9 月 2 日由美国时任总统福特签署的一份国家安全研究备忘录，要求美国国务院、国防部、国家安全委员会、预算与管理办公室、军备控制与裁军署及中央情报局等机构组成联合研究小组，对美国国防政策及军事力量态势进行审议。详细内容参见："National Security Study Memorandum 246", FRUS, 1969–1976, Vol. XXXV, National Security Policy, 1973–1976, Doc. 102, pp. 430–431。

面的需求。

a. 从三个主要问题入手来修改核武器使用政策：

（1）研究政策在执行中已经出现的难题，在可能的情况下从克服这些困难的角度考虑修改政策立场；

（2）自 1974 年以来世界是否已经发生了需要我们去改变政策目标、改变优先级顺序那样的明显变化？

（3）对当前已经规划的时间安排进行评估，以确保能够全面执行当前已经推迟了的核打击选项。

b. 由综合小组（ad hoc panel）对核政策其他方面［获取政策、部署政策及关于政策的公开声明（declaratory statements on policy）等］进行审议，例如：

（1）对于在大规模报复中核打击的基本原则要有一个正式的声明；

（2）新的核力量应该被要求具有何种程度的长期攻击转换（trans-attack）生存能力；

（3）从由联合战略目标规划参谋部（JSTPS）的拉塞尔（Russell）[1] 将军主导实施的关于经济目标系统的脆弱性的支撑性研究中，以及从近期关于对经济目标进行加固和分散的新发现中，能吸取哪些教训；

5. 我认为我们应当告诉有可能是综合小组成员的国防部长，现在的国防部长办公室关注的问题已经变化了。

6. 我在附件上已经做了很多边注，多到了我建议你从我的这些批注开始看附件内容的程度。

7. 说来奇怪，呈给国防部长的备忘录，以及给国防部长签署的备忘录似乎都准备好了。

> 负责研究和分析事务的助理参谋长、空军少将
> 贾斯珀·威尔奇（Jasper A. Welch）

---

[1]　拉塞尔空军上将于 1974 年 8 月 1 日至 1977 年 7 月 31 日任美国战略空军司令部司令。

附　件

致国防部长的备忘录草案

主题：审议核武器使用政策——执行备忘录

NSDM242（关于规划核武器使用的政策）于 1974 年 1 月签署。该文件提出了对核武器使用进行规划的指南，指示国防部长依据该国家安全决策备忘录制定关于核武器运用规划的政策指南。NSDM242 还指示指挥、控制、通信（C³）资源要与这一政策指南相配套，要能够满足政策指南的要求；指示要进行一项关于危机管理规划、组织机构及程序的研究，该国家安全决策备忘录还要求周期性地就上述规划进展情况向总统进行报告，初始的报告已经提交了。

为了回应 NSDM242 的要求，国防部长于 1974 年 4 月签发了核武器使用政策。该政策为参谋长联席会议准备力量使用计划提供了核武器使用规划的详细指南①。

1974 年 4 月以来，已经发生的事件表明，核武器使用政策中那些属于全面核战争和战后恢复部分的内容值得进行审议。另外，您对单一联合作战计划（SIOP）执行程序、危机管理，以及对非核战略选项的需求等也都提出了疑问。现在似乎是对其进行评价并向您报告我们在修订 SIOP、发展低于 SIOP 打击强度的核打击选项，以及改进危机管理程序等的进展情况的合适时间。

据此，我建议，我们要集中实施一次对核武器使用政策的直接审议，并对国防部执行 NSDM242 的进展情况进行一次评估。从苏联军事能力增强以及我们对苏联瞄准原则理解的角度看，这次审议应主要集中在目前正在执行的核武器使用政策是否完全符合 NSDM242 指南的要求。国防部的核政策特别小组既制定又协调了 NSDM242，还指导并协调了落实 NSDM242 要求的活动。这个小组似乎是适合进行这一建议的审议的平台，因为在国防部长办公室和参联会的代表之间进行协调，会相对简单一点。

关于指示进行这样一次审议的备忘录见文件 A。我建议您签署这份备忘录。

国防部核政策特别小组主席 D. R. 考特（D. R. Cotter）

---

①　参看本书收录资料六十六。

附　件

给国防部核政策特别小组主席的备忘录

主题：审议核武器运用政策

按照 NSDM242（关于规划核武器使用的政策）的要求，1974 年 4 月发布了核武器运用政策指南。现有的核武器运用政策指南中有些部分明显需要进行审议。附件部分列出了一些明显需要审议的关键问题。

请对核武器运用政策进行一次审议。如果需要修改或者需要额外的指南，决定需要修改什么或者补充什么内容，以解决该政策执行过程中出现或者引发的一些困难。此次审议应包括你们关于对核武器使用政策进行任何修改或者补充的建议。此外，要对我们执行 NSDM242 提出的其他指示（例如，发展低于 SIOP 的核打击选择和改善 C^3 及危机管理程序等）进行评估并提交报告。初始报告于 1976 年 12 月 17 日前提交给我。

附件：用于核武器使用政策审议的一些议题[①]

审议的议题及核武器使用政策中出现的或者其执行中出现的问题

1. **核武器瞄准的根本原则（philosophy）及部队的运用**。从正在改变的战略平衡态势、我们的核运用政策目标、苏联目标数量的增长等角度看，我们正在规划的是关于核武器使用的最优方案吗？

a. 正如在 NSDM242 和 NUWEP 中所说的那样，当威慑失败，升级得不到控制时，我们的全面核战争规划所依据的学说是"尽可能消灭敌方的核力量，尽可能减小相关国家在战后的影响，延长其战后恢复的时间"。从我们关于敌方战后恢复过程知识的缺乏及正在变化的战略平衡态势的角度看，在核武器使用政策中是否应该考虑确定瞄准军事力量和瞄准经济目标新的优先顺序？

---

① 原文件中有关于审议议题的原始版本，其空白处有不少批改。其后是修改过的正式的版本。本书收录的是正式版本。

b. 我们目前关于对敌方用于打击我国军事力量的目标实施交叉瞄准的
政策，是否应考虑调整为瞄准那些会降低我们军事效能的苏联目标呢？特
别是：

——我们能应付得了苏联重要工业基地扩充和分散配置的局面吗？

——我们能应付得了苏联政治领导层更强的机动指挥能力及发展供他
们使用的加固的 C^3 系统的局面吗？

——我们能应付得了诸如能源生产、分配或者运输这样的苏联重要经
济基地增加的局面吗？

——我们能应付得了其加固防护的食品后备仓库和食品工厂增加这样
的局面吗？

——我们能应付得了苏联防空能力增强这样的局面吗？

c. 我们是否应该考虑修改当前已经推迟了的关于全面执行有选择的打
击选项（SAOs）的时间表，以确保我们具有全谱系核战争能力呢？

d. 如果将苏联民防及战后恢复项目考虑在内，从苏联日益增加的目标
数量的角度看，我们未来会有足够的可用武器来实施核打击吗？这些武器
的性能能否满足我们核运用政策目标的需要呢？

e. 因为我们实际上并不瞄准人口目标因而放宽了附带毁伤标准，我们
要强化对目标的覆盖吗？

2. 当前核武器使用政策指南。如果控制升级失败，核武器使用政策要
求美国摧毁那些对敌人战后实力及影响力，以及对敌方国家和军事力量恢
复等起至关重要作用的政治、经济和军事资源，要求保证美国及其盟友具
有相对强大的实力和影响力，那么：

a. 我们如何才能最有效地理解在发生核冲突的情况下，美国和苏联经
济和社会发生的变化？

b. 比较两种不同的且遭到破坏的经济在战后的相对态势，有这样的基
础吗？比较美国和苏联战后经济的相对态势，有这样的基础吗？对战后恢
复进行分析需要什么样的数据和方法？进行上述 2a 要求的分析需要什么样
的数据和方法？

c. 为了排除因我们缺少和苏联一样的战时生存措施而导致的我们威慑
缺乏可信性的问题，美国能采取什么样的其他措施？

d. 苏联认为，民防同我们实施的在遭到破坏的地区和灾难地区实施的

救援、紧急修复及整修等工作一样，是可以在和平时期实施的措施，战时它可以用于保护人口和国民经济免遭大规模杀伤性武器（以及敌人其他攻击手段）的破坏。从日益增长的苏联民防及国家恢复项目，以及人口生存在国家重建中日益发挥更大作用的角度看，美国是否应该有意瞄准苏联的人口目标，以及其用于保护人口及用于战后恢复的资产？

e. 是否应该像当前的 SIOP 那样，将中国作为紧迫的、主要的瞄准对象呢？

3. 关于战争期间及攻击转换的考虑。核武器运用政策强调战争期间及攻击转换的稳定性，强调战后阶段的后备力量、重建力量及攻击后恢复等问题。苏联关于核战争的观点是，如果准备充分的话，打核战争、打赢核战争、在核战争中生存下来等都是可能实现的。他们还认为，威慑是从这一看法中派生出来的。他们的看法与我们关于慑止核战争的方法截然不同，我们的办法是，如果所有其他的方法都不奏效，就最大化地去摧毁苏联。如果战争在核交战开始后继续下去，那么：

a. 后备部队去干什么呢？能重组核力量吗？我们需要做什么样的准备才能保证到时获得这样的力量呢？

b. 基于核作战和常规作战一样可以在大规模使用核武器之后继续打下去这样的假设，这种情况下考虑如何使用核力量且其目标是什么呢？

4. 指挥、控制、通信、侦察、预警和监视。如果核战争持续下去，这些能力就成为打核战争的能力的关键。

a. 苏联的指挥、控制、通信和预警系统能依据我们进攻的性质察觉到我们的意图吗？

b. 我们需要在一体化的信息收集/攻击性质评估/监视能力上做什么样的准备才能有效支持我们的后备部队作战及核力量重组呢？

c. 我们该怎样收集（且为处于戒备的后备人员提供）我们在打核战争期间可用的侦察、通信、预警和监视能力的照片，特别是在核交战之后如何保证能做到这一点呢？

d. 实时的核指挥、控制、通信、情报和监视技术能帮助我们修正未来几年有可能出现的任何战略核力量的不对等情况吗？

5. 常规战略选项。我们可以明确定义什么是常规战略选项吗？如何定义？需要为这样的选项明确什么样的瞄准概念及知识？这样的选项可以用于取代有限核选项吗？

6. 宣示政策。NSDM242 要求就向盟友、其他国家、苏联和中国通报美国核政策变化的任何一个行动进行分析。我们已经向盟友通告了。但我们从来没有正式地对外宣布过我们在全面核战争中瞄准的原则。

a. 我们是否应该正式地宣布一旦发生了全面核战争我们进行瞄准的基本原则呢？

b. 我们是否应为强化威慑而刻意去做一件事，通过宣示政策来向其他国家通告我们的运用政策呢？

评　介

尼克松政府新的核运用政策（NSDM242）及相应的核武器运用政策指南（NUWEP）出台两年半之后，福特政府首次对这一政策进行全面审议。这份备忘录反映了当时美国政府在核武器运用上的一些新的看法。

本资料显示，在 1976 年后期，福特政府内部对当时奉行的核运用政策中的一些问题提出了质疑。这些质疑主要包括：在苏联经济实力和军事实力明显增长的情况下，美国重点瞄准和打击那些对苏联战后恢复起重要作用的目标是否还合理，美国如何才能做到这一点，有没有能力来这么做，怎样解决其中存在的矛盾；美国的核运用政策强调要留出战略核后备力量，那么这些力量到底能发挥什么作用，怎样发挥作用；按照新的核力量运用场景，指挥、控制、通信、侦察、预警和监视系统怎样才能支持核力量运用，需要具备怎样的能力标准等。其中，着眼战后博弈需要来规划实施大规模核打击的原则受到的质疑最大。事实上，此前在这一政策形成过程中，这些质疑都不同程度地被人提出过。

由于剩余任期时间很短，福特政府未来得及对核运用政策进行全面审议，但这些关于核运用政策的质疑在随后卡特政府对核政策的全面审议中受到了重视，并在其颁布的新的核运用政策中得到了一定程度的体现。①

---

① 1980 年 7 月，卡特总统发布第 59 号总统决策指令（PD/NSC59），推出了美国新的核运用政策。相关内容参看本书收录资料六十九。

六十八

国防部长拉姆斯菲尔德就"美国国防政策和军事态势"致总统福特的备忘录[*]（节选）（1976 年 11 月 30 日）

华盛顿，1976 年 11 月 30 日

国家安全委员会国防审查小组致总统的备忘录

主题：对第 246 号国家安全研究备忘录（NSSM246）的回应——美国的国防政策和军事态势

随函附的是国家安全委员会国防审查小组对 NSSM246 的回应，其中涉及与我们的军事态势相关联的当前和预期的威胁、军备控制、可用资源的考虑等。报告还强调了一些关键的悬而未决的问题，这些问题影响到我国当前和未来的战略，需要进一步研究和分析。在研究中发现，正在变化的军事和政治因素使我们目前的军事政策和力量发展项目同我们在 20 世纪 80 年代的国家安全需求之间可能难以完全匹配。

因此，我们已经为战略力量和常规力量制定了一些预设的战略备选方案，其中有一些值得进一步完善和详细分析。我们特别需要进行额外的分析和研究，以减少目前每个主要战略选项所涉及要素的不确定性，确定每个主要战略选项对应的部队的构成需求和所涉费用。这些关于费用的估算是非常粗略的，所提出的费用估算数额在您的顾问中间没有达成共识。

唐纳德·拉姆斯菲尔德（Donald Rumsfeld）

---

* "Memorandum from Secretary of Defense Rumsfeld to President Ford", FRUS, 1969 - 1976, Vol. XXXV, National Security Policy, 1973-1976, Doc. 113, pp. 477-531。

附件：

国家安全委员会国防审查小组回应 NSSM246 的研究报告

华盛顿，1976 年 11 月 30 日

一、总则

上一次国家安全委员会在 1969 年对国防政策进行的全面审查（NSSM3[①]），
阐明了总体国防战略和军事态势。此后，国际政治、经济、军事环境发生
了重大变化。例如：印度支那战争（指的是越南战争——编者注）结束
了；我们同苏联的关系拓展了；苏联经过努力在战略力量上已经与我国大
体均等了；我们同中国建立了对话关系；美国及其盟国更加依赖价格更高
的欧佩克石油了。国防政策为跟上这些变化也已经改进了；然而，在此期
间，还没有进行过跨部门的对美国战略的全方位研究。因此，1976 年 9
月 2 日，总统发布了 NSSM246，指示对我们的国防政策和军事态势进行
新的全面审查，为我们的核部队和常规用途部队制定一系列可替代的战
略选项，在此过程中要考虑国家安全、外交政策、军备控制、预算影响
等问题。

NSSM246 要求的研究已经在国家安全委员会国防审查小组程序内完成
了。这项研究的基本内容是由七个跨部门任务小组和一个跨部门综合小组
确定的，并向国防审查小组的工作组做了报告。这七个跨部门任务小组如
下：外交政策组、情报组、财政/经济组、战略力量组、一般任务部队组、
战争规划组和美国军事战略审查组。

这份报告讨论了美国当前的国防政策、国际形势（包括威胁）、作战计
划的制定、预设的军事战略选项和粗略的成本估计，还有一些国家财政方
面的考虑。

在研究过程中，确定了一些需要进一步分析的领域。第七部分对其中
一些比较重要的方面进行了概述。

[①]　1969 年 1 月 21 日尼克松总统国家安全事务助理基辛格签署第 3 号国家安全研究备忘录
（NSSM3），要求对美国军事态势及力量平衡进行研究。

二、现行国防政策

战略核力量

1969 年发布的 NSDM16 是基于 NSSM3 的研究结果，它宣布了美国战略力量规划应满足四个标准。简单地说，这四个标准是：（1）保持确保报复的能力；（2）避免刺激苏联发动先发制人打击；（3）不允许苏联能给美国城市和工业造成的损失明显超过美国能给他们造成的损失；（4）少量发展美国的导弹防御系统（1972 年被反导条约限制）。

1974 年 1 月发布的 NSDM242（在随后的执行性国防指南①中得以丰富）提供了以下战略核力量使用指导。

——如果发生冲突，首要的核力量使用目标是在美国及其盟友可以接受的条件下，在可能的最低冲突水平上尽早结束战争。这将需要执行一系列有限核运用选项，同辅助性的政治和军事手段（包括常规任务部队）一道，来控制局势升级。

——规划的有限核选项应使美国能够实施有选择的核作战（与常规部队一道），以保护美国重大利益，限制敌人继续侵略的能力，并展示出克制行动的愿望。这些有限核选项会将一些重要的敌人或者目标作为随后由存活下来的核力量摧毁的"人质"，并给敌人留出时间，使他们有机会重新考虑他们的行动。

——在升级无法控制的情况下，核力量使用指导要求保持一支可生存的核力量作为后备力量；强调继续破坏对敌人战后实力和战后恢复有至关重要作用的政治、经济和军事资源；限制敌人对那些对美国及其盟友战后继续保持实力和影响力起至关重要作用的相关资源的破坏。

——美国的核力量态势应能够使对手难以从第一次打击中获得重大军事优势，应能够证明美国有能力对抗那些可能改变军事平衡的力量态势的变化；其构成不能让苏联解读为是美国要发动解除武装式打击的威胁；应符合军控协议的条款。

这些原则体现在当前的国防指南中，该指南要求战略核部队具备以下能力。

——通过使部队处于全方位戒备状态、确保生存的举措及力量部署态

---

① 指 1974 年 4 月国防部长发布的《美国核武器运用政策指南》，见本书收录资料六十六。

势，具备确保报复的能力，这样一来，苏联就不会感觉到在第一次打击中
能有重大优势了。

——有能够被清楚看出来的、在各种不同强度的冲突中采取核行动的
能力。

——有看得见的能力来对抗苏联那些会改变军事平衡的力量发展冲动，
促使苏联遵守目前的军备控制协议以及公平的后续协议谈判，同时避免刺
激苏联部署更多核力量。

一般任务部队

NSSM3 研究报告描述了一般任务部队在北约的四种可用战略选择和在
亚洲的三种可用战略选择。顺着这一研究，1969 年总统从中选择了一个用
于北约的初始防御战略或者用于亚洲（韩国或东南亚）的联合防御战略，
并在 NSDM27 中将其确定为美国的政策。

按照这一战略，用于北约初始防御的力量是基于这样一种场景（显然
只是几种可能性中的一种）来设想的，即在经历了一个时期的政治危机、
军事动员和双方军事集结之后，华约集团开始发起全面进攻。这些用于初
始防御的部队并没有计划用来应对敌方进行隐蔽动员之后发起的攻击，或
者进行 90 天以上的常规防御。此外，还假设部署的这些北约部队可以应付
规模较小或进展较慢的攻击。在亚洲，这一战略要求为应对中国大规模攻
击东北亚或东南亚的其中一种情况进行规划，但不是对中国同时向这两个
地区发动进攻的情况进行的规划。人们认识到，在欧洲的战争有可能在美
国介入亚洲战事之后才开始，该战略呼吁优先考虑欧洲，并在这种情况下
脱离在亚洲的战事。

这一战略中还加入了满足两种次要危机情况（所谓的"二分之一"战
争）需要的要求。中东和西半球被认为是可能发生危机情况的地区。此外，
这一战略还包括使用战略后备力量和反潜部队来保护美国同其盟国之间航
运的内容。

自 1969 年以来，国防战略指导的演变经历了以下变化：

——更多地关注华约集团对北约的威胁，放松了对与中国的冲突的
关注。

——承认存在与苏联在世界范围内发生冲突的可能，并要求只要是苏
联及其盟友能作战的地方，我们的部队都要能够战斗。

——以满足同苏联/华约在全球范围内冲突的需要为基础，来确定部队规模，同时保证美国能够在其他地方实施有限作战（投入兵力不超过 3 个师）。

——虽然美国进行力量规划的初始假设，是华约国家持续进行 30 天动员，北约国家进行 23 天动员，以满足应对华约 86 个师攻击的要求，但也认识到（仅限于兵力规模），对方进行短时间动员后对我们实施较小规模攻击的情况也是可能发生的。

三、美国安全面临的国际政治及军事挑战 （略）

四、美国国防政策和军事力量态势

A. 关于战略力量的替代战略

尽管通过限制战略武器谈判（SALT）对苏联战略力量发展形成了某种约束，但苏联始于 20 世纪 60 年代后期的战略力量快速发展的势头到 70 年代中期一直都没有减弱。苏联当前的核现代化努力预计到 80 年代中期将明显见效，苏联在这十年内将继续提高其军队作战效能。总统最近一次发布关于部队规模的指导是在 1969 年（NSDM16），发布关于核力量使用政策的指导是在 1974 年（NSDM242）。在此次对核力量政策进行审查的过程中，考虑了一系列建议，通过美国战略能力的现代化来实现美国战略威慑目标并保持与苏联的战略平衡。然而，我们已经做的一些工作不只是体现为确定了一些合乎逻辑的、渐进扩展现有部队的可替代战略选项，还指导对核力量标准进行了基础性审查，通过达到这一核力量标准，能够在面对日益增长的苏联战略威胁、两个超级大国之间动态性更强的力量平衡，以及 SALT 提供了新的约束及机遇的新形势下，确保威慑有效、升级控制和战后安全。

虽然苏联是美国及其盟国利益面临的主要战略威胁，但美国在制定战略力量政策时也必须考虑中国的战略能力，并考虑世界最终可能发生一定程度的核扩散的情况。美国目前的政策是确保在与苏联发生重大核冲突期间或在此之后，有能力对中国境内重要目标实施战略性打击。中共战略核力量影响美国利益，特别是影响美国在亚洲的利益的能力可能将不断增强，但只要中共继续看到保持美、苏、中、日四国在该地区平衡的好处，中国严重侵害美国利益的可能性就很小。因此，美国日常战略戒备部队只包括有限打击中国关键目标的能力，任何进一步的军力需求将由危机期间进入戒备状态的美军其他力量来满足。

有关战略力量的主要问题是，实施有效威慑需要什么样的能力，以及如果威慑失败了战略力量能提供什么样的军事打击选择。多种可信的军事打击选择对于保持威慑、控制升级、得到满意的终战状态及有利的战后恢复态势等，都至关重要。关于这一问题的七个议题下面将分开来讨论。这七个议题中有两个特别重要，分别是第一个——基本的军事威慑标准和第二个——关于威慑的政治标准。

第一个议题：威慑有效的标准。美国进攻力量和/或防御力量符合什么样的标准，才能保证达成慑止对美国及其部队核攻击的基本目标？才能在慑止针对美国盟国的常规攻击和核攻击上做出贡献呢？关于这一问题的观点大体分为三类。

能够对战后恢复类目标实施报复（postwar recovery retaliation）。第一种观点认为，保持有极高生存性的核能力，能够对与敌战后恢复有关的政治、经济和某些军事目标等造成高强度毁伤，就足以给苏联领导人造成其无法接受的核攻击潜在后果。按照这种观点，把对核力量的需求建立在美苏相对核能力基础上，既不必要也不可取。按照目前的规划，美军已经具有了超出对人口和工业毁伤标准的打击能力，也具有用于实施有限核反应选项的打击硬目标的能力，但缺乏有效打击导弹发射井的能力。寻求获得有利的军事结果，或极大地限制美国遭受的损伤，代价太高，会阻碍军备控制，可能在实践中难以行得通。此外，根据这种观点，美军如果按照通过限制损害来"确保"得到有利战争结果的要求来设计美国战略力量，会破坏战略稳定，因为这样将刺激苏联在危机中发动先发核打击。

阻止对方获得军事收益。第二种观点认为，美军有能力对那些与敌战后恢复相关的目标实施报复性打击，但在阻止苏联核胁迫，慑止其对美军攻击，或者支持美国使用常规及战区部队慑止对美国盟友的攻击或胁迫等方面会缺乏必要的可信性。如果全面核交战的结果被认为在军事上对苏联有利，那么有限核选项就缺乏可信性。为了使苏联领导人确信，他们通过打击军事目标或者升级核冲突不会获得军事优势，美国必须有能够造成对方严重后果的打击军事目标的选择，这与苏联军事学说的要求是一致的。这意味着我们要能够抵消苏联打击军事目标，以及打击包括发射井在内的其他硬目标的能力。由于据信苏联很可能正在规划打一场包括常规军事行动及使用核武器在内的长期战争，美国必须在必要的报复力量之外，还要有具有高度生存性的核后备力量来与他们对抗。这些核后备力量可以保持美国人想要的在冲突期间和冲突之后的那种军事平衡。

获得战后的政治军事优势。第三种观点认为，强化进攻性核打击能力能确保美国在核交战的每个阶段都处于相对优势地位。这种观点认为，只有这样的态势才能使报复真正可信，特别是在慑止对美国盟友的攻击方面保持可信度。这意味着在规划美国战略进攻力量和评估 SALT 的备选方案时，要考虑苏联的民防因素。这也意味着要发展美国的防御能力，包括民防，以确保美国幸存下来的人口、工业和资源，综合起来要能够等于或优于苏联的战后恢复能力。

第二个议题：关于核力量充足的政治见解。需要什么样规模、什么样性质的核部队，才能避免使苏联、美国或第三国感受到战略不平衡？认识到了这种不平衡，有可能导致苏联采取风险更大的胁迫性行动，使盟国和中立国更多迎合苏联压力。我们的宣示政策能够而且确实会在一定限度内对这种认知产生影响。对这种限度及我们应该采取何种方式来平衡非对称状态，有一些不同看法。主要替代选项包括：

宣示政策。第一种观点是，用于解释我们自己认为的任何总体上的不对称在军事上无关紧要的理由的宣示政策，将满足主要的政治充足性需求。为满足政治需求而专门发展军备要付出高昂代价，且会刺激军备竞争。而能够给双方提供总体均等核力量部署权利的军备控制协定，有助于减少实际的军队的非对称所造成的政治影响。

抵消（offsetting）能力。第二种观点认为，可以通过总体战略平衡（overall strategic balance）来满足政治需求，在这样的总体战略平衡中，苏联在某些方面的优势会被美国在其他方面的优势所抵消。当前在提升弹道导弹命中精度和减少弹头数量方面仍然有一定的余地，美国利用这些方面可以确立新的更有利于美方的优势。这将比与苏联进行一对一的核实力对照竞争有更好的效费比，也会更加稳定，还可能发挥苏联（和欧洲）传统上对美国技术能力敬畏的作用。这一立场要求美国有能力事实上抵消苏联的优势，而不只是表面上能这样做。

与苏联实力对等或比它更强。第三种观点认为，战略平衡的主要静态衡量指标（如导弹投掷重量、弹头数量、对硬目标的杀伤能力和对平民的毁伤能力等）的严重失衡，会产生严重的不利政治后果。美国特有的优势还没有强大到足以抵消苏联优势的程度，美国的这种优势在苏联自己的核盘算中所占分量还不够大。我们的力量在整体上必须匹敌或超过苏联军队，以避免让人以为战略平衡正在被动摇。

第三个议题：力量多样化。需要有多少类型和多大冗余度（redundancy）的核力量，才能使人们对美国战略核力量即使在他国在核领域出现意外的技术突破或美国遭受灾难性失败的情况下也能够有需要的那种良好表现充满信心，才能使苏联任何解除我国核武装攻击的计划变得复杂、困难？在研究这一问题时发现，在设想的威胁环境中，无论运载系统是轰炸机、洲际弹道导弹还是潜射弹道导弹，额外为打击目标增加一件打击用的核武器要付出的成本实际上是一样的。因此，相对于给定的基本能力水平，不管战略力量种类有多少，其总成本（非经常性研发成本除外）是相同的，因此实现核力量多样化所需要增加的成本相对很小。尽管如此，在如何防范未来可能的风险问题上仍然存在不同观点，主要包括：

强化"两位一体"（Dyad）核力量。第一种观点认为，由于陆基洲际弹道导弹变得很脆弱，那么通过扩大可生存的潜射弹道导弹和轰炸机的规模、提升其效能，就足以提供通过确保报复、有限核选项来保持可信威慑所需要的核力量多样化及核能力，以及必要时摧毁敌发射井的能力。保持这种核力量结构可避免开发和部署新洲际弹道导弹的高昂成本，可避免在SALT 核查上的困难，避免国内可能出现因发展机动导弹力量而引发的反对声浪，避免发展具备打击导弹发射井能力的新型洲际弹道导弹潜在破坏稳定的可能性。井基部署洲际弹道导弹可以保留或退役，以利于发展更强的潜射弹道导弹和轰炸机能力；但如果保留陆基洲际导弹，它们往往会导致危机不稳定性。这一做法的一个变化版本是只对洲际弹道导弹和潜射弹道导弹部队进行现代化改造。

"三位一体"（Triad）核力量。第二种观点认为，应通过发展具备生存性的陆基洲际弹道导弹部队，来部分取代或全部取代脆弱性日益增加的井基部署洲际弹道导弹，从而保持由三种具有不同生存性的核力量组成的现有核力量的多样性。"三位一体"是一种效费比较高的防范举措，用于应对任何单一类型核力量出现意外失败或者意外脆弱性的情况，因为这样的一种失败只会使"三位一体"核能力减少三分之一，如果是"两位一体"就会减少一半。继续保持"三位一体"会使苏联使用战略核力量打击我国军事目标的努力复杂化；可保持洲际弹道导弹特殊的灵活性、通信安全性和紧急执行任务的能力；可避免因苏联在陆基导弹上占据主动而导致军事或政治上对我们不利的态势；可提供更大的安全性，以防止某一类核力量领域出现技术突破影响到"三位一体"中的其他核力量。

第四个议题：打击导弹发射井的能力。美国需要具备多大的打击苏联硬目标，特别是苏联导弹发射井的能力？虽然目前关于美国战略力量打击发射井能力的评估非常依赖于具体场景，但通过第一次打击，美军可以使苏联大约三分之一的陆基洲际弹道导弹投送载荷处于被摧毁的危险中。对于这个关键问题，众说纷纭，主要观点有以下几个方面。

无须特别强调打击导弹发射井。有一种观点认为，具备一定规模和多样性的能慑止重大核战争的部队，自动就具备了回应潜在的苏联硬目标防护能力提高，以及慑止有限核打击，包括单纯对导弹发射井实施打击等所需要的核力量规模及灵活性。按照这种观点，美国未来将继续有能力摧毁苏联一部分洲际弹道导弹部队。要获得更大的攻击苏联战略力量的能力，特别是要发展同苏联相匹敌的井基固定部署核能力，会造成在危机中实施先发制人打击的巨大压力（包括可能采用预警发射原则），导致局势不稳定；也会因为迫使苏联部署新的机动型洲际弹道导弹，从而导致军备竞赛不稳定。因为苏联不能确定我方的这种部署是不是有限的，所以发展有限的打击导弹发射井能力的提议无法避免这些危险。按照这种观点，增强美军战略力量生存能力，而不是打击军事目标的能力，更有利于抵消苏联增强其打击军事目标能力所造成的威胁。

发展有限的额外的打击导弹发射井的能力。这种观点认为，为了防止出现苏联人有打核战争（war-fighting）选项而美国没有的情况，为了能对苏联继续部署井基洲际导弹的行为实施惩戒，美国有必要发展生存能力强、有更强打击导弹发射井能力的洲际弹道导弹部队。按照这种观点，美国应该有能力在苏联对其陆基洲际弹道导弹部队进行第一次打击后，通过对苏联剩余的陆基洲际弹道导弹部队发射井进行可靠、高效的反击，来与苏联对抗。这样一来，美国不需要发展与苏联发动攻击前所具备的打击发射井的能力一样的能力，因为美军核力量生存能力更强，能够被苏联打击的目标相对更少。如果美国这支有限的打击导弹发射井的部队明显不足以使美国发动第一次打击，且这支力量的生存能力很强，那么这种发展就不会影

响危机稳定性。鼓励苏联人放弃井基固定部署洲际弹道导弹，会增强危机
稳定性，因为其机动可生存的导弹发射装备将使美国不会有首先发动攻击
的动机。此外，允许苏联在固定部署洲际弹道导弹方面占有主导地位，而
美国被迫单方面转向发展成本更高的移动发射系统，将给苏联带来显著的
政治和经济上的优势。

具有全面的打击导弹发射井能力。还有一种观点认为，美国必须拥有
一种有效的打击导弹发射井的能力，以匹配对苏联任何打击军事目标的行
动做出对等反应的需要。用打击苏联部分发射井来回击苏联对我们的发射
井的攻击，这样的能力不足以为我们提供高度可信的威慑。只有具备了全
面的打击对方发射井的能力，才能迫使苏联做出两难选择，要么在第一次
打击中使用其所有陆基洲际弹道导弹部队，要么根本不发动攻击。因此，
通过阻止他们实施有限核打击选项，并确保我们在限制自身损伤方面有高
度自信，我们的威慑才能得到加强。

第五个议题：通过防御来限制自己受到的损伤。美国应该在民防、工
业设施加固和疏散、防空、反导和反潜能力等方面采取什么措施来限制在
核交战中美国受到的的损伤？关于这一问题有三种基本观点。当然，还有其
他理由支持适度的防御性部署，如和平时期的制空权问题。当前这一议题
仅涉及重大力量部署。

通过防御来限制损伤有名无实。第一种观点认为，任何大的通过防御
来限制损伤的努力，代价都会很大，是无效的，是会破坏稳定的。它将遭
到公众的广泛抵制，会刺激军备竞赛，危及反导条约。对于苏联限制自身
损伤的努力应该做出的适当反应，不是去和他们匹敌、对应，而是通过发
展进攻性项目来使他们的计划归于无效。这或许包括发展具有高度生存性
的战略后备部队，以抵消他们后续的核发展项目。这种观点还认为，对防
御进行适度改进对于预防不确定性并非必要，那是在浪费金钱，会被视为
容易导致出现规模更大的、破坏稳定的核发展项目。

通过强化防御来限制损伤。第二种观点认为，目前适度扩大对人口的
保护将提供应急民防能力，这会对在威慑失败情况下拯救生命有帮助，也
能为匹敌苏联实际的民防能力的暴涨提供一定的基础。同样的，在防空和
反导防御方面进行规划、研究和发展，可以使美国为应对苏联任何重要的
军队建设发展或废除"反导条约"的行为做出快速反应变得可行。然而，

美国针对苏联为限制自我损伤的努力应做出的主要反应，应该是在必要时提高美国的进攻能力，重点是提高进攻力量的生存能力。

主要通过防御来限制损伤。 第三种观点认为，除非美国通过提高主动和被动防御能力来限制损伤，显著减少美国在遭到有限核攻击时的人口伤亡，避免使自己的人口及工业遭受的损失超过我们给苏联造成的人口和经济损失，否则威慑将被削弱。仅仅提高攻击能力并不能弥补在限制损伤方面的非对称性。

第六个议题：外围攻击力量。 美国是否应该加强其用于外围攻击的军事力量，以回应苏联在"灰色地带"的军力建设呢？关于这个问题有两种基本观点。

无须增强。 第一种观点认为，除了改变我们的理论和宣示政策外，几乎没有必要为了对抗苏联的外围攻击系统而对我们的军力态势做出特定改变。苏联新的外围攻击系统对我们战区军队的生存性构成的威胁，不会显著削弱我方战略威慑，因为战略核力量和战区核力量之间的联系并不强。而改变在欧洲的核力量部署，用战区以外部署的核系统替代部署在盟国领土上的系统，或者提出战区核力量平衡问题，都只会引起欧洲国家长期以来关于美国将大幅削减其在欧洲的战术核武器的担心，从而削弱战区核威慑。

需要增强。 第二种观点认为，苏联外围攻击能力［包括"逆火"轰炸机、SS-X-20导弹（即后来的SS-20"少先队员"导弹——编者注）、核用途战术作战飞机］的预期增强，威胁到了美国战区核力量的生存，以及同战略核威慑紧密关联的政治可信性。提高外围攻击力量的生存能力，增加其数量会使苏联人相信，非核攻击具有持续升级的风险，并打消我们的盟友在美国是否会继续提供战略核威慑能力上的顾虑。这可以通过向战区分配额外的"海神"潜射导弹，部署诸如中程巡航导弹、更远射程的"潘兴"导弹或者中远程战术飞机（F-111型）等新型战区核力量来实现这一目标。

第七个议题：升级控制的灵活性（有限核选择）。 为了慑止苏联对我国军事目标的打击或者对我国实施其他形式的有限核打击，并控制冲突升级，我国战略力量需要有多大的灵活性？

人们通常假设，用于慑止大规模攻击且有一定规模和多样性的核力量，将能够提供足够数量的武器来慑止有限核攻击，但不能用于慑止对方发动的对军事目标的攻击。然而，这样的核力量可能不足以提供对通过实施有限核选项来控制升级而言十分重要的特殊能力。这些特殊能力在本报告其他地方有讨论，它们主要包括：

——特殊的指挥和控制能力，如灵活的重新瞄准目标的能力、安全通信或有人侦察（与第三个议题中谈及的多样性有关）；

——打击导弹发射井的能力（与第四个议题谈及的话题有关）；

——具有特殊的灵活性及召回能力的部队——轰炸机（与第三个议题中谈及的话题有关）；

——对有限冲突的防御（与第五个议题谈及的话题有关）；

——增强外围攻击能力（与第六个议题谈及的话题有关）；

——反弹道导弹核潜艇的能力（与第五个议题谈及的话题有关）。

由于提供灵活性的能力往往是关于其他基本问题决策的衍生物，所以各种备选方案的灵活性，会因其他问题的变化而得到强化或者被弱化。因此，在就其他关键问题进行决策时，应关注其对灵活性的影响，并关注有限核选项对战略的相对重要性。

此外，有些人认为，进一步强化核运载系统高精度与低当量之间的结合，会提高我们控制升级的能力，并通过控制核打击造成的附带毁伤来影响谈判。但另外一些人则认为，一旦实现了高精确度打击，这项技术会迅速从低当量核武器转移到高当量核武器上，从而使我们即使不是真的具有，也会被认为具有解除对方核武装的第一次打击能力。按照这一观点，可以通过使用现有核武器系统，通过有选择性地重新选择打击目标来减少附带毁伤，实施有限核选项。

艾　康　译

评　介

20 世纪 70 年代中后期，随着苏联以 SS-18、SS-19 为代表的新型分导式多弹头导弹大量装备，美方内部就如何保持与苏联的战略核均势问题进行了深入的思考和讨论。这份备忘录反映了在当时条件下美方关于核力量建设的一些认识和看法。

本资料显示，当时美国内部关于核威慑有效性的考虑，已经超出了"确保摧毁"的标准要求，包括"确保摧毁"+有限的摧毁硬目标能力、"确保摧毁"+与苏联对等的摧毁硬目标能力、"确保摧毁"+在所有阶段上占优（+民防）等更高的能力标准。与核威慑标准关联，对于需要发展怎样的打击导弹发射井的能力，以及是否通过防御来减小自己所受损伤等问题，美国内部也进行了深入讨论，意见分歧很大，有时甚至根本对立。

六十九

威廉·奥多姆就"核武器瞄准问题"致总统国家安全事务助理布热津斯基的备忘录（PD/NSC59）[*]（1980年8月5日）

1980 年 8 月 5 日

发给：兹比格涅夫·布热津斯基（Zbigniew Brzezinski）①

发自：威廉·奥多姆（William E. Odom）②

主题：M–B–B 午餐会的议项：核武器瞄准问题（Targeting）

沃尔特·斯洛科姆（Walt Slocombe）③ 昨天告诉我，布朗④也许会选择在今天的 M–B–B 午餐会上提出第 59 号总统指令（PD/NSC59）问题。在我看来，这是个好主意。您让马斯基（Muskie）⑤ 知道这件事越早越好。我附了关于这份总统指令的复印件和有关苏联战术核武器在伊朗指挥所演习（CPX）中的表现的情报（SIGINT）副本。如果马斯基对"灵活性"有什么疑问，您可以向他引述我们将启用的核力量运用学说。

后续行动：告诉马斯基我们将从这份总统指令中删除国家名字，也就是单一联合作战计划（SIOP）的细节，然后再给他一个副本。您可以给他看一下将要删除掉的句子⑥。我已经在总统指令第 2 页上把这个句子用括号

---

* "Memorandum for Zbigniew Brzezinski from William E. Odom", http://nsarchive. gwu. edu/7–25–80 PD59. PDF.

① 兹比格涅夫·布热津斯基为卡特政府的总统国家安全事务助理。

② 威廉·奥多姆是布热津斯基的军事助手，中将军衔。

③ 卡特政府国防部官员，后在克林顿政府时期担任负责政策的国防部长帮办（under）。

④ 哈罗德·布朗时任卡特政府国防部长。

⑤ 时任卡特政府的国务卿。

⑥ 即总统指令中的"包括在适当条件下攻击古巴、越南和朝鲜"。

标注了。①

附件

1980 年 7 月 25 日

PD/NSC59

致：副总统

国防部长

以及：总统国家安全事务助理

参谋长联席会议主席

主题：核武器使用政策

在第 18 号总统指令（PD/NSC18）② 中，我指示对我们核力量的瞄准政策进行后续研究。我已经审议了这一研究的结果，并就其在未来十年对我们保持威慑有效性的影响进行了讨论，特别是在考虑到苏联日益增长的战略武器装备及其能力的情况下。

我们的核政策最重要的目标是保持核威慑。我重申了和 PD/NSC18 类似的意思。本指令的目的在于概述核力量应用领域的政策和行动，以便实现这个从未改变过的目标。

我们的战略核力量不仅必须能够慑止针对我们实施的核攻击，而且要能慑止针对我们的海外力量实施的核攻击，还要能慑止针对我们的朋友和盟国的核攻击，且要有助于实现对非核攻击的威慑。为了在战略核均势时代能继续有效威慑，有必要拥有这样一支核力量（和常规力量），即能够让任何敌人在考虑侵略我们的利益时意识到，不管其怎样来定义胜利，没有什么冲突结果能代表胜利。为了实现这一目的，为了在威慑失败初期保留通过有效谈判在尽可能有利于我们的条件下来结束战争的可能性，我们必须拥有成功实施核作战（fighting）的能力，以使敌人不能实现其战争目标，且从发起攻击开始就令其承受难以接受的代价，或者在任何情况下使其得不偿失。

核力量使用必须有效地与我们的一般任务部队的行动联系起来。我们

---

① 在原文件下方空白处，布热津斯基于 8 月 5 日写了这样一句话："如果哈罗德不提出这一主题，我的意思是你也不要提。布朗应该会在适当时候说这事。"

② PD/NSC18 是 1977 年 8 月 24 日卡特政府发布的关于美国国家战略和军事态势的政策文件。

在核冲突中使用力量的学说，必须能确保我们能够达成国家指挥机构当时
从预先确定的总体指导方针中选定的特定政策目标。

这些都要求制定我们渐进发展的抵消战略（countervailing strategy）的大
体框架。为了满足这些要求，我们必须改进我们的军事力量、对其起支持
作用的 C^3 和情报系统，以及力量运用计划和规划机制，以实现在面对敌方
行动时的高度灵活性、高度持久生存能力和足够的可用性。下列原则和目
标将用于指导你们实施这些改进。

要有事先规划好的打击选项（pre-planned options）。"单一联合作战计
划"将提供预先规划好的对苏联、其盟国及其武装力量的瞄准方案。它应
该提供即使在苏联没有预先警告就率先发动打击，且摆出尽可能削弱我国
能力的态势的情况下，我国仍然能够有效实施报复性打击的选项。它应该
提供各种灵活的次级打击选项（sub-options），以便在 C^3 生存的情况下，能
够对从全方位的军事目标、直接提供军事支援的工业目标及政治控制目标
中选择的一系列目标实施打击。与此同时，保留足够的用于攻击更广泛的
城市和工业目标的能持久生存的核力量。此外，事先规划好的打击选项还
应尽可能为应对特定的、不那么严重的突发事件（包括在适当条件下攻击
古巴、越南和朝鲜）提供选项（约 2 行内容未解密——编者注）。尽管不依
赖于对敌方攻击已经开始的预警来发射核武器仍然是我们的政策，但由于
洲际弹道导弹在对手的先发制人打击中具有脆弱性，还是应该为总统准备
适当的实施这种预警即发射的打击选项。

灵活性。除了事先规划好的打击选项，我们还需要具备在短时间内快
速设计核使用计划的能力，以应对最新的、不断变化的情况。这种能力必
须足够全面，以便能够快速构建出满足如下要求的力量运用计划：它能够
在事先规划好的打击选项被判定不能适应当时形势时，为达成战区作战目
标和其他国家目标，把战略核力量运用同战区核力量运用及一般任务部队
运用有效整合起来。

为了确保我们能设计出这样的力量运用计划，我们的目标应当是在和
平时期、危机时期和持久冲突期间一直保持下述能力。

——拥有核力量的所有联合司令部和特种司令部的参谋人员，应具有
在短时间内、基于最新情报制定出新的作战计划的能力。

——政府内部的参谋人员，应具有支持国家指挥当局协调和整合所有

司令部核力量运用的能力。

——应具有相应的情报及确定目标的能力，能在满足军事行动实时需要基础上，进行毁伤评估，提供需要打击的一系列固定和机动目标。

后备力量。事先规划好的打击选项应当在留出相当规模的可靠后备力量的情况下仍然能够实施，或应当能够留着暂不实施，用于后续实施。分派用作后备力量的部队应当是那些生存能力最强、在冲突中能最持久保持能力的作战系统，以适应灵活的、多样化后备部队能有效用于打击多种目标，以及必要时可以长时间留着不用的要求。在接下来两年时间内，可靠的后备力量将会增加，以支持我们实施更加灵活的抵消战略。后备力量发展将依据国防部长的指令来实施。

打击目标名录。适用于实施抵消战略的总体瞄准规划，将导致一种选择将初始反应的重点放在打击军事目标和控制目标上的能力。军事目标是必选目标，以摧毁敌人军队或者他们实施军事行动的能力。战略核力量和战区核力量应当合理地同一般任务部队组合起来使用，并用于支持一般任务部队，以实现其目标。

更具体地说，在核打击规划中，连同为不同战区规划的适当的次级打击选项，应该覆盖下列打击目标名录：

——战略核力量和战区核力量，包括储存的核武器；

——军事指挥、控制、通信和情报能力；

——余下的所有军事力量，包括固定的和机动的；

——战时能直接支持军事行动的工业设施。

此外，那些事先规划好的能够相对长时间留着不用或者可迅速实施的打击选项，应当用于攻击敌方政治控制系统、全面的（general）工业能力。

事先规划好的打击选项必须深度地、有效地覆盖目标名录上的所有目标。在攻击特定目标时，对攻击方式应该有所选择，在满足有效覆盖要打击的目标的前提下，限制对这些打击目标名录之外的城区、一般的工业和人口目标造成的附带毁伤，整体计划应包括为限制这样的附带毁伤而留着暂不实施的选项。

指挥、控制、通信和情报（C^3I）。应急计划和作战行动的灵活性将高度依赖我们的指挥、控制、通信和情报能力，包括其获取目标、评估毁伤及在攻击下生存等能力。在战略对等时代，战略稳定就像依赖战略核武库规模和性质那样，高度依赖 C^3I 的生存能力、耐久力和重组能力。

PD/NSC53[①] 要求，我们的 C^3I 项目和我们给电信运营商的指南要能支持发展和维持这样的能力。除此之外，PD/NSC41[②] 要求，如果威慑失败，我们要寻求更大的政府持续性。执行 PD/NSC53 和 PD/NSC41 必须与本应用政策指令同步推进。

核武器获取政策与运用政策的关系。我们的核武器获取项目必须依据其对本指令规定的应用政策的支持程度予以评估。在制定获取用于支持我们抵消战略的核武器系统及用于支持其运用的 C^3I 系统的规划时，必须将必要的灵活性、生存能力、耐久力和目标摧毁能力考虑在内。

执行。随着新的瞄准目标能力发展起来，以及我们的作战人员配备调整到能满足上述指令要求的程度，必须对这些核运用政策进行审议和测试，以保证其可行性与合理性。为此：

——每年至少举行两场有国家指挥当局参与的演习，以评估我们的核能力及我们的核运用学说；

——国防部应就提升和改善我们关于全面冲突（general conflict）的抵消战略的途径问题持续进行研究和分析；

——这些演习、研究和分析的结果将为修改和进一步发展我们的应用政策、获取政策提供基础；

——每年至少向总统提交一份关于我们核运用计划的报告，内容包括但不限于后备力量的规模和能力，其灵活性，实现灵活性面临的约束因素，以及用于改进的项目的进展情况；

——根据当前的程序，任何对原有打击选项的改变或者有新的事先规划好的打击选项，都要提交总统审阅和批准。

本指令取代第 242 号国家安全决策备忘录（NSDM242）[③]。

吉米・卡特（签名）

---

① 1979 年颁布的 "国家保密电信政策" 总统决策指令。
② 1979 年颁布的 "民防和政府的连续性" 总统决策指令。
③ 1974 年 1 月 17 日总统尼克松颁布的关于美国核武器运用政策的备忘录。参看本书收录资料六十三。

评　介

在对核政策进行了两年多的审议之后，特别是在苏联入侵阿富汗事件的刺激下，卡特政府于 1980 年 7 月正式推出了新的国家核武器运用政策，即第 59 号总统指令（PD/NSC59），以取代尼克松政府于 1974 年 1 月推出的美国核武器运用政策（NSDM242）。

同尼克松政府相比，卡特政府核运用政策的变化主要体现在四个方面。一是仍强调核力量运用的灵活性，但不再突出"升级控制"，不再强调有限核选择的重要性。升级控制、有限核打击是尼克松政府核力量运用的核心理念，卡特政府不再将控制冲突升级作为首要目标，而是强调核力量实战（fighting）取胜的重要性，强调从一开始就要使对方承受不可接受的损失，在任何层次上都要使对方得不偿失。二是不再强调着眼于战后恢复和战后对抗来进行大规模核打击规划，而是更注重核打击的军事后果，强调绝不能让苏联获得有意义的、能代表胜利的冲突后果。三是明确将对方的军事指挥控制能力作为主要打击目标。尼克松政府基于升级控制的需要，强调不要轻易打击对方的指挥控制系统。卡特政府则从取得军事对抗优势需要出发，将打击对方军事指挥控制能力作为高优先级瞄准目标。四是强调发展核后备力量，但目的是用于在持久作战中打击各类目标，应对各种意外情况，增加核打击灵活性。这与尼克松政府强调不要轻易动用核后备力量、其主要用于防止战后敌人实施核胁迫的核政策相比，存在明显不同。

本资料多次提及抵消战略，说明美国新的核运用政策同抵消战略之间存在难以分割的内在联系。把本资料与紧接着的两篇关于"抵消战略"的资料结合起来，或许有助于进一步理解卡特政府的核武器运用政策。

七十

国防部长哈罗德·布朗在新港海军战争学院关于"抵消战略"的演讲（1980 年 8 月 20 日）

战略核政策是最重要的国家安全问题之一，也是当前引起公民最大关注的问题。这就是我今天演讲的主题。

对引导我们远离核战争且不涉足核战争的我国战略核政策进行重塑，需要进行冷静的分析、平衡的判断，并对核时代复杂性有客观的把握。

我们的核力量高于一切的目标是慑止核战争。威慑需要稳定。实现战略核稳定，必须满足三个必要条件：

第一，我们必须有一支能够抗住苏联第一次打击且此后仍然能够通过核报复给对方造成灾难性后果的核力量；

第二，我们必须满足我们的安全需求，通过我们的核力量发展计划及军备控制协议，使我们能够在最低和最稳定的核军备水平上保持总体战略平衡；

第三，我们必须有一个关于我们核力量使用的学说和计划，以使苏联对这样一种严峻的现实有清醒认识，即不论通过任何方式实施核战争，他们都不会获得对他们有利的得大于失的态势。

核力量在遭到突然核袭击时生存下来的能力，是核威慑的本质所在。今天，我们的"三位一体"战略核力量确保我们的威慑仍然有效。

但是在未来，苏联军事发展对我们的"三位一体"战略核力量的每一个组成部分都会构成威胁，至少是潜在的威胁。对我们的陆基洲际导弹而言，潜在威胁已经成了现实威胁，或者接近于变成现实威胁。苏联目前正

* "Newport Address by Secretary of Defense Harold Brown", Philip Bobbitt, Lawrence Freedman, Gregory F. Treverton, eds., *US Nuclear Strategy：A Reader*, The Macmillan Press Ltd, 1989, pp. 406-414.

在部署数千枚陆基洲际导弹，这些导弹携带足以威胁我们的"民兵"导弹固定发射井的高精度核弹头。对我们的轰炸机部队来说，这样的威胁相对远一些，对我们的潜射弹道导弹来说，这种威胁现在还只是一种假设。尽管如此，苏联正在发展，并要在 80 年代中期部署空基雷达以及防空导弹，用于击落我们的 B-52 轰炸机。苏联人还正在加紧发展能够探测我们的水下弹道导弹潜艇的系统。对苏联的这些动向我们不能视而不见。

为了应对这些当前的和未来的威胁，我们正在相应地全面加强我们的战略能力。这很有必要，因为虽然现在我们具有同苏联实质性对等的能力，但苏联于 70 年代进行的大规模的、非常强劲的军事发展项目，在 80 年代不可避免地会正式部署，我们需要采取行动来抵消苏联能力的这种发展。尽管过去我们在这方面也取得了一些重要进展，特别是在分导式多弹头导弹方面，但在 70 年代我们在战略核能力上的投资还不到苏联的三分之一。如果我们任由这种趋势继续下去，那么到 80 年代中期，我们要面对的最好的情况是我们处于明显的劣势，最坏的情况则是我们真的可能被苏联实施核胁迫。

所以，我们强化了我们的战略核力量全部的三个组成部分。

——在三年半时间内，我们已经使"三叉戟"导弹及潜艇项目的发展重回正轨。我们已经开始用新型的"三叉戟"Ⅰ导弹来装备我们的"海神"（Poseidon）级潜艇，这样一来，潜艇巡航海域的面积扩大了十倍，且在这么大的范围内仍然能够对目标实施打击。第一艘"三叉戟"导弹潜艇——"俄亥俄"号今年将开始海上试验，明年正式加入舰队服役。"俄亥俄"号的姊妹潜艇——"密歇根"号也将很快下水。

——我们正在就保持一支可视的、有效的轰炸机力量采取重要措施。在卡特总统任期早期，他已经得出结论说，空射巡航导弹是比 B-1 轰炸机更有效、更高效的战略武器。从那时起，美国的技术发展以及关于苏联防空进展的情报信息已经证实了这一判断。与此同时，我们还持续发展和设计一种航母用新型巡航导弹和一种新型轰炸机，用以应对 90 年代及之后可能需要应对的威胁。

——未来一段时间我们最明显的能力弱点是我们井基固定部署的洲际弹道导弹的脆弱性。观察人士很多年前就已经看到了这一点，但一直到提

出 MX 导弹“多重防护掩体”（multiple protective shelter）概念①并于 1979
年确定采取这一概念之前，都找不到很好的解决这一问题的技术方案。MX
导弹项目对于保持长期的战略平衡非常重要，我们相信国会和民众将会继
续支持实施这一项目。我们的核力量的其他组成部分在 80 年代早期都将得
到快速发展，这将使我们在陆基洲际弹道导弹暂时脆弱期间能够保持战略
平衡以及有效威慑。但那可不是我们想无限期延续下去的一种情况。我们
需要确保“三位一体”核力量中其他两种力量不会有潜在的脆弱性，例如
不允许苏联可以集中全部力量来发展他们的反潜能力。因此，我们需要 MX
导弹。我们愿意为确保 MX 导弹的生存能力付出如此巨大的努力（以及相当
高的代价），就是我们按照发挥报复作用来规划我们的战略核力量的证据。
一个可以生存的核武器系统反而比它所替代的有生存脆弱性的核系统的威
胁要更小一些。

　　严格地说，不是我们的某一部分战略核力量而是我们的战区核力量，
对于总体核平衡至关重要。去年，北约联盟集体做出了一项决定，必须对
苏联大规模的战区核力量建设做出反应。这对于一些盟友而言是非常困难
的决定。这项决定包括加强美国远程战区核力量——陆基巡航导弹和“潘
兴”Ⅱ导弹的混合项目，以及努力寻求同苏联谈判，来对等地、可核查地
限制双边的战区核力量。通过最近同意为英国核力量现代化提供“三叉戟”
导弹，我们已经表明了我们支持加强联盟核能力的态度。

　　我们这些发展项目聚焦于发挥美国的技术实力，包括潜艇设计、提高
潜艇性能，提高巡航导弹的打击精度以及使导弹小型化，以及提出使陆基
导弹机动化的有效概念等。这些都是解决问题的长远方案，而不只是防止
差距拉大的短期举措。特别是在战略核力量上，我们需要将我们的资源投
入到那些能够长期满足我们需要的武器系统上，而不在那些见效很快但无
法解决根本问题或者只临时起作用的项目上浪费资源和精力。

　　这些项目和努力综合起来，可以强化我们的威慑。这些举措通过降低
我国战略核力量在苏联威胁面前的脆弱性，使我们的战略核力量有了更强

---

①　“多重防护掩体”是美国政府曾经决定采用的 MX 导弹部署方案，这一方案要求为每一枚
　　MX 导弹修建由 23 个相互连接的掩体组成的掩体群，导弹运输/发射车定期把导弹从一个
　　掩体运往另一个掩体，或者在 23 个掩体之间穿梭，并辅之以假的 MX 导弹，借以提高导弹
　　生存性。由于面临巨大阻力，这一方案最后并未真正实施。

的生存能力。这些举措通过增强我们慑止核战争爆发的能力，使我们能够保持同苏联的战略稳定。

我们用于实现同苏联战略稳定的规划的第二个部分，是寻求达成类似于第二阶段限制战略武器谈判（SALT Ⅱ）条约那样的对等的、可核查的战略武器控制协议。军备控制并不是要替代正在强力推进的力量现代化，而是通过对苏联战略力量规模和能力实施更加有效的控制，发挥对我国力量现代化的补充作用。同时，军备控制使我们可以实施维持战略平衡所需要的核发展项目。

像进入核时代以来的历届美国政府一样，本届政府也在寻求实施核军备控制。核军备控制并不为我们的对手所喜欢，或者说同我们的对手真实的性质不合，但它是促进我们的安全和世界和平的一种方式。我们需要同苏联达成核军备控制协议，他们也需要同我们达成这样的协议，因为我们是对手关系；在朋友之间是不需要这样的协议的。对任何超级大国之间的军备控制协议而言，共同的利益都是驱动力量，而共同的利益要能通过必要的标准来评判。

SALT Ⅱ条约将把苏联战略核军备建设水平限制到如果没有 SALT Ⅱ 限制它可能会达到的军备水平之下的水平，按照条约规定，苏联大约需要减小其当前战略核力量的10%，对苏联能够部署的核弹头数量也会产生限制。

SALT Ⅱ条约还可以使苏联未来核力量的数量和性能更加可以预期，这将使我们的国防规划变得相对简单一些。

SALT Ⅱ条约可以防止同苏联进行不必要的、无约束的、代价非常高昂的军备竞赛。当我们面临要将更多经费用于常规军事力量的迫切需要时，这一点就显得十分重要。由于苏联入侵阿富汗，发展常规军事能力现在甚至更为迫切。

参谋长联席会议继续认为，SALT Ⅱ条约明确的对核武器发展的限制符合我国国家安全利益。

苏联入侵阿富汗之后，在我们对苏联的行为进行评估并采取必要的应对措施的同时，从政治上看，确实有必要推迟批准 SALT Ⅱ 条约。但是尽早批准该条约对我国国家安全利益而言，仍然十分重要。

除了保持技术足够先进的战略力量外，我们还需要确立如下政策框架：

——明确为使威慑继续发挥作用我们必须要做什么；

——为用于获取战略核力量及相应指控系统的采购战略提供指导；

——在需要时，重新制定我们在战争中使用核力量的作战计划。

作为我们的核力量现代化努力和军备控制谈判的补充，在过去三年时间里，通过优化核力量使用计划，以及对我们的战略学说进行更有说服力的阐述，我们一直非常努力地使我们的威慑更加可信、更加有效。在这个过程中，我们已经采取了很多非常重要的分析性的和实际性的举措。

1977 年夏天，卡特总统指示对我们的瞄准政策进行基础性评估。在此后的 18 个月内，由我们的军方和民间专家进行的这种研究，涉及我们的力量、计划、约束、能力，以及苏联的前景、力量及脆弱性等问题。

从我向总统递交关于这次分析的报告开始，我们就一直在推进执行这次分析中提出的一些基本原则。在 1979 年早些时候我所作的国防报告中，我已经勾画了这一抵消战略（countervailing strategy）的主要方面。在今年 1 月，我又披露了其更多的细节[①]。

在今年 6 月举行的北约核计划小组（NPG）会议上，我给我们的盟友简要通报了我们分析得出的结论，以及我们正在采取的行动。他们都全力支持美国应该有更多战略核选项这一需要。我们的抵消战略同北约的"灵活反应"战略是完全协调一致的，我们的这一战略实际上表达了我们执行北约"灵活反应"战略的决心。

总统最近签署了一个执行指令——第 59 号总统指令（PD/NSC59），使我们重新表述的军事学说变成了官方立场，也给进一步发展我们的核作战规划、进一步获得核武器系统提供了指南。

很显然，我们的核作战计划的细节必须高度保密，但我们的核政策的基础性前提是能够公开的，这不会危及我们的安全。事实上，让我们的朋友和对手都能清楚地知道我们的威慑政策，知道如果实施侵略会有什么后果，是非常符合我们的国家利益的。

首先，我要强调的是，PD/NSC59 并不是一个新的战略学说，它并非对我们在过去大约十年时间内奉行的战略政策的一种根本性改变。事实上，它只是对我们之前宣布的战略政策的细微改进和梳理。PD/NSC59 采用的是本质相同的战略学说，只是根据当前面临的新条件，以及当前我们的新的

---

① 这里指的是 1980 年 1 月布朗所作的 1981 财年国防部年度报告。参看本书收录资料七十一。

能力状况，对原有的学说重新进行了更加清晰、更加中肯的阐述。

此外，就像之前我关于这些问题的声明一样，我今天自己来说明这一主题，目的是想让苏联清楚地知道我们的抵消战略的性质。也就是说，我们的抵消战略是要确保没有美国或者美国盟友的哪一个潜在对手能够得出结论说，它发动侵略所要付出的代价使他们值得那么去做。不论在哪一个层次上的冲突都是这样。

同历史上已有的认识一样，威慑仍然是我们首要的战略目标。但是威慑必须能够慑止更多类型的威胁，而不仅仅是用于慑止对美国城市的大规模攻击。我们寻求慑止任何对手采取的任何可能导致爆发全面核战争的行动。我们的战略力量也必须能够慑止对美国较小组合的目标群或者对美国军事力量发动的核攻击，能够为抗击针对我们的朋友或者盟友的核胁迫、核攻击立起一堵墙。而且战略核力量同战区核力量一道，必须也能够为慑止常规侵略做出贡献（我这里用"贡献"这个词，是因为我们知道，不论是核力量，还是最有效地使用核力量的理论，都不能替代我们及我们的盟友需要发展的常规威慑能力）。

在我们的分析研究和规划中，我们对当威慑失败时双方如何去打一场核战争的问题给予了必要的极大的关注。这种对如何打一场核战争以及核战争打完之后会是什么结果的关注，同我们通过相互威慑确保持久和平这一目标之间并不矛盾。事实上，通过确保我们具有完全可信的报复能力，这种关注反而有助于我们达成威慑及保持和平的目的。

从定义上看，成功的威慑除了其他含义之外，还意味着对苏联人有关核战争意味着什么，即侵略会带来什么样的风险和损失进行认知塑造。我们必须有必要的核能力、应急计划，以及相应的指挥控制能力，以使苏联领导人相信，不论他们如何来界定成功的含义，他们发动的任何战争或者侵略，如果将导致核武器实战使用，不论这种核武器运用的规模有多大，在哪个冲突层次上使用，他们的行动最终都不会取得成功。

从作战角度看，我们的抵消战略要求我们的作战计划、作战能力同用全面核报复来应对针对美国的大规模攻击一样，将更多的注意力放在能够有选择地实战使用战略核力量上。我们的政策是，确保使苏联领导人相信，即使他们选择进行中等强度的侵略，我们也要通过有选择地对苏联领导人最看重的东西实施大规模的（但总是要比最大规模小的）核攻击，来使对方付出一种不可接受的代价。这些苏联最看重的东西包括其政治和军事指挥系统、核与常规军事力量、用于支撑战争的工业能力等。在我们的计划中，我们并没有忽略战争结束这一难题，也不会忽略战争如果爆发了要怎样结束的问题。当然，我们已经有了且会继续保持一种可生存的、可持续对包括苏联经济设施在内的多种类型目标实施攻击的能力。如果那样的打击是对苏联打击的合适反应的话，我们会那么做。

按照总统的指示，国防部从 1977 年起就一直在努力提升我们的核力量使用计划的灵活性。我们也正在努力提高即使在核战争中普遍存在不确定性和混乱的情况下，保持同我们的核力量进行通信及对其实施有效指挥控制的能力。这些举措极大地强化了我们的威慑。

正如我之前强调过的，这个学说不是对过去学说的背离。美国从来没有一个核学说只是简单地把反射性地对苏联城市的大规模攻击作为基础。相反，我们总是从有更多选择（有很多限制对城市和工业造成毁伤的选项）和更加综合（有一系列军事目标）两个方面，来规划我们的核力量运用。60 年代美国政府就已经意识到当时的战略学说只能提供很少的核打击选择这一不足。我们的抵消战略最重要的前提就是，它是建立在像前任国防部长麦克纳马拉和施莱辛格那样的核学说基础之上的概念性原理的自然发展。我在这里只点出了两位在发展我们的核学说上最有代表性的前辈的名字。

本届政府并不认为已经发现有进行范围更广的威慑，或者进一步提高灵活性，或者在威慑失败情况下更加安全可靠地指挥控制本国部队，或者更有效地打击对方军事目标、政治领导层和军事控制能力等的需要。

我们的核学说的这种演变可以强化我们的威慑，减小爆发核战争的可能性。它之所以具有这样的作用，是因为类似于我们的核现代化项目强调我们的核力量的生存性，我们的核运用学说向苏联人传递的信息是，不只是他们的城市工业目标，还有他们的任何一部分军队，或者说他们所有的军队，都会是我们报复打击的目标。

我们在过去三年半时间内所做的，就是把我们自己的核能力、核学说和核计划，同我们所知道的苏联核能力、核学说和核计划更加紧密地联系起来。苏联领导人似乎至少在考虑如果战争爆发，进行一场相对长时间的核交战的可能性，而且至少在某些情况下他们似乎严肃地认为，在这样一场战争中存在理论上获胜的可能。即使像我已经说过的那样，我们同他们的想法不一样，但我们也承受不起对他们这样的想法完全不理睬的可能后果。我们需要在核力量、核学说上都保持这样一种态势，即它能够使苏联人，使全世界都清楚地知道，任何有关在核战争中取胜的观念都是不现实的。

执行我们的新战略，要求我们对作战计划做出一些修改，譬如如果苏联选择进行侵略，我们就应逐步扩大核打击选择的范围、种类及提升灵活性。1977年以来，在这方面有些我们已经做了，还有更多的有待我们去做。我们必须提升我们指挥和控制系统的生存性、持久性。

这不是第一次打击战略。我们正在谈论的是我们依据苏联军事进攻的性质，对苏联的进攻能够做什么反应和会做出什么反应。我们的政策一点也不认为，核战争经过精心设计能够用于达成国家安全目标，因为核战争做不到这一点。但是苏联领导人可能会将核战争作为一个选项或者作为他们威胁对我们进行核胁迫的工具，我们承担不了这样的风险。

虽然我们宣布即使是在最危险的情况下，我们也有能力和意图去阻止苏联人获取核战争胜利，但我们并没有关于核战争对人类而言是可取的这样的错觉。核战争会是一种无法想象的灾难。

我们也不是没有意识到，任何形式的核武器使用都具有巨大的不确定性。我们知道，开始时设想的有控制的、有限的核反击，会（在我看来非常可能）升级为全面核战争。此外，我们知道，即使是有限的核交战，也将造成巨大的人员伤亡和破坏。但我们总是需要在大规模报复之外有其他的能够用来对严重但又有限度的挑衅做出反应的选择。近十年来苏联战略核能力的增强，以及我们对苏联人可能不相信核战争不会有胜利者的关注，促使我们需要有更多的更可选择的报复选项。

我们在核学说和核计划方面正在采取的这些措施，同我们的核力量现代化项目合在一起，可以提高我们的战略核力量应对各种威胁的有效性。我们认为，防止核战争最可信的方法，就是确保使苏联领导人不产生错觉，不能让他们误以为这样一场战争对苏联国家政权和苏联社会有意义。我们在核领域的所作所为清楚地说明了这一点。

总而言之，我们的核政策是一个在核力量现代化、军控谈判的局限性以及令人信服的、有说服力的威慑学说之间保持平衡的整体。我们的唯一目标是保持和平，减少核战争的危险。这同时也是军事目标、政治目标、道德目标。我们将继续实施保持核实力与推进核力量现代化一体的政策，以维持与苏联的合理的平衡，努力保持军备竞赛稳定；继续改进我们的核学说、核计划等，以破除苏联任何有关在核战争中取胜的希望，而不管它是如何对胜利进行界定的，不管冲突会达到哪一个层级。

我们的威慑政策要被美国人民、我们的朋友和盟友，以及我们的对手理解，这至关重要。这就是我作这次演讲的目的。去理解、去解释，或者去批评国家安全政策，是像你们这样的专业人士义不容辞的责任。实际上，那也是我们这些制定或者落实国家政策、为美国国家安全利益服务的人最重要的职能之一。

评　介

1980 年前后，美国时任国防部长哈罗德·布朗在不同场合、以不同方式多次对卡特政府新的核政策核战略进行阐述。他在美国海军战争学院的这次演讲，首次披露并阐释了美国新的核运用政策（PD/NSC59）。

布朗在演讲中提出，美国保持核威慑有效及美苏战略稳定需要具备三个条件，分别是具有能够实现确保摧毁的可生存核力量、以军备控制来实现战略平衡和防止苏联在核交战中取胜。在布朗看来，确保核力量生存是保持有效核报复能力的关键，是威慑的本质要求；而核军备控制通过限制苏联核能力快速发展，对美国核力量现代化发挥了补充作用；要防止苏联取胜，美国必须重塑其核力量运用政策和计划。

关于 PD/NSC59，布朗主要从"它不是什么"的角度对其进行阐述，强调这一政策不是全新的学说，不是对此前学说的根本性改变和背离；强调这一政策的根本目的仍是威慑，只是要慑止的威胁范围更广、层次更多；强调这一政策不是要进行第一次核打击，而是通过强调核实战（防止苏联人取胜）来防止苏联人率先使用核武器。所谓"抵消战略"，实际上就是在与苏联可能发生的核冲突的任何一个层次上，美军都可能抵消苏联的优势，都要能够使苏联得不偿失，从而使苏联放弃有限使用、低层次使用核武器的企图，达到增强核威慑的目的。为此，美军必须有选择地重点对苏联的国家和军队指挥控制系统、核与常规军事力量等苏联领导人最为珍视，且能直接产生军事效应的目标实施攻击。

显然，卡特政府的核运用政策进行核实战、打核战争的意味更加突出。

七十一

卡特政府 1981 财年和 1982 财年国防报告（摘录）

1981 财年美国国防部年度报告①

国防部长　哈罗德·布朗

1980 年 1 月 29 日

第一部分　安全状态

第五章　核能力

我相信，现在人们已经完全理解了，为适应美国及其盟友面临的所有的安全形势，核武器及洲际运载工具发展已经再一次转向。从这些新技术登上国际舞台开始，我们的安全就严重依赖威慑力量及我们的战略核力量的可信性。这些新技术使得通过快速猛击一举打掉对方的军事力量及用于支持战争的生产基地有了可能性。

一、美国的战略政策（strategic policies）

我国核政策最主要的目标是核威慑。尽管有些人开始的时候有些错觉，但我们大多数人多年来已经意识到，单凭战略核能力只能可信地慑止很小一部分紧急情况。虽然战略核武器并不能实施全方位威慑，但它们仍然奠定了我国安全的基础。只有战略核攻击可能威胁到美国的生存。基于这一原因，我国战略核力量必须在任何时候都要足以令人信服地慑止任何类型的战略核攻击。但是我国核力量不仅必须能慑止针对我们的核攻击，还要能慑止针对我国海外军队，以及针对我国盟友及友好国家的攻击。核力量在某种程度上还要通过对升级的适当关注来慑止非核攻击。

---

① 1981_DoD_AR，http://history.defense.gov/Historical-Sources/Secretary-of-Defense-Annual-Reports/.

A. 威慑：抵消战略（the countervailing strategy）

要想使威慑成功，我们必须使潜在对手确信我们掌握有足够的军事力量，如果他们敢采取会导致战争的行动，其实现目标的努力会遭到挫败，或者将遭受使他们的行动一无所获的巨大损失。换言之，我们必须掌握核力量及使用战略核力量的计划，使我们的对手在考虑侵犯我国利益时能认识到，他们不可能取得能代表他们获得了理性意义上的成功的那种结果。那么这种失败的前景就可以慑止敌人侵害美国或者美国的核心利益。能够导致出现上述这种前景的部队及核计划就被称为"抵消战略"。

要达成这一目标，首先，我们需要有一支生存能力强、能持久作战、可摧毁苏联工业和城市的核报复力量。甚至在苏联无任何预警地先对我们发起攻击以最大限度削弱我方这种能力的情况下，我们也必须有能力做到这一点。已经为人们所熟知的"确保摧毁"是核威慑的基石，未来我们将保持这样一种能力。但"确保摧毁"本身不足以成为一种核学说。在很多情况下，大规模打击城市—工业目标（countervalue）可能并不适合用于慑止我们想阻止的各种行动，而且兑现这种打击的前景也不那么可信。

正是认识到了"确保摧毁"按照全方位威慑标准（all-purpose standard for deterrence）来衡量存在的这种局限性，国防部在很多年前就已经对敌人可能对美国及其盟友发起的一系列核攻击进行评估了。我们研究了在实施报复打击时我们应该打击的目标类型，重塑了我们的核力量态势，使我们针对多种攻击的威慑能保持高度可信性。最近我们已经完成了对我们的核政策的再一次审查。审查虽然重申了我们的核政策的基本原则，但同时也提出了贯彻这些原则的新的方式方法。

我们已经得出结论：如果想让威慑足够有效，美国必须要能对苏联不同类型、不同规模的攻击做出相应的反应。我们的目标是让苏联在可能发生的尽可能多的对抗场景中不可能获得胜利（用苏联人的标准衡量的胜利），就像我们不能获胜一样。因此我们必须有打击计划，从而使我们的报复威胁比起大规模攻击苏联工业和城市的威胁显得更加可信。这些打击计划应包括打击苏联军事力量机构和政治力量机构的选项，并留出强大的后备打击力量。换句话说，我们必须能够使克里姆林宫明白，他们对我们实施小规模攻击后，我们不再被迫面临要么不做出有效军事反应，要么整个毁灭苏联这样的简单选择，从而慑止苏联不敢发起小于全面战争规模的攻击。我们或许会用有选择的、仔细斟酌过的方式，对敌方一系列军事、工业和政治控制目标实施打击，同时保留一支能实现确保摧毁目的的后备力量。

这样的一种能力，这样的灵活性（我们已经有很多年就这样认为了），使我们能够：

——防止敌人取得任何有意义的优势；

——使敌人付出的代价高于其想从对美国及其盟友发动的局部或者全面攻击中所获得的收益；

——在最糟糕的升级或者最严重的破坏到来之前，有可能结束核交战，即使冲突最终会不可避免地升级为相互摧毁。

这就是我在去年就说到的抵消战略。确切地讲，抵消战略的名字比战略本身要新。无论对此前的战略学说报告做怎样的解读，需要灵活性以及对挑衅实施报复，当然都不能算作什么新发现。在实施报复时将我们自己局限于只对城市实施大规模摧毁，这从来都不是我们的政策，我们的核计划也从来没有囿于这一限制。差不多有20年时间了，我们的战略核力量使用规划中一直就包括一系列的用于打击军事目标以及非军事目标的选项。事实上，美国核力量从来都是按照打击军事目标，以及打击战争支撑工业和战后恢复类目标来设计、发展的。需要特别指出的是，我们一直认为，在爆发战争的情况下，能够打击那些会给美国及美国盟友造成毁伤的敌方军队是很重要的。

这种对能有效打击敌方军事目标，且规模越来越大、可灵活使用的军事力量的关注，以及对在必要时如何打核战争的关注，同我们主要的、最重要的威慑政策之间并不矛盾。从本义上讲，威慑依赖于对敌方关于战争可能结果的预期的塑造。我们最可信的威慑是我们具有的使敌人从侵略中难有收益的能力（以任何标准界定的收益），我们将提高这种能力。这种能力在我们的军队身上体现得很明显，在我们的政策声明中有阐述。这种能力必须被任何潜在对手意识到，这些对手自己要有兴趣在行动之前，对其行动一定会产生的后果进行估量。

在采纳和执行这一政策时，我们相比于我们的前辈，对能严格、精确地控制一场核战争更是不抱有幻想了。当然，如果核武器再次被实战使用，会发生什么事情仍有极大的不确定性。这些不确定性，连同核交战大规模升级之后必定会造成的灾难性后果，构成了威慑起作用的重要因素。

　　我个人仍然认为，一场全面的热核交战将对苏联和美国造成史无前例的灾难。我根本不相信说，开始时警示性使用战略核力量，或者通过严格控制战略核力量使用来实现更大目标的行为，不会升级为全面的热核战争。但同样，我们所有人都要意识到，在这一问题上存在很大的不确定性，每个人都应关心如何最大限度地降低导致最具毁灭性的核升级的可能性，关心如何在核交战造成灾难性后果之前使其停下来。此外，我们也不要指望别人会用同样的眼光来看待核交战前景。

　　因此，数量上大体与苏联均衡的美国核力量，必须像达成均势之前（美国处于优势时）那样，除了强调不可控的升级风险外，还要有更多作为。我们的核力量必须处于既使苏联实现不了任何有意义的目标，在此过程中又使其付出可怕代价的有利位置。

　　正如我在去年就指出的那样，没有哪一个潜在敌人会错误地以为，他们可以打掉我们的一部分核力量而他们自己那些对其政治安全、军事安全起关键作用的资产不受损失，即使是核交战在走到全面摧毁城市和工业那一步之前停下来，我们也不会允许他们做到这一点，没有哪一个对手会基于此而贸然行事。在我们进行核打击规划时，我们充分考虑了这样的事实，即苏联领导层高度看重的东西，好像不仅包括苏联人民的生命及财产，还包括军事、工业及政治等他们的政权本身的力量资源。没有哪一个对手会认为，在他用核武器来威胁或者攻击我们的盟友时，我们会自缚手脚。如果出现这样的情况，他们的本土及卫星国领土上的重要目标也都有被打击的风险。我想补充一句，打击他们的这些目标，将动摇他们获得对诸如西欧、日本这样的重要地区的控制权所需要的军事和政治能力。有一种不知道怎么就产生了的观念，认为在敌人攻击我们的盟友目标时我们只能通过打击敌人的城市进行回应，这是不正确的。我们过去已经，将来还将继续改进保护我国利益所必需的打击选择，当我们的利益受到挑战时，将继续使敌人达不成任何看似合理的目标，不论敌人实现其目标的方式如何。这就是我们的抵消战略可以确保威慑有效的本质所在。

　　B. 其他目标

　　威慑尽管重要，但它只是我们的战略目标之一。我们还必须在核平衡上保持稳定，既包括长期的稳定，也包括在危机形势下的稳定。因为核武器还有政治意义，所以我们必须保持真实的、可以让人察觉到的与苏联战

略核力量的均等态势。我们还要使我们的核力量的构成有利于就达成平等
的、可核查的军备控制协议进行谈判。最后，在威慑失败的情况下，我们
的核力量必须有能力（前面已经展开论述了）阻止苏联获得胜利，确保获
得最符合美国利益的结果。

1. 实质性均等（essential equivalence）

除纯军事能力外，战略核力量像其他军事力量一样，在世界上还有很
多其他作用。

至少在美国这一边，那些密切跟踪形势变化的学者在 20 多年前就认识
到了，在考虑了苏联可能采取的行动的情况下，我们宣称的核优势并不能转
变成代价在可承受范围内的，或者我们有足够的信心来打赢战争的战略。换
言之，在我们必须对因战略均势造成的显而易见的世界变化做出反应，且必
须切实避免当由均势转变为劣势时，站在负责任决策者的角度，说苏联核力
量发展已经使美国力量遭受了重大损失，这是虚构的神话。外界流传的因核
优势丧失，我们不能再像当年苏联在苏伊士运河问题上威胁我们的欧洲盟友、
在柏林问题上使民众生活极其艰难，或者在古巴部署导弹时那样，愿意采取
对抗行动，这同样不是真的。如果说美国曾经有过占有核优势黄金时代的话，
那么从艾森豪威尔总统开始的审慎的决策者们，从来就没有这样想过。

尽管如此，还是可以想象出，苏联领导层中有一部分人在用非常不同
的眼光看待这些问题。可以确定，如果没有限制战略武器谈判（SALT）
（在一定程度上它还在起作用），苏联的战略核发展将更劲爆。苏联正在扩
充其陆基洲际导弹部队打击硬目标的能力，他们正在使其潜射弹道导弹多
弹头化，且正在增加其射程；他们还在继续升级他们的防空系统，推进导
弹防御研究和发展；他们的民防工程项目持续推进。

不论如何，很多国家都会对美国和苏联的实力进行对比性评价。所有
这些国家的行为将受它们对这种核平衡状态判断的影响。正是从这一点上
讲，实质性均等与美国利益息息相关。

对实质性均等的需求反映的是这样的事实，即核力量具有明显的政治
影响，这种影响的大小既受到静态衡量标准（如核弹头数量、投掷重量、
等效百万吨当量等）的影响，也受到对相对军事能力动态评估的影响。这
就要求我们的军队整体上至少要与苏联保持同等水平，还要让苏联人认为
它们是实质性均等的。我们的军队的规模、性质要达到能让每一个国家察

觉到美国不会被苏联胁迫或者恐吓的程度。否则的话，苏联在全世界就不是从战争中获胜，而是从人们意识到的核力量平衡的变化中获胜，而我们则因此而失败。特别是，我们必须确保能够通过美国在某些领域的领先优势，来抵消苏联在某些特定领域的领先优势。尽管美国不需要在所有能力上都与苏联比拼，但我们也须确保苏联不能在任何主要军事能力上占有垄断性优势。

只要在我们和苏联的关系中竞争超过合作，那么很显然，未来保持与苏联战略核力量的实质性均等，对于防止苏联从真实的或者能看得出的战略不平衡中获得政治优势来说，就必不可少。

2. 稳定

保持战略平衡的长期稳定是美国战略政策的另一个目标，主要通过确保不会因苏联猛然的技术突破、技术创新，或者苏联实力秘而不宣的突发式增长使平衡反转，来维持这种稳定。为了实现这一目标，我们必须持续强力推动军事研究和发展，推进实施一些防止发生上述情况的项目。我们还必须持续进行情报侦察和收集，使我们能够探察到苏联的技术突破或者在哪些方面将实现突破。通过这些努力可以确保美国在苏联试图改变这种平衡的情况下仍处于有利位置。

危机稳定的意思是，确保即使在长期、激烈的对抗中苏联也不会有发起一场核打击的动机，同时，我们自己也感觉到没有发起核打击的压力。我们通过使自己的核力量尽可能没有脆弱性、提高对苏联核攻击（或者攻击前准备）的探测能力，以及增强我们在遭到攻击时做出相应反应的能力等方式，来实现危机稳定。

3. 军备控制

美国在任何时候都会寻求通过平等、可核查的军备控制协议来达成战略目标。因此，我们将寻求与苏联进行谈判，愿意在那些能够使苏联核发展受到一定制约的领域，裁减或者限制美国相应的能力。此外，我们将维持相应的能力，保证在达不成军备控制协议的情况下也能实现自己的战略目标。在规划我们的力量发展时，我们将继续避免让外界误以为，我们试图通过军备控制来全面解除对方的第一次打击能力。

4. "三位一体"核力量

因为长期以来我们一直都有相应的核打击选择，所以多年来我们像苏联一样，一直保持"三位一体"战略报复力量，尽管苏联在重点发展哪一种力量上同我们明显不同。美国维持"三位一体"核力量有几个目的。其中可能最重要的一个目的，是给了我们充分的信心，坚信我们的"抵消型核力量"（countervailing force）中有足够的一部分力量可以用来恣意应对敌人的进攻，可以对我们指定的目标实施有控制的、游刃有余的报复。我们一直设想，敌人在某一时间或许可以发展出能够打垮或者消灭我们"三位一体"核力量中某一种核力量的能力，但其会发现，要想完成同时消灭这三种核力量的任务，已经远非奇思妙想（ingenuity）或者某种能力手段能够实现。我们这种设想会在行将到来的核力量发展中得到证实。就我方而言，我们不用再担心出现所谓的轰炸机差距或者导弹差距了，我们有时间去补齐易遭打击的那一类核力量存在的短板。这种设想，连同保持"三位一体"核力量，在今天仍然是正确的。

C. 本章小结

这些目标确立了很高的标准，尽管我们认为它是我们已经达到，而且会继续达到的一个标准。但是如果同我们的军事力量的其他方面结合起来看，我们在这个领域又面临严峻挑战。随着苏联的军事力量越来越强，除非我们在力量发展及运用规划上做出充分应对，否则会出现他们似乎有希望占优的情况，且形势似乎正朝着这个方向发展。而且，提升我们的应对的灵活性、有效性，并非一项轻松的任务，即使单纯从技术角度看也是如此。当我们寻求在必要时确保我们不仅能实施一场短暂的、高强度的核战争，而且能实施一场相对长期的核战争时，会面临一些新的特殊难题。所有这些任务在未来几年里，都将吸引我们越来越多的注意力。

1982 财年美国国防部年度报告①
国防部长　哈罗德·布朗
1981 年 1 月 19 日

第一部分　政策

第四章　军队政策之一：战略核力量

美国军事力量的支柱是我们的战略核武器，即能够将核弹头及核炸弹

---

① 　1982_ DoD _ AR，http://history. defense. gov/Historical-Sources/Secretary-of-Defense-Annual-Reports/.

投送到世界上最远角落的导弹、潜艇及轰炸机。这些武器难以想象的毁伤潜力使它们在军事力量等级体系中居于特殊位置，并赋予那些负责控制这些武器的人以异乎寻常的责任。因此，在我们开始讨论战略核力量之前，先快速回顾并提醒大家关于核战争可能造成的后果会很有用，因为防止爆发核战争是这些武器的首要任务。

在美苏之间爆发的全面核战争中会使用这两个国家拥有的大约 16000 枚核弹头、核炸弹中的大部分。因为这样一场核战争造成的毁伤前所未有，实际上也不可名状，所以先看一下使用一件典型的核武器——一枚等效百万吨 TNT 爆炸当量核弹头所造成的影响，再来理解这些核武器的毁伤潜力可能会相对容易一些。国会技术评估办公室最近的一项研究指出，如果一枚这样的核弹头在美国的一个主要城市爆炸，其影响如下：

——半径 0.8 英里范围内所有经过加固的混凝土结构建筑、半径 3 英里范围内所有木制和砖混建筑，以及半径 4.4 英里范围内所有简易（lightly constructed）商业建筑及典型住宅，都会被彻底摧毁；

——半径 1.7 英里范围内几乎每一个人都会立即死亡，半径 2.7 英里范围内超过一半的人会立即死亡，总共会造成大约 25 万人立即死亡；

——各地额外总共有高达 20 万人会因严重受伤而逐渐死亡；

——还有数十万人会受伤，包括数万严重烧伤者。

当我们从这种几乎不可能出现的一个城市只爆炸一个核弹头的场景，转到甚至所谓"有限"核打击（我一直坚信，"有限"核交战不可能保持在有限的层次上）的场景时，伤亡的统计数字会相应升高。借助一些特定条件（风、天气、爆炸高度、使用核武器的数量及类型等），苏联即使只对我们的导弹发射井发动攻击，也会在 30 天时间内使各地的 200 万到 2200 万人死亡。

美苏针对对方军事和经济目标的大规模核打击，在美国造成的死亡人数估计在下限 2000 万至 5500 万，上限 1.55 亿至 1.65 亿区间范围内，在苏联造成的死亡人数估计在下限 2300 万至 3400 万，上限 6400 万至 1 亿区间范围内。除此之外，对社会攻击后造成的二次伤害及非直接混乱，被攻击区域以外区域受到的放射性尘降及其他因素的长期影响等，会进一步增大这种毁伤。

慑止核战争——使核战争变得不可能，甚至是非常遥远——因此成为我国国家安全的最优先事项。追求实现这一目标，需要我们给予我们的核学说及核计划、核力量本身、核军备控制过程等以最严肃、最仔细的关注。下面我对这几个问题逐一进行阐述。

一、抵消战略

1980 年我们取得的一个重要成就，是以第 59 号总统指令（PD/NSC59）的方式正式推出了我们改进后的核学说。在去年我的报告中，我详细阐述了这一抵消战略的目标及主要内容，1980 年 8 月，在卡特总统签署了 PD/NSC59 之后，我在一次重要的政策演说①中比较详细地阐述了这一战略。尽管如此，由于这一学说太重要了，还是需要在这份报告中对这一抵消战略予以特别关注。

任何关于抵消战略的讨论，有两个基本观点需要强调。<u>其一，这是一个威慑战略，抵消战略是针对苏联设计的</u>。我们不仅必须有力量，有学说，有如果遭到了攻击进行报复的坚定意志，还必须使苏联人<u>事前</u>相信，我们真的有这样的力量、学说及意志。由于这一战略是用于慑止苏联的，因此我们的核学说必须考虑我们对苏联在这些问题上的认知了解多少。因为，按照定义，威慑需要塑造苏联关于战争风险的评估，而他们进行的这种评估使用的是他们自己的而不是我们的模型。我们必须正视他们的观点，并在我们的规划中考虑他们的观点。我们可能，实际上也确实认为我们的评估模型更精确，但他们的评估就是威慑驱使我们要考虑的现实。

苏联有几个观点同构建我们的威慑战略相关。第一，苏联军事学说似乎考虑接受打相对长期核战争的可能性。第二，有证据表明，他们在核打击中将军事力量，而不是一般的工业和经济能力作为明显的优先打击目标。第三，苏联领导层明显赋予维护其政权存在、确保其国家权力机构及控制机构生存及持续有效运作等极高的价值，至少将它们置于和一般的人口损失、全面核战争相关力量的减损等同等重要的位置。第四，在有些情况下，苏联领导层中某些人似乎认为，苏联取得核战争胜利至少在理论上是可能的。

所有这些并不代表说，苏联没有意识到核战争会给其带去毁灭；事实上，他们对这一点心知肚明。这也不代表说，我们不能慑止他们，我们很

---

① 　这里指的是 1980 年 8 月在位于新港的海军战争学院的演讲。参看本书收录资料七十。

明显能威慑他们，也会威慑住他们。

其二，世界不断在变，而我们的战略变化很慢，几乎总是赶不上美国技术和军事能力的变化，也赶不上苏联技术、军事能力及战略学说的变化。一个在美国只有数十枚核武器而苏联还没有核武器时很好用的战略学说，几乎不可能在我们已经有了大约 9000 个、苏联有了大约 7000 个战略核弹头的时候仍然好用。由于战略平衡已经从美国占压倒性优势转变为实质性均等，且洲际弹道导弹的命中精度已经稳步提高到了能够以很高的概率摧毁硬目标的水平，我们的核学说必须适应这些新的变化。

这并不是说我们的核学说目标要变；相反，就和之前一直对它的定位那样，威慑仍然是我们的基本目标。今天我们的抵消战略，是由像罗伯特·麦克纳马拉和詹姆斯·施莱辛格那样一代人建立起来的概念原理的自然演进。

美国从来没有，至少是自美国有了数量可观的可用核武器开始，就没有哪一个战略学说简单地、唯一地把对苏联城市和人口的大规模回击作为其基础。在此前差不多 20 年时间里美国政府都认识到，那些给我们提供很少打击选择的瞄准学说，作为威慑是有不足之处的。尽管为了对核力量发展进行规划，有时也会用打击一组工业目标的能力来衡量战略核力量，但我们一直是既规划更有选择性的打击（限制对城市—工业目标毁伤的选项），也规划综合性更强的核打击（打击各种民用和军事目标）。公认的苏联同美国达成了战略均势这一事实，对长久以来我们一直都知道根本行不通的那种观念，即我们单靠威胁对苏联城市实施大规模报复就足以威慑住苏联的观念判处了最终死刑。

本届政府对我国战略学说发展的一系列贡献始于 1977 年夏天，当时卡特总统要求对美国核政策进行一次综合性评估，以确保它在战略核均势时代继续可行，有效发挥威慑作用。在此后 18 个月时间内，民间和军方专家就核政策进行了一次深度的评估，内容涵盖美国和苏联核能力、核力量脆弱性、核学说等多个议题。一俟审议报告写好，就开始实施。审议提出的很大一组原则，构成了抵消战略的基本要素。在我所作的 1981 财年国防报告中，以及 1980 年 6 月在挪威举行的北约核计划小组会议上，我对这些原则都做了概述。在卡特总统要求进行核政策审议三年之后，他签署了一份执行指令——PD/NSC59，正式发布了抵消战略，为接下来美国核力量规划、瞄准及核武器系统获取等的进一步发展提供了顶层指南。1980 年 9 月，国务卿马斯基（Muskie）和我一起在参议院外交关系委员会就抵消战略和PD/NSC59作证。1980年11月，在秋季北约核计划小组会议上，我再次就抵消战略同我们的北约盟友进行了广泛、深入的讨论。

我们的抵消战略，主要用于提供有效的威慑，它告诉全世界，没有哪一个美国的潜在对手能得出结论说，他们侵略的收获能抵得过他们为此要付出的代价。不论对方想实施什么层次的冲突，都会是这样子。对苏联而言，我们的战略清楚地使他们知道，他们任何会导致使用核武器的侵略，不论使用多大规模的核武器，也不论在哪一个冲突阶段上使用核武器，都不会获得胜利。不管他们如何来界定胜利的含义，都会是这样。除了我们的力量会摧毁苏联所有目标外，美国还有实施更具选择性、规模更小的报复打击选项，这会使其为那些苏联领导层最重视的东西——政治和军事控制能力、核及常规军事力量、维持战争所需要的经济基础设施等——付出令他们难以负担得起的代价。

因此，抵消战略通过提供用于对可能发生的任何层次的侵略做出相应反应的打击选择，与北约的"灵活反应"战略相一致。抵消战略的本质是让苏联确信，他们选择的任何层次的侵略都会被成功抵抗住，在任何层次的冲突中他们都获得不了能够代表他们"成功"的结果。

我们的核力量运用政策有以下五个要素，用于达成抵消战略目标。

A. 灵活性

我们的核运用规划必须提供从小规模使用战略核武器及/或战区核武器打击少量目标，到使用我国大部分核力量打击大量目标的连续一体的多种打击选项。除了事先规划好的打击选项外，我们还正在发展在应对突如其来的新情况时，制定其他核力量使用计划，特别是小规模打击计划的能力。

从理论上讲，这种灵活性会增大控制有限核交战升级的可能。我要再次强调我已经多次公开强调过的两点。第一，我们一直高度怀疑有限核交战升级是否能够控制住，或者说这种核交战是否会在发展到全面的、大规模核交战之前停下来。第二，即使认为升级控制不住，我认为我们也必须尽我们所能使这种升级控制成为可能；而不做这种努力，使我们自己顺从于这种升级的不可避免性，则是对承担的关于核武器的巨大责任的严重放弃，而不加控制使用核武器的可怕后果就会出现，迫使我们吞下苦果。关于这一问题已经说了这么多了，我还是转到第二个要素——升级控制上来吧。

B. 升级控制

有控制地使用核武器的计划，连同其他相应的军事和政治行动一道，应当在我们通过谈判来结束作战上发挥杠杆作用。在冲突早期阶段，我们必须要使敌人明白，进一步升级冲突不仅不会达成其目标、取得所谓的"成功"，反而会使其付出额外的代价。要做到这一点，我们必须把敌人那些高价值的军事、经济和政治资源暂时留下来，同时让敌人清楚地知道，这些目标有随时被我们打掉的风险，以便使他们有强烈动机去寻求结束冲突。

C. 生存性与耐久性

实现升级控制的关键是我国核力量要具备生存性和耐久性，具备能够支持核力量发挥作用的通信、指挥、控制及情报（C^3I）能力。C^3I 能力对于有效威慑至关重要，我们已经对此投入了比之前多得多的关注。我们必须确保美国不会处于"要么使用核武器，要么被毁"（use or loss）这样的不利境地，这可能导致冲突不适当地升级。这就是在苏联不会忽视我们有能力在其攻击武器飞抵目标之前我们的报复性力量已经打出去的情况下，我们还是不能将"预警发射"作为解决陆基洲际导弹脆弱性长期方案的主要原因。这也是新的 MX 导弹应当部署在一个可以确保生存的基地，而不是部署在具有高脆弱性的固定发射井里的原因，也是我们花很多钱来确保我们的弹道导弹潜艇舰队能持续生存的原因。要想使核力量使用能适应各种快速变化且可能从未预料到的情况，并在这种情况下能通过裁剪原有的使用规划来做出适当反应，核力量具有可生存性与耐久性是基本前提。而且，如果不具备可生存性与耐久性，我们也不可能留出大量的力量作为后备力量。

D. 瞄准的目标

为了满足对灵活性及升级控制的要求，我们必须有能力打击苏联的四类目标。

1. 战略核力量

苏联不应幻想通过打击我们的战略核力量，来极大地减小其遭受的损失。然而，初始核交战之后的战略平衡态势，会是一方决定是否发起核打击的重要因素。这种战略平衡态势既是绝对意义上的，也是相较于战前平衡态势而言的。因此，有能力使潜在侵略者不能通过核交战使战略平衡发生重大且对其有利的变化，对威慑来说十分重要。

2. 其他军事力量

"打击军事力量"（counterforce）远不只是打击居于核心位置的战略核力量系统。我们多年来一直有摧毁苏联所有军事力量，不仅包括核力量，还包括常规力量的打击选项。因为苏联有可能部分地用战后整体军事平衡来界定"胜利"的含义，所以我们在执行抵消战略过程中，将特别重视更加有效、更加灵活地打击苏联各方面的军事能力，并以此来强化我们的威慑。

3. 领导层和控制机构

我们必须有以苏联政治和军事领导层以及其政治和军事控制机构为目标的打击选项，我们确实有这样的选项。像我前面说过的那样，由这些控制中心组成的政权，是苏联领导层极为看重的。美国具备摧毁这些目标的显而易见的能力，将对苏联体系的精髓、核心构成显著挑战，因而有助于威慑。同时，我们也要意识到，敌方最高指挥机构的存在也会在终止敌对上发挥作用，我们也能够设想出很多摧毁这些机构对我国不利、与最有效维持我国利益背道而驰的场景。或许这里值得强调的是：握有能力不等于一定要使用这种能力。

4. 工业和经济基地

抵消战略绝不代表我们不认同或者不再认同能够威胁包括工业和经济基地在内的苏联所有目标所具有的终极威慑效应。苏联人对这些目标看得很重，我们必须确保让可能失去这些东西成为苏联关于核战争的算计中始终绕不开的一个因素。我要再次强调，尽管作为一项政策，我们不瞄准平民本身（per se），但是在攻击坐落在人口密集的城市里的苏联工业和经济基地时，仍然不可避免地会造成严重的平民死亡及其他人员伤亡。我想补充一句，在对苏联实施的更聚焦的攻击中，造成苏联平民伤亡的数字也会很大（这不像前面引述的对苏联攻击我国洲际导弹发射井所造成的我国人员伤亡的估计数字）；实际上，这一伤亡之所以用"有限"来形容，只是相对于全面核打击导致的伤亡而言，这一伤亡要小得多。

E. 后备力量

我们的规划必须对在冲突期间及长期冲突之后，如何委任及运用数量足够、生存能力强、具有耐久性的后备部队，以及对支持这些力量发挥作用的 C³I 系统等做出规定。至少，我们将保留这样一支专用的战略核部队。

＊　＊　＊

由于对抵消战略和 PD/NSC59 存在很多误会和误解，这里有必要重申一下抵消战略"不是"什么。

——它不是一个新的战略学说。它并没有彻底背离在过去 10 年左右时间内我国奉行的核政策。它是对过去政策的精练和改进，是对之前我国核政策声明的重新编辑。它是本质相同的战略学说，重新表述得更清楚，与当前和未来美国和苏联的情况及能力联系更直接。

——它没有假定或者坚持说，我们能"打赢"有限核战争，也没有佯作或者打算使我们这样来做。它确实要寻求使苏联人相信，他们不会打赢这样一场战争，从而慑止他们开启这样的战争。

——它甚至没有假定或者坚持说，核战争可以保持有限状态。我已经清楚地表达了我关于这种情况极不可能出现的观点。但是，这一战略确实要求我们对苏联有限核打击做好准备，而不是以自动的、即刻的、大规模的报复来应对。

——它没有假定说，一场核战争真的会拖延数周甚至数月时间。但是，它确实是考虑了苏联人顺着这条线思考问题这样的因素，目的是要他们相信，这种情况无论可能性有多大，他们都不会取得胜利。

——它不要求用主要打击军事目标来替代主要打击平民目标。但它确实认识到了军事目标和民事目标的重要性。它确实增加了可供总统选用、覆盖了各种类型军事和民事目标的核打击选项的数量及类型，以便总统能够对任何类型、任何层次的攻击做出适度、有效的反应。

——它没有同未来军备控制发展格格不入。事实上，它确实强调了很多特征，如可生存性、危机稳定性、威慑等，都是军备控制的核心目标。它也不要求发展更大规模的核军备；它确实要求战略核力量不论规模如何，要有更大的使用灵活性，能更好地被控制。

——最后，它不是第一次打击战略。在这一政策中，一点也没有指望说核战争能成为实现我们国家安全目标的一种审慎的工具，因为它做不到。我们的战略学说的前提、目标、核心没有变，仍然是威慑。抵消战略首要的，是通过明确我们在应对任何层次的苏联攻击时要做什么，来慑止所有的这些攻击。

评　介

在 1981 财年和 1982 财年国防部年度报告中，国防部长哈罗德·布朗对美国新核运用政策（PD/NSC59）及"抵消战略"进一步做了阐述。从本资料中可以看出，美国"抵消战略"的本质，就是在任何对抗层次上都要使苏联得不偿失，使苏联在任何情况下都不可能获胜。

哈罗德·布朗本身是一个核科学家，对核问题有深入认识。他在报告中谈到的关于核问题的一些理论方面的认识，同样值得关注。例如，他谈到，在威慑实践中真正发挥作用的是敌方相信美国有能力、有使用计划及使用的决心；他明确提出，除军事作用外，核武器还具有一定的政治作用；他认为，在新形势下确保摧毁能力仍然是美国威慑的"基石"，界定了核交战（nuclear exchange）与确保摧毁在核威慑构架内的相互关系。

七十二

里根政府关于"核武器使用政策"的国家安全决策指令（NSDD13）[*]（1981 年 10 月 19 日）

1981 年 10 月 19 日

给尊敬的国务卿亚历山大·黑格（Alexander Haig）、国防部长卡斯帕·温伯格（Caspar Weinberger）、中央情报局局长威廉·凯西（William Caser）及参谋长联席会议主席戴维·琼斯（David Jones）将军的行动备忘录

主题：核武器使用政策

总统已经批准了第 13 号国家安全决策指令——核武器使用政策。这份文件附后。

由于这份文件高度敏感，所以要极端严格地控制其知悉范围。

代表总统：

总统国家安全事务助理理查德·艾伦（Richard V. Allen）（签名）

附件：第 13 号国家安全决策指令

知会副总统

第 13 号国家安全决策指令

核武器使用政策

总统已经指示，以下内容将是指导我国核力量部署及使用，以及核力量建设的国家政策。

美国最重要的国家安全目标是慑止对美国及美国盟友的直接攻击，特

---

* "Nuclear Weapons Employment Policy"，Digital National Security Archive（DNSA）.

别是核攻击。一旦针对美国及其盟友的核攻击发生了，那么美国及其盟友必须取胜。不论是从防止核攻击发生来看，还是从在任何层次的核冲突中保护美国国家利益来看，我们的核力量都至关重要。

如果我们的防御态势能够使苏联评估后得出结论：在任何紧急情况下战争后果都是那么的不确定、那么的危险，从而主动放弃任何发起攻击的动机，那么威慑目的就能得到最有效的实现。这就要求我们要能够令人信服地做出反应，使苏联或者我们的其他对手达不成他们的政治和军事目的。换句话说，我们必须做好成功进行一场战争的准备。我们的核力量（包括"三位一体"战略核力量和战区核力量）同我们的一般任务部队一道，必须能够使敌人任何对美国及我们的盟友构成威胁的军事能力都处于被摧毁的危险中。

如果威慑失败，核力量使用必须同我们的一般任务部队作战行动有效关联起来。我们在核冲突中的力量运用学说，必须确保我们能够在任何规定的时间内，实现国家指挥当局从先前确立的通用战略方针中挑选出来的特定目标。

这些重要的要求构成了我国核力量发展及部署规划的基础。我们必须推动我们的部队及相应的指挥、控制、通信、情报（C^3I）系统得到实质性改善，确保我们在长期核战争中具有灵活性、耐久性和有效性。我们的核武器使用政策及使用计划必须随着我们部队能力的提升而不断发展。以下的原则和目标应该成为我们这两个方面工作的指导方针。

基本运用目标

美国必须要能使苏联在任何层次的冲突中都不会获得胜利，且必须能迫使苏联寻求以对美国有利的方式来尽早结束敌对。为了达成这一目的，我们必须有能力用符合我国利益的方式，对敌方尽可能多的目标进行打击，即使我们在没有得到战略预警就遭到大规模打击的情况下对敌实施报复，也要能做到这一点；而且在必要时，我们要有能力让苏联及其盟友瘫痪，使它们难以再有效采取军事行动。战略核力量运用计划必须同战区核力量及其他一般任务部队的运用规划结合起来。

核力量运用规划

为了实现核运用目标，事先规划用于对抗苏联及其盟友的核打击选项，将按照如下实施打击的总体优先顺序来分配武器：

——战略核力量及战区核力量，以及与之关联的 C^3I 系统；

——国家政治和军事领导层及与之关联的控制机构；

——所有其他的军事力量，包括固定部署力量及机动力量，以及与之关联的 C^3I 系统；

——能够为作战行动提供直接支撑的工业设施；

——苏联（及其盟友）的工业/经济基地。

可以从上述目标类别中选择部分目标来设定次级打击选项（sub-options）。

用于攻击（1）国家政治和军事领导层，以及（2）苏联（合适时，包括其盟友）的工业/经济基地的打击选项，在长期核对抗期间，将用作留着暂不实施的选项，以便在对其军事目标打击之后，使苏联仍留有大量的国家控制机构及足够的工业/经济资源处于随时被打击的危险之中，从而使他们有足够的动机在对我们的城市和工业资产实施全面攻击之前，去寻求结束冲突。

对特定目标实施攻击时，应选择既能限制附带毁伤，又能有效完成攻击任务的方式。在任何合适的地方，整体打击计划中都应包括为了限制这样的附带毁伤而留着暂不执行的打击选项。

尽管我们的政策仍然是不依赖于有关苏联的导弹攻击已经启动的预警，以不可撤销的方式来发射导弹，但我们必须使苏联的核打击规划者在我们实际上可能会对这样的预警做出何种反应的问题上存在巨大的不确定性。我们还必须做好在接到苏联已经发动核攻击的预警后出动我们可以召回的轰炸机部队的准备。

除了有预先规划好的核打击选项外，我们必须能在短时间内制定形成使用战略核力量和战区核力量，对那些在冲突形势发展过程中突然出现的高价值目标（如地面编队）实施打击的即时打击选项（immediate options）①。这种能力必须包括快速制定将战略核力量、战区核力量及一般任务部队的有效运用融为一体，以实现战区作战目的的新的作战计划的能力。

灵活性

美国的核力量、支持核力量的 C^3I 系统及其运用计划必须能够有选择地

---

① 原文件在"即时打击选项"和前面的"事先规划用于对抗苏联及其盟友的核打击选项"两处都加了下划线，似乎在强调和对比。

使用，以确保能对任何层次的侵略做出适当反应。在保持灵敏的决策及灵敏的部队执行程序的同时，在提升当前核能力，充分发挥新发展的核力量及性能得到改善的支撑性 C³I 系统的优势过程中，要将提升核运用的灵活性作为一项立志要实现的重要目标。

可生存性及耐久性

核力量及支持核力量的 C³I 系统必须有足够的生存能力及耐久性，以支持本指令明确的瞄准需求，提供在旷日持久（protracted）冲突中对部队的有效控制和指导，并确保可靠的后备力量在长时间留着不用之后仍能使用。

可靠后备力量的构成将主要基于其组成部分及提供支持的 C³I 系统的生存概率及耐久性来确定，基于其对包括硬目标在内的多种多样的目标的打击能力来确定。随着核力量及相关的 C³I 系统的改进使其可以发挥更大作用，可靠后备力量将同步快速增长，其使用的灵活性也将提升。

针对非华约国家的核武器运用目标

应当适当发展用于防止华约以外的其他潜在对手，在苏联实施攻击、美国进行反攻击之后对美国、美国盟友及对美友好的国家进行胁迫的核打击选项。我们应当尽可能多地依赖战区核力量及可靠的后备力量的核武器来达成这一目标。

核武器获取政策同核运用政策之间的关系

我们的核力量及 C³I 发展项目必须能够支撑本指令确立的核运用政策。在确立核力量渐进获取的标准时，必须认识到，核力量态势中的每一个元素都具有更适宜于某些冲突形势而不那么适宜于另外一些情况的内在特征。我们的这些发展项目将能够实现：

——使我们的部队及相应的 C³I 系统有更高的生存能力、耐久力及军事效力；

——我们的部队及提供支持的 C³I 系统中有一部分在核战争中具有极高的持久生存的概率；

——在冲突形势快速变化背景下具有更高效的瞄准（打击）苏联军事力量及相应的 C³I 系统的能力；

——评估作战损失、组织使用剩下的部队和武器系统的能力。

要特别重视我国核系统及其部署模式的多样性，以强化我国核力量的整体实战能力（overall warfighting capability）。核系统及其部署模式的多样性将使苏联的防御和进攻规划变得复杂，使我们自己的进攻规划中和规划执行时所用到的核力量与常规力量要素能相互增强，且有助于防止我们的核力量中某个单一要素出现不能预料的能力退化。

相关的国防行动

主动和被动防御对可信威慑的作用巨大。通过有效的战略防御来限制美国遭到毁伤的能力，可以降低被敌方胁迫的可能性，提升美国战后恢复的前景。在单独的战略指导文件中将提出关于战略防御的特定的指导方针。

执行

本文件所确定的国家政策将参照国防部长制定的"总体计划"（Master Plan）① 来执行。除使核力量获取政策、部署政策同本政策保持一致外，该计划也要用于协调政府及民防项目的连续性。该计划还应当为频繁进行的、用于改进核力量运用学说及提高核力量运用及规划能力的演练（包括国家指挥当局每半年参与一次）做出大体的规定。国防部长的这一计划将于 1982 年 2 月 1 日前拟制完成并提交总统审议。

至少每一年要给总统提交一份关于我国核力量运用计划的报告，报告要包括但不局限于下列内容：安全后备力量的规模及能力、核力量运用的灵活性以及改进举措的推进和落实情况等。

本指令取代之前的第 59 号总统指令（PD/NSC59）。

罗纳德·里根（签名）

评　介

里根政府上台 10 个月后，用这份新的美国核力量运用政策替代了一年多前卡特政府出台的核运用政策（PD/NSC59）。

里根政府在核武器运用上基本继承了卡特政府的核运用思路，也强调准备在任何冲突层次上与对手对抗，准备在一场核战争，甚至是在持续时

---

① 这里所说的"总体计划"，实际上就是国防部长发布的"核武器运用政策指南"（NU-WEP）。依据总统里根签署的这份"核武器使用政策"文件，1982 年 6 月国防部长温伯格发布了正文长度为 19 页的"核武器运用政策指南"文件。由于该文件有超过 60% 的内容被抹掉，所以本书没有收录这一资料。

间长达数月的长期核战争中来尽可能多地摧毁对方的目标，防止对手取胜，并明确提出美国要在核战争中取胜。里根政府的核运用战略因此也常被称为"打赢持久核战争"战略。里根政府与卡特政府的核运用政策最大不同，是里根政府明确将对方的"国家政治和军事领导层及与之关联的控制机构"列为核打击目标，且优先顺序比较靠前。尽管该文件还提出，在持久战争中，对这一类目标可以留着暂时不打，但美国核运用政策明确增列这一类核打击目标，还是引起了苏联极大的恐慌。苏联将其视为美国随时要对其实施全面核打击的信号，并动员其全世界范围内的谍报人员，加紧收集西方国家准备发动核攻击的情报。

七十三

里根政府的国家安全战略（NSDD32）[*]
（1982 年 5 月 20 日）

1982 年 5 月 20 日

美国国家安全战略

我已经仔细审查了基于国家安全研究指令 1-82（NSSD1-82）的研究成果，考虑了国家安全委员会的最终建议，决定将这一研究结果作为美国国家安全战略的指南。

维护我国国家安全需要制定外交、信息、经济、政治和军事等一系列战略，并将这些战略融为一体。NSSD1-82 启动了这一进程。该研究报告第一部分明确的美国基本国家目标，包括全球目标和地区性目标，将是国家安全战略每一个组成部分的起点。

美国国家安全政策将受到如下全球目标的支配：

——慑止苏联及其盟友在各种冲突中针对美国、美国的盟友及其他对美国具有重要意义的国家实施的军事攻击，且在威慑失败的情况下能挫败这样的攻击；

——通过强化现存的军事同盟，改善与其他国家的关系，推动和支持与对美友好国家结盟，通过外交、政治、经济和信息等全面的努力，来提升美国在全世界的影响力；

——抑制和扭转苏联在全世界扩张其控制范围、扩大其军事存在的势头，增大苏联支持和利用代理人、恐怖主义分子及颠覆力量来实现其目标所要付出的代价；

---

* "NSS1982_052082"，Digital National Security Archive（DNSA）.

——采取措施使苏联通过运用外交、军备输出、经济施压、政治活动、宣传及造谣等手段来提升其影响力的努力达不到效果；

——单独或者在可能情况下与我们的盟友一道，通过迫使苏联承受其经济缺陷带来的压力和冲击，鼓励苏联及其盟国内部长期的自由和民族主义倾向等，来抑制苏联的军事投入，劝阻苏联的冒险行为，削弱苏联的联盟体系；

——通过加强美国军事实力，寻求对等且可核查的军备控制协议，防止重要军用技术及资源流入苏联等，来限制苏联的军事能力；

——确保美国能进入外国市场，确保美国及其盟国、朋友能获得他国能源和原材料；

——确保美国能自由进出太空和海洋；

——阻止核武器进一步扩散；

——鼓励并大力支持有助于推动第三世界国家的经济发展，以及人类社会及政治秩序进步和改善的援助、贸易和投资项目；

——推动建立运行顺畅、对贸易和投资扰动最小的国际经济体系，建立取得广泛认同且得到尊重的国际规则，用以管理和解决分歧。

除了这些之外，美国的国家安全政策还将受到在该研究第一部分和第三部分中明确的特定地区的行动目标的指导。

美国国家安全面临的威胁

80 年代美国国家安全面临的关键军事威胁仍将来源于苏联及其盟友和仆从国（clients）。尽管苏联在经济上面临的压力不断上升，其国家面临的脆弱性不断增加，但苏联军队将继续扩充和推进现代化。

苏联对于直接针对美国或者美国的盟友发起军事行动给他们自己带来的灾难性后果，还是有清醒认识的。基于此，相对于同苏联之间的直接冲突而言，更可能因地区紧张而引发同苏联的仆从国爆发战争。但是，在与苏联的仆从国之间的军事冲突中，仍然存在同苏联直接对抗的风险。

政府不稳定、弱势政府、效率低下的经济，以及传统冲突的持续存在等，都会给苏联在很多发展中国家的扩张提供机会。石油等能源的日益匮乏，日益严重的恐怖主义，核扩散的危险，苏联政策延续上的不确定性，大量西方国家在一些问题上的缄默，以及苏联外交自信的不断增强等，都会加剧国际环境的不稳定性。基于这些原因，整个 80 年代我们的生存及安全很可能会面临自二战以来最大程度的挑战，我们对此做出的反应不同，将使我们在 80 年代末面临截然不同的东西方关系。

盟友及其他国家的作用（略）

地区军事目标（略）

核力量

在我国重建军事能力的所有努力中，推动我国战略核力量现代化，实现同苏联在战略核力量上的均势，处于最优先位置。

如果我们的防御态势能够使苏联评估后得出结论，在任何紧急情况下战争后果都那么的不确定、那么的危险，从而主动放弃任何发起攻击的动机，那么威慑目的就能得到最有效的实现。

美国将依据 NSDD12、NSDD13、NSDD26、PD/NSC53 和 PD/NSC58[①] 等政策文件所明确的指导原则，通过发展能够支持进行持久核冲突的能力来强化战略威慑。在 NSDD12 中明确的战略核力量现代化项目中，除了依据新的决策可能对 MX 导弹部署模式进行改变外，其余的都要坚定推进实施。美国将维持一个强大且可信的由陆基弹道导弹、有人驾驶轰炸机和潜射弹道导弹组成的"三位一体"战略核力量。虽然这三种类型的核力量中的每一种都具有尽可能高的可生存性，但"三位一体"战略核力量的存在可以防止有一种以上的核力量被敌突袭摧毁，也可排除类似于由意想不到的技术原因导致某一种战略核力量失去作用的情况发生。

一般任务部队

在和平时期，我国一般任务部队通过慑止侵略，展示美国的利益、关切及承诺，助力其他友好国家军队，建立能迅速从和平转向战争的基础等方式，发挥着支持国家安全政策的作用。在战时，这些部队则用于达成我们的政策目标，用于在有利于美国及美国盟友的条件下尽早结束战争。

美国将保持一种全球力量态势，通过维持和增强前沿部署部队能力，增强以美国本土为基地可快速全球部署的部队的能力，定期进行军事演习，提供安全援助，以及实施特种行动等方式，努力提升美国在全球的影响力。

---

① NSDD12 是里根政府于 1981 年 10 月 1 日发布的关于战略力量现代化计划的决策指令；NSDD13 是里根政府于 1981 年 10 月发布的关于核武器使用政策的决策指令（见本书收录资料七十二）；NSDD26 是里根政府于 1982 年 3 月 12 日发布的关于美国民防政策的决策指令；PD/NSC53 是卡特政府于 1979 年发布的关于美国保密电信政策的总统指令；PD/NSC58 是卡特政府于 1980 年 6 月发布的关于在战争中保持美国政府连续性的总统指令。

在不涉及苏联的军事冲突中，美国将寻求限制冲突规模，避免使冲突波及苏联，并确保尽快达成美国的战略目的。

在涉及苏联的军事冲突中，美国必须同盟友一道，对如何在全球战争中成功实施防御进行规划。但是，鉴于当前我们的军力不足的情况，我们必须准备将我们的军事能力集中用于对我们最关键的、我们首先要关注的地区，并减少在其他地方采取行动。这一区分先后、主次的观念将是我国军事力量运用政策的基本特征。限制同苏联的任何冲突的规模符合美国的利益，但是如果接下来同苏联之间爆发了全球性战争，那么美国将在任何可以影响到战争结果的地方，对苏联实施反击。反击并不能取代那些用于在美国核心利益首先受到威胁的地方，保护美国核心利益所必需的强大的军事能力。

后备军事力量将是美国军事规划中不可分割的部分。后备力量将为补充和加强现役作战单位提供重要作战力量。它们在保持作战中部队完整性所必需的支持力量中占有主体地位。在发生了可能涉及后备力量部署，以及可能涉及保持不同规模作战力量部署状态的危机时，国家指挥当局将做出早期动员的决策。动员规划将涵盖所有重大紧急情况。

为了弥合战略与能力之间的差距，美国必须推进实施可持续的、平衡的军事力量发展。第一优先的是提高前沿部署力量，或者早期部署部队的作战能力，以及与之相关的保障能力；第二优先的是提高以美国本土为基地随后将实施前沿部署的部队的作战能力；第三优先的则是扩充军队。

主要按照下列一般性顺序来提升这些部队的能力：使部队达到随时可用的状态，升级指挥、控制和通信（C^3）系统，使部队具有足够的耐久性，增加机动性，最后是实现部队的现代化。

安全援助（略）

力量一体化

只有在所有国防资源相互支持，精心地融为一体，且同国家其他力量要素相互补充的情况下，美国国家安全目标才能实现。

通过对我国当前的和规划发展的军事能力进行审查，会发现存在我们的一些地区目标难以实现、我们对一些盟友的安全承诺不被接受、我们或许在冲突早期就被迫要借助于核武器等重大风险。

这些风险是当前我们的态势中所固有的。我们必须要意识到这些风险，尽我们所能摆正这些风险的位置，然后通过我们的国防发展中有序的、协调一致的投资来降低这些风险。

需要对我们所有的军事能力进行综合的、富有想象力的整合，以降低未来我们的国家安全面临的风险。威慑既依赖于核能力，也依赖于常规能力。核力量将不被看作相对于常规力量的低成本的选择。同时，在我们的总体战略中，必须保留美国有可能使用核武器这一要素。

随着我国战略核威慑脆弱性的日益增加，我们必须提升我国进攻性力量的生存能力，并辅之以有效的发展项目，使国防管理能够连续，战略能够延续，平民能有防护。

涉及美国的武装冲突，要求我们的各军种力量要通过组织、训练和装备建设等具备全面能力，以便使所有部队都能随时部署且一起使用。对任何严重的紧急事态做出反应，需要一定程度的动员。我们必须扩大可动员的人员、工业能力的规模，并定期评估人力政策以确保有足够的人力资源可供动员使用。

提交报告

在国防部长和参联会主席定期的关于我国国防情况的报告中，应包括执行本指令相关规定的进展情况的内容。

本指令并不取代或者改变 PD/NSC53、PD/NSC58、NSDD5[①]、NSDD12、NSDD13、NSDD26 的规定。

PD/NSC18 和 PD/NSC62 被本指令取代[②]。

罗纳德·里根（签名）

附件 A　NSSD1-82 研究报告（原件中缺失）

姜凌　译

---

① 　NSDD5 是里根政府于 1981 年 7 月 8 日发布的关于常规武器转让政策的决策指令。

② 　PD/NSC18 为卡特政府于 1977 年 8 月 24 日发布的关于美国国家战略和军事态势的政策文件；PD/NSC62 情况不详。

评 介

1982 年 5 月里根政府发布的这份美国国家安全战略文件，明确了其在国家安全问题上的一些基本看法和政策立场。在安全形势判断上，美国政府认为，80 年代是二战结束以来美国面临挑战最大的时期。基于这一判断，80 年代美国掀起了其国防建设的新一轮高潮。关于核能力建设，美国政府强调要发展能进行持久核作战的强大核力量，企图通过发展进行持久核战争的能力、做好打持久核战争的准备，来强化核威慑、应对安全威胁。打持久核战争为美军建设立起了极高的标准。

此外，这份文件还特别强调通过让苏联感觉到其行动后果的不确定性，来慑止其侵略行为。这说明，在这一时期，美国更重视利用军事冲突的不完全可控性、低烈度冲突升级为全面战争的潜在可能性来防止常规军事侵略，借以防止战争升级。其思路与方法同尼克松政府时期略有不同。

七十四

美国总统战略力量委员会报告*（摘录）
（1983 年 4 月）

一 威慑和军备控制

……

威慑是我们为了减少这些危险必须展示出来的不变的执着的核心。美国战略力量具有慑止针对美国及其盟国的进攻，以及慑止对方胁迫的作用。如果公众和决策者认为苏联可能会发动一场成功的攻击的话，这种胁迫是有可能发生的。威慑这一政策就像西方自己的安全政策一样，本质上是防御性的。通过其异乎寻常的存在来支持这一政策所必不可少的战略力量，有助于使苏联领导人相信西方具有抵抗侵略的军事力量和政治意愿；如果他们还是选择进攻，那么他们将不会怀疑：我们能够且会做出反应，直至我们摧毁苏联的国家力量，使他们明白无误地处于比他们不发动进攻要糟得多的境地。

毫无疑问，现代核战争可能造成的人间悲剧的范围之大，以及现代非核技术有可能对核战争毁伤后果的加持作用，已改变了战争本身的性质。这不仅是因为使用现代武器的大规模常规战争具有可怕的毁灭性——有大约 5000 万人死于核武器问世前的"常规"第二次世界大战——而且还因为世界主要力量集团之间的常规战争很可能发展成核战争。简言之，慑止核战争威胁这一难题不能在整个东西方力量平衡之外孤立存在。简单地说，我们担忧的是战争，而不单单是核战争。因此我们一定要维持核力量与常

---

* "The Scowcroft Report: The Report of the President's Commission on Strategic Forces, April 1983", Philip Bobbitt, Lawrence Freedman, Gregory F. Treverton, eds., *US Nuclear Strategy: A Reader*, The Macmillan Press Ltd, 1989, pp. 477–485.

规力量之间的平衡，且一定要向苏联人展示出我们的团结和意志。我们必须明白，在我们这些地区中的任何一个地区出现短板，对其他地区以及整个威慑都会造成危险的负担。

威慑不是也不能是恫吓。为了使威慑行之有效，我们不能只有武器，还必须能够让对方察觉到在必要时，我们能够有效使用这些武器打击苏联的主要力量，让对方察觉到这些武器处于随时可以被使用的状态。威慑不是可以用简单的数量来处理的抽象概念。它更不是会威慑住自己的"镜中花、水中月"（a mirror image）。威慑是苏联领导人心中关于他们自己的价值和态度，关于我们的能力及使用这些能力的意愿的一系列信念。这就要求我们即使是在危机时期也要去决定怎样才能慑止他们实施原来计划的侵略，而不是去决定怎样来威慑我们自己。

即使在苏联领导人不愿意同我们达成合理而对等的军备控制协议的情况下，我们的军事力量也必须能够慑止战争。但是，在苏联人被证明愿意的时候，通过各种军控协议能够达成一些重要目标。军备控制能够减少战争危险；帮助限制核武器扩散；消除或减少在特殊事件或偶发事件中误解的风险；在任何一方陷入太深之前封堵那些既浪费又危险，且无益的技术发展路径；帮助将力量现代化引入维持稳定而非破坏稳定的轨道；减少对武器发展目标的误会，进而减少采取过度保险的举措来应对可能的最坏情况的需要；有助于降低武器库的破坏性及其投入。为了部分实现或全部实现这些积极、有用的目标，我们必须牢记遵约和充分核查的重要性——鉴于苏联的国家性质，这是棘手的问题——以及随之而来的为达成公平、合理的协议而保持耐心的重要性。

这是一个十分重要且具有挑战性的议题。在军备控制的某些领域我们和苏联的利益趋于一致。但在其他一些领域，他们的一些努力正在破坏我们的威慑的有效性，他们在利用谈判来挑拨我们与盟国的关系，这会使谈判变得很困难。

但是，不管苏联人是否愿意，保持战略稳定都应是我们的战略力量现代化和军备控制提议的主要目标。我们的军备控制提议和战略武器项目因此应融合起来且相互加强。两个方面应共同作用，使我们能够朝着减少或排除侵略带来的好处的方向迈进，并鼓励苏联也这么做，减少由于偶然事件或误判形势而爆发战争的危险。从我们谋求加强战略稳定的意义来讲，本委员会认为，美国的其他目标应服从于使美国能够朝着战略力量部署更加稳定的方向前进，并鼓励苏联人也这样做的总目标。所以基于下述原因，本委员会认为，朝着减少单个战略目标的价值和重要性的方向前进是很重要的。

二　苏联的目标及核发展项目（略）

三　阻止苏联人利用其军事发展成果

在我们努力寻找能有效阻止苏联人从政治或军事上利用他们的战略力量的威慑和军备控制战略时，以下几点我们必须牢记在心。

必须让苏联人继续相信已经实施了 30 年的北约学说，即如果我们或我们的盟国遭到大规模常规手段或其他手段的攻击，我们有决心也有办法动用国家所有力量来进行防卫。这绝不是说不需要通过对我们的常规力量的改进来提高对我们的常规能力的信心，使我们在很多情况下在常规层面就能实施有效防卫，进而提高"核门槛"。当然，应当谋求达成双方相互进行军备控制的协议，以减少双方对核武器的依赖性。但是有效的威慑需要使苏联领导人在考虑通过常规武器、化学武器或生物武器实施进攻，或者威胁实施进攻之初，一定要明白他们有遭到美国核反击的风险。

同样，有效的威慑需要苏联人认识到，他们通过有限使用核武器打击一个或几个国家的军事目标，不能可靠地威胁到我们或者我们的盟国。他们采取这种行动导致爆发全面核战争的可能性甚至会大于他们的大规模常规打击导致这种后果的可能性。但是，我们不能不关注可能存在的这样一种可能性，即如果苏联人认为我们没有做好回应准备或不愿意做出回应，他们在未来某场危机中有可能赤裸裸地或者含蓄地威胁采取这样的行动。我们在这方面如果缺少准备或者没有进行坚决回击的决心，将明显增大出现这种讹诈的可能。

为了慑止苏联的这种威胁，我们必须有能力将苏联如下一些类型的目标置于被摧毁的危险境地，包括经过加固的地下军事指挥所和指挥设施、导弹发射井、核武器和其他武器的仓库，苏联领导人通过其行动表明他们非常看重的那些目标，以及被他们作为控制和统治工具的那些目标。我们不能幻想苏联领导人会出于和我们完全一样的担心而被我们威慑住，尽管他们也是人，尽管我们希望他们会谨慎行事，我们承受不了这种幻想的后果。对苏联领导人的有效威慑需要使他们在心里确信，挑起战争对他们不会有任何好处。

要想有效威慑苏联人，使他们不敢禁不住诱惑来威胁发动或者真的发动大规模常规战争或有限核战争，需要我们具备不相上下的摧毁苏联加固和不加固军事目标的能力。如果说过去曾经有过使苏联人单方面停止其战略武器部署，将其核打击能力限制在不能严重威胁我们的核力量水平上的那种情形的话，那么随着他们的 SS-18、SS-19 洲际弹道导弹的部署，这就再也不可能了。苏联可以有效地摧毁美国各种战略目标，而我们却不能摧毁苏联类似的战略目标，这样一种"一边倒"（one-sided）的战略态势从长远看，是极不稳定的。在危机中，这种情况会诱使苏联人抱有美国不会做出有效全面反应的希望，以为他们可以成功地威胁进行常规侵略或者有限核侵略，甚至真的实施这样的侵略。这种"一边倒"的态势显然无助于实现和平。

那么，为了成功实施威慑及可核查的、稳定的军备控制政策，我们必须实施强大的、军事上非常有效的核威慑。因此，我们一定要按照需要实现战略力量现代化，使战略力量的生存能力达到需要的足够水平，使其能有效打击苏联领导人最看重的那些目标。

如下所述，我们还应当谋求通过军备控制协议减少不稳定性，引导双方战略力量现代化朝着有利于稳定的方向发展、部署和削减。但是，不管我们要利用军备控制协议来达成什么目标，威慑的以下两个方面都至关重要：第一，如果不牢记苏联扩张主义的本质，那么就不可能解决保持有效威慑，以及达成稳定的、可核查的军备控制协议所面临的难题；第二，我国战略力量的威慑效果不能脱离我们用以对付苏联领导人借以维护其统治的那些工具的军事能力。反过来说，有效威慑要求军事上有效。

评　介

到 1982 年底，美国国内在该不该发展、如何部署 MX 导弹问题上仍然争论不休，难以形成一致意见。里根总统于是采用了美国历任总统在遇到难题时惯常采用的方法，于 1982 年底授权成立了一个战略力量委员会，由他们去寻找解决这一问题的方案。该委员会由曾担任福特总统国家安全事务助理的布伦特·斯考克罗夫特担任主席，成员包括亨利·基辛格、小亚历山大·黑格两位前国务卿，哈罗德·布朗、詹姆斯·施莱辛格、梅尔文·莱尔德和唐纳德·拉姆斯菲尔德四位前国防部长，理查德·赫尔姆斯、约翰·麦凯恩两位中情局前局长，以及威廉·佩里（后来担任克林顿政府的国防部长）、詹姆斯·伍尔西（海军部前副部长，克林顿政府时期担任中情局局长）等重量级人物。该委员会于 1983 年 1 月初正式开始工作，三个月后提交了研究报告。该委员会有时也称为斯考克罗夫特委员会，提交的报告有时称为斯考克罗夫特报告。

虽然成立斯考克罗夫特委员会的初衷是研究解决如何发展和部署新型战略核武器问题，但这份报告对包括有效核威慑、核军备控制在内的诸多问题都有涉及。在威胁判断上，这份报告老调重弹，将防止核战争爆发与防止苏联扩张并列为美国必须处理的两大威胁。针对 20 世纪 80 年代日益加剧的美苏对抗态势，报告指出美国要慑止的是包括常规战争在内的一切战争而不仅仅是核战争，因为常规战争很可能会升级为核战争，并据此强调美国必须在核力量与常规军事力量之间保持大体平衡。

关于核威慑，这份报告将被威慑方突出出来，强调真正发挥威慑作用的美国核实力及决心，是被苏联察觉到的、苏联人心中认为的美国核实力及使用核力量的决心；并将美国对苏联核威慑的本质界定为"苏联领导人心中关于他们自己的价值和态度，关于我们的能力及使用这些能力的意愿的一系列信念"。

由于该委员会成员身份特殊，报告提出的观点基本代表了当时美国官方的主流认识。1984 年之后的美国国防部长年度国防报告多次引用这一报告关于威慑含义的阐述①。

---

①　参看本书收录资料七十五。

七十五

里根政府 1983 财年至 1988 财年国防报告[*]（摘录）

1983 财年国防报告[①]

（1982 年 2 月 8 日）

第一部分　国家安全需求

……

四、核战略

除片言只语之外，一直到现在我都无意谈及核战略。本届政府不认为核力量可以代替常规力量。不过，它确实把我们早该实现的（overdo）战略力量现代化放在最优先的位置。虽然此次现代化规划并不是按照使美国取得核"优势"的目的来设计的，但同样我们将做出一切必要的努力来阻止苏联取得核优势，确保我们在维护国家安全上有必要的安全余量（the margin of safety）。

美国将保持这样一种战略核力量态势，即在发生危机时，苏联将不会有对美国或我们的盟国发动核打击的动机。美国的核力量将能够在任何爆发战争的情形下经受住苏联第一次打击生存下来，且能够以使美国达到其目的的方式对苏联实施报复。如果只是依据某种对平时部署的导弹或飞机的表面统计数字而要使我们的核力量与苏联的核力量完全对应起来（mirror），我们就不会为核武器系统发展提供资金了。依据这种简单的统计数字在美苏核力量之间实现表面上的平衡，对我分配这些本来就紧缺的国防费用来说并不是非做不可的。我们在核武器系统上进行投资的真正目的，是

---

[*]　1983 财年至 1988 财年美国国防部每年都向国会提交年度报告（DoD AR）。本篇资料摘录了年度国防报告相关内容。

[①]　"1983_DoD_AR"，http://history.defense.gov/Historical-Sources/Secretary-of-Defense-Annual-Reports/1983_DoD_AR.

要获得并保持一支能够为我们提供足够安全余量的、重在强调持久生存性的核威慑力量。

现在，我们大约 85% 的国防预算用于非核力量，这准确地反映了我们发展的重点。实际上，假如本届政府不是面临必须解决之前遗留下来的战略核武器和其他核武器严重不足的问题这一现实，非核力量在我们的预算中甚至会占有更优先的地位。

里根总统去年关于使主要核力量现代化的决定，是站在长远基础上做出的，当时，总统要选择的不是发展一种新型武器系统，而是更新战略力量所有主要组成部分。这些选择有可能塑造我们新的总体战略能力，这些能力一直到下一个世纪都会有效发挥作用。这些新的战略武器系统一旦部署完毕，在未来很多年内都会是我国力量的一个组成部分（装备"民兵"导弹系统是 20 多年前决定的；我们目前轰炸机部队的主力 B-52 是大约 30 年前发展的）。总统认识到，他关于新战略力量所做出的决策将在很大程度上预先规定了美国今后若干年内所能采取的军事政策。因此，他的这些决定在数量和范围上都是核时代前所未有的。此前唯一可与之相比的是 1955 年对战略力量需求进行的审议及做出的波及核领域各个方面的决定。当时，艾森豪威尔总统决定发展洲际弹道导弹（ICBM）和中远程弹道导弹（IRBM）力量，以及轰炸机系统和防空系统。

本届政府不得不就如何替换或扩大战略力量的所有主要组成部分——轰炸机、洲际弹道导弹、潜射弹道导弹和通信系统——做出决定一事，并非完全没有什么好处。它能够使我们把战略核力量打造成为能够对国家政策做出有效反应的协调一致的工具，消除在我们的核部队能力与我们的政策目标之间存在的一些危险的矛盾。

我们认识到，在可以预见的将来，我们的核力量必须至少服务于下述四个目的：（1）遏制对美国或盟国的核袭击；（2）帮助遏制对美国或其盟国（特别是北约盟国）部队的重大常规进攻；（3）即使已经使用了核武器，也要强制性地在对美国及其盟国有利的条件下结束战争，且特别要遏制敌对行动升级；（4）使可能的苏联对美国或我们盟国的核讹诈归于无效。

根据扩散核武器国家的工业与技术能力，核武器进一步扩散可能带来各种不同的威胁和风险。一个近期将拥有导弹的先进国家如果发展和试验了核武器，可能对全球战略形势产生重大影响。这会导致美国修改其战略计划和威胁评估。核武器向不发达国家扩散将会产生地区性影响，这会影响到美国左右该地区事态发展的能力。不够发达的国家发展核武器不大可能改变我们战略部队的主要任务，至少到本世纪末以前会是这样的。

我们的核力量和核战略的目的，是在可能出现的一切情况下防止不管基于什么原因而发动的对我们的核进攻。我们绝不能忽视发生"晴空霹雳"式突然袭击的危险。这种危险对我们的核报复力量以及指挥、控制和通信支援系统的生存能力提出了严苛的要求。然而，我们也必须准备在危险增加时，特别是在爆发常规战争时加强核威慑。在发生上述危机时，我们可以通过提高战备状态、疏散、升空戒备和其他措施来减少我们的战略部队易遭攻击的程度。

我认为，防止狭隘的看待核战争的危险很重要。由于战略系统的使用年限长，我们无法预测它们可能面临的所有技术上的变化。此外，在这样长的时间内，地缘政治形势也可能发生重大变化。但最重要的是，核战争无法预测的发展变化，以及各式各样的核打击与核反击无法预见的相互作用，使我们（和苏联计划人员）面临许多无法把握的因素。

我们尤其需要始终提防发生偶发事件和意外故障（人为的和技术上的故障）的危险。因此，核系统及其操作程序必须尽可能安全可靠。关注和强调加强我们核力量的安全，是里根总统核力量发展计划的一个主要特点。这一特点也许尚未被人们充分理解。

1984 财年国防报告①

（1983 年 2 月 1 日）

第一部分　防务政策

五、核武器在战略中的作用

1. 一项切实可行的威慑政策：减少对核武器的依赖

二战后，美国及西方民主国家制定了一项意在防止出现因战争导致大屠杀或者灾难性后果的政策。基于这一目的，美国清楚地宣称，它可能会使用其原子武器，但不是为了征服或者胁迫，而是为了设法阻止或者慑止侵略，以及针对我们自己及我们盟友的攻击。

---

① "1984_DoD_AR"，http://history.defense.gov/Historical-Sources/Secretary-of-Defense-Annual-Reports/.

今天，尽管这已经过去 37 年了，威慑依然是我们的战略核政策的基石。为了成功地进行威慑，我们必须有能力，而且必须被外界认为我们有能力以这样的方式对任何潜在的侵略行动做出反应，即我们让对方付出的代价要远远大于侵略者希望从侵略中获得的收益。我们对大国之间核战争的危险性切不可有任何错觉；我们相信，核战争中任何一方都不可能取胜。但只是我们这一方这样来认识还不足以慑止爆发核战争；苏联领导人也认识到这一点十分重要。我们必须确保使苏联领导人在计算他们侵略面临的风险时认识到，由于我们强大的报复能力，没有任何情况可以使他们能够从发动一场核战争中获益，不论发动的核战争层次如何或者持续时间有多长。如果苏联意识到，我们的军队在他们计划实施的任何层次核冲突中都有能力和意愿使他们不能达成他们的目标，且这样的核冲突还有可能使他们最为看重的政治、军事和经济资产被毁灭，那么威慑就有效，爆发战争的风险就消除了。这就是我们要寻求实现的结果。

2. 美国核政策的演进

在 20 世纪 40 年代后期和 50 年代初期，美国对洲际核打击系统事实上的垄断意味着，我们只需要考虑规模相对较小的常规战争。苏联很清楚，在我们奉行"大规模报复"政策情况下，我们会通过对苏联本土的原子打击来回应苏联对美国或者我们盟友的常规攻击。但到了 50 年代末期，苏联开始发展并具备了远程核打击能力。随着他们的核与常规打击能力持续增强，美国用大规模核报复来应对常规攻击或者有限核攻击的威胁变得越来越不可信。因此，这种威慑开始成为一种不稳定的威慑。相应的，到了 60 年代，美国及北约盟国采用了"灵活反应"理念。这一理念要实现两个目标：一方面，为了给总统提供可选择使用核力量的选项（不再只是大规模打击选项），对美国核打击规划进行了修改，从而恢复了我们的核威慑的可信性和稳定性；另一方面，美国及其盟友希望通过改善常规军队，可以减小在慑止或者对抗非核攻击上对核武器的依赖。遗憾的是，不论是我们还是我们的盟友，都没能完全达到改善常规军队这一关键目标。因此，通过目前我们增强自身常规军事实力的努力，里根政府确实是想努力达成这一很久前就已经确立但又一直没能实现的美国政策目标。

我们用于实现这一长期政策目标的更为紧急的问题来自两个相互矛盾的事实。第一，尽管"灵活反应"学说推动了北约改善其常规力量态势，但盟友们仍然严重依赖于做出核反应。第二，华约非核力量及核力量的实力增长幅度已经远超北约相应的实力增长幅度，即使在我们采用"灵活反应"学说之后也是如此。

即使我们忽略掉核力量在慑止常规进攻方面发挥的直接和间接作用（例如，通过迫使对方军队疏散，从而降低其效能），美国仍将被迫保持核力量以慑止针对美国自己的核攻击。我们还必须慑止针对我们盟友的核攻击，我们的大多数盟友自己没有核武器。

在我们努力确保威慑有效时，我们需要考虑到威慑有可能会失败，并为此做出应对计划。如果威慑失败了，我们不能预测苏联核攻击的性质，也不能有把握地保证可能以苏联有限核打击开场的冲突会被限定在有限层次上。因此，我们必须规划使我们的军队具有灵活性，使我们的应对选项具有灵活性，以便在尽可能低的冲突层次上结束冲突并重建威慑，从而避免造成进一步毁伤。

当然，通过发展具有灵活性和耐久性的军队来寻求强化威慑及限制损伤程度的理念，并非什么新事物。在过去20多年时间内，它一直都是美国战略思想的主流。附件 A 包含了关于过去 20 多年年度国防报告的摘录①，它清楚地反映了"灵活反应"学说的这种连续性。

过去 10 年我们在核政策执行方面有两个最主要的教训，我们在未来一个时期必须继续关注。这两个教训是：

——第一，为了使我们的报复威胁看上去可信，我们必须能够且被认为有手段对多种侵略性行为做出适当反应。如果我们的威胁性反应被认为强度不够，或者与我们的国家利益背道而驰，那么它将被认为是虚张声势。

——第二，威慑是一种动态的而不是静态的努力。为了持续成功进行威慑，我们的威慑能力必须随着面临的威胁的变化而变化。

回顾一下过去核力量已经发生的变化是有益的。

在 60 年代早期之前，美国已经有超过 7000 件战略核武器，其中大多数由 B-47 轰炸机及后来新的 B-52 轰炸机投送。苏联则只有不到 500 枚战略核弹头。在整个 60 年代，如果苏联考虑对美国发动核打击的话，我们的核力量态势对苏联产生了一种胁迫性（compelling）威慑，因为苏联只掌握有

① 该附件摘取了 1964 财年、1975 财年和 1982 财年美国国防报告中关于"灵活反应"本质的论述。

相对较小数量的核武器，且对美国核力量实施打击基本上没有作用，苏联不可能成功实施这样的核打击。如果苏联计划人员使用他们掌握的这些核武器系统来瞄准我们的导弹发射井及我们处于戒备状态的轰炸机基地，他们会发现，耗尽他们自己的核武器也不会明显减少美国的报复性打击力量。换言之，那时苏联能够用于限制自己部队遭受大规模报复毁伤的核能力还非常小。另外，如果苏联计划人员规划用核武器瞄准打击美国的城市，则他们必须要想到美国会对他们的城市进行报复性打击，而不管用什么标准来衡量，美国进行报复打击的核武器规模及能力都远超过苏联。这样一来，苏联再次被威慑住了。

在整个 70 年代，苏联军备不论是规模还是质量都提升了（尽管美国在质量上仍略胜一筹）。苏联强化了其陆基导弹力量及经过加固保护的导弹发射井，并持续提升其对抗空中打击的防御能力。与之同时，美国则选择限制提升核弹头爆炸当量、限制提升其导弹力量打击精度，以不对苏联构成突然的、解除武装式的第一次打击威胁。这种一进一退，使得苏联的陆基洲际导弹得到了"庇护"，因为美国军队目前仍然不能有效打击苏联的这一部分核力量。但是苏联人并没有跟随我们在核发展上进行克制。他们发展了新一代的、专门设计用于摧毁美国导弹发射井及 B-52 轰炸机基地的陆基洲际弹道导弹，而美国导弹发射井的抗毁加固程度远低于苏联。到了 70 年代后期，美国导弹的脆弱性与苏联得以有效"庇护"的导弹综合起来，就降低了我们之前的那种威慑的有效性，纾解了苏联战争计划人员之前遇到的困境。目前，苏联人可能会设想实施一种潜在的核对抗，在这种对抗中他们会威胁在第一次打击中摧毁我们很大一部分核力量，同时他们保留有具有压倒性优势的核力量用于慑止我们可能实施的任何报复行动。

因此，要在敌人进攻能力和防御能力变化面前保持我们的战略导弹及轰炸机足够的防护性，我们需要像我们之前的那些政府在实践中所认识到的那样，持续进行调整变化。例如，之前的总统和国防部长开启了为 B-52 轰炸机装备巡航导弹的发展项目，以助力解决突破日益加强的苏联防空体系的难题。本届政府认识到提高突防能力对于"三位一体"核力量中的轰炸机力量的至关重要性，撤销了前任政府关于取消 B-1 轰炸机发展项目的决定，并成功说服国会授权发展 B-1B 轰炸机，这一轰炸机在 B-52 不能突破苏联防空系统时，有能力突防。我们也正在寻求发展隐身轰炸机（Stealth

Bomber）①，这种轰炸机甚至在 B-1B 使用寿命到期后的很长时间内仍可有效突防。

B-1B 轰炸机将有能力迅速逃离其部署的基地，因此在地面核毁伤中比 B-52 的脆弱性更小。它还能突破苏联性能得到极大提升的防空系统，而这一防空系统很快就会使 B-52 飞机难以可靠突防。而隐身轰炸机应能在很长时间内更加有效地实现突防。

为了发挥当前我们"三位一体"核力量中海基核力量，即潜艇系统在逃避被打击上的优势，我们将装备"三叉戟"Ⅱ潜射弹道导弹和海基"战斧"（Tomahawk）巡航导弹。"三叉戟"Ⅱ将使我们有更大的导弹有效载荷及更高的命中精度，极大增强我们的海基核能力。有选择地在部分攻击型潜艇及水面舰艇上部署海基巡航导弹，将增强我们的战略后备力量，使我们的战略能力进一步多样化。

陆基"民兵"导弹和"大力神"Ⅱ（Titan Ⅱ）导弹于 20 世纪 50 年代设计研制，60 年代开始部署，那是一个我们的固定导弹基地按照 20 年前的标准来加固，在苏联不精确的弹道导弹打击面前还能相对安全的年代。今天，陆基导弹是我们的报复性力量中最脆弱的部分，且我们已经决定逐步淘汰"大力神"Ⅱ导弹。前后 4 位总统②、6 位国防部长③及多个议会主要成员已经得出结论，应当通过部署 MX 导弹来实现我们的陆基洲际导弹的现代化。因为苏联主要利用从我国这里合法和非法获得的技术使其导弹命中精度有了新的提高，在 MX 洲际导弹合理的、可生存的部署模式问题上很难让所有人达成必要的共识。国会在其最近的一次会议上同意为其提供研发资金，还暂时没有就为其生产提供资金的问题做出决策，直至其部署模式被批准为止。

对用于核力量的指挥、控制和通信系统实施保护尤其困难，而在危机中保持威慑的稳定性，以及确保有效、可靠的使用核力量则依赖于这一系统。因此里根政府已经将提高我们的核力量管理系统的能力，使其不仅能够生存，而且在苏联持续攻击情况下仍然能够发挥其基本功能作为最优先

---

① 即后来的 B-2 轰炸机。

② 指尼克松、福特、卡特和里根 4 位总统。

③ 指从尼克松政府到里根政府时期的 6 位国防部长，分别是尼克松政府的莱尔德、理查德森、施莱辛格，福特政府的拉姆斯菲尔德，卡特政府的布朗，里根政府的温伯格。

事项。我们还正在提高我们的预警及攻击评估系统的性能、作用范围及耐用性。这些改进措施，连同我们日益增强的防空能力，有助于使苏联领导人不会误认为，在苏联核打击之后美国可能难以实施有效报复。

我们不能过分强调可生存的多样化核力量的重要性。在过去 20 多年里，我们已经持续将"三位一体"的陆基洲际导弹、有人驾驶轰炸机和潜射弹道导弹作为保持稳定威慑的有效手段。这些各自独立、各具特点的战略力量通过协调一致发挥作用，增加了苏联进行打击规划的复杂性，使其规划及成功实施对我们所有核力量的组成部分进行核打击，同时保护自己混合的、相辅相成的报复力量免遭打击变得更加困难，从而形成"三位一体"加强型威慑（the Triad bolster deterrence）。"三位一体"核力量还是对抗苏联有可能追求或者实现的、对我们任何单一战略系统会构成威胁的可能的技术突破的一种防范措施。在"三位一体"中的每一种核武器都需要现代化的今天，其对威慑的重要性再明显不过了。

3. 关于核武器的议题

到现在为止所说的这些，都是在阐明持续实现使美国核力量在苏联旨在将其摧毁的核打击中生存下来这一任务的复杂性。但是，保持令人信服的能慑止苏联对美国的某个盟友发动直接核打击的能力甚至更为需要。与此相关的很明显的一点是，我们需要能够可信地、有区别地，且以与核打击性质相匹配的方式使用核武器。

然而，有人认为我们必须赤裸裸地甚至完全以大规模毁伤敌方平民为威胁，尽管这会招致敌方对我方平民相应的毁伤，并认为这样一种态势将实现威慑稳定。这是不对的。这样的威胁既不道德也不慎重。里根政府的政策是在任何情况下都不会蓄意以毁伤人口为目标来使用核武器。

基于这一原因，我们不赞同有些人的意见，他们认为核威慑应当以专门设计用来破坏城市目标而不是军事目标的核武器作为基础。专门设计用于摧毁人口的核武器既无必要，对威慑而言也不够。如果我们被迫实施报复且只能通过摧毁对方人口中心来做出反应，会招致我们自己的人口中心被摧毁。这样一种威慑战略对于慑止针对盟友的核攻击几乎没有实施的可信性，遑论用来慑止针对盟友的常规攻击了。

为了维持合理的威慑，我们必须使我们的对手清楚地知道，我们会果断地、有效地对他们的攻击做出回应。出于良心或者谨慎来谈论那些美国可能不会实施的行动，有导致威慑目标失败的可能。

最近关于我们抛弃长期有效的结盟政策、承诺在回应苏联对欧洲的常规攻击时"不首先使用核武器"的提议，同样有些模棱两可。事实上，如果苏联认为我们会这样来约束自己，他们就可能集结更多力量实施进攻并获得单边的常规军事优势。为了进一步降低发生核战争的可能性，我们必须加强北约的常规军事力量，而不是代之以不具约束力的和不可能核证的口头宣示。宣示"不首先使用核武器"的危险仍然是：它会增加爆发战争的可能性，从而增大发生核冲突的概率。

a. 发展核武器的谨慎方式（略）

b. "战略"核力量与"非战略"（non-strategic）核力量的联系

为了强化针对苏联对我们的北约盟国实施常规打击和核打击的威慑，我们多年来一直在欧洲部署有大量核力量。列装的很多核投送系统具有核常双重用途，既可投送常规武器，也可投送核武器，用于实施核打击时需要得到总统适当授权并与相应盟友协商。这些部队通过提供强大的作战能力（从而打碎了苏联潜在的快速取胜的美梦），并清楚地将其同北约的最终威慑力量——美国战略核武器联系起来，为保护欧洲提供威慑。

我们在欧洲部署的非战略核力量的目的是慑止苏联对我们的北约盟友实施核及重大常规攻击。这种威慑建立在北约有能力从欧洲对苏联实施报复，以及使苏联明白无误地知道，在欧洲实施常规或者核战争必然会有使美国投入其中央核系统①的风险的基础上。我们所有的核部队受控于我们单一的内在一致的核政策，这一政策将我们的常规力量、非战略核力量及战略核力量联系在一起。美国没有独立的关于非战略核武器的政策。

在过去5年里，在苏联全面推动军事能力建设的背景下，苏联瞄准欧洲目标的SS-20导弹的部署，已经对北约威慑态势的可信性构成了严重威胁。SS-20导弹连同苏联其他可以覆盖欧洲但打不到美国的中远程核力量一起，会使苏联在和平或者危机时期拥有真正的胁迫性力量，且能阻止我们的盟友实现其战时目标。

在过去10年里，苏联通过宣传攻势和外交活动已经在寻求破坏北约联盟的战略团结。他们这一努力的主要目标是迫使美国核部队和常规部队离

---

① 中央核系统指部署在美国本土的战略打击系统。

开欧洲。这样一来，我们的欧洲盟友会赤裸裸地暴露在苏联部署在东欧及其本土的军队的威胁之下。这还会割裂美国战略威慑力量同对北约的欧洲成员实施保护之间的联系。事实上，将美国的"战略"力量与美国部署在欧洲的核力量紧密联系起来的目的，就是劝阻苏联人，不要认为他们能够在欧洲实施一场其本土能够得以幸免的核战争。

苏联领导人在其宣传中耍的重要花招之一，就是改变他们脑海中的事实，且断言美国意图在欧洲打一场"有限核战争"。事实胜过一切。我们意识到，使用任何核武器，不论是"战术"核武器还是洲际核武器，都代表着战争性质最根本的变化。我们强化常规军事力量的目的就是防止出现那种必须通过使用核武器来阻止常规攻击的情况。如果苏联清楚地知道，不论是通过快速作战，还是通过将北约拖入他们会竭力拉长时间的常规冲突，他们的常规攻击都不会取得胜利，那么没有哪一个理性的苏联计划人员会首先发动这样一场攻击。但是我们不能将我们的安全完全寄托于苏联计划人员关于他们能否通过常规军事力量成功对北约的欧洲成员国实施打击或者进攻的算计上。因此，除推动常规军事力量现代化和能力保持项目外，核选项仍然是慑止苏联进攻的重要因素。如果苏联领导人意识到，北约如果遭到攻击，在需要时将使用一切必要手段去保护自己并阻止苏联实现战争目标的话，那么威慑就得到了加强，爆发常规战争及核战争的可能性就会减小。

c. 核军备控制 （略）

1985 财年国防报告[①]

（1984 年 2 月 1 日）

第一部分 伴随自由的和平（Peace with Freedom）

第一章 我们面临的挑战：在变化的世界里保护美国利益 （略）

第二章 迎接挑战：国防政策

尽管我们面临的世界复杂且正快速变化，但美国国防政策的最终目标始终如一：维护伴随自由的和平。我国利益面临的日益增加的威胁、正在变化的国际环境、军事技术的发展，都要求我们改善自己的军事态势和能

---

① "1985_DoD_AR"，http://history.defense.gov/Historical-Sources/Secretary-of-Defense-Annual-Reports/.

力。但是，我国安全政策的三个基本原则仍未改变。这三个基本原则是：致力于威慑；着眼防御性目的；在威慑失效时坚决作战以在有利于我们的条件下恢复和平。

一、在裁减军备的同时强化威慑

威慑仍然是我国国防政策的基石。我们要继续谋求充足的核力量和常规力量，以使任何潜在的侵略者相信，侵略的代价将超过他们可能取得的任何收益。

然而，在确定可信威慑的特征时，我们需要明白，威慑本身是动态的。正如去年总统战略力量委员会（即斯考克罗夫特委员会）所说的那样：

> 威慑不是可以用简单的数量来处理的抽象概念。它更不是会威慑住自己的"镜中花、水中月"（a mirror image）。威慑是苏联领导人心中关于他们自己的价值和态度，关于我们的能力及使用这些能力的意愿的一系列信念。这就要求我们即使是在危机时期也要去决定怎样才能慑止他们实施原来计划的侵略，而不是去决定怎样来威慑我们自己。

遗憾的是，我们面对的是这样一个敌国，即它的领导人已通过他们的讲话、军队的部署和军事演习等清楚地表明，他们认为在某些情况下，他们有可能与美国发生战争，甚至是核战争，并相信他们可以取胜。因此，我们必须确保苏联人计算其侵略的风险时认识到，我们的报复能力将使他们没有机会从侵略中捞到好处。如果苏联人认识到我们的部队能够且将使他们无法在他们策划的任何层级的冲突中达到目的，那么，威慑就会有效，战争危险就会减少。

在 40 年代末 50 年代初，美国对洲际核系统的实际垄断意味着，苏联领导人明白，我们可能用对其本土的核攻击回应其对我们的盟友的常规进攻。但到了 50 年代末，苏联开始发展并获得了远程核能力。随着苏联核与常规进攻能力的不断加强，美国关于实施大规模核报复来应对常规进攻或有限核进攻的威胁开始越来越不可信；这种威胁也不再是可信的威慑了。因此，60 年代美国及其北约盟国采取了"灵活反应"理念，寻求提供包括强大的常规防御在内的基础广泛的有效防御。

里根政府强调，需要有更强的常规威慑来回应两个确定无疑的事实。第一，尽管根据"灵活反应"学说改善了常规力量态势，但北约仍严重依赖核威慑。第二，华约强化其非核力量以及核力量的力度，已经远远超过北约。

a. 常规威慑（略）

b. 核威慑

即使我们忽视了核力量在慑止常规进攻上的直接与间接作用，但在有关核武器的知识不可能消除的世界上，美国必将一直拥有核力量，以慑止针对盟国和我们自己的核攻击。这绝不意味着我们对大国间核战争的危险存有任何幻想，我们认为哪一方都不可能打赢这样一场战争。不过，只有我们有这种认识还不足以防止核战争爆发；关键是苏联领导人也要明白这一点。

但是，在我们致力于保持威慑时，我们还必须考虑并制定应对可能的威慑失败的计划。如果威慑失败，我们既不能预见苏联核攻击的性质，也不能确切知道如何将苏联发动的有限攻击限制在有限层次。我们必须考虑力量和应对选项的灵活性，这样我们就可能在对自由世界军队有利的条件下结束冲突，在尽可能低的暴力层次上重建威慑，从而避免造成进一步破坏。当然，这种通过发展具有灵活性和耐久性的部队来强化威慑、限制损伤的理念，并不是什么新事物。在过去 20 多年里这一直都是美国的主流战略思想。

保持稳定的战略威慑，需要多种报复性战略力量的有机结合——也就是由陆基洲际弹道导弹、有人驾驶轰炸机和潜射弹道导弹组成的"三位一体"核力量。这些各自独立、各具特点的战略力量组成部分，通过协调一致地发挥作用，增加苏联进行打击规划的复杂性，使其规划和成功实施对我们所有核力量的组成部分进行核打击，同时保护自己混合的、相辅相成的报复力量免遭打击变得更加困难，从而形成"三位一体"加强型威慑。"三位一体"核力量还是对抗苏联有可能追求或者实现的、对我们任何单一战略系统会构成威胁的可能的技术突破的一种防范措施。除强大的"三位一体"核力量外，在危机中保持威慑的稳定性且有效并审慎地使用核力量，还有赖于反应灵敏、生存能力强的指挥、控制与通信系统。

最后，不能满足于单单依赖威慑，我们还在总统的领导下，开始积极寻求建立可靠且十分有效地对付苏联导弹的防御系统——我们相信，这能使我们找到在苏联导弹摧毁我们的大部分世界之前，在其飞行中将其摧毁的手段。我们将在下面更为详细地阐述这项很可能给美国及其盟国的安全带来希望的计划。

美国战略核系统是北约最终的威慑力量，同时，我们在欧洲还部署有非战略核力量，用于帮助慑止苏联对我们的北约盟国进行的核攻击或大规模常规攻击。这种威慑建立在北约对苏联及其华约盟国进行报复的能力之上，也建立在使苏联清楚地认识到，使用核武器将会冒美国使用战略核系统的风险之上。我们的全部核力量是遵从始终如一的政策指导的，这种政策对常规力量、非战略核力量和战略核力量进行全盘考虑。

然而，过去六年内苏联部署了射程更远的 SS-20 中远程导弹，侵蚀了北约威慑态势的可信性。SS-20 导弹连同苏联其他中远程核力量一起，能打击欧洲却打不了美国。除非联盟有类似系统与之抗衡，否则苏联这些力量会诱使其在和平和危机期间胁迫欧洲，且认为美国不会对此做出反应。北约在 1979 年做出了具有历史意义的双轨决定，即如果不能通过缔结对等、可核查的裁军协定来消除或裁减苏联部署的这些导弹，北约就部署 572 枚巡航导弹和"潘兴"Ⅱ导弹。这是针对 1977 年以来苏联中程核力量快速增强而做出的慎重的回应。当北约做出这个决定时，苏联已经有了 140 枚 SS-20 导弹；过去四年他们又增加了超过 230 枚 SS-20 导弹，且还在修建新的作战阵地。长期以来，他们始终坚持说，这种导弹力量的增强没有改变欧洲的军事力量平衡。

相比之下，北约只是在 1983 年底才开始部署"潘兴"Ⅱ导弹和巡航导弹。北约的这一决定过去是，现在仍然是联盟集体做出的决定，而不是美国单方面的决定。1979 年以来，历届北约国防部长和外交部长会议都一直支持这一决定，且在去年秋天，那些在其领土上部署这种新导弹的国家选出的代表对这一决定更是赞赏有加。始于去年 12 月的北约首批部署计划丝毫不代表我们在达成一项能覆盖这些核导弹系统的裁军协定上的决心有所减弱。相反，这一部署表明，我们努力想使苏联领导人相信，缔结这样一项协定既符合北约的利益，也符合苏联的利益。

c. 军备控制 （略）

1986 财年国防报告[①]

（1985 年 2 月 4 日）

第一部分　伴随自由的和平

第五章　核政策与核发展规划

一、威慑：政策与挑战

今年是第二次世界大战结束 40 周年，也是为结束战争而使用原子武器 40 周年。在过去 40 年里，美国与苏联之间，或者北约与华约两大集团之间一直没有发生过武装冲突。这与 20 世纪前 45 年不同，在这期间我们经历了两次世界大战，而在刚过去的 40 年里，主要大国之间一直保持着和平。这也是自 19 世纪早期以来，欧洲所经历过的持续时间最长的和平时期。这并非偶然。它在很大程度上要归功于第二次世界大战结束之后美国及西方其他民主国家所采取的威慑政策。设计这一政策的目的就是慑止针对我们自己或我们的盟国的任何形式的侵略，不论是常规侵略还是核侵略。

现代战争可怕的破坏作用，再加入核武器，已经使阻止大规模冲突成为当务之急。美国的政策建立在这一原则基础之上。但是，只有我们单方面这样认识还不足以阻止战争的爆发。使苏联领导人也有这样的认识至关重要。正如斯考克罗夫特委员会在其首份报告中所简要阐明的那样：

> 威慑不是可以用简单的数量来处理的抽象概念。它更不是会威慑住自己的"镜中花、水中月"（a mirror image）。威慑是苏联领导人心中的关于他们自己的价值和态度，关于我们的能力及使用这些能力的意愿的一系列信念。这就要求我们即使是在危机时期也要去决定怎样才能慑止他们实施原来计划的侵略，而不是去决定怎样来威慑我们自己。

我们对核战争的危险并不抱任何幻想。我能想到的，没有比里根总统在许多场合表达的观点更清楚或者更好的了。那就是："核战争无法取胜，因此绝不能打核战争。"甚至只要瞥一眼我们的核部队结构及其现代化计划就会很清楚，我们的政策实际上就是：我们没有，也不会寻求掌握第一次

---

① "1986 _ DoD _ AR"，http://history. defense. gov/Historical-Sources/Secretary-of-Defense-Annual-Reports/.

打击能力；我们现在并不是"打核战争"（nuclear warfighting）的力量态势；我们所有的演习和学说从性质上讲都是防御性的。

遗憾的是，我们面对的对手的领导集体已经明确地暗示说，他们确信在某些情况下，核战争或许可以打，而且他们可以取胜。这从其战略力量的部署和演习中可以看出来。苏联发展了具有潜在第一次打击能力的 SS-18 和 SS-19 战略导弹，计划在发射井里装填新的导弹系统，发展像 SS-20 导弹系统那样的可供再次发射使用的导弹，大力强化对其重要资产的加固防护，加大对其民防建设的投资，所有这些都表明了他们的这种态度。基于此，我们的任务就是要确保使苏联领导人在计算他们进行侵略要冒的风险时，必须认识到因为我们的报复能力，他们在任何情况下都不会从对我们或我们的盟国发动的任何规模的攻击中捞到好处。

经过最终的分析，我们认为有效威慑不仅需要我们有足以回应任何侵略的能力，而且必须使我们的潜在敌手意识到我们拥有这种能力。如果苏联领导人明白，一场核冲突可能导致他们最为看重的军事、政治和经济资产被摧毁，那么他们进行侵略的计划就会失去其在另外一些情况下对他们可能有的那种吸引力，爆发这种战争的风险就会减少。因此，我们必须有足够的力量使苏联清楚地认识到，我们在他们预想的任何层次的战争中都有能力和决心使其无法达成目的。

1. 灵活反应

到 1961 年，苏联核能力已经增强到了使美国缺少灵活性的"大规模报复"战略不再可信的程度。于是，肯尼迪政府制定了"灵活反应"战略，把各种常规能力和核能力结合起来以强化威慑。24 年后的今天，美国的政策依然是通过灵活反应实现威慑。诚然，随着苏联威胁的增大，我们的"灵活反应"战略也有了发展。为了在苏联核力量发展情况下保持我们的威慑有效，我们的核计划中有了额外的反应选项，核部队具备了更多的反应能力。此后的美国历届政府都设法确保美国拥有应对我们的对手可能发动的任何层次侵略的能力，从而阻止侵略发生。

遗憾的是，很多对美国核战略的这种演变持批评态度的人，似乎用以往受到威胁的程度来衡量今天我们对威慑的需求，他们因此对正在出现的核力量不平衡的现实视而不见。比如在 1974 年，当时的国防部长施莱辛格提出的核政策修改就遭到一些人的担忧和误解。他提出的用于增加总统在我们遭到进攻时做出的灵活反应（因此我们要有能力慑止这种进攻）的重要举措，被有些人指责为是朝着"打核战争"（nuclear warfighting）方向迈出的一步。这样的事在 1980 年国防部长布朗身上也发生过。里根政府也未能幸免于类似的批评和误解。然而，事实仍然是，通过灵活反应实现威慑依然是我们今天的政策和战略，而且在里根总统整个第二任期内仍会坚持这种政策和战略。另外，仍然没有改变的事实则是，任何关于慑止苏联攻击所需核战略的讨论，都不可避免会招致那些讨论或处理这一问题的人的指责。

为了确保威慑有效，我们必须考虑到威慑有可能失败，并为应对这种情况做出计划。尽管如果威慑失败了我们还无法预计战争将如何升级，但当我们展示了我们的反应选项的灵活性及我们的力量的灵活性时，我们的威慑力量的可信性就提高了。有了这种灵活性，我们有可能在最低暴力水平上、在避免造成进一步破坏的情况下来结束冲突、重建威慑。虽然不能保证我们在限制冲突方面一定会取得成功，但是如果不做这种努力，我们肯定无法实现这种限制。但是，灵活反应并不意味着我们要寻求打有限核战争，或者寻求去打一场在任何条件下发生的核战争。灵活反应确实反映了我们这样一种坚定的信念，即如果我们有能力让苏联领导人知道，他们所能进行的任何层次的侵略都将造成其无法接受的后果，则侵略就不会那么轻易发生。

2. 挂钩（coupling）：常规力量与核力量的联系

为了加强北约的威慑能力，多年来我们一直在欧洲驻扎核部队。这些部队的很多投射系统都具有核常双重能力，既可用于投送常规武器，同时在得到总统批准并与我们的盟国协商之后亦可用于投送核武器。这些非战略核力量以及由美国和北约盟国提供的常规作战部队，构成了对付华约侵略的前沿防线。我们所有核力量都受控于单一的内在相互协调的政策，这一政策将我们的常规力量、非战略核力量及战略核力量联系在一起。因此，苏联必须明白，对北约的进攻会被认为是对美国的进攻，必将冒与美国核部队交战的风险。

指出下面这一点也十分重要，即：除了为威慑提供一系列核选项外，60年代我们采用的"灵活反应"战略还有一个目标，就是提高北约常规作战能力，以便在慑止或对抗非核进攻时减少对核武器的依赖。遗憾的是，无论是我们还是我们的盟国都未能充分实现这一目标。因此，通过当前我们加强常规力量的努力，北约正在急切寻求实现的是一个已经确立了很长时间的目标而非一个难以理解的目标。我们之所以更加紧迫地处理这一任务，主要源于这样一个事实，即在过去 10 年里，华约强化其非核力量及核力量的力度，已经远远超过了北约。

我们加强常规力量的根本目的，是要减小北约对以威胁使用核武器来阻止常规攻击的依赖性。如果苏联能清楚地意识到，无论是闪击战还是在常规作战中持久拖住北约，其常规进攻都不可能取得胜利，那么没有哪一个理性的苏联计划人员会首先发动这样的进攻。但是，我们不可能把我们的安全完全寄托于苏联计划人员关于其能否依靠常规力量成功进攻和侵略北约的欧洲盟友的算计上。因此，除了推进我们的常规力量现代化及持续发展项目外，我们的核力量仍然是慑止苏联进攻，尤其在核武器支持下的进攻的重要因素。如果苏联领导人认识到，北约会使用其一切必要的手段对所遭到的进攻做出反应，以保卫他们自己并阻止苏联达到其战争目的的话，那么威慑就得到了强化，爆发常规战争及核战争的机会就会减少。

3. 海上威慑

美国还在各种舰船上部署了具有双重能力的武器系统。除了慑止苏联在海上首先使用类似的核武器之外，美国防空用核武器和反潜用核武器还提供了独特的能力，发挥着防范我们海上常规作战系统大规模、灾难性失败的作用。具有核能力的航母舰载机和海基"战斧"核巡航导弹具有以下三个方面的重要作用：用作我们的核后备力量，提供全球性的威慑存在，慑止苏联使用反舰核导弹［尤其是装备在"逆火"式和"獾"（Badger）式轰炸机上的这种导弹］攻击我们的海军部队。如果苏联企图在海上发动一场核战争，那么，美国的海基核力量连同陆基核力量一道，将为我们利用核冲突的不确定性及巨大升级风险来对抗苏联的政策提供支撑。

1987 财年国防报告[1]

（1986 年 2 月 5 日）

第一部分 国防政策
二、美国利益、国家安全目标及战略

---

[1] "1987_DoD_AR", http://history.defense.gov/Historical-Sources/Secretary-of-Defense-Annual-Reports/.

（一）导言（略）

（二）规划美国的力量：面临的问题（略）

（三）美国国防战略——威慑

我们现在所进行的对美国军事力量的重建，是以什么样的战略作为指导的呢？一句话，我们的基本国防战略是威慑。这句话重复得如此频繁，以至于我们时常不去深入探究它的真正意义。其意义在于，我们力求通过使自己强大，不借助于侵略或战争，而是以我们强大的实力去防止战争，来维护我们生死攸关的利益。我们寻求通过使潜在对手相信他们进攻我们的代价将超过他们期望从中取得的收益来阻止战争。这就是我们今天的国防战略的核心，就像战后大多数时间我们一直所做的那样。

"战略"这一概念往往为人们所误解。这个词来自军事环境，在这一环境里，它用于表示与战术的区别。军事战略是规划并指导较大规模军事行动和作战，以实现国家政策目标的一门艺术。它使我们意识到，有可能战役取胜而战争失败。

最近一些年来，这一概念已经为美国商业界所采用，且其扩展到将准则包含在内，这些准则用于界定公司经营什么业务、它的主要目标以及实现这些目标的主要策略等。战略将一个公司所努力追求的目标（ends）以及用以达成目标的手段（means）（政策与计划）综合在一起。战略的主要观点在手段与目标的联系中获得，就是将指导企业的策略同公司目标结合起来。

美国商界使用这一概念等于承认了"战略"就像"政策"一样，是一个有伸缩性的词（an accordion word）。它从规定一个公司经营什么生意的计划，延伸到打入一个新市场的行动计划。除去广泛的公司目标外，战略还包含公司用以在以下每一个职能领域来达成公司目标的关键行动策略，这些职能领域包括财务、研发、生产和销售等。有效的公司战略必须一方面能够平衡其目标与内部经营能力，另一方面能够实现公司目标同外部给别人提供机会和造成威胁之间的平衡。一个长久存在的公司的战略必须将公司的特殊能力同市场上的竞争对手匹敌起来。

美国防务管理需要的是一个扩展了的战略概念，它包含各个层次上的目的与手段之间的联结，从韩国的一个陆军师，或者地中海的一个航母任务编队（a carrier task force），到提供给美国总统的各种应对选项。例如，为了应对苏联侵略欧洲的威胁，北约有一个被 16 个成员国所采纳的战略。这个被称为"灵活反应"的战略，包含了由常规力量、战区核力量和战略核力量组成的处于前沿防御态势的"三位一体"武器系统。与之类似，我们每一个联合司令部和特种司令部都有用于实现其既定任务的战略。每一个这样的司令部的战略只是我们更高层次的国防战略的一个组成部分。这样一来，在考虑"我们的战略是什么？"这一问题时，有必要分析一下把手段与目的联系起来的各个层次的战略是否协调一致的问题。

我们从"我们正在试图做什么？"这个问题开始。国防部的任务就是要保持美国及其盟国的独立、领土完整、自由，以及我们的核心利益。我们首先寻求不通过战争来实现这些目标，但是如果威慑失效，我们就通过作战来恢复和平。我们的基本战略就是要保持一支随时能战的、机动的、可扩展的军队，使潜在对手相信，侵犯我们的代价将大大超过他们期望从中获得的好处。

有效威慑必须满足下述四项基本要求。

——可生存性：我们的部队必须能在对方先发制人的进攻中生存下来，且仍然有足够力量形成使对方所失超过所得的威胁。

——可信性：我们发出的对敌人进攻做出回应的威胁必须是可信的；也就是说，我们做出回应的方式要能够使潜在侵略者相信我们会且将兑现这种回应。

——明晰性：必须让对手清楚地知道我们要遏止什么行动，使潜在侵略者知道哪些行动是被禁止的。

——安全性：必须将因意外事故、非授权使用或误判等造成的威慑失败的风险降至最低。

这一基本战略通过四项主要行动政策得到贯彻，它们构成了国防政策的基石，分别是：足以保障完成每项重要任务的均衡的军事力量、用于集体防卫的联盟、前沿部署力量以及灵活性。

……

（四）美国的国防战略：里根政府对其的修订和增补

里根政府对自 20 世纪 50 年代以来指导国防建设的基本国防政策已经做了一些修订和增补。里根政府的国防发展计划同其上一任政府的主要区别在于，我们决心确保建设一支对可信威慑而言足够的均衡的军事力量。我们继承下来的国防态势和战略的最大问题，来自苏联长达 20 年的军事力量建设，而与之对应的是美国在 70 年代 10 年时间内国防力量减少了 20%。世界军事力量的对比向有利于苏联的方向转化。通过超过我们近 50% 的国防投资，苏联正在每一个可比较的领域实质性地取得优势，包括在核力量、北约与华约军事力量平衡，以及在西南亚地区等多个方面。

关于最近军事力量建设最重要的事实是，我们已经采购并部署了用于贯彻国防政策及战略的新式武器装备，就这些政策和战略本身而言，本届政府与前届政府之间并不存在多大的意见分歧。我们之间的主要不同在于，我们判断认为，为这些发展项目投资、使其尽快达到足以实现我们前述目标的水平非常重要。

我的前任在其最后一份年度国防报告①中所表述的基本战略、任务和作战方针，同我们现行的计划之间的差别，相比于卡特政府在国防战略投资上的犹豫不决与这一届政府在这一问题上的果断坚决之间的差距，要小得多。面对苏联自 70 年代在资本性资产（capital assets）采购方面的巨大优势及其持续的军事力量建设，以及依据美国国会关于减少财政赤字的要求，维持足以保障完成对保护我们核心利益必不可少的重要任务的均衡军事力量，仍然是我们面临的最大挑战。

当我们继续努力应对这种挑战时，我们正在力求体现更为复杂的威慑理念。威慑这一基本理念的外延已扩展，它更加强调以下三个相互关联的看法。第一，有效威慑不仅要强调军事力量平衡的客观事实，而且要使苏联领导人也意识到这一事实。只是我们认为我们在回应对方攻击时将使对方付出的代价超过苏联领导人希望从进攻中得到的好处，这还不够。通过他们在自己工作框架内对这一事实做出解读，苏联领导人必须得出结论：他们不能通过进攻我们来达成其目标。

第二，风险是国防规划中的关键问题。我们为了减小出现灾难性后果的风险，应该为一项所谓的"保险政策"（insurance policy）② 花多少钱呢？我们能担负多高的风险？

第三，威慑是多层次的。它的层次包括防御、升级和报复。

---

① 指的是 1981 年 1 月 19 日卡特政府的国防部长哈罗德·布朗提交的 1982 财年国防报告。参看本书收录资料七十一。

② 意指不完全保险的政策。

1. 认知（perceptions）

认识到对手的想法是威慑的重要尺度，这并不是一个新思想。正如斯考克罗夫特委员会所表述的：

> 威慑是苏联领导人心中的关于他们自己的价值和态度，关于我们的能力及使用这些能力的意愿的一系列信念。这就要求我们即使是在危机时期也要去决定怎样才能慑止他们实施原来计划的侵略，而不是去决定怎样来威慑我们自己。

在关于威慑的国防行动规划中纳入这一洞见，给我们提出了至今尚未完全解决的智力和制度上的问题。由于我们对苏联的想法了解得相对较少，我们的计划制定者倾向于依靠他们自己计算的预期力量对比来代替。但是，我们获得的所有证据表明，准备只是通过集结足以威慑住我们自己的军队来慑止进攻，对于在相同条件下威慑苏联而言可能太少了。例如，许多战略分析家曾反对本届政府实施战略核力量现代化，他们的理由是，这样的投资是"徒劳"的，因为进行这种规模的投资，在关于进攻与报复的计算中得到的边际收益（the marginal gain）① 相对较小。但是，在威慑战略上需要严肃认真考虑的问题是，苏联领导人是否也判断认为，额外增加开支没有意义。过去 10 年苏联在战略部队方面的投资额（按美元计算）已经是我们自己投资规模的 2~3 倍的事实表明，他们不是这样看的。此外，我们的军事力量不仅要在慑止苏联侵略上足够，而且要在我们的盟国和我们自己看来也足够。

里根政府通过加大对我们的情报工作的投资，正在提升我们掌握关于苏联如何估价军事力量对比的能力。在我们的研究、发展与部署的决策中，有一种最有益的思路，就是更加强调分析与理解苏联领导人的想法。

2. 风险

风险是防务规划中的关键问题。遗憾的是，很多对威慑的讨论由于误解了这一概念而进入歧途。例如，考虑到当前我们还不具备履行我们所有义务所需要的足够能力，我们必须减少我们所承担的义务。我们的义务是

---

① 商业领域常用的概念，意指增加单位投入后产出的增量大小。

建立在我们的利益基础之上的。不过，我们从来都不可能有充裕资金用于发展足够的、能百分之百地履行我们所有义务的能力。这里的关键在于：在我们用于应对特定意外事件的计划中，我们准备接受什么样的失败风险？我们为降低这种风险准备投入多少费用？

3. 多层次威慑

威慑是一种多层次概念。我们使苏联领导人相信其为进攻付出的代价会超过其希望从中得到的好处的方法，包括三个层次：防御、升级与报复。

——防御：如果对手估计侵略可能遭到他们自己认为的失败，那么他们将不发动进攻。

——升级：对手必须清楚，即使他们的侵略将成功实现其直接目标，他们面临的仍将是敌对行动可能会升级的威胁，冲突升级后，他们要付出的代价会确定无疑地高于他们愿意为此付出的代价。

——报复：如果对手面临这样一种可信的威胁，即其侵略将招致美国使用幸存的报复力量打击其核心利益，使其损失超出其可能得到的好处，那么他们将不会发动进攻。

在这三个层次中，最安全和最有保证的是防御。因此，我们挫败进攻并恢复和平的"实战能力"并非与我们的威慑战略分开的另外的什么能力。事实上，它构成了有效威慑的基石。如果我们的对手相信它的进攻会在低烈度水平上被击败，且我们所冒的风险很低，那么它为什么还要进攻呢？我们知道，为保持能有效应对每一种意外事件的军事能力所要付出的代价之高，令人望而却步。因此，美国必须保持可信的升级威胁和报复威胁，以确保在各种潜在的冲突中威慑有效。

4. 国防政策的支柱

里根政府重申了"威慑"这一美国基本国防战略，以及国防政策的四大支柱：足以保障完成每项重要任务的均衡的军事力量、用于集体防卫的联盟、前沿部署力量以及灵活性。除了我们自己之外，我们还要求政府里的同事和许多战略研究团体重新评估 60 年代提出的军备思想并提出新观点，我们这样做的目的是找到使威慑战略更为有效的方式。在此基础上，我们为 90 年代的国防政策增加了四大支柱，以体现自 60 年代以来战略环境所发生的巨大变化。增加的这四大支柱是：

——可靠的核威慑和战略防御倡议（SDI）；

——可靠的常规力量威慑和军事力量运用；

——裁减与控制军备战略；

——竞争性战略。

第一部分的最后一章对每一个支柱都有更多讨论，这里只对每一方面做简要概述。

可靠的核威慑和战略防御倡议

在美国国防战略中关于核武器作用的思想出现于美国占据核优势时期。现在，苏联核力量至少与我们的相等，而且在许多领域还超过我们，所以有些思想便过时了。为此，里根政府把以下几个问题放在最优先的地位：减少核战争威胁，减少对核武器的依赖，以及继续发展能给总统提供在应对苏联进攻时除投降以外的其他一系列可以选择的打击选项。

总统的"战略防御倡议"不仅是寻求确保威慑的替代方式的自然延伸，也是这种努力合乎逻辑的结果。这一研究项目现在进行得十分顺利，有可能使我们 21 世纪的安全将不再依赖相互脆弱性（mutual vulnerability）。

可靠的常规力量威慑和军事力量运用

认识到如果没有公众支持，我们就不能维持任何保持和平所必需的行动，因此我们必须制定使用军事力量的现实标准。我们的民主制度的现实驱使我们放弃早先的关于有限战争的学说。民主国家向来谨慎，不会轻易地把使用武力作为外交当然的附加物。这就要求我们将足以在各种水平上慑止侵略的军事力量置于首位。

裁减与控制军备战略

本届政府寻求与苏联达成裁军协议而不是合法增加武器的战略，聚焦于苏联的动机。为什么苏联现在才开始考虑真正裁减其战略核进攻部队？我们认为，这是因为他们知道我们在更新军事力量，判断出在没有这样一个协议的情况下我们将会怎么去做。本届政府除谈判达成削减武器数量的条约外，还承诺进一步提出一系列倡议，控制核军备并减少使用核武器的风险。这些倡议瞄准的是消除模糊、误解和误读。

竞争性战略

美国希望通过采取与苏联大致相当的举措如何来实现其目标呢？本届政府已经提出在推进国防计划的各个层次上实施竞争性战略。竞争性战略要求我们利用苏联的长期弱点，对我们的长远能力进行投资。本政府第二任期的国防项目的特点将是寻求确定并推进实施用于威慑的竞争性战略。

（五）多少才算够？

最后，多少核武器才算够呢？在本届政府第一任期内已经强化了我们的国防能力，那么现在我们能够转到其他优先事项上吗？

真正的问题应该是：安全怎样才算够？我不会假装说这个问题有一个简单的答案。关于风险、可信性及威慑的考量是以很多困难的判断为基础的。有些人喜欢通过想象存在一些对威慑确定的精细计算（definitive calculus）来逃避这一问题。这实际上是不存在的。其他一些人采取的则是政府的任何提议都是多余的立场。这种观点也是建立在他们所希望的苏联威胁并没有像事实已经展示的那样大的认识基础之上的。

当在一个易受飓风或者地震影响的区域修建一栋楼房时，建筑承包商要有能力在他们所谓的"安全保险"（safety premium）上采取更多的或者更少的预防性措施，进行更多或者更少的投入。想一想那些要把家安在飓风途经路线上又没有注意到面临的威胁的人，以及随后在飓风肆虐期间让家人待在房子里而不是转移至安全地带的人。大多数美国人会认为，这样的人是粗心大意且鲁莽的。规划我们国防的人面临的问题则是在我们的国家安全问题上我们要多么谨慎或者冒多大风险。

这个问题甚至更加直接、尖锐（more pointed）。从建造房屋的"安全保险"进行类推是被动的。事实上，我们采取的预防性行动可以影响潜在侵略者有关威胁我们利益的决策。发展军事力量要强于在遭到损伤后再进行修补的做法，因为军事力量的存在既降低了被攻击的可能性，也减小了受损的程度。

看看其他简单的类比。保护我们的国家安全和保护我们的家庭免受罪犯侵袭类似。通过使我们的日常生活及房屋能够更加安全地应对犯罪行为，且通过使警察和法庭确保快速、确定地对犯罪行为进行处罚，我们就能遏制住犯罪。同样的，当美国国防能力足以使苏联人相信他们的侵略将会失败时，我们就劝阻住了苏联的挑战。

在给部队配备装备及人员时，国防部不能也不会花国会不同意花的每一分钱。我认识到，很多国会议员和民众认为，我们加强国防的进程应该停下来，甚至要倒退回去。一些人迄今为止仍在拿军事重建项目的万亿美元花费说事，好像那不是一个持续的进程一样，他们没有意识到同期非国防项目花费远远超出两万亿美元。当然，美国能够砍掉一些防务开支，但要想不削弱军事实力，就不能缩减这部分开支。美国能够削弱其军事力量，但要想不削弱其威慑，就不能削弱其军事实力。我们当然能够选择弱化我们的威慑，但是要想不增加苏联侵略的风险，就不能削弱威慑。

一些美国人似乎准备去接受更高的苏联侵略风险。但是我仍然相信，如果美国人正视这一选择，大多数人会反对削弱我们的威慑，而选择增加战争发动者所承担的风险。我向你们保证，只要我还是国防部长，我将尽我所能来清楚阐述这种风险的大小。即使我清楚地知道，这并不足以使人们最终接受我们的主张，我还是会持续提醒每一个人注意潜在的由"安全保险"不够，以及接受比最安全可靠的威慑标准更低的威慑标准所带来的灾难性后果。

……

五、重新评价我们的军备思想：90 年代及之后国防政策的支柱

塑造我们关于需要何种力量及将怎样运用这些力量方面的思想的大多数概念性工具，于 20 世纪 50 年代早期即已形成。看看这个清单：核威慑、延伸威慑（extended deterrence）、升级控制、战略稳定、进攻优势、"灵活反应"、反暴乱、有限战争、升级阶梯（escalation ladders）等。这些概念不仅塑造了我们今天管理有关力量、学说和规划等的主线，而且继续塑造着我们关于这些力量使用及我们将来需要何种力量的思想。

首次形成并使用这些概念的 50 年代的主要特征是什么呢？可以概括为两点：美国在核领域一骑绝尘（preeminence）和美国占据着军事优势。在核领域，当时我们占有决定性优势。我们在军队的各个方面的投资超过了苏联，并在大多数军事领域占有一定的优势。

那个时代已经终结。苏联经过努力，已成为一个军事超级大国，它的国防开支占国民生产总值的比重是美国的两倍多。美国是否愿意在较长时期内接受在军事上与苏联平等的地位，在很长时间内是可以讨论的。但对我们当前的国防规划项目，则不应有错误认识。我们并非要试图重获早先那样的优势，相反，我们正在为争取到能够保证我们在军事力量上与苏联处于对等地位的资金而斗争。

这种军事力量平衡态势的变化对我们的基本战略思想意味着什么？在美国军事力量占优势的年代所形成的那些概念，用于势均力敌的年代是否会同样有效？

……

（一）战略防御倡议与可靠核威慑

总统的战略防御倡议使许多传统思想家大为震惊。这些人思考问题似乎难以超出传统的、已经接受的认知框架。事实上，战略防御代表着一种自然而然的发展，是我们的战略核力量的一系列变化的顶点，意在寻求一种更稳妥可靠的威慑。它为维持和平提供了一种安全得多的途径。

批评战略防御计划的人往往是"相互确保摧毁"（MAD）的拥护者。"相互确保摧毁"描述了这样一种情况，即在遭到对方全面第一次核打击后，超级大国的任何一方仍保持着足以摧毁对手、使其不再成为现代社会的核能力。这就是我将其称为"相互自杀协定"（mutual suicide pact）的原因。当前美苏两国都具有摧毁对方的能力。在"相互确保摧毁"思想的"拥趸者"眼里，这种"相互自杀协定"是战略稳定的基石。由于每一方都有能力摧毁另一方社会，这些人就争辩说，两国哪一方都不会谋划进行战争，战争因而就被慑止了。诚然，一些"相互确保摧毁"概念拥护者鼓吹采取使核战争后果尽可能恐怖的活动，因为这样才会使核战争尽可能成为难以想象的事。许多人反对从民防到战略防御的一切防御。有些人甚至企图重写美国国防政策历史，声称美国信奉"相互确保摧毁"理论，且美国在 20 世纪 60 年代和 70 年代初期的威慑是以报复摧毁苏联城市作为基础的。当然，情况绝非如此，这是有充分论据的。

"相互确保摧毁"逻辑忽略了三个根本问题。第一，通过自杀性反应来慑止苏联所有进攻有足够的可信性吗？第二，哪种形式的威慑性报复威胁是最道德、最有效的呢？第三，虽然今天可靠的报复性威慑很有必要，但未来我们难道不该朝着一个更为安全的世界的方向努力吗？

通过简单的威胁终结一个现代社会来实施核威慑可信吗？如果苏联领导人相信，在对他们的核袭击做出反应时，我们被迫只能在自杀和屈服两者之间做抉择，那么他们是否会相信我们根本不会对袭击做出反应呢？这样的威慑不会被削弱吗？为避免这种两难窘境，60 年代早期以来的历届总统和国防部长都保持这种能力，即对苏联可能实施的各种进攻相应做出不同反应的能力。本届政府继续发展，实际上是在加速发展更可选择、更可区分且更可控制的反应能力。这种有限的应对选择既赋予威胁对苏联各层次攻击做出反应以更大的可信性，同时又增大了控制升级及使附带毁伤最小化的可能性。

被误导的批评意见有时会将我们为慑止苏联侵略而设立可信应对选项的努力同诬蔑我们企图打有限核战争混淆起来。有些人甚至更离谱，将我们审慎的用于威慑目的的核计划，同对核战争恐怖后果的麻木不仁混为一谈。事实胜于雄辩。没有哪一个像我一样得到过这么多关于核武器情况的简报，或像我一样参加过那么多危机处理的人，会对绝对避免核战争的必要性有任何怀疑。正因为有这种必要性，美国才必须有稳妥可靠的威慑力量。

此外，发展有选择、有差别反应的政策，明显是合乎道义的。准确地告知苏联，我们对每一种可能发生的突发事件将做出何种反应，这不符合我们的利益。一旦冲突开始了，我们用于限制升级及结束冲突的努力是否会成功，也无法确定。但我们绝对有必要采取一切可能措施来慑止战争爆发，限制冲突造成的破坏，在这方面尽我们的最大努力。如果没有这些可信的有限反应选项，我们那些关于对苏联攻击的任何反应都会自动导致相互之间自杀式战争的批评，就会成为一种悲剧性的自我实现的预言。总之，尽管我们的政策不能保证一定会成功，但我们批评的那种政策①只能导致失败。

美苏之间的任何冲突都可能升级为核灾难，这一点广为人知，今天这确实能发挥部分威慑作用。但关于这一点的认识也促使我们提出这样一个问题，即是否有更好的办法来为西方提供防御。因为核威慑在今天必不可少，我们必须设法使它可信，由于核威慑会带来危险②，因此我们必须为未来寻求更好的代替办法。总统和我相信，战略防御倡议就是我们找到的答案。

我们希望战略防御倡议将逐渐使核导弹过时无用。这是我们的愿景。但我们已经使这样一种"相互确保摧毁"的逻辑，即相信威慑必须以威胁摧毁较高比例的苏联居民为基础变得过时无用。事实上，我们规划的报复打击选择并不是要造成苏联居民最大限度的伤亡，或者蓄意对苏联居民实施攻击。我们相信这样的学说既不道德也不慎重。它之所以不道德，是因为我们不应蓄意使苏联人民成为美国对苏联领导集团发动的进攻而实施报复的牺牲品。它之所以不慎重，是因为可信的威慑应该建立在威胁摧毁那

---

① 这里指的是"相互确保摧毁"的政策。

② 意指核威慑有可能失败，会带来严重后果。

些苏联领导人最看重的东西的基础上，即建立在苏联领导层自身、它的军事力量和政治控制能力，以及它用于战争的工业能力之上。美国政府懂得核战争不可能打赢。我们的核学说用于确保使苏联领导层也相信核战争绝不可能打赢，不管他们如何界定胜利的含义，从而绝不可打核战争。

在我看来，实施里根总统的战略防御倡议有三个无可辩驳的理由——任何一个理由都足以证明我们已经实施的研究计划的正确性，事实上所有这三个理由都是站得住脚的。这三个理由可以概括为：苏联实现技术突破、苏联违反《反导条约》，以及美国科学技术很可能达到在某些人看来似乎不可能达到的程度。

……

（二）军事力量运用及可靠的常规威慑

……

1. 早期的控制升级及有限战争理论的局限性

按照 20 世纪 50 年代和 60 年代早期建立起来的理论，有限战争是必要的外交工具——同敌人讨价还价的工具。如果是这样，有限战争就必须由政治领导人集中指导，并精准控制使用。按照理论家们的说法，常规力量的逐步运用，再加上不断增强和扩大的关于运用这种军事力量的威胁，就会说服美国的对手去接受一个可以使他们避免战略失败的安排。

50 年代这些理论的致命缺陷在于，它们忽略了美国民主这一国内政治现实。这一理论，以及林登·约翰逊总统于 60 年代在越南的实际经验，运用的都是 18 世纪进行战争的方法。在那个时期，如克劳塞维茨所言，"战争一直只是政府的事，人民的作用仅仅是战争工具"。

美国宪法制定者反对这一战争概念。我们的宪法规定只有代表人民的国会才有权宣战。事实上，在朝鲜战争和越南战争之前，除了偶尔短期涉足战争的情况外，总统都在决定美国投入战争之前，去努力建立公民对美国参战的共识。自 1939 年至 1941 年，富兰克林·罗斯福一直在努力争取和等待形成美国参战的共识，甚至在欧洲遭到蹂躏时也是如此。他没有其他可行的选择。尽管罗斯福总统倾向于美国参战，但在得到国会批准和取得美国人民支持的保证之前，他从未考虑过派出美国部队参战。在朝鲜，后来又在越南，美国在取得关于我们主要目标的广泛共识或得到强有力支持之前就投入了战争。正如我的一位前任——罗伯特·麦克纳马拉部长曾经说过的：

> 越南做出的最大贡献——且不论其是对还是错——是它使美国具
> 有了一种打有限战争的能力，有了在不必然激起公众愤怒的情况下投
> 身战争的能力。

如同后来几届政府所认识到的那样，美国人民有最后的决定权。"公众
愤怒"被前所未有地"激发"起来，取得必不可少的公众支持，再也不应
该被忽略了。

1988 财年国防报告[①]
（1987 年 1 月 12 日）

第一部分　国防政策

三、美国利益、国家安全目标及战略

（一）　美国利益、义务及目标（略）

（二）　国家安全目标（略）

（三）　美国防务政策

1. 威慑

和整个二战后时期一样，美国的基本防务战略是慑止侵略。我们的战
略寻求通过使对手相信不能侵犯美国利益，从而保证美国利益。这一战略
通过清晰的联盟义务及能为我们提供有效的、可信的应对各种侵略的反应
的高戒备军队，来防止遭到突然打击。

威慑通过让潜在对手信服（依据他们自己的感知），他们为侵略可能付
出的代价将超过他们从中可能得到的收益来发挥作用。威慑就是美国用于
对抗常规侵略及核侵略的战略。在核力量中，任何冲突都带有不可逆转的
升级风险，因此，我们的目标是阻止任何类型的侵略。

我们不仅要慑止真实的侵略，还要阻止通过发出侵略威胁而对美国、
其盟国及朋友进行的胁迫（coercion）。成功的胁迫会使敌对国家在不进行真
正冲突的情况下实现目标。例如，在欧洲和日本，苏联的威胁不仅包括真

---

① "1988_DoD_AR", http://history.defense.gov/Historical-Sources/Secretary-of-Defense-Annual-Reports/.

正进攻的危险，而且包括其长期的宣传攻势和胁迫。苏联寻求在不开火的情况下来控制西欧和日本。为了这一目的，莫斯科试图说服我们的盟友远离美国、不要在乎他们的军事能力，采取像无核武器区和类似于单方面裁军的措施，终结由 16 国组成的北大西洋联盟及我们与日本的相互防御条约等，所有这些综合起来体现出我们集体抵抗苏联控制的重要性。正如丘吉尔于 1946 年预先观察到的那样，"我不相信苏联渴望战争。他们渴望的是战争的果实，以及无限制扩张他们的势力和思想"。

要想有效慑止这些，美国的防务战略必须满足以下四个方面的要求。

——**可生存性**。我们的部队必须有足够的力量在对手实施的先发打击中生存下来，能够给侵略者造成其认为超出其侵略收益的损失的能力。例如，我们的战略核报复力量——洲际弹道导弹、潜射弹道导弹（SLBM）及战略轰炸机可阻止苏联战争计划者们图谋摧毁"三位一体"核力量中的任何一种。

——**可信性**。我们威胁对敌方攻击做出反应必须是可信的。也就是说，潜在侵略者必须相信我们既有能力也有政治意愿去兑现我们威胁要做出的反应。例如，在 60 年代早期，美国抛弃了此前奉行的"大规模报复"战略，因为这一战略缺乏可信性。我们得出结论认为，潜在侵略者会怀疑我们在应对有限攻击中实施灾难性核打击的决心。

——**明晰性**。能够被慑止住的行动一定是我们的对手非常清楚地知道的行动，他们知道我们想慑止什么。例如，要想有效慑止苏联对西南亚的入侵，美国必须清楚传递出美国支持那一地区友好国家且保卫我们所有其他关键利益的决心。

——**安全性**。由意外事故、非授权使用，或者误判而导致冲突的风险必须降至最小。例如，尽管美国有一套在防止事故或者非授权使用方面没有失误记录的程序，但我们仍利用各种方法进一步减小意外发射导弹的风险。我们在本届政府期间所做的这些努力的一个直接结果就是，华盛顿与莫斯科之间的热线得到了升级。

因此说，美国慑止侵略的战略并非仅仅依靠我们实际的军事能力。它还涉及我们的对手关于这些能力及我们战略的其他要素的感知。我国威慑的有效性将在我们的对手的心中，而不是我们自己的心中被决定。

将这些洞见整合到实际的防务规划中，意味着我们要面临难以应对的情报及机制上的挑战。因为受他们的保密制度的影响，我们关于苏联对我们的感知的了解非常有限，所以有人就倾向于做这样的假设，即苏联人的关切及动机同我们自己相似。但在准备通过只集结足以慑止我们的部队去慑止一场进攻时，却被证明在同等条件下难以慑止住苏联人。例如，有些分析家反对本届政府对战略核力量进行现代化，理由是进行这种规模的投资在提升进攻和报复能力上的收效相对较小。但是，关于对方认知在其中起重要作用的威慑战略，其面临的真正问题在于苏联领导人在额外的能力无用这一点上，是否真的和我们认识的一样。过去 10 年苏联人在战略力量上的投资是我们在这一领域投资的 2~3 倍的事实说明，他们在这个问题上和我们的看法不一样。

通过对我们的情报能力额外进行投资，里根政府正在提升我们理解苏联人是如何评价军事力量平衡的能力。我们在有关研究、发展和部署战略核力量的决策中得到的最有用的一个思想就是，要更加重视对苏联领导层相关认知的分析和理解。

要慑止苏联，我们必须使莫斯科清楚地知道，我们既有能力也有意愿对侵害我国利益的行动做出有力反应。我们强调我们回应的决心，但我们的战略是避免让对方清楚地、确定地知道我们将如何进行回应。这就是自 1961 年以来我国奉行的和 1967 年以来北约奉行的"灵活反应"战略学说的本质。我们的部队通过三种类型的可能反应来对抗他们，对潜在侵略者实施威慑。这三种反应是：

——**有效防御**。在我们不求助于升级冲突行动的情况下，通过有可能阻止侵略来与敌人斗争。这有时用于指代"通过拒止进行的威慑"（deterrence through denial）。例如，只使用常规力量来击败非核进攻。

——**发出升级威胁**。警告对手，他的侵略将开启不受他设想的冲突样式限制的敌对模式，即冲突升级会使其付出远超其预期的或者其承受能力的代价。例如，北约对苏联常规攻击的威慑，通过我们在必要时使用核武器来阻止侵略的能力和决心得以加强。

——**发出报复威胁**。提出攻击将招致对侵略者本土的报复性攻击，造成其损失大于其可能收益的前景。例如，我们现在对苏联核攻击的威慑就是以我们决心使用我们的核武器对苏联实施报复作为基础的。

下表概述了上述三种反应如何有助于慑止核与非核进攻。

	对慑止非核攻击而言	对慑止核攻击而言
有效防御	例如，用常规力量击败进攻	战略防御
发出升级威胁	例如，使用核武器迫使敌人重新考虑其侵略行为	当前核战略的一部分
发出报复威胁	例如，对敌人珍视的资产实施核打击	当前核战略的一部分

以上概述的这些反应类型是美国用于维护自身全球利益的整体防务战略的组成部分。我们用于威慑的全球战略可以概述如下。

——美国依靠可信的预警能力和进攻性核力量来慑止核攻击。如果威慑失败，美国必须有能力尽可能限制美国及其盟友遭受的毁伤，并迫使对方尽早以能最好地保护美国及其盟国利益的方式结束敌对。美国足够的核能力必须确保在任何情况下都能够剥夺另一个核国家胁迫美国的能力。未来，我们希望战略防御在防止（及强化威慑上）敌人成功对美国进行核打击方面做出更大贡献。

——我们依靠包括美国常规力量、核力量，以及盟友军队在内的军事态势来慑止非核侵略。这种力量的集合通过在苏联人心中造成其侵略后果的不确定性，以及在任何潜在侵略者心中造成其侵略的可能代价超出其可能收益的认识，来发挥威慑作用。

相比于发出升级威胁和报复威胁而言，将有效防御作为威慑的基础具有以下几个重要优势。

——**高可信性**：潜在侵略者将没有理由去怀疑一个国家在遭受攻击的情况下会使用其防御系统保护自己。

——**保护性**：如果威慑失败，有效的防御提供了对抗攻击部队、减小我们遭受的毁伤的保护作用。

——**稳定性**：有效防御并不必然导致升级，也不可能因被误判而导致更糟糕的冲突。

——**防止胁迫**：因为具有上述优势，有效防御在阻止胁迫及帮助一个国家对抗恫吓方面会更加成功。掌握有效防御系统可以建立起比在遭受攻击之后面临升级冲突或者实施报复的前景更大的信心和决心。例如，如果在西欧，北约只依靠可能的核反应来慑止华约进攻，那里的平民可能会发现这样一种不可思议的情况，即他们将在苏联平时的恫吓面前非常脆弱。因此，强大的常规力量有助于北约的欧洲国家抵抗苏联的恫吓。

——**提供令人心安的保证**：所有这些好处使得有效防御成为最可信的

威慑基础。它既带来世界的和平，也带来内心的和平。当人们确实受到保护不再被攻击时，他们是最安心的。

有效防御的这些独特优势解释了我们在仔细构建可靠的战略防御系统时所看到的吸引力，构建这样的战略防御系统是我们的战略防御倡议研究的目标。如果有效的战略防御系统证明可靠，它将强化威慑，在威慑失败的情况下提供保护，并为至今仍生活在毫无防护的核打击威胁下的人们提供安全保证。正如里根总统所说的那样："相比于对他们报仇，拯救他们的生命难道不是更好的选择吗？"

防御的好处还解释了美国及其盟友为什么必须有强大的常规部队，以及必须能投送这些部队并为其提供保障，以保护我们的全球利益。我们不能永远只依靠核作为支撑、依靠保持恐怖的平衡来慑止和挫败非核侵略。当然，只要我们的对手掌握核武器，我们就必须像我们正在做的那样，继续保持一支现代化的、有效的核力量。

2. 如果威慑失败

我们的目标是既要努力成功慑止侵略，又要准备战争。但是如果威慑失败了，我们的战略是保证美国及其盟友的所有利益，阻止侵略者达成其任何战争目的。我们将寻求以有利于美国实现自己的目标、实现盟友及友好国家的目标的方式，尽早结束任何类型的战争，恢复和平。

在追求尽早结束战争时，美国不仅会努力击败侵略者，而且将努力使对方相信，如果他们继续侵略，他们自己的利益会蒙受严重损失。长期以来，由于苏联有强大的军事实力，美国不能只为进行一场"短期战争"做准备，否则只会诱使莫斯科认为，它可以与我们比拼谁在作战中能坚持得更久。

美国的战略寻求限制任何战争的规模和烈度，寻求将其局限于常规手段。我们的目标是通过使用不会引起升级或者不会有升级风险的常规力量，以对我们有利的方式结束敌对。但是，如果我们限制战争规模或烈度的努力失败，美国的战略要求我们要灵活、充分地运用军队，确保我们不会因为失误而丢掉任何利益攸关区。

苏联连同支持它的力量，完全有能力同时在世界多个地区实施侵略，所以美国的战略必须要考虑到这一点。和我们的盟友一起，我们寻求通过保持有能力对那些我们的利益面临的最严重的威胁做出有效反应的军队来惕止侵略。我们还需要使我们的军队有足够的灵活性，使我们能够对其他威胁做出可信反应。如果同时在几个地区出现了侵略，美国将依据现存的义务、通常的战略优先级、可以立即确定的条件及可用军队的情况等，来决定做出何种军事反应。遗憾的是，即使我们对其做最善意的解读，苏联的军事实力及意图也预示着可能出现我们必须为之做好准备的突发情况，而预算短缺或者一厢情愿都改变不了这一态势。

评　介

里根政府的专题性核政策核战略文件相对较少，加之时任国防部长温伯格不像其前任施莱辛格、布朗等人那样，对核问题研究颇深，对核政策核战略问题有额外一些阐述，所以美国国防部每年向国会提交的报告就成了人们了解这一时期美国核政策核战略的重要渠道。本资料节录并整编了 1983 财年至 1988 财年美国年度国防报告的相关内容，以期概略反映这一时期美国政府在核领域的主要思想和主张。

从具体内容看，里根政府明确提出了"安全余量"概念，强调其安全能力不能仅仅满足现实安全需求，要有一定的超出量，以应对可能的意外情况及未来可能的风险，安全标准较之前提高了。在与苏联博弈的方式上，里根政府一改 70 年代通过寻求与苏联共同进行军备控制来维护战略均势的思路，强调与苏联硬碰硬，以实力谋求对苏斗争主动，据此将推动核力量全面现代化作为这一时期美国核力量发展的主轴。

威慑作为美国核政策核战略的不变主题，在里根政府时期有了新发展、新思路。一是明确提出了威慑层次概念，将美国核威慑分成有效防御、威胁升级冲突、威胁进行报复三个层次，借以提高威慑可信性。二是从实践角度提出了新的核威慑有效性标准，包括核力量可生存性、发出的反应威胁的可信性、要慑止的行为的明晰性，以及尽可能减小意外使用核武器概率的安全性等。三是强调既要使对方难以达成自己的目的，同时又要使对方遭受超出其可能收益的重大损失，双管齐下，强化威慑。此外，这一时期美国政府还特别强调对方关于核问题、美国核能力及意志决心等的认知，以及美国在各个层次上应对的灵活性等对有效威慑的重要意义。

七十六

美国一体化长期战略委员会"有区别的威慑"报告*（摘录）（1988年1月）

委员会的主要观点

我们的战略必须着眼长远进行设计，以引导力量发展、武器采购及军备谈判。五角大楼现在选择的军备，将用于下一个世纪的美军。军备协议需要谈判数年时间才能达成，在几十年时间内都将发挥作用。

我们的战略还必须是一体化的。我们不应孤立地来解决关于新技术、力量结构、机动性和军事基地、常规军备与核军备、极端威胁与第三次世界冲突等问题。我们需要使我们应对从最低强度但最可能发生的冲突，到会造成最严重灾难性后果但发生的可能性最低的战争的一系列冲突的计划和军队结合起来。

后面 20 年

后面几十年有可能发生巨大变化：中国，可能还有日本和其他国家，将变成主要军事强国。有极少的国家能获得先进武器装备，抵消美国和苏联的相对军事优势，军备协议可能对核力量与常规力量产生很大影响。

美国的重要利益将继续在距离我们对手更近的前沿地区遭受威胁。在那些遥远的地方，我们慑止侵略的能力将因为我们的盟友和朋友是否准许我们使用其军事基地、飞越其国境，是否会和我们一道准备对模糊的警戒信号做出反应等因素而受损。我们在使用他国军事基地问题上面临的困难，会随着第三次世界大战损害到美国的军事基地或者使苏联扩张到此前苏军未到达的地区而进一步加剧。

---

* "Discriminate Deterrence-010188", Digital National Security Archive（DNSA）.

在随后 20 年时间，军事技术将发生巨大变化。过去，我们依靠核武器及其他先进武器慑止针对我们的盟友的侵略，即使在苏联抵消了我们的核优势的情况下我们也是这么做的。如果苏联军事研究继续超过我们，将侵蚀我们长期以来一直依赖的质量优势。

基于长远的一体化战略

这一战略是以一系列原则为基础建立起来的，在当前防务活动中，有的原则需要进行合理的调整，有的则需要重新确定其关键要素。

★我们应当重视超过两种极端威胁之外的更多的紧急情况。过去长期支配我们对盟友的政策及军队规划的两种极端威胁分别是华约对中欧的大规模进攻和苏联全面的核打击。如果集中关注这些极端情况，我们的计划人员容易忽略那些需要有区别地做出军事反应的其他进攻，忽略在这些情况下我们有些盟友可能会选择逃避其自身责任（opt out）的风险。

★我们不能依靠发出那些兑现之后会导致我们自己毁灭的威胁，来帮助保卫我们的盟友、保护我们的海外利益。和平时期，基于这种威胁的战略会削弱对国防的支持。危机时，依赖这样的威胁可能因为缺少公众支持而遭到灾难性失败。如果我们不想使我们保护的东西被毁灭的话，我们必须有能力做出毁伤有限的有效军事反应。

★我们必须使我们的能力多样化、更强大，使我们非核的、可区别的部队能够承担在需要的地方及时挫败侵略的任务。基于这一目的，我们及我们的盟友要利用在精确化、可控制和情报领域初现端倪的技术，这些技术可以使我们的常规力量更具可选择性，具备更有效的摧毁军事目标的能力。

★我们的常规军事态势及核态势应当以进攻系统与防御系统的混合作为基础。为了助力对核攻击的威慑，在减少进攻性军备的情况下使国家更安全，我们需要有战略防御系统。为了慑止常规侵略，或者对常规侵略做出有效反应，我们需要具备能深入敌方国土实施常规反攻的能力。

★战时控制太空正变得日益重要。在常规战争中，我们的太空能力在我们部队的通信、情报及控制方面发挥着至关重要的作用，必须具有可生存性或者可替代性。必须防止敌人自由使用太空来支持他们攻击我们的军队。

★我们将需要具备有区别地实施核打击的能力，以慑止针对我国盟友或者我国的有限核打击，且必要时用于阻止敌人的大规模侵略。英国和法国发展核力量有利于共同防御。

★为了保护美国及其盟友在第三世界的利益，我们需要在目的和手段上有更多的国家共识。我们可用的手段包括：

——高水平的安全援助，同时减少影响到这些援助发挥作用的法律限制。

——对海外基地依赖最小，能够用于对远距离军事目标实施有控制的精准打击的多用途机动力量。

——有能够在其国土之外帮助美国维护共同利益的盟友。

——在特定情况下，美国要对正在与外部强加的敌对政权对抗，或者与威胁到其邻国的政权对抗的反共叛乱分子进行援助。自由世界若对此只是选择冷眼旁观或者避之不及，其自由恐难持续维持。

★我们的军备控制政策应更加重视常规军备裁减。仔细设计对核军备的裁减或许会带来攻防力量的更加可靠的平衡。消除苏联在坦克、火炮及其他重型装备上的巨大优势，有助于北约安全和苏联经济发展，因此对双边都有利。为了通过威慑来防止违反裁军条约的行为发生，军备控制协议必须是可核查的，必须有工业动员能力以及在发生违约情况下有效做出反应的政治意愿作为支持。

★鉴于未来我们及我们的盟友面临的危险及不确定性，国防及安全援助预算应随着我们经济的增长而稳定增加。美国未来几年的国防预算应接受前面概述的战略优先事项的引导，应在某些领域的经济许可范围之内，能够使其他一些领域得到必要的加强。在美国国防预算不增加期间，我们必须持续增加我们的装备，使我们的舰艇、飞机及其他作战平台，如先进非核弹药、常规战术导弹、传感器及通信系统等更加有效。

上面这些原则代表着变化。但我们的战略也包括一些不变的东西：

——我们必须保持组合式的、可生存的战略进攻装备及指挥控制能力，确保在任何情况下都能做出反应，从而慑止意在摧毁我国核力量及其他目标的大规模核打击；

——在未来，甚至比过去40年还要多的时间内，美国将需要盟友与其分担共同防御的风险及负担；

——我们将限制苏联在全球任何地区的扩张；

——我们在任何关键的、受到威胁的地区需要有前沿部署部队；

——我们将在美国本土维持用于增援的机动的现役和后备力量；

——由于部队规模比苏联小得多，我们不仅必须继续列装更好的装备，而且必须在武装部队里保留那些高素质的、经过更好训练的、优秀的人员。

评　介

1986年美国总统里根授权成立了一个特别委员会，用于研究未来20年甚至更远时期美国的"一体化长远战略"。委员会由助理国防部长弗莱德·伊克尔（Fred C. Ikle）和核战略理论界名宿阿尔伯特·沃尔斯泰特（Albert Wohlstetter）[1] 共同担任主席，成员包括基辛格、布热津斯基、安德鲁·古德帕斯特（Andrew J. Goodpaster）[2]、伯纳德·施里弗（Bernard A. Schriever）[3] 等美国前军政高官，以及亨廷顿（Samuel P. Huntington）等社会学界名流。委员会于1988年初提交了题为"有区别的威慑"（Discriminate Deterrence）的最终报告。本资料只节选了其中的概要部分。

报告首先展望了未来20年美国面临的安全形势，强调未来中国和日本有可能崛起成为世界主要军事国家，还有其他一些国家会掌握一定的抵消美国和苏联优势的军事手段；认为未来美国使用他国领土和基地会更加困难，技术的迅猛发展有可能部分消蚀美国的军事优势。

为应对未来可能的挑战，报告提出，美国必须采用一体化战略。其要点包括：一是做好应对美国利益在第三世界受到威胁的准备，认为未来出现这种威胁的可能性很大；二是加强美国在苏联外围地区的军事能力，主要包括波斯湾、欧洲和远东等地区，认为应该更多发挥土耳其、沙特、日本等地区国家，以及北约在对抗苏联中的作用；三是增加核应对灵活性，认为美国应该发展精度更高的核武器及常规武器，以及低当量核弹头，并发展能够对抗苏联导弹的反导系统；四是发挥技术优势，重视太空技术、隐身飞机和导弹，以及灵巧的精确制导弹药等的发展。

---

[1]　沃尔斯泰特在20世纪50年代末曾撰写《脆弱的恐怖平衡》一文，提出了第一次打击、第二次打击等概念，在美国军界有较大影响。

[2]　安德鲁·古德帕斯特曾担任美国驻欧洲部队总司令、欧洲盟军最高司令等职。

[3]　伯纳德·施里弗是美国空军上将，曾担任美国空军太空项目主管，负责管理和推动"宇宙神"、"大力神"和"民兵"等美国早期洲际导弹项目，被称为美国洲际弹道导弹之父。

令人奇怪的是，报告似乎没有对"有区别的威慑"这一作为报告标题的概念专门进行阐释。从报告内容来看，所谓的"有区别的威慑"，指的似乎是通过增加应对手段、应对选项的灵活性，加强对核威胁之外的其他威胁、除苏联之外的其他地区的威胁等的应对和威慑。

该报告发布后不久，国际形势就发生了超出当时人们想象的变化，但报告关于重视应对来自波斯湾地区和第三世界的威胁的提醒，在随后事态的发展中得到了验证。报告提出的利用美国技术优势发展太空技术、隐身武器及精确制导弹药等建议，也基本上成为后续美国政府的选择。

索引词表

图书在版编目 (CIP) 数据

美国重要核战略资料选编：1940~1988 / 王鸿章编.

北京：社会科学文献出版社，2025.7. --ISBN 978-7

-5228-4056-7

Ⅰ . E712.0

中国国家版本馆 CIP 数据核字第 2024WF4645 号

美国重要核战略资料选编（1940~1988）

编　　者 / 王鸿章

出 版 人 / 冀祥德
责任编辑 / 赵　晨
文稿编辑 / 郭锡超
责任印制 / 岳　阳

出　　版 / 社会科学文献出版社·历史学分社（010）59367256
　　　　　 地址：北京市北三环中路甲 29 号院华龙大厦　邮编：100029
　　　　　 网址：www.ssap.com.cn
发　　行 / 社会科学文献出版社（010）59367028
印　　装 / 三河市东方印刷有限公司

规　　格 / 开 本：787mm × 1092mm　1/16
　　　　　 印 张：44.25　字 数：722 千字
版　　次 / 2025 年 7 月第 1 版　2025 年 7 月第 1 次印刷
书　　号 / ISBN 978-7-5228-4056-7
定　　价 / 168.00 元

读者服务电话：4008918866